U0560101

二〇二一年度國家古籍整理出版專項經費資助項目

論語詳解

〔明〕郝敬 撰
陸令儀 點校

長江出版傳媒
崇文書局

圖書在版編目（CIP）數據

論語詳解 /（明）郝敬撰 ; 陸令儀點校. -- 武漢 : 崇文書局, 2022.12
（九部經解）
ISBN 978-7-5403-7124-1

Ⅰ. ①論… Ⅱ. ①郝… ②陸… Ⅲ. ①《論語》一研究 Ⅳ. ①B222.25

中國國家版本館 CIP 數據核字（2023）第 021381 號

出品人 韓　敏
選題策劃 李豔麗
責任編輯 薛緒勒
責任校對 董　穎
責任印刷 李佳超

論語詳解

出版發行 長江出版傳媒 | 崇文書局
地　址 武漢市雄楚大街 268 號 C 座 11 層
電　話 (027)87677133　郵政編碼　430070
印　刷 湖北新華印務有限公司
開　本 880mm×1230mm　1/32
印　張 20.125
字　數 450 千
版　次 2022 年 12 月第 1 版
印　次 2022 年 12 月第 1 次印刷
定　價 138.00 圓

整理前言

郝敬《論語詳解》二十卷，爲其《九部經解》之一種。此書説解正文之前，有《讀論語》《先聖遺事》兩篇，自爲一卷。郝敬經解之作，《四庫全書》多不收録，僅入存目，而《論語詳解》竟存目亦未入，民國年間東方文化事業委員會編纂的《續修四庫全書提要》亦不收。循其故，蓋郝氏經解一百餘卷，當時倉促未能得其全部，乃有遺漏。《浙江採集遺書目録》所載之書即編纂《四庫》之重要資料來源，於郝氏經解獨闕《論語詳解》。蓋館臣既未能寓目，故提要不載，亦可知也。即便目前，國内圖書館能收藏全部經解者亦不多見，故未可責古人於二百多年前也。

郝敬經解未得四庫館臣青眼，於《周易正解》提要云：「然好恃其聰明，臆爲創論。……遂横生穿鑿。其所著經解，大抵均坐此弊也。」於《尚書辨解》提要云：「其説多與先儒異，蓋敬之解經，無不以私意穿鑿，亦不但此書爲然也。」於《儀禮節解》提要云：「敬所作九經解，皆好爲議論，輕詆先儒。……謂《儀禮》不可爲經，尤其乖謬，所解亦粗率自用，好爲臆斷。」於《孟子説解》提要云：「至書中所解，往往失之粗獷，好議論而不究其實，蓋敬之説經，通坐此弊，不但此書矣。」於《談經》提要云：「敬天資高朗，論多創闢，而臆斷者亦復不少。」雖有黄宗羲在《明儒學案》中爲之揄揚，云「一洗訓詁之氣，明代窮經之士，先生實爲巨擘」，亦不免皮錫瑞「多憑臆説」之譏。

所以然者，蓋以郝敬解經多與前賢異說。如《禮記通解》提要云：「言《禮記》者，當以鄭註爲宗。雖朱子掊擊漢儒，不遺餘力，而亦不能不取其禮註。蓋他經可推求文句，據理而談，《三禮》則非有授受淵源，不能臆揣也。敬作此註，於鄭義多所駁難，然得者僅十之一二，失者乃十之八九。」《毛詩原解》提要云：「立意與《集傳》相反，亦多過當。」

郝氏經解自有一種勃發之氣，不盲目遵奉鄭玄、朱熹，而自具裁斷，所謂「不失聖人之心，不悖聖經之理」者是也。李維楨者，郝敬所從問學者也，嘗跋其經解云：「仲輿病漢儒之解經詳於博物而失之誣，宋儒之解經詳於說意而失之鑿，乃自爲解。……質之理而未順，反之心而未安，即諸大儒訓詁，世所誦習尊信，必明晰其得失，要以不失聖人之心，不悖聖經之理而止。起漢、宋諸君子九京而與之揚扢，必爲心服首肯矣。豈若劉焯輩織綜經文，詭其新說，異彼前儒，非險而更爲險，無義而更生義者乎？」此等氣魄固非清人匍匐鄭朱、尋章摘句者可比。

郝敬未嘗非聖，亦不輕賢。他認爲《論語》「爲六經之菁華，倫物之軌範，名教之宗印。士欲希聖達天，未有能舍此者」，「道以聖人爲心，列聖以孔子爲心，六經以《論語》爲心。《論語》是孔子精神所寄，《論語》未通，六經不可領畧。心不開明，耳目手足無所稟受。六經如律，《論語》如例」。至於前賢所注經典，四庫館臣亦不盡奉爲不刊之典則，如《毛詩原解》提要云「朱子務勝漢儒，深文鍛鍊，有以激後世之不平」，《禮記通解》提要云「敬作此註，於鄭義多所駁難，然得者僅十之一二」，可見郝敬所論前賢得失，館臣亦未盡否定。

郝敬學問氣象宏達，實事求是，能疑經注之不合理者，他認爲「漢魏諸家訓詁膚淺，朱仲晦《集註》自謂獨得，然往往以自家學術質正聖言，失圓融之旨」。其言自信，其學閎通，其解經之法自具風貌，即以《論語詳解》爲例，約略分爲四端：

一曰博物。郝敬解經頗得明人博物之趣，於各類名物印證甚詳，尤能會通《三禮》名物，詳細備載。例如卷八《泰伯》篇第二十一章釋黻、冕之制，云：「禮服有黻。黻，蔽膝也。上古無衣裳，以獸皮蔽前。聖人制禮不忘古，倣其意爲黻。《詩》作芾，《易》作紱，與茀通。遮蔽之名。一名韠，一名韍韐，字或作韍，或作鞞。用布帛爲芾、爲紱、爲黻，用皮爲韍、爲韠、爲韎韐、爲鞞，而韎韐又皮赤者。《詩》又有素韠，居喪之禮服，非喪服亦用皮也。禮家遂以素韠素裳爲皮弁服。」該章又釋溝、洫之制，引證《周禮》之文，述小司徒之職，言《司馬法》之制，又及遂人、匠人之職，備載溝、洫廣深之制。此皆郝敬博通名物，雅擅《三禮》之徵。至於全書於先秦兩漢典籍引録殆遍，益見其學之博大閎廓。

二曰考史。郝敬解《論語》，於相關人、事之歷史多所留意，即所謂知人論世之法。如卷五《公冶長》篇第十七章「臧文仲居蔡，山節藻棁，何如其知也」，既釋「蔡」爲地名，又釋其地産龜云云，於山節藻棁諸名物述之甚詳，並引《禮記》諸篇如《明堂位》《禮器》等述其時「山節藻棁」爲天子之廟飾，大夫爲之即已僭越。士大夫家不藏龜，天子諸侯有民社乃藏龜，以謀大事。又引《曲禮》《洪範》述卜筮之事云云，頗見相關歷史背景。郝敬《論語詳解》又注意相關人物之生平處世諸節，如上述同章之詳解述臧文仲家世背景，並引《左傳》《孔子家語》《説苑》相關史事爲證，相關史料近乎涸澤，足見其解之詳。此類人物介紹有時又不限於先秦史料，還能綴以後世傳説，足增讀者興味，例如卷五《公冶長》篇第一章述公冶長、南容之史事甚備，而公冶長會通鳥語之傳説，事雖怪誕，亦着墨頗多。

三曰辟佛。郝敬於佛、道二教頗多詆訶，然亦未盡廢其言，意欲融通三教，多言佛、儒理一，而佛氏多蹈襲儒家。例如篇首《讀論語》云：「天下之理無過聖人所已言，彼即立異，豈容別構？而其所謂明德、智慧、圓覺、禪定等文字，非彼異域所自有之文字也；其義理非彼異域所自有之義理也。其精者不出六籍之所已言，其粗鄙誕妄者，道所不載也。」又如卷四《里仁》篇第八章「朝聞道，夕死可矣」，郝敬云：「佛氏蹈襲此意，而偏用之，詳于死，畧于生，弊不可言，害亦不可言。聖人不語死，未嘗輕責人死。蓋人生任重，一毫未盡，即是枉死，千秋事業，只在一息未絶以前。百年垂成之功，一死都休，故死事甚大，可死甚難，佛氏惟勸人死去，所以異于聖人。」又如卷六《雍也》篇第二十一章「知者樂水，仁者樂山。知者動，仁者静。知者樂，仁者壽」，郝敬解云「不滯故樂，無息故壽。邵堯夫天根月窟之喻本此，即動静至境。朱註以效言，失之。文王憂患，智者未必樂。顔淵殀死，仁者未必壽。論其理，非徵其事也。佛氏言極樂、無量壽，蹈襲此意。」

四曰駁朱。明人科舉以宋元人經注爲典則，而郝敬解經非惟疑及鄭玄，亦嘗兼及程朱。其《讀論語》云：「朱註以淺近爲主，微處體貼不出，自謂讀書直訣，其實木强也。」又如卷五《公冶長》第十二章「夫子之言性與天道，不可得而聞也」，郝敬解云：「一部《論語》，字字性命，人人共聞，豈得謂夫子不言，子貢創聞乎？讀《論語》若死煞如朱註，只似嚼蠟而已。」無怪乎其經解皆入《四庫》存目。

《論語詳解》今唯明家刻本傳世，後來其版又續有增删，各有短長。《續修四庫全書》經部第一五三册據南京圖書館藏明萬曆郝千秋、郝千石刻《九部經解》本影印，其本蓋早印本，本次標點即取爲底本。日本國會圖書館藏《論語詳解》爲晚修本，今取以參校，其所不同略見校記，以備讀者參考。郝敬引書頗多節録、撮述，今不一一添加引號，以免混淆。底本闕文據他本增補，以校記説明；其所不知，則闕如以俟高明，讀者其幸有以教焉。

目録

論語詳解卷目……一
讀論語……三
先聖遺事……一〇
論語詳解卷一
學而第一……二一
論語詳解卷二
爲政第二……四六
論語詳解卷三
八佾第三……七四
論語詳解卷四
里仁第四……一二〇
論語詳解卷五
公冶長第五……一四三
論語詳解卷六
雍也第六……一七七
論語詳解卷七
述而第七……二一五
論語詳解卷八
泰伯第八……二五一
論語詳解卷九
子罕第九……二七八
論語詳解卷十
鄉黨第十……三一五

論語詳解卷十一
先進第十一……三四二
論語詳解卷十二
顏淵第十二……三七二
論語詳解卷十三
子路第十三……四〇三
論語詳解卷十四
憲問第十四……四二八
論語詳解卷十五
衛靈公第十五……四七三
論語詳解卷十六
季氏第十六……五一〇
論語詳解卷十七
陽貨第十七……五二八
論語詳解卷十八
微子第十八……五七二
論語詳解卷十九
子張第十九……六〇二
論語詳解卷二十
堯曰第二十……六二四

論語詳解卷目

第一卷　學而第一
第二卷　爲政第二
第三卷　八佾第三
第四卷　里仁第四
第五卷　公冶長第五
第六卷　雍也第六
第七卷　述而第七
第八卷　泰伯第八
第九卷　子罕第九
第十卷　鄉黨第十
第十一卷　先進第十一
第十二卷　顔淵第十二
第十三卷　子路第十三
第十四卷　憲問第十四

第十五卷　衛靈公第十五
第十六卷　季氏第十六
第十七卷　陽貨第十七
第十八卷　微子第十八
第十九卷　子張第十九
第二十卷　堯曰第二十卷

目終

論語詳解

京山郝敬著
男千秋、千石、洪範較

讀論語

○六籍自孔子删正，學者尚未識要領。《論語》一書，則其與羣賢直指盡言者也。是爲六經之菁華，倫物之軌範，名教之宗印。士欲希聖達天，未有能舍此者。

○《論語》二十篇，不單提性命。大道一貫，原無精粗，聖人默而識之，故性與天道不可得聞。庸言庸行，自然妙合，此無行不與，聖教之宗旨也。今世五尺童子，勦説天人，于學未得，于道反損，蓋濫觴于宋人之理學，而滔天于今日。道在秦漢以前，不言而尊。其在于今，屑越成話柄矣。讀《論語》，當先會此旨。

○大道神奇，不越尋常。神奇莫如天地，而易簡盡天地之德。神奇莫如人心，而良知盡人心之理。神奇莫如生死，而不二立生死之命。神奇莫如萬物，而中和成萬物之能。聖人所以不言隱怪，不離日用，但本分不虧，至道不遠。厭常好奇，爲世道人心害大矣。天地所以高深，日月所以著明，山河所以流峙，鬼神所以變幻，聖人皆存而不論。四教則文行忠信，雅言則《詩》《書》、執禮，下學而上達。百家之言，千奇萬怪，終不能出其範圍。

〇先儒以《論語》合《大學》《中庸》《孟子》爲《四書》，其實未妥。《大學》《中庸》二篇，是禮書根蔕，離禮孤行，有偏上之病。《孟子》譚性命，距楊墨，以道爲己任，未免小有崖岸。蓋爲亂世，無君父，處士横議，不得已而作。士志於道，當法聖賢平常至當恰好處，不須學其不得已處。孔子亦當亂世，讀《論語》，未見其甚不得已，即此是聖賢分段。道有偏全，不可不察。

〇讀《論語》通，覺天下無一不可與之人，無一不可處之事，無一處不是學，無一物不是道。宇宙自然寛廣，胸中自無閒氣。

〇《詩》《書》詳已，然無如《論語》親切簡當。隨人賢愚大小，如水行地，江河溪谷，池沼溝渠，無處不到，隨分汲取，各各沾足，所以爲聖人之言。

〇《論語》無到底刻煞之辭，無一偏拘執之見。意思從容不迫，道理活潑無方。語上不遺下，語近不遺遠，故曰兩端，非聖人不達。

〇洪荒以來，道術雜，而悠謬荒怪之譚，不可勝數。即《詩》《書》所載，若禱祀卜筮之類，雖文、武、周公，已極信從。至仲尼立教，一以民義爲主。所講惟子臣弟友，謹言慎行，尋常分内，便與天地合德，鬼神合吉凶，怪力亂神不語，命與仁罕言。請禱，則曰丘禱久矣；居蔡，則曰何如其智；

問死，則曰知生；問鬼，則曰事人。《中庸》易簡，可知可行。所以範圍曲成，爲斯文之宗範也。

○他書但逐字解，意思都盡。《論語》不須逐字解，意却盡不得。聖人言語含蓄，使人自得。後世文字，肝膽嘔出，所以淺薄。

○子曰：《易》之爲道也屢遷。變動不居，周流六虛，上下無常，不可爲典要，唯變所通。夫子五十學《易》，故言行皆《易》。《論語》意思，正自變動不居。後儒專執典要解，所以無味。

○聖人教人，兩端用中，因材答問。初無常主，如語敬所以防其逸也，語知所以袪其蔽也。苟無逸，則不言敬；無蔽，則不言知。不似後儒居敬立本，窮理致知，教人定局也。

○《論語》描寫聖人生氣，不徒記其言語而已。聖人氣象温厚，言語有風人之致。嘗曰「不學《詩》，無以言」，故其辭不煩而意遠。如譏季文子三思，諷子貢言《詩》、弗如回、不欲勿加人，譏子路好勇，答黨人、荷蕢，與曾點言志之類，皆從容悠遠，使人深思。朱註以淺近爲主，微處體貼不出，自謂讀書直訣，其實木强也。

○後儒將道理作題目，其敝起于好勝。聖人心虛氣平，忘人忘我，無已甚之行，故無迂濶之論。世儒見理雖深，而涵養未純，執滯固我，理勝而氣愈激。其與人言，强直自遂，其著爲書，競趨奇險。《論語》文辭，金和玉節，與聖人傳神，君子所以出辭氣，遠鄙悖也。

○二十篇無一語不會通心性，然竟無一字説著心性，所以微妙玄通，即此是無言無隱公案。

○聖人不言虛無，以虛無本無言也，無言即是虛無，故曰默而識之。二氏專譚虛無，夫虛無何容得譚？世間一切見成，人事物理，何者可離？若逃向虛無，須將世界磨滅，人物都休，無是理矣。至于人死，已屬虛無，乃作爲人天果報，種種幽怪，執以爲有，其顛倒譸張，甚不足信也。

○人性無形難言，《論語》不言性。孟子諄諄性善，故七篇首仁義。《論語》二十篇首學習，凡人祇緣不學習，疑性爲不善，故曰「性相近，習相遠」。雖有忠信，不如好學。桀紂若肯向學，何至爲桀紂？聖人不言性，但教人習，所以省辭説。此聖賢立教，遠近難易之分。

○《論語》每言知，而教學多主仁。蓋知者大虛之元神，在人爲明德。德莫妙于知，知體無爲，故聖曰生知。仁屬有爲，故曰仁守。《中庸》於舜稱知，於顏子稱仁，三達德首知次仁，《大學》首明德。聖人教人，下學上達，故曰「生而知之者，上也」「我非生而知之者」，又曰「知德者鮮」「民可使由之，不可使知之」。《中庸》言誠，即是言仁之意。

○《論語》言仁又言義。仁者萬有之元，義者萬用之利。包孕曰仁，裁制曰義。故德莫大于仁，功莫大于義。二者世教之綱領，聖學之大本大用。孟氏七篇之義，淵原于此。

○道以聖人爲心，列聖以孔子爲心，六經以《論語》爲心。《論語》是孔子精神所寄，《論語》未通，六經不可領畧。心不開明，耳目手足無所稟受。六經如律，《論語》如例。例熟，則五刑之屬三千，皆可引附。《論語》熟，則六經之言迎刃解矣。

○道一而已，自伏羲作《易》，堯舜授中，斯文既啟，列聖相承。至夫子删定六籍，纘集大成，上下數千年間，宇宙名理精義，豈復有闡繹未盡，留之以待二氏者乎？佛氏當吾夫子没後千有餘年，其教始入中國。其言語侏儷不可通，而中國學士爲其徒者，私取吾聖人文字義理爲之譯説，如所謂妙明、寶明是吾聖人之明德也，智慧是聖人之致知也，圓覺是聖人之圓神也，禪定是聖人之定静也，止觀是聖人之知止也，不二是聖人之一貫也，大千是聖人之大極也，慈悲是聖人之仁也，空即聖人之屢空也，色即聖人之形色也，觀自在是聖人之自得也，極樂是聖人之悦樂也，净土是聖人之安土也，無煩惱是聖人之不愠也，無罣礙是聖人之無欲也，無相是聖人之大公也，真如是聖人之天性也，不思議是聖人之無言也，法無法是聖人之無知也，無法法是聖人之無隱也，陰根塵界是聖人之視聽言動、身心意知也，無量法身是聖人之萬物皆備也，所謂生死輪迴是聖人之屈伸往來，地獄幽怪是聖人之鬼神。天下之理無過聖人所已言，彼即立異，豈容别構？而其所謂明德、智慧、圓覺、禪定等文字，非彼異域所自有之文字也，其義理非彼異域所自有之義理也。其精者不出六籍之所已言，其粗鄙誕妄者，道所不載也。彼欲竊吾道之精以飾其粗，而世之愚夫因其粗以信其精之果爲彼有也，故其勢漸與吾聖人抗。而爲吾聖人之徒者，惡其抗而不欲與之争，遂憤然一切割吾所本有者棄之，别爲一種踽踽凉凉孤潔之學，求以隔彼于藩籬之外。不知適以成彼之大，而自蹙其宇耳。故愚嘗謂儒者割聖道以奉二氏，彼如僑居寄生，吾以地主宗盟，望塵左避，却車讓路，是二氏之害道，非獨二氏罪，亦儒者養成之也。今世儒解《四書》，擇爲一等儒者之譚，求二氏所不言者然後言。吁！亦陋矣。吾自奉吾聖人之訓，與彼何預？吾聖人之教明，而彼欲不出吾宇下，不可得已。

○《論語》，聖人講學之書也。孔子以尼山布衣，不藉寸圭尺土，而能使三千七十士，雲合景從，至于患難流離老死不忍去，此聖德過化，不戒自孚。尋常交遊意氣，何能及此？後世士無聖人道德風猷，而妄思踵聖人之蹟，聚徒結社，名爲講學，已乃訕謗朝政得失，議論時人長短，口舌興戎，禍延善類。所謂率天下之人而禍仁義者，何可獨歸咎于世人也？夫咸宜之謂義，共由之謂道。聖人無言無隱，使之由而不可使之知，慮至深遠也。故學之不講以爲憂，講學而貽之憂，則其所講非也。朋自遠方來以爲樂，朋來而不樂，則其所爲朋非也。經術不明，身世併累，讀《論語》者，亦不可不知。

○篇中各章次第多相承，以類附。其記諸賢語，皆與聖言相發明。近世儒者，以爲門弟子語，用意吹洗之，過也。

○柳宗元謂《論語》成于夫子没後，有子、曾子門人之手。以諸賢獨二子稱子故也。按曾子少夫子四十六歲，後夫子没。而篇内記其平日之語，故知是書成，去夫子時已遠，然亦是七十子存日記録，後人脩輯。中間覿面開示諸子處，天機亹亹，千古如生，决非後人所能模擬。

○漢初傳《論語》三家，自魯謂《魯論語》，自齊謂《齊論語》，二家最先出。武帝時，魯共王壞孔壁，又得《古論語》。今之所傳，則《魯論語》也。三家同而齊多《問王》《知道》二篇，古分《堯曰》篇「子張問」以下爲二，有兩《子張》篇，此其異耳。

○按《古論語》與《古尚書》同出，《古尚書》多贋而《論語》有齊、魯可據，故得免于魚目之憂。漢魏諸家訓詁膚淺，朱仲晦《集註》自謂獨得，然往往以自家學術質正聖言，失圓融之旨。聖人辭約義遠，未可一端盡也。

○《論語》之言，易簡清通，而天地古今，人物事變，因文附見，如天象則有北辰、日月食，夏時鑽燧；山川則有泰山、首陽、汶、沂；國邑則有魯、衞、秦、楚、陳、蔡，武城、儀、鄹、費、葉、中牟；賦役則有州里、鄉黨、千乘、百室、溝洫、徹法；爵秩則有大宰、公、卿、令尹、司敗；人品則有堯、舜、禹、湯、文、武、稷、契、臯陶諸聖，老彭、泰伯、夷、齊、顔、閔、游、夏諸賢，羿、奡、桓魋、陽貨諸凶頑；文藝則有《易》《詩》《書》；禮則有祭祀、會同、告朔、諒陰、玉帛、瑚璉、籩豆；樂則有《韶》《武》、八佾、鄭聲、鐘鼓、磬瑟；營建則有市、朝、廟、社、門、牖、堂、室、阼、階；車服則有殷輅、周冕、衡軏、章甫、裘葛之屬。權、量、庾、釜、簞、瓢，則其器用也；脩、脯、醯、醬、腥、膾、蔬、菜，則其飲食也；餼羊、騂牛、鳳雉、虎豹、五穀、瓜、薑、松、柏、唐棣，則其鳥獸草木也。引而伸之，聖人所以開物成務，盡三才之變者，二十篇内畧備矣。學者苟能因事旁通，時加考訂，以折衷于大道，亦聖學多見而識，詳説反約之本訓也。但愚所引書傳陳言，先聖往事，祇据見聞所及，畧加檢括，未必詳允。大抵《易》《書》《詩》《春秋》《論》《孟》外，雖六籍不無贗雜，世遠難稽，衆習成迷，是非疑似，神而明之，存乎其人，愚不能盡覈也。

先聖遺事

〇郝敬　編

〇孔子名丘，字仲尼。其先宋人也，曰孔防叔，生伯夏，伯夏生叔梁紇。紇與其妻顏氏徵在，同禱於兖州之尼丘山，生孔子於魯國昌平鄉鄹邑，時魯襄公二十二年庚戌十月庚子，今之八月二十七日也。生有異像，首邗頂，似尼丘山，因以名，遂字焉。生三歲而叔梁紇死。稍長，爲兒嬉戲，陳俎豆，設禮容。年十七，魯大夫孟僖子病且死，誡其嗣懿子曰：「孔丘，聖人之後，滅於宋。其祖弗父何，有宋嗣，讓厲公。及正考父，佐戴、武、宣公，三命益恭。其鼎銘云：『一命而僂，再命而傴區上聲，三命而俯，循牆而走，亦莫敢余侮。饘於是，粥於是，以餬余口。』其恭如是。吾聞聖人之後，雖不當世，必有達者。今孔丘年少好禮，其達者與？我死，汝必師之。」僖子卒，懿子與其弟南宮敬叔往學禮焉。

孔子年二十，家貧，仕魯爲委吏，料量平。爲司樴職吏，畜蕃息。魯昭公十七年，孔子年二十七歲，郯子朝魯。魯人問：「少昊氏以鳥名官，何也？」對曰：「吾祖也，我知之。」孔子曰：「天子失守，學在四夷。」見郯子學焉。從師襄學琴，十日不進。師襄曰：「可以益矣。」曰：「習其曲，未得其數也。」有閒，曰：「已習其數，可以益矣。」曰：「未得其志。」有閒，曰：「可以益矣。」曰：「未得其人。」有閒，孔子曰：「有所穆然深思焉，有所怡然高望而遠志焉。丘得其爲人，黯然而黑，頎然而長，眼如望羊，如王四國，非文王誰能爲此？」師襄避席再拜曰：「師蓋云《文王操》也。」

南宫敬叔言於魯君曰：「請與孔子俱適周。」魯君與之一乘車、兩馬、一豎子。適周見老聃問禮，老聃曰：「子所言，其人與骨已朽，獨其言在耳。且君子得時則駕，不得時則蓬累而行。吾聞良賈深藏若虛，君子盛德，容貌若愚。去子之驕氣與多慾，態色與淫志，皆無益于子身。吾所告子者，若此而已。」辭去，老子送之，曰：「吾聞富貴者送人以財，仁人送人以言。吾不能富貴，竊仁人之遺，送子以言。曰：『聰明深察而近于死者，好議人者也。博辯廣大危其身者，發人之惡者也。爲人子者，毋以有己。爲人臣者，毋以有己。』」孔子訪樂于萇弘，弘謂劉文公曰：「吾觀仲尼有聖人之表，河目而龍顙，黄帝之形貌。脩肱而龜背，長九尺六寸，成湯之形體也。言必稱先王，躬履謙讓，洽聞强記，博物不窮。其聖人之興者乎？」周使伯常騫問道于孔子，孔子曰：「剛者必折，勁者數傷，倨者不親，利者必蔽。四者，君子所戒也。」

孔子觀乎明堂四門牖，有堯舜桀紂之象，謂從者曰：「明鏡所以察形，往古所以知今。」孔子入后稷廟，有金人三緘其口，而銘其背曰：「古之慎言之人也，誡之哉！無多言，多言多敗。無多事，多事多患。安樂必誡，無所行悔。勿謂何傷，其禍將長。勿謂何害，其禍將大。勿謂不聞，神將伺人。焰焰不滅，炎炎若何？涓涓不壅，終爲江河。綿綿不絶，或成網羅。毫末不扎，將尋斧柯。誠能慎之，福之根也。曰是何傷，禍之門也。强梁者不得其死，好勝者必遇其敵。盗憎主人，民怨其上。君子知天下之不可上也，故下之；知衆人之不可先也，故後之。温恭慎德，使人慕之。執雌持下，人莫踰之。人皆趨彼，我獨守此。人皆惑之，我獨不從。内藏我智，不示人技。我雖尊高，人弗我害。誰能於此？

江海雖左，長于百川，以其卑也。天道無親，而能下人。誡之哉！」顧謂弟子曰：「小子識之。此言實而中，情而信。」周廟有欹器焉，問于守廟者曰：「此謂何器？」對曰：「此爲宥坐之器。」孔子曰：「吾聞宥坐之器，虛則欹，中則正，滿則覆。明君以爲至誡，故常置之坐側。」顧謂弟子：「試注水焉。」注之水，中則正，滿則覆。孔子喟然嘆曰：「嗚呼！夫物焉有滿而不覆者哉？」子路進曰：「敢問持滿有道乎？」曰：「聰明睿智，守之以愚。功被天下，守之以讓。勇力振世，守之以怯。富有四海，守之以謙。所謂損之又損之道也。」

孔子自周反魯，弟子稍進。魯昭公二十年，孔子年三十。齊景公與晏嬰來魯，與孔子語，悦之。昭公二十五年，公與郈昭伯謀攻季平子，平子與孟氏、叔氏共攻公。公師敗，奔齊。孔子適齊，聞《韶》樂，學之，三月不知肉味。景公問政，孔子對曰：「君君臣臣，父父子子。」景公欲以尼谿田封孔子，晏嬰曰：「儒者滑稽而不可軌法，倨傲自順，不可以爲下。崇喪遂哀，破産厚葬，不可以爲俗。游説乞貸，不可以爲國。自大賢息，周室衰，禮樂缺有閒。今孔子盛容飾，繁登降之禮，趨詳之節，累世不能殫其學，當年不能究其禮。君欲用以移齊俗，非所以先細民也。」後景公見孔子，不問禮矣。異日，景公止孔子曰：「奉子以季氏，吾不能，以季、孟之閒待之。吾老矣，不能用矣。」孔子遂行反魯。吴季札聘于上國，其子死，葬于嬴、博閒。孔子往觀之，曰：「延陵季子合于禮矣。」

孔子年四十二，魯昭公卒于晉之乾侯，季平子乃立定公。五年夏，平子卒，桓子嗣，桓子穿井得土缶，中若羊。問孔子，云得狗。孔子曰：「羊也。丘聞之，木石之怪夔罔兩，水之怪龍罔象，土之怪墳羊。」

吴伐越，隳會稽，得骨節可專車。使人問孔子：「骨何者最大？」曰：「禹致羣神于會稽山，防風氏後至，禹殺而戮之，其節專車，此爲大。」吴客曰：「誰爲神？」曰：「山川之神，足以綱紀天下，其守爲神，社稷爲公侯，皆屬于王者。」客曰：「防風何守？」曰：「汪罔氏之君，守封、禺吴二山名之山，爲僖姓。在虞、夏、商爲汪罔，周爲長翟，今謂之大人。」客曰：「人長幾何？」曰：「僬僥氏三尺，短之至也。長者十之，數之極也。」客曰：「善哉聖人！」季桓子嬖臣仲梁懷與陽虎有隙，陽虎欲逐懷，公山不狃止之。懷益驕，虎遂執之。桓子怒，虎并執桓子，因之，與盟而釋之。虎由是輕季氏，季氏亦僭于公室。故魯自大夫以下，皆離于正道。

孔子不仕，脩《詩》《書》禮樂，弟子彌衆，遠方來受業焉。定公八年，公山不狃失意于季氏，因陽虎爲亂，遂執桓子，桓子詐得脱。九年，陽虎不勝，奔齊，時孔子年五十。不狃以費畔，使人召孔子。孔子脩道彌久，愠無所試，曰：「周文武起豐鎬而王，今費雖小，儻庶幾乎？」欲往，卒不行。定公以孔子爲中都宰，一年制爲養生送死之節，長幼異食，强弱異任，器不雕僞。爲四寸之棺、五寸之椁，因丘陵爲墳，不封不樹。行之一年，四方則之。定公謂孔子曰：「舉子之法治魯國，何如？」對曰：「天下可也。」于是以爲司空，乃别五土之性，而物各得其宜。由司空進爲大司寇，設法不用，而無奸民。定公十年春，及齊平。齊大夫黎鉏言于景公曰：「魯用孔丘，其勢危齊。」乃使使告魯爲好會，會于夾谷。定公以乘車好往，孔子輔行，曰：「臣聞有文事者必有武備，有武事者必有文備。古者諸侯出疆，具官從，請具左右司馬。」定公曰：「諾。」與齊侯會于夾谷。盟，齊人加載書曰：「齊師出境，而不以兵車二百乘從我者，有如此盟。」孔子使茲無還，對曰：「而不返我汶陽之田，吾以供命者，亦如之。」獻酬禮畢，齊有司趨進，請奏四方之樂，旍旄羽袚（弗），矛戟劍撥（大盾也），鼓噪而至。孔子歷階而登曰：「吾兩君爲好會，夷狄之樂，何爲于此？」晏子與景公怍，麾去之。齊有司又趨進曰：「請奏宮中之樂。」優倡侏儒，爲戲而前。孔子歷階而登曰：「匹夫而熒惑諸侯者，罪當誅。」樂遂罷。將行，景公欲設享，孔子謂梁丘據曰：「事既成，又享之，是勤職事也。且犧象不出門，嘉樂不野合，享而具，是棄禮也。若其不具，是用粃稗也。用粃稗君辱，棄禮名惡，子盍圖之。夫享所以昭德，不昭不如其已。」乃不果享。景公知義不若，歸而告其羣臣曰：「魯以君子之道輔君，子以夷狄之道教寡人，奈何？」有司對曰：「君子有過，謝以質。小人有過，謝以文。君若悼之，謝以實。」於是齊侯歸所侵魯之鄆、汶陽、龜陰之田。

定公十三年夏，仲由爲季氏宰，孔子言于公曰：「臣無藏甲，大夫無百雉之城。」使仲由墮三都，於是叔孫墮郈，季氏墮費，公山不狃、叔孫輒率費人襲魯。公與三子入于季氏之宮，登武子之臺，費人攻之，弗克。入及公側，孔子命申句須、樂頎下伐之，費人北。國人追而敗諸姑蔑，二子奔齊，遂墮費。將墮成，會魯人有譖仲由者，公斂處父謂孟孫曰：「墮成，齊人必至北門。且成，孟氏之保障也。無成，是無孟氏。」乃弗墮。十二月，公圍成，弗克。十四年，孔子年五十六，由大司寇行攝相事。七日而誅佞人少正卯于兩觀之下。子貢問曰：「少正卯，魯之聞人也，夫子誅之，何也？」孔子曰：「天下有大惡五，而竊盜不與焉。心逆而險，行僻而堅，言僞而辯，記醜而博，順非而澤。五者有一于人，則不免君子之誅，而少正卯兼之。」爲政三月，粥羔豚者弗飾價，男女行别于塗，道不拾遺，四方客至如歸。魯有販羊者沈猶氏，常朝飲其羊，以詐市人。公慎氏妻淫不制，慎潰氏奢侈踰法。及是，沈猶氏不敢飲羊，公慎氏出其妻，慎潰氏越境而徙。先是，國人謗曰：「麛裘而鞞，投之無戾。鞞而麛裘，投之無郵。」至是國人誦之曰：「衮衣章甫，實獲我所。章甫衮衣，惠我無私。」齊人聞之，懼而謀曰：「孔子爲政必霸，霸則我地近，爲之先并矣。」用犂鉏計，選國中女子好者八十人，衣文衣，舞康樂，文馬三十駟，往遺魯君，陳于魯城南高門外。季桓子微服往觀再三，將受，語魯君，爲周道游觀終日，怠于政。子路曰：「夫子可以行矣。」曰：「魯今且郊，如致膰于大夫，吾猶可止。」桓子卒受女樂，三日不聽政，郊又不致膰。孔子遂行，乃作《猗蘭》之操。師己送之，曰：「夫子則非罪。」孔子曰：「吾歌可夫？」歌曰：「彼婦之口，可以出走。彼婦之謁，可以死敗。蓋優哉游哉，惟以卒歲。」師己反，桓子曰：「孔子何言？」師己以實告。桓子曰：「罪我以羣婢也。」

孔子遂適衛，主于子路妻兄顔讐由家。衛靈公餽粟，居頃之，或譖孔子于靈公，靈公使公孫余以兵防之。居十月，孔子去衛。將適陳，過匡，顔刻爲僕。以其策指穿垣曰：「昔吾由此入也。」匡人以爲陽虎，虎嘗暴于匡，孔子貌似之，遂止孔子。五日，孔子絃歌不輟。曰：「文王既没，文不在兹乎？」既而甲者進曰：「吾初以爲陽虎也。」解圍去。過蒲，月餘反衛，主蘧伯玉家。靈公夫人南子使人謂孔子曰：「四方君子與寡君爲兄弟者，必見寡小君。」孔子見之。居衛月餘，去適曹。是歲定公卒。孔子去曹適宋，聞喪，與弟子習禮樹下。宋司馬桓魋作亂，害孔子，拔其樹。孔子去適鄭，與弟子相失，獨立郭東門外。或謂子貢曰：「東門有人，顙似堯，項似皋陶，肩似子產。腰以下不及禹三寸，纍纍若喪家之狗。」子貢以告，孔子欣然曰：「形狀，末也。而似喪家之狗，然哉！然哉！」遂至陳，主于司城貞子家。歲餘，有隼集陳廷而死，楛矢貫之，長尺有咫，石砮鏃也。陳湣公使人問孔子，孔子曰：「隼來遠矣，此肅慎之矢也。昔武王克商，通道九夷八蠻，使各以其方賄來貢，于是肅慎貢楛矢、石砮，長尺有咫。先王欲昭其令德，以矢分大姬，配虞胡公，而封諸陳。分同姓以珍玉，展親也。分異姓以遠方貢，使無忘服從也。」陳人求之故府，果得矢。居三歲，晉、楚、吳爭陳。陳苦兵，孔子去。過蒲，會公叔氏以蒲叛衛，止孔子。弟子有公良孺者，賢而勇，以私車五乘鬬甚疾，蒲人懼。謂孔子曰：「苟毋適衛，吾出子。」與之盟，出孔子東門。孔子遂適衛。子貢曰：「盟可負邪？」孔子曰：「要盟也，神弗聽。」衛靈公聞孔子來，喜。問：「吾欲伐蒲，吾大夫謂：蒲，衛之所以待晉、楚也。」孔子曰：「然。其男子有死志，其婦人欲保西河。與公叔者，四五人耳。」靈公乃不伐蒲。靈公老，怠于政，孔子行。

會晉趙鞅攻范、中行，佛肸以中牟叛，召孔子，鞅亦使人召孔子。孔子欲往，至河，聞其殺竇鳴犢、舜華，二子皆晉之賢者也。孔子嘆曰：「竭澤涸漁，則蛟龍不合。覆巢毀卵，則鳳凰不翔。惡傷其類也。」乃還，息陬鄉，作《陬鄉操》以哀之。反衛，主蘧伯玉家。靈公問政，不對。與孔子語，見蜚鴈仰視，色不在孔子，孔子遂行。復如陳，陳侯起陵陽之臺未畢，死者數十人，執監吏，將殺之。孔子見，陳侯與登臺觀之。陳侯曰：「昔周作靈臺，戮人乎？」對曰：「文王之興，附者六州。六州之衆，以子道來，不日成之，何戮人之有？」陳侯乃赦所執吏，罷役。是歲，魯哀公三年，孔子年六十矣。

吴人遷蔡于州來。明年，孔子自陳如蔡。蔡人怨蔡昭公之從吴也，相與射殺之。楚伐蔡，孔子自蔡如葉，又自葉反蔡。宰予在楚，楚昭王欲以安車象飾遺孔子，宰我曰：「夫子無用此爲也。自臣從夫子，言不離道，動不遺仁，貴義尚德，清而好儉，仁而不祿，不合則退，所以爲積，去無吝心。道行樂其治，不行樂其身，所以爲夫子。若夫觀目之麗靡，窈窕之淫音，夫子過之弗視，遇之弗聽。故臣知夫子無用此車也。」王曰：「今而後，乃知夫子之德。」齊有一足鳥，飛集公朝，舒翅而跳，齊侯怪焉。使人問孔子，孔子曰：「水祥也，是爲商羊。昔童兒屈脚振肩而跳，謡曰：『天將大雨，商羊鼓舞。』今其應至矣。」頃之，大霖雨，水溢。楚昭王渡江，有物觸王舟。使人問孔子，孔子曰：「此萍實也，其甘如蜜。」使者曰：「何以知之？」曰：「吾昔適鄭，過乎陳之野，聞小兒謡曰：『楚王渡江得萍實，大如斗，赤如日，剖而食之甘如蜜。』得無是乎？」

孔子居蔡三歲，吴伐陳，楚昭王軍于城父，救陳。知孔子在陳、蔡閒，使人聘。孔子往，陳、蔡大夫謀曰：「孔子，賢者也。所譏刺中諸侯之疾，久在陳、蔡閒，諸大夫所設行，非孔子意。楚用孔子，則陳、蔡大夫危矣。」相與發徒役圍孔子，不得行，七日糧絶，從者病，孔子講誦絃歌不衰。弟子有愠心，孔子召子路問曰：「《詩》云：『匪兕匪虎，率彼曠野。』吾道非邪？吾何爲於此？」子路曰：「意者吾未仁邪？人不我信也。吾未智邪？人不我行也。」孔子曰：「有是乎？由，譬使仁者而必信，安有伯夷、叔齊？使智者而必行，安有王子比干？」子路出，子貢入。孔子曰：「賜，《詩》云：『匪兕匪虎，率彼曠野。』吾道非邪？吾何爲於此？」子貢曰：「夫子之道大，故天下莫容，夫子少貶焉。」

孔子曰：「賜，良農能稼，不能爲穡。良工能巧，不能爲順。君子能脩道，不能爲容。今不脩道，而求爲容。賜，而志不遠矣。」子貢出，顏回入。孔子曰：「回，《詩》云：『匪兕匪虎，率彼曠野。』吾道非邪？吾何爲於此？」顏回曰：「夫子之道至大，故天下莫能容。雖然，不容何病？不容然後見君子。夫道之不脩，是吾醜也。道既脩而不用，是有國者之醜也。不容何病？」孔子欣然笑曰：「有是哉，顏氏之子！使爾多財，吾爲爾宰。」於是使子貢適楚，楚昭王以師來迎。孔子如楚，昭王欲以書社地七百里封孔子。令尹子西曰：「王之使使諸侯，有如子貢者乎？」曰：「無有。」「王之輔相有如顏回者乎？」曰：「無有。」「王之將帥有如子路者乎？」曰：「無有。」「王之官尹有如宰予者乎？」曰：「無有。」「且楚之祖封于周，號爲子男五十里。今孔丘述三王之法，明周召之業，王若用之，則楚安得累世堂堂方數千里乎？夫文王在豐，武王在鎬，百里之君，卒王天下。今孔丘得據土壤，賢子弟爲佐，非楚之福也。」昭王乃止。是年秋，昭王卒于城父。楚狂接輿過而歌鳳兮以諷孔子。

孔子去楚，遇長沮、桀溺、丈人。反居衞，時年六十有三，魯哀公六年也。衞靈公卒，衞輒據國以拒其父，蒯聵入居于戚，輒欲得孔子爲政，使子路請。孔子欲正名，不果。明年冉有爲季氏將，與齊人戰，克之。康子問冉求曰：「子之軍旅學之乎？性之乎？」冉有曰：「學于孔子。」康子曰：「孔子何如人？」對曰：「用之有名。播之百姓，質諸鬼神而無疑。求之至于此道，雖累千社，夫子不利也。」康子曰：「我欲召之，可乎？」對曰：「欲召之，則毋以小人閒之，可矣。」先是，季桓子將死，屬康子召孔子。康子立，欲召孔子，公之魚曰：「吾先君用不終，爲諸侯笑。今又用不終，又爲諸侯笑。」康子乃召冉求。至是因冉求言，以幣迎孔子。孔子歸魯，去十有四年而反魯，乃作《丘陵之歌》。魯竟不能用，孔子亦不求仕。時周室衰，禮樂廢，《詩》《書》缺，乃序《書傳》，上紀唐虞之際，下至秦繆，編次其事。古詩三千餘篇，去其重複，取可施于禮義者，上采契、后稷，中述殷周之盛，至于幽、厲，凡三百五篇，皆絃歌以合於《韶》舞，禮樂自此可得而述，脩王道成六藝。晚喜讀《易》，韋編三絕。教弟子三千，身通六藝者七十有二人。

魯哀公十四年春，西狩大野，車子鉏商獲一獸，異狀，以爲不祥。折其足，棄于五父之衢。孔子往觀焉，曰：「麟也。仁獸出而死，吾道窮矣！」乃取魯史，脩《春秋》，上起隱公，下訖哀公十四年春，西狩獲麟終焉，本其所感也。明年，蒯聵自戚入于衛，輒出奔，子路死。哀公十六年，周敬王之四十一年也，四月丁巳夜，孔子夢坐于兩楹閒，奠其前。明日戊午，蚤作，逍遥負杖而歌，歌曰：「泰山壞乎！梁木摧乎！哲人萎乎！」子貢入見曰：「何謂也？」子曰：「予疇昔之夜，夢奠于兩楹之閒，夫明王不作，而世孰宗予？夏人殯于東階，周人于西階，殷人殯于兩楹之閒。予殷人也，殆將死矣。」蓋寢疾七日而卒，時周敬王四十一年四月十八日乙丑，今之二月十八日也。壽七十有三歲。葬魯城北泗上，弟子服三年喪畢，乃去。子貢廬于冢傍，六年然後去。弟子及魯人從冢而居者，百有餘家，因名孔里。

論語詳解卷一

郝敬　解

○《論語》者，論説之語。語以論道，道實非語。凡涉口耳，均屬文字。此二十篇之文，以人宜稱「孔子」，以所言宜稱「道德」，而稱「論語」者，爲其不離言語云爾。夫以聖人之言，純粹以精，不離言語，而况于百家之書，如所謂《道德》《南華》《清净》《圓覺》之類，皆僭稱經，名實相遠，誇誕無稽，聖人所以貴默識，而憂子貢之徒之多言也。然則解獨詳焉，何也？聖言精約，而舊註苟簡。朱子囁嚅因循，少所發明。愚以初學款啓，沈思年久，每有異同，不覺覼縷，益以名物往事，本聖人教小子多識之意，而一手一足，竟何能詳？所賴後之君子，同有是心，補其不足耳。

學而第一

○二十篇皆摘取章首二字標目，自有次第。此篇首學，蓋古今聖凡同歸，無貴賤大小，惟學不二。篇内所記孝弟忠信，皆學之事，不可須臾離也。《老子》五千言，首道德，有名無名，譸張幻語。佛氏侏㒧，險僻尤甚。其於民生日用，焉能爲有？此吾聖人之教，如布帛菽粟，開卷即是實用。

1 子曰：「學而時習之，不亦説悦乎？有朋自遠方來，不亦樂洛乎？人不知而不愠氲去聲，不亦君子乎？」

〇聖人立教持世惟學，人生貴于萬物亦惟學。廢學，則世間一切倫常禮法皆廢。人不學，則生同行禽，死同腐草，故學爲羣言之首。然不言所學何事，蓋心在則無事非學。學，覺也。大道無方，知者見之謂知，仁者見之謂仁。百姓日用而不知，知即覺，覺即學，日用視聽言動即是，尋常子臣弟友即是，《詩》《書》六藝即是。處常處變，在上在下，無小無大，無往非是。《易》云「學以聚之」，如篇中博文多識，則學在典籍；敏事慎言，則學在言行；不遷不二，則學在心。懲忿窒欲，遷善改過，損益之要，學之大端大本也。故學也者，貫三才，通古今，兼帝王聖賢知愚上下而爲言。生人之事，莫大於學，隨處是學，隨時是習。學不已即習，習有常即時，故曰「無行不與」。時者，有事無正，無忘無助，綿綿密密之意。鳥飛曰習，《月令》：「鷹學習。」《詩》云：「習習谷風。」天機踴躍，和氣舒長，故取以名學，真學乃時習。時習自悦，若勉强枝撑，未免苦難。聖學因心易簡，如顏子克己，故能語不惰，進不止，欲罷不能，無所不悦。學者能收拾放心，奉理時行，當下有知止自得之趣，一言一行當理，自覺情順心安。理義之悦，人所同有，非必如朱註云「學久習熟而後悦也」。悦者，人心之生機，不緣習而後有，即學之真趣，惟因時習而始露。《書》云：「惟學遜志時敏，厥脩乃來。」遜者無所勉强而自敏，故其脩也，火然泉達而來，即時習而悦也。此千聖學脉，古今同然。至誠無息，純一不已。天地恒久，君子素位，皆此一脉流通。朋樂，樂此也。不愠，純此也。但不學，則固蔽隔塞。不時習，則滅裂鹵莽。學而時習，與朋友相麗澤。至于忘遇無心，如夫子樂在中，顔子不改，孟氏三樂，乃爲真時習、真君子矣。同師曰朋。《學記》云：「獨學無友，則孤陋寡聞。」朋友之交，與君臣父子兄弟等，直、諒、多聞取益焉，故學必有朋。但朋在鄉曲比鄰，非必皆道義之交。自遠方來者，聲應氣求，慕義訪道而來，必鄉國天下之士。我之風動遠，人之向慕自深，所謂雲龍風虎，斷金蘭臭。如聖門三千七十士，得天下英才教育，大道洋溢，名理宣鬯。《易·乾》九二：「見龍在田，天下文明。」《學記》云：「安其學而親其師，樂其友而信其道。」所以可樂也。人不知，亦即此時。人，謂俗人，與朋異。同學者知之，俗人或不知也。抑有二端，一不知學，二不知君子。惟不知學，故不知君子。不知學，則君子不求備于人；不知君子，則君子惟求諸己。愠者，抑鬱不暢快也。《易》云「不見是而無悶」，悶即愠也。恒情遇知己則暢快，不知己則緼結。《詩》云：「憂心悄悄，愠于羣小。」悄然自悶曰愠。幽憤留滯胸中，不可對人言，故曰不殄厥愠。君子中心悦樂，仕止久速惟時，意必固我盡化，與天地萬物同享。雖人不我知，有畏天憫人之懷，而無怨天尤人之意。學不厭，教不倦，所悦所樂，毫無加無損，所謂「依乎中庸，遯世不見知而不悔，唯聖者能之」，故曰君子。君子，總結「學而」以下言。不亦者，從容審量之辭。或云：悦有不在學習者。若此「不亦悦乎」，意局促。

○「學」之一字爲二十篇冠冕，括盡此章之義。多一「而」字轉語，不可但聯「時習」解。時習是學，朋來亦是學，不見知不愠亦是學。學乃成君子，夫子一生好學。悦，悦此。樂，樂此。不愠，純此。朱註但以學蒙時習解，云「學一件，時時習一件」，意甚迫狹。聖學無迹，精神流注，全在時習。天幾躍如，所以生悦，真學則時習，故夫子不知老之將至。《易》曰「天行健，君子自强不息」，時習也。學至時習，義精仁熟。孟子云「行著習察，行暫習久」，行生習熟也。故飛曰習，行以足，飛以翼，飛則不行而至。天機翔洽，自然不息，所以生悦。

○言學，不定指所學何事，亦猶篇中言道，不定指何物是道，已自開拳見掌。朱註更作「明善復初」解，未免偏上之病，與禪學同也。學，效法也。學者日用，隨身規矩，無不是效法。人在學中，如魚在水中。「時習」二字，即是「學」字註脚。朱子云「後覺者必效先覺之所爲」，以此言學，如隔鞾搔痒，焉能悦？顔子當初，瞻前忽後，衹爲欲效先覺所爲。後來夫子循循善誘，乃無所不悦。冉求非不悦子之道，亦是欲效先覺所爲，終以自畫。

○或問：學是誦讀否？曰：不廢誦讀，不倚誦讀。默識一貫，是聖門無言本旨。行有餘力，則以學文。學文即誦讀也。曰餘力，則正學可知。四教首文，歸之忠信。博文約禮，本末昭然。古人春弦夏誦，秋學禮，冬讀書。外考之經傳，内體之身心，古今爲學之方同也。自科舉法興，學者攻文藝，薄躬脩，矯枉者以讀書爲外務。夫科舉何妨聖賢？讀書自是本領。子云：「古之學者爲己，今之學者爲人。」故今心術異，而學則一也，豈可遂謂古人終日默坐乎？孟子以誦《詩》讀《書》爲尚友，子路云「何必讀書」，夫子惡其佞。顔子博文，聖人終日與言，非講習而何？解者以讀書爲章句之末，謂文爲事物之散見，迂矣。

○悦是學脉。理義悦心，猶芻豢悦口。人之秉彝，好是懿德。人心若非自悦，他人焉能强之學？必如朱註云「所學者熟，而後中心喜悦」，則天下學習而悦者寡矣。夫天道運而無心，逝者如斯，人心自大虚來，靈機活潑，生意盎然。但無私欲之累，自然日新又新，與天地萬物同泰。在己則悦，共學則樂，隨寓則安，何愠之有？人心之愠，生于不虚，多累則多憂惱，易簡自然悦樂。

○有朋，兼近者言。學未有無朋者，朋不論遠近，義重則聚樂。惟大聖大賢，朋自遠方來。孟子謂陳良楚産，悦周公、仲尼之道，北學于中國，所謂豪傑之士，千里學道，定非籬壁閒物。學之所風動至此，可謂善世不伐，德博而化。得天下英才教育，君子之樂也。樂與歡異，樂静而歡躁。樂者，安也。《禮》云：「不能安土，不能樂天。」《易》曰：「安土敦仁，故能愛。」愛即樂意。

○不愠是化境。人不知而愠，是情境未化。大道自然，聖人無隱，豈不樂人知，然亦何必怨人不知，故曰知我其天。人知則物我偕暢，大行何加？所謂舜禹巍巍，有天下不與也。人不知，隱居獨善，遯世無悶，不見是無悶，所謂龍德而隱也。君子坦蕩蕩，故不愠，愠便是長戚戚。不愠與時習而悦正相應。時時學習而悦，安得有愠？愠非一時一事，與怒之偶激者不同。怒是人情，君子不能無。愠是自心上幽憤，人曉不得，與人言不得。故愠生于人不知，遇知己抒吐則解。如天氣絪緼，薰風可解；人心愠懑，知己可解。舜曰「南風之薰，可以解愠」，聖心無愠，不待知己。朱註云「含怒意」，「含」字甚善。怒因一事而發，含怒便是遷怒。此愠不至怒，祇少悦樂意思。聖人無固我，樂行憂違，積而能散，顔子屢空近之。

〇此章皆窮居之事。士不苦窮居，而苦人不知。人不知，情境甚惡。自古聖賢貧賤憂戚，皆由人不知。故《乾》初九稱龍德者，不在遯世無悶，在不見是無悶。遯世而又不見是，確乎不拔，所以爲龍德。以夫子之聖，三千七十士歸依，而鄉里人謂爲東家丘。則凡可以陵侮詬誶者，何所不至？豈但爵禄不加耳？貧賤不愠，忘窮達可能。人不知不愠，併忘道德，不可能。不愠方是真悦真樂，方成君子。

〇此章夫子生平實録，從古聖人遭逢不偶莫如夫子，朋來莫如夫子，悦樂不愠莫如夫子，故道全德備莫如夫子。聖人知即是行，言即是事，教即是學，于此亦可見。

〇記《論語》者但稱「子曰」，不稱「孔子」，何也？聖人萬代瞻仰，人所共知，如世惟一天，不必更言何天；民惟一王，不必更問何王。

2 有子曰：「其爲人也孝弟去聲**，而好**去聲**犯上者，鮮**上聲**矣；不好犯上而好作亂者，未之有也。君子務本，本立而道生。孝弟也者，其爲仁之本與？」**

〇篇中雜記諸賢語，故謂之「論語」。各因聖言以類附之。上章夫子言學無所指，此附以有子言仁，明學莫大于爲仁，仁莫切于孝弟。仁者，三才之元氣，人物之生理。草木實中謂之仁，人手足麻木不能運動謂之不仁。故仁以天地萬物爲體，天地以並育不害爲仁，王者以百姓親睦爲仁，故興仁興讓，於變時雍，堯舜之仁也；老安少懷，立達與俱，孔子之仁也。萬物各得其所，仁之大全也。要其本，在人心。仁，人心也。良心莫如孝弟。孩提之童，皆能愛親敬兄。不學不慮，舉此加彼，即保民愛物之根，時雍風動之本。大人者，不失其赤子之心，故爲仁在孝弟而已矣。犯上作亂，世間極兇暴不仁之事，惟孝弟能銷殺此毒。兩言不好，見良心發動處。拔本塞源，最爲有力。全其所真好，自易其所不好。蓋不仁之人，喪失良心，好惡反常，欲所不欲，至于弑父賊兄，窮極兇惡。然反諸良心，其好惡皆與人相近，豈有子不好愛親而好賊親，弟不好敬兄而好謀其兄者？定匪人情。故領惡全好，確乎不拔，惟孝弟爲然。若非根心不容已，烏能易惡至中，速化之深如此乎？

〇從古世道之不仁，由于作亂，作亂由于無上，無上由于不孝弟。亂臣賊子，暴戾恣睢，初起于一念，而流毒家國天下，以至分崩離析，禍延生靈，肝腦塗地。如心腹受病，則四肢百骸，痿痺不屬。世道不仁，莫大乎是。故《大學》脩齊治平，本于孝弟；明德親民，在止于至善。至善，即孝弟之良也。故曰：「一家仁，一國興仁；一家讓，一國興讓；一人貪戾，一國作亂。其機如此。」堯舜率天下以仁，而民從之，即從孝弟也，故曰：「堯舜之道，孝弟而已。」記者記此于學習後，即夫子祖述堯舜，《書》首「克明俊德，以親九族，平章百姓，協和萬邦」之義。有若之言似夫子，非區區論一事一念之仁耳。聖門爲仁，以天下歸仁爲至，故王者必世而後仁。言舉斯心，運天下于掌上，知皆擴充，保四海于一腔，方謂仁。一處不得所，即是偏枯不仁，故曰「萬物皆備于我」。道者共由之路，猶天下有道之道。生者，率性自然，興仁興讓之意。親長化行，舉世雍熙太和，故孝弟爲本。道在邇，事在易，此之謂也。聖人所以經綸天下之大經，在此。佛老所以得罪于聖教，惟其失此耳。

〇孝弟愛敬真切處即仁，生則惡可已。火然泉達，放之皆準，故爲爲仁之本。或云仁生出孝弟，不可謂孝弟是仁之本。然以行孝行弟爲行仁之本，理亦甚確。爲猶行也。本立道生，正是仁田地。仁是生生之理，天地之大德曰生，一片惻怛活潑意思，是萬事萬物之根，經綸變化由此出。

○有子，孔子弟子。名若，魯人。少孔子十三歲。門人以有若狀似夫子，尊稱爲有子，故後人不傳其字。

○《荀子》云：「有子惡卧而焠掌。」

3 子曰：「巧言令色，鮮矣仁！」

○機關曰巧，粧飾曰令。令，伶也。巧言令色之人，精爽外浮，定少肫懇惻怛意思。脩己觀人，舉不易此。仁惟一片真心。仁也者，人也。不言絶無，只銷得一「鮮」字。朱註謂絶無，太甚。

○上章以不好犯上作亂謂爲仁，見不仁所關係大。此章以巧言令色爲鮮仁，見仁所存主深。巧令較犯上作亂，善惡有閒，所以相提并論者。仁，人心也。爲仁在養心，喫緊在容貌辭氣閒。君子出辭氣，正顔色，内直外方，存誠匪懈，以爲己，便是學而時習，能悦能樂；以爲人，便是本立道生，能孝能弟。巧言令色者，浮靡虚詐之習勝，孝弟悦樂之意微，故爲仁在存誠立本，去其巧令之習而已。犯上作亂，則世多賊子。巧言令色，則世多詐風。有五霸之假，自有春秋之亂。子云：「巧言、令色、足恭，左丘明耻之，丘亦耻之。」「斯民也，三代所以直道而行。」其作《春秋》以此。記者首舉此三章，學問道德，風俗教化，盡在此。

○巧令喪心，温恭進德，存乎誠僞之閒。論者因巧言令色爲不仁，遂以直言厲色爲仁。其流爲忿戾剛很，又誤矣。子云「切切偲偲，怡怡如」，子路率爾，夫子哂之。聖德唯温、良、恭、儉、讓，非可疾言倨色之謂也。

4 曾子曰：「吾日三省吾身：爲人謀而不忠乎？與朋友交而不信乎？傳不習乎？」

○此因前章巧令，類記曾子忠信，爲近仁學習之本也。聖門傳習，主忠信而力行，莫如曾子。曾子忠信之功在日省。凡人心，妄生于迷，情識緣引，細微流注，迷而不覺，輾轉梏亡，乃近禽獸。故功莫要于省，省則覺，覺則妄銷。日謂日日，三謂再三。省者，按罪觀察之名。以人按我，罪狀易匿。以我自按，微曖難逃，故曰吾省吾也。忠本乎内，信達于外。程伯淳謂「發己自盡爲忠，循物無僞爲信」，程正叔謂「盡己爲忠，以實爲信」，其義一也。忠信即是所傳習，忠信在心，流通于人己之閒。心藏不見，對境[一]磨勘，毫髮難欺。恒情爲自謀則忠，爲他人謀多不忠。吾日省吾爲人謀，恐未免此。與朋友交多不信，吾日省吾與朋友交，恐未免此。師以是傳我，我不習，即欺師。我以是傳人，我未習，即欺人，即是不忠信。吾日省吾，傳而不習，不習而傳，恐未免此。我若有此，人不我知，惟我自知。我若無此，我不敢信，躬行始信。一日不自省，則吾喪我。我乃自欺矣，何况欺人，欺友欺師，欺門

〔一〕「境」，當作「鏡」。

人小子乎？三「乎」字，自審之辭，言下即省，省處即見忠信。省雖有三，忠信惟一。三事不足以盡忠信，而不忠信莫如三事。日用事不止三，而一忠信，則事事皆真。非謂省此三事遂足以蔽忠信也。昔邢七見程伯淳，問一日三撿點，伯淳曰：「可哀也哉！其餘時理會甚事？」正爲錯會三省耳。

○三省，只是常惺〔一〕法。靈知一惺，羣妄冰銷，萬應皆真。所謂心之官則思，思則得之。爲己爲學，其益無方，故《易》卦以省方象益。學莫大于忠信，此章不重爲謀、交友、傳習，而重忠信。忠信者，精一之心。三自省，只是袪妄法。但著一毫妄，即不忠信。一毫自瞞，即是妄。精神一息外馳，即自瞞。曾子終日凝神内注，檢舉己家罪狀，焉有包藏不發之隱？心地光明净潔，即是忠信。就使爲人謀，有不必竭之忠。交朋友，有不必踐之信。師授，有不能盡習之傳。而此不欺之一念，可表天日，故袪妄即存誠。朱註云「有則改之，無則加勉」，泥「乎」字作騎牆解，迂緩矣。曾子意主有邊，脩慝攻惡，即《大學》誠意。慎獨無自欺，與告孟敬子三貴，同其精密。所謂學而時習者，亦不外此。蓋四教主忠信，故曾子習傳，日用提撕，乃其所唯一貫，而告門人以忠恕者也。忠信即忠恕，恕以如心爲義，如心即信。三省皆主忠行恕之事，純之即一貫。聖學莫大于孝弟忠信，故篇首記有子、曾子、子夏之言，皆學習之大端大本也。

○曾子，孔子弟子。名參驂，字子輿，南武城人。少孔子四十六歲。志行孝，孔子作《孝經》十篇授之。

〔一〕疑脱一「惺」字。

《家語·弟子行》云：「滿而不盈，實而如虛，過之如不及。其貌恭，其德敦。其言于人也，無所不信。曾參之行也。孔子云：『孝，德之始也。悌，德之序也。信，德之厚也。忠，德之正也。參中夫四德者也。』」

〇莊子云：「曾子居衛，三日不舉火，十年不製衣。」《水經注》云：「曾子居曲阜，鴟鴞不入城。」

5 子曰：「道千乘去聲**之國，敬事而信，節用而愛人，使民以時。」**

〇本論治天下之道，而曰國者，凡聖言有餘不盡，顏子志王道亦曰爲邦。道猶理也，不曰治者，治以法言，道以德言也。治天下以愛養人民爲本，此章注意在人民。事，即民事也。敬事，謂念小民之依，知稼穡之艱難。孟子云「民事不可緩」，《周書·無逸》一篇，皆是敬事。世主非無欽恤民事者，膏澤不下，究有虛文，而無實意也，故在信。《易》曰「有孚惠心，勿問元吉。有孚惠我德」，《記》曰「民不求其所欲而得之謂之信」是也。財用者，國之大計，民之脂膏。人君與其務生財，不如務節用。凡諸服御制度，量從省約，以寬民力。《易》曰：「節以制度，不傷財，不害民。」君不務撙節，欲不剥民，不可得已，故愛人先自節用始也。國有大役，未免使民，既不得已使之，則當酌其時。《王制》曰：「用民之力，歲不過三日。」《周禮·均人》：「力政以歲上下，豐年，公旬用三日；中年，公旬用二日；無年，公旬用一日。」《春秋傳》曰：「火見而致用，水昏正而栽，日至而畢。」皆時也。非其時不可使，過其時不可久。古者民二十而傅，六十而免。《采薇》《出車》，方春而往，及春而還，皆體恤人情，時其勞逸。《詩》曰：「匪兕匪虎，率彼曠野。」幽王不以人道使民，所以亡也。春秋五霸，盟會征伐，勞者不得息。如有王者起，息民爲先，非謂農隙時便可使也。昔史佚告成王曰：「使之以時而敬順之，忠而愛之。布令信而不食言。」與此章正同。朱註云「五者皆務本之意」，特論其所存，未及爲政，非也。

〇千乘，公侯百里之國。古兵車因田制賦，千乘言國大賦多也。凡地，開方之法，方十里者一，可分爲方一里者百。方百里者一，可分爲方一里者萬。爲田萬井，以十井出一車，故百里爲千乘也。王畿方千里，可分爲方里者百萬，故稱萬乘也，極言其多，非必實滿此數。孟子云「大國地方百里」，又云「周公封魯，太公封齊，皆方百里。魯至戰國，地方五百里」。孟子謂王者起在所損，子路言志舉千乘，冉子謙言六七十里、五六十里，則子路千乘爲方百里甚明。曾子論君子可以寄百里之命，言其國大也。古國大不過百里。馬融據《周禮》「諸公地方五百里，侯四百里」，引《司馬法》「六尺爲步，步百爲畝，畝百爲夫，夫三爲屋，屋三爲井，井十爲通，通十爲成，成出革車一乘」，則是百井八百家，乃出車一乘；千井八千家，出車十乘；萬井八萬家，出車百乘；十萬井八十萬家，乃出車千乘也。夫《周禮》瀆亂不驗，多後人臆撰。《司馬法》齊威王時書，云「兵車一乘，戎馬四匹，牛十二頭，甲士三人，步卒七十二人」，干戈皆具。後人增益之，而八百家共辦此，亦非先王其軍三單之法。《大雅》云「篤公劉」「徹田爲糧」「其軍三單」。單者，家出一人，故萬二千五百家爲鄉，即萬二千五百人爲軍。大國三軍，三鄉三遂。今以八百家出卒百人，是八家共出一人耳，其數不合。漢班固謂殷周因井田制賦，四井爲邑，四邑爲丘，四丘爲甸，甸六十四井，共出車一乘，六千四百井，共出車百乘，所謂百乘之邑，卿大夫之家也。六萬四千井，出車千乘。所謂千乘，公侯之國也。百乘之邑，提封萬井，内除三分之一，三千六百井，爲山川城郭園囿街巷，以三分之二六千四百井，出車百乘也。千乘之國，提封十萬井，亦除三分之一三萬六千井爲山林等，而以三分之二六萬四千井，出車千乘也。然其地數倍于百里，一家萬井，一國十萬井，中原之地，不足分二三公侯卿大夫。其千七百七十三國安所置之？皆不足据，惟《論》《孟》之言爲正。

6 子曰：「弟子入則孝，出則弟，謹而信，汎愛衆而親仁。行有餘力，則以學文。」

○此論幼學之方。弟子，後生之通稱。爲人弟，爲人子者也。内而家庭，外而鄉黨，非親則長，故入惟有孝，出惟有弟，無適可自恣也。謹，謂舉動無躁率。信，謂言語勿欺誑。汎愛，謂器宇寬和，不得以親疏過爲揀别。衆人中有仁賢，當親就歸依，不可以嚴憚，遂致疎遠。凡此孝弟謹信，愛人親仁，内外言行交際，隨時隨處，勉强力行，期無餘力。所以匡直輔翼，爲養蒙之實地也。至于學古博文，在成人有德，則道藝兼收；在童子知識未定，則力行爲本，而文藝爲末。徐俟夫躬行有餘，然後以孝弟謹信，親愛之資，借文藝潤色天真。不然，學文稍後，無傷也。蓋童子閲歷漸久，聰明漸廣，自少至老，無非多聞多見之日，所患根本不實，祇益浮華。近世父兄教子弟，動先學文，而躬行不率，反以多聞鄙夷父兄，爲長傲之資，豈令器乎？或云聖教博文，非邪？曰：博文必約禮，成人之學也。此學文，書目記誦小事，離躬行而爲文藝者也。成人由博反約，弟子先質後文，子夏以好善盡倫爲學，即此意。後儒以格致爲入門，則學文稱首務矣，所以失之。

7 子夏曰：「賢賢易色，事父母能竭其力，事君能致其身，與朋友交言而有信。雖曰未學，吾必謂之學矣。」

○此因上章孝弟謹信、餘力學文之意類記之。學以忠信爲主，盡倫爲先。賢賢易色，即好德如好色也。人皆曰好善，而實心向善者有幾。苟能以賢賢之心，變易其好色之心，則秉彝之真，毫髮無虧。所謂善人也，信人也，樂善不倦，忠信之至也。由此以事父母，則力無不竭；以事君，則身亦可舍。致，猶舍也。其與朋友交，則言無不信。本至誠以盡倫，人道之根本已立，學問之大端已具。雖其人天資朴實，少文章英華，而人以爲未嘗學，然根本既厚，材藝皆枝葉也。誦《詩》讀《書》，不過學此耳。世豈少博聞强記者，而躬行未得，視此爲孰多。子夏，文學士，所尚若此。記者所以録其言，繼聖人之志，見孝弟忠信。聖人所以教，諸賢所以學。後儒援格物致知爲入門，詆子夏之言爲有弊，然則夫子之言亦弊矣。

○賢賢易色，即好仁者無以尚之。此忠信之心，制行之本。事親竭力，事君忘身，交友有信，皆自此一念流形。朱註配列爲四，皆人倫之事，非也。

○子夏，孔子弟子。姓卜，名商，字子夏，衛人。少孔子四十四歲。《弟子行》云：「送迎必敬，上交下接若截焉，是卜商之行也。」以文學著名，序《詩》傳《易》，孔子以《春秋》授之，又傳《禮》。

孔子既没，居衛〔一〕西河教授。有讀史志者云：「晉師伐秦，三豕渡河。」子夏曰：「非也，己亥耳。」問諸晉史，果己亥。衛〔二〕人以爲聖，衛〔三〕文侯師事之。其子死，哭而喪明。

8 子曰：「君子不重則不威，學則不固。主忠信。無友不如己者。過則勿憚改。」

○重，謂器宇敦篤。輕浮者無威望，非載道之器。然重厚而不學則固陋，能學則通博，而免固陋之失。主謂心所存主。忠信，誠也。能忠信即是主。無自欺，忠也。不欺人，信也。心常存而不欺，則主忠信矣，非别有忠信以爲主也。友，謂取友。同志曰友。友者，親愛之名。子云「汎愛衆而親仁」，非謂不如己者遂鄙夷之也，謂親就高賢大良，勿悦不若己。臨深爲高，則所就日卑。瞻依山斗，自然日新。故友即第二我，不可不擇也。過者，無心之失。既失，即宜勇猛决烈，痛自悔改，不可諱己之短，揜人不見，而蹉跎苟安。五者，内外人己兼資，威重如田，學如耕，忠信如種，取友如澆灌，改過如耘耨，兼脩乃獲有成。

○朱註云：「不厚重，則無威嚴，所學亦不堅固。」夫無威嚴，已指其病，不宜更贅。古註「固，

〔一〕「衛」，當作「魏」。

〔二〕「衛」，當作「魏」。

〔三〕「衛」，當作「魏」。

蔽也」，近是。五事交脩，自少學一事不得。重厚人不學則不通，此病非小。不固，亦便是時習而悅。威重者或失之固，學則通。多學者或失之浮。主忠信則誠，誠實者或易與，須擇交。寡交者或自是，須改過。聖言精密無漏。

〇凡人明知己非，掩護包藏。祇因志氣昏惰，宴安易溺，養成下愚不移，須常有勇猛精進意思。不善即知，知即不行，始得。著一「憚」字，極中護短者之病。

9 曾子曰：「慎終追遠，民德歸厚矣。」

〇此因上章孝弟忠信類記之。送死曰慎終，祭先曰追遠。言導民者不在虛文，但教以親喪盡禮，祭祀盡誠。蓋孝親敬祖，哀敬之心人所同，上能感動誨化，即此是雍熙協和之本，有子謂孝弟不好犯上亦此意。朱註云：「終者，人所易忽。遠者，人所易忘。」此語切至，而未竟其旨。蓋薄俗恒情，生相知，死相棄，終初如一者少；新則密，舊則疎，久近無閒者少。何但親喪有終，祭祀有遠耳？良心苟用，雖朋友故舊，終亦慎，遠亦追，況一本乎？心苟不用，雖父母先祖，亦忽亦忘，況他人乎？曾子此言，即君子篤于親，民興于仁，故舊不遺，民不偷之意。

10 子禽問於子貢曰：「夫子至於是邦也，必聞其政，求之與平聲？抑與之與平聲？」子貢曰：「夫子溫、良、恭、儉、讓以得之。夫子之求之也，其諸異乎人之求之與平聲？」

○夫子在春秋世，如威鳳祥麟，所在傾動。晚年齒德愈尊，聞望愈隆，所至邦君親就請教。陳亢不知而疑之。至於是邦，猶言之一邦。聞，猶「吾其與聞」之聞，謂商確，非風聞也。往曰求，來曰與。求固不屑，與豈無因？子貢言邦君所以與之因，明夫子所以得之故。温、良、恭、儉、讓五者，内有是德，外有是容。以德言，仁曰温，智曰良，禮曰恭，義曰儉，信曰讓。以貌言，和厚曰温，平善曰良，莊敬曰恭，節制曰儉，謙遜曰讓。五者元氣周流，光輝發越，見者悦服，言者輸誠，是夫子所以得聞政也。苟無所以得之，則但爲與。有所以得之，則與非無因。與有因，謂之求亦可也。蓋人情欲得必求，舍求别無得之之法。恒情欲與待求，不求，無自與之理。今夫子求而無求，不求而人與，此際存神過化，非但子禽不知，即邦君亦不知，夫子亦不自知。惟子貢善觀聖人，乃知之，而難于言。遷就世情解釋，曰：「夫子之求，異乎人之求。人之求，人皆知。夫子之求，人不知。不知之謂神，故曰異乎人也。」大抵聖人志存經濟，時政得失，雖不告亦聞。假如一部《春秋》盡是何君所告，又如二三子身不在位，亦惓惓問政。君子心存天下，大人之事，此無暇論，但辨求、與二端，見聖人過化，與常人異耳。

○此章義不主聞政，主贊聖德形容。所謂見而人莫不敬，行而人莫不悦。五德大和元氣，渾然無町畦崖異。士君子器宇和粹，人自易親。小人婞婞，所以忤世。《詩》云：「温温恭人，維德之基。」五德首温。《述而》篇，三德亦首温。《書》贊堯舜温恭，夔教胄子四德亦首温。凡有道氣象，無亢厲者。賈誼《新書》云：「欣熏可安謂之温，反温爲鷙。安柔不苛謂之良，反良爲齧。接遇盛容謂之恭，反恭爲媟。廣軓反自斂謂之儉，反儉爲侈。厚人自薄謂之讓，反讓爲冒。」若是者，人誰親之？

本無乖忤之心，色如之何而不温？本無忮尅之心，氣如之何而不良？本無慢人之心，容如之何而不恭？本無侈汰之心，貌如之何而不儉？本無上人之心，行如之何而不讓？誠若是，則蕩然春風和氣，賢愚大小，誰不樂就？世儒懲巧令善柔之非，以莊厲爲正直，使人視如秋霜烈日，亦過矣。顔子若愚若虛，所以幾于聖，冉閔誾誾侃侃，夫子樂之。丹朱之傲，帝堯所棄。子路之行行，夫子所憂也。

〇子貢，孔子弟子。姓端木，名賜，字子貢，衛人。少孔子三十一歲。有口才著名，孔子每詘其辨。子貢家富累千金，常造原憲，原憲居蒿蘆蓬户中，衣弊衣冠，并日疏食。子貢曰：「甚矣，子之病也。」原憲曰：「吾聞無財謂之貧，學道不能行謂之病。吾貧也，非病也。」子貢終身恥其言之過。七十子中材辨英華莫如子貢，歷相魯衛，而終于齊。

〇《史記》云：「七十子之徒，惟賜最爲饒益，結駟連騎，聘享諸侯，所至國君無不分庭與之抗禮。使孔子名布揚天下者，子貢先後之也。」夫聖人之名，何待子貢而後布揚？子貢與諸侯抗禮，豈徒爲其家饒益乎？夫子嘗言賜也貨殖，不如顔子屢空，蓋論道之寓言耳。史遷無識，緣飾其事，作《貨殖傳》詘子貢，與市井販夫爲伍，謂子貢廢著，鬻財于曹衛之間，與宰我同田常叛，其謬等也。

〇子禽姓陳，名亢。孔子弟子，或曰子貢門人。《禮記·檀弓》載陳子車死，子禽止殉葬一事，亦後來之賢者。

11 子曰：「父在，觀其志；父没，觀其行。三年無改於父之道，可謂孝矣。」

○此章論孝。指人子良心真切處，教人以立孝之本。觀，觀孝也。父在，子不得自專，故其行不可見。然苟其人孝，則其志亦可觀。如《禮》云：「視于無形，聽于無聲。」一舉足不敢忘親，一出言不敢忘親，皆志也。此觀于親存之日者也。比及父没，施爲由己，志願可行，實蹟可見。如《禮》云「爲善遺父母令名，爲惡貽父母羞辱」「涖官不莊非孝，事君不忠非孝」之類，皆行也。此觀于親没之後者也。雖然，猶未可以此信其孝。蓋行可踐志，未可信心。親喪三年，正哀慕之時。父死子繼，新故相代，豈無改易之事？然而羹牆如見，曷勝存没之感。父之事雖往，父之道如生，就使非道，改猶不忍，況弓裘可紹，非愆非蠱，何忍一朝遽忘之？此悽愴怵惕之心，不學不慮，人皆有，而在三年尤切，衰麻哭踊從此生。此念不迷，乃爲孝子。不然，志行雖善，根本已失，烏得謂孝？

○親存親没，槩孝子始終。父在不忘，父没不忘，没久猶不忘。大孝終身之慕幾矣。三年已久，勿論非道，即道亦或有隨時變易者。不曰事曰道，事難久存，道可常行也。然亦非甚懿範，尋常舊蹟，如《詩》云「紹庭上下，陟降厥家」，奄忽已過，猶若未死，時可自專，猶不忍專。此仁愛之心，不在形迹有惻然行事之外者。其父之賢否，與事之當改否，俱勿論，論孝子之心而已。假如瞽瞍雖死，舜見當日井廩，豈忍便教毁却？大抵親莫嚴于父，故禮稱母至親，父至尊。先王制禮，于父特隆，故曰：「知親而不知尊者，禽獸是也。」惟禽獸知有母，不知有父。此章專言父，殆爲無父者發。《春秋》諸侯大夫，有亟于得志行政，而甘心于其父者。曾子謂孟莊子之孝，不改父之臣與父之政是難能，意與此同。蔡班、衛輒，惟其亟欲改父之道，故爾。

○人生曰浮，人死曰没。沈没不見，如唐人詩「白鷗没浩蕩」之没，一字可會生死之理。

12 有子曰：「禮之用，和爲貴。先王之道，斯爲美。小大由之。有所不行，知和而和，不以禮節之，亦不可行也。」

○春秋之世，禮法大壞，而託言于和。矯世者遂謂和害禮也，不知禮之用正在和。惟其順天理、愜人情，所以貴用禮。先王制禮惟和，所以無厭無惡，使民不倦。率此則安，悖此則危。千萬世小事大事，未有能違者，皆和之爲美也。然則禮何嘗一日不行？而今人有所不行此禮者，徒知禮之貴和，而有心求和。不知先王之和，非今之和。先王惟其有禮，用以和，故和中節，中節即是禮。今人但知有和，而一于和，故和無節，無節即廢禮。世徒知不和不可行，豈知和無節亦不可行哉？

○世道莫大于禮，故聖教雅言，天高地下，萬物散殊，莫非禮。視聽言動，三千三百，禮儀威儀，莫非禮。聖人告顔子爲仁亦惟禮，禮即道也，故曰「先王之道」。道，路也。禮，履也。道不可須臾離，故禮不可斯須去。不可斯須去者，惟其自然而然也。自然而然者，和也。斯即指和。大謂綱常，小謂節目。由即是不可斯須去，無禮則人道滅。非强世由，自不得不由，所以和也。今人見禮文嚴密，如《儀禮》十七篇之類，拘瑣難行。不知此格套形迹，而用之于人，自有恭敬辭讓，不得不然之心，即是和。如聖人從容中道，周旋中禮，和也。世人依倣格套，木偶衣冠，枯瘁無血脉，割强無生機，即是不和。故禮，陳迹也。用禮，天機也。然和與同異。五味調曰和，彼此人我共適曰和，尊卑貴賤上下相安曰和。

如飲水淡，和以鹽梅。欲適口，自少鹽梅不得。如臣子見君父，拜跪方心安，欲心安自少拜跪不得，適口心安處是和。若一味無別，尊卑上下混，則爲同。同無節，而和有節。此先王之和與後世之和異也。後世同以爲和，故僭瀆無經，背理拂情，似和而實乖。先王節以爲和，故秩序天成，當理恰情，似嚴而實和也。

〇言禮以和，便是禮樂一原。恒情放縱易，而撿押難，故聖人言樂先言禮。樂本爲行禮而作，作樂不行禮，則爲荒樂，如幽王淮上之鼓鐘是也。故曰：「烝衎烈祖，以洽百禮。」今禮有數家，樂無專經，《樂記》即在《禮記》四十九篇中。世儒不達，謂《樂經》亡，未知禮之本和也。故古者教世子以樂，所以行禮。天子講學行禮曰辟雍。雍，和也。故古之禮、樂一也。聖人因世儒以器數言禮樂，故云「禮云禮云，玉帛云乎。樂云樂云，鐘鼓云乎」。禮樂不在玉帛鐘鼓，則中和一原之道也。《記》曰「禮節民心，樂和民行」「樂至無怨，禮至不爭。揖讓而治天下者，禮樂之謂」，是先王之道也。

13 **有子曰：「信近於義，言可復也。恭敬於禮，遠恥辱也。因不失其親，亦可宗也。」**

〇信，美節也。信者言必復，苟不質諸義，惟必于信，則言雖欲復，而義不可復。尾生之信，其敝也賊。恭，美行也。恭者不侮，安得恥辱。然過爲恭而不準諸禮，是媚竈之恭，恥辱隨之。因，依也。如《詩》云「誰因誰極」。墨者夷之因徐辟、時子因陳子之「因」，相依託也，依託則相親近。不失其親，謂其人賢可親者，則因之。昔人謂小人不可與作緣，緣即因也。宗猶黨也，因久成親，親久成宗。《易》曰：「同人于宗。」因緣小人相親，久則我爲小人之黨，此宗之不可者也。因緣君子相親，久則我爲君子之黨，此宗之可者也。三失皆爲見理不明，操持不定，惑于利害毁譽疑似，故各有其敝。君子見定識遠，自不墮此坑塹。

〇此章殆爲傷時而發。《春秋》諸侯大夫，爲信、爲恭、爲因者多矣，信不義，故難復，如五霸之盟誓是也。小事大，弱事强，如魯人恭敬齊、晉，屢蒙恥辱。昭公出亡，客于齊，死于晉。我以爲宗，彼不我親，豈不失所因？夫子作《春秋》，亦以此。

14 子曰：「君子食無求飽，居無求安，敏於事而慎於言，就有道而正焉，可謂好學也已。」

〇好學精神命脉，自不求安飽生。安飽非但居食，凡聲色貨利、功名富貴之想，皆生于求安飽之一念。苟且怠惰燕安之習，總成就安飽之一事。此世情窠臼，害道坑塹，無始以來習氣，極難斷除。恒人爲此一念，誤却生平。能斷除，便高明廣大，源頭清徹，念力自專。敏事，不言何事，猶學習不言何學。莫非學，莫非事。夫子忘食忘憂，是有事；孟子勿忘勿助，是有事。苟無事，便是飽食終日，放其心而不知求者矣。但聖人當體即道，隨寓即學，在在即事。衆人背道而馳，故别作學作事解。聖賢分上事亦强名，况執定何者爲事乎？慎言者，精神在有事，不洩露也。敏于事，則自不容不慎于言，正所謂爲之難言之得無訒也。學者日用，隨身規矩，不過言行兩端，皆心也。昏佚者事惰，躁妄者言輕。敏則神常新，慎則氣常斂。此無求之力定也。有道，謂道有諸己者，即德也。親就質正在平日，如七十子之就夫子，非敏事慎言之後，乃往就正，如禪家求印可之謂。工夫縝密，心懷謙下，此無求之衷常虚也。安飽無求，與苦節艱貞者異，此正悦樂境界，故曰好學。顔子簞瓢陋巷，夫子疏水曲肱而樂，皆爲無求，所以謂之好學也，唯孔、顔有是夫。

15 子貢曰：「貧而無諂，富而無驕，何如？」子曰：「可也。未若貧而樂，富而好禮者也。」子貢曰：「《詩》云：『如切如磋，如琢如磨。』其斯之謂與？」子曰：「賜也，始可與言《詩》已矣，告諸往而知來者。」

○貧富就一人論，處貧不卑諂，處富不矜驕。朱子謂子貢先貧後富，故問此，大拘。此造詣未甚深，但能勉强操持。猶自知有貧富，而心地未净。若樂好禮者，并貧富忘之，無諂驕不足言矣。如夫子疏食水飲，樂亦在中；顔子簞瓢陋巷，不改其樂，何但無諂耳？如大禹勤儉不伐，周公吐握下士，何但無驕耳？貧而多求，則不樂。忘貧者無求，故樂。富而荒淫，則鮮禮。忘富者以时爲悦，故好禮。富者所難不在樂，貧者好禮患無財，各就所處論，非謂樂者可廢禮，好禮不必樂也。無諂驕是有氣槩人，能降伏此心。樂好禮，是温恭君子，無入不自得。無諂驕，在形迹體面上把持。樂好禮，在性地上銷鎔。所以有淺深精粗之殊。子貢聞言，知義理無窮，進脩有漸，故引衛人美武公詩徵之。治骨曰切，治角曰磋，治玉曰琢，治石曰磨。言學問自脩，以精而益求其精如此。子貢解此詩，不自今始。兹因聖言有味乎此詩耳。夫子許其可與言，獎勸之，使學亦不專貴言《詩》也。前言曰往，新知曰來。告往知來，謂能曲暢旁通，反復推類，無高叟之僻。蓋風人之辭影響託興，苟無變通之識，必至以文害辭。如賜之通達與言，可以觀可以興矣。

○《記》曰：「温柔敦厚，《詩》教也。其失也愚。」故《毛詩》古序皆直指作者之志，後儒反謂古序與《詩》不相似，一切改作。夫作者之志，與所作之辭不相似，乃其所以爲敦厚難言，而或失則愚者也。孟子云：「説《詩》者不以文害辭，不以辭害志，以意逆志。」是爲得之六經，惟《易》與《詩》不在辭。《易》在象，《詩》在興。興者，情之動也。後儒以興當比則愚矣。六義皆不離興，故曰「興于《詩》」。《詩》可以興，興不可以辭執也，故言《詩》貴達。子云「《詩》可以言」「不學《詩》，無以言」，聖人所以繼《詩》亡作《春秋》，全用詩人美刺之法。二千年來，無人領畧。賜、商而後，惟有孟子。如咸丘蒙、高叟輩，滔滔皆是也。

○言《詩》知來，語含規諷賜、商言語，文學多而默識少。承聖訓，不能沈潛理會，而比儗引度乃多學而識之習。二子遊聖門久矣，何待今日始可言《詩》？告往知來，憤悱之事。解者謂夫子深嘉，誤也。聖教因量，不强人所未至，是以爲善誘。此與子路不忮求、子夏問素絢，凡三言《詩》，歸趣同。參伍而觀，可識聖人造就之權。

16 子曰：「不患人之不己知，患不知人也。」

○不己知，謂人不知己之賢。不知人，亦謂不知人之賢。君子不攻人之惡，人之不賢，何苦求知之？惟有賢人君子，學問造詣深，而盛德容貌若愚，不知則無以爲趨向之的、效法之資。蓋君子之不見知于鄉人，與鄉里人不知君子，常也。我欲學爲君子，奈何不知，則我猶未免爲鄉人，何以進列于君子之林？所以爲患。非如朱註「是非邪正，或不能辨」之謂也。辨人是非邪正，即是方人。昔子貢方人，子曰：「賜賢乎？夫我不暇。」据《家語》，衞將軍文子問七十子之賢于子貢。子貢曰：「賢人無妄，知賢即難。」再問，子貢乃舉顏淵以下十餘人行事對，人告于夫子。夫子曰：「賜，汝爲知人矣。吾亦語汝所未知者。」舉伯夷、叔齊以下十餘人行事教之。子貢跪曰：「請退而記之。」此所謂知人也。夫知人則哲，古以爲難。若辨人是非邪正，俗士優爲之，聖人所戒，豈以爲患？

論語詳解卷一終

論語詳解卷二

郝敬 解

爲政第二

○學而後入政，故次前篇。

1 子曰：「爲政以德，譬如北辰居其所而衆星共拱之。」

○躬行心得曰德。政，正也。綱紀法度，以正百官萬民者也。爲政以德，見諸施爲者，皆本諸孝弟忠信之良，以達諸天下。所謂上老老而民興孝，上長長而民興弟。《大學》止於至善，定静安慮，而國治天下平者也。北辰，星名，一名北極，居天中。天體與衆星旋繞，而北極居中不移。人主中心無爲，以守至正，天下向化，其象如此。共，環向也。

○既曰爲政，是大有設施也。又曰居其所不動，何也？號令文章皆本諸心。羣工勵翼，百度脩舉，而人主心正意誠，運于無形，故天下日靡然向化，而不見人主作爲之迹。苟心不正，身不脩，徒倚法令，君勞而民擾，誰其從之？此理甚明，其機甚隱，故有北辰之喻。天體運而不息，無一刻停，獨北辰一點，覺其不動。人主四海萬幾，亦無一日停，獨君心一點，覺其不動。如舜、禹勤勞，而曰無爲、曰無事者，有事而順事無情也。《大學》平天下，理財用人，惟君心絜矩，而億兆之好惡，脉脉隨君心轉，前後左右上下各得所，豈家喻户曉之邪？

○北極五星，第一爲天樞，居天中，謂之北者，自人望之，居北也。屋脊梁曰極，天有南北極，而天體斜偃，北高南下。南極入地下三十六度，北極出地上三十六度。天與日月五星二十八宿，旋轉不停，而天樞一星，獨居天心，如車軸頭不離本位，謂之北極。即所謂窺以管而不出管中者也。又謂紐星。

○天形如丸轉，而無形質。但如勁風之旋，當晝左旋向右，將夕前降歸後，當夜右轉復左，將旦後升趨前，旋轉不息。南北兩端，前高後下，乃其樞軸不動處。

○萬物之精，上爲列星。星者，散也。言其列位布散也，故祭星曰布。《淮南子》云：「日月之淫氣，精者爲星。」《春秋題辭》云：「星，精也。陽之榮也。」陽爲日，日分爲星，故字從日、生。二十八宿皆星，獨南方中宿名星者，正陽也。《天文志》云：「星者金之散氣，其本曰人。」孟康注云：「星，石也。金石相生。人與星氣相應也。」緯書云：「山川之精，上爲星。各應其州城分野。」又云：「在野象物，在朝象官，在人象事。其以神著，有五列。一居中央，謂之北斗。四布于方，爲二十八宿。」中外之官常明者百有二十四，可名者三百二十，爲星二千五百。微星之數，萬一千五百二十。庶物蠢蠢，咸得繫命。

○《左傳》晉侯問士文伯曰：「何謂辰？」對曰：「日月之會是謂辰。」故辰者，列宿之位分，日月所會之次舍也，周天三百六十五度有奇。二十八宿周羅，日月右行于天。日行近天而疾，月行卑而遲。日每日行一周天而稍弱，月二十九日有奇而一周天，與日會于故處。其所會之星次謂辰。辰，時也。星以紀時也。一歲十二會，故爲十二辰，即子、丑、寅、卯等十二也。

2 子曰：「《詩》三百，一言以蔽之，曰『思無邪』。」

○《詩》三百篇，大要不越美、刺二端。美善刺惡，惟欲人正其心，勿入于邪而已。蔽，斷也。斷獄亦曰蔽獄。六經之言莫匪正，獨舉《詩》，因《詩》辭斷《詩》也。蓋聲歌之道，和動爲本。過和則流，過動則蕩。《記》曰：「樂者，反情以合志。」如鄭、衛之《詩》，聽其聲皆似男女狎語。而逆其志，皆忠臣義士。故曰：「詩者，志也。」善學《詩》者，以無邪之思，逆作者之志，則三百皆正言。不然，以辭害志，失之流蕩者有矣。朱子錯會鄭聲淫，謂《國風》多淫詩，凡似男女語者，盡斥爲淫奔，以附會思無邪，非也。其曰：「凡《詩》言善者，可以感發人善心。言惡者，可以懲創人逆志。歸于使人得其性情之正。」此語得之。

○思無邪，《魯頌·駉》篇之辭。是詩頌魯僖公牧馬，告成于廟，季孫文子請于周而作也。夫《頌》，本王者宗廟之樂歌，惟天子作樂頌功德，諸侯不敢作禮樂。魯有《頌》，僭也。故夫子作《春秋》，因魯史，刪《詩》不列《魯風》，而存《魯頌》，此孟子所謂「是非之心，人皆有之」。思則得之者也，故曰：「吾之於人，誰毀誰譽。斯民也，三代所以直道而行。」僖公繼亂，于魯中興不爲無功，而僭郊僭禘，自僖公始。文子附東門襄仲，助宣公奪適，已又與臧孫謀逐東門氏。季孫專魯，實由文子。當時顧稱爲三思，子云再思可矣者，譏其初未嘗一思也。此又即其所爲《頌》者，摘其語，砭其邪，與譏三思意同。聖言微婉，解者不達。

○《風》《雅》《頌》三經，共詩三百十一篇。内逸六篇，實存三百五篇。諸侯之詩曰《風》，天子之詩曰《雅》，天子宗廟之詩曰《頌》，皆掌之樂師，被之絃歌，以諧八音，合萬舞。其辭皆關係民風治道，其旨不越美、刺二端。人事有得失，則人情有好惡，故「詩者，志也」。志生于心，發于詩。美刺存，勸戒彰。而管絃以歌之，八音以間之，籥舞以節之，使其聲容足以滌蕩人情，善惡足以感動人心，先王所以採詩作樂，典之大師者也。周衰，禮樂壞，王侯亡等，列國之詩，不屬于天子。可述者惟衛、鄭、魏、唐、秦、陳、曹八國，而邶、鄘即衛也，檜即鄭也，豳即秦也。十五國亦虚名耳，故孟子曰「王者之迹熄而詩亡」。朝廷百官有司，會同宴饗宗廟祭祀禘嘗之事。東周六百里之邦畿，欲以供《周官》六典，脩文武舊觀，難矣。是不惟《鹿鳴》《天保》《維清》《思文》不復作，即近如幽、厲以來，卿大夫獻納箴規，亦邈無聞焉。《雅》《頌》絶響，《國風》希聲，掌故所存，士類所肄習，唯二南、《鹿鳴》《天保》《文王》《大明》以下，正《風》、正《雅》諸篇，與商、周二《頌》。其餘變《雅》、變《頌》，多幽、厲以後之作。抑有列國之詩，出于東遷後者。或傳之故老，或寫之各國，遇聞瞥見，并加採輯，芟其浮俚，擇其正音合于雅樂者。三百十一篇，皆可以垂彝訓，被歌頌者也。而文獻不足，罣一漏萬。如杞宋舊邦，晉楚大國，許蔡滕薛，皆無一篇存者矣。方文、武、成、康之盛也，九州千八百國，莫不各有詩，使其尚在，美惡并傳，是非昭然，即《春秋》可無作也。故《春秋》者，補《詩》亡者也。司馬遷謂古《詩》三千餘篇，果爾，何以稱亡乎？古序備陳作者之志，與聖人删定之心。至宋朱元晦，謂《詩》不專爲美刺，詆古序爲妄作。夫《詩》誠有不專爲美刺者，是嘲風弄月辭人之綺語。當世豈乏，則大史所不採，聖人所不録者矣。既詆古序爲鑿空，又以己意爲新説代之。夫古人千載上既爲鑿空，後人從千載下懸斷，其非鑿空乎？愚河漢而不信也，詳《詩解》，餘見《述而》篇。

3 子曰：「道之以政，齊之以刑，民免而無耻；道之以德，齊之以禮，有耻且格。」

〇道與齊皆教民爲善也。道謂開化引導，齊謂比試責成，政謂法令，刑謂鞭朴，德即孝弟忠信，禮如冠昏喪祭。不仁之君，教民不本諸身心，始以政令諭道使行，繼以鞭朴督責使齊。彼民畏上，勉强粧飾，求免于刑，而無以感動其良心，終于無耻，雖有政刑將奈何？惟仁君以躬行實意，道民爲善。又制爲品式，使知所持循。民迪于其德，自將耻其不善，倣禮而行，盡格其舊習，而政刑可無用矣。感動則耻，變化則格。格，革也。猶《大學》「格物」、《孟子》「格君非心」之格。堯舜不廢政刑，而皆本諸德禮。桀紂不務德禮，而全倚政刑，如御者適馬之性。德也，銜轡。禮也，鞭策。政，刑也。不適馬性，委銜轡，徒持鞭策，其何以行之？

4 子曰：「吾十有五而志於學，三十而立，四十而不惑，五十而知天命，六十而耳順，七十而從心所欲不踰矩。」

○此章聖人自敘生平，而歷證其所學也。夫子嘗自任好學，不知老之將至。此章首言學，即槩平生。三十以後，皆學之實跡。按年默證往事，至七十而學極，志始遂。人生八歲毁齒，乃有識，學書計。七八十五，陰陽備，成童，入大學，學經術，雖聖人亦然。心之所期向曰志，學即時習之學。該終身，兼萬事。朱註云「大學之道」，拘也。效法曰學，即所謂矩也。矩未從心，故須學。十五時志氣清明，已無物欲之雜，而專心于學。至于三十，壯而有室，理男事，卓然幹立，無所屈撓。如爲委吏、乘田，皆三十以來事。《詩》所謂「膂力方剛，經營四方」，此時也。四十强而仕，行當大任，出謀發慮，故漆雕開未信，不敢仕。聖人于世故人情物理，幾微洞晰。宰中都，爲司空、司寇，皆四十以來事。孟子謂「四十不動心，願學孔子」，此也。五十曰艾，服官政，爲大夫，由司寇進攝相事，魯國大治。齊人歸女樂阻之，乃去適衛，適陳、曹、宋、蔡，入楚。此十餘年閒，厄于匡，伐木于宋，絶糧于陳，艱難危險備嘗，故自謂五十以學《易》，吉凶禍福，身親歷而知行止皆天命，非人力也。六十曰耆，指使。是時道既不行，弟子日進問道，終日與言，鄙夫空空，兩端必竭。如虚谷應聲，洪鐘答響，言必逐心，不思而得。若決江河，無所凝滯。凡諸嚚雜毁譽，邪説簧鼓，舉不足以亂其聰，故曰耳順也。七十曰老而傳。古者七十致仕，稱老夫。是禮法所寬，子弟所取則也。人情衰至便驕，聖人聲律身度，無忝爲父兄師長，言出即法，行出即則，渾耳目口鼻即天性，視聽言動即天理。不必言志而恣其心之所欲，不必言學而矩自在中，是能裁成吾黨，可以爲人師矣。

○聖人生知即安行，不分知行，不落階梯。自少至老，雖有漸次，如春生夏長，秋收冬藏，原無優劣，惟据所閱歷，證所自得，大約似此。蓋聖學無事外之理，凡《論語》言道，無偏上之學。舊註懸空鑿理窟强解，欠通。十五志學，何待三十方立？既立，何待十年始不惑？豈立時猶惑邪？聖人知命，何待五十？或云即《中庸》知化育，《易》窮理盡性至命，如此則是至境，又何待十年方耳順？佛書以聲聞爲小乘，以耳根爲圓通。解者据此論聖脩，理同而事非也。人心通達，每由聞入。識情牽引，惟耳難防。故喜多生于見，怒輒發于聞，垂旒蔽目，則黈纊塞耳。聖人中虛，出入無礙，言無逆耳，心自忘物。知命以後，氣息消融，是非毁譽，如風過樹。莊周謂之天籟，有何揀別，而以攖寧。至七十從心，非有加也，年老懸車，不縈世累，生死晝夜，任運轉移，故從心應矩終焉。前後歷階六等，不越始中終三境。十五志學，至三十立而志定，幼境也。四十不惑，至五十達天而惑盡，壯境也。六十耳順，至七十從欲而順化，老境也。始十五年，幼學之事。中二十年，涉世之事。終二十年，爲人父兄師長之事。三十、四十、五十、六十、七十，皆据每十年中間爲一變，始自十五至三十五，皆立境也。三十五至四十五，皆不惑境也。餘倣此。大約追數往跡，彷彿似此。如《大學》八事執定，則牽掣難通。此章執定十年一變，亦難通。

○耳順，不思而得也。從心，不勉而中也。纔容思便有凝滯，纔容勉即不從心。五官惟耳合虛，目有開閉，口有吐納，鼻有呼吸。惟耳無出入，以静爲神。故色來易防，不見可欲，即心不亂。惟聲不行而至，驚神聒性，不驚不聒，故是難事。惟聖人神與虚合，知解情識化，乃能之。

○從心，縱心也。矩，帝則也。《詩》詠文王「不識不知，順帝之則」，夫子所以師文王也。與十五志學正應。欲不合矩，故須學。及矩從心欲，則學化爲矩，志化爲欲。欲在學時，爲聲色臭味。在從矩後，即仁義禮智。心純，即欲是理；心雜，理還爲欲。神明變化，幾希之間耳。

○矩由人生，即今之曲尺，人身自腰以下曰磬折。《考工記》：「半矩謂之宣。」人頭頂髮希處曰宣。《易·説卦》：「巽爲宣髮。」一宣有半謂之欘，一欘有半謂之柯，一柯有半謂之磬折。人身長八尺，腰上三尺五寸，腰下四尺五寸，有矩象。矩爲百物之度，身爲百行之度。聖人身爲度，折中矩。《大學》以君身爲矩，不言規而言矩者，從圓易，從方難也。

○《曲禮》云：「人生十年曰幼，學。二十曰弱，冠。三十曰壯，有室。四十曰强，而仕。五十曰艾，服官政。六十曰耆，指使。七十曰老，而傳，致仕，適四方乘安車，自稱曰老夫。」《内則》云：「三十始理男事，博學無方，孫友視志。四十始仕，方物出謀發慮，道合則服從，不可則去。五十命爲大夫，七十致仕。」正與此章之義合。

5 孟懿子問孝。子曰：「無違。」樊遲御，子告之曰：「孟孫問孝於我，我對曰『無違』。」樊遲曰：「何謂也？」子曰：「生，事之以禮；死，葬之以禮，祭之以禮。」

○孟懿子，名何忌。魯孟孫僖子貜之子。昭公七年，僖子從公入楚，不能相禮，病之。及卒，屬其二子閲與何忌，事孔子學禮焉。閲即南宫敬叔也。何忌問孝，夫子因其父治命，教之以無違，言孝子當無違其親之命。蓋欲勉以向學，而未及與言禮也。旋慮懿子不達，三家强僭，將恐從臾其父兄非禮，以爲無違則誤矣。因樊遲侍側，夫子申言無違之旨，遲仕三桓，與懿子友，使之聞之，念其父學禮之命。家庭凡事守分不違禮，即是不違于父。君子愛人以德，以禮愛親，是孝之大者。生事葬祭，括盡孝子一生。三事合禮，在家爲孝子，在國爲忠臣矣。

○夫子告懿子無違，始非不詳，但未及禮耳。朱註謂懿子不能再問，夫既答人之問，又留半語待再問，甚無謂也。即單言不違，亦是順親之孝，何傷？祇慮其昧禮，一槩無違，則不可。禮有品節限制，上下以辨，從違以準。如其禮而莫違，不亦善乎？如其非禮而莫違，將有苟且曲從過當之事，故不得不補前説所未備，正是教誨無已之心。

○樊遲御，猶《曲禮》「御食于君」之御。《詩》云「琴瑟在御」「授几有緝御」，《内則》「五日之御」，皆言侍也。舊註「御車」，非也。如子適衛，冉有僕，則御車矣。

○樊須，字子遲，齊人。少孔子三十六歲。孟孫本仲慶之後，桓公四子，長莊公，次仲慶，次叔牙，次季友。仲慶本仲氏，稱孟者，大夫不敢祖諸侯，仲自爲孟也。

6　孟武伯問孝。子曰：「父母唯其疾之憂。」

○不言人子事親之道，但言父母愛子之情，使人子惻然深念，乃所以爲孝。疾是陰陽之患，氣數之不可免者。父母常爲子憂，倚望之重，愛護之篤也。况于匪彝不材，投身兇危之地，父母豈願其子之有此也哉？故曰：「孝子不登高，不臨深。蒞官不莊，非孝也。事君不忠，非孝也。」曾子臨終啓手足，樂正子春傷足，三月猶有憂色，皆以此。而儆戒三家之意，婉且切矣。唯者惓惓之意，不作獨訓。

○孟武伯，名彘，又名洩，謚武。懿子之子。

7 子游問孝。子曰：「今之孝者，是謂能養。至於犬馬，皆能有養；不敬，何以別乎？」

○此聖人法語之言，三復令人汗下。養者，愛之屬也。知愛而不知敬，世俗以爲孝。夫犬馬亦知愛其所生，得食亦相呼。人不能敬其親，與犬馬何異？晉束皙詩云「嗷嗷林鳥，受哺于子。養隆敬薄，唯禽之似」，用此意。兩「能」字可思，如以能養耳，物皆能，惟敬則人能之，孝子能盡之。《坊記》：「子曰：『小人皆能養其親，君子不敬，何以辨？』」唐馬周云：「臣不幸，早失父母。犬馬之養，已無所施。」凡犬馬，皆人子自況也。釋語自我爲能，對能爲所。

○孝生于愛，禮主于敬。愛而能敬，親而能尊者，禮之至也。天尊而地親，故祀地以大牢，祀天以特犢，天尊，故敬也。爲父斬衰三年，爲母齊期，父尊，故敬也。可知先王制禮，人所異于禽獸，惟能愛又能敬，知親又知尊也。禽獸知母不知父，故親而不尊，愛而不敬。先王制禮立人道，以敬爲本，義爲質，所以節其愛而濟其仁也。犬馬無別之説本此。未達者，疑聖言已甚。前後答問孝四章，始于敬，終于愛。無違于禮，是不敢慢親。唯疾之憂，是不敢辱親。其次養，其次色，先敬而後愛也。人子于親，非大逆，未有不愛者；非真愛，鮮有能敬者。

○子游，孔子弟子。姓言，名偃，字子游，吴人。少孔子四十五歲。《家語》云魯人，《索隱》云「仕于魯，吴人也」。今吴郡有言偃塚。

○《説文》：「犬，狗之有懸蹄者。子云：『視犬之字，如畫狗也。』」狗，叩也。其吠如叩物，聲有節也。犬爲六牲之一。孕三月而生，種有三，一田犬，二吠犬，三食犬。《王制》云：「大夫無故不殺犬。」

○馬，怒也，武也。字象馬頭，髦尾四足。王者駕馬，故其字從王。馬孕十二月而生，高六尺曰驕，七尺曰騋，八尺曰龍。數馬以匹，言其長如布匹也。《韓詩外傳》云：「顔回望吴門，見匹練。孔子曰：『馬也。然則馬之光景，一匹長耳。』」故後人數馬以匹。

8 子夏問孝。子曰：「色難。有事，弟子服其勞。有酒食，先生饌。曾是以爲孝乎？」

○人情處疎遜，惟色易假；處庭幃，惟色最真。人子于父母，恃愛徑情。少拂意，則有愠色。不順，則有傲色。甚者，冒觸忌諱，疾顔倨色。試思此等處，何爲其然也？若是真孝子，父母愛之有喜色，惡之無怨色。朝夕親所，下氣怡色。試思此等處，又何爲其然也？《祭義》云：「有深愛者，必有和氣。有和氣者，必有愉色。有愉色者，必有婉容。」《孟子》云：「樂則生，生則惡可已。」《坊記》云：「閨門之内，戲而不歎。嚴威嚴恪，成人之道，非所以事親也。」《家語》云：「狎甚則相簡，莊甚則不親。」孝子承歡在色，故曰色難。服勞奉養，可以觀色。服，被諸身也。子弟于父兄無爾我，父兄有事，即子弟之事，爲服其勞。子弟有酒食，即父兄之酒食，爲父兄陳設。饌，陳設也。猶《儀禮》「饌于西塾」之饌。此自家庭事父兄之常。然不孝之人，服勞則有難色，供養則有吝色。能服勞供養，則有德色。賈誼云：「秦民借父耰鉏，慮有德色。母取箕箒，立而誶語，此烏足以爲人子乎？」曾參養志，其色可知。曾元養口體，其色亦可知，是以難也。

○問孝同也，告三家，以禮以憂。告游、夏，以敬以和。應病施藥，賢愚隨量，所謂如時雨之化也。

9 子曰：「吾與回言終日，不違如愚。退而省其私，亦足以發。回也不愚。」

○進質于師，退辨于友，教學之常。故與言終日，退而省其私。如愚者，百言百唯，漫無短長，渾然不露辨才，沉潛之至也。及其退，與朋友辨析，所言所行，如草木生氣勃鬱，發揮飽滿，無少虧欠。始信神明淵涵，非愚似愚。如曾子以忠恕語門人，亦是退足以發。蓋大道無隱，聖學默識，言語文字，道之皮膚也。聰明材辨，學之枝葉也。是以賜、商穎悟，不過助我，回愚參魯，竟以得之。雖聖人自謂無知，多識不如一貫也。夫子深喜顏子之不違，而又恐諸子恥好問，故其稱回以愚不愚。善巧形容，非著迹之語。聖人無行不與，豈待終日言傳，顏子心領神會，何事私居辯解，夫子亦何須退省始信。朱子謂省之日用動静語默，足以發明夫子之道，夫子終日言得許多，私居一時行不得許多，亦一時省不得許多。譬如視聽言動，畧省得四代禮樂。何處去省？《註疏》得之。

○顏回，字子淵。孔子弟子，魯人。少孔子三十歲。二十九髮白，三十二而卒。《家語》：「孔子云：『自吾有回，門人日益親。』」《弟子行》云：「夙興夜寐，諷《詩》崇禮，行不二過，稱言不苟，顏回之行也。若逢有德之君，世受顯命，不失厥名，以御于天子，則王者之相也。」

10 子曰：「視其所以，觀其所由，察其所安。人焉廋平聲哉？人焉廋哉？」

○此教人誠意之學，非專操此術窮人也。以，用也。如「則何以哉」之以。以者，人之所挾而用也。或以仁義，或以功利，事迹大端可見。就使仁義，須觀仁義所從來。或是色取，或是由衷。就使由衷，或偶然一念激發，或究竟安止不遷，必安乃爲真君子。苟幾微少假，其能安乎？安地位峻絶，聖人亦惟安。《春秋穀梁傳》云：「常事曰視，非常曰觀。」觀詳于視，察又詳于觀。觀察二法，不離視。由安二狀，不離以。小人欺世盜名，情狀盡露于所以。就所以處觀察，自然先覺，非猜忌刻核之術也。廋、廀同，匿也。焉，何也。不定之辭。重言，歎辭，與《孟子》語畧殊。孟子決人情難隱，此慨人心難測，三術窮矣。未知人又何以匿哉？蓋君子以不肖之心逆天下，非得已。小人情狀鬼蜮，終非法術能窮。故曰：「始吾於人，聽言信行。」豈意世態人心，至此極乎？

11 子曰：「温故而知新，可以爲師矣。」

○世間道理，皆因現成，非出創造，是曰故。心思見聞，日日開發，是曰新。古人嘉言善行，載在典籍者，皆故也。就中參究得義理出，即新也。温有二意，一是不疾不徐，温養之意；一是再三重復，温燖之意。不猛曰温，不寒亦曰温。知兼行也，外資之見聞，内體諸身心。涵泳久，自然源頭活潑，天機濬發，取之逢源，不似按本格套之學，故曰「可以爲師」。今之師者，佔畢記誦，枯槁無生意。如《學記》所云「豈可爲師」，故曰「人之患，在好爲人師」。唯善學，乃能善教。惟善教，益徵善學，故曰「教學半」。聖人每以「學不厭」「教不倦」對舉，而自稱爲好學，時雨化之，七十子心服，有以也。彼好爲人師者，自足而廢學。良知錮蔽，何有于新？并其所教者亦非矣，烏能人己兼成乎？

○或曰：温故離文字，非也。焉往非學，何況文字。天下義理，盡歸六經，舍古訓，空譚良知，則殆矣。凡聖人言知，即是行。義理著于經籍，良知根于天性。外資諸經籍，内合諸良知。不昏而置之，不强而索之，潛玩而徐思之，顧諟而存養之。日用作止語默，有惺然會心處，便是知所未知。孟子云「有事無正，無忘無助」，此之謂也。故不温，則新無由知。不知新，祇爲不温故。非兩項也。

12 子曰：「君子不器。」

○《易》曰：「形而上者謂之道，形而下者謂之器。」《文中子》云：「變通之謂道，執方之謂器。」道者，周流六虚之路。器者，各適一用之名。如舟用宜水，車用宜陸，反是則不能相通。蓋用既局于有，則體不能全于無。君子體無含虚，與道合真，故能乘運委蛇，隨時卷舒，所謂無可無不可。變化之宗，道義之門，豈斗筲之淺量，挈瓶之固守而已乎？大抵耳目伎倆有限，神明默識無窮。苟無意必固我，自與大虛同神。夫子無知，顔子屢空，皆自根本融會，非向枝葉較量。較量枝葉，必有長短豐約。君子即有所不知不能，自無害其爲不器也。

13 子貢問君子。子曰：「先行句，其言而後從之。」

○先後，猶云緩急。子貢善爲説辭，夫子憂其多言而躬行不逮，故告以君子先行。先行，謂不言而行也。其言，謂凡言語。而後，謂居行之後，猶恥其言、過其行之意。從，隨也，不先不迫之意。其言也，既不敢居行前；其後言也，又不敢急遽苟言。雖躬行有得，亦含蓄從容。如此，則言不浮行，發必當理，乃爲君子之樞機。或曰：「先行可也，何必後言。」蓋道以言傳，豈獨爲君子？而不以誨人，故終不能無言。後言者，非必即言所行；先行者，非必即行所欲言。意自開豁，解者多泥，如《論語》二十篇，孰非聖人先行之言？巽順雍容，金和玉節，便是後從。

14 子曰：「君子周而不比，小人比而不周。」

○普函曰周，判合曰比。君子蕩蕩平平，小人沾沾煦煦。君子從大虛起見，萬物一體。小人從形骸起見，爾我親昵。或曰：「《易》象《師》《比》，《詩》歌順比，非君子與？」夫《易·比》，以一陽得位，顯比天下。《詩》言明德，王此大邦，即比皆周，小人何能及此？《國語》云：「忠信爲周。」君子至誠體物，大公不遺，小人襲取附會，同己二三人之閒耳。

○世閒賢否善惡，其辨只在幾希。君子、小人相去遠，而極相彷彿，故曰：「舜與蹠之分，利與善之閒。」《易》所以知幾，介于石，不終日也。故聖人于周比、和同、驕泰，往往決其疑似。

15 子曰：「學而不思則罔，思而不學則殆。」

○學，效法之名。善學者，身習之心，即思之耳目與心思。原不偏廢，有等依傍見聞，心上全不理會者；有等望空懸想，更不參考體驗者。依傍見聞，則天靈不開，必至于冥行；望空懸想，則程法無据，未免于揑抗。大道顯微無閒，聖學内外一貫也。罔，猶罔象之罔，昏迷意。殆，近也，幾及意。又危也，不安意。近而未安曰殆，子云「佞人殆」，《詩》云「勿小人殆」，皆言近而危也。道理不得落實平穩，其狀如此。

○此章所言，即知行合一之明法，後儒謂先知後行，誤矣。

16 子曰：「攻乎異端，斯害也已。」

○《易》曰：「天下一致而百慮，殊途而同歸。」天道有寒暑昏明，地道有夷險平陂，世道有治亂興衰，人道有是非得失，莫不同出于大虛。屈伸消長，向背從違，各有自然之故，當然之分。達人順理時行，乘運委蛇，自能各止于其所，而偕之于大通。並育並行，不害不悖，天地所以爲大也。若夫小知之士，不能通方，偏執爾我，分頭別緒。自謂防微杜漸，動而相攻，彼端方隱，我先駭異，彼見我異，甘心異我。毫釐之罅，遂成大隙。矛盾冰炭，而世道瓦裂矣。豈異端爲害？實由我輩攻擊至斯。大抵天下無不同之道，而其端起于自異。天下有不必同之端，而其害生于相攻。能銷鎔其端，則可以無害。曰斯曰已者，言其速而甚也。攻，如攻敵之攻。端者，兆方動而尚微。善養而潛移之，猶可以化異而爲同。《易》道尚包荒，聖人不爲已甚，如南子、互鄉、公山、佛肸、陽虎、原壤輩，豈曰不異？彼注其耳目，則聖人皆孩之。故曰：「鳥獸不可同羣，吾非斯人之徒而誰與？」小人有才，小道可觀，用之則皆吾資，而攻之則皆吾敵矣。或曰：孟子距楊墨，非與？曰：聖賢分量不同，遭時各異。聖人如天，無所不覆；賢人如地，自有分壤。春秋初年，百家之學未騁，仲尼宗主斯文，三千七十士一統，大道未岐，而洙泗之閒斷斷如。夫子憂之曰「予欲無言」「吾道一以貫之」，逆知其將有聚訟之端矣。及乎夫子没，七十子之門人後裔，轉相訛承，是非蠭湧。至于戰國，處士簧鼓，言語文學，化爲戈戟。上下相傾，釀成焚坑之禍。聖人先五百年，已識其端與其害矣。孟子生于七王之季，人心世道大壞，燎原滔天，非復始然方達之時，包之亦無益，調之則已晚，故不得不退自防閑，守先聖之道以待來學。豈爲抱薪拯焚、控拳解鬭，以攻益攻云乎？當時自謂與楊墨辨，而楊朱、墨翟死久矣。稷下諸人，譚天炙轂，相與列第同朝而仕，七篇中未嘗置一辭，唯曰：「君子反經而已。經正庶民興，庶民興斯無邪慝。」一依然仲尼家法也。何嘗有攻異端之事？使孟子當世攻稷下諸人未有不害者，此義不明。漢唐而下，儒者動以攻異端爲正學，以距楊墨爲聖人之徒。其流弊至于黨錮禍起，宗社生靈受殃。經術不明，所係大哉！宋程伯淳有云：「新法之行，吾黨激成之。」説者謂伯淳氣象似顏子，誠然誠然。

○自聖人視諸子百家，如人一身。耳目手足，各司一官，非可責以相通也。是故裒多益寡，稱物平施，所以大道爲公，無可無不可。異端不止學問，包括天下國家事甚遠。凡利害同異，事後乃見。其初發端，不甚相遠。只宜早辨乎化，不宜輒攻。攻端人謂先著，其實大失著。聖人知幾正在此。凡言攻者，專心竭力。子云：「攻其惡，勿攻人之惡。」攻人者，其力易詘；受攻者，其謀轉深。故君子攻小人疎，而小人攻君子密。君子勝，無過求；小人勝，其害不可言。聖人教人勿攻異，勿開端，世道民生受福，不可不服膺也。

17 子曰：「由！誨女汝知之乎？知之爲知之，不知爲不知，是知也。」

○知，洞曉也。知者，心之神明。之，猶此也。指所知之理也。爲，猶作也。爲知之者，行知之事也。三知之語緊接應「不知爲不知」，落泊在末句。言我教汝，所謂知此理者，惟真知此，乃作爲知此。未可以不知此，作爲知此也。汝苟不知，即退然行其所不知。雖于此理未知，而汝能自知其所不知，則不慮之良，乾知之體，了然明白，是非之心，逐處惺悟，可必無冥行罔作之弊。此知之實地也，豈必徧物皆知，然後謂知之乎？

○凡聖人言知，合行爲知也。兩「爲」字，即是行處。人心知量無窮，躬行有限，若不體驗，離行言知，必至荒宕狂逞，非易簡之至德，不學不慮之本體。故《中庸》言大知，本于行；言仁勇，本于知。誠則明，明則誠也。民可使由，由處有知；不可使知，知虛則蕩。蕩則其民不可畜，其學不可用。勇者聞之斯行，不知而不闕，則所知非其所行，所行非其所知。爲詐爲欺，爲喭爲野，從來矣。故夫子呼其名，告以知之。蓋約之使實，抑之使平，撥之使開，提之使醒也。知之爲知之者，遵所聞，行所知也。不知爲不知者，闕所疑，辨所惑也。如此，則知常寓諸庸，而行不過乎物。聞見不違于踐履，躬行常稟諸心得，則可以無鹵莽滅裂冥行之病，乃謂之知。故曰知、仁、勇三者，天下之達德，所以行之者一也。知擇仁守，乃謂之强。他日又謂子路「知德者鮮」，有德則其知真。好知不好學，則其蔽蕩。誠慮夫虛見無實之害也，故四教不舉知。其言知，曰仁守之，不如好之，不如樂之。論仁，又曰「未知焉得仁」，故曰：「知者見之謂知，仁者見之謂仁。」百姓日用而不知，民使之知，則不肯由矣。是以《大學》致知在格物，而統于誠意。明不離誠，無行外之知也。勇者知不合行，如射者但至，不求中。故《孟子》云：「知，譬則巧；聖，譬則力。」至爾力中非爾力，即知行合一之義。後世立教，謂先明諸心知所往，然後力行以求至，是使民知之，而後由之也，非至當之論。夫不學不慮，人皆有之。知之爲知之，不知爲不知，此是非之心，豈待先明諸心知所往，而後力行以求至乎？

〇子路剛直果決，原無含糊隱瞞之意，但其氣質激昂，學問少精研，遇事猛任，更不虛懷審量，惟求增加，不務退損。此兼人者之偏蔽也。如子見南子，欲往公山、佛肸，即艴然不悦。聞浮海輒喜，論正名爲迂。言仕，曰何必讀書；言志，以大國自許。其力量拔山倒海，多鹵莽之病。故教以凡事反觀内照，虚懷自審，則浮氣自銷。此易簡良方，而語意重不知邊。恒情知之爲知之易，不知爲不知難。勝氣未平，不肯即撇然空舍。大舜惟舍己，故濬哲。顔淵惟屢空，故知幾。若肯虚懷，不知即爲不知，自無率爾野喭之蔽。此章之言，所謂「由也兼人，故退之」。朱子詆其强不知以爲知，甚矣。又云「由此求之，有可知之理」，夫不知爲不知，爲即有求在。聖言無漏，不須幫補。

〇子路，孔子弟子。姓仲，名由，魯之卞人也。少孔子九歲。好勇伉直。初服戎衣，拔劒舞。見孔子，孔子設禮誘之，子路遂儒服，委質爲弟子。先仕于魯，季孫以讒不能用。去仕衛，遇蒯聵與其子輒争國，子路死輒難。孔子痛之曰：「自吾有由，惡言不入于耳。」

18 子張學干禄。子曰：「多聞闕疑，慎言其餘，則寡尤；多見闕殆，慎行其餘，則寡悔。言寡尤，行寡悔，禄在其中矣。」

〇爲學干禄，如問行、問達之類。子張材高意廣，馳騖之念勝，精約之思寡。樞機不密，尤悔必多。即希世得禄，自省有愧，故夫子以真脩教之。凡聞見不厭多，但患不精。言得于聞，非有實据，故多疑，疑則闕之。行得于見，雖有實据，時異事殊，强合未安，故多殆，殆則闕之。聞見雖多，不疑不殆有幾。疑殆既闕，可言可行有幾，故曰「其餘」。斯則簡十一于千百，不爲不精矣，而猶未敢自信自安。輕言之，輕行之，尤必慎乃言，慎乃行，如此，則其言行豈不盡善乎？而猶未敢釋然自足也，庶幾寡失言之過而已矣。尤，過也。庶幾寡錯行之悔而已矣。其功極精密，其心極謙虚。惟日孜孜内省，求免尤悔之不暇，何暇更念利祿？潛脩晦養，忠信誠慤，至于如此，則雖貧而無祿哉。顧其中，有充然常豐者矣。聞見多，便是廣貯蓄；疑殆闕，便是颺秕糠；慎言行，便是節饗飧；寡尤悔，便是無凶年。道德豐滿，仁義飽足，豈羨外來之穀祿？祿在其中，全在寡尤悔處見。身心無尤悔，自覺隨寓安穩，無少虧餒，何藉外來浮榮幫補？凡言在中者，皆不待外之辭。子張求在外，故以在中藥之。朱註云：「祿不求而自至，則猶外之也。」此干祿之巧者，非聖人本意。

○《易》曰：「言行，君子之樞機。樞機之發，榮辱之主。言行，君子所以動天地也。」除却言行，與世無交。爲學真切，無過言行。發邇見遠，必由言行寡尤悔。似未盡善，然尤悔寡極難，脉脉體勘，日用細微流注，無處不是尤悔。工夫到此，何暇干名？自然光輝利達。若少見己寡，便落尤悔叢林。

○子張，孔子弟子。姓顓孫，名師，陳人。少孔子四十八歲。《弟子行》曰：「美功不伐，貴位不喜，不侮不佚，不傲無告，是顓孫師之行也。」

19 哀公問曰：「何爲則民服？」孔子對曰：「舉直，錯諸枉，則民服；舉枉，錯諸直，則民不服。」

○民服有二，有悦服，有畏服。明則悦，斷則畏。哀公愚弱之主，故夫子以明斷進規。舉者，捧而升之也。錯者，委而置諸地也。諸，衆也。正人曰直，邪人曰枉。人之生也直，「斯民也，三代所以直道而行」，故民服莫如直。枉者不錯，非矣。更舉而加諸上位，舉枉，非矣。又置正人于地下，失一正人，非矣。今衆正併棄，背理拂情，莫此爲甚。

○哀公，名蔣，定公子。四歲即位，在位二十七年。謀以越人伐三桓，三桓攻之，奔于衛，遜于邾，遂如越。國人迎以歸，卒于公孫有山氏，蓋三桓之徒弑之也。嗟乎！魯公室卑久矣。自昭公不忍其詬，輕發以敗，哀公孤弱愈甚，而欲復五世既去之政，難矣。《戴記》《家語》及二十篇，多記公問政、問禮、問學，似惓惓有志欲爲，而生不逢辰。七年之病，無卒效之藥。雖以仲尼七十子，濟濟宗國，不能起其衰微，信乎時者，聖人所不能違。而位者，聖人之大寶也。

20 季康子問：「使民敬、忠以勸，如之何？」子曰：「臨之以莊，則敬；孝慈，則忠；舉善而教不能，則勸。」

○敬、忠、勸三者，皆格民心之事。康子以使爲問，是豈可以使得者？感格之本，不在民而在上。容貌者，德之符。中心稍慢，即外貌不莊，故《易》言復在脩身。心正而後身脩，視聽言動必以禮。曾子告孟敬子三貴，首容貌。夫子言知仁，終莊涖，未可色莊爲也。臨之以莊，則齊明盛服，非禮不動，民自起敬。孝慈二者兼脩，能孝又能慈，本仁愛之心，推以使衆，所謂「豈弟君子，民之父母」，自潛銷狡詐之奸，蓋心一耳。事親爲孝，保赤子爲慈，事上爲忠。人有秉彝，此掣彼動，其機如此。舉不當善，善不獲舉。舉善而棄不能，與督過不能而不教，皆難望民勸，而教尤爲喫緊。教不能，意思真懇。舉又隨之，民焉得不勸？

○季康子，魯大夫。名肥，季桓子之庶子也。哀公三年，桓子有疾，命其宰正常曰：「南孺子方娠，生男，則以告而立之。生女，肥也可。」南孺子，季桓子之妻也。既而果生男，正常抱以告于朝，請立之。康子使人殺其男，遂自立也。初，桓子將死，謂康子曰：「昔者孔子幾興魯矣，以吾受羣婢，故去。我死，汝必召之。」康子竟召冉求。凡記冉有相季氏事，皆季康子也。

21 或謂孔子曰：「子奚不爲政？」子曰：「《書》云句**：『孝乎**句**，惟孝**句**。友于兄弟，施於有政。』是亦爲政，奚其爲爲政？」**

○魯季孫意如逐昭公，客死于外，廢其二子，立其弟宋，是爲定公。定公繼立，無友于之思。夫子時尚未見用，不得爲政，故援孝友答之，即告子路正名之意。《書》言與今文小異。孝乎，贊勸之辭。贊孝之美，勸人行孝也。人惟孝父母，則自知友兄弟。本言兄弟，先言孝乎者惟孝，乃愛兄弟也。定公忘兄弟，即是忘父母。《詩》云「終遠兄弟，謂他人父，謂他人母，曾莫我有」，即《書》意。故夫子引言，人皆有父母兄弟，能親親長長，舉此加彼，無處不可施行。如《書》所云，亦是爲政矣。如或人所問，何者乃爲爲政乎？蓋政者，正也。家人昵于私情，國人正以公義。論事，家難而國易；論序，家先而國後，故曰：「是亦爲政，奚其爲爲政？」因是知聖人之心，入則事親從兄，出則事君臨民。大行窮居，原無加損。大舜有天下不與，亦惟父母兄弟閒底豫克諧，故曰：「堯舜之道，孝弟而已矣。」

○古者五十服官政，爲大夫。定公初年，夫子尚未得政。朱註謂「孔子不仕」，説者謂定公不喪昭公，故不仕，非也。聖人用則行，舍則藏。未幾爲司空、司寇，攝相，何嘗不仕？

○定公，名宋，昭公之母弟。昭公出奔，宋與昭公二子公衍、公爲從行。昭公薨于晉乾侯，季孫意如使叔孫告于從者子家羈曰：「公衍、公爲，實使羣臣不得事君。若宋主社稷，羣臣之願也。」昭公之喪至自乾侯，及壞隤，宋先入，季氏立之，二子遂廢。葬昭公于墓道南，不使附先域，意如之惡稔矣。當時不敢言，定公不能問。意如死，其子桓子斯當國。夫子爲魯司寇，乃溝昭公墓，合諸先公，小試輒引去。嗟夫！豈徒爲受女樂，三日不朝而去乎？定、哀不可輔，季氏不可除，雖爲政，奈何？病在膏肓，盧扁不起。善爲國者，圖之豫耳。

○「惟孝」「友于兄弟」二語，註謂《書·君陳》篇之辭。按《尚書》本漢文帝遣大常掌故晁錯詣濟南伏生親授，共二十有八篇，此真古《書》也，原無《君陳》等篇，《君陳》篇出古文《尚書》。相傳漢景帝時，魯共王壞孔子宅，得諸壁中。至東晉始行于世，詳其文辭，不如伏生所傳，恐是秦漢閒人補葺。君陳亦不詳何人。据序云，周公既没，成王命君陳尹成周，代周公，則其人周、召之儔也。而周、召諸誥，無一字及之。篇中文字，片片在齒牙閒，不似二十八篇神情勃鬱易辨耳。所云惟孝、友于兄弟，克施有政，因《論語》補入。而置諸篇首「王若曰」下，卒然無味，並他書共二十七篇，凡經傳引語，採輯畧備，終不能滅填補之跡，詳《書解》，餘見《述而》篇「雅言」章。

22 子曰：「人而無信，不知其可也。大車無輗倪，小車無軏月，其何以行之哉？」

○信者，人身中神感神應之真心。《老子》所謂「其中有信」，即「人之生也直」之直，《大學》「藏身不恕」之恕。人所以酬酢萬變，惟此真心。心心相待，故能推行無滯。譬如車是死底，牛馬是活底。車所以應牛馬運動者，其閒有輗軏聯絡耳。事物是死底，人心是活底，事物所以隨人心轉動者，其閒有信貫通耳。若人昧此真心，爲鬼爲蜮，天理亡，良心喪，一膜外皆胡越，跬步不可行，何異于無輗軏之車？夫人機事機心，豈不自謂必行？而世路羊腸，輪摧馬死，敗不旋踵。前車後車，今古同轍，可不戒哉？

○凡車，崇廣長皆六尺六寸，轅長一丈四尺四寸。一木當輿下，直出輿前，勢遠曰轅，上曲如舟曰輈。《詩》云「梁輈」，高起似梁也。必高起者，下容牛馬也。轅端有横木六尺六寸，當輿前，平如衡曰衡。衡下有缺如半月，扼馬領曰軏。軏，月也。若牛車，另縛小曲木于衡，扼牛肩曰輗。輗，貳也，小也。衡下又小木也。乘車駕馬，任車駕牛，《易》曰：「服牛乘馬。」

○黄帝始造車，故號軒轅氏，其制未備。駕牛，黄帝裔孫奚仲，事禹爲車正，薛國始祖也。廣車制，駕馬。凡車崇、廣皆六尺六寸，前軾後户，居中而方。受載者曰輿，輿即車箱。上覆而圜如屋者曰蓋。夾輿兩旁，圜而仄轉者曰輪。當輿底一木中出輿前者曰輈，一曰轅。轅端横木駕馬曰衡，輿前後横木曰軫，輿前手凭横木曰較，較下近軫重横一木曰軾，較、軾兩旁直木曰轛。輪心虚而受軸者曰轂，轂中圓而轉輪者曰軸。輿下兩旁直木受軸者曰轐，又曰伏兔。輪中植短木三十曰輻。兩輪連軸，共長六尺六寸曰軌，一曰轍。軸頭曰軹，軹閒有鐵曰轄。輪外周邊曰牙。車上拖大繩于後，挽以登曰綏。式〔一〕閒有鈴曰和。古名器莫重于車，故制獨詳。大宗伯之屬，巾車大夫掌之。飾以金玉象齒，五材六工皆備。詳見《考工記》。故曰：「一器而工聚焉者，車爲多。」

23 子張問：「十世可知也？」子曰：「殷因於夏禮，所損益，可知也；周因於殷禮，所損益，可知也。其或繼周者，雖百世，可知也。」

○十者，數之終。父子相繼曰世，易姓受命亦曰世，三十年亦曰世。可知，謂知來也。《易》曰：「數往者順，知來者逆。」往來相因，聖人即相因之理教之。子張之問甚險，夫子之答甚平。子張知來，揣摩之知也。夫子數往知來，《乾》易之知也。子張用其知，而旦暮如今古。聖人不用知，而百世如掌上。蓋宇宙千萬年，天高地下，萬物散殊，莫非禮之自然。世教所以立，民物所以安，莫非禮爲維持。故人道經緯世變，無過禮，大者三綱五常，小者制度文章。其制度文章，隨時變通；其三綱五常，振古如斯。三代以前，今日以往，惟此君臣父子，惟此名物度數。後之視今，猶今之視昔也。百世如在，何不可知之有？此與教子路「知之爲知之，不知爲不知」參看，便是通乎晝夜之道而知底公案。

〔一〕「式」，疑爲「軾」之誤。

○道惟禮爲大，學惟禮爲先。禮者，世道民物之綱紀。聖人動必言禮，所以約窮高者之病。言因，所以答十世也。禮即所因之物，以答可知也。所損益，即在所因中可知。較重損益邊，所因處可知。人信得及，損益處可知。人信不及，但以禮作一大證盟。天尊地卑，君臣、父子、夫婦，一切衣冠名物，決定不改者，百世如斯。而就中增減，相時裁補，朝三暮四之閒耳。因，循也。天地往來，循環不斷，所以長久。人呼吸循環不斷，所以長生。《易》云「一陰一陽之謂道」，道即禮也。一陰一陽，即損益也。道不離陰陽，即禮不離損益。陰陽互根以成道，損益相因以成禮。蓋世運盛則極，極則反；窮則變，變則通；多則裒，寡則益。升降消長，此往彼來，造化人事不能違也。往來相因而成古今，往順來逆而生知數，故曰：「《易》，逆數也。」此理明白易簡，即在尋常旦夕。孟子謂「求其故，以利爲本，行所無事爲大知」，此也。子張窮高，故夫子以此醒之。解者謂夫子志在從周，損益三代，癡人説夢矣。

○夏，姒姓。初禹封夏伯，在豫州外方之南。周武王問太公「吾將因有夏之居」，即今禹州也。及有天下，遂以夏爲國號。

○殷，子姓。初高辛帝嚳都殷，即今河南偃師縣。其妃簡狄感玄鳥之祥生契，事堯爲司徒，封于商，即今陝西商州。十三傳至湯，復遷于殷，從其祖居，即亳都也。伐夏有天下，遂號殷商。

○周，黄帝之裔，姬姓。其祖后稷事堯，封于邰，即今陝西郿縣。至公劉遷豳，大王遷岐，居周原。武王伐商，有天下，都鎬，即今陝西西安府地，爲西周。周公營洛邑，是爲東周。東周即今河南府地。

24 子曰：「非其鬼而祭之，諂也。見義不爲，無勇也。」

○二語切中世病，意緊相關。禍福念重，利害心切，則于不當祭之鬼神，諂媚徼福；于明白之人事，苟且因循。故曰：「務民之義，敬鬼神而遠之，可謂智矣。」世上不明之人，自是不斷。求神禱鬼之人，必趨利避害，兩病同根。若夫努力名教者，決不徼求鬼神。

論語詳解卷二終

論語詳解卷三

郝敬　解

八佾第三

○爲政莫如禮樂。此篇多言禮樂，故「八佾」次「爲政」。

1　孔子謂季氏：「八佾逸舞於庭，是可忍也，孰不可忍也？」

○先王制禮，正上下，辨名分，豈能人人禁之使不犯？唯人心各自有惻然不安者在，所謂不忍之心，禮樂之原也。《禮》：大夫判縣，祭祀無樂。季氏以諸侯之大夫，焉得用天子舞？目覩其數而安焉，其心已死矣。亂臣賊子，彌天之罪，皆生于忍。忍則無不爲，不可理諭，不可勢禁。惟有提掇良心，望其惻然猛省而已。

○季氏，魯桓公庶子季友之後。其與夫子同時者，季桓子斯及其子康、子肥也。庭，季氏家廟之庭。堂下曰庭。舞，樂容也。佾，舞列也。舞以合樂，樂有音，則有舞。武舞干戚，文舞羽籥，以八爲節，每列八人。唯天子用全，八八六十四人，八數不可少，而行列視貴賤，增減各以兩。諸侯六八四十八人，大夫四八三十二人，士二八十六人。或云：「諸侯六佾，六六三十六人。大夫四佾，四四十六人。士二佾，四人。」按《春秋傳》：魯襄公十一年，鄭伯賂晉悼公女樂二八，以一八賜魏絳。則是舞以八爲列，甚明也。魯公室用天子禮樂，自成王崇祀周公始，詳《禮記·明堂位》。平王初年，魯惠公使人請郊禘，平王許之。至僖公朝，魯國富强，遂用禘用郊三望，《春秋》與《魯頌》可徵也。《公羊傳》云：「昭公謂子家駒曰：『吾何僭哉？』答曰：『朱干玉戚，以舞《大夏》。八佾，以舞《大武》。此天子之禮也。』」則魯用八佾，自公室先之，然亦非自昭公始。宣公朝，季孫行父爲政，請于周，作《魯頌》，起廟樂。自以爲周公之孫，上祖天子，故三家效尤。亦自以爲周公之裔，立桓公廟于私家，舞八佾，歌《雍》詩。《記》云「公庭之設于私家。非禮也」，以此。《左傳·昭公二十五年》：「將禘于襄公，萬者二人，其衆萬于季氏。」然則季氏之舞八佾亦久矣，亦非夫子時始也。

2 三家者以《雍》徹。子曰：「『相維辟公，天子穆穆』，奚取於三家之堂？」

○大夫曰家。三家，魯大夫。桓公後，故又稱三桓。桓公四子，長莊公，次仲慶曰孟氏，次叔牙曰仲氏，次季友曰季氏。者，分别之辭，猶俗言「這」也。《雍》，《周頌》篇名，天子大禘之樂歌。首章曰：「有來雍雍，至止肅肅。相維辟公，天子穆穆。」助祭曰相。辟公，諸侯也。穆穆，敬意。三家祭畢徹俎歌此詩。勿論僭越，姑問其所謂「辟公」「天子」安在，于《詩》何取？横逆之人，難與言禮法，就其甚無謂者詰之，當自結舌。凡樂歌，《風》《雅》有上下通用者，不必辭皆似，惟《頌》

不可假。惟天子宗廟有《頌》，頌功德。諸侯廟樂，賜之天子，無僭用天子樂之理，况大夫乎？魯自季文子請于周，作《魯頌》，三家所以效尤歌《雍》也。故夫子執辭討其狂，并以哂其愚。

3 子曰：「人而不仁，如禮何？人而不仁，如樂何？」

○仁，人心也。禮樂由人心生。禮惟中正，樂惟和平。人心中正和平，即無文之禮，無聲之樂，然後與玉帛鐘鼓交暢。不仁之人，邪僻乖戾，雖玉帛鐘鼓，人自人，禮樂自禮樂。如猿狙著衣冠，直無可奈何耳。

○聖人言樂，必先言禮，即「《詩》三百，一言以蔽」之意。樂不外禮，禮立而樂成之。爲仁先復禮，能敬則自和。三桓輩歌《雍》舞八佾，始于不知禮。不知禮，由于心不仁，故曰：「是可忍，孰不可忍。」如禮樂何者，顛倒暴戾，不可言之狀。《禮器》云：「忠信之人，可以學禮。」忠信便是仁，季氏逮闇而祭，有司跛倚，亦是無如禮何。

4 林放問禮之本。子曰：「大哉問！禮，與其奢也，寧儉；喪，與其易（異）也，寧戚。」

○魯人有林放者，傷禮文日勝，奢則不遜，而問禮之本。問本，則以所見皆末也。隱然有反本從先，撙節退讓之思。當世士大夫無此識，故夫子大其問，以其關係人心世教也。禮與其奢寧儉，言無文乃禮之本也。喪與其變寧戚，言不易乃禮之本也。寧，安也。心願之辭。易，變也。變易而生節文也。禮獨舉喪者，良心最切，近本也。喪禮初惟有哀，變而成文，如日月有久近，服式有降殺之類。禮惟喪多變，《檀弓》云：「喪禮，哀之至也。節哀，順變也。」變即易也。《喪服傳》云：「喪成人者其文縟。」縟即易也。禮始無文，變而成奢。喪始哀戚，變而成縟。寧戚，即寧儉意，舍末趨本也。《禮器》云：「禮之近人情者，非其至者也。郊血，大饗腥。」又云：「禮者，反本脩古，不忘其初。」大路越席，大羹玄酒，皆貴初也，即寧儉、寧戚之意。孟子告墨者夷之，引上世不葬其親，親死委壑，他日過之，其顙有泚，中心達于面目，乃掩其親。正是戚爲喪禮之本。後世所以變易，而生喪禮者也。

○禮惟喪多文，爲其情本勝也。聖人以送死爲大事，慮恒情畏〔一〕虐士而賤所親，故于喪獨鄭重焉。五服之等，詳《陽貨》篇「宰我」章。其他節文變易，如始死有復、有赴告、有遷尸、有沐浴、有飯含、有襲、有襚、有小斂、有大斂、有殯、有筮宅、有卜日、有啓殯、有遷柩、有明器、有賵、有贈、有行、有送、有窆、有反哭；始死，有斂奠、有殯奠、有朝夕奠、有殷奠、有啓奠、有祖奠、有遺奠；既葬，有虞祭、有卒哭、有祔祭、有練祭、有祥祭、有禫祭；始死，主人有笄纚、有脱髦、有括髮、有祖免、有祖免括髮、有祖免不括髮、有免以布、有免不以布、有即位、有哭踊、有襲絰、有成服、有不絶聲哭、有朝夕哭、有無時哭。喪期有三年、有期年、有九月、有五月、有三月。始死，三日殯，三月葬，十三月小祥，二十五月大祥，二十七月喪除。始死，孝子三日不食，既殯食粥；三月沐，期年疏食菜

〔一〕「畏」，《續修四庫全書》本作「穢」，作「畏」于義爲長，此從日本國會圖書館藏本。

果；大祥有醯醬，禫乃飲醴酒，食乾肉。始死，居倚廬，寢苫枕塊，不脱絰帶。卒哭，柱楣翦屏。小祥，居堊室，寢席。大祥，復寢。禫乃牀。斬衰之喪，三日不食；齊衰二日不食；大功三不食；小功再不食；緦麻一不食；士與斂者，一不食。斬衰布三升，齊衰布四五六升，大功布七八九升，小功布十一十二升。緦麻布洗治其縷，七升有半。冠布細于衰布，既喪以冠布爲衰布。斬衰，初喪布三升，冠六升；既葬，衰六升，冠七升。齊衰，初喪四升，冠七升；既葬，衰七升，冠八升。既期，以葬後冠布爲衰，而以練熟細布爲冠，故曰練也。冠有繩武、有布武，武有屬，有不屬、有外縪。冠纓有繩、有布。絰有首絰、有腰絰、有纓絰、有環絰、有苴麻絰、有牡麻絰。首絰去五分之一，以爲腰絰。斬衰絰大搹，去五分一以爲帶。齊衰之絰，斬衰之帶也。大功之絰，齊衰之帶也。小功之絰，大功之帶也。緦麻之絰，小功之帶也。帶視絰，各小五分之一。有麻絰、有葛絰。始成服麻絰；既葬，男以葛易腰絰，女以葛易首絰。除喪，男子先除首，婦人先除腰。男重首，女重腰。除先重，易先輕也。帶有麻絞帶、有布大帶，斬惟絞帶。齊以下，各加布帶。絞帶有絞垂者，有散垂者。麻有絶本者，有不絶本者。杖有苴杖、有削杖。斬衰苴杖，竹也。齊衰削杖，桐也。有以爵杖者，有以主杖者，有以病杖者。婦人童子，非爲主不杖。有杖即位者，有杖不以即位者。有杖不入室者，有杖不升堂者。屨有苴屨，斬也。有藨蒯屨，齊也。有繩屨，期以下也。此類尚多，不可枚舉，皆所謂喪禮之易者也。

5 子曰：「夷狄之有君，不如諸夏之亡（無）也。」

○中國所以不爲夷狄者，以夷狄無君也。今夷狄亦有有君者矣。諸夏有君，今亦有無君者矣。夷狄之無君者不足言，而有君者，終未化犬羊之習。其中國之無君者，猶襲衣冠禮樂之文，夷狄有君者不及也。蓋夷狄之君，不過威力驅脅，利則附，害則相攻，非有仁義忠信之實。諸夏之無君，惟是姦雄僭竊，壞法亂紀，而忠臣義士之心，天冠地履之分，未嘗一日不昭明，不以世亂而改。夷狄豺狼，所以不如，賴有此耳。此章之言，爲當世賊臣如三家輩，攘奪狂悖，無異夷狄，不欲直斥，而微婉諷刺如此。古註近之，朱註與聖意相違，必如所云，兩「之」字當塗抹，「不如」字當作不同解。篇中「無友不如己」「焉不如丘之好學」「不如學也」「弗如也」「吾與女弗如也」之類，皆作不及解，不應此獨異。司馬遷作《七國年表》論云：「秦之德義，不如魯衛之暴戾。」正用此語。

○東裔曰夷，西裔曰狄。有君，如名王酋長之類。等級儘分明，下皆能奉上，上皆能馭其下。諸，衆也。夏，大也。華，彩也。雉羽曰夏。中國禮樂文明，故稱華夏。《王制》：「四海九州，凡千七百七十三國。」所謂衆夏也。三代以上封建，皆神明之後，其見于《春秋》者，猶百二十有四國。凡書國號者，皆諸夏也。夷狄介于其閒，則書戎、書狄，蓋歷代化外遺種。如河南有新城之蠻，河西有白狄、赤狄，洛陽王城亦有泉臯、陸渾之戎，皆殘孽餘燼無幾。自漢儒解《春秋》，以楚、吳、越皆爲蠻荒，淮以南爲羣舒，襄、鄧、江、漢爲荆蠻，秦關爲西戎，燕、薊之閒爲山戎。杞遷淳于，邾近東魯，徐、淮介莒、萊、牟等國，一切斥爲夷。其稱諸夏者，僅齊、晉、魯、衛、宋、鄭、陳、許數國耳。撮其地，不敵今十數郡，于天下不及五分之一，何以爲諸夏乎？千載承訛，習而不察，解詳《春秋》。

6 季氏旅於泰山。子謂冉有曰：「女汝弗能救與？」對曰：「不能。」子曰：「嗚呼！曾謂泰山，不如林放乎？」

○旅，陳也。陳設以祭。又，衆也，偏祭衆神也。或云祭山曰旅，《禹貢》「蔡蒙旅平」是也。泰山，東嶽，在齊地。《禮》云名山大川不以封，天子設守焉。天子巡守，至一方，則望祀三方，曰三望。諸侯望不越境内。天子東巡守，朝會東，諸侯則祭告柴望于泰山之下，非諸侯之專祀也。魯自僖公用郊三望，大夫效尤，遂祀泰山，猶歌《雍》舞八佾之類，非止僭諸侯耳。救謂匡救。不能救，則其祭必矣。夫既有人非，豈無鬼責？林放尚知禮，泰山豈享非禮乎？此祭無福，必有菑。人不能救，而籲諸神，所謂吾末如之何者矣。晚年家臣作亂，庶子奪適。數世之後，子孫散没，不復振。積不善之家，必有餘殃，諒夫！

○《禮》：天子祭天地，巡守所至，望祭四方嶽瀆，名山大川。諸侯祭境内山川，大夫祭五祀。苟非其所主而祭，則精誠不通，其鬼不享。《祭統》曰：「賢者之祭，必受其福。非世所謂福也。福者，備也。備者，百順之名。無所不順之謂備。唯賢者能備，然後能祭。」泰山，一稱岱宗。岱，代也。宗，尊也。相傳謂王者受命易姓，告代于岱宗。東方，生物之始，交代之鄉，爲羣嶽之長。《公羊傳》云：「山川能潤百里者，天子秩而祭之。觸石而出，膚寸而合。不崇朝而遍雨天下者，唯泰山。」故世有七十二君封禪泰山之説。漢袁宏云：「天地者，萬物之官府。山川者，雲雨之丘墟。化洽天下，則功配天地。澤流一國，則德合山川。」舜東巡守至于岱宗，萬物所始也。苟德不周洽，不得輒議斯禮。由此言之，雖天子無功德，尚不敢祀泰山，況諸侯乎？況大夫乎？《禮》：諸侯雖祭山川，不越封内。《春秋傳》云：「三代命祀，望不越境。」泰山在齊，非魯封也。齊宣王欲毀明堂，即天子東巡守朝泰山下之明堂。《齊世家》云：「適齊，自泰山屬之琅邪，北被于海。」《禮器》云：「齊人將有事于泰山，先有事于配林。」則泰山在齊境甚明。而《魯頌》云：「泰山巖巖，魯邦所瞻。」瞻，即望也。非謂泰山在魯也。《魯頌》誇誕，始于成王崇祀周公。而東遷以後，王室卑，魯僖公用郊三望。至定、哀閒，公室卑，三家强，而大夫皆王禮矣。《易》云「履霜堅冰至」，豈朝夕之故？夫子爲魯司寇攝相，未能驟正，退而取魯史脩《春秋》，刪《詩》存《魯頌》，亦不能救而寓諸言也，其又奚責于冉求？然猶必問之冉求者，何也？季氏信仲尼，不如信冉求。求不能救，聖人末如之何矣，所以付之長大息耳。

○冉有，孔子弟子。字子有，魯人。少孔子二十九歲。爲季氏宰。《弟子行》云：「恭老卹幼，不忘賓旅，好學博藝，省物而勤，是冉求之行也。」

○季桓子將死，屬其嗣康子曰：「必召仲尼。」公之魚曰：「昔吾先君用之不終，爲諸侯笑。今又用之，不能終，是再爲諸侯笑。」康子曰：「誰召而可？」召冉求。

○泰山之高，參天入雲，周迴三千里。道家謂天孫之宫，人靈之府，五嶽之宗也。《一統志》云：泰山在泰安州，有三峯，東曰日觀，雞鳴可見日。西曰秦觀，可望長安。又西越觀，可望會稽。一名吴觀。

東西二天門屈曲而上，五十餘盤，仰視天門如竄。黄河去山二百餘里，若在山阯。

7 子曰：「君子無所争，必也射乎！揖讓而升，下而飲，其争也君子。」

○射者，殺人之事，先王制爲禮以節之，猶干戚之試于樂也。射有勝負，則有争。惟君子行射，雍容揖讓，以禮始，以禮終，是爲君子之争。君子無争不止射，而惟射人已。勝負相形，然且如此，他可知矣。升，升堂。凡射者皆立堂上，俟在堂下，各耦相揖讓升堂。發矢畢，又揖讓下堂復位。待衆耦皆射畢，各勝者以序揖，不勝者同升堂，飲罰爵也。

○君子無所争，言天下無一事一物，爲君子所争者。彼自視其身于天地閒，猶滄海一粟，戴晉人所謂蝸角蠻觸耳。視世上順逆好醜，倏來倏去，如石火電光，何者爲我可常保，而欲必得之，必争之乎？子云「人失人得，去其楚而可」者也。凡事撙節退讓以明禮，雖處勝負，無奔競上人之心。《記》云「禮至則不争」，射而無争，益見君子。非謂凡射者皆能不争也，亦非謂凡無争者必于射也。蓋先王制爲射禮，因争以導讓，借禮以化争，故于射觀德焉，有德乃能射。《射義》云：「古天子以射選諸侯、卿、大夫、士，事之盡禮樂而可數爲，以立德行者莫如射。」故孔子射于矍相之圃，使子路延射，曰：「亡國之大夫，與爲人後者不入。」此皆好争者也。又云：「幼壯孝弟，耆耋好禮，不從流俗，脩身以俟死者否，在此位。」又曰：「好學不倦，好禮不變，旄期稱道不亂者否，在此位。」此真無争者也。世人工射者多，閑禮者少。有君子之德，則自雍容揖讓，周旋中禮，無侮無傲。蓋君子雖關弓挾矢，不忘禮讓，小人雖從容譚笑，常懷戈矛。小人之讓，不如君子之爭。不然，小人非不射，何獨不君子乎？

○天子諸侯之射，謂大射。民間之射，謂鄉射。賓主飲酒射，謂燕射。每射，二人爲耦。天子六耦，諸侯四耦，大夫三耦，此爲正耦。正耦之外有衆耦，衆耦無算。凡耦，皆立堂西，東面。將射，同耦即次，東面，一揖。出，轉身向西階，北面，一揖。行及階下，一揖。升盡階，將登堂，一揖。東行當物，北向，一揖。畫地爲射位曰物，前進及物，一揖。各立物中，南向，發矢。升凡六揖，堂下三揖，堂上三揖也。發矢畢，下堂復位，亦堂上三揖，堂下三揖也。衆耦皆如前升。射畢算中，乃設豐于堂上西楹之西。勝者子弟，洗觶酌酒奠豐上。勝者揖不勝者，同升，三揖及階。勝者先升堂少右，不勝者至豐北面，坐取觶立飲，先降。凡飲酒，主賓獻酬，必拜送爵。唯射，不勝者自取飲，無拜送，示罰也。

8 子夏問曰：「『巧笑倩千去聲**兮，美目盼**攀去聲**兮，素以爲絢**萓去**兮。』何謂也？」子曰：「繪事後素。」曰：「禮後乎？」子曰：「起予者商也！始可與言《詩》已矣。」**

○倩，笑貌。盼，目動貌。絢，文彩也。此《衛風·碩人》之二章，今詩逸末一句，或云夫子刪之。言人有此生質之美，不須更加文飾，即素爲彩，猶《詩》云「鬒髮如雲，不屑髢也」，唐人詩云「却嫌脂粉污顔色，淡掃蛾眉朝至尊」之意。是詩本詠衛莊姜之美，刺莊公好色不好德也。子夏非不知，而問其何謂者，凡《詩》多託興，故曰「可以興，可以觀」。古人言《詩》，多斷章取義。理在事外，志在辭外，如以本事，則三百十一篇，止三百十一事。猶《易》六十四卦，止六十四占。而稽虛待實，於理無所不貫，故説《詩》非據本事耳。子夏之問，便是深于《詩》者。三語蒙本事解，則俚而淺。子夏覺有深味，窮其歸趣，問當作何理會，故夫子發揮文質先後之義。彩畫曰繪，無文曰素。事，言凡事也。後，猶末也，不急之意。言凡文飾之事，末也，質素本也。恒情喜文厭質，君子先本後末，先造化後人事，貴自然而賤雕琢，非獨容貌畫繪耳，即從先進與寧儉之意。子夏因思藻繪文章，禮之事也。繪事後，則禮不其後乎？後有二意，《記》云：「忠信之人，可與學禮。」言不先也。老氏云：「禮者，忠信之薄。」言不貴也。聖教雅言禮，學者所以立，而商、賜言語、文學，誰非繪事？今謂後于素，意其有黯然之章，顯之微。費之隱者，立于先乎，禮殆非其至者矣。此夫子所未嘗言，二三子所未嘗聞，于今斯覺。《家語》謂子夏好論精微，蓋此類也。要之，道無先後，一于黯者爲素隱，一于章者爲狗象。象與無象，本同一貫。故文與禮，博與約，非一非二。顔子復禮，不違如愚。夫子學俎豆，自謂不多。默識者不著言語，一貫者不涉漸次。商之論《詩》及此，可謂超然脱穎，大變其文學之習，而出于夫子期望之外，故曰「起予」，然擬議與默識尚隔。下學而上達，《中庸》之本訓也。舍禮別求先，亦不可爲訓。故雖喜其起予，亦祇與其言《詩》。已矣者，止于此之辭。或問商與賜言《詩》孰優，曰：子貢明通，子夏篤實。切磋之喻顯，禮後之悟深。子夏直抉象先，子貢往來酬答間耳，故商曰起予，大越意表；賜曰知來，賜自知耳，予既已知之矣。

○古人畫繪，雜施五彩，界以粉素，畧似物象耳。如《考工記》云「山以章，水以龍，畫火如半環，畫雲如回紋」之類。後世畫工，務求逼真，謂之寫生。至于唐宋，伎倆始極。近代學士，亦頗作畫。

惟水墨點染，不用丹青，畧取氣韻適興而已。古不如今，繪事亦其一也。繪事可舍絢還素，禮不可去俗還雅乎？

9 子曰：「夏禮吾能言之，杞不足徵也；殷禮吾能言之，宋不足徵也。文獻不足故也。足，則吾能徵之矣。」

○昔周家祖孫父子兄弟，皆以聖賢爲君相，家法相承，自足垂後，故《詩》《書》惟陳祖德。先代之禮，湮没不傳，周禮不可詳考矣。世所傳六官，非盡周公之典，大抵煩苛。至于春秋時，文武憲章大壞，夫子欲損益而不得位。仰思二代，有從先進之思，故曰「吾能言之」，是豈徒欲言之而已。道與時違，空言無補，故惜其無徵。世苟宗予，何以徵爲？杞，夏後。宋，殷後。文，典籍。獻，賢人。二者不足，國雖在，猶亡矣。先聖典刑，湮滅無傳，有斯文之責者，焉得不感慨乎？

○《禮運》曰：夫子之杞得《夏時》，之宋得《坤乾》。《坤乾》不可考，而《夏時》即今《戴記》所載《夏小正》。何足以徵禮？聖人生知，雖残篇斷簡，神明旁燭。况當時如郯子、老聃、萇弘輩，猶有存者，如在齊聞《韶》，豈《韶》盡存？三月忘味，神明之至也。向使得位，陶鑄古今，以爲畫一之典。告顔子爲邦，參酌四代，《詩》録《商頌》，《書》存《虞夏》，已露一班，豈徒從周而已？

○杞，夏後，伯爵。湯放桀，封少康之後于杞，是爲東樓公。武王克商，求禹後，得東樓公後，封于杞，即今開封府杞縣。後遷緣陵，遷淳于。淳于，古州國，近東海。

○宋，殷後。子姓，公爵。武王封微子于商丘之墟，奉湯祀。即今歸德府。

10 子曰：「禘，自既灌而往者，吾不欲觀之矣。」

○祭帝曰禘。《禮》曰：「不王不禘。」三王之始祖，皆古帝之苗裔，祭其始祖所自出之帝曰禘。每歲一舉，舉以春，故春祭曰禘。世襲用其名，而諸侯祭始祖，皆謂之禘矣。惟王者謂之大禘，又謂大祫。禮行于始祖廟，上自始祖所出之帝，下及羣廟，祧主皆與焉，故謂之祫。祫，合也。周始祖后稷，稷出自帝嚳，《祭法》曰「周人禘嚳而郊稷」。魯以諸侯祖周公，周公出自文王，魯遂禘文王于周公廟，則是諸侯祖天子，非禮也。始于成王，以天子禮尊周公。平王初年，魯惠公乃請郊禘。僖、文以後，遂盡用王禮。襄、昭以後，三桓强，大夫皆王禮矣。定、哀閒，三桓微，陽虎從祀，陪臣皆王禮矣。此禘行于公家之大廟，夫子與執事，出而語人之辭。灌，始祭初亞獻，求神之禮也。主祭者以圭瓚，酌鬱鬯之酒授尸，尸受灌于地，主婦再酌璋瓚授尸，尸受再灌，是謂二始。既灌，乃迎牲薦侑，朝踐、饋獻、饋熟、堂事、室事皆在灌以後。唯宗廟有灌，外神無之。唯天子諸侯有灌，大夫以下無之。諸侯資鬯于天子，有功，天子乃賜以圭瓚鬱鬯。《明堂位》云魯祭灌用玉瓚大圭，薦獻樂舞，皆天子禮。故夫子自灌以後，即不欲觀。始不欲觀，則終皆無足觀矣。灌以前，品式未見。灌以往，肆將獻酢，皆天子禮樂。以諸侯主祭，顛倒錯亂，人而不仁如禮何？與于執事，實非聖心所欲也。

○禘，即祫也。鄭玄謂祫與禘異。三年一禘，五年一祫。禘，祀始祖所自出于始祖廟，以始祖配之，而羣廟主不與。祫，合祭羣廟主于始祖廟，而始祖所自出之祖不與。愚按《詩・商頌》「濬哲」之詩，大禘也，而下及伊尹亦與焉。《周頌・雝》之詩，大禘也，而烈考、文母亦與焉。則是禘本合食，合食即祫。以人情推之，未有享其始祖之自出，而子孫有一不在者，故禘必合食。亦未有子孫于祖考，三年然後一追祀，五年然後一會食者，無乃已疎乎？故每歲以春禘爲常，孟獻子謂冬至可祀天，夏至亦可祀祖，改禘用七月，是郊、禘皆歲一舉甚明也。《學記》云：「未卜禘，不視學。」入學必以歲首，若三年一卜禘視學，學不已荒乎？三年五年之説，原出緯書。或謂三年喪畢祫，明年春禘于羣廟。以後五年一禘，三年一祫。禘以夏，祫以秋。馬融、王肅謂祫小禘大，鄭玄謂祫大禘小，賈逵、劉歆謂一祭二名。賈、劉説是也。《大傳》云「不王不禘」，未云不王不祫。《春秋》屢書禘，亦不書祫，禘即祫也。遠祖與羣廟祖俱在，故又謂之大事。若别有祫爲大事者，魯盡用王禮，豈獨遺祫乎？

○天子諸侯宗廟之祭，皆有二灌。朝踐饋獻，皆行于堂。及延尸入户，薦熟、酳尸、尸酢主人等禮，皆行于室。今載在《儀禮》。如特牲少牢，大夫士之禮，但有尸入室，薦熟以下，三獻之事，而天子諸侯全禮，亦可推矣。鄭玄輩揣摩其説，煩雜而大畧可舉。《禮運》云：「腥其俎，熟其殽。」腥其俎，即朝踐之事。熟其殽，即薦熟之事。又《郊特牲》云：「大享腥，三獻爓，一獻熟。」蓋大禮貴質，腥生，貴于爓。爓半生，貴于熟。大祭，則始薦腥，次爓，次熟。腥不可食，爓亦未可食，熟乃可食也。此禮行于朝旦曰朝踐。大約王祭九獻，始而大作樂，迎尸入室。王初灌，用圭瓚，爲一獻。后亞灌，用璋瓚，爲二獻。王出迎牲入庭，尸出堂，南面坐，陳俎豆。乃殺牲，薦毛血腥肉于神，王酌三獻，后酳四獻，所謂腥其俎也。乃解牲體，爓而進之，王酳五獻，后酳六獻，謂之獻爓，皆朝踐事也。堂事終乃焚蕭脂，升臭求神，謂之陰厭。遂延尸入室，東向坐，取俎肉熟而薦之，飯尸，尸始食，謂之饋熟。食畢，王酳酳尸。酳，胤也。繼食而飲曰酳，是爲七獻。后再酳，爲八獻。諸臣又酳，爲九獻。此謂正獻，以後賓客兄弟嗣子等獻謂加爵。今《儀禮》但有陰厭、酳尸以下三獻，大夫士之禮，無獻爓之事。鄭解以二灌、朝踐、饋獻爲前三節，酳尸爲後一節。愚謂灌、腥、爓、堂事，皆朝踐也；饋食、酳食，皆終祭之事也。

○灌，通作祼。酒用鬱鬯。《周禮》：「鬱人，凡祭祀賓客之祼事，和鬱鬯。」鬱，香草也。鬯，酒氣也。以秬黍釀酒，搗鬱汁和之。《祭統》云：「祭有三重，獻之屬，莫重于祼。」凡祭先以酒灌地求神，地爲陰，酒陰物，求神于陰也。燔煙升臭，求神于陽也。殷人先求諸陽，周人先求諸陰，故先祼。字從示，果聲。取地祇果出之義。《詩》云：「祼將于京。」《書·洛誥》云：「王入太室祼。」《周禮》：「祼圭有瓚，以祀先王。」祼賓客，則是生人飲酒，亦稱祼也，故《投壺》云「奉觴賜灌」。又通作果，《周禮·大宗伯》「大賓客則攝而載祼」，《孟子》云「舜被袗衣鼓琴，二女果」是也。古字隨便通用，多此類。

11 或問禘之説。子曰：「不知也；知其説者之於天下也，其如示諸斯乎？」指其掌。

○禘詳前。魯禘非禮，故或人問其説。説，猶解釋也。魯以諸侯用王祭，更有何解釋？猶陳司敗問昭公知禮之意。夫子難于直，託言不知，諱國惡也。又推原不知之故，以維禮也。知其説，即知不王不禘之説。苟知不王不禘，諸侯自不敢僭天子，大夫亦不敢僭諸侯，陪臣又何敢僭大夫？民志定，上下辨，天下順治矣。所謂道邇非遠，事易非難。《記》云「知其義而守之，天子所以治天下」，即此意。於天下云者，隱然見爲天子之事，非有國有家者所得預。夫子言此，一手伸掌，一手自指，云「如視諸斯」，記者恐後世不知斯爲何物，故記「指其掌」。蓋以大義昭然，有目共覩，何事于問，何事于説，何待于知者而後知。「斯民也，三代所以直道而行」，聖人無隱，《春秋》所以無毀譽，即指掌之意。

○此章不知，與後章入大廟每事問，血脉相應。每事問，正爲不知耳。或人所以譏也，聖人無誑語。魯禘反常，何怪疑問。上下順逆之機，捷于反手。子云：「禮樂征伐自諸侯出，十世希不失矣；自大夫出，五世希不失矣；陪臣執國命，三世希不失矣。天下有道，則政不在大夫，則庶人不議。」孟子告梁惠王云：「王曰：『何以利吾國？』大夫曰：『何以利吾家？』士庶人曰：『何以利吾身？』上下交征利而國危矣。」故曰「上老老而民興孝，上長長而民興弟」「治天下可運于掌」「一人貪戾，一國作亂，其機如此」，即視諸掌之意。朱註仁義誠敬之説，愈難愈遠矣。

○《禮記·明堂位》云：成王以周公有大功于王室，賜以天子禮樂。崇德報功，則有之矣，然止祀周公耳。東遷以後，諸侯僭亂，魯遂盡用天子禮，豈盡成王之賜與？《魯頌·閟宫》云：「周公之孫，莊公之子。龍旂承祀，六轡耳耳。皇皇后帝，皇祖后稷。」夫莊公之子即僖公也。皇皇后帝，郊天也。皇祖后稷，大禘也。又云「泰山巖巖，魯邦所瞻」，柴望也。《春秋》書郊，書三望，皆始僖公。文、宣以後，季孫行父作頌，起廟樂。三家承風，歌《雍》舞八佾，凡此豈盡成王之賜與？故子云：「魯之郊禘，非禮也，周公其衰矣。」儻成王之賜，而夫子云然乎？

12 祭如在，祭神如神在。子曰：「吾不與去聲祭，如不祭。」

○祭，祭祖考。子孫之精神，即祖考也。祭神，祭百神。人之精神，即百神也。祭者，人道也。事死如事生，事鬼如事人。鬼神不可見，而人事可見。自盡其誠，自運其精神，故曰如在。《祭義》曰「祭之日，入室，僾然必有見乎其位，周還出户，肅然必有聞乎其容聲，出户而聽，愾然必有聞乎其歎息之聲。致愛則存，致慤則著，著存不忘乎心」，即如在之意，曾是而可以人代乎？不與祭，蓋設辭。如居喪之類，祭或不與，則如未祭。蓋與祭則如在，不與則不得見其如在。苟不與祭，而可爲祭，則祭亦未必如在矣。

○大虚之精爽，聚而爲人，散而爲鬼神。人者，鬼神之會。鬼神之精爽，即人心。人心即有形之鬼神，鬼神即無形之人。神不能違人也，故古者祀神必用尸，儐尸必用侑，神依于人也。子路問事鬼神，子曰：「未能事人，焉能事鬼？」惟聖人精誠，與鬼神同運，故曰「我祭則受福」。是真有鬼神洋洋在上，不但如之耳。《中庸》云：「微之顯，誠之不可揜如此夫。」後世祭法不傳，祭義不明，天地祖宗之祭以爲虚文矣。《春秋繁露》云：「祭之言際也，察也。祭然後能見其所不見，見其所不見，然後知天命鬼神。知天命鬼神，然後明祭之義。」故記者記此于問禘之後。天子精神與始祖通，祭如始祖在。與天通，祭如天在。諸侯精神與山川社稷通，祭如山川社稷在。大夫士庶人亦然，各因分大小對越。

人鬼相因，神其來格。若魯用禘用郊，季氏旅泰山。祭者與主者，非親非故，神如有知，怪而去之焉得在。惟聖人神明合德，則祭如在。他人攝，則如未祭。他人之精神，終不可爲己之精神。他人之感格，終不可爲己之感格。況以他人之祖考，爲己之祖考。以他人之鬼神，爲己之鬼神。其謬戾愈甚，神之不格，宜也。謂之不祭，亦宜也。

13 王孫賈問曰：「與其媚於奧，寧媚於竈。何謂也？」子曰：「不然，獲罪於天，無所禱也。」

○夫子居衛，王孫賈用事，設奧、竈之喻，諷夫子附己也。室西南隅曰奧。古者前堂後室，負陰抱陽。堂向明，以中爲尊，當兩楹閒，左右通達，堂後爲室。室主陰，以右爲尊，向東迎生氣也。户在東南隅，户内曰窔，進東北隅曰宧移。轉西北隅曰屋漏，又轉西南隅曰奧，奧最深處。凡祭，皆求神于其所，而迎尸入于奧，苟祭于其所則褻。徒祭于奧，則非神所栖。故堂事薦腥畢，陰厭，乃迎尸入奧。饋熟、五祀皆然。竈者，五祀之一，人所依以養。道家謂廚爲司命，故賈以竈自比，以奧比君。奧，虚位也。竈，當事也。賈意在市福，夫子愓之以禍，意在自尊，夫子壓之以天。媚者，蠱惑之名。人邪媚不安命，即是獲罪于天。天者，大虚。大虚者，理也。天敘天秩，一毫乖理，即與天違。即滅絶生理，凶咎即至，何禱可免？《孟子》云：「莫之爲而爲者天，莫之致而至者命。」莫爲莫致，謂之自然。自然曰道，道莫大乎自然。强弱大小，治亂得失，莫不各有因應往來屈伸之理，皆天也。孟子以事大爲順天，夫子以媚竈爲逆天，順逆從違，惟聖賢盡性致命，精義入神，乃能會其通而因應，所以爲無可無不可也。○天以一大爲義。一者，虚也。大者，天之形氣也。張子厚云：「由大虛，有天之名。」虚生靈，老子謂之谷神，此百神之祖也。大虛内物之至大者無如天，昭昭垂象，即大虛神靈之可見者。天所以大，不以形以德，無私故大。人心無私，與天同大。《中庸》云：「大德敦化，小德川流，此天地所以爲大也。」故聖人法天。

○王孫賈，衛大夫。衛靈公親信之，使典軍旅。見十四篇。

○竈，造也。造爲飲食。《記》云：「竈者，老婦之祭，盛于盆，尊于瓶。」禮有五祀，春祀户，夏祀竈，夏季祀中霤，秋祀門，冬祀行。《白虎通》云「冬祀井」。五祀皆切民生，先王分四時祭以報之，即五氣之靈也。《左傳》《家語》謂爲重黎、句龍等五官，蓋事之以人道也。户爲木，古者户在室東南，以司出，發生之象，故祀于春。竈，火也，祀于夏。中霤宅中央爲土，夏季土旺時祀之。門司閉，應收斂爲金，祀于秋。行即井，爲水。古者井其地，井間爲道，道閒爲溝，道旁汲水謂行潦。冬水歸宅，祀于冬。祭户以羊，羊羶，木氣也。祭竈以雉，象文明也。中霤以牛，象土也。門以犬，犬司守，象門也。井以魚，或云以豕。《詩》云「豕涉波」，象水也。五祀皆有尸，尸皆迎入奥。《祭法》又云「王立七祀」，加司命、泰厲爲七。諸侯五祀，大夫三祀，士二祀，庶人一祀，鄭玄云「此周制也」。《史記》云：「李少君以祀竈却老方，見武帝，帝親祀竈。」《抱樸子》云：「竈神以月晦日升天，言人罪狀。」悠謬之譚，其來已久。

○《説文》：「天，顛也。高無上。故字從一、大。」《物理論》云：「天者，旋也，均也。積陽純剛，其體迴旋。羣生所大仰。」又曰：「水土之氣，升而爲天。」又云：「天如雞子，地如中黄。天大而地小，表裏有水。四海之表，浮于元氣之上。天地者，乘元氣，載水而行也。」

○《列子》云：「有形者生于無形，則天地安從生？有太易，有太初，有太始，有太素。太易者，未見氣也。太初者，氣之始也。太始者，形之始也。太素者，質之始也。未相離曰渾淪。易無形埒，變而爲一，一變而爲七，七變而爲九。九者，變之究也，乃復變而爲一。一者，形變之始也。清輕者上爲天，濁重者下爲地，冲和者爲人，故天地含精，萬物化生。」

○《祛疑説》云：「自天統開于子，輕清之炁，一萬八百年升而爲天。天之晶華凝結，而爲日月星辰。成象既著，功用乃行。地統開于丑，重濁之炁，萬八百年凝而爲地。地之靈氣融結，而山川河嶽成形。既定，肹響攸召。」

○邵子云：「天依形，地附氣。天地自相倚附。」

○《草木子》云：「天惟炁，故無極。地成形，故有終。天地之先惟水，水滓成土，水土震蕩，水落而土出成山川，故山有波形。水土合和而生金石木火，變化無窮。」又云：「天如勁風旋轉，局大塊于中。日月星辰之上，愈高愈清勁，光明無際。故天裂處火光見，地坼處泉水溢。天爲陽宗，風火在上。地爲陰統，水土在下。」

○緯書云：「周天三百六十五度四分度之一，一度爲千九百三十二里。」又曰：「從上臨下八萬里。」又云：「天周圜百七萬一千里，以圍三徑一計之，直徑三十五萬七千里。地在中，上下正半。」

○大抵天地在大虛內，不過形氣之最大者，與人物共資。大虛立命，恒人見小，難與言大。故即昭昭者語之，所謂「不可使知之」也。地者大虛內渣滓，禪家謂四大之一耳。大虛視天地，如天地視人。大虛視人物，如人自視身上毛髮蟣虱。天地人物在大虛中，憑元氣浮泛，如一雞子在大海水中，故大虛無窮。或問：無窮何窮？曰：既無窮矣，復何窮？所以爲大虛。

14 子曰：「周監於二代，郁郁乎文哉！吾從周。」

○監，視也，有參酌意。郁郁，文盛貌。《記》謂：「夏尚忠，商尚質，周尚文。」周兼二代之禮，其説緣于此。大抵天運人事，不得不然，聖人惟變而通之。禹、湯經畫于前，文、武、周公繼承于後，參伍潤色，綱紀文物大備。尚論者見謂文勝，而文、武、周公非故欲文也，夫子亦非擇于文從也。先聖後聖，不能違時耳。比至春秋僭亂，禮樂大壞，祖宗憲章，臣子尚不能守，况遠追隆古乎？夫子所以有夏商之思，而又發從周之嘆也。然亦有微意，感二代之無傳，傷周公之已衰。雖有其德，苟無其位，不敢作禮樂。是以《書》存《虞夏》，《詩》存《商頌》。告顔子爲邦，其意亦可知矣。

15 子入大泰廟，每事問。或曰：「孰謂鄹鄒人之子知禮乎？入大廟，每事問。」子聞之，曰：「是禮也。」

〇太廟，太祖廟。魯太祖，周公也。羣公謂之小廟，《周禮》「祭僕復于小廟」是也。魯祀周公舊矣，至僖公始用郊。成公作頌，起廟樂。定、哀之閒，三家皆用天子禮樂，則周公廟亦非伯禽之舊矣。故《明堂位》云：「大廟，天子之明堂也。山節藻梲，複廟重檐，刮楹達鄉向，反坫出尊，崇坫康圭，疏屏，天子之廟飾也。」夫子入廟，每事問者，問其度數品式，陳設之事。聖人雖生知，非素歷，未易通曉。而魯制違禮，亦欲考其名實，非己知而問，非無爲而問也。或人譏其不知固妄，然夫子于禘，自謂不知，亦所不辭[一]，但疑則思問。人臣奉法，禮當如是。況孝子祀先，無稽妄作，豈禮乎？言外有不盡之感。

〇聖人誨人即是學，不知而每事問，即所謂「不知爲不知，是知也」。凡聖人之知即是行。或人惟論知不知，聖人惟論是不是，知與禮猶二，是與禮爲一。

〇廟之言貌也，祖考形貌所在也。《王制》云：「天子七廟，三昭三穆，與大祖之廟而七。諸侯五廟，二昭二穆，與大祖之廟而五。大夫三廟，一昭一穆，與大祖之廟而三。士一廟。庶人祭于寢。」七廟者，《禮》：自身以上，父、祖、曾、高爲四親，及始造命者爲大祖，共五。大祖而下，四親而上，五服之外，親盡之祖，爲祧廟者二。祧，迢遠也。二祧與五廟爲七。或云：天子有二宗，與大祖廟同，百世不遷爲七也。凡廟建于王宫左，南向，各有門堂寢室週牆。太廟居北正中，左三爲昭，右三爲穆，以次疊而南。太廟奉大祖主，昭北一廟，奉二世祖主。穆北一廟，奉三世祖。主昭二廟，奉四世祖主。

[一]「亦所不辭」，日本國會圖書館藏本作「非所辭□」。《續修四庫全書》本于義爲長。

穆二廟，奉五世祖主。昭三廟，奉六世祖主。穆三廟，奉七世祖主。父昭，則子穆，父子不共昭穆。世遠廟數不足，則以新主祔于昭穆之南廟，而以盡北祧廟主，遷于大廟之夾室藏焉。餘三廟主，以次自南升而北。昭升于昭，穆升于穆，左右不相參也。凡廟向南，主向東。大祫則合羣廟及祧主，祀于大祖廟。唯大祖主東向自如，而羣主皆以南北爲左右，左向南爲昭，右向北爲穆。此天子七廟之制也。諸侯四親，與始封之君爲五。大夫始祖，即諸侯次子之始爲大夫者，與祖、父廟爲三。士止祀其父，爲一廟。禮不下庶人，無廟，祭于寢。魯本諸侯，宜五廟。而《明堂位》云：「魯公之廟，文世室也。武公之廟，武世室也。」惟天子有世室，魯有之，是七廟與天子同也。《春秋》定公元年立煬宮，是八廟也。三年五月，桓廟、僖廟災。桓至哀已十一世，僖至哀已八世，而廟皆在，是十廟也。魯制不經如此。

○鄹，魯下邑。漢以後爲魯縣，今兖州府曲阜縣是。鄹人，孔子父叔梁紇也，嘗爲鄹邑大夫。其先出宋微子之裔，有弗父何者，世爲宋卿。三傳爲正考父，生孔甫嘉。五世親盡，別爲公族，遂以孔爲氏。三傳爲孔防叔，避華氏之禍奔魯。防生伯夏，伯夏生叔梁紇，紇婚于顔氏女曰徵在，禱于尼丘之山而生孔子，因以名而字焉。孔子生三歲，叔梁紇卒，人謂爲鄹人子。

16 **子曰：「射不主皮，爲力不同科，古之道也。」**

○射本武備，聖人文之以禮樂，亦猶教童者之舞干戚也。古聖人隨事節之以禮，而于射尤委悉。

昔有窮后之弑君，逢蒙之害師，爲無禮也。故聖人制爲射禮，教天下後世以觀德焉，詳見《儀禮》。《周禮》：鄉大夫職，以鄉射五物詢衆庶，一曰和，二曰容，三曰主皮，四曰和頌，五曰興舞。詳見《周禮》。主皮，主中侯也。侯用布，中受矢處用皮，即正鵠也。矢穿正鵠，乃算中，即貫革也。革，即皮也。射皆主皮，此云不主者，謂五物兼詢，不但主中而已。《儀禮·鄉射記》云：「禮射主皮，主皮之射，勝者又射，不勝者降。」此與鄉射主皮異。蓋天子將祭，選羣臣助祭。先狩于澤中，射主獲禽，不用侯。張獸皮，或革甲椹質以射，力能穿皮者爲勝，否爲不勝。不勝者退，不復與射。更進一人，與勝者較，惟主有力，不必和容和頌興舞也。《周禮·夏官》司弓矢職云「王弓弧弓，以授射甲革椹質者」，又云「澤供射椹質之弓矢」，即此也。狩畢，取所獲禽，陳于澤宫，乃張侯。禮射頒禽，惟論和容和頌興舞。有德者，雖不中亦得禽。無德者，雖中不算，不得禽。此所謂不主皮也，與他禮射異。他禮射未有不主中者，主中未有不貫侯者。不貫，則矢不集。《詩》美魯莊公威儀之美，亦云「射則貫兮」。鄉射禮將射，司馬命曰：「不貫不釋。」大射禮將射，司射命執算者曰：「中離維綱，揚觸梱復。公則釋獲，衆則不與。」言矢揚起觸侯，與叩侯復墜者，皆不算中。故射必貫侯而後算中也，朱註未確。此章蓋据澤射而言，當時好戰尚力，禮射但主皮，而和容興舞盡廢，故發此嘆，非謂射原不主貫革也。科，猶科舉之科。程士曰科，字从禾、从斗，程量之意。主皮所以程力，力有强弱不可勉，而和容興舞以程德，人皆可脩。力不中程，將併擯德。所以禮射兼詢五物，不專主皮，崇文之道也。古道廢不止此，即此而世變皆可知。

○天子諸侯射于國中及射于澤宮，謂之大射。士庶人射于鄉，謂之鄉射。賓主射謂之賓射，燕飲射謂之燕射。《考工記》：「梓人爲侯，廣與崇方，三分其廣而鵠居一。」鵠，鶴屬，大鳥也。鄭玄云小鳥難中，不知古人正取大鳥易中耳。侯形似猴，立于彼以候射也。《虞書》曰「侯以明之」，天子中之以服諸侯，諸侯中之得爲諸侯，故名侯。大射之侯，中以皮爲鵠。賓燕射之侯，中畫布爲正。凡侯皆布，其中三分之一用皮，外三分之一又用皮緣之。賓、燕射之侯，外緣用皮，中畫布處無皮。天子侯大而遠，諸侯大夫以次降。侯中心以遠近爲廣狹，天子侯中廣一丈八尺，侯道九十弓。諸侯侯中廣一丈四尺，侯道七十弓。大夫侯中廣一丈，侯道五十弓。每侯道一弓，以二寸爲侯中，詳《射禮》。

17 子貢欲去告(谷)朔之餼(戲)羊。子曰：「賜也！爾愛其羊，我愛其禮。」

○朔言蘇，生也。月首日爲朔，謂月魄，晦極復生明也。古天子用十二竹簡，書十二月朔日之辰，及月之節候，與所行政事，如《月令》之類，頒于諸侯。《周禮》六官「正月之吉始和，布治于邦國都鄙，縣治象之法于象魏」，即此時也。周正月建子，即今十一月。先歲冬至，頒來歲十二月令于諸侯，諸侯受而藏之大祖廟。每月朔，殺特羊告廟，集羣臣，臨視頒行，又謂視朔，又謂聽朔。一以敬天，一以尊王，一以尊祖，一以防廢閣，美意良法也。《禮記・玉藻》云：「天子聽朔于南門外，諸侯聽朔于太廟。」周衰，正朔雖存，天子不頒朔，諸侯以國紀年。魯自文公不告朔，迄定、哀間，有司猶月供一羊。生牲曰餼，腥肉亦曰餼。餼羊，以待殺也。子貢謂此羊虛設，欲去之，惜費耳。愛，惜也。

聖人念羊本爲禮設，禮不行而羊在，猶禮也。二「其」字，指告朔其羊，其禮之羊也；其禮，其羊之禮也。以羊視羊，羊虚費可惜。以禮視羊，羊存猶禮存，羊亡禮遂亡矣，可惜尤甚。魯人廢禮，有大于不告朔者。子貢欲去羊，不爲無意，夫子亦無以非之。但聖人愛禮，雖虚文猶愈於已。禮終不復，羊亦難保，終不去，君子且未可作俑耳。夫子此言，豈獨爲子貢去羊發乎？寄慨遠矣。〔一〕

○《史》：黄帝得寶鼎神策，推策迎日，始有星官之書。命大撓占斗綱所建，始作甲子。容成作蓋天，象周天之形。鬼臾蓲造曆，積餘分以置閏，配甲子而設蔀。

○《玉海》云：「自黄帝迄三代末，凡二千四十四年，曆七變。漢四百年，曆四變。自魏晉迄隋，又十六變。而後魏後周，六曆不與焉。唐三百年，曆九變。自五代之調元欽天，而曆法始弊。宋自建隆迄慶元，二百五十年閒，曆四變。上距黄帝，曆凡五十八變矣。」

○《星學天文論》云：「昔堯命羲和，曆象日月星辰。舜制璿璣玉衡，以齊七政。曰：日中星鳥，以殷仲春。日永星火，以正仲夏。宵中星虚，以殷仲秋。日短星昴，以正仲冬。此因日度之至，以驗二十四氣之别也。」又曰：「以閏月定四時成歲。」此因氣朔盈縮，以推章蔀紀元之數也。蓋天象經緯有常度，而往來不無參差。天包地外，地静而天動。左旋東出地上，西入地下。一晝一夜，行

〔一〕「豈獨爲子貢去羊發乎？寄慨遠矣」，《續修四庫全書》本作「非必謂羊存禮尚可復，謂羊且可惜，况于禮乎云爾□□」。

三百六十五度四分度之一。地則土石之體，徑二十四度，水接于天，皆爲地體，徑九十七度四分度之三。土石與水共徑一百二十一度四分度之三，厚半之。勢傾于東南，西北之高不過一度。天之南北兩極，爲上下之樞，北高而南下。自地上觀之，北極出地上三十五度有餘，南極入地下三十五度有餘。兩極之中，皆去九十一度三分度之一，謂之赤道。横絡天腹，以紀二十八宿相距之度。故兩極居南北之中，是謂天心。居所不動，中氣存焉。由此斡旋，自東而西，分爲四時。寒暑所以平，陰陽所以和也。經星二十八舍，繫天不動。紫微、太微、天市，謂之三垣，以象三台。東方角、亢、氐、房、心、尾、箕，爲蒼龍之形。北方斗、牛、女、虚、危、室、壁，爲玄龜之形。西方奎、婁、胃、昴、畢、觜、參，爲白虎之形。南方井、鬼、柳、星、張、翼、軫，爲朱雀之形。是謂二十八舍，象諸侯四岳。日象君，月輔之。五星，五氣之精，象六官。木曰歲星，火曰熒惑，土曰鎮星，金曰太白，水曰辰星，皆緯星。并日月爲七政。日體約徑一度，所行之路謂黄道。冬至日，黄道出赤道外二十四度，去北極遠，故時寒而夜長。夏至日，黄道入赤道内二十四度，去北極近，故時暑而晝長。春秋二分，黄道與赤道相交，當兩極中，故時和而晝夜均。月體亦徑一度少縮，所行之路謂之白道，其出入黄道，不過六度。日之運行，每日約退天一度，凡一歲退三百六十五度四分度之一，退盡一周天與天會于原處，謂之歲。月每日退天約十三度有奇，凡二十七日有奇，退盡一周天。故二十九日有餘，與日會，謂之月。月與日同度，謂之朔。衝分天中，謂之望。光盡體伏，謂之晦。近一遠三，謂之弦。月行白道，與黄道正交之處，在朔則日食，在望正對虚暗之處則月食，以日月之交會爲朔望之期，以日之行度，爲寒暑之候。以四時言，則分爲四氣。以十二月言，則分爲六氣。每月分其中節，則二十四氣。每氣分爲三候，則七十二候。由是可以用天時，可以興地利，可以察妖祥。日爲陽精，主生養恩德，大君之象也。月爲陰精，主刑罰威權，大臣之象也。五星輔佐日月，斡旋五氣，如六官分職，號令天下。天漢，四瀆之精也。起鶉火，經西方之宿，而過北方，至箕尾而入地下。十二辰，十二月，斗綱所指之地也。天氣無形可見，觀斗綱所指之辰可知。斗有七星，第一曰魁，第五曰衡，第七曰杓。三者謂之斗綱。如建寅正月昏，則杓指寅，夜半衡指寅，平旦魁指寅。二月指卯，三月指辰，以至十二月指丑，皆可例推。日月所會之處，每歲十二辰。子曰玄枵，分野屬齊。丑曰星紀，分野屬吴。寅曰析木，屬燕。卯曰大火，屬宋。辰曰壽星，屬鄭。巳曰鶉尾，屬楚。午曰鶉火，屬周。未曰鶉首，屬秦。申曰實沈，屬晉。酉曰大梁，屬梁。戌曰降婁，屬魯。亥曰陬訾，屬衛。此精氣所應，非拘方位也。天爲十二辰，地爲十二州。七政變異，各以所屬分野占之，而吉凶可知。古言天者三家，曰渾天，曰宣夜，曰蓋天。宣夜無傳，蓋天最舛。渾天之儀有三，曰六合儀，曰三辰儀，曰四游儀，共爲一器，即璿璣玉衡之遺制也。考其制，北極偏于嵩高之北，南極偏于地中之南。天之腰圍，名曰赤道。其東西在卯酉之位，而斜倚于南。天之位次有定氣而無定形者，名曰地盤，先天之體也。動而無常，經宿環旋者，名天盤，後天之用也。用不外乎體，即其體之運旋而謂之用。天未始有二也，故觀天授時之法，如《堯典》所謂「日短星昴，以正仲冬」之類，謂仲冬晝短夜長。日在地盤子位，至昏子位入于酉位，則酉之昴星在午位，因是以驗時之仲冬。其餘星火、星鳥、星虛之説，皆可類推矣。古今言曆法者，程子惟、邵康節之歲差，冠絶古今。所謂歲差者，蓋日躔歲有差，而昏旦之星亦有差。唐虞仲冬日在虛，漢《太初曆》冬至日在牽牛之初。許衡所定《授時曆》，至元冬至，日在箕初。唐虞之日，冬至在子，而夏在午，春分在酉，而秋在卯。今未四千年，而冬至在寅，夏至在申，春秋二分在巳亥。其歲差已退五十餘度，則後萬餘年冬至之日，不反躔于牛乎？此歲差不可不考，而定歲置閏，皆因是生。孟子所謂「求其故，千歲之日至，可坐而定」者也。蓋逆推上古冬至，歲月日時皆甲子，兩曜合璧，五星連珠，聚于玄枵之中，名曰上元，以求端于始。從上元而下至今，測驗相應，乃可取證于後。然七政左旋，其精有陰陽之別，其運不無遲速之異。日行稍遲于天，月退又甚于日氣，朔所以不齊也。二十四氣之候，每中節二氣，凡三十日五時六刻有餘。而日月合朔，止于二十九日六時三刻有餘，故氣盈于三百六十，朔虛于三百五十四，合氣朔盈虛生閏，故三年一閏，十九年七閏，無餘分而爲一章，四章爲一蔀，二十蔀爲一紀，三紀爲一元復始，是謂曆元。先儒謂天左旋，七政右旋。今驗凡星昏在東者，曉皆西墜。昏所不見者，曉皆東升，是左旋甚明。而天行甚速，七政行不及天，反退而成右耳。

○《草木子》云：「天爲動物，久而必差。古雖立差法，而五十年差一度。又大過百年差一度，又不及七十五年差一度，近之。元人以八十一年差一度，算已往減一年，算將來加一年，始爲精密。」又云：「歲日與天會也，月日與月會也，日日與度會也，時日與辰會也。日行地盤一位爲一時，故時有十二，日有三十。月有十二，歲有三百六十。至刻，乃曆家自細分。每時八刻，六分刻之二，共成一百刻。刻有初、正，子午中分。子初四刻屬本日，正四刻作明日。銅漏刻于籤上，故名刻。」

○漢《大初曆》，凡十九年七閏爲一章。章者至朔分齊，閏無餘分也。二十七章，五百一十三歲爲一會。日月交會，一終也。三會八十一章，一千五百三十九歲爲一統。閏朔并無餘分，但非甲子歲首也。凡三統二百四十三章，四千六百一十七歲爲一元，至是閏朔並無餘分，又值甲子歲首也。此楊子雲擬之，以作《大玄》也。唐《大衍曆》，亦以初年甲子日子時朔旦，冬至在歲次甲子之首，謂之至朔同日。第二十年爲第二章首，復得至朔同日。然非甲子之先期，夜半乃是癸卯日卯時。第三十九年，至朔同于癸未日午時。第五十八年，爲第四章首，至朔復同于癸亥日卯時。第七十七年，至朔復同于癸卯日子時。因至朔同在夜半，與第一章同，遂以七十六年爲一蔀。四章爲蔀，二十蔀爲紀，計一千五百二十年。至朔同甲子日之先期夜半，但非甲子歲首耳。三紀積四千五百六十年，至朔同于甲子之先期夜半，又甲子歲首會如初，名一元。此僧一行推之以演《大易》也。曆説雖多，不出二家之術。

○自堯甲辰，至大明洪武元年戊申，共三千七百二十六年，計六十三甲子。

○《説文》：「羊，祥也。从𦍌〔一〕。象頭角足尾之形。孔子云：『牛羊之字，以形舉也。』」羊在六畜，主給膳，以大爲美，故美字从羊、大。以瘦爲病，故羸字从羊。性善羣，故羣字亦从羊，

〔一〕「𦍌」，原作「卝」，據《説文》改。

獨字則从犬。羊鳴曰咩，羊臭曰羴。羊初生曰達，小曰羔，未成曰羜。大曰羊，六尺曰羬，有褐、白、黑三色，亦有青者。《爾雅》：「羊牡，羒；牝，牂。夏羊，牡，羭；牝，羖。」註云：「夏羊，黑羊也。」《周禮》：「羊人掌羊牲。」宗廟用羊曰柔毛。《春秋繁露》云：「凡贄，卿用羔。羔有角而不用，如好仁者。執之不鳴，殺之不謗，類死義者。羔飲其母必跪，類知禮者。羊之爲言祥也，故以爲贄。」

18　子曰：「事君盡禮，人以爲諂也。」

○朱註云：「孔子于事君之禮，非有所加也，如是而後盡耳。時人不知，反以爲諂。」何註云：「時事君者多無禮，故以有禮者爲諂。」盡禮，如拜下之類。凡禮施于所當施爲敬，加于所不當加爲諂。云事君盡禮，不云我事君。云人以爲諂，不云人不盡禮。語意渾然，無人我相形之迹。非爲自白，爲世道人心慨也。禮有定體，過則諂，不及則亢，適當其分則盡。臣事君，禮豈得不盡？盡者以爲諂，則不盡者以爲不諂，上陵下替自此始。雖違衆，吾從下，正此意。

19　定公問：「君使臣，臣事君，如之何？」孔子對曰：「君使臣以禮，臣事君以忠。」

○魯季氏逐昭公，客死于外，廢其二子，援立定公。當時君臣事使之閒可知也。定公本昏懦之主，故教之禮以防下。三家爲欺罔之臣，故教之忠以事君。語意責成在君邊，臣雖不忠，君惟有禮。惟禮不可欺。《禮器》云：「無節于内者，觀物弗之察矣。欲察物而不由禮，弗之得矣。」故惟禮可以作忠。

齊景公憂田氏之逼，晏子曰：「唯禮可以已之。」善哉！知本之言。興衰撥亂，銷患遠辱之道，不過此。夫子告哀公爲政，亦曰：「爲政先禮，物恥足以興〔一〕之。」告子路治蒲曰：「恭而敬，可以懾勇。寬而正，可以懷强。温而斷，可以抑奸。」亦此意。安富尊榮，計無踰于禮者。三千七十之徒，周旋夫子，亦惟禮以服之，故夫子在春秋以知禮聞。則所謂使臣以禮者，豈徒不犬馬畜臣之謂乎？若徒以接遇隆厚爲禮，而不知恭儉莊敬爲禮，亦烏足以使其臣哉？

○定公，名宋。襄公子，昭公之弟。在位十五年。詳第二篇。

20 子曰：「《關雎》樂而不淫，哀而不傷。」

○二南之詩，周家王業太平之後，周公作禮樂，追詠周道始興，文王后妃脩身齊家治國之事，以爲后世法程也。古序自明，其序《關雎》，不言文王大姒，泛言后妃之德者，蓋所詠求淑女以相君子，蠶繅以爲衣服，和羹以備祭祀。衽席寤寐，有求賢之思。左右嬪御，無嫉妒之意。凡爲后妃者，皆當如此也，故曰后妃之德。夫子删《詩》以冠三百，教化之興，閨門爲始。哀樂之情，男女爲至。《關雎》哀樂，爲求賢以相君子，誠敬以奉祭祀。其樂非謔浪宴笑之喜，其哀非仳傓怨懟之悲。其辭馴雅，其聲平淡。視《溱洧》《桑中》之放蕩，《風雨》《雞鳴》之悽惋，理欲不同情，所以中正和平，得

〔一〕「興」，《禮記·哀公問》作「振」。

性情之正，爲聖德之形容，脩齊之本，壼教之宗也。

○朱子改古序，謂《關雎》爲王季宮人，喜文王得太姒而作，非也。詳見《詩解》。詩名《關雎》，取章首「關關雎鳩」命篇。關關，雎鳩鳴聲。雎鳩，鳥名，即布穀也。當春鳴則播種，其聲如云開倉撒穀，遠聽關關然。《月令》二月鷹化爲鳩，五月鳩復化爲鷹。其目雎然，怒視如鷹。晉孔羣云：「陽和布氣，鷹化爲鳩。至于識者，猶憎其眼。」字从目隹聲，或改从且，鑿也。他鳩不能高飛，飛即不能鳴。惟雎鳩鳴且高飛，故又名鳴鳩。《月令》：「鳴鳩拂其羽。」《小宛》詩云：「宛彼鳴鳩，翰飛戾天。」刺幽王無夫婦，忝《關雎》也。鳥惟鳩多族，雎鳩乘陽變化，故以比王后。鳲鳩，鵓鴿，多子，居鵲巢，無爲受成，故以比君夫人。凡《詩》鳥獸草木，皆取目前至近，使人易曉。而楊雄、郭璞、陸機、許慎之徒，無端遠引，浪猜于耳目見聞之外，好奇蔽之也。

21　哀公問社於宰我。宰我對曰：「夏后氏以松，殷人以柏，周人以栗，曰使民戰栗。」子聞之曰：「成事不説，遂事不諫，既往不咎。」

○哀公初年亳社災，公問社，問立社之主也。社，土神。神有主爲依，在野則植樹，如松柏之類，表生物也。在國則刊木爲主，故宰我舉三代社主之木以對，其説甚瑣。又以殺人之事，附會周栗。因古者出師，社主從行，戮人則告于社也。戰，懼貌。栗，驚貌。今人謂栗實迸落曰栗駴。哀公孤弱，每不平于三桓，故宰我借社栗，諷以威嚴。不思人臣謀國，當量機識時。强臣割據而輕舉，則與戎于國；

輕言，則遺害于身。夫子聞之，難于顯斥，而但數其可對者非一端。見在曰成，將然曰遂，古昔曰往。陳述曰説，諍言曰諫，懲創曰咎。自文武分茅祚土，宗祏民社，昭代有成法，其事可陳説也，而不説。國家有事勢，勢成在遂。得勢則宗社遂安，失勢則宗社遂危。《詩》云「莫遂莫達」，儒者謂《春秋》譏遂事，權不可委，機不可失，此當諫也，而不諫。往古有明效大驗，如夏社歸殷，殷社歸周，興廢何常。得道者昌，失道者亡。此既往之可追咎者也，而不咎。區區爲此無稽之言，不幾于誤君乎？蓋三家之横，公室之卑，已非一日。而哀公孤立，魯事未可有爲也。故篇内凡夫子告定、哀語，皆極微婉周慎，可爲人臣建白之法。而末年公欲以諸侯除三桓，不得正終，固人謀不臧，抑亦事遂難挽。或宰我之言啓之與？宰我，慷慨志士，忠憤有餘，明哲不足，卒致命于田常之難也，悲夫！

○社，后土之神。古句龍氏，生爲后土，有功，死而祀以爲社主。《祭法》曰：「共工氏之霸九州也，其子曰后土，能平九州，故祀以爲社。」五方各有分土，食土之毛皆思美報。天子土盡四海，故祀天地，而臣民受分土，各有后土之祀，故《祭法》「王爲羣姓立社曰大社，王自立社曰王社。諸侯爲百姓立社曰國社，自立社曰侯社。大夫以下成羣立社曰置社」。古者民二十五家爲里，里有社。天子之社，五色土爲壇。封諸侯隨方色取大社土，苴以茅授之。諸侯受而歸，以立國社焉。《周禮》大宗伯職「王有大封，先告于后土」是也。凡社有壇位，無宮室受天陽也。社主北向，君負北墉而祭答陰也。祭用甲日，木生之始也。凡社建于外朝西，《周禮》小宗伯「掌建國之神位，右社稷，左宗廟」。《考工記》云：「匠人營國，左祖右社。」《郊特牲》云：「社所以神地之道，地載萬物，天垂象。取材于地，取法于天。

是以尊天而親地，故教民美報焉。」又曰：「唯爲社事，單丹出里〔一〕；唯爲社田，國人畢作。惟社，丘乘供粢盛。」又曰：「君親誓社，以習軍旅。」故賞則告于祖，刑則告于社。祖陽爲生，社陰爲殺。凡此皆立社之成事可説者也。《孟子》云「社稷爲重，君爲輕。諸侯危社稷，則變置」，《曲禮》云「君死社稷」，社稷與宗廟等，人主尊天親地，人生尊父親母，天一而已。故惟天子祀天，而土則隨人皆有，猶母之親也。諸侯土一國，大夫土一邑，士庶人土一廛，無人無土，故無人不社。是以唯社事盡里，唯社獵畢作，惟社祭衆皆供。百昌生于土，歸于土。萬物藏于坤，役于坤。故社者衆之所聚，羣心之所同，是以動衆講武于社。人民所依，邦國之基。故諸侯之寶三，土地爲先。社稷存君存，社稷亡君亡。魯自三家專政，公室日卑。季友始生，桓公使楚丘卜曰：「男也。名友，在公之右。閒于兩社，爲公室輔。季氏亡，則魯不昌。」言魯不昌，在季氏也。定公六年，陽虎將叛，盟公及三桓于周社，盟國人于亳社，詛于五父之衢。大夫分公室，陪臣執國命。哀公孤立，國事已去，宗社如朝露。語曰「涓涓不息，流爲江河」，凡此皆事之遂而可諫者也。古王者革命，以亡國之社歸，而置諸太廟門外。諸侯分封，皆令設之，以示戒也。國社則有壇位而無宫室。《公羊傳》曰：「亡國之社，則奄其上，柴其下。」奄其上，不通陽。柴其下，不通陰。以絶生物之功也。《郊特牲》曰：「亳社北牖，使陰明也。」

〔一〕底本原脱「爲」「出」兩字，據《禮記》補。

又曰：「喪國之社屋之。」《周禮・秋官》士師職「祭勝國之社稷，則爲之〔一〕尸」。社尸用刑官，亦以其無生物之德也。國社在朝門西，亳社在朝門東，故魯外朝東西兩社，楚丘謂「閒于兩社」是也。哀公四年六月，亳社災，君亡之兆。此皆往事之可咎者也。解者云事成不可説，遂不可諫，往不可咎，非聖人之意。

○社主植木，古今同也。《周禮》大司徒職「設其社稷之壝，而樹之田主」。各以其野之所宜木，遂以名其社與其野，即松、柏、栗之類。夏社在安邑，殷社在豐鎬，地異而二木無地不宜，獨取松柏者，謂其爲百木之長，歲寒不彫，此義人易曉也。而周獨用栗，故世俗有使民戰栗之説。何休云：「松者，容也。想其容貌而取人正。柏，近也。親而不遠，取地正。栗乾戰，取天正。」其附會皆此類。况國社在朝，必刊木爲主。如虞主用桑，練主用栗之類。《左傳》陳侯擁社，見鄭子産，亦擁其主耳。軍行載社主，豈載其樹與？

○問社不及稷者，稷從社，穀從土。生與社同祀。天子王社，諸侯侯社，此無預農事，不設稷主。惟大社國社，爲民祈穀報賽，乃祀稷，與社同。土穀有功德于人，人盡其道以報之。祭者人道，故用人爲主。句龍主社，棄主稷，皆事之以人也。鄭玄輩專執人鬼論造化。人者，造化之靈，鬼神之會。先王祀天地百物，皆以人之有功德于其物者爲主，亦猶隨土所宜。木爲社云爾。儻句龍即是社，則松、

〔一〕「之」字底本原脱，今據《周禮》補。

柏、栗亦即社矣。句龍棄死爲社稷，當其未死，世遂無土穀邪？

○《白虎通》云：「夏揖讓于君，故稱后。殷、周爲人所歸往，故稱人。」

○宰我，孔子弟子，名予。《史記》謂：「宰我爲臨淄大夫，與田常作亂，夷其族。孔子恥之。」《索隱》云：《春秋傳》無宰我與田常作亂之事。于時有闞止者，亦字子我，與常爲左右相，争權見殺，誤以爲宰我耳。」然《呂氏春秋》亦云：「陳恒攻宰予于庭。」《韓非子·難言》篇亦云：「宰予不免于田常。」是田常殺宰我，信也。蓋宰我仕齊，爲簡公死節，如仇牧之死于宋萬，賢于子路之死孔悝也。夫子請討陳恒，師弟同讐之誼，而馬遷承訛，不思宰我既與常作亂，常何爲夷滅之？如謂齊人惡其助常，宰我滅矣，常獨免乎？是時齊人知有常，誰敢問常之黨者？且死難與作亂相懸也。列傳李斯短趙高于二世云：「田常爲齊簡公臣，下得百姓，上得羣臣，陰取齊國，殺宰予于庭，遂弑簡公。」此亦史遷筆，何前後相矛盾邪？

○《史記》云：「松柏爲百木長，而守宮閭。」

○松葉如針，柏一名椈。《雜記》云：「暢臼以椈。其性堅氣香，鑿爲臼，以搗鬱草，和鬯酒也。」椈、掬通。合手曰掬。柏葉側生，俗謂側柏，又名合掌柏。

○松柏種類殊，松身柏葉曰檜，又曰栝，俗名團柏。柏身松葉曰樅，俗名刺柏。檜葉與身皆曲，樅葉與身皆直。文字會意，樅以直從，檜以曲會。

22 子曰：「管仲之器小哉！」或曰：「管仲儉乎？」曰：「管氏有三歸，官事不攝，焉得儉？」「然則管仲知禮乎？」曰：「邦君樹塞門，管氏亦樹塞門。邦君爲兩君之好，有反坫，管氏亦有反坫。管氏而知禮，孰不知禮？」

○器小，謂量淺。儉，撙節也。或人疑器小爲儉，是以吝嗇當器小也。三歸，娶三姓女。婦人謂嫁曰歸，諸侯一娶九女，一國嫁女，二國媵之，謂之三歸。或云：三歸，臺名。然則如後世章華、銅雀之類與？官，家臣。事，職事。攝，兼也。《禮》：大夫不具官，故一人兼數事。管氏内多匹寵，外多冗臣，不儉可知。或人以爲知禮，以奢爲禮也。邦君，諸侯也。樹，屏也，即今蕭牆。一名浮思。塞，蔽也。蔽内外也。《禮》：「天子外屏，諸侯内屏。大夫以簾，士以帷。」坫，閣物之具，猶今几案之類。置之兩楹閒，獻酬飲畢，則反爵於其上。亦諸侯之禮，管氏僭之。氏，猶家也。國曰姓，家曰氏。古天子胙土則賜姓，後世世官則賜氏。氏者，别而稱之也。

○明德親民，治國平天下，大學之道也。世上功名榮寵，由大虛分量視之，只如一點浮雲。所以堯舜爲天子，茅茨土階，有天下而不與，乃謂大器。管仲學術不正，源本不清，倚仗功名立基，相齊之業，纔幹辦一個富强，便自滿足，由其器小，故設施不廣，容受不宏。於是有三歸具官，反坫樹塞之事，奢侈敗度，正其器小而易盈。聖人一言蔽之。而或人世俗之見，儉本美節，以擬器小，是未知儉也。奢犯禮，以擬知禮，是未知禮也。器小之故，竟不能問，夫子亦竟不言，要之在其中矣。管仲相桓，夫子嘗稱其功，而獨小其器，乃知功名易立，德量難充。雖有周公之才，驕吝亦無足觀。《易》曰：「謙，尊而光。」謙，兼也。兼則能受。管仲之器，可小知而不可大受，故其功烈亦卑。夫子稱其仁，不没其善，成人之美焉耳。要之器小，其定論也。子貢、子路、曾西、孟子皆深契夫子之旨，世儒大管仲，故高桓、文，誣《春秋》，獎五霸，所由來也。

○《國策》云：「齊桓公宫中七[一]市，女閭七百，國人非之。管仲故爲三歸之家，以掩桓公，非自傷于民也。」《韓非》云：「桓公使管仲有三歸之家。」故《漢書》亦謂管仲身在陪臣，而取三歸，則三歸爲取女是也。而《説苑》謂管仲築三歸之臺，以自傷于民。按《一統志》，三歸臺在東平州東阿縣，古阿邑也，去臨菑遠。考之《春秋》，阿本衞邑。齊桓與魯莊公同時，莊公六傳爲襄公，襄公十四年，孫林父敗衞侯于阿，是時阿猶在衞也。其後齊威王烹阿大夫，在衞亡後。管仲時，築臺于衞地何爲？故東阿之三歸，妄也。或云即臺門。《禮器》云：「天子諸侯臺門，以高爲貴也。」謂築臺而屋其上，爲門巋[二]巋然高大貌。門必三，謂左右中三面歸向，天子諸侯之制。《郊特牲》云：「臺門而旅樹反坫，大夫之僭禮也。」《禮運》云：「大夫具官，是謂亂國。」官事不攝，是具官也。與樹塞反坫，皆奢僭之事。坫以閣物，在堂下東西南隅，築土爲之。如《士冠禮》「爵弁、皮弁、緇布

〔一〕「七」，底本作「女」，據《戰國策》改。
〔二〕「巋」，底本作「歸」，據文義改。

冠，各一匴，執以待于西坫南」，是堂下西南隅也。又《既夕記》云「設棜于東堂下，南順，齊于坫」，是堂下東南隅也。坫有在堂上者，以木爲之，如《大射禮》「小射正取公之決拾于東坫上。卒射，小射正以笥受決拾退，奠于坫上」是也。《明堂位》云：「反坫出尊，崇坫康圭，天子之廟飾也。」古者兩君相見必于廟，尊于兩楹閒。反爵之坫在尊南，故曰出尊。又其南設高坫，安置君圭于上曰崇坫。又房中庋食之閣亦謂坫，皆木也。坫，奠也，所以奠爵。或云：高八寸，足高二寸。蓋豐類。古人飲饌席地，故設坫以奠爵。鄉飲酒、燕禮獻酬畢，皆反爵于堂下篚内。惟兩君相獻酬，則反爵于堂上之坫。今俗酒盞盤亦謂坫，制異而義同。《爾雅》「垝謂之坫」，俗呼小方几爲杌，音與垝近。

○按《史》，管仲，齊大夫。名夷吾，潁上人。少善鮑叔牙。叔牙事公子小白，管仲事公子糾。及小白立爲桓公，殺公子糾。管仲囚，鮑叔進管仲。仲既任齊政，以區區之齊，在海濱，通貨賄，設輕重九府積財，富國彊兵，與俗同好惡。其言曰：「倉廩實而知禮節，衣食足而知榮辱，上服度則六親固。四維不張，國乃滅亡。下令如流水之原，令順民心。」故論卑而易行。俗之所欲，因而予之。俗之所否，因而去之。其爲政也，善因禍而爲福，轉敗而爲功，故曰：「知與之爲取，政之寶也。」諸侯由是歸齊侯，公遂以霸。管氏亦有三歸，位在陪臣，富于列國之君，齊人不以爲侈。有《管子書》八十六篇行于世。

○《禮記》：「子云：『管仲鏤簋而朱紘，旅樹而反坫，山節而藻棁，賢大夫也，而難爲上也。晏平仲祀其先人，豚肩不揜豆，賢大夫也，而難爲下也。君子上不僭上，下不偪下。』」言晏子陋而管子奢也。

23 子語魯大師樂，曰：「樂其可知也：始作，翕如也；從如字之，純如也，皦如也，繹如也，以成。」

○大師，樂官之長。時魯禮樂崩壞，舊典散佚。哀公十一年，夫子自衞反魯正樂。當時疑古樂不復可知，故夫子語以聲音自然之節。始作，謂金奏時。翕，合也。衆音翕然齊鳴也。從，隨也，繼也。隨始作翕如之後，繼作不閒歇也。純，和也。衆音諧和，《記》云：「五采成文，八音從律。」純然如出于一也。純則似混同不分。皦，分明也。高下清濁，皦然明白，各不相掩。皦則似閒斷不屬。繹，聯屬也。周旋條達，貫串不斷也。樂終曰成，樂本象成也，故曰「成于樂」。以成謂以此完成，無他術也。此理易簡，大師所知。中和性情之道，聲音之本，亘古常存。蓋人心和平，今樂猶古。人而不仁，雖古樂何爲？「以成」二字含蓄，六代帝王所以象功昭德，移風易俗，動天地而感鬼神者，其聲音節奏，不過如此。所謂大和元韻，在人心者也。「樂云樂云」，豈累黍比竹之器，差分正餘之數云爾乎？凡聖人以道覺人，皆從可知可能造端。此語大師樂可知，與告子張禮「百世可知」正同。解者深求，與聖意相左，淺言之又枯索無味，皆非也。

○樂有五音十二律。《周禮》：「大師掌六律六同，以合陰陽之聲。」陽聲：黃鐘、大簇、姑洗、蕤賓、夷則、無射。陰聲：大吕、夾鐘、仲吕、林鐘、南吕、應鐘。皆文之以五聲宫、商、角、徵、羽，皆播之以八音金、石、土、革、絲、木、匏、竹。

○《律曆志》云：「律有十二，陽六爲律，陰六爲呂。黄帝之所作也。黄帝使伶倫，自大夏之西，昆侖之陰，取竹之解谷，生其竅厚均者，斷兩節，閒而吹之，以爲黄鐘之宫。制十二筩，以聽鳳凰之鳴，其雄鳴爲六，雌鳴亦六，以比黄鐘之宫，而可以生之，是爲律本。」

○《漢書》注云：「律，率也。聲之管也。聖人本陰陽，别風聲，審清濁，而不可以文載口傳，于是鑄金作鐘，以主十二月之聲。鐘難分别，乃截竹爲管，謂之律。律者，清濁之率法也。聲之清濁，以管之長短爲制。」

○管之長短，以陰陽損益，隔八相生。陽損陰益，損者下生爲陰，益者上生爲陽。損益皆以三分之一爲度，陽成于三，吕從乎律也。管之參差有等，則聲之高下相應。律吕十二陰陽相閒，以配十二月。陽六律，始黄鐘爲十一月，大簇爲正月，姑洗三月，蕤賓五月，夷則七月，無射九月。陰六律，大吕十二月，夾鐘二月，仲吕四月，林鐘六月，南吕八月，應鐘十月，故律與造化通也。律者，聲也。單吹爲聲，聲比爲音。音最大而沉濁者爲宫，最細而輕清者爲羽，大次于宫者爲商，細次于羽者爲徵，居四者之中爲角，是爲五音。五者，天地之中數。聖人言樂不及者，器數有專工，藝成而下者也。世俗言樂，鐘鼓管籥而已。所謂樂其可知者，道在邇而求諸遠也。

○魯國，姫姓，侯爵。成王封周公元子伯禽于魯，在徐州境古奄侯之墟，今山東兖州府曲阜縣是。周都豐鎬，距東海遠，奄、徐屢叛。故周公、太公皆東封，東諸侯倚重焉。

24 儀封人請見，曰：「君子之至於斯也，吾未嘗不得見也。」從者見之。出曰：「二三子何患於喪乎？天下之無道也久矣，天將以夫子爲木鐸。」

〇儀，衛邑。封人，守封疆之吏。夫子過而封人求見，自言己素不爲君子所棄，因以求通，委曲謙遜，殆賢者也。故從者爲紹介入見，出而嘆服，識鑒過人遠矣。失位去國曰喪。鐸，大鈴也。木舌曰木鐸，金舌曰金鐸。金鐸，司馬行軍執之。木鐸，國有大戒，振之以狥行道路，警衆聽也。《尚書・胤征》曰：「每歲孟春，遒人以木鐸狥于路。」《月令》：「仲春先雷三日，奮木鐸以令兆民。」《周禮》小宰、小司寇等職皆用之。言上無明君，天將使夫子周流四方，振聲教，狥行天下，如天之木鐸云爾。

〇父母亡曰喪，失位去父母之邦亦曰喪。故孔子去魯，曰：「遲遲吾行，去父母國之道也。」《檀弓》：「有子問于曾子曰：『問喪于夫子乎？』曰：『聞之矣。』喪不如速貧之愈也。」與此喪同。《曲禮》：「大夫士去國，踰竟，爲壇位，鄉國而哭。素衣素裳，素冠徹緣，鞮屨素冪，乘髦馬，不蚤鬋，不祭食，不説人以無罪。婦人不當御，三月而復服。」皆用喪禮也。

〇胡人通華言者云：怯里馬赤，猶中國云譯史也。元世祖嘗問孔子何如人，或對曰：是天的怯里馬赤。用封人木鐸意，世祖深善之。

〇儀，即今河南開封府儀封縣。有儀封村，在蘭陽縣西北二十里，即封人請見處。

〇《周禮・司徒》有封人，掌爲畿封而樹之。畿上有封，若今之墩界。其職掌社稷之壝，造都邑之封域。《左傳》潁谷封人，祭仲足爲祭封人，宋高哀爲蕭封人，皆國之邊邑，職典封疆。然《周禮・司馬》又有掌疆之官，列掌固、司險之後，蓋辨疆界，則封人防禦，則掌疆也。

25 子謂《韶》句，**「盡美矣，又盡善也」。謂《武》**句，**「盡美矣，未盡善也」。**

○盡美，言其聲容可觀可聽，此樂之文也。盡善，即可觀可聽之中，一則清明廣大，泰和元氣；一則發揚蹈厲，微少和平。此樂之情也。凡樂象成。王者功成樂作，功大者樂備。舜受終文祖，四覲羣后，分命九官十二牧，時亮天工，庶績咸熙，奏之聲容，盡美也。武王伐商，八百諸侯會同，牧野一陳，崇朝清明，櫜弓戢矢，訪道求賢，奏之聲容，亦與《韶》並美也。但《韶》樂氣象雍容，如天覆地載；《武》樂壯厲，而少融化。故有盡善與未盡善之分。非評功德，評樂也。而功德隱然言表，武王功德，視舜自不無少讓。

○韶，紹也，繼也，繼堯也。從古聖神，莫如堯舜，二聖相繼，夫子所謂唐虞之際也。故古《書》二帝同典，五臣合謨。明良喜起，元首股肱，一體無二。故舜名重華，樂曰《韶》，以此也。《春秋傳》云「止戈爲武」，即《詩》云「遏劉」之意。遏劉者，止殺也。武王偃武，故曰止戈。止與繼名義不同，而樂殊。《韶》《武》雖邈，《詩》《書》具在。《虞書》皐謨之末，載夔典樂。鳴球琴瑟，下管鼗鼓，柷敔笙鏞，其器也；鳥獸蹌蹌，鳳凰來儀，其舞也；帝庸作歌，皐陶颺言載賡，其歌也。乃其所爲美善者不在樂，而在明良喜起，工熙事康。讀《虞書》君臣，師師濟濟，都俞吁咈，無非美善之聲容，而《韶》

可知也。《武》樂載在《周頌》與《樂記》，夫子告賓牟賈曰：「《武》始而北出，再成而滅商，三成而南，四成而南國是疆。五成而分，周公左，召公右。六成復綴，以崇天子。」此《武》舞之容也。《春秋傳》云：「《武》之卒章，曰耆定爾功。」今《周頌·武》是也。其三曰「鋪時繹思」，《賚》是也。其六曰「綏萬邦，屢豐年」，《桓》是也。又有《賚》《般》《酌》等篇，不定何章，皆《武》之樂歌也。讀其辭，有奮揚振作，撥亂反正之思。故夫子曰：「總干山立，武王之事也；發揚蹈厲，太公之志也。」以爲武王諱，而其未盡善，亦可知也。

26 子曰：「居上不寬，爲禮不敬，臨喪不哀，吾何以觀之哉？」

○寬、敬、哀，皆一片真心，爲居上行禮臨喪之本。無此真心，雖條教號令之施，威儀進反之容，衰麻擗踊之數，祇似浪花浮草，何以觀之？觀上，欲觀其仁。觀禮，欲觀其敬。觀喪，欲觀其哀。今作者全無實意，觀者何所視傚，只如看傀儡耳。朱註謂觀得失，何得之有？

○上爲衆所歸，故以仁爲本。寬裕温柔，乃足有容。此天地之大德，人不忍之良心。皐陶陳九德，寬爲首。《中庸》贊至聖，聰明睿智，十二德亦寬爲首。凡爲家國天下之主者，先有寬仁之度，然後衆有栖泊。行政治民，一切留有餘不盡，如省刑罰，薄税斂之類，恬養休息，不苛不煩，不傷不害，使民安生樂業。禮樂刑政，皆由此運。究其至，雖殺之勞之，而民不庸不怨，乃見上之寬。若夫私恩小惠，沾沾煦煦，姑息廢弛，而教化不興，民生養不遂，見小欲速，又何足以爲寬乎？

〇三事似皆主在上者言。《禮》：在上曰爲，在下曰行。以尊適卑曰臨，哭柩亦曰臨，《周禮》「王弔臨」是也。凡言觀者，上下相觀。《易》曰：「臨觀之義，或與或求。」視上曰觀，《易》云「觀國之光」是也；視下亦曰觀，「中正以觀天下」是也。

論語詳解卷三終

論語詳解卷四

郝敬 解

里仁第四

○禮樂本於仁，故「里仁」次「八佾」。

1 子曰：「里仁爲美。擇不處上聲仁，焉煙得知去聲？」

○此以下八章，皆論仁。此一章，首明仁、智合一，即《孟子》云「仁，人之安宅。莫之禦而不仁，是不智」之意。與下章不居不處，皆以仁、智并言。凡篇中言仁多言智，仁之明即智，智之公即仁，非二也。里，居也。猶云安宅廣居。人非至愚，誰不擇居。居莫美于仁，操心制行，以寬厚公平爲主，安土敦仁，故能愛。不忮不求，何不臧？今舍慈愛而尚刻薄，去恬愉而競貪婪，招尤取凶，恒必由之，是棄美就惡。知擇處不能久處，焉得智？蓋仁、智一心。惟喪其宅而不知，所以迷其往而不反，擇善固執，乃爲貴擇。知及仁守，乃爲真智。仁者所以必智，智者惟其能仁也。

2 子曰：「不仁者不可以久處約，不可以長處樂。仁者安仁，知者利仁。」

○此因上章不知處仁者類記之，與後章富貴貧賤不去意相通。人世惟順、逆兩境，人心惟欲、惡二念。中有主，則天定神朗，逐境融通，内外顯微無間，仁、智合一之道也。此章所謂仁，即《表記》云「中心安仁，天下一人而已」者。所謂不仁，非必私欲錮蔽。私欲錮蔽者，何待久處。此蓋君子而不仁者也。天理一息少間，外緣一絲未斷，則心境相持，存處未穩，行處即礙，乍當約樂，猶或强勉，日久熏習，漸淪没而不覺。神明未焕，道理生疎，豈能磨涅不磷緇乎？困窮曰約，豐亨曰樂，二者皆境。無私曰仁，不昧曰智，二者皆心。心無常，境常，故心逐境遷；境不常，心常，則心能齊境。心境未到渾然至一處，猶是捏扤之衷。主静恬愉，惟有仁者，是謂安仁。義理不到精融透徹處，猶是凝滯之見。神明通達，惟有智者，是謂利仁。智即仁之覺，利即安之用。居安則左右逢源，所行順理，利用安身。投之窮約若終身，納之豐亨若固有。所謂清明在躬，志氣如神。隨寓委順，動與天游，浮雲去來，何分久暫？本無欣厭，有何揀擇？坦然行乎無礙之途，與仁相宜，所謂安安而能遷也，故曰利仁。凡聖人言仁兼智，非智則冥頑，何以能仁？不仁則識情，何以稱智？聖學知行誠明合，《中庸》所以言顯微也。佛氏蹈襲安爲定，智爲慧，智慧破煩惱，即仁、智處約、樂，而儒者反不達，拘《表記》安、利、强爲三等，其實仁、智無二，烏可淺深支離言也？

3 子曰：「惟仁者能好人，能惡人。」

○好惡二者，干涉甚大，斟酌甚微。必有仁人萬物一體之公，纖欲不蔽之明，乃能用好惡。仁者有好惡，如天地有春秋，舒慘榮枯，無非生物之心，自非仁者，烏敢言好人惡人乎？惟仁者無欲無畏，渾然不見人我愛憎揀擇。大虛無象，而萬象妍媸洞照，因物付物，圓神不宰。於人情極難察處，獨能不億先覺。於人情極易偏處，獨能當可不遷。蓋纔仁，即便智。好惡本于智，能處全在仁。智惟分別，仁乃無私，故聖人不言智言仁。仁者愛人，智者知人，此理易曉。人徒知智者能好惡，不知唯仁者乃能好惡。徒知仁者好人，不知仁者兼能惡人。有如姑息養奸，不能惡，即是不能好。從井救人，徒能好，亦是不能好。故知人、愛人一理，未有仁而不智者也。語勢稍重能惡邊，見仁必智也，承上言仁、智，附記之。

○能對所立。主我爲能，對能爲所。《大學》之其所好樂，之其所賤惡，有所忿懥，有所好樂，逐物而流，故心不正。此言能好、能惡，有主而定，故情不遷。好惡本同情，後章好仁惡不仁者，不分人我，皆有秉彝，故曰「未見力不足」。此好人惡人，形骸隔，私意生，故唯仁者能之。

4 子曰：「苟志於仁矣，無惡如字也。」

○志者，心之精誠。仁者，心之本體。聚會精神，以復還本體。邪妄之私，自不能入。前此積累之垢，一洗方新；後此不善之萌，投間無隙。幽室張燈，明來暗滅，何惡之有？

○此章見仁爲善長，志爲本立。人惟一心，心惟有志，一生根蒂在于志。雖聖人十五志學，七十乃從心。人不立志，腐草無根。志不在仁，猶是鄉原，疑似清濁之閒耳。能志於仁，即是心田上美種，更無變出荆棘稂莠之理，善惡從此攸分。仁是善之極，惡是不仁之極。如東西相背，冰炭不相入。向泰山頂上行，豈復墮落坑塹？既欲爲聖賢，必不至爲盜蹠。雖小過細愆，難保盡無。種子既真，枝葉可漸養。然志於仁矣，纔得無惡。取法乎上，僅得乎中。益信立志不可不專，躬行不可不篤。

〇仁者寬裕温柔，志立則明作果毅，無濶畧包藏之病。故仁資志以爲克，克己乃爲仁，剛則自無慾也。子云「志士仁人，無求生以害仁」，苟仁人而不志士，則求生害仁者或有之。無惡，喫緊在志。苟，誠也。專一之辭，即志也。猶「苟日新」「苟有用我」「苟子之不欲」、《孟子》云「不欲爲苟去」之苟，與設辭異。

5 子曰：「富與貴，是人之所欲也。不以其道得之，不處也。貧與賤，是人之所惡也。不以其道得之，不去也。君子去仁，惡烏乎成名？君子無終食之閒違仁，造次必於是，顛沛必於是。」

〇此承前處約、樂以下數章，記君子以仁存心，顯微無閒之功。仁惟一心，心惟欲惡兩情爲己私，惟順逆兩境爲外緣。緣引之大，惟富與貴，澹泊可以怡性，寡慾可以養心。故貧賤者，士之常。士處貧賤，馳情于富貴，害心之大者。聖學以境徵心，惟君子能安貧賤，寡欲養心，仁之實也。去處兩境對勘，不處富貴，便是不去貧賤。君子而貧賤，是不以道得也。如顔子陋巷，終不舍此趨彼，正其無欲、無惡之衷。不去貧賤，即是不去仁。人所欲不取，人所惡不舍，似乎好名者所爲。人或因是以名君子，而君子所以異於人者，以其存心也。君子之心，惟知不去吾仁，豈有意于不去貧賤乎？如大舜若終身固有，文王無畔援歆羨，稱天下一人而已者，惟其中心安仁也。苟中無常主，情逐境遷，惡能矯强固守，博輕富貴之名乎？信夫安仁利仁，非可僞爲。蓋富貴貧賤，客形也。無欲無惡，真宰也。真宰不固，何以貞遇？故仁不可色取，名不可倖成。君子依仁，好養之功，不可須臾離也，豈待富貴之交？雖飲食亦人之欲也。飢渴當前，則求飽喪志，人莫不飲食而知味者鮮。君子存仁，雖一飯不苟，一舉箸不忘，不敢以口腹害心志，養生之需猶若此，而況他乎？此猶在從容時耳，雖卒然造次之頃，亦不以倉皇苟且去吾仁。此猶在平時耳，雖患難顛沛之秋，亦不以危急存亡去吾仁。如此，乃真爲不去仁，然後爲君子，非道之富貴，何加焉？

〇窮通得失，士之大節，聖賢所自試不過此。涵養練習有素，非可以枯寂求也。以富貴貧賤爲程量，以造次顛沛爲閱試，方是内外合一，顯微無閒之道。離境操心，遺事執理，偏枯之見也。君子不去之仁，天行不息，徹底全清，無毫髮習氣塵緣可以投閒，故能終食無違，真宰凝固，攧撲不破，如精金良玉，不辭燒煉，方是真不去仁。造次，猶草次，倉卒至前。即莊生云「造適不及笑，獻笑不及排」之意。顛沛，僵仆也。《詩》云「顛沛之揭」，如木倒根起，喻大難傾覆也。必於是，即不去仁也。《大學》謂定静安慮，止於至善，皆從艱險中磨煉，不向岑寂中躲閃。

○《坊記》曰：「君子辭貴不辭賤，辭富不辭貧，則亂益亡。」富貴喪志，貧賤養德，故無驕易，不怨難也。學者有貧賤不移，富貴不動之養，乃能進德脩業。故聖人每以兩境勘人，非拂人情，苟難以爲學也。富貴以道，脩天爵而人爵從也；不以道，小人而求利達也。貧賤以道，如驕淫亡身，奢侈敗家，所自取也；不以道，水火盜賊，誤被刑戮，無望災也。

○富貴貧賤之外，飲食男女，亦能喪志。言食則該色，非獨謂一飯之頃也。終食造次顛沛，君子而不仁者有矣，去貧賤處富貴，未有小人而仁者也。視貧賤可惡，富貴可喜，則私欲横行，何但終食之閒耳。論關節，富貴貧賤爲大；論功夫，終食造次顛沛爲精。有此工夫，方能透此關節。

○《表記》：「子云：『無欲而好仁者，無畏而惡不仁者，天下一人而已矣。』」仁惟一點無欲無畏之心，欲惡加人則爲愛憎，在己則爲忿慾。情識變幻，不過二種，故君子改過遷善，莫如懲忿窒慾。顔子不違仁，亦惟不遷怒不貳過，《易》道所以損爲益也，故下章即以好惡言仁。

6 子曰：「我未見好仁者，惡不仁者。好仁者，無以尚之；惡不仁者，其爲仁矣，不使不仁者加乎其身。有能一日用其力於仁矣乎？我未見力不足者。蓋有之矣，我未之見也。」

○聖學以仁爲宗。此篇自《里仁》以下八章，皆言仁而有次第。一章言人當處仁，二章言仁能處約、樂，三章言仁公好惡，四章言人當專心于仁，五章即富貴貧賤審好惡以存仁。此章即好惡以見仁，愈約愈精，下章并過失可觀仁，仁之變而通也。如此方爲盡仁，無媿爲人，而生死齊矣，故以朝聞道夕死終焉。

○凡人情竇，不越好惡，而仁即人心虚靈之本體。遇利害得失，生愛憎喜怒，則虚靈之體昏迷放失，而違仁遠矣。苟心境寧一，無欲無惡，則天真渾全，即此是仁。但人有此心，誰無好惡？好以仁，惡以不仁，猶之無好惡也。如天地春生秋殺，猶之無生殺也。故天地、聖人皆曰至仁，恒人不能滅情，又不能御情，横發無所底止，故聖人即人心静虚之體以覺之。謂我見世人多好，未見好仁者；我見世人多惡，未見惡不仁者。夫仁是生身立命之原，誰不能好？不仁是世上一切塵累妄緣，誰不能惡？而吾謂未見，何也？仁之真體，廓然無物，無可加尚，故好仁與好外物異也。好外物，常欲其有；好仁，常欲其無。無論有物，即無物矣，而未忘無物之見，猶是有加，即忘見矣；而忘見之見未化，猶是有加。直須見無所見，化無可化，方是。無所加，方謂無尚之好，而渾然復静虚之本體矣，此可多見乎？惡不仁，亦與惡外物異，惡外物可包藏容忍，雖少加身亦無傷。若不仁妨吾天性，耳目口鼻一被聲色貨利七情粘染，則元神受其薄蝕。既惡不仁，所爲必仁矣，於不仁絶之若毒藥猛獸，不使加身，掃蕩廓清，則纖塵不留，而粹然完美矣。此可多見邪？有此惡方能保護此好，有此好自能銷煞此惡，有此好惡便是無欲無畏之仁人。顧今安得見之？要亦非難也。仁即我之心，覺即我之力，昏惰不覺，便是不用力。任好惡兩情紛馳，不向仁不仁上體究，虚靈中情識日增，軀殼上牽累日重，以至仁愈遠，不仁愈集。此輩皆託言當仁難而力不足，不知志隳于因循，過成于等待。誠有人焉，能于一日之間，天機覺悟，如夢乍醒，收拾放心，天靈一開，即豁然見無尚之真體。生平加身之不仁，如炎爐炙雪，俄頃頓消。此事原不假力，何不足之有乎？何好仁惡不仁之難見乎？蓋別樣好惡，幾非在我。或憂力不足，好仁惡不仁，在我一念耳。此心源上事，不落形像，不著見聞，自家天機運轉，隱微獨覺，把似與人不得，人亦窺視不得，難謂世上無一日用力之人，特我未見耳。豈以我未見，而謂世無此人乎？終不敢絕望于天下也。與「已矣乎」「吾未見」，語意相反。

○或問：「好仁是好自己之仁，或是好他人之仁？」曰：「纔問自己他人，即是有以尚之。子云：『我欲仁，斯仁至矣。』無以尚者，心上不添一物，不使加身者，非禮勿視聽言動也。無以尚之，即如好好色，不使加身；即如惡惡臭，心境通融，内外合一。」

7 子曰：「人之過也，各於其黨。觀過，斯知仁矣。」

○天下皆知以仁觀仁，而不知過可以觀仁。過非美行，然致過不同，有由黨致者。黨，親也，偏也，即「君子亦黨乎」之黨。大道無偏，而人各親其親，則各於其黨。黨之言當也，各於其黨非阿附，明比爲黨也。如周公誤使管叔，爲人弟者，各於其兄也。夫子諱魯昭公，爲人臣者，各於其君也。非他人之兄、他人之君，我誤使，我諱之也。心本無過，而其迹偶窮，因其迹之違，益信其心之厚。過雖難辭，仁益可見。視彼假仁者，周旋形迹，惟務自表，以至證父爲直，避兄離母爲廉，自謂無過，視君子之有過，用心厚薄，何啻天壤？觀仁至此，心術益純，而嫌疑不足以閒之，非大聖賢不及此。古人名誼之際難處，則引爲己過。蓋天理人情，窮則必變。子云：「與仁同功，其仁未可知；與仁同過，然後其仁可知。」處功則從容易揜，處過則迫切見真。管仲之仁，以功見也；湯武之仁，以過顯也。此觀仁之最精也。故繼好仁無尚之後，此章宜引「陳司敗問昭公」章參證。夫子作《春秋》無毀譽，云「知我罪我」，皆此意也。

8子曰：「朝聞道，夕死可矣。」

○人所以貴于萬物者，惟其虛靈洞達，義理得于心也。生不聞道，久住人世，竟成辜負。聞道，雖朝生夕死，何害？蓋既聞道，則生死齊，乘運去來，無適不可；不聞道，則神明無主，情識牽絆，怖死每生，無所不至矣。百年駒隙，四十五十無聞，與草木俱腐。苟一夕尚存，猶是覺路。三年之病，求七年之艾，惟日不足，死而後已，可也。聞道，即《易》所謂「通乎晝夜之道而知」，上智頓悟，中人漸覺。從前癡迷，已非一朝，長夜初醒，千古大快，是曰朝聞。然不曰行，而曰聞者，知體無迹，有可見可行，即同未聞。即不能通晝夜，不能齊生死，聖人于至處，每擬知。佛氏蹈襲此意，而偏用之，詳于死，畧于生，弊不可言，害亦不可言。聖人不語死，未嘗輕責人死。蓋人生任重，一毫未盡，即是枉死，千秋事業，只在一息未絕以前。百年垂成之功，一死都休，故死事甚大，可死甚難。佛氏惟勸人死去，所以異于聖人。

9 子曰：「士志於道，而恥惡衣惡食者，未足與議也。」

○志於道，與志於仁殊。仁者道有諸己，故志仁則無惡。志道尚泛然未得，故或有恥惡衣食者。好美服食，常情紛華之習，似無緊要，實是貪富貴利達種子。子路衣敝緼袍，聖人亟加稱賞，不求安飽，便謂好學。就毫釐幾微，察見全體肝腸，此等人慾深累重，何足與議。議與言殊，言者直陳，議者商確。卑陋如此，所見必差。

10 子曰：「君子之於天下也，無適的也，無莫也，義之與比避。」

○「君子之於天下」一語，便可悟道。不著事，不著物，不著理。空空洞洞是曰天下。天者，自然也。天下者，大虛也。《易》曰「天下何思何慮」「無思也，無爲也，感而遂通天下之故」，此之謂也。專主曰適，不肯曰莫。適主于可，莫主于不可。兩種見解，皆虛中礙像。一絲礙，便不成比。比，附麗也。義，宜也。時，中也。其幾圓，其應順。《詩》云「克順克比」，如火就燥，水流濕。《易》云：「精義入神，以致用也。」性體清虛自在，而妄生取舍分别，即與性體乖。聖人取舍無取舍，分别無分别，不識不知，順帝之則，文王也。從心所欲，無可無不可，孔子也。佛氏蹈襲此意，云「無所住而生其心」，似矣。然毁形滅倫，厭世界爲藴濁，惡人事爲煩惱，披剃入山爲脩行，義乎不義乎？併其所謂無住，非也。

11 子曰：「君子懷德，小人懷土；君子懷刑，小人懷惠。」

○懷者，深相戀慕，拚〔一〕棄不下之意。懷德者，義理悦心，遷善改過，孳孳敏德，無宴安怠惰之氣，與懷土相反。術家以意爲土，禪家謂之窠臼，惟意所便，遂受沈没。耳目口鼻，安頓在聲色臭味裏，更不思出脱，不肯徙義遷善，求安飽而已矣。刑，法也。刑法所以糾不率，君子無麗刑之事，而常懷守法之心。《詩》云：「温温恭人，如集于木。惴惴小心，如臨于谷。」又云：「謂天蓋高，不敢不局。謂地蓋厚，不敢不蹐。」皆懷刑之意。先王五刑之屬三千，衰世禁網愈密，士欲身心毫無干犯，亦自未易。君子不肯行險僥倖，以刑法自律自脩，惟日兢兢業業，謂之懷刑可也。小人無兢業之懷，日惟營營逐逐，徼寵乞憐，其邪媚之情狀，與君子嚴正之氣象迥别。懷德者寬和，居仁之心也。懷刑者嚴敬，由義之心也。懷土者，適己自便也。懷惠者，趨利狥人也。

○《説文》：「土者，吐生萬物也。二象陰陽，丨象物生出。」故陰陽之中，氣爲土，物莫不戀其所生。君子非無土，而德即是土。素位敦仁，豈敢懷居？威曰刑，恩曰惠，兩者皆操之自上。君子畏大人不援上，何敢望惠？小人奔走權勢，狎大人以求親媚耳。祥刑曰：「五刑之屬三千，墨罰之屬千，劓罰之屬千，剕罰之屬五百，宫罰之屬三百，大辟之罰，其屬二百。」三代以後，刑名益增，多于秋荼，密如凝脂。士君子能以衰世之法自脩省，則秋毫無遺憾矣。豈直畏刑已邪？

〔一〕「拚」，底本作「拼」，「拚」有棄義，「拼」則無，二字易混，今正。

12 子曰：「放上聲於利而行，多怨。」

○躬行曰行。君子行本乎道義，放於利者，爲名利而爲善也。放，依倣也。真正爲利者，如農工商賈輩與世交易，人不怨之。若身爲名節道義，而有所依附貪圖，既思保全名節，又思占討便宜，世間豈有富貴利達之廉士？豈有全身肥家之烈士？計較千端，機械百出。我之掩襲雖巧，人之窺瞰亦深。天下以道義責我，則舉生平盡喪。天下亦以利與我爭，則所倣者，亦終必失。人惡我，我亦惡人，往來憂戚之塲，怨天尤人，終無了日。蓋既逐逐營營，自然愁多恨多，奚俟害人而人始怨乎？惟有光明正直之君子，無入而不自得焉。

13 子曰：「能以禮讓爲國乎？何有？不能以禮讓爲國，如禮何？」

○禮讓猶云仁愛。禮則自讓，《曲禮》云：「退讓以明禮。」無禮則不讓，不讓則廢禮，非有二也。世教民風，全仗名分管攝，所以調護維持其間者，有禮以相讓也。厥初生民，禮教未興，弱肉强食，無異禽獸。聖人制禮教民讓，以變其亢悍之習，銷其貪鄙之私，然後三綱正，五常敘，人心和，天下安。末世禮讓之文雖在，禮讓之實無存。諸侯僭天子，大夫僭諸侯，陪臣僭大夫，傲狠陵暴，無復謙恭巽順之意，大亂遂成矣。以此論禮，不君不臣，不父不子，所謂斯須不可去身者，且無如之何，况可以爲國乎？

○《書》誦堯德，首稱克讓。《易》惟謙亨有終，謙即讓也。堯舜能讓，故九官十二牧皆讓。文王以服事殷，故耕者讓畔，行者讓路，虞芮向化。泰伯讓而周興，伯夷、叔齊讓而頑廉懦立。故不伐者，聖賢之大美。好上者，小人之惡行。民之所以和，下之所以順，功之所以成，名之所以立，皆在乎讓。故《大學》云：「一家讓，一國興讓。」讓則争何由起，亂何由生？不費更張，上下辨而民志定，風俗移，治國如運掌矣，故曰「何有」。不讓則必争，争則必亂，臣弑其君，子弑其父。事至此，于國已矣，其如禮何？聖人愛禮重于愛國，傷世而發此言也。

14 子曰：「不患無位，患所以立。不患莫己知，求爲可知也。」

○患者，憂思預備之意。患所不當患，當患而不患，誤用其心，學之大惑也。人己分段明，則用志不分。用志不分，則計定而備周。今人皆患無位，患人不知己。夫位，在人者也。所以立位，在我者也。知，在人者也。可以知，在我者也。人有位而無賢，有賢而不知，人之事也。人當自患立人之位，必思稱職。受人之知，必求無負。我之事也，我當預謀。今棄其在我者不患，取其在人患之。舍己之田，芸人之田，倒見如此。學廢業荒，位亦終不得，人亦終不知，是謂兩喪。

○列爵曰位，相信曰知。士雖不在位，亦有知己。君子不苦于無位，而苦于無知己。故《乾》九二「遯世无悶」，無位也；「不見是而无悶」，無知己也。惟不相知，故不見是。

15 子曰：「參驂、森二音**乎！吾道一以貫之。」曾子曰：「唯**偉。**」子出，門人問曰：「何**

謂也?」曾子曰:「夫子之道,忠恕而已矣。」

〇曾子平日篤志力行,如省身之勤,戰兢之守,容貌辭氣顔色之脩,隨時隨處,操存不懈。而心境未一,事理未融,艱難勤苦。夫子嘗謂參也魯,乃呼而醒之曰「吾道一以貫之」。一者,大虛無物之名。大虛無物,而萬物森羅,故曰:「維天之命,於穆不已。」四時行焉,百物生焉,是天道一以貫之也。人心即大虛,聖人寂然不動,感而遂通,不行而至,不疾而速,是聖道一以貫之也。學者日用操存,勉强行道,己所不願,勿施於人。自内及外,由微達顯,安勉不同,亦是一以貫之也。夫道散則萬殊,本惟一心,逐萬而求。事物無窮,得一以貫,惟心爲主。虛極静篤,隨感順應,脉絡貫通,顯微無間,道之全體大用然也。當是時,曾子體驗功深,機緣欲達,倏聞聖訓,恍覺道爲易簡。疇昔之艱難頓釋,不復遅疑,不暇措語,直應之曰「唯」。不諾而唯者,諾徐唯疾也。時諸弟子在側,見夫子獨呼曾子,知非泛與,不敢直請。又見曾子不言而唯,諒有獨得,故子出疑問曾子。此疑甚善,惟有此疑,故有隨事體驗之功,無執理遺事之僻。他日下學而上達,得力正在于此。其疑奈何?彼謂文行忠信,夫子之教。博文約禮,夫子之教。多見多聞,夫子之教。既曰文曰行,曰博曰多,今何又云一以貫?曾子欲深明外内一原,顯微無間之旨。而彼功力未到,徒費口耳,乃就學者日用規矩開示,使由此而行,自然脗合。中心曰忠,如心曰恕。夫子每以此教學者,己私未破,形骸間隔。但忠以盡心,恕以行忠,則自然破除,而真意流通,此即學者之一貫也。在夫子從心所欲,無待勉强。而其由中達外,由己及物，亦即夫子之忠恕也，非有二道。諸子未能一貫，但行忠恕而已矣者，無他之辭。解者謂一貫爲上達，其實一貫便是下學。纔有一，即非一。纔一貫，即非一貫。大道無言，默而識之。曾子一唯，誠哉知言！顔淵如愚，所以卓爾。之即指道，貫無所貫，故但曰之。

○一，猶獨也。無對曰獨，無偶曰一。凡數有一必偶，真一無一，得一無象。言一者，無象之象也。聖人以象示無象，不得不言一。兩儀三才，四象五行，萬事萬物，皆由一生。一散爲萬，萬不離一，故曰一貫。伏羲作《易》畫卦，以窮三才之變。始畫奇，即一也。究竟六十四卦，三百八十四爻，皆不離一。而範圍天地，曲成萬物，還歸于一。全部《周易》，即是一貫圖說。

○《易》曰「一陰一陽之謂道」，又曰「參天兩地而倚數」，即一以貫之也。數者，道之節目。一者，數之元神。《易》所以窮神知化者，數爲之紀，道與數非二也。大初无一，一分即兩，兩參即五，參伍即九。卦成于三，位奠于五，用極于九，而皆同于一。一者，大極。大極者，人心也。人心死，則《易》不可見。故大衍五十而虚一，筮法掛一以象三，三謂三才。一謂人，人在天地閒，即大極在兩儀中，故曰「人能弘道」「待其人而後行」。道書云：「天心，人也。」知《易》者，乃可與言一貫。

○一者，不二也。《中庸》曰「不二故不測」，張子厚謂「一故神」，如人四體百骸，八萬四千毛孔，總之一氣，處處疼癢相關。所謂寂然不動，感而遂通，一以貫之也。道惟一貫，則凡知行上下，顯微費隱，體用精粗，理氣才德等説，皆成破裂，皆是剩語。四教兩端，爲下學筌蹄而已。

○一是何物？如《大學》止至善，知止定静安則一矣。能慮能得，則以貫矣。明德爲一，明明德於天下，則以貫。知爲一，致知而格物，則以貫。得一則萬畢。《老子》云：「天得一以清，地得一以寧，侯王得一以爲天下貞。」有一以貫，則萬物皆齊，泰山非大，秋毫非小；無一以貫，方寸地，荆棘柴栅，冰炭水火。矛盾變態，煩亂而不可理，故聖心純一。

○曾子、子貢皆聞一貫，子貢年長于曾子十有六歲，聞宜在先，而領畧不如曾子。曾子朴實，子貢浮華。曾子力行，子貢多識。力行有實得，朴實近自然。故凡聖門真聞道者，皆是真能行道者也。一貫非聖人秘傳，諸弟子非必盡乍聞。性與天道，夫子非不言。子貢歎不得聞者，聞而如無所聞耳。漆雕開謂吾斯未信，知行合乃爲信，若曾子唯一貫，信矣。

○或問：「未唯以前何如，既唯以後何如？」未唯時向外馳求，既唯始信不遠。未唯前逐外遺内，守内遺外。既唯後，内外通融。未唯前，聞及信不及，知及行不及。既唯後，實證實悟，始信一貫。然夫子不槩以語二三子，何也？未能下學，驟語上達，必有執理遺事之病。其語曾子、子貢又何也？既能下學，不語上達，非究竟之旨，與凡民由之等耳。然上達未假言傳，功力不到，機會不投，終成畫餅。所以聖學知即是行，誠即是明。默而成之，不言而信。不似後儒下學上達，只作言語傳述耳。

○程伯淳謂盡己爲忠，推己爲恕。程正叔謂發己自盡爲忠，推己及人爲恕。《註疏》謂忠盡中心，恕忖己度物。三説皆依欲惡解。其實忠恕不但欲惡，一切應事接物，真心直達，中間無容轉換遮蔽，皆是忠恕。忠以中心爲字，恕以如心爲字。如心，如忠心也。忠心，己心也。内如己心，然後外如人心。故恕根于忠，非牽人合己之謂。若以欲惡解，《註疏》忖己度物爲確。形雖有人己，忖度皆己心。

如云推己及人爲恕，則是恕合人與己兩心而成。《大學》云「藏身恕」〔一〕，説不去矣。忠恕有安勉，有合言者，有分言者。合言，則恕即如忠以達，中間無容等待，何待忖度？即大學「誠意勿自欺」。夫子一貫之忠恕，應事接物皆是。以施于欲惡，即「欲立立人，欲達達人」，仁者之自然也。若分言之，單提恕，即《註疏》所謂忖己度物。不欲勿施，中間容少推勘。夫子告子貢終身可行，强恕求仁之事也。然安勉殊而其歸同，推勘久，私意盡，人我忘，亦便是一貫矣。一貫之忠恕，即四教之忠信。信實其心而無僞，恕如其心而不變同也。聖人教學者以欲惡行恕，于恒情最切，而下學易近取耳。非謂忠恕專主欲惡，欲惡便足了忠恕也。無欲無惡，方是真忠恕。

○主忠信，聖門以此立教。忠信傳習，曾子平日以此三省。故當時印證得如此的確，向門人説得如此快便。主忠信，則自一矣。一，則自貫矣。畧示道體，非細論工夫。忠恕容得工夫，道容不得工夫。若説推己及人，忖己度物，拖泥帶水，非當日語意。曾子語意渾淪，正恐門人尚未會得。

16 子曰：「君子喻於義，小人喻於利。」

○喻，如「四體不言而喻」之喻。淪肌浹髓，方謂之喻。與懷德懷土之懷，皆君子小人之精神命脉也。義利雖殊，爲喻則同。君子以小人謀利之心謀義，故精義入神。小人用君子謀義之心謀利，故筭析錙銖。

〔一〕《大學》實作「藏乎身不恕」。

心術因人品異，人品由心術分。非天生便是君子小人，便各有所喻也。陸子静謂所喻由所習，所習由所志，志在此則所習在此，所喻亦在此矣。

○喻字从口，俞聲。俞，然也。心所同曰然。心中愉悦，開口便道著。所以自喻喻諸人者，津津不離口，由其習貫成自然。如屨適足，如磁石遇鐵，莫知其然而然，是名曰喻。

17 子曰：「見賢思齊焉，見不賢而内自省也。」

○聖言畧，重内省。思齊之功泛而緩，内省之志嚴而切。見賢思齊，人有秉彝。不賢自省，吾見亦罕矣。尋常交遊，誦《詩》讀《書》，能如此行持，何須師友？自然日進無疆，何暇復攻人之惡，何至嫉賢妬能，悦不若己。

18 子曰：「事父母幾平聲**諫，見志不從，又敬不違，勞而不怨。」**

○幾者，動之微。諫，諍言也。幾諫者，隱約不敢顯露，乘便不敢直遂，如是諫則必從。見志不從者，不待發言徵色，見幾也。蓋子能幾諫，親未遂顯拒。但微覺志有不從，仍小心敬慎，浸漸轉移，勿少違拂，如此則親必從。又或不從，而以煩瀆見怒，加子以勞苦之事，亦惟負罪引慝，依依膝下，終無怨悔。猶之幾諫，敬不違也。如是，則雖至頑之親，有不厎豫乎？孝子難處在末著，初諫永誓無怨，非逐次捱挨也。至于勞而不怨，自無不格之親。勞，病苦也。怨，自悔也，非怨父母。

○《易》曰：「知幾其神乎？唯幾也，故能成天下之務。」務孰有大于事君事親者？諫者，臣所以事君。《孟子》云：「政不足諫〔一〕，唯大人爲能格君心之非。」格心者，幾之謂也。相幾開導，不在口舌形迹。彰君之過，而君自遷改，此爲幾諫，非以言諫也。惟大人地分親切，朝夕漸摩，乃能格心。若小臣疎遠，忠懇無由上達，全仗口舌。故諫者，小臣之事。人子於父母膝下，一體至戚，呼吸相通，正宜用幾。而不知幾，呶呶忤親，是子之罪也。《虞書》云：「烝烝乂，不格姦。」舜所以致底豫爲大孝，惟其幾也。君親本同道，故聖人發此論。《家語》：「子云：『忠臣之諫君有五義，一曰譎諫，二曰戇諫，三曰降諫，四曰直諫，五曰諷諫。度主而行之，吾從其諷諫乎？』」諷諫亦幾諫也。

19 子曰：「父母在，不遠遊，遊必有方。」

○親在不遠遊，孺子之慕。大孝，終身之心也。親在無事，漫然遠遊，是忘親也。然父母始生男子，桑弧蓬矢射四方，期以事君治民，出使經營，豈欲老之牖下乎？故或以君命奪情，或以親命起家，不得不遠遊，而父母在念，子將奈何？是必使父母常知己遊之所在而後可，故遊必有方也。朱註云：「遠遊則去親遠而爲日久，定省曠而音問疎。不惟己思親不置，亦恐親念我不忘。有方，則親知己所在而無憂，

〔一〕「諫」，今本《孟子》作「間」。

召己則必至而無失也。」又云：「如己告之東，即不敢更適西。」此語未然。夫遠遊，焉有定在？惟孝子音問不絕，常使父母知子所在，則其心安矣。此章事甚淺近，而極懇至。遠遊如此，承歡膝下何如？

20 子曰：「三年無改於父之道，可謂孝矣。」

○解見首篇。

21 子曰：「父母之年，不可不知也。一則以喜，一則以懼。」

○人自少及壯至老，時序密移。外人數年一見，驚看老大。家人朝夕相守，泯然不覺，故子在父母膝下熟慣，日復一日，恰似常爾，不思父母之年。去日漸多，來日漸少，爲人子者，何可不知？知者，記筭思忖也。一喜一懼，由記筭思忖生。思今年增一筭，爲之一喜。思親年又減一筭，爲之一憂。曾子云：「往而不可還者，親也；至而不可加者，年也。孝子欲養，而親不待也。椎牛而祭墓，不如雞豚逮親存也。」《家語》：「丘吾子曰：『樹欲靜而風不停，子欲養而親不待。往而不來者，年也；不可再見者，親也。』」楊子云：「不可得而久者，事親之謂也。」如此記筭思忖，則生前之一日，即死後之千年。凡可承順奉養，惟日不足，焉可不記筭思忖也？

○一喜一憂，方謂之知。凡聖人所謂知，非徒知之。此與上章論人子事親，言愈緩而情愈切。

22 子曰：「古者言之不出，恥躬之不逮也。」

○古時風氣醇厚，浮華未滋，誠一之真，凝結未散，故其人多朴茂而少枝葉。一言苟浮于行，衷自羞媿。非强閉之，自若有所慙愧而不出者。逮，追及也。口言十分，身止行九分，便是身不逮口。不逮且恥，况全不顧。今人未行一分，已言十分。惟其無恥，所以便便。古人言寡，今人言多。古人言可信，今人言不足信也。

○言莫詳于古人，非道之言，自是絶口。誨人未免于言，無諸己，喻諸人，內省能無歉乎？古人惟不昧此心，所以併善言亦不輕出。言不輕出而躬行益敏，行益敏，而古人言可爲法矣。《易》曰：「脩辭立其誠，所以居業也。」六經之言，古人業之所居。《論語》二十篇皆夫子躬行之言，故百世之下，誦其言，見其行，古人所以不可及。

23 子曰：「以約失之者鮮矣。」

○朱註云：「不侈然以自放謂之約。凡事約則鮮失。」老子云「治人事天莫如嗇」，即此意也。大受之器，縱横豁達。不羈之才，左右逢源。此惟養盛，然後可幾。苟無君子之時中，必爲小人之無忌憚，而其失轉多，寧收斂省約□□〔一〕。雖張飾不足，尤悔必少，即「與其不遜也，寧固」之意。大抵天下事，

〔一〕□□，《續修四庫全書》本爲墨釘，日本國會圖書館本字形漫漶。第二字疑爲「之」字。

知足則不憂，知止則不辱。欲寡則易遂，求少則易得。後則能先，謙則能尊。嘿則足以容，忍則乃有濟。慮少則心清，用儉則財足。簡出則事少，寡交則身安。約之一字，無處不宜。雖非《中庸》至德，可以無大過矣。甚至天地之道，易簡而已。學問之道，求放心而已。收視反聽，蔽明塞聰，退藏於密。約之以禮，又何但鮮失耳？

24 子曰：「君子欲訥[落]於言，而敏於行。」

○言行皆心也。言易輕，行易惰。二病相乘，輕則未有不惰者，其機不在言行在心。欲者心之志，志欲訥於言，所以矯其輕也。敏於行，所以警其惰也。言訥，則義理含蓄，而脩爲有力。行敏，則精神專一，而浮華日銷。故君子欲緘嘿沉靜，養吾精明果敢之氣，則言行脩而德業成矣。

25 子曰：「德不孤，必有鄰。」

○天下唯有不善之人，所入皆窮，出門即礙，肝膽爲胡越，親戚如路人。爲善之人，雖在深山窮谷，離羣索居，人人向往，近而不厭，遠而益親。士務脩德耳，勿以行不儕俗孤立爲疑也。人面不同，好善一念，脉脉相親。舜所居，一年成聚，三年成都。孔子尼山布衣，三千七十士，從之如雲。此不孤之大者。其次鄉國善士，以至一介，皆有密友。水流濕，火就燥，莫知其然而然。鄰者，聲應氣求，相友相助之意，非必比屋連舍也。

26 子游曰：「事君數朔，斯辱矣；朋友數，斯疏矣。」

○數，有再三重複意，有細瑣輕忽意，有造次急遽意。又有虛浮誇誕意，有狂逞侮慢意。言行交際皆有之，威儀動作皆可見，不獨諫諍一端耳。不持重，不見幾。竭人之忠，盡人之情，恣己不量人，故有此等氣習。以之事君，由斯取辱；以之交友，由斯見疏。不然者，君何至辱其臣，朋友何至疏其友乎？故君子知幾，慎重爲貴。

論語詳解卷四終

論語詳解卷五

郝敬　解

公治長第五

○里仁莫如親賢。此篇多論人物，故次之。

1　子謂公治長，「可妻去聲也。雖在縲雷絏屑之中，非其罪也」。以其子妻之。子謂南容，「邦有道，不廢；邦無道，免於刑戮」。以其兄之子妻之。

○大道不離日用，涉世無礙，學問之實際也。公治長、南容二子，敦厚周慎，元吉之士，夫子皆謂其足以保身宜家，皆以女妻之。或疑長嘗在縲絏中，然此乃非望之災。君子論人以實，雖遭困辱，罪非自取，其所爲保身宜家者，自無損也，何害其爲可妻？縲，纍同。絏，紲同。拘係也。罪囚則拘係之。長在縲絏，是妻以後事，非因縲紲無罪始妻也。南容謹言，觀三復白圭，與論禹、稷、羿、奡，其慎密可知。以此處治亂，自無不宜。治世即不必顯庸，而可免廢棄。亂世則必能保身，而刑戮不及，意重處亂。蓋處治易，處亂難也。恒人以免刑戮爲常事，聖賢視爲切務。蓋乾惕之心，惟恐近刑，猶公治長非縲絏爲罪，惟求在己，無可以縲絏者耳。《詩》云：「温温恭人，如集于木。惴惴小心，如臨于谷。」「戰戰兢兢，如履薄冰」，曾子所以將死而啓手足也。

○公治姓，長名，字子長，孔子弟子。魯人，或云齊人。能辨鳥語。有雀鳴，如云「車覆粟，相共啄」，驗之果然。又有雀集舍鳴，如云「虎馱羊」，往，果得羊。亡者迹之，訟于公。白其故，不信，遂被縲絏。雀復集獄舍呼，如云「齊人侵我疆，沂水上，澤[一]山旁」，長介獄吏以聞，往迹之，果遇齊師，迎擊大勝。魯君釋長，欲爵之。長恥以禽語得禄，不受，後遂廢其學。按此事本怪誕，而《左傳》稱介葛盧辨牛鳴。《周禮·夏官》夷隸掌與鳥言，貉隸掌與獸言。蓋古有是學，鳥獸有情，自宜有語。如夷狄異種鴃舌，今之譯史，亦辨鳥語之類。《弟子解》云「長能忍恥辱」，亦爲與鳥獸言本隸事，故轉相附會耳。

○南容，孔子弟子。名縚，即南宫适，或作括，字子容。《索隱》云：「魯大夫。孟僖子之子仲孫説也，一作閲。居南宫，因氏焉。」謚敬叔。孟懿子之兄。其父僖子將死，屬説與其弟何忌同事仲尼。何忌即懿子，説即南容，是一人而四五名也。《禮記·檀弓》云：「南宫縚之妻之姑喪，夫子誨之髽。」姪女有姑喪，故教之作髻，則南容即南宫縚，信也。而有子云：「南宫敬叔反，載寶而朝。」子曰：「若是其貨也，喪不如速貧之爲愈。」大夫去位載貨還朝，有市心焉。孟子所謂賤丈夫，壟斷之行，豈謹

[一]「澤」，當作「嶧」。

言尚德如南容者而爲此？至與桓魋同詬，胡一人而賢否相去之遠乎？然則敬叔乃與夫子同適周，問禮于老聃者，與南容蓋兩人。武王亂臣十人中，亦有南宫适，蓋三人。《索隱》誤也。

2 子謂子賤，「君子哉若人！魯無君子者，斯焉取斯？」

○子賤爲單父宰，親賢自輔，不下堂而單父治，故夫子賢之。蓋美質係乎薰陶，德業資于輔養。樂善不倦，休休有容，則人自樂告以善。脩己治人，並受其益，故曰君子。然天下亦有多賢之地，而無知己者；亦有好賢之志，而不得其人者。故地與人，兩相遇，難也。子賤宰一邑，而父兄師友事者至二十有四人，亦多君子矣。固斯人好賢，而又生多賢之邦，乃能相與有成。斯地之幸，亦斯人之幸也。兩「斯」字，疊上兩「君子」，謂魯若無君子，此子賤君子，何所取此衆君子乎？聖言委婉，非徒贊魯多賢，實喜子賤親賢取友之多耳。宰一邑而所得士如虞廷之數，苟非生多賢之邦，烏足以供其求？深喜之之辭。

○子賤，孔子弟子。姓宓，名不齊。少孔子四十九歲，或云三十歲。宓，一作虙，與伏通。伏虔作服虔，古服、虙、宓、伏四字通用。

○子賤初爲單父宰，冠蓋迎者交于道。子賤曰：「驅之，所謂陽喬者也。」喬作鱎，魚名，不釣而自至。荀子謂浮陽之魚，莊子謂鯈魚，水面白鰷小魚也。喻士不招，而自來者。既至單父，請于耆老，尊賢者與共理，而單父大治。孔子問何施得此，對曰：「不齊所父事者三人，所兄事者五人，所友事者十一人。」孔子曰：「可以教孝弟，舉善矣。未足也。」對曰：「有賢于不齊者五人，教不齊所以治。不齊事之而稟度焉。」孔子嘆曰：「其大者乃如此，惜哉所治者小。所治大，則庶幾矣。」

3 子貢問曰：「賜也何如？」子曰：「女汝，**器也。」曰：「何器也？」曰：「瑚璉**年上聲**也。」**

○子貢之問，方人之見也。朱子謂「因夫子稱子賤而問」，無据。子賤年少後進，夫子以君子稱之。子貢材望不啻過之，夫子僅許其爲器。蓋英華炫露，不若德性淵涵；方人好勝，不如舍己沖虛也，故記者類記之。器，適用之名。瑚璉，宗廟盛黍稷之器，飾以金玉簠簋之屬。《明堂位》云「有虞氏之兩敦，夏后氏之四璉，殷之六瑚，周之八簋」是也。不舉日用常供，而舉清廟重器，謂通達之材，可以興禮樂，華邦國也。不舉當代簠簋，而舉先代瑚璉，謂爲今人所貴，亦古人所珍也。然宗器雖重，釜甑耒耜，尤前民之急；金玉雖貴，陶匏竹木，皆有用之材。可貴而不可賤，宜于宗廟而不宜于退處。子貢所不足，亦可知矣。

4 或曰：「雍也，仁而不佞甯。从仁从女。**」子曰：「焉用佞？禦人以口給，屢**慮□**憎於人。不知其仁，焉用佞？」**

○佞者，便利之名，俗稱口才。游士説客，思如涌泉，辯如懸河，自是一種才華。然以之脩德，不如木訥。仲弓天資恭嘿，本近仁之資。或人即以當仁，非也。惜其不佞，尤非也。夫子難與論仁，但辨佞不可有。禦人口給，正佞人情狀，所以稱才惟此，所以害事亦惟此。禦，猶敵也。給，捷也。以口敵人，祇取捷疾，不由衷，不顧理。心知其非，而但以取勝。人明知其非，而屈于其口。亂德害政，往往取憎于君子，焉用此爲？若夫仁，必德性粹美，學問精密，天理渾全，元氣周流，内外顯微，始終無閒，乃可爲仁。雖顔子祇許三月不違。中人進德，全倚問學，造詣功深，然後德性渾化，故子云「十室之邑，必有忠信，不如丘好學」。仲弓質美而學未純，必如夫子所告，敬恕交脩，家邦無怨，乃可幾耳。

○或人意不在仁，但病仲弓不佞，夫子雖不許仲弓仁，特喜其不佞。衰世尚浮華，以佞爲才，自歉無才，則曰不佞。祝鮀之佞，惟以其爲才也，故使之治宗廟。皐鼬之會，長衞于蔡者，佞之才也。佞字从女，信聲，女不成信曰佞。諂諛媚悦，世俗人喜之，正人惡之。屢者，非一人一事。言憎，所以折或人之好也。

○仲弓，孔子弟子。姓冉，名雍，冉伯牛、冉有之族。魯人。少孔子二十九歲。子貢曰：「在貧如客，使其臣如借。不遷怒，不深怨，不録舊罪，是冉雍之行也。」

5 子使漆雕開仕。對曰：「吾斯之未能信。」子説悦。

○士君子苟存心天下，隨材效用，皆有所濟，此夫子使漆雕開之意。若論道無盡，學無盡，道未徹悟，學未大成，凡所注厝，皆屬嘗試，此又開辭夫子之意。二意不相礙。如由、求輩皆仕，開才未必不如彼。其志獨超然深詣，故夫子喜之。吾斯，引而不發，不下帶而存也。信，嘿契也。與「忠信」之信、「人而無信」之信本同。學徹於信，信則一。不信則疑，疑則二。但有絲毫礙，即是未一，即未能信。人誰不欲爲聖賢，苦被小體遮蔽，塵緣障隔。雖勉强假合，未能徹底通透，即涉疑似，事理不得歸一，心境不得圓融，人我不得破除，利害不得兩忘，是非不得渾化，皆爲不信。夫子方與開説事功，開轉向心性理會，夫子所以悦。若是由、求輩，且共商説政事耳。

〇吾斯，猶俗言者個。觸目皆存。陸子静云「家常茶飯」，老子云「可名非常名」，若更言斯道斯理，便是頭上安頭。吾對人言，在己昏昏，焉能使人昭昭？痛癢惟自知，故曰信。雖師何能知弟子？其言甚確。夫子卒無以强之，而更喜之。

〇自古惟堯舜事業，徹底是德性發揮。夫子謂爲政以德，脩己安百姓。《中庸》謂篤恭而天下平，《大學》謂誠意正心，而後國治天下平，皆信也。至如中人作用，因材器使，隨分勉强，各能有所建立。甚者如五霸之功業，管晏之學術，當時亦頗烜赫。君子皆謂假之自古，吾斯能信者幾人，被開一字勘破。聖學無影響記聞之知，真知即是真能，知而不能，皆謂之假，不似後儒單提致知爲入門也。

〇漆雕，姓。開，名。字子開。孔子弟子，魯人。少孔子十一歲。《家語》云：「蔡人，字子若。」

6 子曰：「道不行，乘桴敷浮於海。從我者，其由與？」子路聞之喜。子曰：「由也，好勇過我，無所取材。」

○聖人不得以道易天下，又不忍目擊天下無道，於是有出世之思，欲置此無道之世于不見不聞，而遠浮于海，亦憂時之寓言耳。二三子唯子路憤世嫉俗，如慍見于陳，不悦于公山、佛肸之往，其素志也，故夫子許其從行。子路聞而喜，自是雲霄一羽氣槩，非真喜浮海，喜夫子無道而隱，己得與同志也。故夫子詫其果決，而稱其好勇過我，以微諷之。已而戲之曰：「若是，則成行矣，但無所取桴材耳。」與牛刀之戲相似。

○聖門惟子路直諒，聖衷隱曲，多所擿發。如見南子，往公山、佛肸，莫匪乘桴，喜與不悦，莫匪知己。子云「自吾有由，惡言不至於耳」，死則云「天祝予」，以此。

○此章摹寫聖人言語氣象如生，宜作鏡花水月看，《論語》多有此等意思。道不行，不行于四海之内也。舉世傾危，率土之濱，無地著足。除是絶跡人境，如海水之洋，無人之處，乃可自託。然非桴不可往，獨行又不可，與他人往又不能，除是由，乃可耳。此聖人寓言，即「鳥獸不可與同羣，吾非斯人之徒而誰與」之意。子路自知浮海設言，而喜夫子獨與己，覺平日慍見不悦有當聖心者。故夫子微諷諭之，未嘗重詆子路，亦畧以明絶世之終不可。而由欣然果確，是能爲聖人所不忍爲者矣。「過」字微箴其病，「我」字微露其真。聖人妙語，從容不迫，此句氣畧斷。夫由既喜，則此行決矣，但作桴無處取材耳。桴，編竹木爲之，一名簰，一名筏。材，即竹木。無所，無處所也。無材則桴不成，無桴則海亦終難浮矣。意在言外。舊註謂不能裁度義理，非是。

7 孟武伯問：「子路仁乎？」子曰：「不知也。」又問。子曰：「由也，千乘去聲之國，可使治其賦也，不知其仁也。」「求也何如？」子曰：「求也，千室之邑，百乘之家，可使爲之宰也，不知其仁也。」「赤也何如？」子曰：「赤也，束帶立於朝，可使與賓客言也，不知其仁也。」

○孟武伯問仁，聞聖門以仁爲教也。以仁爲教，由、求輩自是不爲不仁，夫子竟不許，何也？仁體純粹，一絲駁雜，雖震世功名，都非萬物一體之懷，所謂「天下國家可均，中庸不可能者也」。涵養熟，德性用事，即才是仁。氣質用事，雖做得煞好，亦衹是才。然不明言無，但云不知，何也？仁存于心，諸子之仁，日月至焉，難謂絶無，但可謂不知耳，聖言精確如此。

○聖人許諸賢，與諸賢自許若合券。許由治賦，即由自任千乘之國，有勇知方者也。許求爲宰，即求自任可使足民者也。許赤與賓客言，即赤自願學禮樂者也。皆不知其仁，所以子路不得其死，冉有聚斂，公西〔一〕華爲小相耳。

○千乘之國，詳首篇。治，訓練也。賦，軍實也。古者以田賦出兵車，故謂軍爲賦。千室之邑，即百乘家之采地。百乘之家，諸侯之卿大夫也。宰，邑宰，家臣之長也。古者六尺爲步，步百爲畝。

〔一〕「西」，原本誤爲「酉」。

畝百爲夫，夫三爲屋。屋三爲井，四井爲邑。一井除公田，凡八家，四井三十二家爲一邑。故五畝之宅，二畝半在田，二畝半在邑。十室，小邑。千室，大邑。計田一百二十五井，地方十餘里。大國百里十分之一也。百里之國稱千乘，故千室之邑稱百乘。《孟子》云「君十卿禄，千取百焉」以此，然未必真有此數。天子萬乘，九卿則九千乘。大國諸侯千乘，三卿則三百乘，所餘幾何？亦猶千鍾萬鍾之類，極言多耳。束帶，盛服也。賓客，諸侯之使。與言，應對也。

○《大戴禮》云：「黄帝黼黻衣大帶。」帶，蔕也。固結之名束，束腰。古者服必束帶。帶以繒帛爲之，有紳垂者曰大帶，雖燕居之服亦有之。禮服則加革帶，以皮爲鞓廳，以犀玉金銀或角骨爲銙寡。帶上飾曰銙，唐《柳渾傳》：「玉工爲帝作帶，誤毀一銙。」

○孟武伯、子路，詳第二篇。冉求，詳第三篇。公西華，孔子弟子，名赤，魯人。少孔子四十二歲。有容儀。子貢曰：「齊莊而能肅，志通而好禮，擯相兩君之事，篤雅有節，是公西赤之行也。」

8　子謂子貢曰：「女汝與回也孰愈？」對曰：「賜也何敢望回？回也聞一以知十，賜也聞一以知二。」子曰：「弗如也，吾與女弗如也。」

○子貢以言述聖人，學多識而好方人。然天資明達，自是顏子以下一人。顏子深潛如愚，乃子貢所少，夫子舉回使自方。愈，勝也。子貢依然就聞見多寡比量，夫子以其未達，而不復舉。第云果弗如回也，猶恐子貢未信，又申之曰「非獨汝不如回，吾與汝皆不如回也」。蓋夫子與二三子終日言，而回不違如愚，夫子祇自覺其多，故云「吾亦弗如」，以絶子貢觀望之路。子貢謂不敢望者，其聞識之多寡。夫子謂弗如者，其終日不違，默識無言者也。故自明亦曰：「吾有知乎哉？無知也。有鄙夫問於我，空空如也。」他日語賜曰：「汝以予爲多學而識之者與？非也，予一以貫之。」則豈知二知十，較多少之謂乎？朱子曲爲之解，以附會所謂格物致知之學，于聖人妙語辜負。陸子静識此意，包氏解其辭，不達其旨。

○《字書》十合一爲士，以聞一知十會意也。當時子貢材辨英華，陵顔子之上，時論或謂子貢勝顔子，子貢或亦自謂過之。聖人衡鑒不爽，每以回、賜相提論，所以裁其過，補其短也。佛書言阿難以多聞染魔，惠能不知書，掩過神秀，皆蹈襲此意。解者避，不肯作此解，所謂割聖教以奉浮屠也。

9 宰予晝寢。子曰：「朽木不可雕也，糞土之牆不可杇烏也。於予與何誅？」子曰：「始吾於人也，聽其言而信其行；今吾於人也，聽其言而觀其行。於予與改是。」

○學者瞬有存，息有養，寢即是學。夙興夜寐，猶懼宴安易荒。白晝而寢，則昏佚之氣勝，清明之志銷，故曰朽木，言其志頽也。曰糞土，言其質濁也。雕，刻也。杇、圬通。塗，飾也。志氣昏惰，則教無所加，聖人通晝夜而知。莊生謂真人其寢不夢，清明之至也。《禮》：君子晝不居内。晝居于内，問其疾可也。非疾而晝寢，學問道德，一切俱廢，尤甚于旦晝營營，牿之反覆者，故夫子甚責焉。誅，責也。何誅，言不勝責也。聽言觀行，謂宰我平日善言德行，信以爲善學，今殊不然。蓋功莫大于克勤，而志莫惰于好寢。君子終日乾乾，夕猶惕若，而况于晝寢，則學益荒，宜聖人之深責之也。司馬遷作《史記》，遂謂宰我與田常作亂，亦以此而卒能爲死義之士者，非聖教振作之功與？

○臥曰寢。寢者，侵也。魄揜魂，陰侵陽也。陰陽，晝夜之相代常耳。當晝陽明用事，而受陰剥，昏然如行尸走肉，道家所忌。故無疾而寢曰睡，于文从目、垂聲，但垂其目而神不憒也。有疾而寢曰困，于文从木在囗圍。生氣囚閉，是謂尸寢。惟聖人寢不尸，夜猶然，而况晝乎？晝而寢，所以謂之糞、朽也。

○宰予，字子我，魯人。仕于齊，田常弑簡公，宰予死之。《史記·李斯傳》云：「田常爲齊簡公臣，下得百姓，上得羣臣，陰取齊國，殺宰予于庭。」

10 子曰：「吾未見剛者。」或對曰：「申棖橙。」子曰：「棖也慾，焉得剛？」

○剛是人心乾健之神。天道所以時行物生，亘古常運，惟其虚也，人得之爲道心。全體大虚，獨往獨來，浩然常伸于萬物之上曰剛。私欲曰慾，可欲曰善。可欲無心，而私慾有心。恒人于隱微中，一私牽累，則精明果敢之氣銷，而俯仰愧怍，頹憊不振。從古英雄之氣蓋世，而獨方寸地未洒然，則雖功名震耀，盡屬虚矯。神龍上下九天，呼吸風雲，豈不矯然？但有慾，則人得豢而烹之。男子堂堂七尺，中無所欲，雖綽約如處子而爲天行之健。有所欲，雖强梁如賁育，而化爲繞指柔。昔子路問强，夫子首舉南方寬柔以教，剛非强梁云爾。《易》象奇體圓而陽爲剛，偶體方而陰反柔。天下之至剛，不在堅棱，而反在圓融。形所以易毁，神所以常存也。神清形濁，陰慘陽舒。無欲則清虚悦樂，元氣周流，自强不息。故天下之至剛者，是天下之至和順從容者也。世儒以堅强不屈爲解，以柔道讓佛老，以强直當聖學。

愚觀《易》自《乾》《坤》而下，《比》《小畜》《履》《泰》《否》《同人》《大有》，皆用柔則效，乃知聖人所謂剛者，和順于道德而理于義，非堅强不屈之謂也。堅强不屈，是告子之學。學術一差，作用遂乖。執己自信，動與時迕。夫子所以謂「好剛不好學，其蔽也狂」，豈肯以未見爲歎乎？

○申棖，弟子姓名。魯人，字子周。《家語》有申續，字周。《史記》有申黨，或作棠，亦字周，即申棖。棖與棠聲近，若村父之於傖父也。

11 子貢曰：「我不欲人之加諸我也，吾亦欲無加諸人。」子曰：「賜也，非爾所及也。」

○行恕是心上事，在默識躬行。子貢非疑非問，第商量欲如此耳。欲無加人本虚，口説欲無加人虚而又虚。他日問君子，子曰：「君子先行其言，而後從之。」子貢一生病痛，未行先言。有志行仁，向人已關頭直下擔承，祇憑口説，如匪行邁謀，是用不得于道。故夫子抑之曰：「賜也，非爾所及也。」蓋激勵之辭。其實行恕亦子貢所及，但空言則無濟。他日問「一言終身行之者」，子云：「己所不欲，勿施於人。」語以所及也。聖教隨機善誘，不爲典要。解者不達，妄謂「無字是自然，所以難及」，其迂鑿可笑。讀《論語》不向此等處玩味，便與諸子文字一般。

12 子貢曰：「夫子之文章，可得而聞也；夫子之言性與天道，不可得而聞也。」

○文章、性命非兩物，在天爲道，在人爲性，性命宣著爲文章。夫子之文章，即六經雅言之訓，故云「可得而聞」。性與天道，不越所可聞之中，祇因學者將作文章理會。故但聞夫子言文章，不曾聞夫子言性命。蓋下學可以言傳，上達不可以言顯，故有得不得之疑。性與天道曰言，文章不曰言者，文章即言也。聞生于耳，見生于目。有形則見，無形但聞。聞，如「朝聞道」「四十五十無聞」之聞。文章猶可聞，性道無聲臭，聞亦不可得矣。故聞文章以口耳，聞性命非以口耳。子貢前此聞而無得，得亦只認作文章，至是始覺即是性命。諺云：「早知燈是火，飯熟已多時。」子貢于今，始信燈是火也。聞與不聞，總由學者，誰禁之不得聞，誰使之得聞，悟與未悟耳，非關聖人言與不言也。朱註謂教不躐等，良是。謂子貢至是始聞夫子言性命，非也。子云「天何言哉？四時行，百物生」，向子貢言之。「下學而上達，知我其天」，亦向子貢言之。一部《論語》，字字性命，人人共聞，豈得謂夫子不言，子貢創聞乎？讀《論語》若死煞如朱註，只似嚼蠟而已。

○日月星辰，山河草木，天地之文章也。《易》《書》《詩》《禮》《春秋》，聖人之文章也。天地之文章，萬物資生。聖人之文章，世教倚賴。倚賴即是性命，資生即是化育。非離日月星辰外，別有造化；離六經外，別有性道也。如一部《禮》書，四十九篇，皆性命之文章。世儒擇取《中庸》《大學》兩篇單傳，便是分文章、性命爲二，今古同病。《中庸》《大學》，以文章譚性命。《論語》不譚性命，渾是性命。後世離文章，單言性命，如理學之家，與禪宗何別？離性命單言文章，如聲音辭賦之家，事不關理，言不根心，巧舌綺語，浮榮糟粕而已。故星家云：「文昌與司命同宮。」蓋造化之精神即文章，聖人之文章即性命。性命在文章內，如滋味在飲食內。知味者自辨，不知味終不可得而聞也。

○謂子貢無所得乎，聖教關鍵，實是如此。文章與性道，明是多學與一貫、下學而上達之分段。謂有所得乎，不合離文章，別言性道。文章可言，性與天道那可言？蓋代爲未聞者分疏，則可耳。撿點二十篇中，子所雅言，惟孝弟忠信，禮樂言行政學居多。性與天道，實是罕言。聖門教學之法，與不可使知之意，兩語道破，足令耳食者深思。其于無行不與之妙，縱未全體會面，儻所謂億則屢中者與？

13 子路有聞，未之能行，唯恐有聞。

○此子路兼人，夫子所以有退之之教也。前輩看作百世師，未然。子云「多聞闕疑，多見闕殆」，必然之理也。非禮之禮，非義之義，大人弗爲。世間嘉言善行儘多，那得不顧安否？輒憑耳目見聞，便要依做行。其進鋭者其退速，學問之忌也，故子云：「有父兄在，如之何其聞斯行之？」一片好善之心，自不可及。一段偏鋭之氣，往往過當。君子深造以道，欲其自得之者不如此。此章形容躁率之勇，學問之病。朱子謂子路善用其勇，殊未然。

○顔子語之不惰，欲罷不能。在心上用功，如天行之健，浸進不已。子路聞之斯行，唯恐有聞。在事上用功，如疾走逐日，氣力匱乏，終不可及。天下義理無窮，祇信耳目，依樣葫蘆，豈免差謬？子路行有餘而知不足，夫子於子路，往往教之知，正以此。

14 子貢問曰：「孔文子何以謂之文也？」子曰：「敏而好學，不恥下問，是以謂之文也。」

○虞舜大聖，惟好問。顔子大賢，惟好學。孔圉，論人品，不在賢大夫之列。其學問，亦非道德之真。但知好學，知下問，亦無忝於一善之名，借以勉勵子貢耳。蓋人性敏，多不好學；位高，多恥下問。文子敏而學，亦爲好矣；貴而下問，又能謙矣。異于世之固陋麤悍者，謚爲文，非無因。「是以」二字爲解嘲與？可以爲文語别。論者執大叔疾之事按圉生平，聖人心同天地，隨事答問，權宜可否，無爲刻核也。子貢名賢，圉所不齒，而好學下問，其所短。夫子砥礪羣賢，往往似此。

○孔文子，衛大夫，即仲叔圉。初，文子使大叔疾出其妻，而以女孔姞妻之。疾私于先妻之娣，圉奪其女歸，疾遂奔宋。衛人立其弟遺，文子又以孔姞室遺。其爲人如此。

○方文子之將攻大叔也，訪于仲尼。仲尼曰：「胡簋之事，則嘗學之。甲兵之事，未之聞也。」退，命駕行。曰：「鳥則擇木，木豈能擇鳥？」文子遽止之，曰：「圉豈敢度其私，訪衛國之難也。」

15 子謂子産，「有君子之道四焉：其行己也恭，其事上也敬，其養民也惠，其使民也義」。

○春秋諸大夫，惟子産氣象近道。恭敬惠義，四者是春秋諸大夫所未嘗講也。人臣格君，行己最先。列國卿相多驕侈，而鄭宗室尤甚。子産亦公族，而能退然有恭遜之風。觀其不毁鄉校，曰：「我聞忠以損怨，不聞作威以防怨。所善者吾行之，所惡者吾改之，是吾師也。」此其反躬虚己，受言納善，其小心恪恭可知也。爲人根本既好，故事上使下，衆皆悦服，而志得行。歷仕簡、定、獻、聲四公，相鄭四十餘年。始則强宗争權，互相誅殺，外則晉楚之兵，歲至城下。從容斡旋，綽有次第。内除稔惡，以安餘黨。子南逐，子晳死，而大姓帖服。講信脩睦，事大有禮，而不苟狥其欲。故終其世，免于侵陵，而反弱爲强，功在社稷。而能小心謹慎，始終一節，險夷一心，其敬上可知也。使民養民，惠義相資。養不能使，則姑息媮安，不可以爲國。義而不惠，則民不見德，而祇見勞，非所以重國本也。鄭國區區，介于晉楚，聘享歲幣取之民，戰守征調責之民。苟不休養于平日，則力竭而無以待使。不能率作于臨事，則令不行而祇以養安，故二者相資也。《左傳》謂「田有封洫，廬井有伍，都鄙有章，上下有服。忠儉者與之，泰侈者斃之」，皆所謂惠義并行也。而子産之治，主於惠，必無虐使之令。其奔走强鄰，用民之力，誠非得已。民亦諒其心之惠，而不辭其使之勞，故曰義也。或專作教民解。夫子謂子産爲衆人之母，正以其能養而不能教也。

〇君子備道全美，無所不有。有四，即是一隅之道。恭敬惠義，大美也。四其枚數，猶是一節之恭敬，一節之惠義。聖人言道，大小因量。文王丕顯曰文，孔圉學問亦曰文。舜無爲曰恭己，文王爲臣曰止敬，子産兼之，亦曰恭敬。道體無方，聖言不爲典要，與拘儒語，盡成紕漏矣。

〇公孫僑，鄭宗室大夫，字子産。穆公之孫，公子發之子。公子之子曰公孫，因氏焉。子發字子國，以王父字爲氏，故又稱國氏。子産爲人，仁愛忠厚。孔子過鄭，與之如兄弟。初，子皮授子産政，辭曰：

「國小而偪，族大寵多，不可爲也。」子皮曰：「虎率以聽，誰敢犯？」從政一年，輿人誦之曰：「取我衣冠而褚之，取我田疇而伍之。孰殺子產？吾其與之。」及三年，誦之曰：「我有子弟，子產誨之。我有田疇，子產殖之。子產而死，誰其嗣之？」相鄭一年，豎子不戲狎，斑白不提挈。二年，市不豫賈。三年，門不夜關，道不拾遺。四年，田器不歸。五年，士無尺籍，喪期不令而治。子產卒，丁壯號哭，老人兒啼，曰：「子產去我死乎！民將安歸？」

16 子曰：「晏平仲善與人交，久而敬之。」

○凡朋友之釁，生于不敬。不敬生于久，久則狎而玩，玩則侮而成釁，故惟久敬爲善交。交，接遇也。齊景公以魯昭公二十年獵魯郊，與晏嬰同適魯，問魯禮。見孔子，論秦穆公所以霸，景公悦。後數年，孔子適齊，景公欲以尼谿田封孔子，晏子阻之，孔子反。是時魯昭公之末年，孔子與平仲交，已十餘年，而其分誼落落如此。然則所謂交者，亦尋常往來之際。而其所謂敬者，亦禮貌虛文，非有同心莫逆之好也。昔臧文仲知柳下惠之賢，不與之立，夫子譏其竊位。若平仲于夫子，其亦可謂竊位者矣。在他人責望當若何？夫子顧稱其善交，其寬于處友如此，而平仲所短自可見。

○晏平仲，齊公族大夫，名嬰，晏桓子弱之子。事齊靈公、莊公、景公。知陳氏必有齊國，納邑與政，乘間從容風議，時有匡救。以節儉力行見重於齊。爲相食不重肉，妾不衣帛，一狐裘三十年不更，祭先人豚肩不揜豆。宅近市，湫隘囂塵。棧軫之車，駕駑馬以朝。君語及，即危言。語不及，即危行。

國有道即順命，無道即衡命，以此三世顯名于諸侯。

17 子曰：「臧文仲居蔡，山節藻早棁拙，何如其知去聲也？」

○蔡，地名。産龜，大者尺有二寸，文仲寶之，爲室以居之，又美其室以諂之。節、楶通，一名櫨，一名栭。《爾雅》「栭謂之楶」，梁上短柱當屋脊者。山節，雕節爲山形也。藻，水草。棁，梁閒兩短柱，一名侏儒。畫藻文于其上也。龜本禽魚，况復枯骨，雖極靡麗何爲？所以爲不智也。《明堂位》云「山節藻棁，天子之廟飾」，大夫爲之，僭也。《禮器》云「家不藏龜」，天子諸侯有民社，乃藏龜，謀大事。大夫藏龜，亦僭也。皆不智之事。何如者，言所爲如此，何等乃爲文仲之智乎？蓋古聖人作爲卜筮，演造化之數，徵鬼神之情狀，以彰往察來，和順于道德，而理于義也。《曲禮》曰：「卜筮，先聖使民信時日，敬鬼神，畏法令。使民決嫌疑，定猶豫。」非聖人有疑，而待鬼神決之也。《洪範》曰：「汝有大疑，謀及乃心，謀及卿士，謀及庶人。已，乃謀及卜筮。」非謂德本不脩，謀猷不審，而一切倚仗鬼神也。臧文仲聽魯國之政，而以智聞。夫智者，務民義，遠鬼神，行所無事，民情物理了然于心目，然後可居高位，斷大謀，决大疑。今祇依憑鬼神，徼靈于怳惚，何以弼謨定國，稱爲執政乎？

○臧孫辰，魯大夫，公族也。孝公生僖伯彄，字子臧，辰其曾孫，以王父字爲臧氏。魯莊公末年與聞國政，至文公朝，前後執政四十餘年，當世以爲賢，夫子每短之。《家語》：「冉求曰：『昔臧文仲知魯國之政，立言垂法，于今不忘，可謂智矣。』子曰：『臧文仲安知禮？夏父弗綦逆祀而不止，燔柴于竈以祀焉。夫竈者，老婦之所以祭。盛于甕，尊于瓶，非所柴也。』」《左傳》：「仲尼云：『臧文仲不仁者三，不智者三。下展禽，廢六關，妾織蒲，三不仁也。作虛器，縱逆祀，祀爰居，三不智也。』」

○《説苑》：「孔子問漆雕馬人曰：『子事臧文仲、武仲、孺子容，三大夫者孰賢？』對曰：『臧氏家有龜名蔡，文仲三年爲一兆，武仲三年爲二兆，孺子容三年爲三兆，馬人見之。若三大夫之賢不賢，馬人不識也。』孔子曰：『君子哉，漆雕氏之子。其言人之美也，隱而顯。其言人之過也，微而著。智不能及，明不能見，得無數卜乎？』」

○按《左傳》，臧武仲得罪，出奔邾，請立後，致大蔡于魯。後其孫昭伯如晉，弟臧會又竊其寶龜僂句以卜，吉。及季平子立會，會曰：「僂句不余欺。」註云：「僂句，寶龜所出地名。」然則臧氏有二寶龜，一蔡，一僂句也。

○《周禮》：龜人掌六龜，天地東西南北之屬，各有名物，以其方色與其體辨之。大卜掌三兆之法，一曰玉兆，二曰瓦兆，三曰原兆。以邦事作龜之八命，一曰征，二曰象，三曰與，四曰謀，五曰果，六曰至，七曰雨，八曰瘳。占人掌占龜，視吉凶。君占體，大夫占色，史占墨，卜人占拆。又卜人掌開龜之四兆，一曰方兆，二曰功兆，三曰義兆，四曰弓兆。揚火作龜，致其墨，謂以墨畫其灼處也。華氏掌燋契，凡卜以火爇燋，吹其焌契，以授卜師。乾炬曰燋。焌契謂以荆杖削鋭如刀，以燃火，即《士喪禮》所謂楚焞也。灼其墨處，成裂文曰兆。

○《逸禮》云：「天子龜尺二寸，諸侯八寸，大夫六寸，士民四寸。龜者，陰蟲之老。老者先知，故舉事必考焉。」《漢書》云：「元龜爲蔡，長尺二寸，非四民所得居。公龜九寸，侯龜七寸，子男龜五寸。凡龜以徑尺爲寶，諸侯以守國。」

○《論衡》：「子路問孔子曰：『猪肩羊膊，可以得兆。雚葦藁芼，可以得數。何必蓍龜？』孔子曰：『不然，蓋取其名也。蓍之言耆也，龜之言舊也。明狐疑之事，當問耆舊也。』」

18 子張問曰：「令尹子文三仕爲令尹，無喜色；三已之，無慍色。舊令尹之政，必以告新令尹。何如？」子曰：「忠矣。」曰：「仁矣乎？」曰：「未知，焉得仁？」「崔子弑齊君，陳文子有馬十乘，棄而違之。至於他邦，則曰：『猶吾大夫崔子也。』違之。之一邦，則又曰：『猶吾大夫崔子也。』違之。何如？」子曰：「清矣。」曰：「仁矣乎？」曰：「未知，焉得仁？」

○令尹，楚卿號。已，去也。舊令尹，即子文。新令尹，代子文者也。舊政必告，慮其未曉也。四馬曰乘，十乘四十匹也。忠，實也。清，潔也。夫道一而已，仁知與忠清，非二也。《易》曰：「知者見之謂之知，仁者見之謂之仁。」知及之，仁能守之，則忠清皆仁知矣。然人品制行不同，以所志所習異，故「君子喻於義，小人喻於利」，皆由所志與所習。陸子靜言之詳矣。所喻在此，即爲知。子云「知德者鮮」「百姓日用而不知」，知之斯好之，好之斯樂之，知之斯利之，利之斯安之。仁即是心，知即心之神。生生惺惺，其幾非二。達德先知後仁，仁則未有不知，不知則未有能仁者，此喻與不喻之分也。春秋諸大夫志于功利，而楚令尹子文、齊陳文子行事偶合乎忠清。苟心喻于忠，喻于清，則知矣，知則其仁可幾也。但二子初未嘗有學問涵養之素，而勉强激勵于一旦，與百姓日用不知等。終非其心之所喻，則不可謂之利仁。未利于仁，不可謂知。知未及之，焉能守之？仁未利之，焉能安之？故曰：「未知，焉得仁？」春秋諸大夫，功名富貴喪其守，忠清如二子者，可以爲難矣。若夫終食不違之謂仁，豈徇外近名，負倜儻之奇者，可冒昧當之乎？故令尹之貴可辭，十乘之富可捨，使方寸地未能惺然，猶是利害得喪茫昧之境。是以由、求、公西之徒，日從事于仁，而幾微隱伏，操舍出入之介未了然。夫子猶以爲日月之至，與其才，不與其仁。今不輕許二大夫者，亦以深醒子張也。張也堂堂，神明未免外騖，故借此覺之。或疑行如二子，猶曰未仁，觀過反知仁，何也？曰：過則真性迫而天理見，忠清則美行可以脩飾。《禮》云：「與仁同功，其仁未可知此也。」

○忠者，念頭果確，猶忠信之忠。當榮辱得喪之際，堅定不易，不喜亦不愠。舊政告新令尹，皆本不愠來。告處見心直，即是忠，與忠君别。清者，高曠絶俗，疾惡如仇，若將浼己也。忠如告子之不動心，由氣强得。清如陳仲子優爲之，由氣高得。皆非庸品。其實刻勵太甚，於精義窮理，涵養體驗之功疎，可謂美行，不可當問學。問學必致知，由問學致知入，爲真得。由氣魄偶合，多偏蔽，故曰「知德者鮮」「百姓日用而不知」。彼未嘗見道，猶不處仁。焉得知云爾，非謂人不知彼也，未知與不知語别。焉得仁，與不知其仁語亦别。不知其仁，仁尚不可知也。焉得仁者，全不許之。豈以我未知，而遂全不許之？非聖人語。

〇凡聖人答問，權宜兩端。道無常主，學者貴參伍以會其通。如管仲與令尹子文、陳文子，其心畧同二子，論心，則不許其仁。管仲論事，則亟稱其仁，何也？仁合外内之道也，子路于管仲，因心并棄其事，故夫子許其事。子張于二子因事并信其心，故夫子抑其心。參伍而觀，仁之全體可識。若夫及門之士，亦不輕許其仁者，豈由赤之事心，反不及管仲乎？蓋論人貴恕，論道貴精。責衆人則器，責士君子則備也。至于似是而非，如微生高之媚俗，非直也。臧文仲之機變，非知也。則各指其事之近且顯者破之。季文子三思無一可者，則微辭諷之。學問，士君子之先務，雖孔文子之碌碌，不奪其文。久敬全交之要道，以晏平仲之功名獨取其交。因物權衡，各調其適。學者會通，則無往不與道合。此章論忠清，而進以智仁，非專爲譏刺二子也。朱子謂子文相楚，無非僭王猾夏之事。文子事齊，失正君討賊之義。又不數載歲反齊，不仁可見。此胡安國説《春秋》之例，以解《論語》，愈爲不合。楚僭王則有之，何獨責子文？楚以夷猾夏，漢儒之夢語。使文子道能正君，力能討賊，何至棄家逃走？事定反國，亦自人情。朱説迂闊難行。《論語》論事合人情，論道合天理，意無先主，言無成跡。因事答問，以折于中，非專爲譏評人短長也。朱子謂《公冶長》一篇，專論古今人物賢否得失，爲格物窮理之一端，遂使各章意味淺率。豈但失聖人微婉之旨，且使學者襲謬，專攻人短，長刻薄之風，動借口《春秋》。夫《春秋》，聖人忠厚委蛇之至，焉可誣也？又云「多子貢之徒所記」，無端株累，與作《詩序》謬同。

○令尹，即大宰。《左傳・宣公十二年》：「蔿敖爲宰。」宰者，割正之名。尹，正也，割也。《曲禮》「脯曰尹祭」，割肉方正，乾爲脯以祭也，故膳夫亦曰宰夫。子文，姓鬭，名穀於菟。按《左傳》，若敖娶于䢵，生鬭伯比。若敖卒，伯比從其母，畜于母家。私于䢵女，生子文。䢵夫人使棄諸夢中，虎乳之，遂收之楚。人謂乳爲穀，謂虎爲於菟，遂以名。楚成王時，子文代子元爲令尹，又舉子玉爲令尹。時楚日强大，伐隨伐鄭，滅弦滅黄，多子文之功。《楚策》：「莫敖子華云：『昔□〔一〕子文，緇帛之衣以朝，鹿裘以處。未明而立于朝，日晦而歸食。朝不謀夕，無一日之積。彼廉其爵，貧其身，以憂社稷者，令尹子文也。』」

○崔子，齊大夫，名杼。齊君莊公名光，靈公子。既立爲太子，靈公欲立嬖子牙，徙光于外。公疾，崔杼迎光，立之，在位六年。崔杼取棠公寡妻姜氏美，而莊公通焉。數如崔氏，杼稱疾不朝。公往問之，因從姜氏。杼伏甲弑公。晏嬰入，枕公尸哭，三踊而出。齊太史執簡書曰：「崔杼弑君。」杼殺之。其弟復書，復殺之。少弟復書，杼乃舍之。遂立莊公異母弟杵臼，是爲景公。與慶封爲左右相。棠姜生子明，與先妻二子崔成、崔彊搆。慶封乘閒掩襲杼家，盡殺之。杼窮，亦自殺。

○陳文子，名須無，姓田氏，陳敬仲完之孫。陳完奔齊，改姓田氏，三傳爲文子，事莊公。文子生桓子無宇，無宇生釐子陳乞，事景公。乞生陳恒，遂弑簡公。

〔一〕□，底本爲墨釘，案《戰國策》其字當作「令尹」。

○按《周禮》校人職，家馬四閑。謂卿大夫有采地，皆畜馬，以一良三駑之數計之，家馬凡八百六十四匹，詳第十六篇。而陳文子亦大夫，止馬四十匹，輒云富矣。《周禮》難盡據也。如云「無食邑者無馬」，春秋大夫誰無食邑者乎？使馬皆如數，則大國三卿共馬十二閑，可比天子。君馬猶不與，百里之封，雖芻牧不給矣，況牧人之多，與他經費乎？

19 季文子三思而後行。子聞之，曰：「再斯可矣。」

○季文子，季孫行父，季友之孫。歷相三君。《左傳》稱其家無衣帛之妾，食粟之馬，無藏金玉，無重器，其清慎可知，故當時人稱爲三思而後行。三思者，熟慮審處，不一之辭。子聞之，聞于人也。再，重也。再三思，恨少也。《書》云：「思曰睿，睿作聖。」子云：「君子有九思，有弗思，思之弗得弗措。」《孟子》云：「思則得之，不思則不得。」管仲亦云：「思之思之，又重思之。思之不通，鬼神將通之。」三思後行，所謂慮善以動，動罔不臧。文子苟能然，何行之不善？夷考其行，有大不然者。方宣公之謀殺適，而納賂于齊也，東門襄仲實主其事，而行父與焉。爲之再如齊，是黨惡也。及事成，宣公立，寵任襄仲，貴其子歸父。歸父與宣公謀去季氏，未成而宣公薨。行父挾私忿，與臧孫共逐東門氏，絶其宗，魯人憐之。季氏之弱公室，自行父始矣。春秋無王，而魯以諸侯僭分過于晉楚，行父不能匡正，而又從臾之，爲立武宫，比周世室。脩僖廟，請于天子，作《魯頌》，頌僖公功德。起廟樂，上援后稷，下暨大王、文、武，郊天禘祖，誇誕無稽。故夫子删《詩》正樂，存《魯頌》于商周之閒，而喟然歎曰：「一言以蔽之，曰思無邪。」蓋罪行父之不正也，與譏再思意同。此其行事過當，豈三思者所宜有，故諷之曰「未之思也，再三思則可矣」。聖言微婉，世儒衹拘三兩作解，謂嫌其多思，如對癡人前説夢矣。

20 子曰：「甯武子，邦有道則知去聲**，邦無道則愚。其知可及也，其愚不可及也。」**

○安寧無事，出入諷議，則聰明材辨可展，利用智。流離患難之秋，聰明材辨，展措不給，惟宜老成持重，沈晦艱貞。寧木勿華，寧拙勿巧，寧遲鈍養鋭，勿儇捷輕率，乃可以涉風波，歷辛苦，故利用愚。無事之日，非無智士。而機變小慧，濫竽不分。時不關生死，事不臨利害。得亦可，失亦可。突梯脂韋，遷就功名，往往倖成，故曰「可及也」。若夫無道之愚，從萬死一生中，旋乾轉坤，必有金石不磨之肝膽，山岳不動之力量，萬死一生之氣槩，千鈞一發之機權，乃克有濟。不韜光，不能識時。不忍辱，不能免患。不盡黜其智巧算計，不能拚[一]死輕生，故曰「不可及也」。

○甯俞，衛大夫，謚武。甯莊子速之子，甯殖之祖父也。有道，謂衛文公之世，及成公未失國以前，國家無事，時甯莊子尚在。至魯僖公二十六年，公會衛甯速，盟于向，則衛成公立之元年也。父子同朝，春秋諸大夫多有之。無道，謂成公三年，衛從于楚，晉人敗楚師于城濮，成公懼而出奔。晉使衛大夫元咺，奉成公弟叔武守國。咺子角從于成公，公殺之。未幾，成公入，先驅者射殺叔武，元咺奔

〔一〕「拌」，當作「拚」，棄也。

晉。與公訟，武子爲輔，鍼莊子爲坐，士榮爲大士，衛侯不勝。晉殺士榮，刖鍼莊子，謂甯俞忠，免之。執衛侯歸于京師，置諸深室。甯武子職納橐饘主進衣服飲食之事焉。晉使醫衍酖衛侯，俞貨衍，薄其酖，得不死。因魯侯納玉于王與晉侯，各十瑴角、玉雙曰瑴，乃釋衛侯。衛侯被執三年，衛諸臣畏晉，散去，獨武子周旋不避，卒以脱君于危。故夫子以知諷衛諸臣，而以愚狀武子。知愚兩者，就世情規避擔任，兩等人立名，寓美刺之義。一曰可及，一曰不可及。可及者，乃其工于謀身。不可及者，正其拙于自謀。聖言微婉可思。

○《左傳·文公三年》：「衛侯使甯俞來聘，公與之宴，爲賦《湛露》及《彤弓》。不辭又不答賦，使行人私焉。對曰：『臣以爲肄業及之也。昔諸侯朝正于王，王宴樂之，於是乎賦《湛露》，則天子當陽，諸侯用命也。諸侯敵王所愾，而獻其功，王於是乎賜之彤弓一，彤矢百，玈弓矢千，以覺報宴。今陪臣來繼舊好，君辱貺之，其敢干大禮以自取戾？』」觀于此，其人識度過魯諸臣遠矣。

21 子在陳，曰：「歸與予！歸與！吾黨之小子狂簡，斐然成章，不知所以裁之。」

○子在陳，當阨時也。歸與者，道不行而思歸之辭。吾黨，魯國鄉黨也。小子，門人也。狂簡，高曠直率也。斐然，文章之貌。成章，謂材具完美也。以裁，以道裁割，使成器適用也。蓋道既不行，歸而造就門人，付託于將來也。吾夫子爲此一脉之傳，可謂良工苦心。自昔堯、舜、禹、湯、文、武周公列聖，皆以此道親見于身，其自爲之也易。吾夫子不得大行，而以此道託諸後，其代之也難。故其苦心焦慮，百倍堯舜諸聖矣。何者？教法難傳，學人難得。何謂教法難傳？語過高，則于事物不涉。語過卑，則于性命不涉。幾經睿思，纔道個下學而上達。下學，是從人倫日用，父子、君臣、夫婦、兄弟、朋友，尋常守理，便是性命田地。會者一通百徹，自然上達。不會者倣繩墨而行，亦不至誤天下蒼生。直到今日，以迄千萬世後，天地不毁，此教不毁，是吾夫子開示之功也。何謂學人難得？世閒下流凡品，醉生夢死無數，稍知來學，高低不等。低者出口入耳，守定糟魄，全無靈通透脱之見。將此道訛傳低假，焉能上達？高者天生倜儻，恣意馳騁，不就繩墨。將世上名物，都作塵網窠臼，又不肯下學。須是天資聰明，又性地篤實，中行君子，方許承任此事。而百千億萬中，不可得一。然則道將終于無傳乎？不得已，于兩等中遷就，仍是高者可喜，亦是高者可憂。低者吾道託他傳不得，世教亦因他壞不得。高者若不裁翦，任其放蕩，流弊不可言。若裁翦成，力量鴻鉅，真堪付託。緣他胸中，蚤見得一段光景，動稱天地，動稱帝王，不屑近功小利，是名狂簡。言其志狂大，而行簡畧也。其狂簡，又非有邊無中，口狂簡而心卑瑣。暫時狂簡，而久後卑瑣者也，實是天生成高明體段。立志爲聖賢，真自欲爲聖賢，口不屑近小。真不屑近小，一段清虚廣大之氣，英爽特達之材，渾是聖賢胚胎，可觀可度，是曰斐然。不憂他上達一半，正憂他下學一半，所以欲裁之。蓋士君子既有高明之識，只當用之克己自勝，不當用以助氣長傲。當以之容民蓄衆，不當以之輕世陵物。有近道之資，而任放自用，老莊、瞿曇氏所以得罪于聖人也。故君子極高明而道中庸，君子之中庸也，君子而時中。小人之中庸也，小人而無忌憚也。聖人教人，不言性命，罕言仁。中人以下，不可語上。民可使由之，不可使知之，此也。木成材曰章，斐然成章，言材具可觀也。學問之功未盡，故曰「不知所以裁之」，非全未嘗學也。

○陳國，嬀姓，侯爵。虞舜之後。有虞閼父者，爲武王陶正。武王封其子滿于陳，是爲胡公，以奉舜祀，都宛丘，即今河南開封府陳州是也。春秋時，陳、蔡皆楚屬，後遂滅于楚。夫子以魯定公十四年爲魯司寇攝相，時年五十有六，或云定公十二年也。齊人歸女樂，夫子遂去魯適衛，明年去衛，將遂適陳。過匡，有匡人之難，反衛。居頃之，去曹適宋，遇桓魋之難，去適鄭。乃至陳，居陳三年。晉、楚、吳爭伐陳，夫子去。反衛，過蒲，蒲公叔氏作亂，止夫子。既解去，居于衛。頃之，復如陳，時年六十矣。明年，自陳遷蔡。明年，自蔡如葉，又自葉反蔡。居三年，吳伐陳。楚昭王軍于城父救陳，聞夫子在陳、蔡閒，使人聘，陳、蔡大夫謀止之，以其徒圍之。絕糧七日，子貢如楚，昭王興師迎之。圍解，將封夫子以書社地七百，令尹子西不可。是年秋，昭王卒，夫子遂反衛，時魯哀公四年也。至哀公十有一年，季康子以幣迎夫子還魯，年六十有八矣。去魯，凡十有五年，居陳、蔡强半。夫以區區彈丸，破敗之餘，不可爲國而何爲？是栖栖者，意在楚也。思歸之嘆，疑當昭王既没之後。齊魯既不可有爲，晉將亡，又不可往。惟楚地廣民衆，天運將在東南，聖人蓋先知之。其微意頗見于《詩》《書》《春秋》，而世儒誤于《春秋》夷楚之説，轉相訛承，使聖意數千年不白，信乎窮經之難也。

22 子曰：「伯夷、叔齊不念舊惡，怨是用希。」

○不念舊惡，取其自新也。怨，人怨之也。用，猶以也。希，少也。惡惡，人之恒情，我苟爲惡，人將惡我。士君子先以責人之心責己，砥行礪節。如古伯夷、叔齊，爝然無容訾議。而又以寬恕之心，待天下之不肖。雖惡人可惡，能改即止。不追往，不藏怒。如此，庶乎人亦少怨之。今人好攻人惡，而已未必如夷、齊，疾不仁而已甚，豈遠怨之道？故曰「寬則得衆」「君子躬自厚而薄責人」「吾非斯人之徒與而誰與」。學問不離涉世，寡尤遠怨，聖人每諄諄焉。儒者動以任怨爲能事，非至當之論。

○此章非專美夷、齊也。夷、齊不念舊惡之事不可考，但觀不立於惡人之朝，不與惡人言，其冠不正，望望然去之之類，疾惡亦不爲不甚矣。不食周粟，餓於首陽之下，亦未忘適莫者也。當時惡人不改，二子未必遂忘，惟能自新者不念之，故曰怨希也。君子善善長而惡惡短，雖清操如二子，亦不當以己槩人。況萬萬不如，而徒責人無已，有不怨集厥躬者乎？

○伯夷、叔齊，孤竹國君之二子。墨姓，或作默。或云怡姓。伯，兄也。叔，弟也。夷、齊，謚也。伯名允，字公信，長子也。叔名智，字公達，適子也。或云：有仲名憑，字伯遼。夷與齊讓國俱逃，居于北海之濱。聞文王興，西歸。至岐陽，而文王没。及武王伐紂，二子叩馬諫。及商亡，退而隱于首陽山，不受周禄，採薇而食。有婦人謂之曰「不食周粟，而食周之草木」，遂餓以死。孤竹國，古營州地。秦漢爲遼西右北平盧龍等處，今北直隸永平府灤州是也。府城西北雙子山有長君塚，團子山有次君塚，馬鞍山有少君塚。或曰國人立其中子，即次君也。

23 子曰：「孰謂微生高直？或乞醯（希）焉，乞諸其鄰而與之。」

○微生，姓。高，名。魯人也。當時以直稱。乞，求也。醯，醋也。人乞己醯，己更轉乞于人以應之，其委曲狥人如此。尋常細事，未關大節，何至毛舉以槩生平。蓋惟其事小，而以周旋世情，愈近自然而人不覺。私恩小惠，最易結市井鄉里之心。自古姦雄欺世，多因米鹽瑣屑，蠱惑愚俗，馴至掀詐彌天，牢不可破。田氏之竊齊以粟，張魯之得蜀以米，皆此類。今世縉紳學士，爲乞醯之類者不少。惟聖人爲能知微，就尋常曖昧處，破其機心，維世之功大矣。五霸功名，亦是一點乞醯之心敷衍出，不可不察也。

24 子曰：「巧言、令色、足（苴去聲）恭，左丘明恥之，丘亦恥之。匿怨而友其人，左丘明恥之，丘亦恥之。」

○足恭，過爲恭也。巧言、令色、足恭，側媚之狀也。隱匿其怨，而陽友其人，姦險之狀也。二者皆機詐之事。世道民風若此，五霸之習氣也。人之生也直，士君子光明正大，無受爾汝，無爲穿窬，此羞惡之良心。如鬼如蜮，爲機變之巧者，無所用恥焉，君子所共惡也。左丘明，魯大史。史明是非，昭勸戒，舉良史所恥，以表公非也。丘亦恥之，猶竊取之意，所以因魯史而作《春秋》也。故曰色厲内荏，譬諸小人，其猶穿窬之盗，蓋深有慨于當時司世教者。

○左丘，複姓。明，名。春秋世之賢者，於夫子爲先進，故夫子自名以附之。司馬遷、班固、劉歆謂左丘明爲魯大史，《春秋左傳》即其所作魯史也。於聖人爲同心之言，準其凡例解經，及不合，寧背經，不敢背《左傳》，《春秋》之訛自此始。据夫子此言，謂明爲魯大史亦似，而謂《左傳》即左丘明之史，非也。蓋後人取舊史，薈蕞潤色之，而託左丘明以傳耳。辭人之業，于經義原未通曉。世儒艷其辭，轉相浮慕，更不折諸理與聖人之心，可嗤也。愚于《春秋》詳之矣。

25 顏淵、季路侍。子曰：「盍各言爾志？」子路曰：「願車馬，衣輕裘，與朋友共，敝之而無憾旱。」顏淵曰：「願無伐善，無施勞。」子路曰：「願聞子之志。」子曰：「老者安之，朋友信之，少者懷之。」

○卑在尊旁曰侍。盍，何莫也。志者，心之所期向。願，即志也。衣輕裘，衣裘以輕爲美也。伐，害也。《家語》：「顏回問小人，子云：『毀人之善以爲辨。』」即伐善之意。施，加也。勞，重役也。高年曰老，謂凡老者也。同儕曰朋友，凡年相若者也。童穉曰少，凡幼弱者也。安，奉養也，飽煖之類。信，倚任也。懷，擁護也。凡聖賢學業，先行後言，未行先言者，惟志爲然。志不可僞，志定而學，則忠信可以崇德。學無志，縱多見多聞，如無根之木，不可植也。故學莫先于立志，志莫大于爲仁。聖學以仁爲宗，仁以公爲體，志有廣狹，聖賢之量攸分。子路輕財重誼，超然市利之外，但未免著意氣，仗財貨，以行其志則疎矣。顏子好善而愛人，欲惡當理，人己大同，正是學問中人。子路公財，止于朋友。顏子公好惡，通乎人己，是爲仁之大者。夫子如天覆地載，因物付物，不費而惠普一腔以散之萬物，卷六合以納之一心，無内外人己，元氣周流，是仁之全體也。聖賢志願有大小，要皆以無私爲仁。子路近仁，顏淵體仁，夫子聖於仁，所謂天下歸仁，萬物一體也。下學而上達，《中庸》之至德，皆不越此。佛氏以十方世界爲全身，蹈襲聖人之意。

〇車馬衣裘共敝，如六國四豪輩亦能之。但子路本貧，而有志于此，視車馬衣服爲義理公共之物，即是學問中事。四豪輩無志，以其長物爲結交之資耳，是市利中事。前章論忠清未仁，亦以此也。士有志公物，臨財脱然無累甚難。夫子謂「棖也慾，焉得剛」，子路猛决，破得一慾字綱。何物車馬衣裘，足挂懷抱，其過人遠矣。善者，人所同好。勞者，人所同惡。無伐善，使善人君子，長養成就也。無施勞，使困苦窮民，休養安息也。善勞人所同有，善在己者無戕賊，在人者無媢妒。勞在己者自任，在人者體䘏。君子不施其親，不施勞也，擇可勞而勞，非有心于施也。老少朋友，不必皆親黨，安信懷普，願世人各盡此情，匹夫匹婦，無有不獲。此即博濟之仁，堯舜猶病。天地雖大，萬物猶不齊，今欲齊不齊之分，使各得其所，此量何限，此願何窮？道愈近而愈遠，事愈易而愈難。聖人之夙心，聖人亦不可必得也，故曰志而已矣。佛氏欲度盡衆生，襲此旨。

〇財利，人所易私。無子路之志，則鄙吝之習難銷。欲惡，人所難公。無顔淵之志，則己私之累不克，故士不可以無志。若夫老少朋友，并育并行，踐之則隨分各得，由之則終身不盡，所以爲聖學也。

〇何莫之言盍，猶而已之言耳，之乎之言諸，不來之言貍，彌牟之言木，於越之言越，句吴之言吴，邾婁之言鄒，不可之言叵，不律之言筆，合二成音，梵書娑婆讀些之類。或謂華人尚字，梵人尚音，未盡然也。伐訓害，如《詩》云「是謂伐德」，又云「勿翦勿伐」，《孟子》云「旦旦而伐」，皆害意。無伐者，培植養育，成人之美也。人之有技，媢嫉以惡之，伐善也。施訓加，如《詩》云「施于中林」，

《祭統》引孔悝之銘云「以辟之勤大命，施于烝彝」，《周禮》内宰「施其功事」，皆加意。小司徒「辨凡征役之施舍」，《周語》云「縣無施舍」，又曰「聖人之施舍也議之」，施謂加役，舍謂免役。周公謂魯公「君子不施其親」，謂親者免其征役也，與「施勞」之施正同。朱註作「張大」訓，遠矣。有善不矜，有勞不伐，與公人之意不協。此章意主行仁，子路與夫子所言，皆無私之仁。豈顏子獨異？朋友，非同師同道之謂，居老少之閒，年齒相若者也。大抵老少朋友三等，盡乎人類矣。安、信、懷，則人無不得所矣，是聖人希天之志也。

26 子曰：「已矣乎！吾未見能見其過，而内自訟者也。」

○人心放逸在外，殊不自見。一念反照，皎如白日。自己過失，歷歷分明，豈容自欺？但恒情自見過，仍自遮隱，如以薪包火。雖從事于學，非正本清源之功。所貴能見過者，須靈知脉脉，自怨自艾，徹底汰蕩，不容一毫渣滓。如人負冤，力求昭雪。如兩造對質，哀情盡吐。如仇家相見，更無縱匿。如理官判斷，推勘到底。是謂自訟。即顏子有不善，未嘗不知。知之，未嘗復行也。此誠意之學，固自難得。

27 子曰：「十室之邑，必有忠信如丘者句**，焉不如丘之好學也。」**

○人之生也直，赤子愛親敬兄，純一無僞，是謂忠信。入孝出弟，謹言慎行，是謂好學。學以培養忠信，忠信爲爲學之本，進德之基。雖三家兩鄰，必有忠信者。但知誘物化，機械鑿其混沌，則佻薄之習長，而敦厚之意微。是必明善誠身，保任此忠信而後可，故曰「焉不如丘好學也」。赤子一段天真，本同聖人，涵養擴充，日新又新，然後聖功成。若謂赤子即便聖人，何天下赤子多，而聖人少也？在天者不足恃，而在人者不失其在天者，乃爲實地。謹厚之人不學，終成椎魯。高明之人不學，流爲放蕩。世間惟有學爲要，夫子平生，謙謙之至，惟好學一事以自任。大如仁，美如君子，以許人，唯好學不輕許。蓋聖人以好學爲命脉，其學亦非世人所謂學，其好亦非世人所謂好。苟有一真能好學之人，即是一聖人。聖人之學，較衆人境地不同。其孳孳爲善之心，直與小人志富貴功名之心，至誠無厭，一也。若謂聖人不學，即是斷絶聖人種子。夫子十五至七十，每十年一變，步步挨進，真見得道無盡，學無盡，所以爲聖人。那得怪世間無好學人也？

○焉不如，猶言何不如。朱子謂不成文理，改「焉」字屬上，則上句語不定，下句忒直任。屬下，則上句辭決，下句意婉。一字之差，而意味深淺各別。信讀書未可鹵莽。

○焉與安，古字聲近通用，猶曣之于晏，陰之于闇，庵之于弇也。「安見方六七十」，即是焉見。「焉知來者不如今」，即是安知。此「焉不如」，即是安不如。

論語詳解卷五終

論語詳解卷六

郝敬　解

雍也第六

○此篇亦多論人物及仁智，與前篇同，故次之。

1　子曰：「雍也可使南面。」仲弓問子桑伯子，子曰：「可也簡。」仲弓曰：「居敬而行簡，以臨其民，不亦可乎？居簡而行簡，無乃太簡乎？」子曰：「雍之言然。」

○仲弓在聖門，與顏、閔同科。顏子當亂世，居於陋巷，孔子賢之。閔子不肯爲季氏宰，而仲弓獨與冉有、子路同事季氏。子路中讒廢，冉有竟與之暱。夫子所爲，鳴鼓攻也。仲弓之才，果藝不如二子。其靖恭簡默之資，本可使居上臨民，而以北面奔走于權門，非徒無益，而又害之。夫子諷之曰：「雍也可使南面。」惜其有居上之度，而局爲陪臣，猶孟公綽之爲趙魏老則優也。仲弓不喻此旨，謂南面在恭己，君道貴無爲，夫子將以恭默許己也。因思子桑伯子羸行放蕩，亦自稱無爲，舉之以問，意本不可伯子，而姑以自考，探夫子許己之意耳。夫子應之曰：「可也簡。」蓋謂伯子隱居不仕，遊于方之外，任情簡畧亦可也。對季氏之宰，而可子桑伯子，即可使南面之意。雍疑夫子以伯子與己同許，而己與伯子實不同道。蓋簡與恭，其不煩畧相似，而其要領不同，故据所學質之。居敬，主敬也。行簡，省事也。臨民，即南面也。君子以道致用，可以臨民，而不可以隱居。可，可居敬也。居簡，身不脩，指羸行也。行簡，獨行忘世也。大簡，人道同禽獸，中國比蠻夷，指伯子也。此論甚正。聖人亦無以易之，但言不可以一端盡。使雍南面者，言雍不可事權門，非獨美其能居敬臨民也。可伯子者，爲其隱居不仕，無所事事，非以大簡爲可也。君子非其民不使，不如隱居之爲愈。雍於夫子之意雖未悟，而其言良是，故夫子第曰：「雍之言然。」然其言而已，於其所以使雍南面，可伯子簡之意，俱未悉。解者遂謂此章專論簡，二十篇中未嘗以簡爲教，二三子未嘗以簡爲學也。小子狂簡，原非至德。見賓承祭，雍所請事，原非謂雍簡也。凡聖言緼藉篇中，此類甚多。世儒拘泥，使妙義不傳，千古如夢。

○居敬者，翼翼小心，匹夫勝予也。行簡者，悠悠順治，省事安民也。居簡者，斷緣息慮，土木形骸也。行簡者，遺落世務，萬事墮壞也。居爲本體，行爲設施。居敬以兢業爲本體，不求簡而自簡。居簡以枯寂爲本體，厭事而事反多。仲弓此論，即舜所以無爲而治，夫子謂「爲政以德，如北辰居其所而衆星拱之」之道。嘗教仲弓曰「出門如見大賓，使民如承大祭」，即居敬之説也。曰「吾黨小子狂簡」「不知所以裁之」，即大簡之説也。仲弓因夫子之教有得，還以爲己見而質諸夫子，猶鳥飛魚躍，不知身本在天淵中也，故夫子但然之。

○禮者，聖人中庸之教。狂士簡易不恭，以禮爲不足守，悖聖人雅言之訓。顧其志大而識超，聖人以爲中行之次，憂其不可必得者也。子桑伯子，即莊周所稱子桑户，與孟子反、琴張三人友者。世儒斥爲異端，距之千里之外，而聖人曰「可」，於琴張曰「吾黨之狂士」。原壤母死廢禮，夫子亦不絶之，曰：「故者勿失其爲故。」仲雍斷髮文身，夫子稱其清權。蓋皆惜其才過高，而欲裁之，所謂古之狂也肆。而仲弓不可，亦學問中規矩當然。惟聖人大造兼成，馬雖蹄齧，亦欲範我馳驅，則仲弓所不能窺測其萬一者矣。夫子然其言，猶與曾點而不非三子，使漆雕開仕而悦其不仕。聖教兩端，中道而立，能者從之。

○《詩》歌北門，比仕不得志也。凡《詩》言南者多美，言北者多刺，南明北暗也。夫子以南面諷仲弓，亦棄暗投明，出幽遷喬之意。或疑諸子多仕于季氏，何獨仲弓不可？夫使人貴器，子路之果，冉有之藝，材皆足以應變制機。如雍之訥，柴之愚，而以馭權奸，猶責騏驥馭虎豹也，殊非所宜。故聖人于子羔、仲弓，皆憂之。

○子桑伯子，名扈。《離騷》云「桑扈臝行」，王逸注云：「桑扈，隱士。去衣臝袒，效夷也。」莊子云：「子桑扈、孟子反、子琴張三人相與友，曰：『孰能相與于無相與，相爲于無相爲？』三人相視而笑，莫逆于心，遂爲友。莫然有閒，子桑扈死，孔子使子貢往待事，或編曲，或鼓琴，相和而歌。子貢趨而進曰：『敢問臨尸而歌，禮與？』二人相視而笑曰：『是惡知禮意。』子貢反以告，子曰：『彼遊于方之外者也，而丘遊于方之内者也。内外不相及，彼方且與造物者爲人，以生爲附贅縣疣，以死爲決疣潰癰，假于異物，託于同體，忘其肝膽，遺其耳目。芒然彷徨乎塵垢之外，逍遥乎無爲之業，惡能憒憒然，爲世俗之禮，以觀人之耳目哉？』」又云：「子輿與子桑友，淋雨十日。子輿曰：『子桑殆病矣。』裹飯往食之。至門，則若歌若哭，鼓琴，曰：『父邪，母邪？天乎，人乎？』有不任其聲，而趨舉其詩焉。子輿入，曰：『子之歌詩何若是？』曰：『吾思夫使我至此極者而弗得也，父母豈欲吾貧哉？天無私覆，地無私載，天地豈私貧我哉？求其爲之者而不得也。然而至此極者，命也夫。』」又云：「孔子問子桑虖曰：『吾再逐於魯，伐樹於宋，削迹於衛，窮於商周，圍於陳蔡之間，犯此數患，親交益疎，何也？』桑虖曰：『子獨不聞假人之亡與？林回棄千金之璧，負赤子而趨。或曰：「爲其布與？赤子之布寡矣；爲其累與？赤子之累多矣。棄千金之璧，負赤子而趨，何也？」彼以利合，此以天屬也。以利合者，迫窮禍患相棄也；以天屬者，迫窮禍患相收也。彼無故以合者，則無故以離。』桑虖又曰：『舜之將死，真泠禹曰：「汝戒之哉！形莫若緣，情莫若率。緣則不離，率則不勞。不離不勞，則不求文以待形。不求文以待形，同不待物。」』」按《莊子》多寓言難憑，而伯子學術，觀此可槩見，亦足爲事權門者之針砭矣。

2 哀公問：「弟子孰爲好去聲學？」孔子對曰：「有顏回者好學，不遷怒，不貳過。不幸短命死矣，今也則亡無，未聞好學者也。」

○聖門學者，聰明才辨，篤實躬行，兩等不乏人。哀公問好學，夫子獨舉不遷怒、不貳過之顏子以對，然則聖人所謂學，可知也。世教民生，惟有好學一脉。學無本原，雖多聞博識，盡屬浮華。人有血氣，誰能無情？情即是性，豈能斷滅？凡夫任情，俗學强制，二者皆妄。顏子克己復禮，故能不動于己，而全轉爲禮。未嘗無怒，而天然中節，事過即化，其心常定也。未嘗無過，而幾微少差，旋覺即復，其心常一也。蓋人生而静，天之性也，感于物而動。遷莫如忿，貳莫如慾。忿即怒也，有所忿懥則遷。慾即過也，知之復行則貳。可怒當前，志能帥氣，則不爲怒所遷。情慾偶萌，覺即消除，則不爲過所貳。良由不覩不聞之中，時時慎獨。故天定而神怡，非口耳傳習，枝葉文字之功也。養德即以養生，懲忿窒慾，即可以祈天永命，而竟短命死，故曰不幸也。亡、無同。今亡，謂今弟子中無此人也。未聞，謂天下亦未聞有此人也。然則曾、閔輩亦不在屈指中矣，好學之難如此。

○怒字从心，奴聲。心爲主，奴居上，心反爲役也。遷，徙也。如遷國、遷居之遷。忿懥一發，血氣奔騰，則心不守舍。貳，副也，再也。己迷不覺，誤而又誤也。不遷怒，猶未能忘怒。按節而止，何遷之有？過如過門過路，偶然疎失，旋覺即復，何貳之有？此兩者，即三月不違之仁，所謂學而時習之者也。日用應酬，性體稍礙，即被怒遷；稍昏，即被過貳。有遷有貳，即工夫間斷。不遷不貳，即是時習，故曰好學。然則與聖人同乎？曰：衆人氣質用事，全任忿慾，賢人德性自主，故能不遷貳。聖人渾忘，不遷貳，亦不足言矣。

○主宰不精明，則生忿慾；存養不專一，則多遷貳。寡忿慾，明也。不遷貳，誠也。本體即工夫，工夫即效驗，知處即是行，故曰好學。世儒將知行分析，曰：「先明諸心知所往，然後力行以求至。」道不遠人，欲仁斯至。誰不知往，誰不能至？先知後行，是商、賜以下之學，不可謂好，故曰「未聞好學者」。不然，知之者聖門不少。

3 子華使去聲於齊，冉子爲去聲其母請粟。子曰：「與之釜甫。」請益。曰：「與之庾語。」冉子與之粟五秉。子曰：「赤之適齊也，乘肥馬，衣輕裘。吾聞之也，君子周急不繼富。」原思爲之宰，與之粟九百，辭。子曰：「毋！以與爾鄰里鄉黨乎！」

〇損有餘，補不足，天之道也。聖人權宜斟酌，從容順應，如化工無心，各中天則。冉子請粟，初不以其不當請而不與，與之六斗四升。冉子不悟，請益，亦不以其不當益而不益，又益以十六斗。冉子終不悟，遂與之粟八十斛。若有所激而然者，夫子亦終不非之，亦不是之，第曰「君子周急不繼富」而已矣。及夫子爲魯司寇，以原思爲家宰，與以常禄九百。原思狷者，請辭。子云「勿辭，以分與爾鄉鄰之貧者」，其勸施予又如此。大抵世上貪吝之徒固可鄙，若以貪吝爲非，而于凡予者、辭者，不論當否，一切謂可，則予與辭者常居其是，而受與取者常居其非。是道爲有方之物矣。聖人于富者損之，以周急；于貧者益之，以濟鄰。裒益盈虚，乃所謂天則也。

〇子華使齊，蓋夫子爲司寇攝相，有事鄰國而使之。冉子時爲夫子治粟，故爲其母請。與之庾、與之釜，夫子命冉子如數與之也。五秉，亦是夫子之粟，冉子以己意徑與也。蓋役其子而餒其母，在夫子必不然。苟其母果失養，而其子遠遊，在赤爲不孝。未嘗失養而其友故請，是强加人以不韙之迹也。故夫子難于辭，而但薄於與，以微示其意。而冉子終不悟，故夫子第言赤非貧者也，肥馬輕裘之家，豈無以爲養？若爲子華解嘲云爾。然則冉子之請，猶後世四豪輩，傾財結交以爲名，而聖人豈爲之？原思家貧，桑樞甕牖自守，計非夫子，亦必不爲宰。夫子引以爲宰，或亦因其貧而仕之。九百之粟，以斗計耳，終歲所入止此，貧不以分人，亦非吝，而思辭焉，是苦節也。狷者孤潔，乏洪仁之度，故夫子教以施予，廣其硜硜，濟以豁達也。然則原思之廉，如後世陳仲子輩，蚓而後可者，而聖人亦豈爲之？違冉子之請，所以全人之孝。止原思之辭，所以恢士之廉。其委曲造就，成人之美如此，何但用財之當而已？

〇齊國，姜姓，侯爵。在古爲四岳，在夏商爲吕侯，國于南陽宛縣之西。至吕望佐周武王定天下，是爲太公尚父。封于營丘，國號齊，即今山東青州府昌樂縣是其地。六傳至獻公，徙治臨菑，今青州臨淄縣北古齊城。傳二十四世，而田成子弑簡公，遂竊其國。

〇《春秋傳》：「晏子云齊舊四量：豆、區、釜、鍾。各自其四，以登于釜，釜十爲鍾。」然則豆，四升也。區，一斗六升也。釜，六斗四升也。《周禮·廪人》：「人四鬴。」《考工記》：「㮚人以銅爲鬴，内方外圓，其實鬴。」鬴與釜同。庾，一作籔。籔，十六斗也。《聘禮》云：「十斗曰斛，十六斗曰籔，十籔曰秉，秉十六斛。」斛，即今石也。九百，孔註云：「九百斗也。」按四區爲釜，釜十爲鍾，則鍾爲六石四斗。古人言禄千鍾，是爲六千四百石。萬鍾，是爲六萬四千石。齊王養孟子門人以六萬四千石，孟子舊禄十倍，故曰「辭十萬而受萬」。豈真有如是之多乎？蓋所稱萬者，非必盡鍾。即鍾亦非必六石四斗之鍾。史稱衛靈公致粟六萬於孔子，非必六萬石也。凡周制權度量之數，用其小者，猶今人稱一斗爲十升，一兩爲十星之類。由此推之，所謂千乘之國，百乘之家，又焉可執數求合？訓詁之士所以不通，而加之以鑿也。庾，正作斞。《考工記》云：「九和之弓，漆三斞。」如以一斞十六斗計之，一弓豈用漆四石八斗？則斞又似龠合之名耳。又「陶人爲庾，實二觳」，觳音義與斛通，而鄭玄註云：「觳，受一斗二升。」則是斞、觳之數，又與前數殊也。《聘禮》云：「四秉爲筥，十筥爲稯，十稯爲秅杜。」《國語》：「子云一井出稯禾、秉芻、缶米。」註云：「缶者，庾也。」《詩》云：「曾孫之庾。」註云：「露積也。」又曰：「彼有遺秉。」註云：「刈禾之把也。」然則穀連禾藁算之，有庾有秉，其粒量之，亦有庾有秉也。《莊子》書斞作⿰麥臾。

○《周禮》：王畿六鄉六遂，大國三鄉三遂，次國二鄉二遂，小國一鄉一遂。鄉以治國中，遂以治四郊。國外謂之郊，鄉外謂之遂，郊遂外謂之都鄙。下邑曰都，邊地曰鄙，皆國之屬也。鄉掌于大司徒，五家爲比，五比爲閭，四閭爲族，五族爲黨，五黨爲州，五州爲鄉。遂掌于遂人，五家爲鄰，五鄰爲里，四里爲酇，五酇爲鄙，五鄙爲縣，五縣爲遂。比鄰皆五家，閭里皆二十五家，族鄰皆百家，黨鄙皆五百家，州縣皆二千五百家，鄉遂皆萬二千五百家。鄉則有鄉大夫、州長、黨正、族師、閭胥、比長，遂則有遂大夫、縣正、鄙師、酇長、里宰、鄰長。是鄰與里屬遂，而黨與州屬鄉也。要其制皆本于井田，而不以井計，何也？每井雖八家，六鄉之中有宅田、圭田、賈田，六遂之中有官田、牛田、賞田、牧田、餘夫之田，則一井有不滿八家者矣。故鄉遂唯以五家起數，即《左傳》廬井有伍之法，而伍兩師旅，實出于此。凡言鄰里鄉黨州里云者，皆居處相近之地，明非他國之遠也。

○原姓，字子思，名憲。宋人，孔子弟子。少孔子三十六歲。居魯，環堵之室，茨以生草，蓬户不完，桑以爲樞，而甕牖二室，褐以爲塞，上漏下濕，匡坐而彈琴。子貢相衛，結駟連騎，排藜藿入，窮巷不容軒。原思韋冠縰履，杖藜而應門。子貢曰：「噫！先生何病也？」思曰：「憲聞無財謂之貧，學道而不能行謂之病。若憲，貧也，非病也。希世而行，比周而友，學以爲人，教以爲己，仁義之慝，車馬之飾，憲不忍爲也。」子貢逡巡有慙色，終身恥其言之過。孔子爲魯司寇，大夫有采邑，因使原思爲宰。孔子去魯，原思退，隱于衛。

4 子謂仲弓曰：「犂牛之子騂且角，雖欲勿用，山川其舍諸？」

○此爲春秋世官而發。季氏專魯，世卿蔽賢，賢者不得升諸公朝，而枉其材于私家。仲弓以南面之器，屈爲之宰，遭逢世官，鬱鬱而爲此。故夫子嘗因問政，告以舉賢才，亦告季氏也。仲弓謂「焉知賢才而舉之」，亦狃于世官之爲常也。此章之言，與告問政互相發明。用舍非拘于世類，庶人之子賢亦可爲公卿，何必公卿之子爲公卿乎？語云：「和氏之璧，出于璞石。隋氏之珠，産于蜃蛤。」鯀方命，而帝舜用其子爲司空。蔡叔作亂，而成王用其子爲卿士。父不慈，子不孝，兄不友，弟不恭，不相及也。苟以家世爲用舍，則頑父嚚母，堯當舍舜。因犂牛而舍騂角子，亦將因騂角父而用犂牛子，即堯舜不得舍朱、均，而官人惟以其世，庶人子之賢者皆阻于進用矣。豈天生賢才，與明主用舍之道乎？故夫春秋世官，禍人國多矣。三桓專魯，六卿分晉，華氏弱宋，甯氏亂衛，田氏竊齊。有王者起，不更張不可爲也。仲弓事季氏，既不知舉賢才，安能改于其德？適足以自點耳。天生君子，豈憂其無用，而屈身權門，故設爲微辭，以警悟之、慰藉之。本謂世官未必賢，而謂人子之賢不可舍。不顯斥時臣，而但謂庶人子不可盡棄。語甚緼藉。犂牛子，寓言黎庶子也。舊解云「仲弓父賤而〔一〕行惡」，無稽。對人子，犂牛人父，不似聖人語。或云非對仲弓言，則不宜書「曰」。先儒惑于舊解，謂多一「曰」字，非也。犂，雜文也。騂，赤色也。角，已成牛，有角，可爲犧牲也。色純曰犧，周尚赤，大牢之牛皆純騂。《王制》云：「天地之牛，角繭栗。宗廟之牛，角握。賓客之牛，角尺。」則祀山川之牛，亦有角者。山謂五岳，川謂四瀆。天子望祭天下名山大川，祭祀之大者也。《周禮》謂山川爲小祀，陽祀用騂牲，陰祀用黝牲。山川屬地，亦陰祀，與此不合。《周禮》難盡信也。《禮》：諸侯主山川，大夫主五祀。賢者宜爲公臣，故曰「山川不舍，大夫蔽賢」，故曰「欲勿用」。夫人子之賢不肖，皆天也，其用其舍，皆當奉天，豈人能私舍之，能私用之？雖欲勿用，言乎其在人也。山川其舍，言乎其在天也。蔽賢不祥，神人共憤，故曰「雖欲勿用」。焉得而勿用，欲舍之焉得而舍諸？若爲不平之辭，所以深慰仲弓也。

○牛詳第十七篇。

〔一〕「而」，底本原脱，今據朱熹注補。

5 子曰：「回也，其心三月不違仁，其餘則日月至焉而已矣。」

○仁即人心，心體清通如大虛，與天地並運，萬物同體爲仁。仁與心非兩物，心常在腔子內，即逐處皆真，自然萬物一體，痛癢相關。但爲塵累中距，真宰外馳，則心與仁似去而違之矣。顏子天資純粹，欲累輕，克己工夫明決，心體瑩净。如晴昊日朗，微有雲翳，一豁便消。惟其心體常净，故依仁不違，惟其微翳便消，還須稱三月，然亦非九十日後又違也。其餘諸子求仁，情識重而道力薄，如草翦還萌，塵拂又生，雲際見日，乍明乍昏，不得全朗。故曰「日月至」，言不能久耳，然亦非一月一至，一日一至之謂也。顏子不違，所謂「終食不違」也。諸子至，所謂「我欲斯至」也。若凡夫，心如火牛燧象，奔騰不止，電光石火之仁，須臾之至而已。

○二十篇中言仁不言心，獨此以心言，直指仁之真幾實體也。何人無心，何心非仁，仁與心焉容違？違不違，言乎心存不存耳。血肉雖存，神明已去，所以謂違仁。不違者，配合之名。程伯淳曰：「天人本無二，不必言合。」合猶二也。聖人心境如一，顯微無閒，不違亦不足言矣。古人於凡分數多，輒云三。三者，兩抱一，陰陽之合也。故天時三月，寒暑氣移，人心不變，是真不違也。必言三月者，與天道於穆不已猶隔，正是不遷不二之境。若無怒，則不須言不遷。無過，則不須言不二。聖與仁，則不須言不違。

○日月，詳《陽貨》篇。

6　季康子問：「仲由可使從政也與予？」子曰：「由也果，於從政乎何有？」曰：「賜也可使從政也與？」曰：「賜也達，於從政乎何有？」曰：「求也可使從政也與？」曰：「求也藝，於從政乎何有？」

○國曰政，家曰事。從政，謂與聞國政，爲大夫也。《禮》：四十而仕，五十服官政，爲大夫。由、賜、求三子皆名賢，由、求皆仕於季氏，後子路被讒去，與子貢皆仕於衞，惟求爲季氏宰。初，季桓子將死，屬康子召仲尼，康子召冉求。此問意在求，而以二子較之耳。果者，資性貞固。達者，識見明通。藝者，才思工巧。果能幹事，達能應變，藝能處事，故皆可使從政。要之，藝不如果、達也。果、達近德，而藝局于事。德成而上，藝成而下。《禮》云：「執技事上者，不貳事，不移官，出鄉不與士齒。」則藝亦甚卑矣。冉求事季氏，無匡救之道，而有聚斂之術，是由、賜所不爲者，故夫子微言抑之，道其實耳。記者記此於不違仁之後，以見道藝一貫，不依仁不可游藝。三子有可用之材，夫子所謂不知其仁者也。

7　季氏使閔子騫爲費秘宰，閔子騫曰：「善爲我辭焉。如有復我者，則吾必在汶問上矣。」

○魯事不可爲，季氏不可反正，此不待知者而知矣。子路嘗事之而被讒以廢，冉有事之而無能改於其德，夫子有鳴鼓之攻。仲弓爲宰而不知舉賢才，夫子諷以南面，慰以犂牛子。惟顔淵知幾，孟子謂當亂世，居於陋巷，人不改其憂，孔子賢之者也。閔子亦顔淵之儔，而費乃季氏私帑，豈屑爲之宰乎？故屬其使者云：「善爲我辭。今方有汶上之行，若其再來，我已在汶上青徐濰濟之閒，踪跡浮沈，必不相值矣。」此其辭堅志決，可不謂志士仁人者與？記者記此于三子從政之後，以高閔子之節。蓋春秋世官，士欲致用，未有不由大夫之家者，但視其大夫何如人。人未必賢，則自量其輔導作用何如。子羔之宰成邑，子游之宰武城，子賤、巫馬期之宰單父，皆有功于民人社稷，夫子亦未嘗不善之。由、求初仕季氏，夫子亦未嘗非之。惟其旅泰山，伐顓臾，聚斂附益，則爲臣之謂何矣。天生君子爲斯世斯民，豈不以濟世安民爲心。委吏乘田，非達官，聖人亦爲之。史稱夫子少時，仕齊高昭子，非家臣與？如曾點、漆雕開不肯仕，亦喜之。沮、溺、丈人避世，又非之。故曰「用則行，舍則藏」「無可無不可」，聖人所爲，時中耳。

○閔，姓。損，名。字子騫，魯人。孔子弟子，少孔子十五歲。《史記》云「不仕大夫，不食汚君之粟」是也。而《家語》載閔子騫爲費宰問政，夫子告以御民猶馭馬，此王肅輩僞增，不足信也。

○費，魯東鄙邑，在顓臾、祊田之閒，界於邾莒，魯之要地。魯僖公德季友援立功，以賜之，至季孫宿城之，季氏始大。或曰：其地古鄪國，伯爵，姬姓，文武之後。孟子稱費惠公者是也，季氏取以自益。今兖州府沂州費縣有古鄪城。

○青徐之閒有五汶，北汶、嬴汶、紫汶、浯汶、洋汶，其流同也。或云：出瑯琊朱虚縣泰山北，東入濰者，青州之汶也。出萊蕪縣原山西南入濟者，徐州之汶也。汶之言紊，亂流也。在汶，言不可蹤跡也，即《詩》「蒹葭蒼蒼」之意。閔子對使者言時，己即有汶上之行，非待其復來，然後往也。在汶上，即《詩》「洋洋樂饑」之意。

8 伯牛有疾，子問之，自牖酉執其手，曰：「亡之句，命矣夫！斯人也，而有斯疾也。斯人也，而有斯疾也。」

○伯牛有疾，書傳皆謂爲惡疾。《淮南子》云癩也，恐人見其狀，故辭問者。在恒情，主不納客，則已矣。聖人不欲違主人之意，又欲親致永訣之情，而自窗牖閒執其手，所以爲厚。朱子疑不入爲薄，强爲聖人周旋，緣《禮》有疾病寢北墉下之文，疑君視當遷南牖下，謂伯牛家以此禮尊夫子，夫子不入，鑿也。《詩》云「塞向墐户」，北牖曰向，安知室北牆下無牖乎？亡，喪也。執其手，驗其脉息，知其將喪也。天道流行，物與無妄，皆謂之命。貧富貴賤夭壽，人視有苦樂。大造何心，如春生夏長，秋收冬藏，皆由自然，故曰命也。伯牛、顏子盡其道而死，純任乎天爲正命。世人逆理取禍非正命，得正命而死者，寡矣。夫子此語。上二句以天命言，下二句以人事言。若論人事，無取死之道，信乎其爲命也。

○冉伯牛，孔子弟子。姓冉，名耕，魯人。孔子節小物，則以伯牛侍。曰：「吾以子自勵也。」

9 子曰：「賢哉，回也！一簞食，一瓢飲，在陋巷，人不堪其憂，回也不改其樂。賢哉，回也！」

〇簞，竹器，以盛飯。食，飯也。一者，無餘之辭。人不堪憂，憂貧也。樂者，性天真境，義理生機。《論語》開卷言悦樂，惟顔子常有此意，心與大虛同體，清通活潑，一爲外物牽累，情識扳緣則生憂。顔子屢空，視世上一切好醜順逆，如過影遊塵。雖處貧賤，無入不得。不改，言無加損。損不足言，加亦有意。心境如常，不因窮困改變，非以簞瓢陋巷爲樂，直不因簞瓢陋巷改樂耳。二氏偏喜枯寂，毁形滅倫，斷除煩惱。聖賢素位而行，人倫日用，安土樂天。蓋心無欲，則無往非樂地；有欲，家庭房闥間亦怨府。飲食居處細事，而顔子之賢，亦只就此較勘。陳仲子能讓千乘之國，而不能忘情于簞食豆羹。求安求飽，常人習氣，非聖賢不能化。夫子亦自謂疏食水飲，曲肱而枕，即惟我與爾有是之意。記者記之伯牛有疾後，見夭壽貧富，皆莫之致而致，所謂樂天知命，故無憂也。

〇問顔子之樂，曰無憂。樂莫大於無憂，「不改」二字可味。樂本真常，貧富偶爾，人心一念相應，此樂皆有，祇爲不可久處約，所以改，故曰：「能安土，則樂天。」周茂叔問學者，尋仲尼、顔子樂處，所樂何事，爲提醒後學，反觀性地耳。世儒閧然覆射，最後朱仲晦云：「學者當從事博文約禮，以至欲罷不能，既竭吾才，庶乎有得。」果爾，則一生苦惱，何時得到顔子田地？孟子云「義理之悦我心，猶芻豢之悦我口」，豈誑語乎？

○顏子不改其樂，猶覺有境未化，夫子樂亦在其中，則心與境俱忘。顏子當亂世，居于陋巷，夫子賢之，而夫子自老于行。蓋賢人可藏，聖人不能藏，顏子如蛟潛幽壑，夫子其猶龍，上下天淵，豈陋巷可潛跡乎？

○人不堪其憂，如由、賜輩非不樂道，而終不堪其所憂。回非不憂世，而終不改其所樂。二語周匝含蓄。

○竹器方曰笥，圓曰簞。瓢，《註疏》訓瓠也。瓠、壺通。《詩》云「八月斷壺」，即瓠也。瓠，匏類。長曰瓠，圓曰匏。破匏爲瓢，一匏可爲二瓢。刳瓠爲壺，一瓠止可爲一壺。《爾雅》：「康瓠謂之甈。」瓦壺也。賈誼賦云：「棄周鼎，寶康瓠。」瓢，一謂蠡螺。《楚辭·九歎》云「瓠蠡筐簏」，東方朔《客難》云「以蠡測海」是也。

10 冉求曰：「非不説（悦）子之道，力不足也。」子曰：「力不足者，中道而廢。今女（汝）畫（獲）。」

○大道易簡，初無苦難。夫子嘗言未見力不足，善學者，欲之斯至。道體清虛活潑，悦道者，行乎無轍之途，萬境皆通。苟冉有真心契合，如顏子爲仁由己，無所不悦，自然欲罷不能，何力不足之有？今既云悦子之道，又云力不足，即此便説謊。故夫子姑不與論道，先與辨謊。不興曰廢，如廢疾之廢，無足亦曰廢。禮有廢禁廢爵，無足之器也。行至半路，困不能興，足雖不前，心尚不止，如是者謂力不足。

汝今畫定界限止此，豈可歸咎于力？《表記》：「《小雅》曰：『高山仰止，景行行止。』子曰：『《詩》之好仁如此，鄉道而行，中道而廢，忘身之老也。不知年數之不足也，俛焉日有孳孳，斃而後已。』」然則所謂中道而廢者，正是鄉道而行之境，與畫地不進者迥別。

○道本各足，聖人先得我心之所同然者耳，故真悦在己。冉求但悦子之道，不知自悦，何怪乎其不悦也？非不悦，與無所不悦殊。顏子無所不悦，惟求在我，博文，曰博我文；約禮，曰約我禮。所以爲仁由己，一日克己，天下歸仁，是爲真悦。冉子視道爲夫子之道，忘其爲己有，而徒羡聖人之有，何益？記者記此于顏子之後，以見二子悦樂誠僞之分。

○學有省力者，一以貫之，不改其樂是也；有費力者，文字枝葉，多學而識是也；有極苦惱者，刻意尚行，陳仲子之流是也。聖學自無苦難，人情即是天理。

11 子謂子夏曰：「女汝爲君子儒，無爲小人儒。」

○君子之儒，恢弘豁達。小人之儒，硜硜信果。儒者，文弱之稱。聖門以仁爲教，故學者言貌舉止，和順雍容。東魯之士，薰陶禮義，多恂雅之風，世遂目爲儒。切切偲偲怡怡，氣象然也。苟頹靡巽懦，規規自守，亦何以爲君子？君子不以暴厲爲武，亦不以頹弱爲文。子夏不及之資，文學之習，愿謹有餘，而恢弘不足。故夫子因時俗之稱勉勵之，世遂謂子夏出見紛華而悦。子夏篤信，其必無此。孟子云「北宫黝似子夏」，蓋子夏倚信聖人，而聖人不必信，故曰「大人唯義所在」。篤信者或失之固，因上章冉有悦子之道而類記之，見君子求諸己也。《韓詩外傳》載子夏與衛公孫悁論勇，非頹靡之儒，其得于聖教者深矣。

○按儒非佳名，儒之言懦也。魯哀公以儒服戲孔子，孔子不居，亟稱儒行以雪之。其言未必盡出夫子口，而末云「哀公聞言，没世不敢以儒爲戲」，可知儒名未盡美，後世以與百家九流、佛老並稱，儒者甘之，其真可謂小人哉者矣。聖人不争名，不逃名，儒安足辭。在學者宜自審其實，君子而儒，盛德若愚。小人而儒，闇然媚世。文學之士，其習尤易靡。游、夏皆文學，而子游差高明，觀其譏子夏門人可知。故下章即以子游取滅明附之，以作儒者之氣也。

○《韓詩外傳》：「衛靈公晝寢起，志氣益衰。使人馳召勇士公孫悁，道逢行人卜商。卜商曰：『何驅之疾也？』對曰：『公召勇士公孫悁。』子夏曰：『微悁，而勇若悁者可乎？』御者曰：『可。』子夏曰：『載我而反。』至，君曰：『使子召勇士，何爲召儒者？』使者曰：『行人曰：「微悁，而勇若悁者可乎？」臣曰：「可。」即載與來。』君曰：『諾。延先生上，趣召公孫悁。』至，入門仗劍疾呼曰：『商下，我存若頭。』子夏顧咄之曰：『内劍，吾與若言勇。』於是君令内劍而上。子夏曰：『來，吾嘗與子從君而西見趙簡子，簡子披髮杖矛而見我君，我從十三行之後，趨而進曰：「諸侯相見，不宜不朝服。不朝服，行人卜商將以頸血濺君之服矣。」使反朝服而見吾君，子邪？我邪？』悁曰：『子也。』子夏曰：『子勇不若我一矣。又與子從君而東至阿，遭齊君重鞇而坐，吾君單鞇而坐。我從十三行之後，趨而進曰：「禮，諸侯相見，不宜相臨以庶。」揄其一鞇而去之者，子邪？我邪？』

悁曰：『子也。』子夏曰：『子勇不若我二矣。又與子從君于囿中，於是兩寇肩逐我君，拔矛下格而還，子邪？我邪？』悁曰：『子也。』子夏曰：『子勇不若我三矣。所貴爲士者，上攝萬乘，下不敢敖乎匹夫，外立節矜而敵不侵擾，内禁殘害而君不危殆，是士之所長，君子之所致貴也。若夫以長揜短，以衆暴寡，凌轢無罪之民，而成威于閭巷之閒者，是士之甚毒而君子之所致惡，衆之所誅鋤也。《詩》曰：「人而無儀，不死何爲？」夫何以論勇於人主之前哉？』靈公避席抑手曰：『寡人不敏，請從先生之勇。』《詩》曰：『不侮矜寡，不畏彊禦。』卜先生也。」

12 子游爲武城宰。子曰：「女汝得人焉爾乎？」曰：「有澹臺滅明者，行不由徑。非公事，未嘗至於偃之室也。」

○大道曰路，小路曰徑。行不由徑，猶言行天下之大道也。不肯狥私蹈枉，趨奔競之途，此滅明生平大槩。非公事不見邑宰，是不由徑中一事。儒之有勁節者，所謂君子儒也。子游宰其邑，重其人，欲延致之不可得，故稱之。若泛泛不入室，亦常事。先正云：士人當使王公聞名多而識面少，寧使訝其不來，勿使厭其不去。此章與子賤君子相發明，蓋治以得人爲要。仲弓爲宰，焉知賢才？所以夫子有犂牛之譬。子游取人以不入室，子賤取人以不爲陽喬，二子皆因節槩而得人者也。私居曰室，入室，即非公事也。

○澹臺，姓。滅明，名。字子羽，武城人。少孔子三十九歲。貌陋，子云：「以貌取人，失之子羽。」子貢云：「貴之不喜，賤之不怒，苟利于民，廉于行己，是澹臺滅明之行也。」《博物志》云：「子羽齎千金之璧，由延津渡河。陽侯波起，兩蛟夾舟。子羽曰：『吾可以義求，不可以威刼。』拔劍斬蛟，投璧于河。」然則滅明烈士也，故以附儒之後。

〇武城，魯下邑。《春秋》襄公十九年城武城，備莒也。哀公八年吴伐魯，道由武城，克之。今山東沂州費縣有武城城滅明墓，曾子亦生于其鄉。《史記》云：「曾參，南武城人。」此武城在泰山南也。漢清河郡亦有武城，今東昌府武城縣。

13 子曰：「孟之反不伐，奔而殿，將入門，策其馬，曰：『非敢後也，馬不進也。』」

〇聖人觀人，察其所安。孟之反入門策馬之言，發自由衷，非託辭自揜也。師出前者爲啟，師還後者爲殿。啟則先衆人出，殿則後衆人入。先出者迎敵，後入者扞敵，皆稱功。殿，奠也。《詩》云「殿天子之邦」，安鎮保護之意。策，馬箠也。竹曰策，革曰鞭。師敗走，人争先，憂馬不進者常也。孟之反馬不進，亦是實事。但將入門，殿軍之功，已昭然共覩。在他人何肯自白，反獨不諱人之所諱。而其言甚情，不惟不争功，若坦然不覺己之有功者，有篤實温恭氣象。士君子處功名之際，皆能如此，何用不臧？夫子所以誦其言，而美其不伐也。

〇孟之側，魯大夫，字子反，孟孫之族。莊周謂孟子反，《左傳》謂孟之側。古人多于姓下加之字，以同姓非一人也，如宫之奇、庾公之斯、尹公之他、石之紛如、舟之僑之類皆是。哀公十一年，齊伐魯及清，魯孟孺子洩帥右師，冉求帥左師，及齊師戰于郊。右師奔，齊人從之，側後入爲殿。是役也，冉求力戰有功。康子問曰：「子之於軍旅，學之乎，性之乎？」。對曰：「學於孔子。」

14 子曰：「不有祝鮀之佞，而有宋朝之美，難乎免於今之世矣。」

○巧言令色，二者小人媚世之術，而巧言之害尤甚。好色好佞，二者人情之常，而好佞之害尤甚。蓋色惟婦人，而佞則士君子皆有。如遊士之譚説，辭人之文藻，禪家之機鋒，自是一種辯才。色迷中人，佞惑知者。衰世以佞爲才，雖以仲弓之賢，人惜其不佞，故曰：「不有祝鮀之佞，雖有宋朝之美，難免於今之憎惡。」言好德不如好色，好色尤不如好佞，則人情好佞甚矣。聖言委婉可思，朱子以巧言令色不分輕重，以「不有」二字直貫下句，文義甚牽强。

○《詩》毛傳云：「建邦能命龜，田能施命，作器能銘，使能造命，升高能賦，師旅能誓，山川能説，喪紀能誄，祭祀能語，君子能此九者，可謂有德音，可以爲大夫。」皆佞之類也。故衛以子魚爲宗祝，臯鼬之辭，即是造命。靈公使治宗廟，即是祭祀能語。祝，官名。祭主贊辭。佞，猶後世佞佛之佞。惟祝多佞，惟佞乃爲祝。佞工媚悦，悦字从兑省，兑爲口爲悦，悦神以口，故稱工祝。《周禮》：大祝爵大夫，小祝爵上士，皆以有辯才者充之。掌六辭，凡國命誥，皆出于其手。《左傳》晏子曰：「有德之君，動無違事，其祝史薦信，是以鬼神用饗，國受其福，祝史與焉。其所以蕃祉考壽者，爲信君使也。其言忠信于鬼神，其適遇淫君，肆行非度，無所還忌。神怒民痛，無悛于心，其祝史薦信，是言罪也。

其蓋失數美，是矯誣也。進退無辭，則虛以求媚。是以鬼神不饗其國以禍之，祝史與焉。所以夭昏孤疾者，爲暴君使也，其言僭嫚于鬼神。」夫以衛靈公無道，而鮀爲之祝，則其矯誣僭嫚，言不忠信，虛以求媚可知，所以謂祝鮀之佞也。

○鮀，衛大夫，字子魚。爲宗祝，故云祝鮀。多記聞，有口才，衛靈公使治宗廟。諸侯會于召陵，盟于臯鼬，鮀説諸侯以長衛于蔡，《左傳》載其辭，亦因其佞而脩飾附會之也。

○宋朝，宋公子，名朝。有美色，通于衛靈公夫人南子者也。

15 子曰：「誰能出不由户？何莫由斯道也？」

○此章繼巧令之後，即是易簡之理。《易》所謂「冒天下之道，如斯而已」之意，聖人所以開物成務，不過日用共知共由之理。此章語意，與「人莫不飲食，鮮能知味」相似。蓋斯道往來闔闢，共由而易見者莫如户。《易大傳》曰：「闔户謂之坤，闢户謂之乾。一闔一闢謂之變，往來不窮謂之通。見乃謂之象，形乃謂之器。成而用之謂之法，利用出入，民咸用之謂之神。」是即所謂由户之道也，一出户而乾坤變通。法象神器具于斯，下學而上達，顯微無間，道豈遠人？斯即指户，今人何日不由户，而誰知由此道者？苟能行之而著，習之而察，則豈徒由其户而已邪？又引而伸之，觸類而長之，則又豈徒户之道當由而已邪？日用之謂由，知其所由之謂道。民可使由，不可使知，百姓日用而不知，是故君子之道鮮矣。

○出不由户，則惟有鑽穴踰牆，故曰「誰能出」，言不能出也。道易簡真切，無異于户。視聽食息不由道，則陷于邪僻。父子君臣不由道，則犯義悖理。自不能不由，而奈之何人不由也。此亦一説。

16 子曰：「質勝文則野，文勝質則史。文質彬彬，然後君子。」

○世俗以先進質勝爲野人，後進文勝爲君子。夫子謂質勝誠野人，文勝亦不得爲君子，必也文質彬彬然後君子乎？文質不獨禮樂，一切道德風俗皆有。彬彬，如人有四體而加衣冠也。質，體質也。先有體質，然後施文彩，文以文其質也。文可損益，質不可損益。文得中方與質稱，太少爲野，太多爲史。損史之有餘，補野之不足，乃彬彬相稱，爲篤實光輝之君子。君子，謂聖賢帝王也。

○《周禮》有太史掌邦之六典，小史掌邦國之志。脩文莫如史，故夫子以之目文勝者。或曰：「古良史亦文勝乎？」曰：「豈惟是，典謨亦文勝也。堯舜與五臣一堂相告，豈盡如簡策所載？未免史臣潤色，蓋理可面授，辭必脩飾而後傳，故曰『言之無文，行之不遠』。惟夫子《春秋》，要言不煩，不代前人粧演。此易簡之文，與化工同，所謂彬彬君子者矣。」「然則六經之文非粧演乎？」曰：「史以記事，經以載道。事有粧演，道無粧演。故不曰經子文勝，而曰史文勝。」

17 子曰：「人之生也直，罔之生也幸而免。」

○直者，自然生機也。罔者，造作殺機也。生機雨露滋息，無物不長。殺機牛羊斧斤，無物不消。

故曰「惠迪吉，從逆凶」，惠即直，逆即罔也。人所以爲生，只此真性。惺惺不昧曰知，感而遂通曰直。寂然不動、何思何慮曰一，曰不二。存于心曰忠信，凝于德曰誠。工夫曰勿自欺，曰誠意，一也。聖人無意必固我，虛明之天，神感神應。喜怒哀樂，以至惻隱、羞惡、辭讓、是非，已發未發，大公順應，無塵情牽累，攙和遮瞞。及諸委曲像，是不學不慮之本體，謂之直。直則天理周流，生機和暢，與大虛時行物生，同運並行。不息之真，不毀之精，立命之原，端在于此，雖殤猶壽也。若夫機械變詐，挾知用術，鑿混沌之竅，與天地萬物痛癢不相關，都非本來面目。形存心死，昏然如行尸走肉，雖生猶死矣，故曰「幸而免」。佛書云「三世諸佛，皆以直心成等正覺」，蹈襲此理。

18 子曰：「知之者，不如好之者。好之者，不如樂之者。」

○聖人於學問根元，不遂道破。三「之」字何所指，實無可指也。知非見解，一落見解，便屬影響。實證實悟，覿體面呈，方爲知之。此知之上，不容加一物。人到知始信，一切現成，但看得如此容易，却被如此錯過。未悟時辛苦馳求，悟後澹然無味，都將拋却，不見所好矣。不好非真知，聖人恐人纔知便足，故言知後正須篤好。游、夏輩非不知，但日月至焉，終非真知。如顏子欲罷不能，分明見得如此，更加孜孜汲汲，乃爲無欲而好者也。到好時，工夫無滲漏。但能好之心，與所好之物，隱隱未化，終屬克治之門，非究竟無爲之旨。至于樂，則化矣，舍舟登岸矣。如夫子耳順從心，不知老之將至，邈世不悔田地，斯其至矣。真樂方是真好，知德者鮮，當世無知之者。顏子死，未聞好學，當世無好之者。

若尋常知，尋常好，聖門非乏也。

○世儒以見解當知，聖人言知，即是明德本體。顔子擇乎中庸，知也。拳拳服膺弗失，好也。時習而悦，好也。人不知而不愠，樂也。樂與好，終非有加于知，即知而不見，其所爲知者耳。百姓日用，祇爲少此知。仁者智者未盡道，祇爲多一見。若唤醒百姓之不知，化去仁智之見，便是樂。禪門一語契合，輒稱明心見性，向後迷失不可保，所以不如好樂也。

19 子曰：「中人以上，可以語上也。中人以下，不可以語上也。」

○上，即下學上達之上。《易》曰：「形而上者謂之道，形而下者謂之器。」器則人人可語，道必上智乃悟。世間上智少，中下人多，不可語而與之語，不惟扞格不入，將有馳情玄虚，遺漏荒蕩之病，人心世道之憂也，故曰：「民可使由之，不可使知之。」蓋天下無事外之理，中人以下，且教之執事，而理自在其中。若直與之言理，將有遺事之憂。聖教不過《詩》《書》執禮，文行忠信。性與天道不可得聞，後儒輕言性命，空譚無實，流爲二氏，竟何濟？故中庸之教，萬世無弊也。

○上智之人，天資既明敏，德性又純粹，所謂中行也。如馬善走，又不踶齧，方爲良驥。若祇憑聰明見解，輒與言上，越發流蕩恣睢，非聖人所謂上也。聖門惟顔子一人，曾點、漆雕開輩虚見無實。曾子、子貢，直待功深力久，方與提掇。如問仁，顔子直語以克己復禮，仲弓則語以主敬行恕，司馬牛則語以訒言，即是上下之别。曲成後學，良工苦心，不倦之教也。

○道無精粗，而有上下，猶水有清濁。浮者爲清，沈者爲濁，水本一耳。元炁初分，輕清上浮，重濁下降。上者屬天，下者屬人。故道器有上下，而無彼此。上下者，顯微之名。凡耳目所可見聞者，顯也，下也；所不可見聞者，微也，上也。雖不語上，所語即上，故曰「無行不與」。雅言四教，豈偏屬下乎？遇下人作下解，人皆可爲堯舜，何有可語不可語之別？下學而上達，則凡民皆堯舜也，可由而不可知，則堯舜即凡民也。上下之閒，非有二也。

20 樊遲問知，子曰：「務民之義，敬鬼神而遠之，可謂知矣。」問仁，曰：「仁者先難而後獲，可謂仁矣。」

○民，猶人也。民義，人道也。人鬼幽明，同此大虛。人者，鬼神之會。人道盡，則鬼神不能違。不疑于昭昭，即不愧于冥冥。俗人惑于禍福，眩于耳目所不及。如祈禱卜筮之類，全仗鬼神徼福，不務人道所當行。夫鬼神杳冥，人道明白，而舍此覬彼，棄明投暗，是天下之至愚也。苟能破除此惑，操心行事，循理守分，常如鬼神，臨之在上，豈曰不敬？至于吉凶休咎，人行人道，鬼神行鬼神道，有何干涉？故曰遠也。此光明洞達之君子，可不謂智乎？仁智同心。而仁者，惟其無私之心也，苟于民義所當務者，不敢畏難，見義必爲。至于行義，雖有後效，而其心本無所爲而爲，即此無所爲而爲之心。大公無私，純理忘欲，可謂仁矣。蓋智仁非二，昏則多慾，慾則智昏，相因也。故知者專務民義，去其求福之心。仁者先其所難，去其計利之心，一也。樊遲學圃、學稼，志在近利。故夫子藥其心病，而以行義爲本。難即指務民義，仁本非難，而近利者以行義爲難。獲，如耕者所獲之獲。先難後獲，所謂「三年學，不至于穀」者也。可謂知，可謂仁，皆即事見心也。聖人言仁智，往往合一，解者往往二之。

○心爲陽精，心昏惰，則落鬼窟，陰邪得而干之。敬者，整齊幽明之道。能敬，則鬼神率服。狂病鬼祟，皆緣慢入。君子脩己以敬，仁亦不外是矣。

○原思克伐怨慾不行，子曰：「可以爲難，仁則吾不知。」仁者純一不已，初無苦難，就凡情昏惰見難。難處皆是道情，所得無量，但得時自不覺。如讀書，義理深奥，一翻苦思，自一翻增長。若計日課功，刻期卒業，疎漏轉多。

21 子曰：「知者樂水，仁者樂山。知者動，仁者静。知者樂，仁者壽。」

○大虚中惟一理，知者見之爲智，仁者見之爲仁。源本無差，見諦各殊。水爲活潑有形之物，智爲活潑無形之心，與水相似。山爲安貞有形之物，仁爲安貞無形之心，與山相似。境相似，故心相契，非流連光景之謂也。智者活潑，其幾常動，動非流蕩也。光明無礙，萬感萬應，自然豁達。雖寂然之中，炯炯洞燭，不動而動也。仁者安貞，其體常静，静非枯寂也。中虚無欲，隨時隨處，莫非安土。雖紛擾之際，而休休自如，動亦静也。智者得動幾，故批郤導款，無苦難凝滯之憂。靈通妙運，理融情洽，不亦樂乎？仁者得静體，故保合含育，有渾淪貞固之秘。凝神抱一，頤養天和，不亦壽乎？要之，仁智一也。山水動静樂壽，言乎其情境意象，而全體大用，可默識矣。苟仁智兼盡，則造化在我。智及仁守，智利仁安，智巧仁至。智虛以宰，仁實以踐。智明屬神，仁體屬質。神明爲天，體質爲地。天靈爲陽，地質爲陰。陽神圓而轉，陰質方以安。凡樂之類虛，滯則不樂。凡壽之類，實罔則不壽。由此以推三才之變，萬事萬物之理，無弗旁通，豈獨山水動静之似耳。《易·説卦》之象，有似于此。

〇不滯故樂，無息故壽。邵堯夫天根月窟之喻本此，即動静至境。朱註以效言，失之。文王憂患，智者未必樂。顔淵殀死，仁者未必壽。論其理，非徵其事也。佛氏言極樂、無量壽，蹈襲此意。

〇徐幹《中論》曰：「形體者，人之精魄也。德義令聞者，精魄之榮華也。君子受其形體，以成其德義。形固朽弊消亡之物，壽與不壽，不過數十歲。德義立與不立，差千歲，豈可同日言也哉？顔淵時，有百年之人，今寧復知其姓名邪？《詩》云：『萬有千歲，眉壽無有害。』人豈有萬壽千歲者？皆令德之謂也。」

〇《韓詩外傳》云：「水緣理而行，不遺小間，似知。動而下之，似禮。蹈深不疑，似勇。障防而清，似知命。歷險致遠，卒成不毁，似德。所以樂水也。」

〇《老子》云：「上善若水，水善利物而不争，處衆人之所惡，故幾于道。」

〇《淮南子》云：「物莫弱于水，而大不可極，深不可測。息耗減益，通于不訾。擊之無創，刺之不傷。淖溺流遁，蟠委錯紾，而不可靡散，所以成至德，以其淖溺潤滑也。」

〇水之言演也，於文衆曲爲巛。柔能攻堅，故一其内。一豎無鉤，如直畫坎卦，坎爲☵。又水象兩人交，一中出象水，一爲數始，男女搆精始生也。

○水流曰川，水源曰泉。水决之澤曰汧牽，决復入曰汜史。江出曰沱，河出曰灉，汝出曰濆，濟出曰濋，洛出曰波，漢出曰潛。水鍾曰澤，廣澤曰衍。乾澤曰藪，澤曲曰臯。水草交曰湄，下濕曰沮洳。障水曰陂，築土遏水曰塘、曰隄、曰防，大防曰墳。石絶水曰梁。水中可居曰洲，小洲曰渚，小渚曰沚、曰坻、曰磧。水邊曰干、曰垂、曰濱、曰涯，重涯曰岸，岸上地曰滸。曲涯曰隈、曰隩，涯上下坦曰漘、曰隒儼。水邊人居曰澨，沙石曰瀨、曰磧。小口別通曰浦，朝夕至曰潮。風吹水涌曰波，大波曰濤，小曰淪，風水成文曰漣，文如綺曰漪。水行曰涉，渡處曰津、曰濟。以衣涉曰厲，由膝以下曰揭，膝以上曰涉，潛行水底曰泳。逆流而上曰泝洄，順流而下曰泝游、曰沿流，絶流而渡曰亂。水北曰陽，水南曰陰。注川曰溪、曰谷，通谷曰壑。水神曰天吳、曰馮夷，波神曰陽侯，祭水曰浮沈。

○《韓詩外傳》云：「山者，萬人之所瞻仰，育羣物而不倦，四方并取而不限。出雲導風，天地以成，國家以寧，有似仁人，所以樂山也。」

○山之言宣也。含澤布氣，生萬物也。山頂曰冢、曰巔、曰椒，山脊曰岡，山大而高曰崧，小而高曰岑，鋭而高曰嶠，卑而大曰扈，小而衆曰巋魁，上大下小曰巘言。上秀曰峯，陬隅高曰岊節，山坡曰坂。山屬曰嶧繹，連也。獨曰蜀。山如堂曰密，小山岌高過也。大山曰峘桓，大山宮圍也，小山曰霍，小山別大山曰鮮仙上聲，少也。山狹而長曰嶞朶，狹而高曰巒鸞，鋭而高曰巑岏。未及上曰翠微，中絶曰陘刑。有草木曰岵户，無草木曰峐、曰屺。石載土曰岨，土載石曰崔巍、曰厜㕒危。山多大石曰嶨殻，多小石曰磝敲。山夾水曰澗，瀆無所通曰谿。山夏有水冬無水曰嶨學。山東曰朝陽，山西曰夕陽。山足曰麓，山穴曰岫，山邊曰崖，崖高曰巖。土山曰阜，曲阜曰阿，大阜曰陵，小陵曰丘。山精曰夔，祭山曰庪凡庋同閣也懸或懸或閣也。

22 子曰：「齊一變，至於魯；魯一變，至於道。」

○齊魯同封比鄰，皆周東藩也。春秋時，齊强魯弱，齊大魯小，以勢言也。若論道，則魯差近而齊爲遠。魯一變庶幾，而齊須再變。蓋齊經管仲圖霸，法令更張，競富强而趨詐力，先王之典刑，無復有存焉者矣。苟能一變其叔季苟且之政，僅可方今日之魯。魯自先公忠厚立國，禮教世守，其廢墜者文獻足徵，僭亂者憲章可考。惟一改正脩補，便還舊觀。而其公卿大夫彬彬言《詩》言禮，小心恭慎，無失禮于諸侯，諸侯稱之，謂周禮在魯，以興教化，易耳。聖人所以脩身齊家，治國平天下者，不在土地甲兵，而在道德。且何必齊魯，士君子苟能温恭雅飭，猶魯也；若矜驕侈汰，猶齊也。以世運論，五霸之世猶是魯，七王之世便是齊。凡事反正有漸，道德功利之相去遠矣。孟子逃楊歸墨，逃墨歸儒亦此意，聖言非獨論齊魯耳。

○東海諸國，惟齊魯爲大而比鄰。所謂驂靷之國，盛衰相倚也。夫子作《春秋》，于二國之交，每致意焉。齊不可失魯，魯亦不當閒齊。自諸兒殺魯桓公，《春秋》之義始讐齊矣。其後恩怨不常，宣公奪適，魯事齊甚謹。成、襄以後，齊魯隙而晉人乘閒搆之，二國遂離。然魯恭順事大，諸侯多助之。

鞌之戰，平信之役，齊亦僨矣，皆魯爲之也。是故冠裳佩玉，可以制强暴。天下之至弱，常馳騁天下之至强。老氏所謂生死之徒也，是以齊先亡而魯久存，亦道力之徵也。

○齊詳第七篇，魯詳第三篇。《史記》：「伯禽受封之魯，三年而後報政。周公曰：『何遲也？』伯禽曰：『變其俗，革其禮。喪三年，然後除之，故遲。』太公封于齊，五月而報政，周公曰：『何疾也？』曰：『吾簡其君臣禮，從其俗爲也。』周公嘆曰：『魯後世其北面事齊矣。』」《説苑》云：「太公治齊，尊賢，先義而後仁，霸者之迹也。伯禽治魯，親親，先仁而後義，王者之迹也。」按齊自太公起屠釣，爲文武師，誅紂定天下，以功封，得征五侯九伯。桓公用管仲定霸，立國本源，皆以功名顯，其來遠矣。魯自周公教伯禽不施其親，文武以前，父子兄弟，世世孝友，其來亦遠矣，所以末流異也。

○《漢・地理志》云：「太公以齊地負海，舄鹵，少五穀，人民寡，勸以女工之業，通魚鹽之利，而人物輻湊。後十五世，桓公用管仲，設輕重以富國，合諸侯成霸功，身在陪臣而取三歸，故其俗彌侈。織作冰紈綺繡純麗之物，號爲冠帶衣履天下。初，太公治齊，脩道術，尊賢智，賞有功，故至今其士多好經術，矜功名，舒緩闊達而足智。其失夸奢朋黨，言與行謬，虚詐不情。急之則離散，緩之則放縱。」《寰宇記》云：「萊州人志氣緩慢。」魏文帝《典論・論文》亦云「徐幹時有齊氣」，謂其文體舒緩也。朱博遷瑯琊，齊部舒緩。博奮髯抵几曰：「觀齊兒，欲以爲俗邪？」然則齊俗本舒緩，而反遠于道者，存乎上之教化耳。

○《地志》又云：「周興，以少昊之墟曲阜封周公子伯禽爲魯侯，以爲周公主。其俗有聖人之教化，瀕洙泗之水，其民涉渡，幼者扶老而代其任。俗既益薄，長老不自安，與幼少相讓，故曰：『魯道衰，洙泗之間，齗齗如也。』孔子閔王道將廢，迺脩六經以述唐虞三代之道，弟子受業而通者七十有七人，是以其民好學上禮義，重廉恥。」

23 子曰：「觚不觚，觚哉！觚哉！」

○觚，酒器，爵類。器之有棱角者。春秋時，制器者或變爲圜，即今所見古銅器似瓶者，腹跗猶有棱，然非太古之制矣。故聖人寓言以志慨，觚既無觚，焉得謂之觚乎？實不稱名，事多類此。毀方以爲圜，鑿朴以爲雕，摸棱以爲達，刓節以爲通，名器假借，古今所以不相及也。

○《儀禮》云：「一爵、二觚、四觶、一角、一散。」《禮器》云：「貴者獻以爵，賤者獻以觚。尊者舉觶，卑者舉角。」《考工記》云：「梓人爲飲器，勺一升，觚三升。」鄭玄註云：「一升曰爵，二升曰觚，三升曰觶，四升曰角，五升曰散。」觚，孤也。文从角，其形鋭。凡物有棱角廉隅皆謂觚。《西都賦》云「上觚棱而栖金爵」，言屋角上爲銅雀，有足，尾形如飲酒之爵。古記事削木爲數面，面皆可書，亦謂觚，簡類也，陸士衡《文賦》云「操觚而率爾」，或亦有削爲圓者，周圍書之，亦是不觚。凡後世制器，變觚爲圓者多，非定酒器與木簡耳。

24 宰我問曰：「仁者，雖告之曰：『井有仁焉。』其從之也？」子曰：「何爲其然也？

君子可逝也，不可陷也；可欺也，不可罔也。」

○此章即仁智合一之理。宰我之問，蓋切問也，與樊遲仁智之疑正同。樊遲未達而不能問，宰我疑問而設難，所以爲善言也。告之，告仁者也。雖告之，言不必親見也，蓋人欺罔之辭。井，陷坑也。井有仁，謂人有誤墮陷阱者。救人曰仁。井中有仁，猶言窮者易爲德也。從之，從于阱以救之也。其者，疑難之辭。何爲其然，言爲仁者何至于固蔽不明如此也。君子，即仁者。逝，往也。陷，從井自陷也。有是理無是事曰欺，無是事亦無是理曰罔。罔，昧也。疊言可、不可，見通融無礙之心，所謂惠而能哲，愛人而不妨于知人者也。宰我之問，謂有愛人之心，而值不可用愛之地，則其情窮。欲伸其情，則其蔽愚。不知仁者惟心惟理，心有固然，理有不必然。心雖慈愛，而理自明通，使往救人于井則可，使入井自陷則不可。人以其心之所不忍者欺之則可，以其理之所不然者罔之則不可。聞井中有當救之人，無不往之理。臨井有可救之策，亦無不救之理。如必不可救，決無入井自陷之理。四語周匝圓婉，論井而非拘于井也，以明仁則必智，大公順應。自然明覺，並行而不悖也。

25 子曰：「君子博學於文，約之以禮，亦可以弗畔矣夫。」

○載籍曰文。文者，道之顯也，故曰文在兹。夫子嘗謂多見多聞，所謂博學於文也。而六經爲要，非謂不急之書，不緊關之事，一一理會存記，如後儒所謂格物之説也。耳目者，神明之户牖，嘉言善行浸漬久，則神明開朗，誦《詩》讀《書》，日親就聖賢，自然義理森發。但其功夫虛泛細瑣，涉獵而未歸一，不實體，終非己有。必即所博者，反而約之于身心。日用酬酢處，收拾體驗，以求合乎當然之節謂之禮。禮，理也。《詩》言帝則，《易》言嘉會，本齊莊中正之心，而有三千三百名法可据，是曰禮。文即可見之禮，禮即躬行之文。文散曰博，禮會曰約。約之于禮，則所博者不爲虚浮，所學者有實地，道理不隔于外，口耳心思庶免兩没交涉之病，故曰弗畔。内外合，顯微一，非先博而後約也。餘詳「顔淵喟然」章，可參看。

○堯舜以前，所博何文？上古風氣沕穆，人情朴實，即心是道，可無事于文。三五以後，皆古訓之式，斯文之力也，無六經豈復有世道？故博文爲下學之要，其聯合弗畔之樞，惟在約之以禮。禮，履也。禮可行履也，高下散殊，無往非禮。道莫大于禮，聖人論治亦惟曰齊禮，曰好禮，曰動之以禮。爲學曰立禮，曰執禮，曰崇禮。告顔子爲仁，亦惟曰復禮。舉其數，比其物，至繁至雜者，禮也。履其素，執其中，至一至要者，禮也。《中庸》擇善固執，即約之以禮。文者，先聖懿訓。懿訓廣，故言博。禮者，人心天則，天則一，故言約。顔子不遷不二，約禮之實也；非禮勿視聽言動，約禮之功也。

26　子見南子，子路不説悦。夫子矢之曰：「予所否鄙者，天厭葉之！天厭之！」

○論士人尋常規矩，南子信乎不當見。聖人猶天，視世閒昆蟲草木平等。老子謂百姓注其耳目，聖人皆孩之。陽貨、互鄉、佛肸、公山輩，苟以是心至，無不受之。其在衛也，南子以君夫人慕聖人求見，聖人何嫌何疑？子路不悦，自是守身常法，知聖人之皮膚，而不知聖人之神髓也。夫子不屑置辨，而但矢之。矢，誓也。言激而直曰矢。子路剛愎自信，故爲法語之言。否，即《易》泰否之否。隔塞不通曰否。其《彖》曰：「否之匪人，不利君子貞。大往小來，天地不交而萬物不通也，上下不交而天下無邦也。」惟六二中正，其《象》曰：「包承，小人吉，大人否。」不亂羣也。説詳《易》，與此正同。曰「予所否」，隱然法天地，而不遇之意在言外。厭，猶《禮》云「厭冠不入公門」之厭，伏不起也，與壓通。《檀弓》云：「死而不弔者三：畏、厭、溺。」《鄉飲酒禮》云：「賓厭介，介厭衆賓。」《喪服傳》有厭降，凡物迫隘不相容曰厭，即否隔意。天之高也，何物不容？我與物皆物也，奈何其相物也。我遭時否而不能包承，是我所爲自否塞矣。我不能容人，天何能容我？之，即予也。天高不壓物，大人不絶人，即知我其天之意。聖與天合，動必稱天，語似直切，而情殊婉懇。

○俗謂不飽滿曰厭葉，亦謂之否鄙。否閉不開，則迫笮成厭。厭者，頽塌不起也。凡人褊急，常多迫笮之憂。天道圓轉，故包荒。人情閉塞，故動而齟齬。豈能與天同泰，物我咸亨？故曰「天厭之」，即知我其天之意。賜達而由果，故與由矢，非徒詛盟，實肝鬲耳。〔一〕

○南子，衛靈公夫人，世子蒯聵之母。宋女有淫行，宋公子朝有美色，仕衛爲大夫，南子通焉。蒯聵以是謀弒，得罪出奔。解者謂夫子見之，欲調停其母子也。或云南子即魯南蒯，以費叛季氏者。

〔一〕「即知」至「鬲耳」，《續修四庫全書》本作「《春秋傳》魯叔孫穆子夢天壓己，竟不得其死，語意正同。壓與厭，古字通用」。

子路不悦，猶不悦往佛肸、公山之意。若果南蒯，當與陽貨、公山並書姓字，不宜稱子。或云古君夫人有見賓客之禮，《記》曰：「陽侯殺繆侯而竊其夫人，大饗始廢夫人之禮。」《春秋》魯莊公二十四年，夫人姜氏入，大夫宗婦覿用幣。南子援禮請見，故夫子据禮見之。君子于小人，非禮不見。小人欲見君子，必援禮，君子焉辭。此論雖似，亦是爲聖人文過。聖人本無過，焉用文？聖人所行即禮，何必据禮。記者記此，正見聖人道大德宏，無可無不可。世儒强爲諱，其識不逮。記者遠，而况可與論聖人乎？禪子云：「君自見其朱門，貧道無異蓬户。」此理都被世儒割與佛氏，《論語》所以不易讀也。

27 子曰：「中庸之爲德也，其至矣乎！民鮮久矣。」

〇中自堯舜以來相傳，庸是夫子脩道之矩。即庸即中，離庸則中不可見。尋常事物，即是未發不倚。此兩字天地民物之統會，六經之繩尺，世道之範圍，亘古今不易也。人所同得曰德，不可加損曰至，百姓日用不知曰鮮。《論語》十二篇，即中庸實際。《禮記》第三十一篇，是中庸筌蹄。子思得聖祖之傳，覼縷數千言，發揮不盡，其真至矣。詳《禮記》。

28 子貢曰：「如有博施於民而能濟衆，何如？可謂仁乎？」子曰：「何事於仁，必也聖乎！堯舜其猶病諸！夫仁者，己欲立而立人，己欲達而達人。能近取譬，可謂仁之方也已。」

○以財濟人曰施，所施廣則所濟衆。仁者有普濟之願，然取必于施，則勢難徧。以必濟爲仁，則仁因勢隔。故夫子謂何必從事，此乃爲仁，對博施言也。必也聖人乎，對能濟衆言也。舉堯舜，仁聖之至也。堯舜以聖人爲天子，富有四海，猶病不能博施。子貢所問，若可從事，聖人不辭。但財有必匱，力有必竭，即使四海九州内人人獲濟，四海九州外又有未徧者。有外之功，焉能副無外之心？必使吾之事副吾之心，雖聖人亦病矣。所謂仁者，不論事功，而論心體。功之博濟，仁者不能遠求。而心之無私，行仁者可以自盡。如己欲成立，即行立人之事，與人俱立，惟恐天下一人不立也。己欲通達，即行達人之事，與人俱達，惟恐天下一人不達也。己之精神，與億兆之痛癢常相關，所謂一日克己，天下歸仁。即施未必博，濟未必衆，而隨所施所濟，皆有萬物一體之懷，仁在是矣。其或己私横距于中，未能流通，則有求仁之方焉。蓋己與人身雖異，而其心皆同。近取己心，以譬人心。勉强推移，形骸漸破。馴至物我無間，亦爲仁之方矣。故夫仁人心也，爲仁推心也，非取必于施濟也。

○聖人，仁之至者也。仁若大路，聖人行路已到家者。病，猶「從者病」之病，言煩難勞頓，非近取之方。己即爲仁，由己之己，欲即「欲仁斯至」之欲。孟子謂「可欲之謂善」，非私欲也。此欲本人心生幾，物我同然。宇宙無盡，人物無盡。惟此一念，脉脉流通。不費馳求，而反身自足，故爲行仁之要。立人達人，隨分必有所濟，不必盡人達人立，亦非全無所立達，而空有是心耳。心常與萬物爲體，即是反身而誠。能近取譬，即是强恕而行。二十篇中言仁多，獨立達二語，明白易簡，廣大精微，内外合一，顯微無閒，莫要於此。

○分人以財謂之惠，惠而費，非君子之惠也，况可言仁乎？故子貢言濟衆則是，而取必于博施，則非也。善濟者不待施，《檀弓》云：「有虞氏未施信于民而民信，夏后氏未施敬于民而民敬。」施能濟，其濟幾何？子謂何事於仁，言爲仁非博施也。必也聖乎，言能濟衆之難也。堯舜猶病，亦承博施言，雖堯舜不能以施爲濟也。如濟人取于施，惟天子得爲之。堯舜爲天子，欲人施人濟，亦不暇給矣。或問博濟與夫子老安少懷何别？曰：安信懷，因人之所利而利之，非由我施也。有濟衆之願，而不能必之遇。取必于遇，即是以施濟爲仁。取必于志，乃所以爲「欲立立人，欲達達人」，而爲仁者之心也。

論語詳解卷六終

論語詳解卷七

郝敬 解

述而第七

○前二篇多論人物，此篇明聖人志行，由賢達聖也。

1 子曰：「述而不作，信而好古，竊比於我老彭。」

○千聖一心，萬古一理。凡後聖所欲言者，皆先聖所已言。堯舜禹湯文武雖往，而典籍在，即列聖心思在也。以心契心，信之真，而祇覺古訓之可好，更何容作？老彭，即彭祖，壽歷唐虞夏商，親見堯舜禹湯列聖。夫子生不及見先聖，而好古信述，神交心接，與覿面者無異，故曰：「竊比於我老彭。」自以聞知同於見知，信之至也。蓋不信則不好，雖旦暮成今古。篤信自篤好，雖曠世如生平，孟子見知聞知，意本此。

○信者，真實之心，與忠信之信不殊。好古即好學，夫子嘗言：「有忠信如丘者，不如丘之好學。」又云：「好信不好學，其蔽也賊。」篤信又好學，所以述而不作也。

○老彭，即莊子謂彭祖，上及有虞，下及五霸者也。《史·舜紀》〔一〕云：禹、皋陶至彭祖十人，堯時已舉用，未有分職，舜乃命之。宰我問五帝德云堯舉舜、彭祖任之，王符《潛夫論》云顓帝師於老彭，壽千餘歲。王弼云「老爲老聃，彭爲彭祖」，蓋二人。按《史》，彭祖，楚之先，祝融之裔，陸終之第三子。姓籛淺，名鏗。堯封之彭城，今徐州也。歷虞夏至商，壽七百六十七歲。老聃，皋陶之裔，世爲理官，因以理爲氏。紂時逃難伊墟，爲李氏。有李乾者，字元杲，娶洪氏女，感飛星而娠，十有二年而生子，名聃與儋同〔二〕，又名玄祿，字伯陽，生而皓首，故謂老子。耳漫無輪，又名耳。邑于楚之苦縣賴鄉，賴、萊通，又號老萊子。周孝、桓、莊王世爲柱下史，簡、靈世爲守藏吏，孔子嘗學禮焉。孔子没十九年，而儋西入秦，適流沙諸國，壽四百有四十歲。從古歷年久，聞見多，無如此二人者，故夫子言「信而好古」比之，非謂此二人述而不作也。古名賢多矣，若獨此二人不作，其餘皆作者邪？彭祖作否不可考，老子《道德》五千言，作何加焉？朱子以《禮記》曾子問、《老子》數章爲述而不作，楊中立謂五千言以自然爲宗，亦是不作。或謂五千言爲容成子作，老子述之，皆附會之説。

○班固《幽通賦》云：「若胤彭而偕老，訴來哲而通情。」此語可爲竊比老彭之一徵。此爲欲親見千百世下來學，夫子爲欲親見千百世上往聖。

〔一〕即《史記·五帝本紀》，郝敬引書稱引多以己意述之如此。

〔二〕「與儋同」原爲大字，今據文意改爲小字。

2 子曰：「默而識之，學而不厭，誨人不倦，何有於我哉？」

○默識，猶心得，即一貫之道，非多學之識也。無聲無臭，於穆不已者，天之默識也。不覩不聞，必慎其獨者，聖人之默識也。學，學此也。惟此學不厭，時習而悦，何厭之有？誨人，誨此也。惟此誨不倦，無行不與，何倦之有？教學二者相成，《書》曰「教學半」。學處即教，教處即學。學能默識，即道義之門。天機活暢，人己周流，所謂仁智合，而内外顯微無間，不在言語答問以爲誨，不在有叩必竭以爲不倦，不言而述，歸于默識而已矣。大道通物我，故每以教學對舉，不厭不倦，嘗以自任。此云何有者，惟其本于默識也。聖言雖謙，終無誑語。

○默識，知行合也。口耳非真，真自忘言，纔落言詮，便隔牆壁，故默識爲真知。夫子無行不與，即是默識。後儒將此意盡割與二氏，道術所以支離。或云：夫子與回言終日，又何也？聖人言而忘言，顔子不違如愚，所以默識。夫子不能不終日言，所謂何有於我也。他日謂子貢「吾與女弗如」，昭雪此意。

3 子曰：「德之不脩，學之不講，聞義不能徙，不善不能改，是吾憂也。」

○德本固有，不脩則壞。脩，削治也。如仁義，德也。有欲害人之心，爲穿窬之類，則病德，故必脩治之，而後德全。道不可以講而得，學則必待講而明。講者，師友討論，内辨于心也。義無常主，遷徙隨宜。己未盡知，聞即當徙。既聞矣，知其爲義矣，因仍不遷，則嘉言善行，竟成辜負。不善之事，始于過誤，苟且掩護，則惡日叢。四者之失，由輕趨重。四者之功，由重反輕。無德則當學，不學則背義，背義則惡去。惡則向善，向善則學，學則德進。四者身心要務，人若不憂此四者，便是小人而無忌憚，非必四者全失而後憂也。四者失，則違禽獸不遠矣。四事非一日可竟之功，乾乾惕若，天行自强，所謂君子有終身之憂，望道未見，唯聖人爲能耳。

4　子之燕居，申申如也，夭夭如也。

○申申，暢遂也。枯寂則不申申，昏沈則不申申。夭夭，微悦也。嚴肅非夭夭，發揚亦非夭夭。徒申申，似舒遂而少含蓄。又夭夭則陽氣氤氳，乃所以申申也。徒夭夭，則似苞孕而不條暢。又申申則天機長裕，乃所以夭夭也。此聖人本色，太和元氣，平居乃見。佛氏云妙好觀自在像，蹈襲此意。

5　子曰：「甚矣吾衰也！久矣吾不復夢見周公。」

○夫子少壯時，有心興復周公之業，故夢寐中嘗見之。年老無意，故無是夢，此自然實境也。不夢周公，則一切緣影，都不入夢中矣。夫子六十耳順，七十從心，與大虚同體，通乎晝夜之道而知。夢寐皆覺，宇宙皆夢，所謂至人無夢，此也。昔湯、武、伊尹、太公，皆以耄耋成功，夫子年七十有一，尚請討陳恒，豈以衰年忘世？年衰則思宜倍切，所以不夢者，惟其情識渾忘，而歎其不夢者，乃所以深思周公也。删《詩》《書》，脩《春秋》，多尊崇周公之意。人臣如周公，功德巍巍，不驕不吝，作周孚先，而子孫不念厥祖。夫子目擊宗國式微，何嘗一日忘魯？三桓之徒亦未嘗一日忘夫子，故夫子居魯之日少，居四方之日多。至老而後返，發此歎，見魯事之終不可爲也。

○人身載魂魄而有夢覺，猶天地含日月而有晝夜。獨陰不闢，獨陽不翕，一陰一陽相倚而爲道。離則形毁，偏則疾作。陽勝則狂，陰勝則魘。至人守一，魂抱魄，則晝夜通而夢覺齊。晝則陽開，向明而爲離。夜則陰翕，背暗而成坎。陽光外射，如户牖四闢。萬象森羅，陰輝内鑒，如澄潭浸月，遠影沈山。晝寤如春夏，萬物迸出，外實而内虚。夜寐如秋冬，萬物收斂，外虚而内實。皆陽施陰受，混闢互根之理，聖人所以齊夢覺也。夫子夢周公，與覺同境，以驗老壯非幻兆耳，故曰「寢不尸」。鄭康成謂占夢書亡，紛紛作者，如夢中夢，可哂也。

○周公旦，文王第三子。武王之弟，成王之叔父，食采于周。周，岐陽地名。《詩》云「周原膴膴」是也。周公封于魯，成王命公長子伯禽歸魯，留公輔王室。是時天下初定，東方諸國挾紂子叛。公東征黜殷，滅五十國，還建東都，制禮作樂，天下大定，皆公之力也。

6 子曰：「志於道，據於德，依於仁，游於藝。」

○道者，公共之路，未有所屬。德者，得也。《洪範》云「予攸好德」，五福之一爲我有者也。仁則德之精熟，渾忘内外者也。藝在外是道德，仁之枝葉也。道不可須臾離，人終身由之而不知，衹爲無志。志於道者，精神會聚，行必著，習必察也。由是擇善固執，有得於己爲據德。由是操存涵養，德與心融爲依仁，依仁則學成矣。過此以往，復何爲哉？誦《詩》讀《書》，弦歌釣弋，無非涵泳義理，調養心性，爲熟仁之助也。四者雖有淺深次第，功惟一貫，非竟此而後及彼也。游，浮衍也，與沈溺異。玩物喪志曰溺，從容順適曰游。《學記》曰：「時教必有正業，退習〔一〕必有居學。不學操縵，不能安弦。不學博依，不能安詩。不學雜服，不能安禮。不興其藝，不能樂學。」正業者，道德仁之謂也。操縵三者，游藝之謂也。隨志道據德依仁所在而游藝，則藝莫非道德仁也。聖學以游藝居後，世儒先格致，是以游藝爲入門也。故善學者，道德仁藝爲一，以其志之謂道，以其據之謂德，以其依之謂仁，以其游之謂藝。不善學者，未免分疏。

○藝有六，禮、樂、射、御、書、數是也。鄭康成云：吉、凶、軍、賓、嘉，五禮也。《雲門》《大咸》《大韶》《大夏》《大濩》《大武》，六樂也。白矢、參連、剡注、襄尺、井儀，五射也。鳴和鸞、逐水曲、過君表、舞交衢、逐禽左，五御也。象形、會意、轉注、指事、假借、諧聲，六書也。方田、粟米、差分、少廣、商功、均輸、方程、贏不足、旁要，九數也。

7 子曰：「自行束脩以上，吾未嘗無誨焉。」

○脩，脩治牲肉，乾之以爲脯也。脯十曰束。《禮·檀弓》云：「束脩之問不出境。」古人初相見必以贄，借物求通也。貴者贄玉帛羔鴈，士雉，庶人鶩目，束脩其薄者耳。尋常見無贄，行束脩者，

〔一〕「習」，《禮記》作「息」。

新相見也。自行束脩之後，則相與有生平矣。「以上」二字，所包者衆，言無人不誨也。雖父母亦有幾諫，君亦有納誨，何必師弟朋友？凡在相知，但有往來，咸教使歸于善也。嘗，猶曾也。朱註引「禮聞來學，不聞往教」，意甚迫狹。聖意主誨人，人苟向學，雖無束脩，聖人亦無不誨。或云：制行檢束脩飾，與此束脩異。凡言非可，一端盡也。

8 子曰：「不憤不啟，不悱不發。舉一隅，不以三隅反，則不復也。」

〇教人之法，最忌說盡。依我作解，障彼悟門。我以口耳施，人亦以口耳受，終鮮自得。《學記》云：「時觀而弗語，存其心也。」必俟學者天機自動，迎機觸發，則涣然冰釋矣。憤者心欲通而不得，正在憤懣時，一啟便豁然。悱者，口欲言而不能，正自怨悱，一決便滔滔。若是者，舉一隅，自能通三隅，君子之教乃可漸施舉提示也。隅，棱角也。方物四隅，舉一隅者，我開其端。以三隅反者，彼通其餘也。復，猶再也。既通此，再舉彼也。若既啟既發，一隅已露，而其人無通達之見，即是不憤不悱者耳，則不宜復舉。機緣不合，深譚底裏，學者之不達，寔教者誣之也。二十篇中與諸賢語，孰非啟憤發悱？如舉回、賜孰愈，子貢衹較多寡，舉貧樂好禮，子貢但引證据，所以夫子第云弗如，許其言《詩》，而不再舉本事，即此意也。《學記》云：「教者呻其佔畢，多其訊言，數進而不顧其安。其施之也悖，其教之也拂。故隱其學而疾其師，苦其難而不知其益。雖終其業，其去之必速。」此之謂也。舜之命契曰敷教在寬，輔翼自得，存乎誨者之能寬耳。若稍有倦教之心，則不能需矣。

9 子食於有喪者之側，未嘗飽也。子於是日哭，則不歌。

○聖人以萬物爲體，視人哀痛愁苦，若己之哀痛愁苦。食亦不飽，喜亦不歌，此自性情之常。惟聖人適得吾常，與子見齊衰、師冕見，皆尋常日用感遇，周旋中禮。盛德之至，顯微無二，心境如一，所謂無行不與者也。或疑聖人毋固，何有餘哀？夫陰陽舒慘，以浸而遷，悲驩頓改，哀樂失常，非變化之理，毋固不以此論。聖人固同無固，是以毋固。

10 子謂顏淵曰：「用之則行，舍之則藏，惟我與爾有是夫！」子路曰：「子行三軍，則誰與如字？」子曰：「暴虎馮河，死而無悔者，吾不與也。必也，臨事而懼，好謀而成者也。」

○用則行，舍則藏，二語圓妙，理無不貫。聖人心同大虛，流行坎止，無可無不可。顏子克己，幾於無我，故能與聖同。而用舍其大者，平常事理，微妙玄通，無迹可求。大則旋乾轉坤，一張而舉，一卷而收。小則隨事隨物，迎幾順應。諺云「提得起，放得下。霽則行，雨則止」，邵雍詩云「天根月窟閒來往」，即此意也。顏子簞瓢陋巷，似乎不行，而孰知其用即行。夫子周流四方，似乎不藏，而孰知其舍即藏。聖賢爲斯世斯民用行是本願，而不用以藏是不得已，故先用行而後舍藏也。子路三軍之問甚麤率，視用行舍藏爲脂韋，無白刃可蹈之氣。每見夫子當戹，顏子輩無濟云爾。臨事懼，好謀成，亦似指畏於匡顏淵後之類諷之，小怯大勇，與用行舍藏正同。好謀而成，謂謀則必成，無謀必敗，不成非謀也。善謀者必懼，《易》所以濟變，惟其能憂患也。臨事懼，反暴虎馮河。好謀成，反死而無悔。死則無成，不悔則不謀。能懼能謀，由平日涵養學問之功，非行三軍時，一旦能如此也。「我與爾」「誰與」「吾不與」，三「與」切應。

○《周禮》：天子畿内六鄉，鄉一師，鄉二千五百家，師二千五百人，家出一人。《詩》所謂三單也。五人爲伍，五伍爲兩，五兩爲卒，五卒爲旅，五旅爲師，師即軍也。居則爲比閭族黨鄉，皆民也。出則爲伍兩卒旅師，即軍也。天子六軍，大國三軍，次國二軍，小國一軍。三軍七千五百人，六軍萬五千人。

11 子曰：「富而可求也，雖執鞭之士，吾亦爲之。如不可求，從吾所好。」

○執鞭之士，爲人僕也。求富而甘爲人役，猶孟子云齊人乞墦之意。此就求富者之情解釋，常人日夜營營，冒羞忍恥，爲利而已。夫造化所以有權，正爲不測，若其可測，人誰不避貧而趨富？氣運所以難回，正爲不齊。若其可齊，世惟宜有富而無貧。大抵貧不可以人力免，富豈可以人謀得？先儒云「君子贏得做君子，小人枉費做了小人」。豈如寡慾無求，清心養廉，不憂不辱，自適其適。雖不得富，自得頗多，不然所好于人者未必得，所自好者并失，何益矣？孔顔疏水簞瓢而樂，惟其可好在我。孟子云「窮不失義，故士得己焉」，從吾所好也。然言富不及貴，何也？貴賤有常分，人尚自守。熙熙攘攘，無非爲利。《禮》云「財用足則百志成」，有國有家者，患貧同也，故聖人往往以貧富論人。

○《禮》：「君將駕，則僕執策立馬前。」鞭，馬策也，一名箠，一名撾。古用革，以撻罪人，辟行人，因以驅馬。後世以竹代革，故鞭從革，策從竹。《書》云「鞭作官刑」，《周禮》條狼氏「執鞭辟行」，此施于人者也。《傳》云：「左執鞭弭。」又曰：「雖鞭之長，不及馬腹。」此施于馬者也。

12 子之所慎：齊齋、戰、疾。

○齊以交鬼神。天地祖宗，明威如在。戰則兩軍千萬人之命，委于鋒鏑，縱我無傷，彼即有損。天地好生，何分彼我。疾則己身之生死所係，養生即以養德也。就三事體勘，真能慎者幾人？聖人所以異于人，正其無異于人者也。慎齊，仁孝誠敬，享帝享親之本也。慎戰，崇文尚德，勝殘去殺之本也。慎疾，脩身理性，祈天永命之本也。三者當慎，人皆知之。當慎而不慎者，天下皆是也。故曰：「仁人不過乎物。」與前章「食于有喪者之側」義同。讀《論語》正當于此等處理會。

○《禮》曰：「君子非有大事，非有恭敬也，則不齊。」君子之齊也，專致其精明之德也。故散齊七日以定之，致齊三日以齊之。定之之謂齊。齊者，精明之至也，然後可以交于神明也。

○《老子》曰：「兵者，不祥之器。非君子之器，不得已而用之，恬澹爲上。吉事尚左，凶事尚右，偏將軍居左，上將軍居右。言以喪禮處之，殺人之衆，以悲哀泣之。戰勝，以喪禮處之。」

○《調神論》云：「四時陰陽者，萬物之根本。聖人春夏養陽，秋冬養陰，以從其根，故與萬物沈浮于生長之門。」從則生，逆則死；從則治，逆則亂。是故聖人不治已病，治未病；不治已亂，治未亂。

夫病已成而後藥之，亂已成而後治之，猶竭〔一〕而穿井，鬭而鑄錐，不已晚乎？

13 子在齊聞《韶》，三月不知肉味，曰：「不圖爲樂之至於斯也。」

○《韶》，舜樂。不圖者，怪歎之辭。樂不經夫子考正，《雅》《頌》尚不得所，況舜樂歷世之遠乎？昔季札聘魯，觀舞《韶》而歎。魯本有《韶》，或不備耳。齊大夫陳氏，虞舜之苗裔也，傳先代樂較詳，然世遠，非鳳儀獸舞之完音矣。君非舜，工非夔，不遇夫子，雖聞猶常樂耳。聖人神明，舉其器，即通其意，因其畧，遂究其詳，以至忘食忘味，宛若親遊虞庭，見喜起之盛者，而感事憂時，發不圖之歎。不圖，猶言不料。言不料《韶》樂之至於此。此，指齊也。魯莊公二十二年，陳人殺其太子御寇，陳公子完，及顓孫皆太子子，奔齊，齊桓公使完爲卿，辭，以爲工正。傳五世至陳無宇，是爲桓子，陳氏始大。八世而陳桓專政，遂弑簡公。是時陳亦爲楚滅，先代之樂，祇歸齊矣。而《史記》謂魯昭公二十五年，夫子仕齊，爲高昭子家臣。師摯適齊，夫子與之語樂，遂聞《韶》。按夫子反魯正樂，在哀公十一年，時師摯尚在魯，故曰：「師摯之始，《關雎》之亂，洋洋乎盈耳哉！」摯適齊，在夫子正樂後，《史》誤也。魯自有《韶》，夫子非至齊始聞，特以是時陳氏擅齊，夫子知其將有篡弑之禍，而陳宗國破滅，子孫流寓他邦，爲人亂賊。聖人傷盛德之無後，而歎興廢之靡常也。國家將亡，

〔一〕「竭」，當讀爲「渴」。

安得此盛世之音，於政治之理，聲音之道，殊不相似，故詫之云爾。解者謂不意樂之美至於斯，則視舜反爲劣矣。聖言深永，宜詳味之。

14 冉有曰：「夫子爲去聲衛君乎？」子貢曰：「諾，吾將問之。」入，曰：「伯夷、叔齊何人也？」曰：「古之賢人也。」曰：「怨乎？」曰：「求仁而得仁，又何怨？」出，曰：「夫子不爲也。」

○爲，猶與也。衛君，衛出公輒也。諾者，心方思而其應徐也。怨，悔也。仁者，孝弟之真心也。聖賢論人，必原其心。人心即天理，心安理順即仁。世俗論人，格套形迹之間耳。蒯聵得罪于父輒，適孫當立，禮也，法也，是格套形迹上事。如伯夷、叔齊，兄弟相讓，一尊父命，一守天倫，亦是格套形迹上事。而夷齊心上各自有一種禮法不能拘者，各求心安，所謂仁也。衛輒何曾有此心？假令全不爲利，但守格套形迹，亦不得爲仁。況心本爭利，假適孫承祖，子得罪父，以爲口實耳。仁者固如是乎？譬攘羊不隱，是直之格套，父子相隱乃爲仁。殺人執父，是公之格套，竊負而逃乃爲仁。禮從心制，法由心設。但得心安，禮法在其中。子貢發問之意，全在怨字上討分曉。若夷齊之爲賢人，非待于問也。父子與兄弟，亦非可相比也。所疑者，祇恐二子當初偶然激發爲此，後來首陽餓死，未免怨。怨則心不真，依然是格套上事。惟無怨，然後見二子之心。二子以兄弟相讓，其心如此。衛輒子與父爭，其心何安？故知夫子之于衛輒，不爲也。凡忠臣孝子，不辭艱難辛苦，各求盡心耳。夷齊爲心上過不去，所以終身餓死不悔。舜爲心上過不去，所以得天下不解憂。衛輒苟有一點過不去之心，何論當立不當立？譬如季氏舞八佾，只因心上忍，故無所不至。

○衛國，姬姓，伯爵。武王代商，封其同母少弟于康，是爲康叔。武王崩，成王討三監，誅武庚，盡有殷故地。以其半封微子爲宋，奉殷祀。以其半益封康叔爲衛，升牧伯，國于殷墟朝歌之地，即今河南衛輝府淇縣等處是也。

○衛靈公夫人南子，生蒯聵及公子郢，而私通于大夫宋朝。齊豹之亂，宋朝出奔宋，南子召之。太子適齊，過宋，野人歌曰：「既定爾婁豬，盍歸我艾豭。」太子恥之。與其徒戲陽遨謀朝其母，將殺之。事洩，太子奔宋。靈公欲立子郢，子郢辭。公卒，夫人又欲立之，郢曰：「亡人之子輒在。」於是衛人立蒯聵之子輒。晉趙鞅以兵納蒯聵入于戚，輒以兵拒之。居數年，蒯聵用其姊計，逼大夫孔悝納之，是爲莊公。輒出亡，是爲出公。子貢之問，正輒父子相拒時也。諸侯多助輒者，國人謂輒當立，故冉有疑之。

15 子曰：「飯反**疏食**嗣**飲水，曲肱**國平聲**而枕之，樂亦在其中矣。不義而富且貴，於我如浮雲。」**

○飯，食之也。疏食，麤飯也。肱，手臂也。不義而富貴，謂處富貴而驕奢，與不以其道得之者也。順逆兩境，鍛鍊士子之鎚爐。凡虛見空解，可閒時粧演，順道當前，殊覺茫然，所以聖人勘人，每于貧賤富貴之交。樂者，人心天機，恒人爲情境牽累，不得洒然。聖人物累净盡，元氣周流。在富貴，有天下而不與。處貧賤，樂亦在其中。蓋境由外來增添，樂本性天固有。天定則境忘，必據貧賤時言者，富貴佚豫，則真樂不分。貧賤憂戚，真樂乃見，非聖人偏以貧賤爲樂也。貧賤究竟亦是浮雲，但富則可救疏水，況又且貴乎？況又值貧賤之時乎？豐約相形，人情于此，不動心尤難。浮雲生滅無根，聚散倏忽，不義富貴，亦猶此義，則爲名器。《易》曰：「崇高莫大乎富貴。」孔子見二帝三王之富貴，亦自起敬。若衛之父子，魯之君臣，此等富貴，唯恐加乎其身，況肯縈諸其念，曲肱而枕。有隱几旁觀之意，記者所以記諸衛君之後也。

○《詩》云：「彼疏斯稗。」疏，糲賴米。疏食，脱粟之飯。粟一斛舂米六斗曰糲，糲一斛舂九斗曰稗，八斗曰鑿，七斗曰侍御。

○《周禮》六飲，一曰水。緯書云：「水者，天地之苞幕。天下至多者莫如水。浮天載地，冠五行之始，居六府之先。在天爲雨露，在地爲江河。功濟天下，沐浴羣生，通流萬物，仁也。揚清激濁，蕩去滓穢，義也。柔而難犯，弱而能勝，勇也。道江疏河，惡盈流謙，智也。」道家取法焉，謂之上德。餘詳第六篇。

16 子曰：「加如字我數年，五十以學《易》，可以無大過矣。」

○此夫子五十以前語，故云「加我數年」。古者五十服官政，聖學五十知天命。《易》道五十，則河圖之中，大衍之成數，卦爻之尊位也。凡人生半百，閱歷已深，前此未定之見已徹，後此老耄之年未至，故五十知天，《易》之中數也。夫子因年發歎，非至五十始學《易》也。

○河圖洛書，呈天地之數，皆中于五，而成于十。《易》曰：「天數五，地數五，五位相得而各有合。天地之數，五十有五。」天一地二，天三地四，天五地六，天七地八，天九地十，故大衍五十，《易》之全數也。五十者，五其十，十其五也。十五者，三五也。三，參也。五，伍也。參伍以變，錯綜其數，聖人所以神變化之道也。大衍之數五十，其用四十有九。虛一者，一貫也，無可無不可，即五十也。從心所欲不踰矩，即五十也。無意必固我，即五十也。不能五十，不可學《易》，故曰「五十以學《易》」，猶言以五十學《易》也。

○四方中央合成五，五爲皇極。五又生五，六七八九，合而成十。五爲中體，十爲中用。執中用中，如表之徵影，響之答桴，萬事萬物自然之節度，故五者參天兩地之合。十者兩其五，所謂一陰一陽之道也。數惟五與十相得，如一五爲五，二五爲十，三五爲十五，四五爲二十，五五爲二十五，六五爲三十，七五爲三十五，八五爲四十，九五爲四十五，十五爲五十，由此以至百千萬億，皆五十相得。他數合則雜，如一三爲三，二三則六，三三則九，四三則十二，生數與成數不合，惟五十自相得，是以爲中極。而天地萬物不能違大衍以爲全數，聖人則之以學《易》也。

○爻位唯五最盛，《乾》《坤》爲諸卦父母。《乾》之五，《坤》之五，極盡健順之道，體易簡之德。天地聖人之精藴，莫妙于《乾》《坤》之二五，即十也。《乾》過五上爲亢，《坤》過五上爲戰，皆爲大過。聖人學《易》，全體《乾》《坤》，故無大過。贊《易》獨于《乾》《坤》加詳，作《文言》以繼文王之志，明天地之德也。

〇聖人學禮，動容周旋，無不是禮。《三禮》所載制度儀文，皆芻狗也。聖人學《易》，動静語默，無不是《易》。《周易》所載卦爻象辭，皆筌蹄也。無大過云者，《乾·文言》所謂「知進退存亡而不失其正，其唯聖人」者也。聖人憂患作《易》，非爲小過而已。卦《兑》上《巽》下曰《大過》。《大過》者，往而不返，死喪凶咎之象。《象》曰：「君子以獨立不懼，遯世無悶。」如文王處商周之際，周公處不造之家，然後謂之無大過。夫子處春秋亂世，五十學《易》，而後能脱然無累，説者以爲謙辭，非也。

〇昔伏羲俯仰三才，設象畫卦，以形造化之秘，作六十四卦。開物成務之理具，非獨爲卜筮設也。而消息盈虚，默定窮通之數，天地人物，未有能違者。列聖相承，不能贊一辭。夏有《連山》，商有《歸藏》，其説不傳，使其無憾，文王必不更演。文王演《易》，取六十四卦，一正一倒，爲上下兩篇。每卦繫辭，以斷一卦之理。蓋當商紂之虐，事凶淫之主，遭羑里之難，深有味乎羲聖之作也。迨周公輔成王，值三監之禍，流言見疑。居東二年，作三百八十四爻辭，紹厥考之志，故曰「文王我師」。殆謂是耳。迭經二聖之手，隱奥畢達，《易》道大備，故世稱《周易》。夫子道窮于《春秋》，晚年讀《易》，三絶韋編，兼三聖，作爲《十翼》，于羲卦作《大象》，于彖作《彖傳》，于爻作《小象》。《乾》《坤》

者，《易》之綱領，作《乾》《坤》二《文言》。融會大旨，作上下《繫辭》。因文王次第，作《序卦》。廣羲聖天地風雷山澤水火之象，作《説卦》。又錯文王六十四卦之序，作《雜卦》。是謂《十翼》。反覆開明，至矣盡矣。夫三聖人者，聰明睿智，達天德，而又身親艱難危險，造化之理，觀察愈精，故其言之津津然味永。《易》道中天，夫復何憾？後世解《易》之家，如馬融、鄭玄、虞翻輩，執象昧理，流爲隱怪。王輔嗣、程正叔，直譚名理，而象義頗疎，然于《易》未有害也。至宋邵雍氏，牽引術家小説，作先天方圓等圖。而朱仲晦極其尊信，謂爲羲聖本義，斥夫子《十翼》爲後天之學，謂《易》有伏羲之《易》，有孔子之《易》，有文王之《易》。嗟夫，是何言與！《易》豈有二？先聖後聖，其揆一也。淺學之士，承風好異，簧鼓竽聽，莫適所宗。《易》學至今，紛然淆亂矣。解詳《易》。

17 子所雅言，《詩》《書》、執禮，皆雅言也。

○此承上章。聖人學《易》，而罕言《易》。所雅言者，惟《詩》《書》《禮》耳。雅，常也，正也，與俗反。尋常論道曰雅言。《詩》《書》所載，皆切人情物理風俗，古今治亂興亡之迹。至于禮，大小經曲，三千三百，莫不有品節度數。士君子隨身規矩，不可須臾離，故曰執也。《詩》《書》所言，皆約于禮。禮所履，皆著于《詩》《書》。《詩》《書》，文也。故《詩》《書》在誦説，而禮在持循，皆夫子所雅言者也。不及樂，樂亦禮也。故禮有記，樂無經，《樂記》即在《禮記》內，儒者因謂樂經亡，不應雅言時，樂先亡也。或云《詩》即是樂，《詩》非專爲樂作也，《詩》爲樂作者，惟《頌》耳。或云：

何以不及《春秋》?《春秋》爲禮壞作,執禮皆雅言,則無禮者,不言自警矣。故《易》曰學,《書》曰讀,《詩》曰誦,《禮》曰執,《春秋》曰知。

○雅言即是中庸之教。道不越中庸,子思得聖祖之傳作《中庸》,而寓諸禮,即是雅言執禮也。六經惟《易》精深變化,聖人不輕語,以《易》道自不越《詩》《書》《禮》。言《詩》《書》《禮》,即是言《易》。記者所以記此于學《易》之後,《易》言多象,象隱而義顯,聖人言義不言象,所以爲雅言。佛書偏言象,故天堂地獄,六道輪迴,怪誕無稽。聖人雅言,忠信平實,所以異于侏𠌯之教也。

○相傳孔子刪《詩》成,以授子夏。子夏爲序,以授魯人曾申,曾申授魏人李克,李克授魯人孟仲子,孟仲子授根牟子,根牟子授趙人荀卿,荀卿授魯國毛亨,作《詁訓傳》,以授趙國毛萇。時人謂亨爲大毛公,萇爲小毛公,即今《毛詩》也。

○初,孔子刪《書》百篇,遭秦滅學,並亡。濟南人伏勝,能熟誦。漢文帝時,欲立《尚書》學,以勝年九十餘,不能行,詔大常掌故晁錯就其家傳受之,凡二十八篇。其後魯恭王壞孔子故宅,于壁閒得古文《尚書》,多于伏生所授二十七篇。武帝詔孔安國定其書作傳,共爲五十八篇,未上。至東晉始行。説詳《書解》。

○先儒謂《周》《儀》二禮皆周公作,《禮記》爲孔子門人雜撰。至漢宣帝世,東海后蒼善説禮,於曲臺殿撰禮一百八十篇,號曰「后氏曲臺記」。傳梁國戴德,及德子聖。德刪后氏記爲八十五篇,名《大戴禮》。聖又刪《大戴禮》爲四十六篇,名《小戴禮》。其後諸儒又加《月令》《明堂位》《樂記》三篇,凡四十九篇，即今之《禮記》。《詩》《書》詳第二篇。

18 葉攝公問孔子於子路，子路不對。子曰：「女汝奚不曰：『其爲人也，發憤忘食，樂以忘憂，不知老之將至云爾。』」

○葉公問孔子，問其爲何如人也。子路不對，以聖德難言，又未測葉公發問之意，是未免有所安排回護。夫子直自道其生平，素位易簡，何意乎人知，何防乎人不知。即中庸至德，神化妙境，要不越好學耳，語意渾然。憤處即樂，忘食即忘憂。憤忘食，樂忘憂，即忘老。凡人學不發憤，祇爲不樂。人心不兢業，自不幾康；不鼓舞，自不暢快。孳孳汲汲，惟日不足，自不知老。非兩時兩心，如朱註已得未得之謂也。或云：聖人何用發憤？聖人自言所以爲人者，正自不異乎人。人世不過憂樂兩境，人心不過憂樂兩情。在衆人爲形骸之私意，在聖人即天理之生機。恒人天機淺，則觸發不深。聖心静深宥密，元從貞起，雷自地出，萬物怒生，幾不容己，即是樂。卦象以雷出地中爲《豫》。豫，樂也。憤到忘食，自有一種真樂。樂到忘憂，自帶一種真憂。忘憂之憂，外境也。貧賤憂違，可忘也。真憂即憤，憤與樂，雖七十從心猶有之，故不知老將至。如天道之有陰陽，無陰陽則無造化，無憤樂則無生機。誦《詩》讀《書》，專心討究是憤忘食，精神不厭倦，是樂忘憂。終日終夜，是不知老將至。憤所在，即樂所在，即死而後已所在也。語云「樂此不爲疲」，聖學雖不主誦讀，亦不廢誦讀。夫子若不誦讀，六經何由删訂？魯哀公十四年，七十有一，《春秋》乃絶筆。然則誦讀莫如夫子也，平生窮居，故老于好學。好學一事，説向人不得，人亦知不得，特舉以自明。其言愈近，其旨愈遠，與告子貢「莫我知也夫」意象正合。老至不知，即知我其天境界。彼言不怨尤，此言憤樂，惟其憤樂，所以不怨尤。聖人尋常自道，天趣洋溢，性命流形，讀者味之。

○葉，楚縣名。楚稱王，故縣尹皆稱公。葉本姬姓之國，楚滅以爲縣，今河南南陽府鄧州北葉縣，古應子國也。葉公，姓沈，名諸梁，字子高。楚莊王之玄孫，沈尹戌之子，爲葉縣尹。楚昭王卒，惠王立，子西爲令尹，召故太子建之子勝于吴，子高諫不聽，後勝作亂，殺子西、子期，刼惠王因之高府，自立爲王。子高自葉奔難，攻勝走縊死，乃使子西之子寧爲令尹，子期之子寬爲司馬，退而老于葉，有存國之功，而不享其利，可謂賢矣。昔夫子去衞，盤桓于陳蔡閒六七年，陳蔡之君無足與者，其意常在楚也。是時楚國無事，昭王欲用孔子，葉公不能舉，使聖人之效不見于當時。故世稱葉公好龍，屋壁皆畫龍，天龍下之，懼而還走，喪其魂魄，譏其好士，不識孔子也。

19 子曰：「我非生而知之者，好古敏以求之者也。」

○聖人無誑語，自古未有生而無不知者。論良知，赤子皆然。論多識，必待于學。嘉言善行，備諸往古。不求則不得，不好則求不敏。衆人氣質昏愚，義理生疎，故清神不浹。聖人神明，真見義理之無窮，神交往哲，自然孳孳汲汲，莫知其然而然，所以爲生而知之也。今人不能好古敏求，反以不學而知爲聖人，豈不左乎？越是上智越好學，越是下愚越懶惰，所以諸賢好學不如顔子，顔子不如聖人。

20 子不語怪、力、亂、神。

○不語，不與學者講説也。妖異曰怪，如鯀化黄熊，彭生化豕，萇弘化碧，蛇鬬石語，柩作牛聲之類。氣勇曰力，如桀紂握鉤伸鐵，撫梁易柱，手格熊羆，走及兕虎之類。悖理曰亂，如寒浞竊室，子頑烝母，諸兒淫妹，弑父與君之類。鬼靈曰神，如少皞之四叔，顓頊、共工、烈山之三子，五帝有名號，星辰有職司之類。怪則反常，力則喪德，亂則害正，神則惑人。四者皆非中庸之教，天地之閒，何所不有？而人耳目見聞寓諸庸，不及見，不及聞，與不當見，不當聞者何限？道不統于一，教不出于中，則詖詭譸張，而無所底止。故聖人立言垂訓，必可與天下萬世共知共由。四者不辨有無，不争是非，但置之不語，則其所語者亦可知。知其所不語，與其所罕言，所雅言，垂世規矩，大道宗範，居然可見矣。蓋經正則庶民興，庶民興斯無邪慝。此孔氏家法，六經典刑。《論語》二十篇，世道人心攸賴，守此則治，易此則亂，學者所當服膺。彼攻乎異端，呶呶然，是馬非馬，聖人未遑也。

○按記者記此，明夫子雅言《詩》《書》《禮》，而不言《春秋》之意。《易》《詩》《書》《禮》皆古訓，聖人信而好古，《春秋》爲憂世作，所書悖理之事，皆怪也；争戰之事，皆力也；篡弑之事，皆亂也；讖兆卜蓍之事，皆神也。故《春秋》不與《易》共學，不與《詩》《書》《禮》共雅言，非知我者，不與言《春秋》。

21 子曰：「三人行，必有我師焉。擇其善者而從之，其不善者而改之。」

○此與「見賢思齊」章參看。人苟有志自脩，觸處皆警心之地。《老子》云：「善人，不善人之師；不善人，善人之資。不貴其師，不愛其資，雖智大迷。」頗與聖言相發明。同行有師，何往無師？不善亦師，何事非師？三人，以我對善惡言，猶三思、三月之三，不一之辭也。杜門索居，不見人則已，但出門同人，隨處得師。師在人，而師師在心。心在即學在，道在而師亦在矣。或二人，或多人，或兼善惡，或皆善皆惡。但能擇能從能改，莫非我師。若終日羣居而無所取益，見君子不思齊，與小人狎不知省，而乃負笈遠遊，不亦左乎？意稍重不善邊，知善爲師而不善不改，雖從善，無由矣。不善且師，所以爲必有師，在我而已矣。「我」字甚活，三人各自有我。

22 子曰：「天生德於予，桓魋頹其如予何？」

○此章見聖人處變，不憂之仁，不惑之智，不懼之勇。天生德於予，言有命自天。桓魋其如予何，言非人所能爲也。聖人素位而行，無所動心，其氣象安貞，非援天自解耳。德人所同得，惟聖與天合，故動稱天。凡不由天生得者，人力可奪。由天生者，堅强凝固，威武不能屈，患難不能搖，故曰「無如予何」。恒情無事，强直自任，見危則氣奪。聖人平居，則謙謙不勝，臨難則自任不辭。畏于匡曰「斯文在兹」，疾病曰「丘禱久」，自信之篤如此。而又不辭微服之行，所以爲知幾蠖屈，利用安身以崇德，而爲無如予何者也。《易》曰：「極數知來之謂占，通變之謂事，陰陽不測之謂神。」苟唯其占而不事事，委于一定之數，而無轉移之方，則仲尼死于桓魋，文王終于羑里久矣，何貴爲不測之神乎？

○聖言無誇，言天以折人也，言德以折力也。言爲善必得福，以明爲惡必凶也。人皆天生，天皆與以德。顧爲聖賢者，温良守理。而爲亂賊者，暴戾横行。若有力者伸，有德者屈，則君子祇供惡人之魚肉，豈天意哉？故聖人以天生德自信，畏天脩德與逆天背德，終不可同日語也。若魋能害夫子，是反天之道，德不足脩矣。古聖賢死于患難者，不亦多乎？天欲生之，凶人欲死之，斷乎其不勝也。

○桓魋，即向魋，宋司馬向戌之曾孫。出桓公族，稱桓氏。初，衛大叔疾出奔宋，臣于向魋，納美珠，與之城鉏。宋公求珠，魋不與，由是得罪，謀弑宋公，事敗遂叛。時孔子過宋，與弟子習禮于大樹下。魋伐其樹，弟子曰：「可以去矣。」孔子云云。

○初，魋自爲石槨，三年不成。夫子愀然曰：「若是其靡也，死不如速朽之爲愈。」冉子僕，曰：「禮，凶事不豫，此何謂也？」子曰：「既死而議謚，謚定而卜葬，既葬而立廟，皆臣子之事，非所豫屬也，況自爲之哉？」今彭城北六里桓山下有石室，相傳爲桓魋石槨，山臨泗水。

23 子曰：「二三子以我爲隱乎？吾無隱乎爾。吾無行而不與二三子者，是丘也。」

○謂道無隱乎，上天之載，無聲無臭。夫子之言性與天道，不可得而聞也。謂有隱乎，四時行，百物生，夫子之文章，可得而聞也。蓋無言默識者，天下之至隱也，聖人烏得而顯之？二三子所謂有隱者，此也。然可知可能者，天下之至顯也，聖人烏得而藏之？夫子所謂無行不與者，此也。道不離須臾，夫子與二三子，莫不飲食，莫不由户，但聖人無意必固我，與道爲體。其次則如顏子終日不違，所立卓爾，是明見其所爲無隱者也。二三子求之皮膚，而不得其神情，疑聖人有秘義，而不知日用。横來直去，無非本命元神。夫子覿面呈示，二三子當面錯過，行矣不著，習矣不察，夫子將奈之何？論分殊，爾爲爾，我爲我，見諦不同，論理一。我即爾，爾即我，同明交映，如一室千燈。我不能瞞爾，爾豈得受我瞞？故曰「無行不與二三子，是丘也」者，相呼辨認之辭。爲其覿面不識，故曰「是丘」。彷彿告瞽者某在斯之意。聖言至此，肝膽吐露。然何不遂明示以所與之物？其實無一物可以相示者，纔落形迹，都非實地，故云「吾有知乎哉？無知也」。昧者不悟，自粘連意必固我中，解脱不出，反疑聖人語之不詳耳。

〇二三子所謂隱者，離顯求隱，《中庸》云行怪之素隱也。夫子所謂無隱者，即顯是隱，所謂費而隱，莫見乎隱也。凡聖言緼藉，言用即是體，言顯即是微，非如世儒單説效驗。與禪機之幽僻，理學之偏上，忍耐不下，一直説盡，使學者將作譚柄，全無體驗，是教者之過也，故《論語》二十篇爲實際。

〇問如何是夫子行處，曰：「未可作道德，向聖人身上索解，各就自家日用行處體勘，即處處與夫子相逢。」此理易簡，上士聞言即領，不能者且循塗守轍，久自升堂入室。苟下學未能，强求上達，必有荒蕩遺漏之病，踰規矩繩墨，爲世道人心累，非小也。聖言有餘不盡，所以爲中庸之教。

〇聖人行處無跡，顔子雖從末由，故時時與夫子同行。他人踐跡，故疑夫子有隱，顔子末由，始信夫子無隱。禪語云：「直下便見，擬思即差。」又云：「但盡凡心，别無聖解。」明蹈襲此旨，世儒遂割以奉佛。獨指《鄉黨》一篇，爲門人所得無行不與之教，是釋氏所云「泥裏洗土塊」者也。解者有詩云：「日月光明滿大虛，瞽矇不見漫言無。請君借問旁人看，可是吾曾隱爾乎？」情境似得。

24 子以四教：文、行、忠、信。

〇文謂《詩》《書》古訓。學先誦《詩》讀《書》，古今同也。教雖有四，功惟一貫。博文多識，以求其理，即反躬實踐，以見諸行。内存真實之心以立本，即本無僞之心以制事。始終相成，内外交養，以教中材，則循序漸進，路徑可入。以教上智，則本末兼舉，荒蕩無憂。下學而上達，未有能違此者矣。中人由文行入者多，上智由忠信入者多。夫子之道，忠恕而已，忠恕即忠信，恕即信也。如其心之謂恕，不欺其心之謂信，一也。《大學》云「藏身恕，無諸己而非人，有諸己而求人」，信也。《中庸》云「忠恕違，道不遠。庸德有諸己而求諸人」，亦信也。顏子博文約禮，全體四教。諸子或文而不行，或文行而少忠信，所以未盡道也。

〇四教不言知，何也？知爲明德乾體，故三達德首知。真知即是行，虞舜所以爲大知也，故曰「民可使由，不可使知」「知德者鮮矣」。世儒以學文爲致知，知之影響耳。夫子誨子路以知之，則忠信之本體，主宰乎文行之先者。聖門無先知後行之教，知行分，自後儒始。子云：「文，莫吾猶人也。躬行君子，吾未之有得。」故聖門不以文學爲知，全體四教，始可言真知。

25 子曰：「聖人，吾不得而見之矣。得見君子者，斯可矣。」子曰：「善人，吾不

得而見之矣。得見有恒者，斯可矣。亡(無)而爲有，虛而爲盈，約而爲泰，難乎有恒矣。」

○至人曰聖，有德曰君子，忠信曰善人，不貳曰有恒。恒，常也。常有之心，即良心也。良心者，立人之基。聖人至誠無息，亦惟有恒之至。小人機械變詐，即是無恒之至。亡爲有，虛爲盈，約爲泰，皆無恒之狀。人心常無常虛常約，未有不恒者。無物之中，忽添一物曰爲有。大虛之內，鼓以彊陽曰爲盈。方寸之地，增以盛氣曰爲泰。泰，侈也。三爲變詐反覆，所謂作巫醫不可，况爲君子、聖人乎？聖人、君子、善人，品不同而心無二。故曰：「大人者，不失其赤子之心。」赤子之心，即恒也。《易》稱天地聖人之道，莫大于恒。《書》云恒性，孟子云恒心，無賢愚貴賤大小，達諸天下古今，即性善之本體。不受遷改者，非善人外別有有恒一等也。恒則爲聖賢，不恒則爲禽獸，幾希之間耳。衆人操舍無當，聖人純一不已，惟君子能存此，善人不失此。未爲善人君子，亦未嘗無此。故不見聖人望君子，不見君子望善人，不見善人，嗚呼危矣！然良心雖牿，乍見之惻隱，爾汝之羞惡未嘗泯，猶是善反之端。培養擴充存乎人，故曰「得見有恒」，斯可矣。

○君，尊也。子，美也。才德出衆，尊美之稱。又曰：「君國子民謂之君子。」善，良也，吉也。不犯物曰良，不失理曰吉。善人上更加「子曰」二字，非一時語。而理本貫通，聯解亦得。善者，天命人性成繼之體，君子聖人之根，而恒與不恒在人。人皆有善，所謂十室必有之忠信，孟子所謂善人信人也。苟不以一毫習氣攙雜，便是不可必得之中行。所謂「不踐跡，跡亦不入室」「爲邦百年，可使勝殘去殺」者也。天生聖人君子之胚胎，不隨人脚跟，如顔子未竭才前，便是不踐跡之善人；卓爾後，便是入于室，故曰「不得而見之矣」。

26 子釣而不綱，弋亦不射宿。

○釣，執絲垂餌求魚也。綱，繫網罟大繩，舉網必提綱。弋以絲繫矢，仰射高鳥，一曰矰。矰，高也。鳥棲曰宿，射則易獲。漁不用網罟，獵不射宿鳥，則所獲不多。昆蟲草木，本吾一體。草木無情，方長猶不折，魚鳥有血氣，好生惡死，于人尤近。焚丘竭澤，以恣其貪；脯林肉圃，以縱其殺，仁者不爲也。然而未免釣弋焉，何也？用以禮，食以時，天之道，聖人撙節之。故論仁及博濟，曰堯舜猶病，其罕言仁，亦爲是耳。嗟夫！魚鳥猶不忍，况于人乎？佛氏蹈襲此意，放生戒殺，世儒斥爲異端，此所謂割吾聖道以奉佛者也。佛毁禮法，無人倫，棄君親，以身爲惡業，生爲苦海，乃至捨身飼獸，戒殺爲慈。譬之伐根而樹其枝，顛倒甚矣。聖人親親而仁民，仁民而愛物。親親則不能無祭祀宴享之禮，仁民則不能無養生送死之費。天道春生秋殺，聖人仁育義正，對時而養，撙節而用，故《禮》「大夫無故不殺牛，士無故不殺犬豕」。鄉飲燕射，惟烹一狗，特牲少牢不過羊豕。折而爲鼎爲俎，神人徧及，不以口腹恣屠戮也。不綱而釣，不射宿而弋，仁至義盡。豈如梁武帝以麪爲犧牲，廢祭享，去人倫，無君子？如浮屠氏竊聖人之意，而實得罪于聖人？儒者顧割聖教予之曰「吾聖人不戒殺」，豈不悖哉？

27 子曰：「蓋有不知而作之者，我無是也。多聞，擇其善者而從之，多見而識（志）之，知之次也。」

○凡聖人之知即是行，言知即行處證。曰作曰從，即行也。創造曰作，自古迄今，蓋亦有不資聞見而創作者。若非性與天合，如古開物前民之上聖，即是愚而自用，如今不著不察之下愚。上智不可多得，下愚當求自免。蓋道昭著于往籍，散見于事物。人有心思耳目，聞見爲天靈之牖，擇識爲反約之路。聞見不厭多，但信耳多疑，惟于中擇其善者依之。目擊有據，則並其臧否記識之。以所見徵所聞，以所從參所識，如此商求折衷，雖不及作者之獨造，而有所稽考持循，庶不墮愚者之冥行，故曰「知之次也」。此章之言，本爲世人不學妄作者，而援古作者之聖，以明生知之不多得，見學知之不可已也。

28 互鄉（向）難與言，童子見，門人惑。子曰：「與其進也，不與其退也，唯何甚？人潔己以進，與其潔也，不保其往也。」

○互鄉，人名。進退不分曰互。鄉與向同。童子，夫子之將命者。見，引之使見也。門人，夫子之門人，如子路、子夏輩。聖心洞然大虛，不留既往，不逆將來。人苟向道而進，如草木欣欣向榮，與雨露之氣相應，天地無心也。使退而爲不善，亦物自消歇，天地亦無心也。門人惑者，以其既往爲不善，退亦未必善，故夫子謂吾但與其進，非與其退，一何求人太甚乎？彼既潔己而進，與其潔耳，何必追念已往之不善，而過爲防乎？朱子謂此章錯簡，未然。

○《寰宇記》：「徐州沛縣合鄉故城，古互鄉。」《一統志》云：「互鄉在河南陳州商水縣。」按沛縣，春秋時爲宋地，商水爲陳地。後人因夫子嘗在陳、宋閒附會之。其實不善人之稱，如鄉原之類，以其趨向無定，進退回互得名，若直躬、接輿、荷蕢、長沮、桀溺、闕黨、達巷皆然。如以爲鄉名，豈萬二千五百家，無一人可與言者與？《周禮》：「黿人取互物。」互，合也，蚌屬。言固閉不開也，與此互通。

29 子曰：「仁遠乎哉？我欲仁，斯仁至矣。」

○仁以天地萬物爲體，量包太虛，故曰遠。先儒謂宇宙爲分内，佛氏以虛空爲法身，本此意。子云：「仁者，人也。」孟子云：「仁，人心也。」心量大，故仁體大。仁在心，心在我。欲仁者，將心還心，將我心還我，一念猛覺，即虛明無礙，萬物一體，更無等待。無假借，無虧欠，捷徑易簡，百年錮蔽，須臾猛醒，則舊障普銷，全體呈現。但爲如此容易，却因如此錯過。一覺而返者，旋一迷而去，保任護持，亦存乎我而已。

30 陳司敗問：「昭公知禮乎？」孔子曰：「知禮。」孔子退，揖巫馬期而進之曰：「吾聞君子不黨，君子亦黨乎？君取去聲於吴爲同姓，謂之吴孟子。君而知禮，孰不知禮？」

巫馬期以告，子曰：「丘也幸，苟有過，人必知之。」

○司敗即司寇，陳人諱其太子禦寇名，謂寇爲敗，刑以敗寇也。昭公，魯君，名稠，襄公子。年十九而有童心。在位二十八年，爲季孫意如所逐。三十二年，客死于晉乾侯。公素以習禮稱，《左傳》公五年，如晉，自郊勞至贈賄，無失禮。晉侯謂女叔齊曰：「魯侯不亦善于禮乎？」對曰：「是儀也，不可謂禮。禮所以定其國，行其政令，無失其民者也。」夫子因公善儀，故于陳司敗問，而以知禮對。蓋與鄰國大夫言，而諱本國君之過，所謂各於其黨也。司敗舉公娶同姓事折之。魯，周公後。吴，泰伯後，同姬姓也。《曲禮》云：「娶妻不娶同姓，以厚別也。」《大傳》云：「繫之以姓而弗別，綴之以食而弗殊，雖百世昏姻不通，周道然也。」故合祀考妣，祝辭必云「以某妃配某氏」，明非同姓也。昭公時，魯弱吴强，公託昏于吴，假助焉，既娶而稱其女爲孟子。長女曰孟。宋姓曰子，易吴女爲宋女，掩同姓之失也。古男稱氏，以辨族也，如三家以桓公族稱三桓之類。女稱姓，生曰姓，以率祖也。如周女姬姓，宋女子姓，齊女姜姓，楚女羋姓之類，各從其祖所自生也。私親曰黨，即「人之過也，各於其黨」之黨。夫子聞司敗言，既不可以己言爲諱君，又不可以娶同姓爲禮，終不敢斥君爲不知禮，乃自引爲過，而推司敗爲知己，其是非曉然于言外矣。《坊記》云：「善則稱君，過則稱己，則民作忠。善則稱親，過則稱己，則民作孝。」臣子有至情，士類有公道，並行不悖。夫子對司敗，與答巫馬期，可謂曲全矣。若葉公以證父爲直，司敗以黨君爲非，徒亟于自表，而視君父如路人，是不仁也，故曰觀過知仁。聖人人倫之至者，此也。其作《春秋》，全體此義。《春秋》未嘗不諱，而未嘗不直，不言而述，無行不與，而人以爲隱。通于此章之義，聖人之情可見，故曰「斯民也，三代所以直道而行」。聖人雖諱之，烏得而枉之？一言之隱，而陳司敗即指其過於立譚之頃，况《春秋》昭揭千古，豈辭罪我？使後世常有過孔氏如陳司敗也者，亦聖人之知己，聖人所深幸也。奈何俗儒反爲聖人諱，使公論不明，欲立聖人于無過之地，而實非聖人之本願矣。然則夫子求後世有罪我者不可得，安望其有知我者哉？窮經所以難也。

〇巫馬姓，字子期，名施。魯人，或云陳人。少孔子三十歲。嘗與子路薪于韞丘之下，陳之富人處師氏脂車百乘，觴于韞丘之上。子路語巫馬期曰：「使子無忘子之所知，亦無進子之所能。得此富終身，無復見夫子，子爲之乎？」巫馬期喟然仰天而歎，投鎌于地曰：「吾聞諸夫子，勇士不忘喪其元，志士不忘在溝壑，子不知予與，試予與？意者其志與？」子路心慙，負薪先歸。孔子曰：「由來，何爲偕出而先返也？」子路以告，孔子援琴而歌《鴇羽》之首章，曰：「予道不行邪？使汝願者。」

〇子賤治單父，彈鳴琴，身不下堂，而單父大治。巫馬期以星出星入，親其勞，而單父亦治。巫馬期問故，子賤曰：「我之謂任人，子之謂任力。」

31 子與人歌而善，必使反之，而後和之。

〇聲音之道，由人心生也，故聞樂可知德，歌咏可養性。舜命夔典樂，教胄子。惟《詩》言志，歌永言，四德中和，皆于聲歌體究。故子惟哭日不歌，餘日皆歌也。雖陳蔡絶糧，弦歌不輟。子夏援琴而歌，曾參曳杖而歌，古人歌爲常業。興于《詩》，以歌興也。若徒玩其文字，與他書等，何必《詩》乎？《樂記》云如抗如墜，如槁木貫珠，古歌法也。古人作樂，歌在堂上，八音在堂下。八音自外，歌則元氣與元神訢合，所謂絲竹不如肉，近自然也。從容一闋，則形神交暢，解愠銷累，平躁釋慾，大爲有功。先儒云「學者悟古人命歌之意，直歌到堯舜羲皇之世」，以此。後世學術不明，歌法不傳，淫聲艷曲，急節繁響，惟取娛耳，何關性情。此不善之歌，不足與也。子與人歌，與其人同歌也。而，指其人也。善，謂和平中節也。反，復也。使其人復歌，待其畢，然後夫子歌以和之。蓋善而必使反，欲其人自聽于無聲之初而後和，則彼我天機浹洽，樂意流通，非徒入耳出口，實養心繕性之一助也。有唱必和，歌者之常，而聖人能從容委蛇，太和元氣，盎然于聲歌之外。世俗之歌，謔浪笑傲，神氣散越，所謂「人而不仁如樂何」，雖繞梁遏雲，何關于性情之理乎？

○《釋名》云：「歌，柯也。所歌之言是其質，聲咏有上下，如草木有柯葉也。」

○《樂記》云：「歌者，上如抗，下如墜，曲如折，止如槀木。倨中矩，句中鉤，纍纍乎端如貫珠。」

32 子曰：「文句，莫吾猶人也。躬行君子，則吾未之有得。」

○聖教文行合一，學者逐末忘本，故聖人謙己以警人也。華言曰文，實德曰躬行。莫者，摸擬之辭。猶人，尚可及人也。未之有得，則全無之辭。文與斯文、博文之文異，此所謂采華忘實者也。子云「文勝質則史」，史雖脩飾，按事傳述，尚有實蹟，但質不足耳。此則如後世辭卿墨客，亡是烏有之文，馳騁誇誕，稽之事則無据，質諸道則愈遠，所謂口才筆路，世稱繡虎雕龍，美其辭而命曰文。聖人謂之佞，謂之巧言，佛氏謂之綺語。夷考其人，素履佻薄，大節全虧，名教不齒，文與行分爲二途。故聖人于其文，曰「莫吾猶人」，輕之也；曰「躬行君子，吾未有得」，刺之也。聖人博文即是約禮，文即是行，即是忠信。六經之文，經緯天地。夫子之文章，即性與天道。子臣弟友，庸言庸德。慥慥君子，文在兹，行亦在兹。根本盛而枝葉茂，何得與未得之分乎？

33 子曰：「若聖與仁，則吾豈敢？抑爲之不厭，誨人不倦，則可謂云爾已矣。」公西華曰：「正唯弟子不能學也。」

○心之精神曰聖，心之生理曰仁。聖即仁之至者。爲之，爲仁聖也。誨人，以仁聖教人也。道在天地閒，雖極微妙廣大，惟是人心一竅虛靈，通透許多當行之事耳。聖人清明在躬，志氣如神，從心順矩，天機運旋。自爲與爲人，從容中道，都無厭倦。學者從聞見擇執入，真幾未徹，障累未銷，倚仗意氣學作，如眼中有塵，豈能開闔無礙，纔容操持，旋已縱舍，焉能不厭倦乎？聖人自無厭倦，學者將不厭倦，作式樣依倣，是以難也。

○爲之與誨人，不越人倫日用。學而時習，是爲之也。無行不與，即誨人也。不思不勉，天行不息，是不厭倦也。苟非性與天合，稍涉勉强，即是厭倦。惟其學不厭，乃能誨不倦。未有不善學而能善教者，故曰：「人之患，在好爲人師。」温故知新，乃可爲師。聖人稱顔子好學，而亦不言其誨人。明德親民，成己成物。至于脩己安百姓，堯舜猶病。公西華謂弟子不能學，要其至，何但弟子不能耳？此仁聖即默而識之，故前章云何有於我。除却仁聖，單提不厭倦，故此章以自任。

34 子疾病，子路請禱。子曰：「有諸？」子路對曰：「有之，誄壘曰：『禱爾於上下神祇其。』」子曰：「丘之禱久矣。」

○古人尚禱祀卜筮，至吾夫子，不語神，教人務民義，敬鬼神而遠之，未能事人，焉能事鬼。其贊《易》，本諸天命人性，中庸之至，名教之宗也。疾病而禱，雖周公于武王亦然。子路之請，夫子不言其非。但問「有諸」，豈誠不知？蓋臣子禱祀，爲迫切之情，而生死晝夜，實自然之理。日之夕矣，禱豈能留？天命苟定，鬼神豈能移？理所必無也。子路更以有對，夫子亦不直斥其無，但云「丘之禱久矣」。禱久者，言己素行質諸鬼神。雖素行質諸鬼神，鬼神亦豈能使之不死？士君子脩行于昭昭，非徼福于冥冥。苟不自信于平日，思免禍于臨事，則愚矣。子云：「非其鬼而祭之，諂也。見義不爲，無勇也。」子路好勇，見義必爲，而問事鬼神請禱，則其所謂聞斯行者，亦非務民之義者也。蓋鬼神爲大虛之靈，人心即大虛。心體浄，則屈伸由我，鬼神豈能主？心體不浄，情識不除，境緣不徹，吉凶亦自我生，鬼神何預？故曰「誠之不可揜如此夫」，子路見未及此耳。

○誄，累也。累死者生平實行，猶今輓辭、行狀之類，即其所以爲謚者也。爾不知何指，子路引之，以證昔人有禱者。天曰神，地曰祇，人曰鬼。或曰誄，禱祀之書也。士喪禮疾病，禱五祀。《周禮》大祝掌六祈六辭，以事鬼神祇。小祝掌侯禳禱祀之祝號，以祈福祥。而子路不及，可知《儀禮》《周禮》，多後人附會耳。「丘之禱久」一語甚含蓄，任而非誇。自言平日兢業，不敢獲罪于天地鬼神云爾。朱註云「無善可遷，無過可改，素行合于神明」，不似聖人語。

35 子曰：「奢則不孫遜，儉則固。與其不孫也，寧固。」

○奢，侈行也。儉，美德也。不可以同日語。儉失止于固，奢失則不遜。聖言寬舒，云不遜，即是犯上作亂矣。固者，硜硜之稱。執中之謂禮，過則奢，不及則固。小過不及，恒情有之。而此則習尚有心偏主者，有見于儉之爲陋，於是乎喜奢。奢本非欲爲不遜也，而窮奢之極，必至逼上，不逼上不足以盡奢。抑或有見于不遜之爲僭，反而求諸儉。儉豈不佳？然矯奢爲儉，必至裁省之過。迫狹而爲固，非固不足以矯奢。二者皆非也，但固之失，歉于禮內。而不遜之失，溢于禮外。固則禮猶在，而不遜則禮全亡。夫子嘗論本，以儉與奢較，謂與其奢寧儉。人或未信，今稽其敝，以不遜與固較，謂與其不遜寧固，人必辨之矣。不然，撙節退讓以明禮，而乃奢僭無度以敗禮乎？信奢之不如儉也，此與「以約失之者鮮」「林放問禮之本」相發明。晏平仲一狐裘三十年不更，祭其先人豚肩不掩豆，固也。管敬仲三歸具官，反坫樹塞，不遜也。故夫子謂平仲能久敬，而謂管氏不知禮。論者優晏子于管仲，以此。至三桓舞八佾，歌《雍》徹，奚足與言禮哉？

36 子曰：「君子坦蕩蕩，小人長戚戚。」

○君子無欲，而居易俟命，故廣大寬平。大行不加，窮居不損，是曰蕩蕩。小人多欲，而徵逐營求，患得患失，憂愁不解，是曰戚戚。蕩蕩曰坦，無處不蕩蕩也。戚戚曰長，無時不戚戚也。長戚，謂多怨尤也。如欲不戚，將奈何？曰坦，則自無戚，凡戚生于行險。君子坦蕩，而常存兢惕。小人長戚，而實無忌憚。此乃所以蕩蕩而戚戚者。

37 子温而厲，威而不猛，恭而安。

○每項非兩濟，正是温與威與恭恰好處。三項又非各别，總是一團太和元氣周流。温而厲，則威矣，威又不猛。威不猛，則恭矣，恭又安。天機圓融，正在無忘無助之閒。首温終安，和氣包括裏許。《詩》云：「温温恭人，維德之基。」堯舜亦惟温恭，中閒厲與威，變化無方，温中有厲極難。厲便猛，不猛正爲厲在温中。都來只是一個恭而安，所謂允恭安安者也。威厲包含在温恭内，是以安安。

論語詳解卷七終

論語詳解卷八

郝敬　解

泰伯第八

○前篇多述孔子志行，此篇首泰伯，終以二帝三王，集羣聖也。

1　子曰：「泰伯，其可謂至德也已矣。三以天下讓，民無得而稱焉。」

○伯夷、叔齊，下至曹子臧、吴季札、衛子郢輩，非不讓也，然讓位而不讓名，名之成，非國之福也。我有讓之名，國受讓之害，故季札、子臧、子郢以讓致亂，夷齊讓而孤竹之祚微。且其讓止一國耳，文王讓天下，民猶得而稱。君子爲名譽而爲善者，下也。德立而名隨，猶有名在焉。若泰伯之讓，韜光泯迹，默承父志，己不言而人亦不知。當時初未覺泰伯之去爲讓者，未幾而季歷立矣，文武興矣，天下歸周矣，乃追思當日泰伯之去，實是以天下三讓，豈但讓岐周之侯封而已乎？向使泰伯處父子兄弟閒，畧存形迹，豈能晏然以至于今？蓋易適立庶，事難顯行，無論泰伯不讓，使讓而明推予季歷，季歷亦友弟也，詎肯受之？古公亦賢父也，其心詎安？必至互相委避，形迹昭著，事體時勢少乖，則讓之名顯，而文武之業，不可知矣。惟伯能泯然一去，知幾潛遁，使王季因心則友，潛開八百年丕基，雖文王以有二讓商不及焉。蓋文王所讓者，不在家庭。兄弟閒易處耳，處文王之時勢，可以無讓。處泰伯之時勢，不讓不可。文王讓而使人知，不損于殷，不失爲純臣。泰伯讓而使人知，未可爲孝子仁兄矣。故吾夫子稱泰伯曰「至德」，稱文王曰「周之德」。蓋惟有泰伯之讓，而後能遺文王之讓。讓而能使人不知，人受我讓而使之不覺，讓一國而遂讓天下，讓天下而并讓讓之名，故曰「至德也已矣」。

○按《史》，周大王三子，長泰伯，次仲雍，次季歷。季歷賢而有聖子昌，即文王也。大王欲立季歷以及昌，泰伯知之，遂與仲雍托採藥，逃之荆蠻，斷髮文身，爲夷狄之服，以示不可用。蠻人義而歸之，立以爲君，國號句吴。泰伯卒無嗣，吴人立仲雍，五傳至孫周章。當武王革商，求泰伯、仲雍後得章，而章已君吴矣，因封之以嗣泰伯，更封章弟仲于虞，以嗣仲雍。夫泰伯與仲雍同逃也，而夫子獨稱泰伯，何也？泰伯，適子也。國本伯之國，伯既爲季而逃，則仲雖欲無逃，不可得已。三讓，終辭也。凡初辭曰禮辭，再曰固辭，三曰終辭，至于三而辭始决。主人不再致，客遂退矣，故不受，曰三讓，解者鑿爲之説，非也。或疑大王不宜蓄翦商之志，引《説文》翦作戩，訓善，亦非也。蓋翦商本《魯頌》之誇辭，即指大王立季歷事，何足爲大王累？又疑泰伯不宜父喪不奔，引《吴越春秋》謂大王薨，泰伯赴喪畢再逃。夫逃而復返，則迹與初違。二子既去，必無返理。其文身斷髮，正爲廢禮自絶耳。生死去就，永不相及。雖不歸，不足爲二子累。凡尚論者，貴達也。

2 子曰：「恭而無禮則勞，慎而無禮則葸洗，勇而無禮則亂，直而無禮則絞。君子篤於親，則民興於仁；故舊不遺，則民不偷。」

○聖教先於禮，行禮先於恭。退讓所以明禮，然苟卑諂之過，無以節之，則非禮之禮，反局促而乏自然。强世而行，不勝其勞，豈得爲禮乎？故禮者，中而已，非徒致恭之謂也。凡事適中皆謂禮，有禮則動罔不臧。無禮，雖美行亦偏。慎無禮，則恐懼驚悸而爲葸。勇無禮，則負氣陵上而爲亂。直無禮，則徑情急迫而如絞。故禮者，百行之軌，萬事之節也。其教化在上，其感通在心。爲人上者，禮教之主，不必勞于爲恭。但于日用人倫，不失其仁厚之心，親者勿失爲親，故者勿失爲故，則民有良心，莫不興仁興讓，而親親長長之化行。所謂以禮讓爲國，篤恭而平天下，不過此矣。豈强世而爲之乎？故曰「禮中而已」。聖人言禮，易簡如此。禮書言禮，繁瑣苛密，謂非强有力者不能行。夫禮必强有力者能行，宜季氏之日闇而跛倚臨矣。禮云禮云，何至于此，故言禮者準諸聖。二十篇爲禮樂之宗盟，學者務本生枝，則易知易從，禮樂無日不流行于天下矣。

○葸與愢同。愢愢然，恐懼貌。單帛曰絞。禮有絞衣、揄絞。縊殺人亦曰絞。《左傳》：「絞縊以戮。」皆急薄意，直則絞，如子證父之類。故舊不遺，不以小怨棄大德也。不偷，有餘也，寬綽之意。偷，不足也。朝不謀夕曰偷。《詩》云：「此令兄弟，綽綽有餘。」即不偷也。通章六段，用六「則」字作轉語，分爲二章者誤。

3 曾子有疾，召門弟子曰：「啟予足！啟予手！《詩》云：『戰戰兢兢，如臨深淵，如履薄冰。』而今而後，吾知免夫！小子！」

○人身含受性命，參爲三才，本皆聖賢之具。爲人君臣，爲人父子，爲人夫婦，長幼朋友，責任至重也。庸人妄自菲薄，委身不肖，至犯刑虧體。或恣情慾，至疾病傷生。養身與養德，原非二事，未有喪身而不喪德者也。曾子之學，守身爲本。三省三貴，弘毅自任，死而後已。《祭義》曰：「樂正子云：『吾聞曾子，曾子聞諸夫子，父母全而生之，子全而歸之，可謂孝矣。不虧其體，不辱其親，可謂全矣。』」孟子謂守身事親，不失身而能事親若曾子者，可謂養志矣。平日戒慎恐懼，至于將死，教門人開衾驗其手足，以示其無傷。啟，開也。意不主一手足。手足無傷，天下不獨曾子。正使手足如常，而內有愧心，外有虧行，所傷滋多。姑借手足，教小子保身之道，見人生令終之難耳。戰戰兢兢云者，非憂患之謂，即如見大賓、如承大祭之心而加篤耳。凡聖賢兢業即是幾康，恭敬即是舒泰，有憂即是無爲。性體流行，自然終日乾乾。今而後者，前此一日，猶不敢自信。一息尚存，猶不忘自守，乃所謂死而後已者也。小子，門人也。語終又呼，致丁寧之意。幼學方始，善終未易，故呼小子也。

○聖學主誠，愛其身以有爲也。二氏主空，滅其生以爲樂也。彼既不知守身爲本，焉知脩齊治平之事。聖賢所以自任天下之重，二氏空譚無實，不可嘗試也。云吾知免夫者，何謂也？所謂一棺戢身，萬事都已。生如行路，死如歸家。路遥跋涉，閒關險阻，抵家門而後即安。不得其正而死者，如中道遇虎狼盜賊，棄屍原野，何以死哉？君子所以重全歸也。佛氏妄言地獄天堂，説者遂謂人死有知。或謂人死無知，聖人固已言之矣。曰知生，則知死。生有知，死亦有知，情識牽累，則幽魂結滯，是爲有知。生無知，死亦無知，與虛同出，與虛同入，是爲無知，故曰：「未知生，焉知死？」惟聖人與大虛同體，通乎晝夜之道而知。大虛空明静朗，不識不知，非情識記憶，耳目營營之謂也。

4 曾子有疾，孟敬子問之。曾子言曰：「鳥之將死，其鳴也哀。人之將死，其言也善。君子所貴乎道者三：動容貌，斯遠暴慢矣；正顔色，斯近信矣；出辭氣，斯遠鄙倍矣。籩豆之事，則有司存。」

〇曾子言曰者，病沈冥而力言也。將開示孟敬子，先表己言之善。欲其虛懷聽受，似有秘旨相告。及言不越尋常身心閒，若聽者視爲尋常，便成辜負，所以先自表也。曾子一生操存，惟此三事。容貌、辭氣、顔色，皆心也。三斯功夫綿密，顯微無閒，須臾不可離。《中庸》謹獨，《大學》誠意，顔子克復，皆不越此。學者收拾放心，向自己容貌、辭氣上撿點，視聽言動以禮，則德性用事，施于四體，晬然盎然。苟心不存，氣質用事，容貌不躁暴便惰慢，故動即思遠之。辭氣不鄙俗便背謬，故出即思遠之。顔色如此，中心不如此，便不信，故正即思近信。近信者，遠其不信也。不信者，色莊也，外正而内不正也。三事無須臾離身，則心無須臾離此三者，日用隨身規矩，守約之功，德成而上者也。至于名物器數，藝成而下者也。不關身心，便屬外務。細行不可遺，而彼自有司之者在。君子先心正身脩，本立末舉，心不操存，而逐事徇物，非端本之道也。

○此章與顏子四勿同功，皆約禮之學。容貌三者，禮之體。籩豆，禮之器。籩，竹器。豆，木器。制相似，皆容四升。籩，盛果核乾糗之類。豆，盛菹醢等濡物。《樂記》曰：「鋪筵席，陳尊俎，列籩豆。以升降爲禮者，禮之末節也。」大夫之家有祭器，故舉籩豆。有家臣，故舉有司。《周禮》籩人掌四籩之實，醢人掌四豆之實，皆有司也。此與上章皆曾子將死之言，及《檀弓》所載易簀事，非生平涵養得力，安能到此？讀者所宜體究。

○孟敬子，魯大夫。仲孫氏，名捷，孟武伯之子。《檀弓》云：「悼公之喪，季昭子問於孟敬子曰：『爲君何食？』敬子曰：『食粥，天下之達禮也。吾三臣者之不能居公室也，四方莫不聞矣，勉而爲瘠則吾能，毋乃使人疑夫不以情居瘠者乎哉？我則食食。』」據此亦肆然無忌憚者，故曾子約之以禮。居高位者，脩身爲本，非禮不動，所以脩身也。

5　曾子曰：「以能問於不能，以多問於寡；有若無，實若虛，犯而不校。昔者吾友，嘗從事於斯矣。」

○此克己致虛之學，有我則不虛。以能問不能數語，形容平易謙沖，無人無我之度，非拘拘取必于問也。若無若虛二語，申釋其意。能不能，以所造言，多寡以所得言。問以事言，若以心言，總之中虛耳。凡俗學有一分工夫者，便有一分勝心。既有勝心，即有我相。有勝心我相，則是己而非人。有犯則必較，聖賢心同大虛，忘人忘我，既不知在己之善，安見在人之不善？其視非道相干，如手足爪牙，誤自相觸，何計校之有？昔者吾友，指顏子生平。若無若虛，是聖人氣象。大舜善與人同，文王望道未見，夫子好學不厭，皆是。顏子希聖，故曰「從事于斯」。未遂到此，可與幾矣。

〇顏子承聖教，則終日如愚，無所不悅，夫子欲得其一言之問而不可得。及遇衆人，孜孜好問，此所謂以能問不能也。舜大知亦惟好問，學者受益，莫大于好問。夫子心喜顏子之不待問，而又恐諸子之恥於問。故美顏子，往往婉其辭若不足，所以善誘諸子也。

〇若無若虛，即是屢空田地。後儒理學家，是一片勝心，故生人我計較。聖賢心虛，初不見何者是學，何者是道，而無非是學，無非是道。所以學無盡，道無盡，與人無計校。惟所見大，故其器宇恢洪。

6 曾子曰：「可以託六尺之孤，可以寄百里之命，臨大節而不可奪也。君子人與予？君子人也。」

〇人生十五曰六尺。百里，公侯之國。命，國命。政柄也。託孤寄命皆曰可者，以才言也。臨大節曰不可者，以守言也。尋常無事，保護安全，人猶庶幾。時際艱難，主少國危，存亡之秋，人所難處。斯人義理精明，利害不能眩。志氣堅定，生死不能搖。所託所寄既克濟，立身行己又無虧，才全德備，非君子其人乎？苟寄託雖效，而屈節立功，或慷慨見節，而國事無補，以稱備道全美難矣，故疑其辭以決之。

○《周禮·鄉大夫》：「國中自七尺以及六十，野自六尺以及六十有五，皆征之。」古者二十而役，則七尺是二十歲也。中人身軀止七尺，故二十成人曰七尺。升降以五年爲率，則六尺十五歲也。五尺之童，十歲也。

7 曾子曰：「士不可以不弘毅，任重而道遠。仁以爲己任，不亦重乎？死而後已，不亦遠乎？」

○聖門以仁爲教，此章記曾子力仁之功。仁以大虛爲量，萬物皆備。聖人心同大虛，乾健不息，則不須言弘毅。若士有志求仁，不可不弘毅也。蓋人心所以難存易放，惟其胸襟不空闊，受私欲隔礙，精神不堅强，被塵情壓倒，故當仁任重，而行仁道遠也。必胸襟廣大，乃能容此重任。精神强固，乃能涉此長途，所以不可不弘毅也。夫仁，人心也。心本無形，何處著得弘來包負，又何處著得毅去撑持。仁在幾希間，安見其爲重？不越方寸地，安見其爲遠？須知此弘，惟精惟一，而量包天地。此毅無忘無助，而氣亘古今，幾微間即與大虛通，形形色色普含。但有障礙，即大虛塡作秋毫。但無障礙，即秋毫普同大虛，所以士不可不弘也。一段元神，與天地相終始。其來無首，其卒無尾。既落在形骸，須形骸盡，生意乃盡。若形骸未死，一息昏迷，生理消歇，如行屍走肉，所以士不可不毅也。讀者但理會弘毅如何，任與遠如何，死而後已如何，仁思過半矣。此皆曾子自己分上事。質魯人，工夫篤實，所謂剛毅近仁也。

孔顏爲仁，悦樂不厭，欲罷不能，自無許多意氣。

8 子曰：「興於詩，立於禮，成於樂。」

○詩禮樂，非專指典籍。人心有無言之詩，無文之禮，無聲之樂，冥會經義，非全倚文字也。常人未嘗學問，血氣用事，如奔馬燧象，須先調理性情，平其驕憤彊陽之習，鼓其從容和平之思。凡暴戾皆習氣也，和順則天機也。天機和順，常于歌咏得之。惟詩，道理深長，意思敦厚，辭氣温柔，咏嘆淫泆，自然心驩意肯，所謂興於詩也。然天機初動，絪緼一氣，熏蒸未透，感發于一念者，須持固于永久，使其欣暢活潑之意，參前倚衡，守而無失。必規矩準繩，飭躬約己，然後可與立，是則禮之功也。由是幾之興者，生生不已。守之立者，存存匪解。無始以來，麤浮之習消融。學問以後，矜持之迹渾化。和順于道德，習貫成自然，必扇以八風之和，諧以五音之節。然後躁心平，慾心釋，美善兼盡，金和玉節，手舞足蹈而不自知之謂成也。《記》曰：「其成也懌，恭敬而温文。」樂之謂也。此章即禮樂不可以斯須去身之意。詩亦樂也，凡聖人言禮樂根于心。興立成，皆身心自得。聖學惟悦樂，德以温良樂易爲至。詩始之，樂終之，禮綱維乎其閒者也。夫子於小子曰「何莫學夫《詩》」，於成人曰「文之以禮樂」。《記》云：「志之所至，詩亦至焉。詩之所至，禮亦至焉。禮之所至，樂亦至焉。」又曰：「不能詩，於禮繆。不能樂，於禮素。則禮者樂之節文耳。」此理無所不貫，萬事萬物皆然。始作皆欣欣，正作閒少，住久之成熟，皆有樂意。天地初開，萬物始生。元和一炁，興詩也。高下散殊，立禮也。保合安貞，性命各正，成樂也。興言詩，詩有比興也。立言禮，禮，履也，履則立。成言樂，樂象成也。三者不廢誦習，亦不倚誦習。如倚誦習，初學不習禮乎？中不誦詩乎？成童舞象，亦學之終乎？且惟詩有經，而禮樂無經。隨時反求自得，雖《詩》一篇，禮一節，樂一音，皆可興可立可成。必如《詩》三百，禮三千，樂八音十二律，籩豆之事，玉帛鐘鼓之云，汎濫枝葉，非聖人反約之教。必如風雅然後興，則惟有商、賜。必節文然後立，則惟有公西赤。必音律然後成，千古一夔耳。

○古人詩禮樂之教，外博采之文藝，内約之身心，是以童而習之。故其教世子，春夏學干戈，秋冬學羽籥。小樂正學干，大胥贊之。籥師學戈，籥師丞贊之。又曰：春誦夏弦，秋學禮，冬讀書。士庶之子，十三學樂，誦詩舞勺。十五成童，舞象。古人於詩禮樂，自少至老，斯須不去身。居則佩玉，右徵角，左宫羽。趨以采薺，行以肆夏。周旋中規，折還中矩。在車則聞如鸞之聲，行則鳴佩玉琴瑟。無故不徹，以養中和之氣，則非僻之心無自入，是以古人小子有造，成人有德。今人自養蒙已不端，不知禮樂爲何物。聞其聲容，習其文采，漫然若無所與于身心，所謂「人而不仁，如禮樂何」者也。自少至老，飲食衣服，言貌舉止，無非惰慢傲僻之氣。先儒云：「古之成材也易，今之成材也難。」知言哉！

○《詩》六義有賦比興。興者，情之動也。《詩》主興，猶《易》主象，皆寄諸辭外。猶人哭死者而數其事，動人處不在事，而在哭泣之情，《詩》興亦不在辭。世儒以託物爲興，不知託物爲比也。必託物爲興，有如賦不託物，不可以興乎？《經解》云：「温柔敦厚，其失也愚。」如高叟、咸丘蒙，愚也何興之有？無興不可以爲《詩》，不知興不可與言《詩》。二十篇中，聖人於《詩》蓋諄諄焉，僅有取于師、商耳。

○禮樂無經而有記，《樂記》即在《禮記》四十九篇中。今所傳《儀禮》十七篇，《周禮》六官三百六十職，謂皆周公作乎，非也。《儀禮》繁瑣，《周禮》駁雜，惟戴聖所記四十九篇，精粗本末備。《樂記》一篇，即寓《禮記》内，正是聖門致中和之教。故道莫備于禮，禮外無樂。大本立，達道行。和也者，禮之用也。自兵家以聲音言律，專倚吹竹累黍，立均校尺，爲律之源。謂伶倫死而絶藝無傳，諔詭好異，互相非詆，自謂聞聲知禍福。小道惑人，皆濫觴于審聲知音。《虞書》百獸率舞之説，而緣飾于師曠之歌南風。子期之知山水，影響附合，考其制作，訖無成效，皆俗儒好信耳食之過也。中正和平之理，本乎人心。心和則氣和，而八音之和應之。故夫怒心感者，八音皆怒，哀心感者，八音皆哀。古人始爲六律以正五音，制八音以和八風。程法既立，物曲由人。家有世業，工有師承。材美而工良，按法而製器。隨宜斟酌，以求合乎大雅，雖今猶古也。所謂治與亂，邪與正，不言而喻。豈必區區竹管之長短，黍粒之大小，然後諧于元始之正音乎？是以二十篇中言禮樂，無玉帛籩豆升降之數，無鐘鼓管籥鏗鍧鏜鞳之聲。其語魯大師樂云可知者，是聖人之言樂也。其教子張百世可知者，是聖人之言禮也。蓋器數損益，寄諸曲藝，而中和之理，不假器數傳者，古今不易。舍此而深求隱僻，如後世律吕家言，豈性情易簡之道，而樂其爲絶響矣。斯須不可去之謂何，聖言豈欺我哉？

9 子曰：「民可使由之，不可使知之。」

○民之言冥也，往來因循曰由，測度隱微曰知。使，教使也。使之由，謂命官設學，道以德，齊以禮也。不可使知，謂上達難傳，能與人規矩，不能使人巧也。先儒謂聖人非不欲使知之，不能使耳。此曲爲聖人回護，其實雖能使亦不可。蓋聖人爲世道人心慮甚遠，故曰：「中人以上可以語上，中人以下不可以語上。」使知之，是語上也。中人且未可，況下民乎？蓋虛解則欺，好知則蕩。民心本愚，而情欲相感。利害相攻，無規矩必亂。不約束，則不齊。庠序學校之設，司徒之官，五教之陳，經曲等殺之節，教民一步一趨，倣準而行，惟使之由而已。苟由之而知，即下學而上達。賢人君子由此出，可也。由之而不知，則規矩準繩自在，亦不至壞法亂紀。此賢愚兩利之教。若舍此別求懸解，深譚隱微，以希妙悟，則所知與所由離，而心思馳于耳目外，見解情識，過于躬行。忽近厭常，將視名法爲糠秕，禮教爲牽纆。荒蕩無歸，挾詐用罔，如佛老之爲者，烏乎可？《老子》云：「古之善爲道者，非以明民，將以愚之。民之難治，以其知多。」此言似是而非也。後世用其術，以愚黔首而亂天下。聖人所以使民由，正爲導民之愚。如瞽者而授之杖，夜行者假之火，使不傾跌耳。若夫默而識之存乎人，聖人豈不欲之？其勢必不可得，則害且隨之，故曰：「好知不好學，其蔽也蕩。」民不能好學，奈何强使知乎？雖謂聖人有隱，聖人亦不辭矣，故曰「夫子之文章，可得而聞」，「可使由之」之謂也；「夫子之言性與天道，不可得而聞」，「不可使知之」之謂也。佛氏自言普度羣迷，同證聖果，合下使民知之，詆由之爲無明，爲事障。其究聖果未證，而毁形滅倫，惑世亂俗，得罪于名教，正惟此。又如晉人清言，自謂名理，竟以誤國。若儒者理學，功主致知，而偏言聖人所罕言，空譚無用，豈若庸言庸德，可知可能，爲無行不與，世道攸賴乎？不獨此，六合之外，耳目見聞所不及者何限？莫非道也。聖人開物成務，衣服飲食，宫室耒耜，水火菽粟外，一切隱怪不語。雖兩儀七政之運行，山河海嶽之高深，二十篇内亦不少槩及，况其他乎？惟民有義，物有則，當然而然之謂路。教人由其所當由，不知其所不必知。六經宗範，孔氏家法，萬世爲君師者，莫之能違也。

10 子曰：「好勇疾貧，亂也。人而不仁，疾之已甚，亂也。」

〇勇不可好，貧不可疾。既好勇，又疾貧，二者相乘，逞血氣之剛，而困窮拂鬱激其憤，必至爲所不當爲，名檢喪而身家亦隨之，此亂由己作者也。不仁之人，誠爲可惡，然須有包承之量，轉移之權，以開其自新之路。若阻抑羅織大甚，使無所容身托命，必逞其無忌憚之習，而肆毒反噬，此亂由人作者也。亂由己者，己任其咎。亂由人者，亦由己激成之。大抵温恭，則能安貧。中行，則能包荒。和平者無憤疾，時中者無已甚。是以君子貴調養其性，勿暴其氣，善變其習，和順從容，以爲己則祥，以爲人則通。好勇疾貧者，常由小人。疾不仁已甚者，常由君子。漢唐宋之亡也，皆君子誤國。聖言其著蔡矣，解者謂亂爲迷謬不思，是以疾不仁已甚爲當然，與解《易·否》之六二蔽同。經術不明，世道將何賴焉？

11 子曰：「如有周公之才之美，使驕且吝，其餘不足觀也已。」

〇驕者，矜己之有。吝者，惟恐人亦有此，小有才之通病。二病相因，矜己之有，自不欲人有。不驕亦自不吝，聖人所以爲聖。惟其心虚量公，而材美爲餘事。有此二病，本源之地，渾是荆棘，無復高明廣大之度。雖有技藝，根本撥而枝葉隨之，何足觀乎？古聖人多矣，戡亂致治莫如周公，功高位顯莫如周公，而謙恭下士尤莫如周公。昔人云「士先器識而後文藝」，識卑器小是生驕吝。《秦誓》大臣無他技，惟其休休有容，故有技、彦聖皆其材，所以好善優于天下也。周公雖聖，當其定難致治，豈一手一足之力？惟公虚懷舍己，吐握下士，所以十亂同心。若驕吝自用，雖周公之才，亦有時乎窮。管子天下才而器小，所以盈滿放肆，君子羞稱。故大舜善與人同，士以善友天下。德者，本也；材者，末也。

〇《墨子》云：「昔者周公旦朝讀書百篇，夕見七十士。故佐相天子，其脩至于今。」《説苑》云：「周公攝天子七年，布衣之士，執贄師見者十二人。窮巷白屋，所先見者四十九人。時進善者百人，教士者千人，官朝者萬人。」當此之時，使周公驕而且吝，天下賢士至者寡矣。

12 子曰：「三年學，不至於穀，不易得也。」

〇此章即先難後獲之意。三年言其久，猶三月、三思、三省之三，非一之辭。至，盡也。穀，善也，獲也。耕者所獲曰穀，播穀望獲，爲學望善。不至於穀，不自以爲盡善也。力學三年，必有所獲。而能若無若虛，不自足其善，是真知。道無盡，學無盡，可謂好學者矣，故不易得。朱子云：「穀，祿也。至作志。」按三年不干祿，亦非難事。古人比年入學，中年考校，一年視離經辨志，三年視敬業樂羣，五年視博習親友，七年視論學取友，謂之小成。九年視知類通達，强立不反，謂之大成。夫子三十立，七十從心，豈三年不干祿，遂爲難得乎？《詩》云：「君子有穀。」子云：「苗而不秀，秀而不實。」《記》云：「脩禮以耕之，講學以耨之。」聖人每借耕言學，耕者所獲，一年有三年之食，三年有九年之食。學至三年，豈盡無獲？而能虛懷忘善，如顏子之屢空，無子貢之貨殖，有望道之憂，無見小之利，如《易·无妄》之九二「不耕穫，不菑畬」。《象》曰：「不耕穫，未富也。」與此同。惟道積虛，所以難得。明乎无妄之説難得之義，亦可知。

13 子曰：「篤信好學，守死善道。危邦不入，亂邦不居。天下有道則見，無道則隱。邦有道，貧且賤焉，恥也；邦無道，富且貴焉，恥也。」

○「篤信好學」四字，足辨學者一生。守死善道，即篤信好學之功用。危邦亂邦，有道無道，富貴貧賤，即守死善道閱歷之時境。處危亂無道，須有守死之力量。去就隱見適宜，從善道得。若不篤信守死，好學善道，則利害挫其志，富貴昏其識。禍福臨前，渾是得喪僥倖之私，焉能時措咸宜？故士貴篤信好學也。蓋仁義道德，本乎性命，真見此道爲性命不可須臾離，方爲篤信。信篤，則學自不厭。生死易惑，惟篤信者視形骸爲委蜕，夭壽爲定命。成敗利鈍，委諸自然之理，一定之數。不每生而怖死，則後其身而身存。奉天時行，利有攸往。脩身俟命，因時處義。從吾所好，不負所學，而能善其道，乃爲真篤信好學者矣。由是處危邦亂邦，去就明決。遇有道無道，行止安詳。蓋有篤信之心，窮通得喪，見定不移。惟好學之士，去就可否，從容中道，有學守者之能事也。自非然者，行止顛倒，進退狼狽，遇明良有道，而或不免于廢斥。處昏邪無道，而或苟于利禄。此其爲人，胸中本無定力，何有守死之信？生平未嘗學問，焉有自善之道？無信可守，則天下何事不可惑我；無道自善，則天下何事不可累我，故曰「恥也」。此所以貴篤信好學也。

○此章之意，較重好學善道邊，語其至者也。士苟有志于學，不難篤信，而患不好學。學不好，猶不學也，則有非所信而信者矣。苟有志于道，不難守死，而患不善道。道不善，非至道也。或有不當死而死者矣，道莫大于出處。危亂之國，無道之世，誠不宜偷生。然苟有知幾之哲，又何必輕死。富貴誠不宜貪得，然苟有大行之會，又何必忘世。故危亂之邦，則見幾明決。有道之世，則行義達道。所以察治亂安危之幾者，學也，道也。所以效大行之用者亦學也，道也。非篤信守死者不能，要之何心于必信必死乎？君子貴好學以善其道，此也。不然，生無用于時，死無聞于世，惡在其能善道也。尋常未易及此，夫子處春秋所去就，即是模範。

14 子曰：「不在其位，不謀其政。」

○世俗好扳援，鄉里人好議論朝政得失，此通病也。冒侵陵之嫌，踰爲下之分，非居易行素之道。

君子安常，思不出位。時事臧否，耳可得聞，口不可得言，事上行己之道當然耳。或曰：「夫子之於是邦，必聞其政，如何？」曰：「有聖人之志則可，聖人未嘗謀之也，謀有黯于意。」

15 子曰：「師摯之始，《關雎》之亂，洋洋乎，盈耳哉！」

○樂以詩爲章，樂其聲也，詩其辭也。聲有五方之異，而辭同。如今人唱曲有南北腔，其辭一也。《詩》三百皆可弦可吹可歌，口誦其辭，聲和其音，舞按其節，謂之樂。師，魯樂官，名摯，賢而知音。始，謂在官之初年。《關雎》，《詩·周南》首篇。射禮、鄉飲酒禮合樂三終，皆用之。六代之樂皆在魯，至春秋時，新聲作而古樂亂矣。亂，錯誤也。夫子自衞反魯，删《詩》正樂，時師摯尚未適齊，故曰「始也」。子語魯大師樂，即正樂時與之語。時《風》《雅》《頌》皆散亂，獨舉《關雎》，舉《詩》之首也。《關雎》亂，則《雅》《頌》皆亂。《雅》《頌》得所，則《關雎》亦得所矣。洋洋，美盛也。盈耳，聽之美也。言樂正，條理清明，不復如往日錯亂也。此章爲師摯已去，三桓僭亂，樂官廢職，故追思。或曰：「亂，樂之終也。」

16 子曰：「狂而不直，侗而不愿，悾悾而不信，吾不知之矣。」

○三項總一，忠信之薄，積習壞之也。士君子氣質之偏非一，而良心爲根本同也。肆志曰狂，愚蒙曰侗，無材曰悾悾，三者皆氣質之偏。不回曰直，謹厚曰愿，無欺曰信，三者皆誠一之心。凡人志大言大，則少委曲。懵懂人則不敢妄作没伎倆人，則不會欺罔，此常理常情也。今之狂者反回邪，愚者反輕薄，拙者反狡詐，則誠朴並喪，立人之本亡矣。吾不知之者，甚絶之之辭。氣質之偏，學問涵養容可變化。心地一壞，則根本撥，將何所施其化誨之術乎？

17 子曰：「學如不及，猶恐失之。」

○此教學者以循循自得之益。爲學怠惰者，終于無得。其有孳孳汲汲，惟日不足者，如有所追求而不及，功非不勤矣。然此際猶有可慮者焉，欲速或疎畧而不詳，進鋭或力竭而退速。雖小有所得，猶恐鹵莽滅裂，掛一漏萬。知及弗守，雖得必失，是以仁者先難而後獲。君子深造之以道，欲其自得之也。朱子謂學既如不及，又竦然唯恐或失，與子路聞斯行之、唯恐有聞病同。方學計獲，躐等不達，率由於此。何註近之而旨淺。

18 子曰：「巍巍乎舜禹句，之有天下也，而不與預焉。」

○巍巍，高大之稱。有天下爲天子，恒情之所謂巍巍然者也。然孰有巍巍乎如舜禹之有天下而不與焉者乎？不與，猶言不相干。古帝王多矣，惟舜與禹，以匹夫受禪，前後升沈頓殊。而舜之心，猶然飯糗茹草之心也。禹之心，猶然胼手胝足之心也。素位而行，若固有之，初不覺天下奄爲我有。而我之既有此天下者，乃舜所以無爲而治，禹所以行所無事者也。蓋心同大虚，廓然無物，而任物之去來。四海之富，天子之貴，藐然無異土芥敝屣。處富貴而視天下無與，亦猶處貧賤而視富貴如浮雲也。彼巢父、許由器小識卑，視天下之大夥頤驚走。故王維詩云：「曾是巢許淺，始知堯舜深。蒼生詎有物，黄屋如喬林。」何但係戀爲與？雖有心辭亦是與，以天下恣睢是與，以天下桎梏亦是與。樂是與，不樂亦是與。朱子云「不以位爲樂」，猶未免巢許之心哉。昔人云：「惟無以天下爲者，乃可以有天下。」使舜于天下有與，則堯即不以天下授舜矣。使禹于天下有與，則舜即不以天下授禹矣。

○帝舜，有虞氏，姚姓。其先國于虞，故稱虞。《書》云「有鰥在下曰虞舜」，舜殆其名也。生于諸馮之姚墟，是爲姚姓。居于潙汭，又爲潙姓。諸馮，地名，舊稱在河東。孟子以爲東夷之人者，蓋今浙江餘姚上虞東越之地，説詳《孟子》。《謚法》：仁聖盛明曰舜。《世紀》：舜目重瞳，故名重華。按舜本花名，《詩》曰：「顔如舜華。」《書》曰：「重華協于帝。」言舜功德榮華，重合帝堯也。年三十，堯用爲相。三十有三，攝天子。六十堯崩，三年喪畢，踐祚。四十八載，南巡守，崩于蒼梧之野，遂葬焉。壽百有十歲。娶堯二女，娥皇無子，女英生子均，封于商。或曰舜九子。

○禹，夏王名，姒姓，顓頊之裔。父伯鯀，字熙，蜀之汶山廣柔人。封于崇，爲崇伯。治水無功，舜殛死。初，鯀納有莘氏女曰志，六月六日生禹于僰北道之石紐鄉，長于西羌，三十娶于塗山氏。舜使禹平水土，封于有夏，遂受禪。在位八年，南巡守，崩于會稽，遂葬焉。壽一百有六歲。禹嗣父業，勞身勤涉，不重徑尺之璧，而愛日之寸陰，冠挂不顧，履遺不取，手足胼胝。世傳禹病偏枯，足不相過，行先左，隨以右上，今巫人效其步爲禹步。治水有功，人稱神禹。禹，踽也，獨行無匹之名。《詩》云：

「獨行踽踽。」古人質直，多即名爲號。或云禹名文命，字高密。《謚法》：成功受禪曰禹。《風俗通》云：「禹者，輔也。輔續舜後。」皆後人附會解之。禹以揖讓有天下，繼堯舜後，故稱夏后氏。帝之后，以殊王之始也，帝紹而王革也。

19 子曰：「大哉堯之爲君也！巍巍乎！唯天爲大，唯堯則之。蕩蕩乎！民無能名焉。巍巍乎！其有成功也；煥乎，其有文章！」

○大者，並包之名。言堯之爲君，功德廣運無外也。「巍巍」以下，申言其大。天者，萬物之統，大之至也。則，準也。猶《易》言「與天地準」也。蕩蕩，無垠迹之貌。民無能名者，大道爲公，力不必己出，功不必己任，非一事一善之可紀，而莫非其所苞孕，如《擊壤歌》「帝力何有於我」之意。成功者，洪荒首治，天地平成，所謂於變時雍也。煥乎，光明貌。文章，如執中垂統，五教明倫之類皆是。所謂中天之治，即成功而見文章也。則天難名，成功文章，皆言堯之爲君。巍巍蕩蕩，巍乎煥乎，皆言大哉。朱子云：「堯之德不可名，其可見者此爾。」離顯言微，意近僻。堯舜功業即是道德，天無言而時行物生，即天之所以爲大也。聖人難名，而成功文章即聖人之所以爲大也。

○堯開天首治，垂創規模，前無往古，後無將來。恒情處富貴則驕奢。堯以天子封侯，進陟帝位，史稱其富而不驕，貴而不豫，土階三尺，茅茨不翦。即舜禹之有天下而不與在其中矣。恒情見賢能悅，即稱高節，孰有如堯之于舜，匹夫作相，二女女鰥，館甥貳室，迭爲賓主，百官牛羊倉廩備，以養耕稼陶漁之夫者乎？天下之大，天位之尊，從古未聞，推以予庶人者，自堯始。即推位或俟死後，而堯在日，即使舜爲天子，二十有八載，朝覲巡守，一切委之，不嫌其逼。以至地平天成，垂拱而治，晏然付天下於天下。不知有我，不知有人，真有若莊生所謂「窅然喪其天下焉」者矣。至如渾沌、窮奇、檮杌、饕餮輩，待舜而後去。五臣九官十二牧，至舜而始命。皆惟有堯，而後能使舜命之去之也。舜之聰明，無所不偏。而堯之運量，無所不包，故曰則天難名也。民忘在天中，誰能指而名之。成功文章，即天中無名處發揮。此孰非舜與諸臣爲之，而孰非堯之成功文章乎？舜禹雖巍巍，如日月行天，終不出天内。故虞史作帝典，以舜附堯後，良有以也。孟子論列聖幾希之統始于舜，而不及堯，豈非以天之不可階而升乎？

〇大抵人主之大，大于用人。堯之則天，舜之無爲，皆本于得人。舜不得五臣，無以紹堯。堯不得舜，無以紹天。故堯則天，舜則堯也。堯千古首治，如萬物資始于天，人受氣于父。而舜則資生如地，含育如母，所以承天之施，代有終也。堯，遥也，贊其遠。舜，華也，美其功。故《堯典》載堯事，惟師錫爲詳，命官分治以下，至協和風動，皆得舜以後事。史稱堯仁如天，孟子云爲天下得人謂之仁，堯以不得舜爲己憂，足發明此章之義。下章即以五臣十亂繼之，可知矣。

〇堯，帝嚳高辛氏之次子。姓伊祁氏，或云姬姓。母慶都，生堯于丹陵。十三歲封爲唐侯。兄帝摯崩，堯年十六，以唐侯踐祚，都平陽安邑，國號唐。在位七十三載，授舜攝位，一百載，堯崩，壽百十有六歲。初，娶富宜女生子朱，朱生而傲，使出就丹，至舜封爲房侯，謂之虞賓。夏封于唐。

○《謚法》：翼善傳聖曰堯。《書》稱堯曰放勳，史因以爲名。古人名法疎闊，帝王有天下，或以時爲號，如天地人皇、黄帝、金天之類；或以物爲號，如伏羲、軒轅之類；或以所居地爲號，如高陽、高辛之類。至唐虞以後，頗稱頌功德，故有堯、舜、放勳、重華、文命等稱。然簡直，不似後世徽號潤色隆重也。二十篇中記當世處士，即事爲名，如楚狂、長沮、桀溺、互鄉、達巷之類，倣古遺意耳。

20 舜有臣五人而天下治。武王曰：「予有亂臣十人。」孔子曰：「才難，不其然乎？唐虞之際於斯爲盛。有婦人焉，九人而已。三分天下有其二，以服事殷。周之德，其可謂至德也已矣。」

○天運數百年一大治，治則必有聖君賢相際會一時。從古至周，莫盛于唐虞與周文武之世。唐虞以聖繼聖，君明臣良，師師濟濟，千古創見。周之文武，亦以聖繼聖，父子兄弟，穆穆皇皇，千古再見。夫子所以並稱之。「唐虞之際於斯」六字聯絡。斯，指文武時也。盛兼唐虞周，古今唯此兩盛耳。然周之十人，内猶有婦人充數，才不信難乎。其稱文王至德，緣于才難之意。有十亂爲臣，復有文武爲君。如唐虞五臣，復有堯舜爲君，皆古今之極盛，而獨贊文德者，明無媿于舜之揖讓也，言外無限感慨。十亂雖盛，而取足婦人，視五臣不無少讓。文王至德，而武未盡善，視堯舜豈無遺恨？此帝王升降之際，與下章「禹吾無間然」皆寄恨之微辭也。記者首記舜與武相形，舜臣曰治，武臣曰亂。堯舜開治，湯武撥亂，世運不同也。追思文王，其意尤明。人才惟時所用，十臣遇舜，安知武不爲文？當時或未必有牧野之事，遭際存乎時耳。此章之意，祖舜宗文，蓋帝功莫美于舜，王德莫純于文，以武王參論者，主論德不主論才。歎才難，見德尤難也。五臣致治而唐虞中天，十人戡亂，而共翦一獨夫，故武不如文，才不如德，周不如唐虞。治亂汙隆係乎人如此，所以人參天地稱三才，故曰難也。

○事物之理，相待而成。故除垢曰汙，安民曰擾，靖難曰亂。《書》曰：「亂于河。」《詩》云：「涉渭爲亂。」以小舟截流横渡，有撥亂之意。紂之虐，不戎衣不定，故亂以爲治也。何註五臣，禹、稷、契、皐陶、伯益。今据《尚書·皐陶謨》「五臣弼諧」，有夔無契。孟子謂契爲司徒，堯命之也。豈謨成時，契已先亡邪？又云：十人爲周公旦、召公奭、太公望、畢公、榮公、太顛、閎夭、散宜生、南宫适，其一人謂文母。《詩》云：「既右烈考，亦右文母。」烈考爲武王，則文母爲武王之妃邑姜，太公望之女是也。周自太姜而下，四世有賢妃。而武王亂臣有婦人，自當爲邑姜。但克商時，武王年已八十有七，不應邑姜尚在。太公歸文王時，年已八十，不應尚有女未適人者。武王年已七十有六，不應納少女爲元妃，皆難据也。唐虞之際，註云「堯舜交會之閒」。乃比于周，据十數多于五，遂謂唐不際虞，虞不際唐，不盛于周，謬也。夫所謂唐虞之際者，非夫子始合之。《虞書》二帝同典，五臣共謨，元首股肱，明良一體，爲千古中天之際，其來已久，豈爲與周室較才，故合從而鬭勝者哉？二聖相承，九官十二牧，莫非聖哲。舜言五臣，特舉共謨者耳。以五敵十，優劣在言表。五人皆聖，十亂多賢，其材具本不侔。五臣致治，十人撥亂，其名實亦相遠。夫子但舉唐虞之際，自足籠罩千古。

後世人才雖多，何足以方之？世運有升降，所以有婦人九人之歎。致不足之憾，不專爲才也。才雖不及唐虞，德猶可方舜。孟子謂舜文先後同揆本此，以文比舜，以《武》比《韶》，聖人慨歎之意大可見。

〇三分有二，謂文王有天下人心大半云爾。服，如衣服之附體。以，猶帥也。民心不服，文王帥以事紂也。文王非真有天下土地人民之二，受其朝貢也；非與紂畫地分壤也，惟民心附耳。《註疏》謂雍、梁、荆、豫、徐、揚六州歸文，冀、青、兗三州屬紂，因《詩》二南《江漢》《汝墳》，《易》「西南得朋，東北喪朋」推之。然謂梁、雍等州去商猶可，謂冀、青、兗屬紂，豈獨無一民心附文王者乎？亦拘矣。

〇文王名昌，姬姓。后稷十六世孫，古公之孫，季歷之子。周自后稷至公劉，國于豳。古公遷周，至季歷始爲商之西伯。及文王，周道日盛，伐崇、密，作豐，紂忌而囚之。壽九十七崩，以臣節終。史稱文王被囚，以美人名馬賂紂求免，紂賜弓矢專征伐。及虞芮質成之年，改元稱王，九年乃崩。其説無稽，與夫子稱至德意相背，皆俗儒附會之過也。

〇武王，文王子，名發。文王娶有莘氏女曰大姒，生十子，長曰伯邑考，早卒。其次爲武王。文王爲西伯薨，武王立。十有一年，商紂無道日甚，武王率諸侯伐之。伐商爲天子，踐祚七年崩。并先爲西伯，共十有八年。而《小戴記》謂文王壽九十七，武王壽九十三，然則武王嗣位時年已七十有五，文王生武王時，年二十有二是也。《記》又謂文王年十五生武王，果爾，則文王崩時，武王已八十有三。在位又十一年伐商，則是九十有四矣。説者遂謂文武並王。文王末年，虞芮質成。《詩》云「蹶厥生」，即是文王受命之年。云改元九年崩，以附合《武成》九年大統未集之説，謂武王即位不改元，承文王之九年，在位七年崩，其謬愈甚。文王壽九十七有之，謂文王僅十五歲生武王，又有兄伯邑考，則是文王以十歲婚生子，無是理也。史又謂武王八十一生成王，復生少弟唐叔，則武王八十二以後，人道猶未絶，皆附會之説，不足信，且害道。

21 子曰：「禹吾無閒然矣。菲飲食而致孝乎鬼神，惡衣服而致美乎黻弗**冕，卑宮室而盡力乎溝洫**兄入聲。**禹吾無閒然矣。」**

○按禹之事舜也，父殛死羽山。子七年爲相，受禪而有天下，一閒也。虞以前官天下，傳于賢，禹不傳于賢而傳子，二閒也。此二閒，在常人分上非小罅，故當世有德衰之疑，疑其利天下也。夫子白禹不利天下之心曰「有天下而不與」。其不與之心又不可見，故歷數其勤儉實蹟，較重在菲飲食、惡衣服、卑宮室一邊，見禹生平勤苦，飲食、衣服、宮室極淡薄，四海之奉不過以孝敬神明，盡力民事耳。此其心何心，即舜無以解憂，五十而慕之心也。豈忘親私子，利天下者之所爲乎？故曰「無閒然也」。《祭法》云「夏后氏禘黄帝而郊鯀」，鯀以凶德被殛死，而得配享上帝，豈非以禹爲之子乎？至是乃見禹之心，非夫子孰能知之。不然，平成天地，禹功遠矣，何但無閒云爾？豐儉適宜，細行何以稱焉。蓋儉自人主高節，勤儉本禹素心，而墨道勤苦纖嗇，援禹自文。禹菲食、惡衣、陋室，若以祀神治民，其去墨幾何？墨以薄爲道，其究無父。而禹以仁孝爲本，念父罔績。不得以天下養，而嗇于自奉。孝子仁人用心，與墨相反。夫子時，墨翟之學盛行，世以孔墨並稱，故發無閒之論。

○禮服有韍。韍，蔽膝也。上古無衣裳，以獸皮蔽前。聖人制禮不忘古，倣其意爲韍。《詩》作芾，《易》作紱，與芾通。遮蔽之名。一名韠，一名韎韐，字或作韍，或作鞸。用布帛爲芾、爲紱、爲韍，用皮爲韍、爲韠、爲韎韐、爲鞸，而韎韐又皮赤者。《詩》又有素韠，居喪之禮服，非喪服亦用皮也。禮家遂以素韠素裳爲皮弁服，説詳《玉藻》《士冠禮》等篇。韍冕皆祭服，然朝享亦用之。《玉藻》既云韠，君朱大夫素，士爵韋。又云一命緼紱，再命、三命赤韍。一命即士，緼與爵皆赤黑，色相近，而三命即大夫。既云素韠，又云朱紱，素與朱相去遠，是一章之内文義已自相背，何以定後世之從違乎？總之，周人尚赤，凡禮服衣裳不離赤者近是。冕詳第五篇「顔淵問爲邦」。

○《周禮・小司徒》：「經土地而井牧其田野。九夫爲井，四井爲邑，四邑爲丘，四丘爲甸，四甸爲縣，四縣爲都。」《司馬法》：「六尺爲步，步百爲畝，畝百爲夫，夫三爲屋，屋三爲井，井方一里。井十爲通，通十爲成，成方十里。成十爲終，終十爲同，同方百里。里十爲封，封十爲畿，畿方千里。」此世所傳古人分田之大體也。有田必有水，故爲溝洫以備旱澇。有水必有道，故爲道路以通往來。《周禮》：遂人掌邦之野，夫閒有遂，十夫有溝，百夫有洫，千夫有澮，萬夫有川。又匠人爲溝洫，耜廣五寸，二耜爲耦。一耦之伐，廣尺深尺謂之畎。田首倍之，廣二尺，深二尺，謂之遂。九夫爲井，井閒廣四尺，深四尺，謂之溝。方十里爲成，成閒廣八尺，深八尺，謂之洫。方百里爲同，同閒廣二尋，深二仞，謂之澮。尋與仞皆八尺，遂上有徑，徑容牛馬。溝上有畛，畛容大車。洫上有涂，涂容乘車一軌。

澮上有道，道容車二軌。川上有路，路容三軌，則寬幾二丈矣。据此水陸占地頗多。先王以是止侵暴，備水旱，爲永久計。後世謂棄地可惜，開阡陌以盡地利，而古法變矣。

論語詳解卷八終

論語詳解卷九

郝敬　解

子罕第九

○前篇論往聖，此與下篇多記夫子之事。此篇多記聖人心思，下篇多記聖人形迹。

1　子罕言利與命與仁。

○此聖人脩道之教，異于世俗與二氏者也。即顯微無閒，上下一原之旨。世俗攘攘無過利，其高譚素隱無過命與仁。聖教惟中庸，溺于利則己卑，窮于性命則己高。騖于高遠者，其害不減于近市利者也。罕，少也。言，即教也。罕言利，謂不講生殖營牟之計，不較得失有無多寡之數。學道言利，有襲取正助之病，爲治言利，菑害並至。命與仁雖非利，然命是於穆之神，有言即隔，輕言則使學者躭空守寂，執理而遺事。仁爲道德全體，萬物皆備，而實無一物，輕言則使學者内外失据，譸張而無歸。罕言，非不言其文字耳。利不亟稱其事，命與仁不輕洩其旨。言道德，自少言利，然義之和即利也。言人事，自少言命，然人事即天命也。言爲仁，自少言仁，然爲仁即仁也。人一日無衣食則死，無財用則困，利豈能絶？人生皆命，人心皆仁，二十篇中所言，孰非命？孰非仁？大抵上智默識，無往非道。下學言述，每因言執。不執即欲是理，執即理亦欲，執利則著欲，執命仁則著理。故佛氏有事障理障，麤細無明之説，蹈襲此意。聖人忘乎利，同乎命，渾乎仁，無行不與，正德利用厚生，孰匪至教？但落言語，便多徑竇。五霸之功名，申韓管商之學術，言利之害也。佛老之荒蕩隱怪，言命與仁之僻也。其道與吾聖人非殊，而所以立教異，故得罪于聖人，言不可不慎也。不曰「不言」，第曰「罕言」，何也？利不言其私而言其公，命與仁不言其上而言其下，不言則無述，是以謂之罕也。

2 達巷黨人曰：「大哉孔子！博學而無所成名。」子聞之，謂門弟子曰：「吾何執？執御乎？執射乎？吾執御矣。」

○黨人以大稱夫子，以無名稱大，亦似知言者。但以博學爲大，以無名由博學而憾之，非也。夫子雖訝其不相知，亦喜其畧相似。非之不可，自任又不可，故就其言漫應云爾。執，猶《禮》云「執技以事上」之執，守也。守一藝，反博學也。黨人謂博學不成名，則守一藝可名也。射、御皆藝，而御尤易執，就黨人之言商之而不貴藝不近名之意自見。蓋黨人方以博學爲大，聖人以藝當學，見道不在博，而謂博學爲大者非也；名以藝成，見德本無名，而欲有所成名者非也。君子不多，豈以博學爲大？蕩蕩難名，惟無名乃所以大耳。《周禮》：鄉三物，一曰藝。藝有六，獨舉射、御者，御使人恭，射使人正，亦正心脩身之一事。古人貴賤通用，《詩》云：「叔善射忌，又良御忌。」如羿射，王良、造父御，皆成名也。此章與答子路浮海、陳司敗、大宰、荷蕢之類，語正而寬，約而婉，不强直而人悦服，見聖人氣象。

○達巷，巷之美稱。凡篇中名字，多因義起，詳見「互鄉」章。互鄉、闕黨，不美之名。此黨人頗知言，故命所居巷曰「達」。

○《淮南子》云：「造父之御，齊輯之于轡銜之際，而急緩之于唇吻之和。正度于胸臆之中，而執節于掌握之閒。内得于心中，外合于馬志。是故能進退履繩，而旋曲中規。取道致遠，而氣力有餘，誠得其術也。」

○《韓詩外傳》：「孔子云：『美哉顔無父之御也！馬知後有輿而輕之，知上有人而愛之。馬親其正而愛其事，至于顔倫少衰矣。馬知後有輿而輕之，知上有人而敬之。馬親其正而敬其事，至于顔夷而衰矣。馬知後有輿而重之，知上有人而畏之，馬親其正而畏其事。故御馬有法，法得則馬和而歡。』」

○射詳第三篇。

3 子曰：「麻冕，禮也；今也純，儉，吾從衆。拜下，禮也；今拜乎上，泰也，雖違衆，吾從下。」

○聖人周旋中禮，世俗人以爲反古。違衆，夫子言吾非欲違衆也。如冕用絲，非古，而于禮無傷，功且儉約，可從則從之矣。惟其有關于名分，如拜上之類，實難苟從，焉得而不違衆？此見聖人中和氣象，從違斟酌不爽，而通融順理，無矯世負俗之意，宜與「先進於禮樂」章同看，亦無意必固我之一事也，所以記于罕言、大哉、絶四之閒。

○麻，麻布。古無木棉，績麻爲布。古人麻冕絲屨。麻，地産。絲，天産。泰，象也。冕，冠之最貴者，有五等，説詳十五篇「顔淵問爲邦」章。古冕用三十升細麻布爲之。八十縷爲升，三十升，二千四百縷也。古者布幅廣四咫。八寸爲咫，則是廣三尺二寸。鄭康成謂「四」字積畫而成，當是三咫之誤，則廣二尺四寸，容二千四百縷，是每寸縷百也。細密難成，不如用絲功省。儉，省也。純，純絲爲帛也。絲細易，麻細難。

○《禮》：臣見君，有事於堂上，君賜則臣降自西階下，北面稽首再拜。君使小臣辭，則升堂，又稽首再拜，乃成禮。未有不下堂，輒拜堂上者。

○《周禮·大祝》：「辨九㩻拜，一曰稽首，二曰頓首，三曰空首，四曰振動，五曰吉㩻，六曰凶㩻，七曰奇基㩻，八曰褒㩻，九曰肅㩻。」㩻，古拜字。俯首屈躬交手曰拜。稽、頓、空三者，皆言首也。振動、吉、凶三者，皆言身也。奇、褒、肅三者，皆言手也。稽，叩也，以頭擊地也。頓首，頭著地不叩也。空首，頭懸空不及地也。振動，拜而戰栗也。吉，從容平等拜也。凶，哀痛迫切拜也。一拜曰奇，《儀禮》君答臣拜之類，不再也。崇讓曰褒，即今鞠躬長揖也。肅拜，直躬端肅，微下其手。答卑幼之禮，即今婦女立拜也。舊解殊未曉，詳《周禮》。

4 子絶四：毋意，毋必，毋固，毋我。

○絶，斷也。不續曰絶。猶《周禮・大祝》九祭七絶之絶，横斷也。人心物欲係累，無一息停，若非當下斬絶，終無已時。毋，戒也。四毋者，各絶之目。四者之生，如瓜瓞藤蔓，相續不斷。四者之毋，如林風水月，過而不有。念起曰意，期望曰必，疑結曰固，偏私曰我，皆係戀之私情。而理欲同出，四爲心累，即是心用。凡夫以此累心，聖人非離此爲心。但各止于其所，則意爲無意，必爲不必，固即不固，我即無我。如天地雨暘燠寒不時則恒而爲咎，不恒則時而爲休。絶者，不恒也。絶非枯槁，毋非强制，所謂無可無不可。邵雍謂「天根月窟閒來往」，此也。恒情横被，四者羅織，但能于起處即覺，覺即毋。一一毋，即一一絶，而羅織盡解。道書云「不怕念起，惟怕覺遲。念起是病，不續是藥」，此也。朱子云：「四者相爲終始，起于意，遂于必，留于固，成于我，我又生意，循環無窮。」不能逐一毋，則不能一切絶。《大學》五傳始誠意，諸惡由意作也。心如空鑒，意從空起。諸妄相續，聖人寂然不動，則意根絶。意絶則必固皆絶，而無我之體現。必與固莫非意，聖人用行舍藏，素位不願外則必絶。不信不果，惟義所在，則固絶。百念總歸一，我聖人將我身置在萬物羣中一例看，不私耳目形骸，則我絶。或曰：聖人心同大虚，焉得有是四者？蓋言絶，不得不舉四。四本凡情，絶即聖解。禪語云「但净凡心，别無聖解」，子云「吾嘗終日不食，終夜不寢以思」，非意乎？「始吾於人，聽言信行，今吾於人聽言觀行」，非必乎？「在齊聞《韶》，三月不知肉味」「顔淵死，哭之慟」，非固乎？「正己而不求於人」「我則異於是」，非我乎？大抵著則理即欲，不著則欲即理。絶四，不著也。心非土木，有意必固我，不成天理；無意必固我，不成人心。天理不越人心，非如佛氏云「我無一切心」，然後爲絶也。或云：必固可毋，意我焉能毋得？夫元氣元神，非二也。氣凝爲形，神融爲虛。世人執形骸爲窠臼，則情識錮閉；不執形骸，則同體虛無。凡人死後還空，聖人生同虛空，何我之有？意由心主，只名爲心，由知發名爲知。意字从音在心上。音，湆也。湆，羹汁也，如羹之沸于鼎。又「意，醷也」。梅醬曰醷，醞釀酸澀，非淡然之味，故名意。若知至心正，静以待感，何意之有？或曰：今人依四毋操心，重增障累，何也？曰：四者有無，惟在絶與不絶。凡夫扳緣不絶即有，聖人一絲不挂即無。所謂一絲不挂者，無而未嘗無，有而未嘗有也。若厭有離有，則有日增。執無求無，則無愈遠。聖人無諸所有，即有是無。故四者之心，在聖人分上名寂感，在凡人分上名意必固我。不言寂感，言意必固我者，即凡表聖也。或曰：凡心何止四？蓋虛靈爲陽，陽數奇，如三年學、三月仁之類，皆言善也。邪暗爲陰，陰數偶，如屏四惡、絶四毋之類，皆言惡也。或曰：四時、四德惡與？曰：四時之四統于春，四德之四統于仁，故四時爲五氣，四德爲五常，不定四矣。

5 子畏於匡，曰：「文王既没，文不在兹乎？天之將喪斯文也，後死者不得與去聲**於斯文也。天之未喪斯文也，匡人其如予何？」**

○此與「天生德於予」章並看，見聖人不憂不懼不惑，非託言自寬耳。往聖獨舉文王，夫子師文王者也。孟子謂文王五百歲至于孔子，聞而知之。《詩》云：「文王之德，不大聲色，不長夏革。不識不知，順帝之則。」又云：「無然畔援，無然歆羨，誕先登于岸。」雝雝肅肅，亦保亦臨。《大學》之言敬止，《中庸》之言純德，皆本于文王。其贊《易》，本文王所演，發揮《十翼》，聞而知之，皆此類也。茲，自指也。不曰道德，曰文，承文王之文也。典章曰文，道德之顯著也。道德不可見，典章可見，故六籍刪定，莫非文也。斯文者，天之心，命之府，天之不欲喪斯文決矣。後死者，指自今將來，死于文王之後者，己與來學也。死則不得刪定，來學不得與聞，而斯文遂喪矣。天佑斯文，必無此事。既不欲喪斯文，必存我以存斯文，匡人其如之何哉？畏匡在未歸魯之先，行藏不定，故云將喪。世有用我，闡揚斯文，以覲耿光。世不宗予，收拾斯文，以貽不朽，故曰在茲，曰未喪也。于桓魋言天生，明己之必生也。于匡人言後死，明己之必不死也。德成于生前，故以生承天心。論定于死後，故以死比往聖。本尼山布衣，而自謂接統前王，其自任之重如此，在衆人非狂則僭矣。子貢謂仲尼學文武本此，孟子言達尊亦本此。

○匡，衛地名。在今河南開封府睢州西三十里。陽虎曾暴于匡，匡人銜之。夫子去衛，適陳過匡，弟子顏尅御。顏尅嘗與陽虎俱，夫子貌似虎，匡人誤以爲虎，圍之。畏，危也。猶畏途之畏，即孟子所謂有戒心也。

6 大宰問於子貢曰：「夫子聖者與？何其多能也？」子貢曰：「固天縱之將(匠)聖，

又多能也。」子聞之。曰：「大宰知我乎？吾少也賤，故多能鄙事。君子多乎哉？不多也。」牢曰：「子云：『吾不試，故藝。』」

○大宰，吴大宰嚭也。多能，如鈞弋獵較，辨海鳥，識萍實之類。大宰所駭異者在多能，因多能而擬聖，其心疑而見鄙，故子貢首稱天縱將聖，以決其疑。言又多能爲餘事，以鄙其所貴也。縱者，篤厚之意。縱使無限，即多意也。將，猶帥也。才足以將物而勝之曰將，知足以帥人而先之曰帥。猶韓信將兵，多多益善之將。將聖，謂爲羣聖之統帥。羣聖皆其偏裨，而百家衆技皆其卒徒、武庫、器仗云爾，故曰「又多能也」。夫子聞人擬己，難于自任而不折衷，又恐害道，故不直斥大宰不知，而云「大宰知我乎」。乎者，疑而未信之辭。不言大宰見鄙，而云我少賤無位，不習大人之事，未奉教于君子，故嘗多能鄙事。鄙事何足以當聖？而君子者，聖人之徒也。道豈在多？統之有宗，會之有元，得其本即該末。不多也，此語可味。云「多乎哉，不多也」，猶云「不多乎哉，多也」。一即萬，萬原一。不多，非寡鮮之謂。道實未嘗有一物也。朱子謂三説以子貢之言爲盡，果爾，夫子何必再言？蓋多能即是下學，聖雖生知，于能未有不學而天自縱者。道自不在多，聖亦不廢學。若謂聖由天縱，則學無用矣。天縱又多能，則能不待學矣。將使學者廢學，以聖爲絶德，以多爲先務，故夫子以賤鄙當多，示不足貴也。以多能由幼學，明學不可已也。以君子爲不多，明道有本，不在藝也。琴牢之言，記者承「多能鄙事君子不多」而類記之，古本别爲一章，朱子合之亦可，而註則非也。子云者，琴牢述夫子之言也。試，用也。夫子嘗言人稱我藝，而我惟不用，所以爲藝。德成而上也，藝成而下也。大道不器，其取不窮。曲藝有方，其數易竭。使吾挾術以歷試于用，用無窮而術有限，何藝之能？吾惟不以藝用，則所用無非藝，即多而不多之道也。昔人謂夫子智過萇弘，勇服孟賁，足躡郊菟，力扛城關，而技不稱，勇不聞，即吾不試之謂也。

○又云：愚人智少事多，動而必窮。聖人智多守約，舉而必榮，即故藝之謂也。解者以不試爲不見用于世，故藝以徵少賤多能，甚無謂也。道本一貫，不用即一。一故不測，不測即藝，與下章無知空空意相通，故類記之。子貢言將聖又多能，恍惚此意，所以爲億中。

○《疏》云：當時唯吳、宋二國上大夫稱大宰，此吳大宰嚭也。《左傳》哀公十二年會于橐皋，吳子使大宰嚭尋盟，公使子貢對以免。又子貢嘗適吳，故知此爲吳大宰。

○《説苑》：「子貢見大宰嚭。嚭問曰：『孔子何如？』對曰：『臣不足以知之。』曰：『不知，何以事之？』曰：『唯不知，故事之。夫子其猶大山林也，百姓各足其材焉。』曰：『子增夫子乎？』對曰：『夫子不可增也。賜猶一累壤也，以一累壤增大山，不益其高，且爲不知。』曰：『然則子有所酌也。』對曰：『天下有大樽，而子獨不酌焉，不識誰之罪也。』」

○牢，孔子弟子，姓琴，字子開，一字子張，衞人。莊周謂與子桑户、孟子反三人爲友者。《左傳》云：「琴張聞宗魯死，將往弔之。仲尼曰：『齊豹之盜而孟縶之賊，女何弔焉？』」琴張，即牢也。

7 子曰：「吾有知乎哉？無知也。有鄙夫問於我，空空如也。我叩其兩端而竭焉。」

○此章言道本易知。聖人所不知，即愚夫所可知。教者與學者脉脉相證，自然神契，見聞知解，虛靈之障也。聖人無知非謙，是實語，即上章不多不試之意。聖心如空鑒，無見聞知解先主于中。學者以多識窺聖人，挾見聞知解求正，非莫逆之契，曾不如椎然鄙夫，不失其赤子之心，易于開發也。空本聖心無知之天，鄙夫亦復無知。空與空遇，是謂空空，如兩燭交映，同體無礙。擊空曰叩，如叩鐘叩户，鐘實無響，室喧無聞，靜自聞聲，虛自生響。其，指鄙夫。凡空有徼合兩，兩中藏端。當斯空空之際，我彼各有兩端。鄙夫來問，兩端方閉。所謂知其一，不知其二也。聖心一神化兩，彼叩我空，我以空遇，還復叩彼。所謂啟其憤，發其悱，舉一反三，便是兩端開。如齊王不能解于孟子何擇之難，是靈扃暫閉。孟子語以仁術，王心戚戚，則兩端立見。兩者，虛之郛甲也。果實甲皆兩，以含生炁。未叩，如秋冬堅合，生幾未達。既叩，如雷始發聲，孚破甲拆，混沌遂分。此是非之心，人皆有之。人有知愚，覺無先後，不慮之良，聖凡非殊。但能虛以待虛，其應自妙，以虛投虛，其悟自神。教者非能損一物補問者，而以虛應，教斯竭矣。問者未嘗受一物于教者，而以虛受，聽斯竭矣。所貴無知空空以此。蓋聖人雖爲凡夫師，而良知一竅，同爲道義之門，闔則失兩，啟則見端。抱空而來，天牖不發。乘空往叩，靈鑰自啟。教學所以相與，于無相與也。陸子靜云：「與有意見人說話，最難入。」游、夏諸子見解多，而中各有鄙夫之空，聖人皆叩其牝，而不能虛受，反謂聖人多知有隱。据此，無知既歸夫子，則此鄙夫合屬顏淵。其愚不可及也，故其鄙不可及也。

○有知之知，見解識情耳。無知之知，廓然空明，非知亦非不知。以爲知者，未離于知。以爲不知者，未離于不知。此心此理，自然而然。非知不知之所及，是謂無知。子思云：「雖聖人亦有所不知焉。」如目之視，耳之聽，手之持，足之行，知無所知，無所知知。聖人不識不知，亦復如是。

○道體惟一，其端名兩。不叩則一，空所含也。叩之斯兩，空所分也。故三才皆兩，兩一相參，至于巧曆不能算。一陰一陽謂道，天地之兩端也。無可無不可謂時，聖人之兩端也。不學而能，不慮而知，人心之兩端也。夫子教子貢曰：「夫言豈一端而已？」各有所合，聖教之兩端也。兩端，猶兩在。《易》云：「上下無常，周游六虛。」不可爲典要，故變化必兩而後見。在天爲寒暑晝夜，在人爲生死呼吸，在物爲雌雄牝牡，在事爲是非得失，在學爲上下本末。顯微内外，兩端即一貫。一而兩，兩而一，混兮闢兮之道也。乾知故一，坤能故兩。一闔一闢，《易》之門户。大道無方體，聖人惡執一？兩者，中所自出也，子莫執中，舉一廢百，大舜用中，執其兩端。中者兩之虚，中以虛存。老子云：「當其無。」謂之谷神，謂之玄牝。」叩兩者，叩其中虛，所謂谷神不死者也。谷、牝皆兩象，玄由牝出，神由谷生，是曰衆妙之門，皆蹈襲聖言而敷衍其旨。竭如叩罷響歇，復于無聲空空本初也。

8 子曰：「鳳鳥不至，河不出圖，吾已矣夫！」

○鳳，靈鳥。古聖帝在位，鳳鳥時至。伏羲世，河中有龍馬負卦圖出，皆聖人受命之符，亘古所希覯。而夫子所思若此其遠且大也。然則三代以下，中材之主，何足以塞厚望，而況于春秋以還之君臣乎？已矣夫者，絶望之辭。魯哀公十四年春，西狩獲麟，夫子年已七十有一。是年夏，齊陳恒弑其君，夫子沐浴請討，哀公與三家不可。於是始作《春秋》，遂以獲麟終。而請討之事，没而不書。已矣之歎，其在兹時乎？

○《説文》：鳳字从鳥凡聲，鳳飛則凡鳥從。《家語》云：「羽蟲三百六十，鳳爲之長。」《山海經》云：「丹穴之山，有鳥名鳳凰，自歌自舞，見則天下大安寧。」《蟲經》云：「雄曰鳳，雌曰凰。其雛爲鸑鷟。」《韓詩外傳》云：「鳳之像，鴻前麟後，蛇頸魚尾，龍文龜身，燕頷雞喙，五色備，出東方君子之國。」緯書：「鳳有六象，頭象天，目象日，背象月，翼象風，足象地，尾象緯。」又：「鳳有九苞，口苞命，眼合度，耳聽達，舌詘伸，色光彩，冠矩周，距鋭鉤，音激揚，腹文户。行鳴曰歸嬉，止鳴曰提扶，夜鳴曰善哉，晨鳴曰賀世，飛鳴曰郎都。」又云：「鳳負信戴仁，挾義膺文苞智，不啄生蟲，不拆生草。不羣居，不侶行。」《淮南子》云：「昔者二皇鳳至庭，謂伏羲、神農也。三代鳳至門，謂堯、舜、禹也。周室鳳至，澤德彌麤，所至彌遠。德彌精，所至彌近。」《帝王世紀》云：「帝嚳擊磬，鳳凰舒翼而舞。」《外史》云：「少昊時有鳳鳥適至以名官，有鳳鳥氏。黄帝時，鳳凰巢于阿閣。」《禮器》云：「升中于天而鳳凰降。」《國語》云：「周之興也，鸑鷟鳴岐。」解者遂謂舜時鳳儀，文王時鳳鳴岐山。按《虞書》云「簫韶九成，鳳凰來儀」，言和氣致祥，非必真有鳳至庭也。《國語》謂文王鳳鳴岐山，緣于《周書·君奭》云「耇造德不降，我則鳴鳥不聞」。此周公謂召公不肯留，使我不聞德音云爾，非鳳鳴之謂也。諸家之説，大抵多附會，漫録以資多識。

○河圖，伏羲時河中地産大馬，八尺以上曰龍，馬背毛色有斑，點五十有五，一六居後，二七居前，三八居左，四九居右，五十居中。聖人觀象，五爲參兩之合，居中爲數宗。一居北，中得五，外成六。二居南，中得五，外成七。三居東，中得五，外成八。四居西，中得五，外成九。又二五居中之上下，中得五，外成十。又二五合五，包孕五十五，通計圖數，實五十有五。居中者主數，居内者生數，居外者成數。偶者陰數，奇者陽數，奇偶相配，生成相得，皆自然之法象。説詳《周易》。或曰：河圖，玉也。玉有點文似圖。本《尚書·顧命》天球河圖生解，今觀聖言以與鳳鳥同稱，明是龜龍之類。

9 子見齊咨衰摧者、冕衣裳者與瞽者，見之，雖少必作，過之必趨。

○齊衰，喪服之重者，以麤麻布爲之。衣曰衰，衣下邊曰齊。不緝曰斬，緝之曰齊。不言斬者，包舉也。冕，冠之貴者。上曰衣，下曰裳。刺繡爲文章，貴人之服。《禮》：大夫以上皆冕服。見之，謂夫子坐而見彼人過前，彼人年長，夫子自起。雖年少，亦必爲起。作，起也。如夫子過彼之前必疾趨。哀有喪，敬有爵，矜殘疾而改容也。惻隱恭敬之心，人皆有之。惟聖人隨感順應，可哀而哀，可敬而敬，從心應矩。他人見，或冥然罔覺，或内有是心而外未必有是容，或外爲僞容而内無實意。惟聖人有感必通，顯微無間，故曰「無行不與」。當與「子食於有喪」「師冕見」《鄉黨》篇同看。

○喪服衰有五：一斬，二齊，三大功，四小功，五緦麻。惟斬、齊二衰爲父母之服，制同，但衣裳下邊母緝而父不緝，父重而母微殺也。衰以布一片，長六寸，博四寸，綴衣當胸曰衰，象孝子摧毁也。斬齊皆有正有義，子于父母爲正，臣妾于君父爲義。斬皆三年，齊有期杖，有期不杖；有五月，有三月。斬衰布，初喪三升，升八十縷。共二百四十縷，不成布。三月既葬，卒哭後，乃易以成布六升，四百八十縷也。凡冠布，細于衰布。斬衰初喪，冠布六升。既葬後，以初喪冠六升布爲衰，而冠布易以七升。齊衰初喪布四升，冠布七升。既葬，衰七升，冠易八升。禮所謂受也。大功八升，小功十升，緦麻四升半，數反少功布者。功以上，布縷不治。緦布則洗治其縷，細似朝服布，而升數減半耳。凡斬衰，子麻首絰，惡竹杖，絞帶，冠繩纓，菅茅屨。齊衰，枲麻絰，削杖，冠布纓，布帶，藨蒯屨。

○鄭玄解《周禮》冕衣裳五等，天子冕，十二旒，衣畫龍、山、雉、火、宗彝五。裳繡藻、粉、米、黼黻四。共九章，是謂衮冕，上公與天子同也。侯伯鷩冕，衣少龍、山，畫雉、火、宗彝共三，裳繡四與前同，共七章。子男毳冕，衣少雉、火，畫宗彝，而移裳之藻與粉、米共畫于衣爲三，而止繡黼黻于裳，共三章。卿大夫玄冕，衣玄色無畫，惟裳繡黻。此鄭玄之説。援《虞書·皋陶謨》舜云「予欲觀古人之象，日、月、星辰、山、龍、華、蟲，作會宗彝，藻、火、粉、米、黼、黻，絺繡以五采，彰施于五色作服」之語，割强附合，今用之，其實不盡通。詳見《周禮》。

10 顔淵喟（快）然嘆曰：「仰之彌高，鑽之彌堅。瞻之在前，忽焉在後。夫子循循然善誘人，博我以文，約我以禮，欲罷不能。既竭吾才，如有所立卓爾。雖欲從之，末由也已。」

○此顔子學聖人有得，而歸功于夫子也。道本諸心，達諸萬事，所謂一貫也。狥象逐外，其變無方，反求諸己，其本惟一。學者外盡其事理之詳，而内合乎中正之則。耳目不蔽于外，德性常主于中。内外合，顯微一，下學上達，聖人可學而至矣。仰、鑽、瞻、忽四者，設喻聖道之神，初入之難也。三「之」字，望夫子而言。仰，希冀也。彌，益也。彌高，穹隆無上也。鑽，探索也。彌堅，精密無内也。瞻，視象也。前後，變動無方也。顔子初學，即知宇宙上下，莫匪神化，見聖人生知安行，直欲全體擔任，與之方駕並驅。蓋天資高，材力勇，如驊騮登峻歷險，不知就康莊之可遊也。如鷹隼陵霄摩日，不知下平林之可集也。徒見道在聖人，而不求諸己。苦從入之無門，然後俛然服聖人之善教。循循，有次第也。善誘，方便引進也。不曰誨而曰誘，所以爲善也。既欲指其向往，又恐迷其路徑。既欲正其路徑，又恐阻其機緣。既欲迎其機緣，又恐偏其好尚。良工苦心，感恩追念，故曰善誘。博文、約禮二者，善誘之目，約四教而言也。道之著見者曰文博，謂多聞多見，好古敏求也。禮者，履也。天理之儀節根于心而履于事。五常百行，視聽言動，各有天則可履也。以其散見于典籍，故曰文。以其會合于身心，故曰禮。文散曰博，禮執曰約。博文，即博可見之禮。約禮，即約不見之文。子所雅言，《詩》《書》，即文也。執禮即禮也。終日與言是博文，克復四勿是約禮。誦《詩》讀《書》，精義窮理，以會諸心，而體諸事，所謂博學於文而約之以禮也。其在四教，博文即文也，約禮即行也，博我約我，即忠信也。我者，己也。君子求諸己，萬物皆備於我矣。顔子當初惟知注嚮夫子，夫子教以反諸己。博我以文，非博夫子之文也。約我以禮，非約夫子之禮也。道在邇而非遠，功在己而非人。教由夫子，故善誘稱人。學由自己，故博約稱我。于斯始信高堅前後，不越尋常日用。循循而誘，亦循循而入，雖欲止而幾自不容已。蓋夫子善誘二三子同也，他人氣濁而累重，誘之未必前。顔子氣清而欲寡，理順而機暢，言無不悦，語自不惰，非真有欲罷之心，而實無强作之勞，善誘使之然也。竭，盡也。才，力也。顔子天材縱逸，而聖教循循調伏，使順軌而趨，信步長途。曩時陵轢，奔驟之氣，潛銷默奪，不見有氣魄之可騁矣。《學記》云：「使人不由其誠，教人不盡其材。」若夫子誘顔子，乃爲由其誠，盡其材矣。伎倆情識既盡，本來天真斯現。蓋大道不越目前，向爲高堅前後，故茫然失措。自博約相尋，祇覺日用感遇，即神化性命。物物見則，事事見理，是非不能惑，利害不能摇，小體不能蔽，參前顧諟，是曰所立。隱而至見，微而至顯，是曰如有。確乎不拔，儼乎如在，是曰卓爾。此聖人三十以後，五十以前，下學功盡，上達天德之境也。欲，思勉力。從，從所立也。子云：「從心所欲不踰矩。」孟子云：「中道而立，能者從之。」末，無也。由，入路也。也已者，化之之辭。立者，立于彼，從則往而合之也。蓋道本虚無，誠著爲有，依傍文禮，故成卓立。從之者，將使耳目盡化爲文，精神盡化爲禮。妙合而凝，斯則不思不勉，與聖同歸，而神不可致思，化不可助長。天人境隔，凡聖路斷，非文禮可及，非博約可用。夫子無如回何，而回亦無如卓爾何矣，故曰「末由也已」。雖然，是乃真從真由也，即夫子所謂未見其止也。造詣至此，盎然天真，出乎不扃之户，行乎無跡之途。匪行邁而千里，匪兀坐而安息，正乃顔子所以終日從于夫子者也。説者謂顔苦孔卓，顔子生平不改其樂，而末路反苦乎？先儒詩云：「向來枉費推移力，此日中流自在行。」纔有蹊徑，即費跋涉，欲從末由，是顔子極樂境。夫子善誘，斯其至矣。蓋道惟中庸，德惟易簡。愚夫可知可能，即聖人所不知不能。執而不化，即同凡民。若有所由，依然仰鑽境土，故曰：「知者見之謂之知，仁者見之謂之仁。」與百姓日用而不知，其敝一也。博文約禮，是應病與藥。病痊藥除，執藥反病。顔子末由，已自傾翻藥籠。世儒更名顔卓，將聖道作題目看，誤天下蒼生多矣。子云：「可與立，未可與權。」權即末由也已。中道而立，能者從之。立而不從，非能者。從而有由，非從者。末由而從，從而末由，千古一顔子。欲從末由，即是欲罷不能至處。所謂默而識之，與夫子無行不與處相逢，在立卓時，猶未忘見，至此則見諦全忘，方爲真得。夫子自謂無知，謂回也屢空。禪語云「無一法可得，是爲得法」，蹈襲此意。顔子所以幾于聖人，世儒反謂顔子且住，從容俟之，何異説夢？或曰：顔子與聖人同與？曰：聖人從即是欲，顔子欲之而從。故一曰「從心所欲不踰」，一曰「雖欲從之末由」。有意無意，化與未化，毫忽之閒耳。此章歸美夫子曲成之恩，如天地生物、父母愛子，無以復加，所謂「回也視予猶父，予視回猶子。回死，曰天喪予」，此也。末二語辭謙讓而旨微妙，宛然聖人氣象。

11 **子疾病，子路使門人爲臣。病閒，曰：「久矣哉，由之行詐也！無臣而爲有臣。吾誰欺？欺天乎？且予與其死於臣之手也，無寧死於二三子之手乎？且予縱不得大葬，予死於道路乎？」**

〇子疾病，蓋失魯司寇之後。昔爲大夫有家臣，今去位，故無臣。疾甚曰病。門人，夫子之門人。子路同列，求、赤輩也。使爲臣，恐其不諱，治喪事也。《禮》：疾病，使人扶病者體，廢牀遷于地。

既死，夷于牀。含襲斂殯。主人昏迷不治事，大夫以下委其臣，士庶人委其親友。《禮》：扶君，射人師，僕人師。大夫則家臣也。子路以夫子嘗爲大夫，故使門人爲臣，有二意，一爲以大夫喪，視士庶加隆，如子皐死，襲用玄冕爵弁之類，謂之大葬，所以榮之也；一爲古人喪師無服，臣喪主，則義服斬衰三年，而後爲葬乎。此又甚無謂也。總之，歸于詐而已矣。死於道路，言無人葬埋也。《詩》云：「行有死人，尚或墐之。」《月令》：「孟春掩骼埋胔。」皆謂死于道路者。天下無有死而不葬之人，禮各從宜。貧而富葬，賤而貴葬，義不爲也。死而不葬，仁不爲也。墨氏薄葬，未嘗爲是。佛氏荼毘，夷狄之教矣。故欺天大葬，與死道路不葬正等。昔人謂桓魋石椁，不如速朽。陽虎璠璵，甚于暴骨。聖賢於生死之際，順天時行，况一息尚存，豈苟焉而已？所以知生則知死，善死乃善生，此章當與「顔淵死門人厚葬」章同看。《檀弓》云：「夫子之喪，公西赤爲志，用三代之禮，飾棺牆置翣。設披，周也。設崇，殷也。綢叨練設旐，夏也。」如此，則公西華行詐，又甚于子路矣。夫子與顔子葬皆不得順天，豈聖賢之素心乎？

○《喪大記》云：「疾病，内外皆掃。君、大夫徹縣，士去琴瑟。寢東首于北牖下。廢牀，徹褻衣，加新衣，體一人。男女改服，屬纊以俟絶氣。男子不死于婦人之手，婦人不死于男子之手。」

○《檀弓》曰：「扶君，卜人師扶右，射人師扶左。君薨，以是舉。」子路使門人爲臣，欲夫子死于臣之手，以此。

12 **子貢曰：「有美玉於斯，韞允匵獨而藏諸？求善賈古而沽諸？」子曰：「沽之哉！**

沽之哉！我待賈者也。」

○春秋無邦，夫子難仕。子貢設譬微諷之，非願夫子求仕也。子禽嘗言求，子貢亦非之，此爲不欲韞而言耳。良賈不易逢，故曰求，求則有願外急欲之意。言待，便允聖心矣，故夫子決己不欲藏，但從容以待。可止則止，可仕則仕，可久則久，可速則速，即待意也。天生美材，本爲世用。美玉韞藏則無用，君子遯世則無爲。故玉當沽，士當出，理也。但求賈則玉輕，求用則士賤，知幾適時而已。韞，蓄也。匵，藏玉之匵。坐販曰賈。善賈猶言良賈，能識玉平價者也，美玉須良賈。沽，賣也。曰我曰者，釋言己所以韞藏之故，非爲不沽而然也。藏玉以待良賈，守道以待明君，豈爲不欲仕乎？世儒因此章遂謂夫子周流爲仕，非也。爲仕周流，則求賈而沽矣。夫子有救世之志，實無求仕之心。夫子仕，必諸侯舉國委之乃可。齊景公一言不用，便接淅行。魯三日不朝，浩然長往。衛靈公問陳，明日遂行。子西阻封，迴轅返蔡。孔圉攻疾，退遽命駕。當時欲善賈能沽夫子之玉者亦罕矣。車不停軌，正爲天下無地可容。昔舜爲匹夫，一年成聚，二年成邑，三年成都。當時若不遇堯，豈無媢嫉之者？夫子尼山一布衣，而心悦服從者，尋常行處三千人，風聲赫奕。君子傾心，小人側目。如麟鳳失所，色舉而翔，至於萍飄蓬轉，乃所以明哲憂患，知幾不俟終日者也。顔子云：「夫子道大，天下莫能容。」不容何害？然後見君子。子曰：「回也，使爾多財，吾爲爾宰。」夫子之行藏，非顔子孰能窺之。故自言曰：「道之不行，已知之矣。」浮海居夷，往往發歎。魯爲宗國，三家之徒，妒忌尤深。至于末年幣召乃返，自歎吾衰，其意可知矣。所語荷蕢、沮、溺諸人，皆方便解釋，一片隱腸，千古誰語？良賈不逢，其終焉矣。下章即以居九夷承之，此記者測聖人之深。

○《禮記》：「子貢問玉。子曰：『温潤而澤，仁也。縝密而栗，知也。廉而不劌，義也。垂之如墜，禮也。叩之其聲清越以長，其終詘然，樂也。瑕不掩瑜，瑜不掩瑕，忠也。孚尹旁達，信也。氣若白虹，天也。精神見于山川，地也。珪璋特達，德也。天下莫不貴之，道也。』」《管子》及《説苑》諸書，往往有此語，小異。

○《周禮》：「以玉作六瑞六器，封建朝聘祭享用之。故禮執玉不麻。」又曰：「執玉襲。」又曰：「執玉者不揮，重之也。」

○《大戴記》云：「玉在山而木潤，川生珠而岸不枯。」

○《尹文子》曰：「鄭人謂玉未理者曰璞，周人謂鼠未腊者曰璞。周人懷璞問鄭賈曰：『欲買璞乎？』曰：『然。』出視之，鼠也，謝不取。」

○玉性寒耐火，故《易·鼎》之象取玉鉉。《淮南子》云：「鍾山崑崙之玉，炊以爐炭，三日三夜，而色澤不變，得天地之精也。」

○《尚書傳》：「堯致舜天下，贈以苕華之玉。夏有琬琰，周有天球。春秋時，魯有璠璵，晉有垂棘，宋有結緑，梁有懸藜，楚有和璞。」

○玉雙曰瑴，角十曰區。白玉曰瑳，赤玉曰瓊。色曰瑩，美曰璿、瑾、瑜。聲曰玲、瑲、琤、瑱、瑝。赤者如雞冠，黄者如蒸栗，白者如猪肪，黑者如淳漆。

○古文三畫均爲玉，二畫近上爲王。加二曲于旁爲玊，音粟。攻玉之工，《周禮》玉人是也。隸書加點王旁，以别于玉，非古也。

13 子欲居九夷。或曰：「陋，如之何？」子曰：「君子居之，何陋之有？」

○九者，數之聚也。《易》數一、三、五相倚爲九。凡數極稱九，如九天、九垓、九皋、九河、九重、九泉、九穀、九成、九合、九思之類，非必十損一之謂也。夷，易也。慢易無禮，化外之稱。九言其種雜而地遠也。春秋世亂，天下滔滔，五霸猖獗，假禮義爲盗蹠，借衣冠爲羽毛，曾不如夷狄之無衣冠禮義爲愈。夫子所以思居夷，而置此惡俗于不見不聞，寓言耳。陋，荒僻也。或人不知，夫子亦不暇深言，漫應曰：「君子無地不可居，何荒僻之有？」一腔衷曲，都未吐露。解者謂用夏變夷，所居則化，與子路聞喜何異？聖人豈真欲居夷？吾非斯人之徒而誰與？聖言多含蓄，解者往往失之。

○《風俗通》曰：「夷者，觝也。蠻者，慢也。戎者，兇也。狄者，僻也。」皆殊俗之稱，不定指何方。而《王制》云：「東方曰夷，南方曰蠻，西方曰戎，北方曰狄。」解者遂謂九夷在東，有九種。据《漢書·東夷傳》，畎夷、于夷、方夷、黄夷、白夷、赤夷、玄夷、風夷、陽夷爲九。又云：「玄菟、樂浪、高麗、滿郎、鳬臾、索家、東屠、倭人、天鄙爲九。」范曄云：「東方之夷，天性柔順，易以道御。昔箕子違殷，避地朝鮮，施八條之約，使人知禁。回頑薄之俗，就寛畧之法，故東夷柔謹，異乎三方。孔子懷憤，欲居九夷，豈有感于箕子邪？」按箕子故城在今遼東衞古平壤城，去島夷遠。倭人，即今之日本。其俗强悍，甚于南蠻北虜，何柔謹之有？甚不足据也。若執九種爲東夷，而《尚書》云：「明王慎德，四夷咸賓。」《周禮·職方》云：「四夷八蠻，七閩八貉，五戎六狄。」又云：「環衛服外五百里，皆爲蠻服。環蠻服外五百里，皆爲夷服。」《明堂位》又云：「六戎五狄。」《爾雅》云：「九夷八狄，七戎六蠻，謂之四海。」數皆參差不合。或又曰：「東方有君子不死之國，鳳凰所潛，子欲從鳳嬉。」尤爲無稽。大抵居夷即浮海之意，若云居夷，定是東方之夷，不知浮海定是何方之海。

14 子曰：「吾自衛反魯，然後樂正，《雅》《頌》各得其所。」

○帝王盛世，國史採詩，樂師掌之，諸侯羣臣獻之。民間歌咏謂之風，朝廷獻納謂之雅。雅，正也。宗廟誦揚功德謂之頌。頌，誦也。登諸歌工，合諸八音，協諸舞蹈，皆謂樂。樂，聲也，容也。詩，辭也，志也。猶今人以南北腔唱樂府辭。腔有聲無辭，《詩》有辭無腔。歌詠其辭，鼓吹其音，舞蹈其容。而其志與言，則存乎《詩》。故《詩》爲樂章也，《詩》正然後樂正。凡《詩》不出風、雅、頌三體，三體之詩皆可以爲樂歌。在文武成康之世，掌故完備。及周滅東遷，舊典散佚，孟子謂王者迹熄而《詩》亡。雖有存焉者，錯亂殘缺。如三家歌《雍》，亦由失所，乘隙僭亂，恬不知非。孟子謂諸侯惡其害己，而去其籍也。夫子周流四方，至魯哀公十一年，自衛反魯，道既不行，乃脩明六籍，删《詩》定爲三百十一篇。分屬三經，討其訛謬，翦其浮淫，敘其紊亂。《雅》歸于雅，《頌》歸于頌，《風》歸于風，即今毛氏所傳古序，蓋夫子手澤也。然三《詩》獨言《雅》《頌》者，何也？朝廷燕饗樂歌以《雅》，宗廟祭告樂歌以《頌》，廟朝禮樂之大者。《風》爲鄉國之詩，諸侯大夫小賓客聘享閒用之。惟二南，文王之詩。《關雎》《鵲巢》《采蘩》《采蘋》《騶虞》之類，射鄉用之。其廟朝大事，少有用者。蓋禮樂以宗廟朝廷爲先，古序犂然。但《雅》《頌》二《詩》，易于混淆。如《周頌·臣工》《噫嘻》，本皆告廟之歌，今朱子執爲戒農官，其辭似戒農官也；《閔予》《訪落》《小毖》諸篇，皆歌頌成王功德于廟，而朱子執爲成王自述，其辭似成王自述也。凡若此類，皆《頌》之似《雅》者。又如《小雅·鹿鳴》《四牡》《黄華》《常棣》《伐木》以下，雖皆樂歌，祇可用之朝廷燕飲賓客親戚朋友，而不可用之郊廟。如《楚茨》即古《采薺》，與《信南山》《甫田》《大田》皆思古以刺幽王，本皆朝廷之雅，而朱子執爲力農奉祭之樂，其辭亦相似也。又如《大雅·文王》詠文王受命作周也，《大明》詠文王有明德、天復命武王也，《緜》詠文王之興由大王也，而《國語》皆以爲兩君相見之樂。《鳧鷖》守成也，而朱子以爲繹祭之樂。《行葦》忠厚也，而朱子以爲祭畢燕父兄之樂。凡此皆《雅》之似《頌》者。然古序自明確，而先儒尚爾迷惑，況未正之先，以衆人讀之，其憒憒當何如？故《詩》苟不經夫子删，如《易》不經夫子贊，皆未易解也。然《雅》《頌》正矣，不言《風》，《風》豈未正乎？曰：「《關雎》之亂，洋洋盈耳。」不正何由洋洋？但可言正，而未可言得所，何者？正之以不正也。《詩》亡而《春秋》作，誰毁誰譽？《春秋》之義，與《國風》相終始也。《國風》首二南，其爲掌故之舊乎？未可知也。《邶》《鄘》而下，多東遷以後之詩，非舊明矣。十五國次第非舊，又明矣。王本《雅》而列爲《風》，王室已同諸侯也。魯本諸侯而無《風》，魯自同於天子也。《豳》本《雅》而附于先公之舊邦，所以終二南、宗《文王》，反本思先，而傷周公之衰也。故《詩》亡於東遷之後，《春秋》作于東遷之始。天下有道，禮樂自天子出。天下無道，禮樂自諸侯出。故《國風》不得與《雅》《頌》同得所，道其實耳。且魯以諸侯作禮樂，而列諸商周二王之閒，雖《頌》亦烏可盡爲得所乎？聖人所以難于言《詩》也。按夫子自衛反魯，在哀公十一年，年六十有八矣。吴季札觀魯樂，在襄公二十九年，計夫子生未十歲。先五十九年所言《雅》《頌》次第，與删後同。世儒不謂《左傳》爲後人僞作，而反疑《詩序》非古，其顛倒如此，又何怪乎其改古序也。嗚呼！非穎悟通達如商、賜者，誰與言《詩》乎？

15 子曰：「出則事公卿，入則事父兄，喪事不敢不勉，不爲酒困，何有於我哉？」

○大道精微，不越易簡，就常行處撿點，虧欠者儘多。恒人心麤罔覺，舍見在而騖高遠，學所以荒也。聖人生知，見道無盡，學無盡，尋常人事，即是精義入神。如出而在外，國有公卿，以卑事尊，夫誰不然？而細思之，貴賤相形，人己相隔，事使相待。心跡之閒，或矜持未化，或隆殺失體，或應對失宜，豈徒然奉承之？必使上下交際，適得乎以卑承尊之道，未容易也。又如入而在內，家有父兄，子弟事父兄，夫誰不然？而細思之，孝親敬長，其道多端，責任無窮，百行之原自此始。人皆有父兄，爲人子弟，而真能孝弟者幾，是尤未容易也。親喪人所同，而其事甚勞瘁，如始死三日不舉火，水漿三日不入口，晝夜哭不絶聲，三月不沐，杖而後起，期而練。始疏食菜果，三年憂，不飲酒，不食肉，寢苫枕塊，居倚廬，不入内。凡此皆人情所甚苦也。雖非勉强可爲，然三年之喪，亦已久矣。先王制禮，不敢不至，何得言不勉乎？至于飲酒，亦人之常。然飲則必醉，醉則亂性而喪儀，豈酒能困人？人酗于酒，爲所困而不自振耳。孰有能如禹之惡，如周公之誥，勿沈湎于酒者乎？蓋飲不醉爲難，醉不亂尤難，三爵不識，則舉止改常。欲温恭齊聖，顯允令儀，亦未易也。四者皆非甚高難行之事，愚不肖可知可能，即是聖人所不知不能，而其精粗顯微之閒，聖人所不能處，與衆人所能處，相去天壤。孟子云「動容周旋中禮，盛德之至」，而衆人之經德袛爲干禄，信言袛爲正行，哭死袛爲生者。若内外合一，顯微無閒，則中庸不可能矣。堯舜之道，惟徐行後長，夫子謂無行不與，空空無知，以此。大抵恒人道理生疎，自謂無缺，實不見缺。聖人自謂未盡，實是無盡。所以下愚麤率之極，上智精微之極，聖凡于此攸分。若但作謙而又謙，則聖言爲欺誑矣。聖人雖謙，終無誑語。

〇天子有公卿，諸侯有卿無公。《書·周官》：「大師、大傅、大保，兹惟三公。少師、少傅、少保，曰三孤。」杜佑謂三大爲公，三孤爲卿，與《周禮》六官共爲九卿。外朝左九棘，九卿之位，面三槐，三公之位。天子三公九卿，諸侯大國次國皆三卿，小國二卿。周衰，官職紊亂，諸侯僭王，邑宰亦稱公矣。故《儀禮》鄉飲、鄉射有諸公，此所謂公卿者。諸侯爲公，大夫爲卿也。又《周禮·地官》二鄉公一人，每鄉卿一人，鄉之公卿，皆有爵秩而無官府者。此言出則事者，或此類耳。尊貴之通稱，非定指三公九卿也。

〇《檀弓》云：「魯人有朝祥而暮歌者，子路笑之。子曰：『由，爾責于人終無已，三年之喪亦已久矣夫。』子路出，夫子曰：『又多乎哉？踰月則其善也。』」「子夏既除喪而見，予之琴，和之水漿不入于口者三日。杖而後起。』」以上三事即喪事不敢不勉之意。

水漿不入于口者七日。』子思曰：『先王制禮，過者俯而就之，不至焉者跂而及之。故君子之執親之喪也，和之而和，彈之而成聲，作而曰：『先王制禮，不敢不及焉。』」「曾子謂子思曰：『伋，吾執親之喪也，而不和，彈之而不成聲，作而曰：『哀未忘也。先王制禮，弗敢過也。』」子張既除喪而見，予之琴，

16 子在川上，曰：「逝者如斯夫！不舍晝夜。」

○逝水曰川，流行曰逝。如斯，歎辭，猶言何等也。舍與宅舍之舍同息也，言流行者若是乎曉夜不息也。九字連絡成文，聖人渾與道合，觸目見真。即水而非水，歎道而忘道。言水則著象，言道則添足。《易》云：「天行健，君子自强不息。」天行一刻停，則造化毀，羣生滅。聖人與天，至誠無息同也，故曰「道也者不可須臾離」，就目前指點共見者而言耳。若論不舍，何必川流？人身以内，爪生髮長，脉動息换，一晝一夜一萬三千五百呼吸，至死不停。天行一晝一夜一百八萬里，亘古如斯。故天道惟陽，而陰亦陽也。化機惟動，而静亦動也，故曰「生生之謂易」。易者，變也，動也。所謂逝者不舍也。離萬物則無以見天，萬物之往來不窮，即天命也。離萬事則無以見心，萬事之屈伸不已，即人心也。故水即是道，見水即見道。然言逝者，而不言來者，何也？逝即是來。《易》云：「往者詘也，來者伸也。尺蠖之詘，以求伸也。」屈以求伸，往以致來，一順一逆，故曰「數往者順，知來者逆」。幾非兩也，宇宙萬事萬物，新新非故。《易》每言攸往，不言攸來，往之所至即成來。千聖過影，百

年駒隙，常情執而不化，聖人所以露消息於逝者也。

○問：宇宙有窮乎？上下四方曰宇，往古來今曰宙，是爲無窮。然則無窮有窮乎？曰：無窮亦復何窮，是爲太虛。虛含炁，炁含靈。天地是大虛中一點靈炁，人物是天地中一點靈炁。來則乘虛，去則還虛，萬事皆然，人物皆然，天地亦然。故道莫大于虛，何以知之？以人心知之。人心即大虛也，大虛無窮，心量亦無窮。天地在大虛中，微渺耳。人在天地中，愈微渺耳。而大虛不能越人心，則是大虛小無內也。小既無內，大豈有外？凡有大必有小，有小大必有形。無形則無小，無小焉有大。無大小，焉論窮不窮，盡不盡？故曰大虛也。此理不可由而但可知，故聖人罕言。

17 子曰：「吾未見好德如好色者也。」

○傷生之事非一，好色則必死，聖賢非畏死而後窒慾也。脩德則自寡慾，理與慾，同出好德。人之秉彝好色，亦人之恒情。能遠色，即是好德。不好德，只爲有慾。故先儒云：「嗜慾忍與不忍，便見有德無德。」兩念相乘，正念清泠如水，邪念熾發如焚。其究也，一杯之水不能制車薪之火，愛成而德虧矣。未見有人能以理滅慾，以私易公者。故君子脩德，當以生身立命之原視德，而移其歆艷貪慕之念以好德。斯好無不篤，而德無不成矣。天下寧有是人乎？

○自「逝者」以下六七章，皆言進不可止之意。好德如好色，亦是幾不容己。恒人好德，一時偶合，好色則死而無悔矣。

18 子曰：「譬如爲山，未成一簣（塊，下同），止，吾止也。譬如平地，雖覆一簣，進，吾往也。」

○學不論先後，功不論淺深，顧立志向往何如。苟志不勇，即垂成之業，敗乃塗地；志勇，雖平地爲高，亦存乎我。功宜進不宜止，機在己不在人。生平向善，一念退轉，譬如爲山將成，衹少一簣，此何難往，而意怠思止，即止矣。棄擲由己，固非人所能阻也。抑生平蹉跎，一念乍新，譬如平地無因，初覆一簣，爲山雖遠，而決計欲往，斯往矣。奮發由己，又豈人能助乎？成敗之相違甚遠，而行止決于一念。一簣之所託甚微，而始終關乎爲山。故知功不可作輟，而無恒者罔終。道不可頓造，而欲速者不達。志決則氣勇，功漸則事成。勿以善小而不爲，勿以功高而自足。語云：「涓涓不息，流爲江河。」泰山雖高，塵壤之積也。聖言先止而後進者，言止以激人之進也。《荀子》云：「孔子曰：『如垤而進，吾與之。如丘而止，吾已矣。』」正襲此意。

○簣作蕢，塊同。《禮》曰：「蕢桴土鼓。」泥草爲鼓椎也。下篇云「荷蕢」，負土者也。孟子云「我知其不爲蕢」，不至無用爲塊也。古塊作凷，字書引「荷蕢」作「荷臾」，是凷字之誤。

19 子曰：「語之而不惰者，其回也與？」

○惰，昏怠也。語之不惰，猶終日言不違也，與尋常策勵者異。此言授受之際，神解默識，種子一落心田，即長養發生，如乾施坤受不停。若此者，惟一顔子。蓋其神氣清明，義理融洽，天機鼓舞，自然時習而悦。恒人累重神昏，是生急躁煩惱之病，倦怠願息之想。惰如弱水，不能浮芥，學之蠹，心之害也。日新又新，則生惡可已。《易》曰「天行健，自强不息」，不惰之謂也。

20 子謂顔淵曰：「惜乎！吾見其進也，未見其止也。」

〇進，向往也。止，休息也。與前章進止同。或云：止，究竟也。夫子惜顔子早死，不及見其究竟未然。蓋道無止息，逝者如斯，不舍晝夜。終食不違，乃不去仁。不止，正是進。非但欲罷不能是進，欲從末由尤是進。纔不進，即非道。夫子老將至，猶進也。死而後已，焉得止？至善雖可名止，進自不得言止。《易》道以《艮》爲止，動静不失其時。此聖人用行舍藏之意，顔子知幾與同，夫子見之矣。惜乎云者，惜其早死也。人方進而天殀之，儻至六十，未必不耳順；儻至七十，未必不從心。用行則必有功業，舍藏則必有作述，必不至泯泯而已，故惜之。非惜其學未成也，卓爾末由，不爲不成矣。

21 子曰：「苗而不秀者有矣夫！秀而不實者有矣夫！」

〇此因上章不惰不止類記之。聖人每以耕喻學，言作則必成，播則必穫也。穀始生曰苗，吐華曰秀，結子曰實。有矣夫者，難必之辭。苟得其養，無物不長。苟失其養，無物不消。初貴有終，志貴竟成。雖有嘉種，天施地生，而力苟不繼，鹵莽滅裂，或始作而輟，或半塗而廢，或垂成而鮮終。等雖不齊，同歸于無成。幾希雖存，涵養不繼，同于牿亡。有爲者未可恃其在天，遂忘其在人也。保所已得，而圖所未至，庶幾與聖賢同歸耳。

22 子曰：「後生可畏，焉知來者之不如今也？四十、五十而無聞焉，斯亦不足畏也已。」

○後生，謂年少輩。畏，猶貴也。言其年力有待，可以爲聖爲賢也。來，將來也。如今，如聖賢今日也。古者四十曰强而仕，五十曰艾，服官政。夫子四十不惑，五十知天命，所謂聞也。子云：「朝聞道，夕死可矣。」聞道，聖賢所甚貴也。後生四十、五十方來，及時自勉，則成其可畏。苟蹉跎不學，逮四十、五十，歲月悠悠，老猶面牆，所謂苗不秀、秀不實，亦復何畏之有？言可畏以歆其進，言不足畏以惕其止。甚言學不可不早，非謂五十以後，遂不當學也。晉郗超云：「有道之士，指寸陰而惜逝，恒自强于鞭後。」曾子七十以學，聞于天下。荀卿五十始遊學，公孫弘四十方讀《春秋》，朱雲四十始學《易》，皇甫謐二十始授《孝經》《論語》，蘇洵三十始讀書。幼而學，如日月之光。老而學，如秉燭夜行，亦賢于瞑目無見者耳。

23 子曰：「法語之言，能無從乎？改之爲貴。巽與之言，能無説乎？繹釋之爲貴。説而不繹，從而不改，吾末如之何也已矣[一]。」

○法語，法度之語。辭嚴義正，是非明白，理無可逃。雖桀傲者，焉得不服？從，猶服也。改，改行也。巽，風也，入也。微婉諷諭，如風入物，而物不覺。情無所拂，雖剛愎者，焉得不悦？繹與釋通，

[一]「矣」，底本原脱，據通行本及郝敬解補。

解也。既悦，則其機欲新，不解，則其故未舍。悦而不釋，從而不改，謂既與之巽言，又與之法語也。悦爲釋機，不釋者，昏頑之至也。從爲改路，不改者，傲僻之至也。巽而又法，則言者之術已窮。不繹又不改，則拒諫之志已決。始不繹不改，猶曰不知，知悦知從，又不繹不改，此明知其非而自遂，明知有善而不納。陽諾陰背，貌柔心險，怙終已堅，而吾説何由？狡黠自用，而忠言無補。故學者必有好善聞過之心，因其憤悱開導，則機易入。此初無意于受善求聞，而但有心于拒諫飾非，口耳聒聒，如無根之木，生意已死，灌溉雖勤，豈能回生，立見枯槁耳，故曰「末如之何也已矣」。

24 子曰：「主忠信，毋友不如己者，過則勿憚改。」

○解見《學而》篇。

25 子曰：「三軍可奪帥去聲也，匹夫不可奪志也。」

○志，氣之帥也。志苟立矣，天地鬼神應之，况于人乎？共姜，婦人也，誓死靡他，父母不能奪，而况烈丈夫乎？故曰：「志士不忘在溝壑。」君子進德脩業，莫先于立志。朱註云：「三軍之勇在人，匹夫之志在己，故帥可奪，志不可奪。」上一句形下一句，以甚言志不可奪，可奪之非志也。

○三軍，大國之賦。《周禮》：萬二千五百人爲軍。天子六軍，大國三軍，小國一軍。軍有將，皆命卿爲之。二千五百人爲師，師有帥，中大夫爲之。五百人爲旅，旅有師，下大夫爲之。百人爲卒，卒有長，上士爲之。二十五人爲兩，兩有司馬，中士爲之。五人爲伍，伍有長，下士爲之。又小師徒之職，五人爲伍，五伍爲兩，四兩爲卒，五卒爲旅，五旅爲師，五師爲軍。軍萬二千五百人，即鄉遂家之數也。家出一人，無事居鄉，則爲比、旅、族、黨、州。居遂，則爲鄰、里、酇、鄙、縣。有事出，則鄉遂皆爲伍兩卒旅軍師，民即兵也。大國三鄉三遂，共七萬五千家，而三軍止用三萬七千五百人者，民雖多而田不盡賦也。《司馬法》：十六井爲甸，一百二十八家共出一車，徒百人。此惟有千里之封，開方百萬井乃可辨。《孟子》《王制》謂大國地方不過百里，則《司馬法》爲衰世兼併之數耳。《管子·小匡》篇「三分齊國以爲三軍」，萬人爲軍，教士三萬人。《魯頌》：「公車千乘，公徒三萬。」解者据《司馬法》，蓋桓公之齊、僖公之魯若太公、周公百里之舊，則空國而出，亦不足矣。

26 **子曰：「衣敝緼袍，與衣狐貉**(霍)**者立而不恥者，其由也與？『不忮**(至)**不求，何用不臧？』」子路終身誦之。子曰：「是道也，何足以臧？」**

○衣，衣之也。敝，壞也。綿在衣内曰緼。古衣與裳殊，袍即今直身。狐貉，獸名。其皮毛深，宜裘，衣之華美者也。立，並立也。恥，恥貧也。士志於道而恥惡衣，未足與議。貧富相形，羨人之美麗，恥己之貧陋，凡民則然。子路器識高明，不以服飾美惡攖心，可謂大過人矣。忮，妒害也。求，貪得也。不嫉人之有而害之，不貪人之有而求之。其心公，其守固，用此行己處人，何往不善。此二語，《衛風·雄雉》之詩。子路終身誦之，即誦此詩也。凡《詩》曰誦。終身誦之者，書紳之意，終身不忘聖訓。意非不善，而夫子謂是道何足以臧，與前言頓異，何也？前所謂臧者，用此道行之，漸進于大公。後所謂不臧者，執此道守之，終止于一節。道不貴一節，而貴全體。學不貴已能，而貴未能。道之大，尚有進于不忮求，而學之敝，尚有甚于恥貧富者，未可執此爲至于穀也。忮求在凡民爲通病，不忮求在學者爲常行。不忮近仁，不求近義。而苟充類未盡，則不忮止于無欲害人，不求止于無爲穿窬之心，人皆有之，以爲絶德，而終身自足，豈得爲臧乎？

○學《詩》貴通達，故可以興。終身誦之，執而不變，便與風人之志違。夫子抑子路誦《詩》，與許子貢、子夏言《詩》可參看。後章引《唐棣》，聖人言《詩》，迥出尋常意表。

○《檀弓》：「子路曰：『傷哉貧，生無以爲養，死無以爲葬。』」《家語》：「子路見孔子，曰：『昔者由事二親，常食藜藿之食，爲二親負米於二百里外。』」故其言志曰：「願衣輕裘，與朋友共。」敝緼袍，乃子路實蹟。或云設辭美之，非也。

○舊註「緼，枲著酌也」，謂以枲麻著袍中。按《玉藻》云：「纊爲繭，緼爲袍。」練繭爲綿曰纊，纊著袍中曰緼。敝緼袍，舊綿衣也。《士喪禮》註疏云：「新綿爲纊，舊綿爲緼。」非必用麻也。

○《爾雅》云：「貍尼、狐、貒湍、貈貉醜，其足蹯，其跡内紐。」貈即貉也，四獸相似。《詩》云：「一之日于貉莫，取彼狐貍，爲公子裘。」《禮記》：「君衣狐白裘，錦衣以裼之。」語云：「千羊之皮，不及一狐之腋。」狐腋下毛白，以爲裘煖而輕。

27 子曰：「歲寒，然後知松柏之後彫也。」

○歲寒，歲將暮而天氣凝寒也。歲寒草木彫落，而松柏不彫。云後者，對先彫者言也。語云：「蒲柳之姿，望秋先零。」荀卿曰：「歲不寒，無以知松柏。事不難，無以知君子。」此章即甯武子「知可及，愚不可及」之意。主憂國危，平日趨勢附利之徒，落落星散，唯有忠臣義士，艱難共濟，周旋不舍。如宋室將亡，百官逃散，唯文天祥、張世傑、陸秀夫、謝枋得數人，所謂歲寒知松柏者也。尋常學問，雖小人勉强爲善，臨利害生死，則盡棄其生平。君子素位而行，顛沛必於是，松柏之心也。有松柏而不養，及乎霜降至，繁華落，荆棘滿庭，使松柏獨秀，非世道之福也。有國家者，知之在早耳。

○此章語法與「川上」相似，聖人無擇言，見不執象。在川歎川，見松柏歎松柏，而意象渾合。若水外更添道，松柏外更添君子，便不似。

28 子曰：「知者不惑，仁者不憂，勇者不懼。」

○知、仁、勇三者，天下之達德也。惑、憂、懼三者，人心之通病也。德不可僞爲，必義理精明，疑似不眩，乃爲知。必安土樂天，無惡于志，乃爲仁。必自反常直，利害不惕，乃爲勇。名雖三德，實唯一心。不惑、不憂、不懼，皆于念慮入微處體勘。一毫未盡，即虧全體。有蔽斯惑，有累斯憂，有歉斯懼，未可襲取也。夫子四十不惑，事理精融，顯微合一，方爲不惑。仁則守固行利，勇則持志帥氣，聖人生知，自安行而勇不足言。故知爲先，仁次，勇又次。不惑則自無憂，不憂則自無懼。懼甚于憂，憂甚于惑。孟子不動心之說本此。

29 子曰：「可與共學，未可與適道；可與適道，未可與立；可與立，未可與權。『唐棣之華，偏其反而。豈不爾思？室是遠而。』」子曰：「未之思也，夫何遠之有？」

○共學，有志者也。適道，用功者也。立，擇善固守者也。權，從容中道者也。人有志欲爲聖賢，則皆可與共學。然必精進勇猛，如三省四勿，日進不已，方可與適道。苟不行而坐謀，猶未學耳。然雖適道，而未經歷試，則守不定而廢于半塗。必其利害不移，久暫不二，然後可與立。所謂大人之事，立乎其大，而小者不能奪也。夫子三十，顏子竭才而始立。《學記》云：「九年知類通達，强立不反，是謂大成。」然尚費矜持，有適莫，則不能比義；有信果，則不能時中。時中之謂權，權由秤得名。秤之稱物，輕重無常，因物順應，而錙銖不差。惟聖人不思不勉，巽以行權，而立不足言矣。「唐棣」四語，古逸詩。棠棣，花蕊攢簇並蔕，開則反向外，故曰「偏其反」。詩義取花開蔕合，以比人遠心近。夫子引以譬權立，迹遠而道同，妙用存乎一心耳。心之官曰思，思曰睿，睿作聖。義精仁熟，則左右逢源。學者執情未忘，毫釐之差，頓成千里。苟迷途一啟，則上下一貫，始信聖人不知不能，即愚夫可知可能，何遠之有？《易》曰：「天下何思何慮？」又曰：「無思也，無爲也。」言不思而得，道之至也。又曰：「憧憧往來，朋從爾思。」子云「思而不學則殆」「以思無益」，言思爲道之累也。而孟子云：「思則得，不思則不得。」與夫子反《詩》意正同。蓋以思學無思，以慎思爲思，所謂有事勿正，勿忘勿助，化立爲權，故曰：「思之思之，又重思之。思之不得，鬼神通之。」至於鬼神通之，則天下何思何慮。不疾而速，不行而至，始可與權，故曰「何遠之有」。

○三千之徒，凡在聖門者，皆稱同學。其閒惟七十子是聖賢路上人，可與適道者也。道者，中而已，權即是中，學之極至也。坦然正路，而旁岐小徑無數，同在學問內，同此路上行，而究竟千門萬户，幾人能當聖人中道上立？除却顔、曾，如雍、賜、由、求輩，即不無小出入。至如曾子、子夏之後，變而爲吴起。荀卿學孔子，變而爲李斯。豈不適道？難保立不易也。況于執中用權，神化妙境，可易企乎？

○銖、兩、斤、鈞、石曰五權。造秤先權，秤之垂者曰權，平者曰衡。權先設，而衡依以爲平。衡上之數有定，而權無定。遇則合，而數自不可逃。故衡以比常，垂以比變。衡似物理，權似聖心。孟子云：「權然後知輕重，心爲甚。」談兵者曰：「運用之妙，存乎一心。」即思何遠之意。漢儒有反常之説，宋儒以爲害道，故割「唐棣」以下，别爲一章。按聖人引《詩》，本取反合之義，他花開則分，惟棣花開反合，猶弓弛向内，張反向外。故《詩·角弓》與《常棣》皆言偏反，以爲兄弟勿遠之比。則此章仍合之，其意始完。繫于篇末，爲道之極也。權不泥常，自不得不言反。不言反常，無以形權。聖人用權本如常，而常人見權則如反。常人所可，聖人無可，則與可反。常人所不可，聖人無不可，則與不可反。聖人所行是道，常人所執未爲非道。但常人祇是立，聖人始是權。常人之權，是秤之衡者。聖人乃是秤之垂者，如淫婦人不可見，衡也。聖人見之爲法天。如叛臣召不可往，衡也。聖人欲往爲反正。天下無道不當出，衡也。聖人周流爲避人。又如臣不當放主弑君，衡也。聖人放殺爲撥亂。

男女不親授受，衡也。叔援嫂手爲拯溺。聖人軒天揭地行來，皆道所當然，時所宜然，勢所不得不然。賢人不敢行，亦是道當然，分量宜然，規矩不得不然。賢人學聖人行不得，聖人自然如此行得。孔子無可無不可，責備伯夷諸人，亦無可無不可，則無一可矣。是謂反常行權，即「可與立不可與權」之分。顏子離不得文禮，曾子離不得忠恕，猶是未可與權。況後儒以道學當題目，著意做作，與世路觚稜不相入，並所謂立者，亦非矣。此際神明，默識存乎人。能與人規矩不能使人巧，故曰「思則得之」。記者繫之篇終，明無以加也。

〇唐棣，即常棣。俗呼棠棃。棃甘者曰棠，澀者曰杜。好生道旁。《本草》云「團葉弱蔕，微風大摇。花同蔕十餘朶，開則合併，各蕊外向，實子味澀，故名杜。」杜，寒也，澀也。澀而多刺，故《詩》以杕杜比無兄弟，即棣也。棃甘而枝條稠順，故《詩》詠常棣，比兄弟相親也。今人呼棃爲棃，呼棣爲棠棃，棃本棣枝接成，故是共本。

論語詳解卷九終

論語詳解卷十

郝敬 解

鄉黨第十

〇聖教莫急于禮，莫切于仁，爲仁亦惟復禮。二十篇中，亟言禮而不及禮事，夫禮不可枚舉也，故曰：「禮云禮云，玉帛云乎哉？」此篇記其畧節，以補聖言之未備，以證無行不與之實。就聖躬威儀可見者，録其彷彿如此。善學禮者，讀《鄉黨》一篇，三千三百可默會，聖人之精神可見，其言多與《曲禮》合，記禮者學聖人，非聖人學禮也。子思云「溥博淵泉而時出之」，孟子謂「動容周旋中禮，盛德之至」，非有摸倣，自然成象，所以爲聖人。學者必閑習于素履，默識于無象，然後可幾。苟徒刻畫比擬，豈勝强作之勞。神不可致思，化不可助長，從心所欲不踰矩，皆于此篇見之。録録續續，只是一篇記事文字。而舊本分章，今畧改訂，便初學云爾。

1 孔子於鄉黨，恂恂如也，似不能言者。其在宗廟朝廷，便片平聲便言，唯謹爾。朝，與下大夫言，侃侃如也；與上大夫言，誾銀誾如也。

○「孔子」二字冠一篇，皆門人隨處隨事，窺見夫子言貌起居，飲食衣服。描寫其似，固是皮膚，便是神髓。門人旁觀如此，聖人不自知其如此也。此章畧記其在鄉在國言語之節。鄉黨，父兄宗族所在。生於斯，長於斯，情真少文，反本不忘初，有寧儉寧戚之意。恂恂，謙恭朴實也。似不能言者，恂恂之狀。九字成句，畧重不能言。英華不露似之耳，非全默也。宗廟有禮法，朝廷有政事。《曲禮》云：「在官言官，在府言府，在庫言庫，在朝言朝。」便便，辯也。非有真見，言不能便便，便便則易放。唯謹，但不放也。恂恂，即不能言處恂恂。謹，即便便處謹。於字，與其在字。不能言與便便言，相反應，旁觀恰似兩截人，乃見變動時措之宜，從心之矩，後多倣此。朝，謂在朝。侃侃，和樂貌。上大夫，卿也。誾誾，微悦也。下大夫分卑，可以舒懷笑語，故曰侃侃。上大夫位尊，言語惟和平。

○按舊本之下「君在」至「與與如也」爲一章，朱子分「朝與下大夫」至「與與如也」自爲一章。按「誾誾如」以上皆言語，今合之。

○鄉黨，詳《雍也》篇。宗廟，詳《八佾》篇。

○天子四朝，一爲外朝，在皋門內，有三槐九棘之位。進爲庫門，有三府九寺，左宗廟，右社稷。廟社之閒，有詢事之朝。又進爲雉門，有百官宿衛之廨。又進爲應門，是爲中朝，東有九卿之臺。又進爲路門，爲內朝，即路寢之朝。本四朝而恒云三朝者，詢事之朝，非常朝也。諸侯無皋門、應門，其庫門即大門，其雉門即中門，其路門即內門也。內門三朝，與天子同，鄭康成之説如此。

○《王制》：天子，三公、九卿、二十七大夫。大國諸侯與次國，皆三卿，下大夫五人。小國二卿，下大夫亦五人。天子之卿爲上大夫。惟天子之大夫有中。《周禮》：六卿之副皆中大夫也，侯國之卿亦是中大夫。其餘大夫比卿爲降，皆稱下。故諸侯之大夫，無稱中者。卿對下大夫，稱上耳。《左傳》：荀庚聘衛，衛人欲尊之，云次國上卿。當大國之中，中當其下，下當其上大夫。小國上卿，當大國下卿，中當其上大夫，下當其下大夫。此媢晉人之權辭耳。大國三卿，司徒兼冢宰，司馬兼宗伯，司空兼司寇。《左傳》云：「季孫爲司徒，叔孫爲司馬，孟孫爲司空。」

○《說文》：「侃侃，剛直也。」《漢書》亦云：「侃然正色。」《家語》：「子貢三年喪畢，孔子與之琴，使之弦，侃而樂。」又《詩》云「坎坎鼓我」「衎我烈祖」，坎、衎與侃皆通，樂意也。聖賢言貌無純任剛直者，故曰「色思温」。與僚友言，剛直尤非所宜。閔子侍側誾誾，冉有、子貢侃侃，子路行行。子路惟其剛直，所以異于三子。若侃侃亦剛直，何以別于行行者乎？

2 **君在，踧**（促）**踖**（積）**如也，與與**（予）**如也。君召使擯**（病），**色勃**（弗）**如也，足躩**（匡入聲）**如也。揖所與立，左右手，衣前後，襜**（諂平聲）**如也。趨進，翼如也。賓退，必復命曰：「賓不顧矣。」**

○自此至第三章「私覿愉愉如」皆記夫子容貌，此一章爲君相禮之容。君在，君臨朝也。將言賓至，先記君在，爲主也。踧踖，仰見君而立不寧也。與與，猶豫豫，安舒貌。踧踖而與與，所謂恭而安也。擯，主君所使迎賓者也。勃，變色貌。躩，足不進貌。聞命而懼失禮于君，且懼使君失禮于鄰國之君也。賓至，主君迎于大門外。賓之相曰介，主之相曰擯。主賓接，必擯介居間，不徑相質也。《家語》：「子路云：

『士不中閒見，女嫁無媒，君子不以交。』」賓至大門外北向立，介序立于賓前，東向。主出大門外，南向立。擯序立于主前，西向。末擯與末介對，各以次傳辭，通主賓之意，然後主賓相見。推手曰揖，所與立，謂所與並立者。時夫子爲次擯居中，左則傳君言往，揖下人，左其手也。右則傳賓言復，揖上人，右其手也。以兩手推向左右，身不摇拽，故前後衣襜如整齊也。《爾雅》云：「衣蔽前謂襜。」《詩》云：「不盈一襜。」與幨、帷之幨通。車帷曰幨，言衣前後如幨帷，垂不動也。主賓既交，主延賓入。凡門外，擯介在賓主前，入則隨賓主後，介隨賓後，擯隨主後，入供事也。所立處相去遠，故進必趨。直前疾進曰趨，趨則手易散。翼如，如鳥飛。張翼端拱也。《記》云「疾趨則欲發，而手足毋移」是也。《禮》：賓退，主君送出門外，必再拜。賓避去，主君命擯送，反告賓，不顧。舒君敬也。

〇《記》云：「卿爲上擯，大夫爲承擯，士爲紹賓。」《周禮·行人》：「上公九介，侯伯七介，子男五介。」各隨命數。賓至次于大門外，主國之君爵公，則擯者五人，侯伯則四人，子男則三人。各用其命數之强半。降于賓，示讓也。賓下車，立于庫門外，直闑西，北面。介者以次立于西北，東面。每介相去遠近，隨命數。主出，立于庫門外，直闑西，南面。擯者以次立于主東南，西面。每擯相去遠近，亦隨命數。末擯末介對，東西相去遠近，亦隨命數。主命上擯請來事，上擯承主命，傳至承擯及末擯。傳末介、中介、上介，以達于賓。賓命上介復命，以次傳及上擯，達于主君，然後主君迎賓入。若鄰國使臣來，則主君立大門内，迎不出限，南面立，不傳命。上擯進至末擯閒，南揖賓。賓亦進至末介閒。上擯請事，八告君，君在限内，相與入也。以上鄭康成之説，亦未知是否。

〇《爾雅》：「室中謂之時，堂上謂之行，堂下謂之步。門外謂之趨，中庭謂之步。大路謂之奔。」

3 入公門，鞠躬如也，如不容。立不中門，行不履閾域。過位，色勃如也，足躩如也，其言似不足者。攝齊咨升堂，鞠躬如也，屏氣似不息者。出，降一等，逞顔色，怡怡如也。没階，趨，翼如也。復其位，踧踖如也。

〇此章畧舉入朝之容。天子五門，自外而内曰臯門，曰庫門，曰雉門，曰應門，曰路門。諸侯三門，曰庫門，曰雉門，曰路門。《考工記》：應門二徹三个。徹，轍也。一車二轍，其閒寬六尺六寸。三个，三車，共寬一丈九尺八寸也。門高大如此，曲身而入，如門不能容，恭之至也。門兩旁植木曰棖，兩扉合處，置橛窒扉曰闑。闑居中，往來出入由左右棖闑之閒。君出入由左，出則闑東爲左。入則闑西爲左，蓋君自内南面出，以東爲左，反以西爲左也。臣民出入由右，出則闑西爲右，入則闑東爲右，蓋臣民自外北面入，以東爲右，退以西爲右也。《儀禮》設俟以東方爲右个，升堂北面亦然，出入不敢當棖闑中央，立則必傍棖闑，避君出入之道也。閾，門限也。出入不踐踏。疏云：「所以爾者，嫌自高，不争，兼不敬也。」過位，過大門内君之虚位曰宁。君有禮事，如求神迎賓省牲器之類，常宁立于此。一曰著。《詩》云：「俟我于著乎而。」君雖不在，夫子過之必敬。門堂曰塾。羣臣入者，于此會集熟思然後入。有所當言，夫子亦言，但不諠譁，有似不足者。《禮》：臣見君，拜堂下。

君命升，乃升。如燕飲之類，卿大夫席皆在堂上。諸侯堂高七尺，每尺一等。升則以手收攝裳下邊，避足升也。凡衣裳下邊曰齊，一作齋。既登堂，則釋齊曲身而行。迫近君，則藏氣斂息。屏，猶藏也。一呼一吸曰息。屏藏其氣，似不息也。出，自堂出也。降，下階也。等，階級也。逞，舒也。怡怡，和悅也。遠君，故敬少舒也。没階，下盡階也。趨，疾行就位也。復位，復堂下序立之位也。仰見君，故踧踖。方敬而忽怡怡，怡怡而又踧踖。臣道主敬，和不勝敬，終之踧踖，以成禮也。自入公門至此，周旋中禮，變動不測，所謂順帝之則，從心之矩也。常人在朝未嘗不敬，而從容中道，自然應節，惟聖人能之。

○庫門之内，古謂外朝，即《王制》云「當宁而立」謂之朝者也。位當門屏之閒，天子屏在門外，諸侯屏在門内。古者君立受朝，羣臣皆立。其説始于《周禮》，大抵衰世之意。《郊特牲》云：「下堂而見諸侯，天子之失禮也。」此何但下堂耳？

○或問：攝齊升堂，手無所執乎？按古者臣見君執贄，左手執贄，則以右手攝齊。無贄，則執笏。攝齊，則搢笏。既升堂面君仍執笏，笏以記忘。故君前奏對必執笏，且致端肅也。或云：笏但搢，不執。或云：遇有事則搢。《玉藻》云：「凡搢笏必盥。」有禮事如祼將之類，將盥手，乃搢笏耳。

○鞠躬屏氣似不息，非聖人不能。老氏以存神馭氣爲胎息，佛氏以觀出入息爲圓通，可知皆《論語》之糟粕耳。

4 執圭，鞠躬如也，如不勝。上如揖，下如授。勃如戰色，足蹜蹜如有循。享禮，有容色。私覿，愉愉如也。

○此記夫子爲君聘享鄰國之容。天子分封諸侯，則削玉爲圭，頒以爲瑞節。朝覲會同，則執以爲信。夫子爲魯君聘問他國，或相君盟會，故執圭。必知此爲聘問者，盟會則兩君親見，大夫無私覿。有私覿，是聘問也。執圭，謂在本國始承命受圭。比至鄰國，奉圭致命于主君。將歸，主君使人還玉，皆使臣親受。執以授上介，與價人櫝而藏之也。如不勝，如重也。《聘禮》云「上介執圭如重」，《曲禮》云「執主器，執輕如不克」是也。上如揖，謂以左手在圭上拱護之。下如授，謂以右手在圭下承送之。上、尚通。《曲禮》云：「操幣圭璧尚左手。」拱抱曰揖，承送曰授。《聘禮》云「授如争，承下如送」是也。戰色，懼容也。《詩》云「戰戰兢兢」，非臨陣之謂也。足蹜蹜，不敢縱步也。如有循，如環物而行，周旋不離步武之間。《玉藻》謂「足毋移，圈豚行，不舉足」是也。按《聘禮》，使臣受圭，還以授上介，上介以授價人。堂上遞相授受，故足不移而旋轉，如豚行圈内也。兩手執玉不及攝齊，鞠躬磬折，垂佩委地，惟恐躡之而失容也。故《曲禮》云：「執玉不趨，行不舉足，車輪曳踵。」《玉藻》云：「執玉，舉前曳踵。」即蹜蹜如有循也。《聘義》云「君子貴玉」，非謂玉寡，故貴之也。君子比德于玉，瑕瑜不相揜，忠也。孚尹旁達，信也。聘享惟圭璋特達，以玉傳信，故使臣授君圭遂行，不宿留。至鄰國，使臣先執玉登堂，致命于主君，主君親授玉，然後享禮。蓋以玉表信，信達而後禮行也。主君受幣必還玉，以信往，亦以信歸也。君子不竭人之忠，以全交也。故圭玉者信也，使臣執圭，必致敬盡禮，此也。享，獻也。圭璋璧琮皮馬之屬，列于庭下，所謂庭實也。容色，從容和舒之色。不復如初致命之戰色也。初信未通，故懼。信既通，則兩主情達，使臣心慰，故有從容之色。既享禮，公事畢，最後使臣以私禮見，惟束錦乘馬儷皮之類，無玉。詳《聘禮》。或曰：人臣無私交，何以私覿？夫私覿，亦君命也。私主情愉愉可矣。愉愉，和悦也。非公事，不肅肅。

○聘事詳見《儀禮》。所執圭即是分封之瑞玉也。《周禮·大宗伯》以玉作六瑞，王鎮圭，長尺有二寸。公桓圭，九寸。侯信伸圭，七寸。伯躬圭，五寸。子穀璧，男蒲璧。《雜記》又云：「子男圭五寸。」凡圭形方而剡上，廣二寸，厚半寸。璧圜徑九寸，中孔曰好耗，孔外曰肉。《爾雅》云肉倍好曰璧，好倍肉曰瑗院，肉好均曰環。圭璧皆有繅藻包藉，所謂襲裼也。凡諸侯朝見天子，執圭合瑞以通信。既合，復頒之。衰世諸侯相聘享，使卿大夫執圭往。此五霸會盟，小國事大國之禮。以君命，故夫子亦行之。享禮亦自有圭璧，與瑞玉異。《周禮·春官·典瑞》云瑑圭璋璧琮以覜聘。蓋享禮之玉，以瑑文異也。小行人合六幣，圭以馬，璋以皮，璧以帛，琮以錦，琥以繡，璜以黼。束帛加璧于其上。以先將命，謂之特達。主人受其幣，則還其玉。《註疏》云：「上堂授玉于君，如揖而恭也。既授玉下堂，猶如授玉時，不忘敬也。」不似朱註据《曲禮》「執天子器上衡，國君平衡」，以揖授作平衡解，云：「上不過揖，卑不過授。」夫既平衡，又有上下，是聖人于禮未合矣，難据。

5 君子不以紺幹緅鄒飾，紅紫不以爲褻服。當暑，袗絺痴綌隙，必表而出之。緇衣，羔裘；素衣，麑倪裘；黄衣，狐裘。褻裘長，短右袂寐。必有寢衣，長一身有半。狐貉霍之厚以居。去喪，無所不佩。非帷裳，必殺晒之。羔裘玄冠不以弔。吉月，必朝服而朝。齊齋必有明衣，布。

○此章記夫子衣服之禮。染色由赤入黑曰紺，蓋赤色黑者。《考工記》：「三入爲纁，五入爲緅，七入爲緇，玄在緅緇之閒。」《爾雅》：「一染爲縓茜。」《檀弓》：「練衣黄裏、縓緣。」謂小祥練服，用縓色緣領袖也。縓字義與蒨通，今之紅色也。孔註謂一入爲緅，是以緅當縓，非也。紺、緅、玄、緇，皆黑赤，天地之盛色，朝祭正服多用之，故不敢以爲衣之緣。紅紫艷麗，近娬媚。褻服，小衣也。《士喪記》云「明衣縓綼緆」，是襲尸之褻衣用紅，古今同也。不以爲褻衣，嫌近于襲也。絺綌，葛也。精曰絺，粗曰綌。袗，單也。《士冠禮》：「兄弟畢袗玄。」《孟子》云：「舜被袗衣。」凡禮衣皆單，當暑衣亦單。在外曰表，内著裏衣，而以絺綌在外也。出，即外也。出之，出絺綌也。不復以他衣尚之。如《詩》云「蒙彼縐絺」，絺蒙于外也。云必表，反下裼裘言也。《禮》：表裘不入公門。皮在外曰表。葛必表，皮不可表。皮在内，外以布帛爲表，即所謂裼裘也。皮上加單衣曰裼，即禮衣也。禮衣之内，著裘以配衣，非以衣從裘也。古人聯皮爲裘，别爲袗衣以裼裘。今人裘上自有表，外又加禮衣，是禮所謂襲裘也。襲，重也。《記》云：「裘之裼也，見美也。裘之襲也，充美也。」緇，黑色也。緇衣，即朝服之禮衣。内以羔皮爲裘。羔有白有黑，黑白自相稱。或謂必用黑羔皮，拘也。麑、麛通，獸子也。凡小獸皮毛多蒼素，狐色黄，皆取稱衣也。鄭康成解《禮》，謂緇爲朝服，素爲視朔、聘享之服，黄爲蜡祭先祖、五祀之服。此章但記冬裘，非專論禮也。鄭説多鑿，詳後。褻裘，燕居之裘也。長，欲其温也。袂，袖也。右袖畧短，便作事也。夜寢必有衣，長過身，又半以覆足也，猶今之襌衣。何氏謂即衾也，朱子謂齊時用之，皆非也。聖人寢不裸裎，不僵仆，故特記之。狐貉，獸名。貉、貈通，狐屬，毛厚而温，于燕居宜也。去喪，平居無凶喪也。佩，備也。佩之帶閒也。《玉藻》云：「凡帶必有佩玉，惟喪否。君子無故，玉不去身。」自天子至士，皆佩玉以象德。孔子佩象環五寸。皆所謂德佩也。又《内則》男女佩紛帨、刀觿、礪管之類，所謂事佩也。帷裳，禮服之下裳，即端屬。用正幅連續如帷，近要處襞積使狹，今之裙也。禮服之裳不敢殺，他裳則必殺，每幅斜割倒合。如《深衣》篇云「要半下，齊倍要」，以爲私服。不用全幅者，省費也。羔裘玄冠，吉服也。《問喪》曰：「弔始死，主人未成服，未可遽用弔服。」但小變其吉服而往。《檀弓》云羔裘玄冠者，易之而已。若成服後弔，則各有當用之衰服矣。吉日，月朔也。古者舉事尚早，以朔旦爲月之吉。朝服，緇衣也，即玄端。凡古人公署皆稱朝，禮服皆稱朝服。見祖廟，見父母，皆稱朝見。凡吉禮衣色，皆尚玄纁。鄭康成謂緇衣爲朝服，素衣爲視朔之服，此月朔用朝服，則是鄭説未允也。必朝服者，以平居不仕言也。朝君于國，朝祖考于家，皆是也。明衣，齋明之衣，交神明者也。或曰：齊時沐浴則著之，用布不用帛，尚質也。至敬無文，不言色，承上亦玄也。《玉藻》云：「玄冠丹組纓，諸侯之齋冠也。玄冠綦組纓，士之齋冠也。」玄冠，則玄衣可知。《文王世子》云「疾則世，子親齋玄而養」，是齋衣皆玄也。

○《爾雅》一染謂之縓蒨，再染謂之赬嗔，三染謂之纁，皆染以丹汁也。《考工記》五入爲緅，七入爲緇，轉入黑汁也。然皆不言四入、六入之色，而《士冠禮》鄭註謂再入爲赬，四入爲朱。《淮南子》云：「以涅染紺，則黑于涅。」涅，黑色。蓋三染成纁後，四染仍丹則成朱。若轉入黑則成紺，以紺入黑則成緅。緅與紺類，六染以緅入黑，則成玄。七染以玄入黑，則成緇。玄、緇相類也。古者朝享禮服，多紺緅等黑赤色。木火之交，南北之正，天地之中也，周人尚之。

○《詩》云「爲絺爲綌」，皆葛也。《書》云「黼黻絺繡」，即今方目紗，可刺繡者也。俗呼布帛希薄者亦曰絺綌，不獨葛耳。

○鄭康成謂素衣麑裘，視朔之服。黃衣狐裘，蜡祭之服。按《郊特牲》云：「蜡祭皮弁素服，以送終也。葛帶榛杖，喪之殺也。送物之終，禮殺于喪，故衣素。祭舉于冬，故用麑裘。」則是蜡亦用素也。又云：「黃衣黃冠而祭，息田夫也。」息農之祭，亦于蜡月。士事尚黃，故用狐裘。二衣二裘，非必專爲視朔蜡祭，他事亦有用素用黃者，不獨蜡與息農耳。

○羔裘、緇衣則玄冠，以玄繒爲冠也。玄亦緇類，即今黑色之微赤者。天色玄，故古今人衣冠通尚之。一名爵色，禮有爵弁、爵韠。爵謂燕爵，玄鳥色也。《王制》云「夏后氏燕衣而養老」，即爵弁玄端也。燕爵緇玄，四色皆相似。由赤入黑，黑不離赤，周人所尚，故吉事多用之。

○冠與弁異。古冠小而弁大，圍額。《詩》云：「有頍者弁。」頍，圍額貌。古冠僅取撮髮，以緇布爲之，加于頂。《詩》云「緇撮」，即古玄冠也。夏曰毋追，小貌。殷曰章甫。甫、斧通，小而方。周曰委貌，制始大，委下冐貌也。冠弁異而色同玄。《詩》云：「其弁伊騏。」青黑曰騏，亦玄緇之類，皆吉服也。

〇弔喪，各以本服。無服者，于冠弁上加小絰，如環。身著細麻布衰。《周禮》所謂錫衰、疑衰者也。凡吉服布十五升，疑衰布十四升。緦與錫布皆十五升，而緦去其半。錫者，其色光也。洗治其布，不洗治縷，哀在内也。内戚之服緦者，其縷細也。洗治其縷不洗治布，哀在外也。外戚之服疑者，疑似凶服而已，哀輕也。

〇朝服，謂皮弁、玄端也。《玉藻》云：「天子諸侯常日視朝以皮弁、玄端。」服玄端者，上衣下裳，制皆端方而色玄。古端服非一，燕居亦端。禮服與燕居有辨，而制端色玄則同，即冕衣色亦玄，制亦端，但繡文異耳。故凡禮衣裳皆可稱端，用玄曰玄端，用素曰素端。鄭康成謂朝服緇衣素裳，視朔之服。白鹿皮爲弁，身著素積，衣裳純素，恐非也。按《士冠禮》皮弁服、素積、素韠，惟裳有積，以白布辟積爲裳，而衣或仍玄緇。用素積、素韠，以别于純吉耳。故《郊特牲》云：「喪禮之殺，送物之終，蜡祭用之。」月朔稱吉，吉主玄，喪主素。古今同也。若衣冠純素，豈吉日用喪服乎？《家語》：「季康子朝服以縞。」按，繒曰縞。大夫以下朝服用布，康子僭用繒，非謂衣裳皆縞素也。雖皮弁但存太古衣皮之意，加染造，綴采玉爲飾，非戴白鹿皮毛蒙茸於首也。即今尚方所製皮弁與革帶之類可知。

〇朱子以齊必有明衣布，連下章「齊必變食，居必遷坐」。又摘取「必有寢衣」「長一身有半」

二句，共合爲一章，謂爲謹齋之事。按，「明衣布」以上皆衣服，「齊必變食」以下皆飲食，宜仍舊。

6 齊齋必變食，居必遷坐。食不厭精，膾貴不厭細。食饐而餲隘，魚餒而肉敗，不食。色惡，不食。臭惡，不食。失飪任，不食。不時，不食。割不正，不食。不得其醬，不食。肉雖多，不使勝食氣。惟酒無量去聲，不及亂。沽酒市脯不食。不撤薑食，不多食。祭於公，不宿肉。祭肉不出三日。出三日，不食之矣。食不語，寢不言。雖疏食菜羹，瓜祭，必齊如也。席不正，不坐。鄉人飲酒，杖者出，斯出矣。

○此章記夫子飲食之禮。齊，謂凡有吉凶大事，齋心致敬也。變食，改常食也，如不飲酒、不茹葷之類。每食必潔，以潔其心也。遷坐，坐易常處也，如不宿于內之類。易其居，亦以易其心也。食，飯也。膾，細切肉也。飯美曰精，膾美曰細。厭、饜通，飫足也。不厭，不以美而厭足，猶《儀禮》厭尸之厭。食饐而餲，謂飯熱鬱閉以致臭也。《爾雅》云「食饐謂之餲」，注云：「饐，饖也。」《說文》：「饖，傷熱也。」以傷熱而致餲，非二事也。魚爛自內出曰餒，肉腐自外入曰敗。《公羊》謂梁亡，魚爛而亡也。兵陣外破曰敗。色惡、臭惡，皆謂魚肉也。飪，熟也。失飪，生熟失節也。不時，謂果穀不時，六畜不時，朝夕不時之類。食之則皆傷生，害德也。割，殺也。《禮》：大夫無故不殺牛，士無故不殺犬豕。平居殺牲爲口腹，不當殺而殺，皆爲不正。凡肉細剉，漬以鹽醯，皆可爲醬。古醬品不一，以和肉，各有宜。如《内則》云「濡雞醢醬實蓼，濡魚卵醬實蓼。魚膾，芥醬」之類。不得其醬，謂醬與所食肉不相宜，則不以其醬和之，恐傷人也，非惡不備之謂。人本元氣，資穀以養，肉味輔之。肉氣勝，則滯穀氣。穀氣勝，則滯元氣。肉之品多，不使勝穀，養生之理也。飲酒有量，一升曰爵，二升曰觚，三升曰觶，四升曰角，五升曰散，皆量屬。凡量物者，實必滿，傾必盡，多寡有程，如鼎俎奇，籩豆偶。食有一飯、三飯、五飯之類，皆有限數。惟酒合歡，獻酬畢，賓主脱履升席。如鄉飲酒脩爵無數，燕禮無算爵。蓋賓主非一人，飲有多寡，不必定爲量數也。無量，則隨宜斟酌，不可及于亂。無量，欲成其歡也。不及亂，欲盡其禮也。如《詩》賓筵之三章，則亂矣。《詩》云「人之齊聖，飲酒温克」「顯允君子，莫不令儀」，則不及于亂矣。不及亂，雖無量而各適其量，「飲酒孔嘉」，此之謂也。沽，賣也。沽賣之酒或不潔。肉切而乾之曰脯。市肆之脯，亦或不潔，故皆不食。薑，氣味辛香。《本草》云：「久食去臭氣，通神明。」每食後，借辛香之味，以散食氣，不與饌同撤也。不多食，謂凡飲食嗜味，以寡爲節。寡則皆能養人，多則皆能害人，而酒亦在其中矣。然則所謂無量者，豈多飲之謂與？祭於公謂助祭，於公家所賜胙肉，腥則烹而薦之，熟則先嘗而頒之，不留宿也。祭肉，謂家廟祭肉，祭畢輒頒，大約不得出三日。出三日，則人不食。申言所以不出之故，蓋肉至三日必敗。古者夏祭不殺，以敗尤不待三日矣。食不語，謂方含餔時，雖人有言，未即答。禮不容嘿，寧吐哺。若含餔語，失容，且妨哽噎也。寢不言，不自言也。寢自言，失晦息之常。聖心純一，養生亦在其中矣。疏，麤也。疏食，脱粟之飯也。菜羹，煑菜和米屑爲羹。古人飯必有羹，以肉湆和菜，此以菜和米汁也。瓜祭，食瓜而祭。《玉藻》云「瓜祭上環」，謂切其近上者，如環以祭也。古人每食，祭始爲食者，但尋常小物，祭未必齋。齋如者，恭敬之意。聖心顯微如一，無大小，無敢慢，非必如變食遷坐之謂也。席，筵席。古者坐則布席當户牖，與宮室同向。南向北向，以西爲上。東向西向，以南爲上，皆謂之正。此言不正，非必欲正向也。雖隅坐，亦必席與身相應，未有身隅而席不隅者，正坐可知。鄉人飲酒，即鄉飲酒。或射，或賓興，或蜡，或尋常燕集，鄉人尚齒。杖者，老人以杖自扶也。《禮》：「五十杖于家，六十杖于鄉，七十杖于國，八十杖于朝。」凡進止視長者，出則隨出，不先不後也。

〇上章記衣服必有寢衣，則夜不近婦人。此章記飲食不多食，則晝不至醉飽。遠色慾，薄滋味，養生養德之要也。故章内屢言不者，極致撙節之意。《禮》云「衣服在躬而不知名曰罔」，必如聖人於衣服，然後不爲罔也。又云「人莫不飲食，鮮能知味」，必如聖人于飲食，然後爲知味也。子云「誰能出不由户，何莫由斯道」，必如聖人出入公門，行不履閾，然後爲由道也。凡此可知無行不與之教。

〇齊必變食，何註云「改常饌」，本《周禮》解也。朱註云「不飲酒，不茹葷」，本《莊子》解也。蓋齊有吉有凶，大祭祀之類，吉齊也；大災喪奠之類，凶齊也。吉則但改常饌，凶則不飲酒食肉。《莊子》云：「孔子謂顔淵曰：『齋，吾語汝。』對曰：『回家貧，不飲酒不茹葷數月矣。』孔子曰：『所謂齋者，非不飲酒，不茹葷之謂也。』」故禮有飲不至醉之説。《周禮》膳夫職「王齋日三舉」，大牢具曰舉，此所謂改常饌也。禮家言多端，當以《論語》爲正。既云衣布遷坐，又多殺牲，飲酒食肉，可乎？

〇精字，从米、青聲。米之精鑿者，色近青。青者，晶也。粟一石，舂米六斗曰糲。糲一石，舂九斗曰粺，八斗曰鑿，七斗曰侍御。鑿與侍御，皆精屬。或云：粟一石，舂米五斗曰毇毀，四斗曰鑿，三斗曰精。

〇《記》云：「牛與羊魚之腥，聶而切之爲膾。麋鹿爲菹，野豕爲軒，皆聶而不切。」註：「聶，牒也。」先薄切爲大葉，復報切之。再横切曰報。朱註解不厭，謂以爲美，非也。二不字，與下文不字一例，皆節制之意。

〇《周禮·醢人》之醢與醬，皆醬也。水陸肉味諸品，和以蔬菜，漬以鹽醯，久之成醬。古人和醬，必辨百物之性，今不復可考。即如《漢書》南越食唐蒙蒟矩醬，交廣溪蠻收蟻卵淘漉爲醬，即古蚳池醬也。《白虎通》有榆筴醬，唐俗有葫蘆醬，用之各有所宜，不宜而食恐害人。朱註謂無害于人，惡其不備，非也。

〇沽、酤同，賣也。即「求善賈而沽」之沽。漢法有榷酤税酒也。《詩》云「無酒酤我」，謂無酒則有賣者。註謂一宿酒，作攻沽之沽解，苦也。夫酒者久也，一宿成，不謂之酒矣。凡小禽全乾者曰腊，析肉爲片乾者曰脯。脯，甫也。甫切即乾，無滋味之和也。施薑桂曰腶脩。屠肆中之脯，不辨爲何肉，恐不潔，食則傷人。

〇薑味辛氣香，咀之能解昏睡。《儀禮》云：「君子問夜，膳葷。」皮几閣閒常置，故不撤。非必留之坐隅也。

○古人祭而饋肉曰胙。胙，祚也，謂致福。生曰脤，熟曰膰。三日者，自祭日昧旦至明日頒胙，前後經三日矣，如喪二十五月謂三年之類。凡古人言三，非恰恰然也。

○瓜祭，食瓜而祭。《詩》云：「七月食瓜。」《郊特牲》云：「天子樹瓜華。」《曲禮》云：「爲天子削瓜者副劈之，巾以絺。爲國君者華花之，巾以綌。大夫累倮之，士疐帝之，庶人齕覈之。」《玉藻》云：「瓜祭上環，棄其所操。」古人每事不忘初，食瓜則祭始種瓜者，如將田祭貉，將射祭侯，用火祭爟，行師祭禡。先爨先竈，先農先卜，先馬先牧之類，皆有祭。

○古者坐席，織蒲或竹、或葦爲之。天子諸侯席緣以文繡，士席無緣，皆長七尺、廣三尺三寸爲度。凡布席，天子五重，諸侯三重，大夫再重，羣居一席坐四人。若五人，則長者異席。賓主燕會，則人皆專席。衆賓席皆不屬，饌陳席前，不于席上。正饌在左，庶饌在右，閒可容人，謂之長筵。凡坐不中席，有憂者側席，有喪者專席。坐曰席，燕曰筵，卧曰衽。

○《禮》：「一命齒於鄉，再命則不齒，再命齒于族，三命則不齒。」欲使鄉人知貴貴也。又云：「族有七十者，不敢先。」貴老，老之仁也。蓋七十則杖于朝，故貴不先老。夫子爲魯司寇攝相，論貴則命卿。當時諸侯卿大夫，命于天子者少，然爵至卿相，鄉人六十者自不當與齒，聖人出必後之，是于六十者亦不肯以貴先之矣，所以爲厚。

○朱子以「席不正」自爲一章，「鄉人飲酒」連「鄉人儺」爲一章，今依舊本合之，皆飲食之事也。

7 鄉人儺羅**，朝服而立於阼階。**

○自此以下至終篇，皆雜記夫子應酬之禮。儺，逐也，驅逐疫鬼也。凡陰慝之氣勝則爲鬼，人衆喧闐，則陽盛陰滅。《月令》：歲有三儺，惟夏不儺，以陽氣正中也。季春國儺，天子諸侯行之。陽氣方遂，慮有伏陰，聚衆喧逐，使和氣充盈，春陽畢達也。仲秋陰氣尚微，天子爲陽主，儺以逐秋氣，不及國與天下也。季冬二陽初生，陰氣方盛，天子乃命天下大儺，以逐寒氣。《周禮·方罔相想氏》：「狂夫四人，蒙熊皮，黄金四目，玄衣朱裳，執戈揚盾，帥百隸驅疫鬼，祖裼叫號，比户蒐索。」事近于亂。古人因民俗而爲此禮，以王命事鬼神，故聖人禮以行之，静以鎮之，莊以涖之，所以防其狂逞，節其悖亂之道也。以主待客，以静勝躁，以衣冠馴强暴，聖人舉動卓有至理。古凡禮服，皆稱朝服。《郊特牲》云：「鄉人裼，孔子朝服而立于阼階，存室神也。」儺則羣隸祖裼，故聖人盛服。鄭玄謂裼作裼，鬼也。存室神，亦記者附會之。朱子謂「恐驚先祖五祀之神」，夫儺入宅舍，非入祖廟也。先祖五祀驚，豈朝服立阼所能定乎？聖人舉動，必無迂闊。東階曰阼。凡禮事，主人位東階上，西面。古者堂階無中，惟有東西階，主賓由東西升，地道尊右，故右爲賓階。東方爲生氣之主，故東爲主階。秦人始作甬道居中，非古也。《明堂位》「三公中階之前」者，兩階中也，猶言階閒，非三階也。

8 問人於他邦，再拜而送之。康子饋藥，拜而受之。曰：「丘未達，不敢嘗。」

○問猶遺也。《詩》云：「雜佩以問。」凡問人者，必有以遺之。送使者行而後拜，爲拜所問之人，非專拜使者也。《儀禮》：主人送客大門外，客去，主人皆再拜送。《玉藻》云：「士於大夫，不敢拜迎而拜送。」《禮》：尊者賜之車，則乘以拜賜；衣服，則服以拜賜；飲食，則嘗以拜賜。康子，魯大夫。孔子以哀公十四年自衛反魯，年將七十矣，于鄉爲先達，于國爲元老。雖朋友之饋車馬不拜，而康子以新進大夫饋藥，夫子輒以尊者禮禮之，敬其爲時宰執政，亦見陽貨之意云爾。然拜受矣，又不嘗。不嘗矣，又告。不嘗不以告，則欺。他日疾愈，相見問，何以應？告則極難爲辭，曰：「丘未達，不敢嘗。」以情語也。又若爲問之者然。此應變之權，非聖人不能。

9 廐(救)焚，子退朝，曰：「傷人乎？」不問馬。

○馬室曰廐。焚，誤燒也。退朝，自公朝退也。廐焚則傷馬，倉卒唯問傷人，此聖人愛人之誠意，出于無心。而門人旁窺其深，謹記之。微創曰傷。救焚急迫，慮恐傷人，非謂死亡也。有死亡，不待問知矣。竟亦問馬，但乍問且未遑，所謂不識不知，從心之矩也。朱註謂貴人賤畜，理當然，則涉有意矣。

10 君賜食，必正席，先嘗之。君賜腥，必熟而薦之。君賜生，必畜之。侍食於君，君祭，先飯。疾，君視之，東首，加朝服，拖紳。君命召，不俟駕行矣。

○君賜食，賜所食之餘也。《禮》：餕餘不以祭，豆閒之祭則有之，不以薦也。先嘗，嘗後頒賜也。

必正席，致敬如對君也。腥，生肉也。非熟非餕，必熟之以薦祖考，榮君賜也。不先嘗，薦而後嘗也。生，牲也。畜之，仁君賜也。侍食於君，陪食君側也。祭，祭豆閒也。《禮》：凡食必祭，賓主敵，則賓先祭，臣不敢當賓。故君祭，臣不敢祭。而先飯必君命祭，乃祭也。先飯亦非遽入口也，蓋祭則取少飯置之豆閒，不祭則取飯置手中，示將食，不遂以祭也。疾者，恒寢北牖下。君臨視，移置南牖下，使君南面視己。首必向東，蓋君入臣家，君爲主，由東階升，東首，以迎君也。《玉藻》曰「居常當户，寢常東首」，以東爲生方也。加朝服于身，拖大帶于上，如平時見君然。君召，往不俟駕。即《詩》云「顛倒衣裳」之意，赴之速也。大夫不徒行而亟趨，故不待駕，非駕至不乘也。

○大帶之垂者曰紳，禮服有大帶，以繒帛爲之。有革帶，皮爲之。以懸韠與佩，在衣之内裳之外。大帶在衣外，有辟積、有組，以紐結于前。兩端下垂，與裳韠齊。《玉藻》曰：「紳韠衫三齊。」制詳《玉藻》。

○凡禮書所言禮事，多因聖人已行之蹟，著爲式，而或緣飾之過。如君祭先飯，疾東首，不俟駕行之類，自聖人作古，非聖人依倣爲之也。《士相見禮》云：「君賜之食，則君祭先飯。徧嘗膳，飲而俟，君命之食，然後食。」《玉藻》云：「君賜之食而客之，則命之祭，然後祭，先飯。」又云：「食于先生異爵者，後祭先飯。」《少儀》云：「侍食于君子，先飯而後已。」蓋食先祭，祭先尊者。君祭而已亦祭，是與尊者同也。君祭而已虚食以待，是己亦欲祭也。故于君祭時，臣先舉飯。將食，示不敢祭也。待君命之祭，然後祭。蓋賓禮先祭而後飯，所重在祭，敬神也。臣禮先飯而後祭，所重在飯，敬君也。其祭也非離廣，其飯也非遽入口。先後袛争斯須之閒，如始食，不待尊者請而舉箸。既食，待尊者畢而放箸，是曰先飯後已。行之不善，則傷于野，而《儀禮》《玉藻》附會之，解者謂先飯如膳夫嘗食然。又云導尊者食，皆過也。大抵聖人所行禮，必無迂闊。

11 入大廟，每事問。

○大廟，君始祖廟。入，入助祭也。儀文器數必詳問，謹之至也。見《八佾》篇。

12 朋友死，無所歸。曰：「於我殯病。」朋友之饋，雖車馬，非祭肉，不拜。

○無所歸，謂客死者。人死既棺斂，則爲坎西階上，塗柩其中以待葬曰殯。殯，賓之也。西爲賓階，死者如客，故賓之。庶人死三日而後殯，三月而後葬。不曰於我葬，曰於我殯者，初死，所親遠，未至，故代爲殯，若所親無人，則亦於我葬矣。朋友通財，常也。車馬雖重，財耳。祭肉雖微，禮也。輕財，故不拜。重禮，故拜。非薄車馬也，明祭肉之爲重也。不拜車馬者，視朋友之車馬，猶己之車馬，所以親之也。必拜祭肉者，重朋友之祖考，亦重己之祖考，所以敬之也。

○《家語》：「子貢問于孔子曰：『客至，無所舍，而夫子曰：「生於我乎館。」客死，無所歸，夫子曰：「於我乎殯。」禮與？仁者之心與？』子曰：『吾聞老聃曰：「館人使若有之，惡有有之而不得殯者乎？」夫仁者，制禮者也，稱其義以爲之宜。』」

○禮惟君賜，車馬乘以拜賜，衣服服以拜賜，酒肉之賜弗再拜。朋友之饋，即車馬亦不拜。饋肉惟祭祖考者拜，尋常酒肉亦不拜也。

○朱子云：朋友死，於我殯。義固如此。後世同志者少，泛交者多，隨宜量力，從厚可也。若一一周旋，却是曲意狥物。古人於此等處自公明。如交友稱其信也，執友稱其仁也。師哭諸寢，朋友哭諸寢門外，所知哭諸野，亦自有節，拜饋可推矣，故禮以義爲質。

13 寢不尸，居不容。見齊衰者，雖狎必變。見冕者與瞽者，雖褻必以貌。凶服者式之。式負版者。有盛饌，必變色而作。迅雷風烈必變。升車，必正立執綏芮平聲。

○此章皆從無意處窺見聖人周旋中禮，而雜舉其事。若鄉黨宗廟朝廷聘享，衣服飲食交際，禮法之會，稠人之中，時或振飭。至若寢若居，若狎若褻，乍見偶遇暫立，無心感應，而纖悉中規矩，非盛德其孰能之?寢不尸，謂清明在躬，知通晝夜，不似恒人倒榻僵卧，塊然如尸也。前云「必有寢衣」，正以此。居不容，即燕居申申夭夭，無壯厲之容。蓋寢尸則神死，居容則形勞。見謂隨在乍見，狎謂所親狎，褻謂私居。必變者，見可哀則忘狎。以貌者，見可敬可矜則忘褻也。凶服者，謂服凶服之人，即前所見齊衰，此則自車上見也。負版，即凶服。以麤麻布一幅，綴當背曰負版，當胸曰衰。《喪服記》云「衰長六寸，博四寸。負廣出于適寸」，是也。五服皆凶，有負版者爲大喪。見齊衰凶服者，見其人來也。負版，見其往也。式，憑軾致敬也。舊註負版謂持邦國圖籍者，重民數，故式。按《周禮》

司民職云：「三年大比，以民數詔司寇，孟冬獻于王。王拜受，登于天府。」此記聖人尋常所見耳。版籍三年乃一獻，且安知獻者必負以背乎？安知所負版非他典籍乎？帝王盛世乃獻民數，春秋時焉有此？故難据也。盛饌，非大燕饗而盛陳飲食。必變色立，以示不安也。聖人崇儉，無故不殺。盛饌非時，故變色也。作即下章「三嗅而作」之作，不坐也。《少儀》云：「飲酒者，有折俎則不坐。」《鄉飲酒禮》：「主人請坐于賓，賓辭以俎。主請徹俎，而後脱履升坐。」今盛饌，是折俎也，故不坐。迅雷，疾雷也。風烈，風猛也。皆天之怒氣。天怒，天子察于天下，諸侯察于國，卿大夫察于家，士庶人察于身。恐懼脩省，自不容已。聖人與天同運，焉得不變？升車，車自後升，有索挽之曰綏。御者先升，以綏授尊者。尊者將升，待綏則少立。立則必正，正立乃執綏。斯須之頃，而從容整暇，所以爲周旋中禮也。舊本分章各異，今合爲一章，錯舉泛應之事也。

○式、軾同。古者乘車立，惟老人、婦人坐。馬驟車疾，輿前横木高五尺五寸曰較，使乘者憑以立較下，又横一木，高三尺三寸曰軾，《詩》所謂重較也。乘者遇有所敬，則下其手俯躬曰式。凡升車有二綏，正曰良綏，副曰貳綏。僕者執貳綏先升，取良綏負之，以末端授尊者，尊者執之以升。

○《春秋穀梁傳》曰：「陰陽相感。薄而爲雷，激而爲霆。」王充曰：「雷者，太陽之激氣。正月陽動，始雷，五月陽盛，雷迅。秋冬陽衰，雷潛。盛夏，大陽用事，陰氣乘之。陰陽分争，則相校軫。校軫則激射，激射爲毒，中人輒死，中木木折，中屋屋壞。」

○《莊子》云：「大塊噫隘氣，其名爲風。」《爾雅》云：「暴風從上下曰頽，從下上曰飈。」

標亦曰扶搖，迴風曰飄。日出風曰暴，陰而風曰曀，風而雨土曰霾。凡風者，陰陽之亂氣，激發而起，飛沙揚礫，發屋拔樹。太平之世，風不搖條，順物布氣，開甲破萌而已。

14 車中不內顧，不疾言，不親指。色斯舉矣，翔而後集。曰：「山梁雌雉，時哉時哉！」子路共（供）之，三嗅而作。

〇此承上升車，因記夫子在車之容，及車中所嘗見之事。寓言聖人審時知幾，雖道大莫容，老于行，而天下卒莫能傷也。夫子轍環天下，車中即不停軌之意。不內顧、疾言、親指，皆自得之容。猶《詩》云「寬兮綽兮，倚重較兮」之意，不以道路馳驅，張皇失度也。有所疑于後，則內顧。有所怒于中，則疾言。有所冀于前，則親指。三者俱無，東西南北，惟其所如，而寂然不動，介然如石，所以用舍行藏適時，仕止久速知幾，見色而高舉，時可而後集，盡時中之道也。「色斯舉」二句，蓋即道路車中所見，以寓言人事物理當然，而聖人自然也。嘗過山梁，見雉集而嘆曰：「山谿有梁，乃行邁往來之途。雌雉無偶，是孤栖失羣之鳥。宜其有見色之明，何乃昧時止之所？」凡事知幾貴早，過時則悲。時哉時哉，間不容髮。此言非獨爲雌雉，垂戒遠矣。子路不達，謂夫子悅此雉也，乃烹雉而供之。所供非必即山梁之雉，而聖心感于所見，不忍食其肉，但三嗅其氣，變色而起。共、供同。鼻審氣曰嗅。作，起也。起立以示不安，且以儆子路也。厥後子路不得其死，正惟忘雌雉之戒，失審時之智耳。記者記此于篇終，見士貴識時也。

○《鄉黨》一篇，作鏡花水月觀，則聖人如生。自此以前，逐段描寫聖人容貌言動，惟心思行藏不可寫，而此段則併一生出處，一點靈知俱寫出。車中便見孔席不暖，三「不」字見行邁靡靡。中心自得，去無疑悔，故不内顧。行無怨懟，故不疾言。來無希望，故不親指。雖世路羊腸，而無心天遊，其平如砥然。我本無物，物自知幾。車跡所過，鳥見行色而飛翔，望山梁而下集。天下事幾物理先見，有出于言語指顧之外，泯于聲音笑貌之中者。故即山梁雌雉爲譬，借子路不識時之事爲戒，以終前十篇之義。蓋夫子以天縱將聖，生當五霸亂離之時，尋常韋布，而從者三千。所至邦君問政，割地議封，疑信相半。至于惡人娼嫉，操戈且甘心焉。如文王之于羑里，周公之處流言。歷貧賤患難，而能知幾如神。龍潛蠖屈，委蛇于崎嶇之途，物莫能害。删述垂憲，賢堯舜不朽，豈偶然哉？故孟子謂孔子集大成、聖之時者也，生平願學處齊梁之間，行藏大似夫子。但聖人實大聲洪，所過如天馬神龍，人争指視，韜晦尤難。所以知幾時中，非上聖不能也。羣賢惟顔淵、閔子知幾，惟子路强直，殆乎見色而不知翔者。如不悦於南子之見，公山弗擾之往，浮海則喜，行行直遂卒也。蹈孔悝之難，罹菹醢之禍。故衛人之醢子路也，夫子盡覆其家醢，曰：「吾何忍食此！」三嗅而作，爲之兆矣。記者引而不發，使後學潛思慎動，而解者反疑有闕文，不知其爲記者之微言也。禮士贄雉，雉有文而性耿介，善變化，入水爲蜃，故以比士。《莊子》云：「澤雉十步一啄，百步一飲，不蕲畜乎樊中。」故孔子去魯，作《雉鳴》之歌。記者所以寓言于雉也，惟孟子深會此旨，自謂私淑，而「聖之時」一語，實得自此篇之終。「知言」兩字，得自下篇之終。千餘年來無人理會，信乎其爲私淑矣。

○《鄉黨》篇通成一片文字，其分章以便初學耳。「車中」兩字，本上升車，起下文見雉飛，即車中見之。色斯舉，承不疾言親指，而見色即飛翔。意象聯屬，斷而不斷。文勢變化，以記事當議論，喻聖人知幾之神也。按其實，如以女樂去魯，問陳去衛之類皆是。舊本「車中」三句連上文爲一章，「色斯舉」以下自爲一章，無頭緒而疑有闕文，非也。翔，舒飛不下也。後集，不輕集也。山梁，山谿橋梁也。山雖鳥集之所，梁則人行之路。雉，野雞。雌雉，雉失雄者。雉不能遠飛，又孤栖失所之喻也。時哉時哉，丁寧儆戒之辭。

○《鄉黨》一篇，天然一幅聖像。首題「孔子」二字是頭面，下乃寫其言貌舉止，末添子路爲侍者，極可玩味。夫子一生，盛德容貌，惟温良恭讓。舉子路行行，以形聖人之温恭也。聖心仁愛萬物，舉不食雉事，以形聖心之仁也。三千七十士，惟子路勇悍，以冠雞佩豚之夫，遭聖人孚化爲名賢，千古無復有仲尼，亦千古無復有仲由矣。禮教之所薰陶，神矣哉！此記者意也。

○車本名器，故行有和鸞爲節。道路觀望，容貌不苟。故《曲禮》云：「立視五巂規，式視馬尾，顧不過轂。」巂，猶規也。輪一轉爲一規。輪高六尺六寸，規之則一丈九尺八寸。五規，行地九丈九尺。車上視遠，不過此矣。轂，軸頭，在車兩旁。顧過轂，則內視矣。此皆車中之容。

○《爾雅》：雉六種：伊雒而南，素質五采皆備曰翬。江淮而南，青質五采曰鷂。南方曰翯儔，東方曰鶅，北方曰鵗希，西方曰鷷尊。雉一名翟，狄通。《周禮》：「王后狄衣。」《詩》云：「其之翟矣。」翟羽可飾車旃。《禹貢》徐州羽畎夏翟，謂羽山之谷產翟也。夏，采色。《周禮·天官》

有夏采職，大采也，故諸華曰諸夏。鄭玄訓雉爲華蟲以此。

○陸佃云：「雉妒壟護疆，飛不越界。一界之内，一雉爲長，餘雖衆，莫敢鳴雊，故以耿介名。」

○或云孔子以女樂去魯，見雉飛鳴，有時哉之歎，作《雉噫》之歌，即所謂「彼夫之口」者也。本此章附會之。

論語詳解卷十終

論語詳解卷十一

郝敬 解

先進第十一

○前篇記孔子之事，此篇多記諸弟子之事。

1 子曰：「先進於禮樂，野人也；後進於禮樂，君子也。如用之，則吾從先進。」

○進，猶升也。古今人物，先一輩升，後一輩進，故世稱進士爲先輩。先後非指一代，以虞夏視商周，商周爲後進，虞夏爲先進。以夏商視周，周爲後進，夏商爲先進。由春秋之季視文武，春秋爲後進，文武爲先進。凡先者始之，後者終之。始常任質，終乃多文。天運人事，大抵然也。野人，山林草莽之氣。君子，學士縉紳之風。凡習尚浮靡，變自朝廷國都。其山林草莽，朴實之意常不變也。聖人尊昭代，爲當世君相回護，故稱後進爲君子，稱先進爲野人。有思文武，惜夏商，反本崇儉之志。故曰「吾從先進」，而語意緼藉，圓融可思。朱註以「先進」四句爲俗語，非也。用之，隨所用也。禮樂不可斯須去身，非獨爲世用也。

2 子曰：「從去聲我於陳、蔡者，皆不及門也。德行：顏淵、閔子騫、冉伯牛、仲弓；言語：宰我、子貢；政事：冉有、季路；文學：子游、子夏。」

○按《史》，夫子厄于陳、蔡閒，魯哀公四年也。哀公十一年，自衛反魯，則年已六十有八矣。思從行諸賢，在反魯後。諸賢生死升沉，散之四方，故感而發歎。蓋夫子志存經世，而遭世昏亂，仕魯不終，過宋伐樹，之衛不用，適楚逢患。四科之徒，未嘗離起居，闕弦誦，不以師道窮而曰妨已之進，不以身之私而越去，終日温温孜孜，提攜負荷，從其行止，如手足羽翼然。固聖德孚化聯屬之，亦諸賢蘭臭斷金，足以仰對之也。當時在陳，非止十人，如曾子、子張、子羔、原思、公西華輩，皆不在記者，據從行中最著者，分爲四科。一以見夫子之歎非私情，一以見聖門多才。道不行，未終窮也。德行者，涵養純粹，真知允蹈，所謂默而成之，躬行君子者也。言語者，議論辨博，應對詳明，所謂使于四方，能專對者也。政事者，識見明通，材猷練達，可使從政者也。外見曰文，積中曰學。博物洽聞，多學而識之者也。四科雖不無品第，而意不主優劣。惟以見聖人處困，而英才濟濟，雖憂患何傷？昔周室多才，亦不過十人，生逢明主，拓八百之基。夫子尼山布衣，尋常行處，左右十哲，而竟厄于道路，饑餓不免，故曰：「治亂，運也；窮達，命也；貴賤，時也。」范祖禹云：「夫子之門人顏淵、伯牛可爲輔相，仲弓可爲諸侯；宰我、子貢，可使四方；冉有可治兵賦，子路可爲將帥；子游、子夏，可立制度。而厄于陳、蔡，天也。信哉！」

○陳國詳第五篇。

○蔡國，姬姓，侯爵。始封文王第五子叔度，監殷，以叛廢。其子胡賢，而成王復封之，是爲蔡仲。今河南汝寧府上蔡縣西南十里故蔡城，後滅于楚。

3 子曰：「回也，非助我者也，於吾言無所不説悦。」

○教本助人，人有問難，則教者發揮愈新，助人還以自助。凡問生于思，慎思審問，是爲善學，故聖人每以好問望諸子。於能問者曰助我，恐其以不達爲恥，以疑爲諱也。於心悦者曰非助我，恐人以悦爲能，强效之不問也。此章上一句，似爲問者周旋。下一句，嘉予顔子。悦，謂涣然冰釋，怡然理順也。如篇中兩大問，一問爲仁，告以克復；一問爲邦，告以因革。一日克復，天下歸仁，大是希奇語。顔子一聞，直請其目，四代禮樂損益止數事，大是闊略語。顔子一聞，不復再商，他日惟服夫子循循善誘。若在諸子，豈無疑難？道體變動，學者胸中未免凝滯，轉相辯駁，則聖心感觸，愈覺森發。顔子通融，聞一知十，無所不悦。聖心亦寂然不動，無復有所發揮矣，又何助之有？然曾子稱顔子以能問不能，以多問寡。夫悟道既如此其神，而望道又如彼其虛。惟明故虛，惟虛故明。胸中虛靈洞達，外貌終日如愚。孟子稱舜無異於深山野人，聞善若决江河，便是此景象。

4 子曰：「孝哉閔子騫！人不間於其父母昆弟之言。」

○傳稱閔子騫早喪母，其父繼娶，生二子。天寒，繼母以蘆花衣子騫，父覺，欲出其妻。子騫泣云：「母在一子寒，母去三子單。」父遂止，母竟感化爲慈母，故閔子之父母昆弟，無閒言難也。在恒情，父母兄弟親而外人疏，内言私而外言公。在閔子騫，外有公論，而父母昆弟或未免閒言。至于父母昆弟感格，而内外交孚矣。孝哉閔子騫，即述外人稱之之言。有異同曰閒。外人稱其孝，父母兄弟亦稱其孝，是不閒也。昆，同也。同父曰昆。古者昏姻異姓，皆稱兄弟。《儀禮》云：「親兄弟曰昆弟，小功以下曰兄弟。」

5　南容三復白圭，孔子以其兄之子妻之。

○《大雅·抑》之詩曰：「白圭之玷，尚可磨也。斯言之玷，不可爲也。」南容于此詩再三反復。復者，往來胸臆閒，所謂拳拳服膺，于言語之際兢兢，非徒誦之而已。此其人敦厚周慎，視履元吉，是能保身宜家者，故妻之以兄之子。

○恒情放言，謂不行但言何妨。不知言便是行，故戲言出于思也。惟口興戎，惟口取羞，此其顯者。夫氣爲神輔，口爲心竅。不塞其竅，不持其輔，則心神散越。《易》云「吉人之辭寡」，故訒言有五美，可操心，可養氣，可制行，可寡尤，可成謀，多言反是。故聖人于慎言諄諄爾。

6　季康子問：「弟子孰爲好學？」孔子對曰：「有顔回者好學，不幸短命死矣，今

也則亡。」

〇問與哀公同，對有詳略者，告臣與告君異也。

7　顔淵死，顔路請子之車，以爲之椁。子曰：「才不才，亦各言其子也。鯉也死，有棺而無椁，吾不徒行以爲之椁。以吾從大夫之後，不可徒行也。」

〇顔路，顔淵之父。棺外叢木障土曰椁。顔子死，家貧，有棺無椁，故其父請夫子之車，賣以買椁也。才不才，就一人較，以父視之同爲子，不以才不才異也。夫子爲大夫，而貧與回等，葬子亦無椁，使其車可賣，即宜賣以葬鯉，苟吝於人之子也，其亦吝于己之子乎？祇緣家貧厚葬，爲不可耳，况賣車則徒行矣。大夫乘軒，徒行非禮也，夫子嘗爲魯司寇。從後，謙辭，猶言備員也。《王制》云：「命服命車，不粥于市。」粥車，非禮也。粥車葬父母猶可，粥車葬子與葬門人不可。或疑賻舊館人之喪可解驂，顔子葬賻車不可乎？曰：賻人之葬，禮也；家貧求賻厚葬，非禮也。君子安貧，至死不二。生貧而死求富，與生無臣而死爲有臣行詐欺天等也。聖人自待待子待門人，禮同也。禮所貴厚葬，惟君與親。親葬亦稱家竭力，而葬子可知矣。死者所須一抔之土，七尺之木，一襲之衣，此外皆浮文虚費。葬者，藏也。斂手足形，骨肉歸于土，皆得爲藏。夫子自謂不得大葬，亦不至死於道路，得所而已。得所即爲厚。生而簞食瓢飲，死而有棺無椁，行子之言。顔路愛回，與夫子愛鯉不同厚乎？説者疑有棺無椁，墨道也。夫墨道所以得罪于君子，爲其親喪無服，非爲有棺無椁也。儻墨子不爲宋大夫，家貧，其子與門人死而薄葬，君子豈非之？後世以墨道爲薄，以破産厚葬爲儒行，總之不達于禮耳。

○顔路，顔淵父，名无繇。少孔子六歲。家世爲魯大夫。孔子始教于闕里，而顔路始受學焉。娶齊姜氏女，生回。少孔子三十歲。《家語》云：「回年二十九髮白，三十二而卒。」

○鯉，夫子子，字伯魚。夫子年十九，娶宋幵堅官氏女，一歲生伯魚，適魯昭公賜之鯉，夫子榮君賜，因以名。既長，哀公以幣召，稱疾不往。年五十卒。

○按夫子年十九生伯魚，伯魚年五十卒，則卒時夫子年已七十。顔子少孔子三十歲，三十二而卒，則卒時夫子年六十有二，伯魚宜尚在，今言鯉死先回，則是回年不止三十二，《家語》謬也。夫子厄於陳、蔡，年已六十有三，顔子尚從行。其後夫子使子貢至楚，楚昭王欲以書社地封夫子，令尹子西阻之，云：「王之輔相，有如顔回者乎？」則是回尚未死也。故司馬遷作《弟子列傳》，第云回蚤卒，不定何年，闕疑也。

8 顔淵死。子曰：「噫！天喪予！天喪予！」

○噫，聞訃驚歎聲。喪，亡也。顔子才德幾入聖域，用行舍藏，與夫子同道。進則相與興唐虞三代之業，退則相與成開來繼往之功。顔子死，夫子之望孤。聖人以道爲嗣，以學爲命。顔子死，聖學絶，故曰「天喪予」。

○按顔淵死，子曰：「天喪予。」子路死，子曰：「天祝予。」亡曰喪，斷曰祝。天生聖人，即生文武之才爲輔，道以仁爲命脉，以勇爲羽翼。仁者死，命脉亡。勇者死，羽翼斷。觀篇中夫子與顔淵語，道德精微，真聖人之腹心也。觀子路與夫子語，慷慨壯烈，真聖人之干城也。皆先夫子死，故夫子哭之同。

9 顔淵死，子哭之慟。從者曰：「子慟矣。」曰：「有慟乎？非夫人之爲去聲慟而誰爲去聲？」

○慟，哀甚也。子慟矣者，慰之使節也。有慟乎者，所謂不識不知也。爲夫人慟者，所謂順帝之則也。當慟而慟，慟不爲過。聖人無意必固我，此亦可會。

10 顔淵死，門人欲厚葬之。子曰：「不可。」門人厚葬之。子曰：「回也視予猶父也，予不得視猶子也。非我也，夫二三子也。」

○門人，夫子門人，顔子之友也。君子素位而行，生死不二。顔子生樂貧，死厚葬，不如曾子易簣之爲安，夫子所以傷之。父子之云，咎顔路也。視予猶父，如有役則趨，有難則赴之類。不得視猶子，言彼父爲主，不得如葬鯉得宜也。我非不言，二三子不聽，又以責門人也。或曰：子與門人無以異乎？曰：繼體則有異，慱道則不異。聖人以道爲嗣，喪子絶繼，喪道亦絶繼，故曰「天喪予」。若泛然者，自與子異。

11 季路問事鬼神。子曰：「未能事人，焉能事鬼？」「敢問死」。曰：「未知生，焉知死？」

○鬼，歸也。神，伸也。鬼神，猶言屈伸也。死，澌也。如冰釋澌然也。子路問事鬼神，遺人事也。事人，謂事君事親事長之類。問死，輕生也。未知生，生有知也。焉知死，死無知也。人心良能曰能，能忠君，能孝親，則能享上帝，祀祖考，格百神。人心良知曰知，生而視聽言動，虛靈惺惺，則死而魂升魄降，空明寂寂。蓋人心即鬼神，鬼神即無形之人，人即有形之鬼神，理本無二也。生死總由大虛，生從虛來，死還虛去，道可反觀也。勇者不畏人而畏鬼神，勇者不重生而重死，此皆不用其心於其所當用，而用其心於所不必用，即不知爲知，不能闕如之病。夫子言事人，以止其事鬼之念；言知生，以斷其知死之惑。士惟忠敬孝慈，無忝人倫，何必馳心於荒蕩？所謂務民之義，敬鬼神而遠之也。惟務正心脩身，不負此生，何必探索于幽冥？所謂夭壽不貳，脩身以俟之也。或謂教之事人以事鬼，教之知生以知死，非聖人之意。

○鬼神，是大虛之靈，百物之精。精靈之至者惟人，人爲鬼神之會。人道盡而天地弗能違，則鬼神效其靈矣。世俗禱賽神祇，必恭敬止。家有二尊，神祇之至者，而或不能善事。子疾病，子路請禱，而乃行詐以欺天。王孫賈招權市寵，獲罪于天，而教人以媚竈。五霸不行仁義，而歃血詛盟。季氏無父無君，而旅於泰山。臧孫辰不仁不智，而美室藏龜。佛氏毁形滅倫，六親爲寃，天地爲假，而妄言福果。凡此之類，皆未能事人而求事鬼者也。真知通乎晝夜，齊乎生死。生而清通無礙，即便知生知死。若但向解處求知，知即成迷。生死隔礙，衹爲識情障蔽。道書云：「若有厭生死心，有超生死心，名爲妖不名爲道，故知者無知而無不知。」人身塊然血肉，含聰明靈爽，比死，血肉如故，而靈爽安之。故生則知爲窠臼，死則知還虛空。虛空化人，如海水入瓶。人還虛空，如瓶水歸海。大虛光明如聚火，人在大虛如列炬，分合聚散，遂成生死。大虛本無生死，形氣自爲聚散。氣聚則生，氣散則死。形在則生，形毀則死。神凝則生，神離則死。清明則生，昏憒則死。脩身立命則生，履危行險則死。往來存亡，一反觀而可知。《易》云「原始反終」，此之謂也。今人終日醉夢，視不見，聽不聞，食不知味，而云脩因證果，成佛生天，皆所謂不知生而知死者也。聖教以立人厚生爲本，二氏專言鬼言死。趨向死，則世道滅；趨向鬼，則人事荒，是以聖人不語也。或問：二氏言死後有知，如何？曰：生未知所從來，死焉知所從去？原始反終，歸于虛無，虛無何知何不知之有？昔向子平謂己知貴不如賤，富不如貧，但不知死何如生。顏子屢空，知生知死也。子路死難，知死不知生也。顏路請車，門人厚葬，不知生，又不知死也。即記者相承之意。

12 閔子侍側，誾誾如也；子路，行行如也；冉有、子貢，侃侃如也。子樂。「若由也，不得其死然。」

〇三子侍側，非必默坐。其言語氣象，各自不同，而皆有相樂之意。閔子言語中倫，氣象和易，曰誾誾如。子路言語直遂，氣象勇往，曰行行如。冉有、子貢，言語辯博，氣象鼓舞，曰侃侃如。閔子高尚不仕，敦行孝友，中和之士也，誾誾可知。子路聞善必行，聞過則喜，果行之士也，行行可知。冉有多藝，子貢通達，適時利用之士也，侃侃可知。三者不同，而皆師弟朋友，志同道合，樂意相關。誾誾、侃侃，樂也；行行，亦樂也。誾誾、侃侃，賢也；行行，亦賢也。誾誾、侃侃，本夫子處僚友氣象，二子各得其似。行行，亦勇者悦樂之容。舊註訓剛强，以子路爲劣，非也。剛强是勇者本色，行行是勇者之誾誾侃侃。猶北鄙殺伐，是勇者之樂音，未可單作剛强解。有偕樂之情，而少退讓之意云耳。解者因并侃侃亦訓剛直，尤非矣，詳《鄉黨》篇。子樂不言如者，祇爲若由也一點憂心，不成誾誾侃侃。末句緊接「樂」字，羣賢濟濟，聖心亦樂，恰似念由也不得其死然者。而憂喜併集，惟有此樂，故不忘此憂。聖心隱事，被記者一齊探出。蓋士君子立德貴剛，所以克己。容貌辭氣戒剛，不可以涉世，故曰「色思温，貌思恭」。《詩》云：「温温恭人，惟德之基。」堯舜温恭，夫子温良，有道之容。睟然盎然，况師友羣居，而未揜其暴厲之習。儻臨事拂意，必至賈勇輕生。念此，故樂不解憂。老氏云：「剛强者死之徒。」此不待聖人知，惟羣居聚樂，而默識他日憂患，所以爲先覺也。若于勇者過當處理會，誰不知之？如以行行但作剛强解，豈有師友羣居相樂，子路一人獨悻悻怒色者？如此，則夫子何樂？且何待夫子乃知不得其死也？不得其死，猶言不得死所。孔悝之難，可以無死。君子雖不苟生，尤不苟死，故曰「守死善道」。不得其道而死，死尤可惜。《詩》云：「既明且哲，以保其身。」君子之中庸也。或云：「子樂」之「樂」當作「曰」，非也。「若由也」句，夫子心口自語，非對三子言也。

〇魯哀公二年，衛靈公卒，衛輒立，晉人納亡世子蒯聵于戚。哀公五年，衛孔悝爲政。其母孔姬，蒯聵之姊也。其父孔圉蚤死，孔姬通于其豎渾良夫。蒯聵因之請於孔姬，脅悝與盟，刼以登臺。時子路、子羔俱仕爲孔氏宰，子羔聞亂出，子路排門入。蒯聵使人以戈擊之，斷纓，子路結纓，曰：「君子死，不免冠。」遂死。孔子聞衛亂，曰：「柴也其來，由也死矣。」衛人殺子路，醢之。孔子聞之，令左右覆醢，曰：「吾何忍食此？」

13 魯人爲長府。閔子騫曰：「仍舊貫，如之何？何必改作？」子曰：「夫人不言，言必有中去聲。」

〇長府，府名，藏貨財之室也。爲，改作也。仍，因也。貫者，久習之名。《爾雅》云：「貫，事也。」初魯昭公與郈昭伯謀伐季氏，公居長府。事不克，公奔晉，薨于乾侯。今改作者，季氏恨其爲昭公發難之地，以爲不祥，議變置也。與作煬宮，溝墓道意同。託言帑藏壞，重新之。而閔子若爲不知也者，微言諷之。長府不過藏貨耳，其舊貫可仍。非頹敗不蔽風雨，非慢藏誨盜賊也，欲改作之，必自有説。如之何，何必者，究詰之辭。而從容簡當，不激不隨，可使聞者屈服，應者結舌，所以謂之不言，言必有中也。不言者，不苟言也。中者，中事理，中小人之肺肝也。

14 子曰：「由之瑟，奚爲於丘之門？」門人不敬子路。子曰：「由也升堂矣，未入於室也。」

〇君子無故不去琴瑟，子路鼓瑟，有北鄙殺伐之音，夫子病之。然非徒爲瑟耳，凡音由心生，心不和平，則形於言貌，有率爾不讓，行行野喭之習；見於行事，有父兄不稟命，浮海喜從之偏，病源一也，所以砭之。由之瑟，謂由自己之瑟也，何乃作于丘之門，外之之辭，道不同之意也。門人，夫子門人。子路之友疑夫子屏子路于門牆之外，故輕之。堂室，因門而言，自門升堂，自堂入室。室喻精微，堂喻高明也。聖人以中和禮樂爲教，而子路學未變其習，無從容縝密之思，然其英偉特達，亦非儕俗可比。如聞善必行，緼袍不恥，車馬輕裘共敝，見南子、公山不悦，其卓越亦可知，故曰「升堂矣」。如以正名爲迂，讀書非學，食衛輒之粟，死孔悝之難，皆緣義理未精，涵養未深，故曰「未入於室也」。聖意重升堂，以解奚爲丘門之譏。客至升堂多，入室少也。

〇《樂記》曰：「凡音之起，由人心生，其本在人心之感于物也。是故怒心感者，其聲粗以厲。愛心感者，其聲和以柔。」又曰：「粗厲猛起之音作，而民剛毅。順成和動之音作，而民慈愛。」故夫子言由之瑟者，言由之心也。古人鼓瑟則歌，瑟既如此，歌亦可知。以殺伐爲瑟，猶上章以行行爲樂也。

〇《家語》：「子路鼓瑟，有北鄙之聲。子聞之，謂冉有曰：『爾奚不謂由，先王之制音也，中聲以爲節，流入于南，不歸于北。南者，生育之鄉。北者，殺伐之域。舜造《南風》之聲，興也勃焉。

紂爲北鄙之聲，亡也忽焉。由無意乎先王之制，而有北鄙之聲，豈能保其七尺之軀哉？』冉有以告，子路自悔，不食七日而骨立。子曰：『由能改過矣。』」

○按聲音與心氣符，此理易喻。夫子借鼓瑟戒子路暴厲，非獨爲聲音耳。至書傳稱夫子學琴見文王，曾子聞夫子鼓琴疑貪狼，師曠歌南風知楚敗，鍾子期聽伯牙鼓琴知山水，蔡邕聞鄰人琴聲知殺心之類，多好異者緣飾。而術家競奇，定謂聲音知禍福。伶倫死，後世無知音，專以聲律度數求樂，遂謂《樂經》亡，過也。

○《世本》云：「庖羲氏始作瑟。瑟者，潔也。精潔其心，淳一於行也。」《白虎通》云：「瑟者，閉也。所以懲忿窒慾，正人之德也。」大者長七八尺，或五十絃，或四十五絃。後世瑟或二十五絃，或十九絃。

○古者宮室負陰抱陽，前堂後室，天子堂九尺，諸侯七尺，大夫五尺，士三尺。堂爲陽，左右通達，以兩楹中爲尊。室主陰，由堂入，以西爲尊。堂淺室深，堂直室曲。室户當東南隅爲窔，進東北隅爲宧夷，過西北隅爲屋漏，轉西南隅爲奥。奥，深處也。

15 子貢問：「師與商也孰賢？」子曰：「師也過，商也不及。」曰：「然則師愈與？」子曰：「過猶不及。」

○聖人之教，不過人倫日用。尋常言語躬行之間，行不著，習不察，則爲不及。舍此求高遠隱怪則爲過。二者以常情論，過爲優，不及爲劣。以道論，其失均也。子貢問師、商，本意不足在商，及聞夫子過不及之説，益信師爲愈矣。愈猶勝也。夫子折之，謂兩病一般。子張能斂其堂堂之習，子夏能恢其近小之見，皆可進道。不然，則皆與道違。子張氣象揮霍，如問楚子文、齊陳文子忠清，問達問行，學干禄。曾子謂其難與爲仁，其過可知。子夏氣象局謹，如教門人小子洒掃應對，夫子儆其爲小人儒，勿見小欲速，其不及可知。至論交，二子相質尤明，過不及皆緣氣質用事，指其病處，而解者往往贅入中字。中者，天命人性變化不測之神，周流六虚，不可爲典要。若但于過不及之閒摸擬，則中亦粗淺矣。中之至者，過亦中，不及亦中。執定過不及之閒求中，便是子莫。如大舜兩端乃用中，如顔子末由乃擇中。中者，權也。商、師品在共學適道之境，尚未可與立，焉可與權？訓詁鹵莽不察，詳見《書·洪範》《禮記·中庸》等篇。

○自常情觀，子張定高于子夏，夫子亦謂「師也過」。過者實過，不及者實不及，名實不可相混。聖人恐增狂者之蕩，阻愿者之進。欲使過者退，不及者奮，故曰「猶不及」，如「由也兼人，退之。求也退，進之」云爾。其實冉子輸子路一籌，如狂者進取，次于中行。狷者不爲，又次于狂，不可相掩。篇中凡與子張言，較遠大，豈非狂者可進取乎？既定二子之品，始識聖人陶冶之工。

16 季氏富於周公，而求也爲之聚斂而附益之。子曰：「非吾徒也，小子鳴鼓而攻之可也。」

○周公功德巍巍，爲天子叔父，位元宰，僅受魯百里之封，且與卿大夫士庶人共之，分田制禄，公私有定數。君十卿，卿三大夫，大夫倍士，士倍庶人。魯非周公一人有也。自三桓專政，作中軍，三分公室，三桓各一。季氏盡征之，仲孫取大半，叔孫取半，而以餘歸公。昭公以後舍中軍，四分公室，季氏擇取二，仲、叔各一，盡征之，而歸稍于公，則是周公之分土，盡以填權臣之溪壑，記者所以謂季氏之富過於周公也。其貪饕盈溢，得罪祖宗，攘上奪下之惡，又何可言。冉求以聖人之徒爲之宰已非矣，苟能匡救其惡，亦君子濟世之權。而乃益爲苟且之法，作田賦厚斂以助其貪，雖負多藝之資，政事之才，不用之正而以黨惡。故夫子謂其非吾徒者，甚言不仁不智，無禮無義也。小子，梟門人也。鳴鼓，聲其罪也。攻，驅斥也，遠惡除害之意。蓋季氏之專魯久矣，季氏不悔罪，則魯終不可爲。夫子未嘗一日忘周公，而時勢未可乘。故女樂一去，栖栖于外十有餘年。比反而嘆吾衰，其意可知矣。二三子狃于世卿之爲古，而簉仕權門。仲弓爲宰，夫子以南面諷之。子路欲墮三都不濟，而被讒去。又使子羔，夫子止之。惟冉求末年爲宰，黨惡害民，夫子所以痛絶之也。

○魯哀公十一年，季康子爲政，用田賦，冉有之謀也。康子使冉有訪于仲尼，仲尼不對。私于冉有曰：「求來，汝不聞乎？先王制土，藉田以力，而眂其遠邇。賦里以入，而量其有無。任力以布，而議其老幼。於是乎鰥寡廢疾，有軍旅之出則征之，無則已之。歲收田一井，出稯禾、秉芻、缶米，不是過也。先王以爲足，若子季孫欲其法也，則有周公之籍在。若欲犯法，則苟而賦。又何訪焉？」季氏卒用田賦。

17 柴也愚，參也魯，師也辟，由也喭岸。

○此夫子評論四子之語。士鮮中行，善變存乎學。子羔、曾子、子張、子路皆名賢也，而其質各有所偏。悟道貴明，明不足曰愚。行道貴敏，敏不足曰魯。精神貴斂，不斂則辟。辟、闢同，開張也。涵養貴純，不純則喭。喭、諺同，麤俗也。子羔仁厚有餘，明睿不足，故愚。曾子篤實有餘，穎發不足，故魯。子張堂堂，盛自設施，務開闊而少翕聚。子路行行，率爾直前，乏禮讓而近麤俗。非聖人不能攻三子之瑕，非三子善變，何以成爲名賢乎？

○愚魯似不及，辟喭似大過。然學道從朴實入者深，從才氣英華合者淺。故程伯淳謂曾子竟以魯得，陸子静謂柴、參皆夫子所最屬意。而柴早卒，傳道竟屬曾子，惟其魯而篤志力行，深造所以自得。魯者堅久不耐久，則中止，故魯者終有所得。苟不學，亦終魯耳，非謂學道必貴愚魯也。不然，七十子中好學，何以定歸知十之顏子，不歸三省之曾子乎？故曰：「易簡之謂至德，勉强之謂困學。及其成功一，而本來殊。」李白云「古來萬事貴天生」，亦名言也。

○高柴，字子羔，一作子高，或作皐。孔子弟子。少孔子三十歲。齊人，或云衛人。貌陋，身長不盈五尺。《家語》稱其足不履影，啟蟄不殺，方長不折。執親之喪，泣血三年，未嘗見齒。孔悝之難，走不踰缺，出不遂竇。子路使之仕，而曰「何必讀書」，蓋近仁而少文者，所以謂愚。

○魯、鹵通。地不生物曰鹵，大盾亦曰鹵，遮蔽不入之意。喭、諺同，俗語也，通作唁。弔喪曰唁，喪言不文也。何註作畔喭，疏作吸喭，俗云吸喭無情，亦暴厲之狀。

18 子曰：「回也，其庶乎屢慮空。賜不受命，而貨殖焉，億則屢中去聲。」

○此章即二子貧富，借喻二子心體。道以虛爲體，顏子克己四勿，不遷不貳，漸與虛合。庶，近也。屢，每也。空，虛也。其庶乎屢者，皆未盡之辭。非絶無，而亦非常有也。回之心，殆猶回之室，幾于無物，可謂君子，不多者矣。多莫如賜，未能不識不知，順帝之則，以人貪天，所謂不受命也。賜之學，亦猶賜之富于財也。貨，財也。殖，生也，喻多識也。有時乎億度，則亦屢中焉。如文章本即性天，賜以爲可聞，又以爲不可聞，似而非也。一貫非學識，賜以爲是，又以爲非，非而亦似也。是謂之屢中。億則不空，雖中偶爾，不及若無若虛者自然明覺也。

○屢空，即曾子所稱「有若無，實若虛，犯而不校」，莊周云「心齋坐忘」之類。夫子亦自謂空空，無可無不可，絶四之類，皆空也。空者，大虛之名。唯道集虛，天地聖人所以神，唯其無思無爲也。《易》卦《坎》爲險陷，惟其滿也；《離》爲文明，惟其虛也。滿則露，虛則藏，聖人退藏于密，此也。儒者嫌空似佛語，不知夫子語空時，佛氏安在？盜竊主人財，主人不敢取，所謂割聖道奉二氏者也。若作貧解，貧何足盡道？子路、原思非不貧，夫子不知其仁，奈何貧足以目顏子乎？其庶乎屢空，作一句讀。命者，於穆之神。《詩》云：「不識不知，順帝之則。」無言默識，乃爲受命。《易》云「不耕穫。未富也」，《禮》云「積而能散」，是賜所短。告往知來，聞一知二，何異貨殖？猶後世智囊書篚之譬。聖言緼藉，解者直遂，所以不達。億，意度也。屢中，偶合也。不以虛合，而以億測，多一意見，增一障蔽。所以不能清虛脱然，終爲貨殖之家而已。舊註據《史·貨殖傳》，謂子貢爲賈人，與馬醫販脂賣漿輩同。司馬遷之謬，何足據乎？

〇古本通前「柴也」下爲一章，亦可。

19 子張問善人之道。子曰：「不踐迹，亦不入於室。」

〇善人，詳第七篇。夫子屢思善人，故子張以問。善，吉也，良也。不失於理爲吉，不害於物爲良，人之恒性也。《易》曰：「繼之者善。」故孟子以善名性，成于人而未離于天，純乎天而未履諸事。所謂善人也，信人也，須透過信一關。善方實有諸己，至于美大聖神，則踐迹入室矣。迹者，學問之階，前人已行之模。室者，美大聖神至處。不踐迹，自能入室者，聖人也。踐迹入于室者，君子也。不踐迹亦不入於室者，善人也。蓋得於天者未漓，故不踐迹而暗合；有諸己者未實，故望入室而尚遠。顔子未博約以前，亦是不踐迹，竭才以後，乃入於室。

20 子曰：「論篤是與平聲**，君子者乎？色莊者乎？」**

〇古本通上爲一章，皆告子張語。善本人性之良，不可以聲音笑貌爲也。子張堂堂，夫子憂其以色莊、論篤爲善也。篤即善有諸己，所謂信也，是指善也。與，疑辭。真知允蹈，方稱篤信。若但言論質直，遂擬爲善。彼浮華之人，往往爲忠信之譚，焉知此論篤者，其慥慥躬行之君子乎？抑貌取行違爲色莊者乎？莊，嚴重也。即篤意。凡詐爲忠信之言者，必飾爲莊嚴之色。不踐不入，純乎天者也。論篤色莊，純乎人者也。諺云：「假金方用真金鍍，若是真金不鍍金。」即善人色莊之喻。

21 子路問：「聞斯行諸？」子曰：「有父兄在，如之何其聞斯行之？」冉有問：「聞斯行諸？」子曰：「聞斯行之。」公西華曰：「由也問『聞斯行諸』，子曰『有父兄在』；求也問『聞斯行諸』，子曰『聞斯行之』。赤也惑，敢問。」子曰：「求也退，故進之；由也兼人，故退之。」

〇聞善力行，自是佳事。但聞之即行，亦無此理。子曰多聞擇善，闕殆慎行。行貴精詳，不在浮慕襲取也。子路率爾而問行，故夫子舉父兄以鎮其躁，然獨爲子路言耳。在學者惟患不行，果行，若子路不常有，如冉子自畫，而與之言此，則反益其惰矣，故問同而夫子於冉子特慫慂之。此教學者力行常法。夫子詳以語公西華，亦申儆由、求，恐前言未達也。有父兄在，言當稟命，勿徑情也。退者，不前也。兼人，加人一倍也。此與論師、商過不及意同。

〇二子問同，而皆不言所聞何事。聞莫若聖教，子路問强，夫子教以無道，至死不變。對夫子言志，車馬輕裘與朋友共敝，此皆可行者也。然親在不許友以死，親在人子不敢專財，如此之類，可不稟命乎？

冉有聞顔子不改其樂，則當悦子之道，而不當自畫。聞夫子止田賦，救季氏旅泰山，則當亟盡人臣之義，而不當自諉。如此之類，又可不亟行乎？善行不同，有父兄得主者，亦有父兄不得主者。子路好勇，子曰：「君子義以爲上。」此何必問父兄？冉有予朋友母之粟五秉，有父兄在，亦不可直行。非謂君子正心脩身，皆須稟命父兄也。聖教兩端，言無典要。《記》曰：「言非一端而已，各有所合也。」

22 子畏於匡，顔淵後。子曰：「吾以女汝爲死矣。」曰：「子在，回何敢死？」

○從古無苟死之聖賢，惟比干死于諫，亦是半身。當世若非微子、箕子存，比干亦可無死。夫子平生處多難，從容委蛇，物莫能傷，此利用安身立命之極也。慷慨殺身，非中庸之教。畏，戒也。畏匡事詳第九篇。匡人之圍既解，夫子出而顔子相失在後，夫子憂其遇患也，及至見而喜。顔子雖後，知夫子必生，故應之如此。喜其生而疑其死者，諒回不難于死也。爲子在而不敢死，非爲辟患而每生也。能死而不苟死，全生而非偷生，聖賢處生死之際，不傷勇，不改常，既從容，又勇決。子云「惟我與爾」，此足證矣。如由、求輩，勇怯過當，進退失中，故記此于由、求之閒。韓退之以敢死作敢先，非也。「死」字有深味，朱註引胡氏一種迂闊之論，云「夫子若死，顔子上告天子，下告方伯，請討復讐」，甚爲無稽。聖人若死賊手，何足爲聖人？夫子方自信斯文在兹，匡人無如予何。而世儒却擬匡人殺夫子，是何等猥瑣之見。春秋無天子，何得有方伯？此顔子閉户深巷，所不願見者。今年爲匡人作亂，從顔子請興師，明年又爲衛輒拒父，聽孔子告往討，是必仲尼、顔子爲天子方伯乃可。此等議論，真同畫餅。

23 季子然問：「仲由、冉求可謂大臣與？」子曰：「吾以子爲異之問，曾曾由與求之問。所謂大臣者，以道事君，不可則止。今由與求也，可謂具臣矣。」曰：「然則從之者與？」子曰：「弑父與君，亦不從也。」

○魯自季孫行父專政，季孫意如逐昭公客死于外，季氏益横。子然，意如之子也。習見其父所爲，陰蓄無君之志。季路、冉有以政事名賢，爲其家臣，不能匡救，而又不能去，人臣大體已壞矣。子然擬二子爲大臣，暱就夫子謀，夫子所以推而遠之。云異之問者，謂臣大則其人必非常也。曾，猶乃也，輕之之辭。時二子已爲家臣，故輕之。有國之謂君，君有公卿大夫，則爲大臣。有家之謂主，家有家宰有司，則爲陪臣，陪臣即具臣也，言備臣數而已。子然妄以家比國，以臣子比君父，以陪臣比公臣，其逆志已形于言矣，故夫子隨問隨折。子然所謂大臣以爵言，夫子所謂大臣以道言也。道即孟子謂「大人格君心之非，仁義中正」是也。得道，小官亦大臣也。失道，公卿亦具臣也。不可則止，道不合，則致爲臣而去也。夫子嘗許二子從政爲邦，有大臣之略，特以失身季氏，目爲具臣，賤其自處也。「然則從之」一語，其恣縱尤顯然。彼所慮者惟二子，二子既非大臣，則奔走指撝，將惟己所欲而矣。夫二子從季氏，事誠有之，如伐顓臾、旅太山、用田賦之類而已。及乎背天常，滅人紀，如弑君、弑父，二子素聞君子之教，可保必不從。夫既不從，而以彼其才，協力討賊報君父之讎，則季氏不足圖矣。夫子立譚數語，使奸權掣肘，二子大節，亦自凜然。聖言居常如和風甘雨，此章言如烈日秋霜。蓋子然驕亢鄙夫，以二子從聖人遊，私吐肝膈。柳下惠謂伐國不問仁人，此言何得陳夫子之前？夫子若將浼己，小示含容，必至長惡，故法言正之以鈇鉞也。嗟夫！季氏四世無君矣。夫子以女樂去魯，十年不歸，至欲浮海居夷。二三子事季氏者，輒非之。若夫子之於季氏，有不與共國、共天下之志。天未欲興復周公，使齎志以没，千載無知者，聖人亦自不易知也。

24 子路使子羔爲費宰。子曰：「賊夫人之子。」子路曰：「有民人焉，有社稷焉，何必讀書，然後爲學？」子曰：「是故惡夫佞者。」

○費，季氏私邑。其家臣陽虎、侯犯、公山弗狃之徒，屢據以叛。時子路仕季氏，因舉子羔爲費宰，賴其忠厚質直，以安反側。然以子路之果毅，不能折衝。費、郈未墮，而怨言已及。又使其友褰裳從己，有胥溺耳。夫子難於直斥，而賊之一言，隱然謂事此無君之人無益，又害之也。子路不達，疑夫子留子羔學，不肯使仕。蓋柴愚參魯，夫子所甚屬意。顔子如愚而下，近仁莫如柴，雖參猶後之。夫子誠欲子羔學，而子路遂以仕即學，謂學學所未能，讀書學糟魄，不若仕。有見在之民人，學治民，學愛衆；有見在之社稷，學守土，學養人。仁愛加于百姓，誠敬通于鬼神，即學之實地也。章句文字，學之枝葉也。何必隱居家食，閉户讀書，乃謂爲學乎？子路之對甚率爾，其辭甚便給，伸己之是，而夫子不欲使子羔之意終未達。敝將使學者廢學，而其言似有理，易惑人。天下事，率多誤于此。故君子惡佞，恐其亂義也。宋王安石詆廷臣不讀書，對者云：「皋夔稷契，所讀何書？」當時以對者言爲是，即子路之意。蓋洪荒以前無書，自文字興，而天下義理歸文字。羲皇畫卦，堯舜作典，古聖心思所寄，舍書何由見古人？夫子考正六籍，教人博學於文，自謂好古敏求。孟子謂誦其詩，讀其書，尚友古人，聖賢未嘗一日廢書也。子路使子羔，初意未及此，倉卒杜撰口給，犯夫子而其心欺，實未嘗不識讀書之爲學也，故夫子斥其佞。他日以正名爲迂，亦犯夫子而實不知，故夫子教以闕如。《禮》：「事師勿犯勿隱。」隱即欺，佞人多欺。子路行詐欺天，率爾之弊，遂至於此，所以惡之。聖言約而寬，嚴而婉，其宰費不可之故，解者竟不理會。註或引《左傳》鄭子皮使尹何爲邑，曰「使夫往而學焉」，子産比于未能操刀使割，引以解此章之意，非也。子羔非年少未嘗學者，《檀弓》云「成人有兄死不爲衰者，聞子羔將爲成宰，乃衰」，是能秉禮，使人畏服者也。葬妻，傷人禾，申詳請償之。子羔曰：「吾爲邑長於斯，買道而葬，後難繼也。」此諳練明達，識治體者也。子蒲卒，哭者呼滅。子羔聞之曰：「若是野哉！」哭者改之。此周於節目者也。孔悝之亂，不輕犯難，走不踰缺，出不遂竇，其識量過子路甚遠。豈年少不學，如尹何之比乎？初，子路未從夫子時，佩豚戴雞，見儒者誦讀，則捉雞鳴豚侮之。夫子設禮誘之，乃儒服從學。何必讀書，自是習氣，益見學不可已也。夫子不欲子羔爲季氏宰，實非爲學，後亦竟不聞子羔宰費，蓋聞夫子言中止也。其宰成又何也？成，孟氏邑。三桓之惡，不在孟氏，孟氏猶多賢子弟。雖宰成，亦非夫子使也。

○費詳第六篇。

○社稷詳第三篇。社，五土之神。稷，五穀之神。土生穀養民，無土不立，無穀不養，皆爲民祈福禦災而祀也。《祭法》云：「厲山氏之有天下也，其子曰農，能植百穀。夏之衰也，周棄繼之，故祀以爲稷。共卫氏之霸九州也，其子曰后土，登平九州，故祀以爲社。」王者建邦，于中門外右設大社，配以稷。諸侯設國社，亦配以稷。王又自立社曰王社，諸侯自立社曰侯社。又于廟門屏之閒，設勝國之社稷，各有壇壝。春祈秋報，祭用甲日，牲有大牢。

25 子路、曾皙、冉有、公西華侍坐。子曰：「以吾一日長乎爾，毋吾以也。居則曰不吾知也，如或知爾，則何以哉？」子路率爾而對曰：「千乘之國，攝乎大國之閒，加之以師旅，因之以饑饉；由也爲之，比及三年，可使有勇，且知方也。」夫子哂矧之。「求，爾何如？」對曰：「方六七十，如五六十，求也爲之，比及三年，可使足民。如其禮樂，以俟君子。」「赤，爾何如？」對曰：「非曰能之，願學焉。宗廟之事，如會同，端章甫，願爲小相焉。」「點，爾何如？」鼓瑟希，鏗坑爾，舍瑟而作，對曰：「異乎三子者之撰。」子曰：「何傷乎？亦各言其志也。」曰：「莫暮春者，春服既成，冠者五六人，童子六七人，浴乎沂夷，風乎舞雩于，詠而歸。」夫子喟然嘆曰：「吾與點也。」三子者出，曾皙後。曾皙曰：「夫三子者之言何如？」子曰：「亦各言其志也已矣。」曰：「夫子何哂由也？」

曰：「爲國以禮，其言不讓，是故哂之。唯赤則非邦也與？安見方六七十，如五六十，而非邦也者。唯赤則非邦也與？宗廟會同，非諸侯而何？赤也爲之小，孰能爲之大？」

○道在天地閒非畫餅，是民物之實際也。夫子本中庸立教，羣賢共學，莫不以斯世斯民爲分內。故夫子有知爾之問，而三子有爲邦之對也。曾晳承問，已有違志。若謂夫子衰年莫用，師友樂道羣居，何必舍見在而遠計未來之事功？及三子以兵食禮樂對，晳愈覺支離，故援瑟而鼓，再問後起，辭讓而對，不過眼前時景，尋常山林隱居，隨分自足，夫子亦爽然覺助我者，故喟然嘆也。曾晳胸中竟不滿三子，故徐探夫子之意，而夫子仍與三子爲志。夫既爲志，何獨哂由？非哂其志也。聖言未終，問未及，率爾徑質，侍于君子，不顧望而對，非禮也。禮於長者問，辭而後對。子路言語造次，氣象激昂，所謂喭而野。不讓廢禮，故哂之，非哂其爲邦也。如以爲邦，則求言亦邦也，豈獨千乘爲邦，而五六七十里遂非邦乎？赤言宗廟會同，亦諸侯也。豈願爲小相，而又別有大相乎？既不哂二子爲邦，則哂由非以爲邦，明矣。蓋士君子平居，言語氣象，和順從容，則臨事施爲，自有次第。由之才固不可及，而由之習不可有。求、赤才雖不如由，而無其率爾。點之才未嘗不如三子，而器識過之。點窮而樂善，三子達而兼善。夫子無可無不可，故皆在所與也。夫子如天空海闊，三子如鳥飛魚躍，曾晳如魚鳥之不掛網羅，不受樊籠者耳，要皆不出夫子範圍內也。

○四子序齒，點當次對，以其鼓瑟，聖問後及，師友接席論，而點藐如罔聞，狂士之態也。古人鼓瑟當歌，若言不遜心，點意欲放歌，其豪也如此。遇尋常師友，便當獲罪。聖人顧亟稱之，所以大也。點謂世無所需我，我何需於世。聽三子功名之言，逆耳鼓瑟，有巢父之意。季武子死倚户歌，大似原壤。苟無聖人陶鑄，便流爲嵇康、阮藉。故曰「吾黨之狂士，不知所以裁之」，此也。「莫春」數語，非爲流連光景，真見得君子素位一種道理。春風詠浴，與顔子陋巷簞瓢，意思不殊。此際謂無一物可，謂萬物皆備亦可。上下一貫，顯微無間之理，形容酷似。但顔子實詣，曾皙虚見，胸中客氣未融，事理未化。若融化，不作此見，不與三子争同異矣。蘇轍謂點之狂，不可施于用，宜與童冠詠浴忘老而已。雖未盡是，頗中其癖。

○聖人每與二三子言志，何也？學者無志，如草木無根，不可植也。志者，心所願爲而不得，誘之使言，則反求而得其向往之路也。一日長，謂年有一日之長，猶吾衰之意。毋、無通。以，用也。自言己年老不見用，以壯行望諸子也。子路年長先對，亦宜待聖言畢，問「由，爾何如」，然後起。顧望三子，然後對，是禮讓也。由不能然，故記「率爾」兩字，爲下文哂之張本。千乘，公侯大國，所謂百里之命，重任也。又攝持於大國之閒，如春秋魯衛於晉楚也。因，仍也。穀不熟曰饑，菜不熟曰饉。言國用匱乏也。比，猶待也。三年，三載考績也。可使，可以教化，使也有勇，不避難也。且知方，又知親上死長之義，非徒勇也。方，猶義也。《春秋傳》：「愛子者必教以義方。」或云韜略戰陣之方也。哂，微笑也。方，四方也。六七十里，次國也。五六十里，小國也。足民，養使富也。禮樂，教使中和也。俟君子，讓能也。非曰能之，亦讓也。指禮樂願學，即志也。宗廟之事，諸侯祭祀之禮。

春禘夏禴，秋嘗冬蒸也。會同，諸侯見天子之禮。《周禮》：「時見曰會，殷見曰同。」時見者，無常期，以事來見也。衆見者，諸侯如期同至也。端，玄端。《禮》：衣色玄而制方曰玄端。章甫，禮冠，制亞弁冕。《禮》：大夫以上冕，士弁。諸侯相見，贊禮者曰相。主相曰擯，賓相曰介。上擯上介，卿爲之。承擯紹擯，中介末介，大夫士爲之。小相，謂大夫。士，言小，亦讓也。瑟，似琴而多弦。希，歇手也。鏗爾，餘音也。作，起立也。詳記禮讓之容，以別于率爾者也。撰，選通，算也。《書·盤庚》云「世選爾勞」，《詩》云「選徒囂囂」，皆計算也。又俗謂本無而創造曰撰。譏諷三子之辭，云異乎三子之撰，亦謂異乎夫子之問云爾。三子言志，點獨鼓瑟，旁如無人，示不同調也。承問舉止，自得狂士之度也。莫春三月，春服既成，脱袍繭，易裌衣也。冠者童子五六七人，隨意見在，無揀擇也。浴，謂湔衣沐髮盥手，致清潔，除不祥也。即後世脩褉係，非倮浴也。沂，魯城外水名。風，謂既濯而風以乾之，非納涼也。舞雩，城外禱雨處，有壇墠可羣集也。雩，言吁也。巫人吁嗟舞，以祈雨也。詠，歌也。歸，返也。四子言志，正莫春時，著夾衣。坐中有冠者，旁有童子，地近沂水舞雩，隨意與偕。無擇于境，是謂安土。無擇于時，是謂樂天。所以異乎三子之算記創造者也。若曰：「世不用我，我生行休，何必懸想不可必得之事功？」其言近而意遠，所對出于所問，故夫子聞而深有慨于其衷也。方與二三子敘列生平，而點獨不願乎外。世莫宗予，欲不爲點所爲何可得。故恍然若啟予者，而歎曰：「吾與點也。」與，共也。謂春風沂水，童冠歌詠，吾願與點同之，非嘉予也。夫子若獨嘉予點，謂三子何非發問初意矣。爲國以禮即讓，讓則成禮，不讓即無禮。「其言不讓」至末，皆夫子之言，《註疏》得之，反覆不盡，正是緼藉語。朱註以唯求下爲問答，索然矣。蓋不讓之非爲邦，可不待問。夫子平日教二三子，莫非爲邦者。况今以知我問，三子以知我對，其非哂爲邦，而哂率爾。曾晳一言喻矣，何至再三？夫子重提求、赤言者，一以見由之才優于二子，二子所能者，可謂由不能乎。一以見二子才雖不及由，而器度謙讓，是由所少也。蓋士君子立志固貴遠大，而容貌辭氣温恭，尤爲養德之本。志不能帥氣，而徑情躁妄，非致遠之器也。是以記者於由，記其率爾，夫子哂之；於求、赤，述其謙讓之辭；於點，記其雍容之度。皆以明志氣，當交養，不徒言志而已。「禮讓」兩字，讀者宜深味。夫子與點之意，即是哂由之意也。

○朱子云：曾點胸次悠然，有上下同流，萬物各得其所之妙。未遂及此，纔著意，即非真際。若真際者，默識忘言，無意必固我，安見功名事業之非春風沂水也。師友羣居商確，亦復何礙？舜禹有天下，仲尼曲肱枕，正自平等。用行舍藏，所以獨與顔子。顔子雖從末由，曾點衹見得意思，以氣魄迎合，猶是意必固我也。虚見非真，但可謂狂耳。凡聖人教人，先行後言。未能而先言者惟志，志皆其可能而必行者。子路才優言大而非誇，冉有雖謙讓，要其藝亦止此。禮樂俟君子，所以悦子之道，終于自畫。有富國之才，而不文以禮樂，故用之不正而以聚斂，皆可以驗其言之非虚也。赤也束帶立朝，亦小相之實。若使今人言志，雖所不能，亦謾言矣。

○《春秋穀梁傳》曰：「五穀不升爲大饑，一穀不升謂嗛，二穀不升謂饑，三穀不升謂饉。」《爾雅》：「穀不熟曰饑，菜不熟曰饉，果不熟曰荒，仍饑曰薦。」

〇哂，字本作弞。笑不壞顏曰弞，通作矧。《禮記》云：「笑不至矧。」註云：「齒本也。」大笑則見矧。又通作听，音引。相如賦：「听然而笑。」古字通用，多類此。

〇冉子因子路以千乘之國見哂，故自任爲邦六七十、五六十里，則千乘爲百里可知。《孟子》《王制》所云「大國百里，次國七十里，小國五十里」無疑矣。《周禮》之説，不足信。

〇《周禮·大宗伯》：「以賓禮親邦國，春見曰朝，夏見曰宗，秋見曰覲，冬見曰遇。時見曰會，衆見曰同。」六者皆諸侯見天子之名。鄭玄謂四方六服，每方各分四時輪至朝覲會同，禮儀各殊。皆以意鑿説。凡《周禮》名法，多後人補撰，非盡周公之舊也。春秋諸侯强弱相役，霸者以盟會脅友邦。夫子作《春秋》紀亂，而後儒以諸侯朝霸主，皆爲古禮紕繆，尤可笑也。

〇古者禮衣裳，通謂端，又謂朝服。吉事尚玄，謂玄端。凶事尚素，謂素端。玄色黑而微赤，深黑曰緇，朝服之緇衣，亦即玄端也。其裳或玄或素，或纁或黄或雜。鄭康成云：「衣長二尺二寸，袖廣亦二尺二寸，形方，故曰端。」然裳用正幅爲帷，獨非端與？又云：「玄衣素裳，諸侯之朝服，即天子之燕服。」又云：「天子諸侯，玄衣朱裳，上士玄衣玄裳，中士玄衣黄裳，下士玄衣雜裳。」皆無據。

〇章甫，殷冠。《郊特牲》曰：「章甫，殷道也。」夏曰毋追，周曰委貌，制與弁冕異。《記》云：「大夫冕而祭于公，弁而祭于己。士弁而祭于公，冠而祭于己。」然則大夫士，無有冠而助祭于公者矣。此云章甫爲小相，是《記》言又不足據也。

〇古俗，莫春三月上巳之日，臨流解衣澣濯，以除不祥曰禊。漢魏以後，定於三月三日，爲脩禊之辰。盥手濯衣，示清潔耳，非倮浴也。

○沂水非一，其最大者出沂水縣之艾山。此沂出尼丘山西北，東流經魯城雩門外，入于泗。雩門，魯南門也。今曲阜縣魯故城南有舞雩臺。蓋既浴而遂風其地，就其近言之。尼丘山在魯城東，即顏母所祈而生孔子者。

○禱雨祭曰雩。《春秋傳》：「龍見而雩。」《周禮》：「女巫旱則舞雩。」杜預云：「雩，言遠也。遠爲百穀祈膏雨也。」鄭玄云：「雩，吁也。女巫吁嗟舞也。」因名其處爲舞雩，有壇壝樹木可以休息。

○曾皙，名點，一作蒧，曾參父也。子路、冉有、公西華，俱見上篇。

論語詳解卷十一終

論語詳解卷十二

郝敬　解

顔淵第十二

〇前篇多論弟子之行，弟子莫如顔淵，故次之。

1　顔淵問仁。子曰：「克己復禮爲仁。一日克己復禮，天下歸仁焉。爲仁由己，而由人乎哉？」顔淵曰：「請問其目。」子曰：「非禮勿視，非禮勿聽，非禮勿言，非禮勿動。」顔淵曰：「回雖不敏，請事斯語矣。」

〇人身渾然天地，聯萬物爲一體，故曰「萬物皆備於我矣」。萬物皆備曰仁。仁也者，人也。人耳目口鼻四肢腹心具即己。己者，我也。己内天真活潑，脉脉與大虚流通，發越布散，以及家國天下，親親仁民愛物。禮儀威儀，莫不有自然之天則曰禮。仁藏諸用，禮顯諸仁，合外内之道也。故人所以肫肫而爲仁者不越己，己所以頑然否隔而爲不仁者，亦惟有己。有己，則私意錮蔽，將天地萬物體段，隔作窠臼。故氣質之負固也如堅城，須用大師克，一朝蕩破，即故物依然。是曰克己復禮，禮之言履也。仁渾然中存，而外有儀則可履。中和致，天地位，萬物育。三千三百，悉歸踐履則爲禮，而涵藏則爲仁。仁藏己内，如果實仁藏甲内。其根幹花葉具，但甲閉，則生機不復。如形骸隔，則三千三百之用不顯。萬物一體之量，局在軀殼之内，不得與天下通。克己者，如果實墮地，震雷一發，孚甲迸裂，千枝萬葉，敷榮而出，復還舊觀矣。自己及物，高下散殊，粲然帝則流形，如萬物相見乎離。太和元氣，充滿宇宙，合爲一體，是謂復禮而爲仁。故夫一己也，不克則有我違乎中正之禮，而局爲己；克則無我復乎中正之禮，而化爲仁。天理人欲本同出，有志爲仁者，但患禮爲己奪，而不得復。斯仁爲己隔，而不得通耳。然克雖不易，復亦非難，己惟我耳。苟一念清净，即道義門闢。一日之閒，欲净理還，即廓然物我無礙，痛癢相關。視人猶己，愛人人親，禮人人答。凡有血氣，孰不歸依？斯人之徒，孰非吾與？八荒在仁育中矣，豈外己而他求乎？可知己雖小，而併包乎天下。天下雖大，而隱括於己。爲仁者，固不可私己而外天下，尤不可馳騖天下而舍己。天下其枝幹也，己其根荄也。己即仁之本體，克己即仁之工夫。人各有己，己各爲仁。爲仁者，爲己之仁也。儻謂爲仁不由己也，而由于人乎哉？夫己不可人代而爲己，仁豈可人代而爲仁？凡事由我則易，由人則難。言人反己，以決其機之近而易也。顔子聞言心悦，遂請克復之目。目，條件也。請其條件，爲功課實地也。視聽言動，皆己也。勿者，禁止之辭。《易》云：「有不善，未嘗弗知。知之，未嘗復行。」克己知幾，非待發而後禁也，非禮勿視聽言動。凡有視聽言動，皆禮也。視聽言動者，禮之端。親親仁民愛物，中和位育，達諸天下者，禮之全也。必視聽言動無非禮，則己克，而後能親親仁民愛物，中和位育可致也。蓋德以凝道，道以行德，德莫大于仁，道莫大于禮。禮復然後天下歸，而仁全也。《禮記》四十九篇，無非爲仁之目。

○或曰：己者何也？曰：身也。仁體諸身，禮以脩身。齋明盛服，非禮不動，所以脩身也。仁人，心也。心本無形，以身爲郛郭；形爲心累，以禮爲範圍。故禮天子達于庶人，皆以脩身爲本。身者，内外顯微合者也。與中人語，必教以防外養内，因顯通微曰脩身。與顏子語，變爲克復。全體一貫，亦非有異於脩身也。復，即《易》卦之《復》。復，即仁也。「初九：不遠復」，子云「不遠復，以脩身也」。《易》卦《履》即禮也。行曰履，「初九：素履，往无咎」，子云「素履之往，獨行願也」。恒人行不如願，祇爲己不克。明知邪色，牽于己而視。明知淫聲，牽于己而聽。言動亦然。明知當孝，己以妻子忘親。明知當忠，己以身家忘君。凡世上好事躭誤，皆因有己。禪家謂喉下著刀，即克己也。能克己，則百累迎刃解。孟子謂其身正而天下歸之，己克而萬物一體之量，可立覩矣。或曰：克己必復禮，何也？仁者，慈和徧覆，發生而任自然。禮者，恭敬嚴恪，整飭而有品節。不自然，不得爲仁。不整齊，純任自然，則流爲放逸，養成宴安之己，故先王以禮齊民。民有賢智愚不肖，過不及之差，須用齊，齊則己克。如今之憲綱禮嚴，雖遇親故，必勉强屈抑，以合朝廷之禮。若任情自然，則上下乖。故禮，聖人所雅言也。由脩身齊家治國平天下，通謂禮。堯舜不過脩己以敬，以安百姓。顏子學聖人，不過約之以禮。仁爲善之長，禮爲嘉之會。萬物至夏，相見乎離，而後生意滿足。故《周禮》以禮屬春官，亦仁意也。解者謂顏子之學直捷，惟克己。己克禮自復，一日天下，不落階級。如此則懸空無實地，與佛説無我相，清浄大法身相似。見性即成佛，更不觀會通，以行典禮。如是則言天下之動而可惡，言天下之賾而可亂矣。是生煩惱藴陰，惟不知以禮脩身，無君臣父子夫婦，敗常亂俗而不可用，邪正之大分也。或曰：禮言復，何也？曰：禮在天地間，雖品節森嚴，而高下散殊，皆自然之體。序曰天序，秩曰天秩。天者，自然也。大而發育峻極，小而三千三百。視聽言動，莫匪天則。孟子謂天下之故，利而不鑿，行所無事者也。克己者，疏其滯，撤其蔽，還其故以合天。《詩》曰「天生蒸民，有物有則」，是以文王「不識不知，順帝之則」，孔子從心所欲不踰矩，故曰「禮之用，和爲貴，先王之道斯爲美，小大由之」。非人力創造而强世，故曰復也。或曰：禮亦繁矣，一日何能即復？曰：一日天下者，甚言其不行而至，不疾而速，所謂德之流行，速于置郵而傳命。《易》云「介于石，不俟終日」，子云「仁遠乎哉？我欲仁斯仁至」，此也。量包乎天下，而幾存乎己，取必于天下。終身未易企，取必于克己。一日可豁然。一日者，先難之終。天下者，後獲之始。顔子擇乎中庸，得一善拳拳服膺，至於三月不違，則天下歸仁之日矣。佛氏以頓覺爲上，所以荒誕無實。聖學由己達天下，而以禮爲實地。大人舉禮，官天地，宰萬物，制羣動，人己兼成，萬物得所，而後天下歸仁。是禮復之日，堯舜功成之日，夫子七十從心之日。顔子雖從末由之日也，惟反求諸己而不由人，所以謂之一日而天下，非如佛氏頓悟之説也。或曰：顔子克己，與原思克伐何如？曰：顔子心體空明，念起即覺，覺即化。其言克者，恭己無爲而折衝萬里，知幾如石，不遠之復，故曰仁也。原思怨慾已萌，而力制不行。其克伐，如石壓草，如捫漏舟，艱難强持，故曰「可謂難矣，仁則吾不知也」。或曰：四勿與子絶四何如？曰：勿之爲字象旗，通作物。《周禮》「雜帛爲物」，所以指麾三軍使進止也。顏子功未離下學，以志帥五官，故曰勿。聖人舒卷無心，不用節制，而四體從心，意必固我，斷落無遺，是曰絶也。然請事斯語，自是塵累輕而奏功易。若他人聞四勿，覺耳目塗塞，手足桎梏，豈能欣欣從事？非禮勿視聽言動，即克己也。視聽言動以禮，即復禮也。請目請事，仁以爲己任，即爲仁由己也，惟顏子能之。

〇三才居中惟人，人惟己。己者，我也。克己者，勿我也。意必固總成我，勿意勿必勿固總成無我。無我即同天，同天即萬物一體，即仁也。仁與己非二，公私大小之分，克與不克耳。惟仁者能破除形骸，然無禮則克後必爲釋老之荒宕。王、何之清談，嵇、阮之任放，與世教無管攝，猶之「人而不仁如禮何」者也。故禮者，聖教之實地。聖人所以主静立人極，定之以中正仁義也。顏子聞言請目，己知偏上非仁，視聽言動，實地也，下學而上達也。克去己，既與世不相隔閡；復還禮，又與世相撿押。所以高明中庸，廣大精微，洋洋優優，成爲仁也。一日克己復禮，天下歸仁，申明克己所以爲仁，爲仁由己而由人乎哉？申明爲仁所以由于克己，爲仁由己之己，即是克己之己。仁者，人也。人者，己也。其克復而仁，由此己。其不克復而不仁，亦由此己。聖狂同己，存乎善變。佛氏謂色身即法身，心迷法華轉，心净轉法華，蹈襲此意。朱子謂克己之己，與由己之己不同。若作人物相對之己，與克己之目不似，非也。克己正以克其不與人通之己也，人己通即是仁。試從視聽言動非禮時，省己如何。此血肉爲主，聲色臭味爲障，人己隔越，痿痺不通，不仁可知。又從視聽言動勿非禮時，省己如何。此德性爲主，聰明肅艾爲用，億兆一體，痛癢相關，仁可知。惟其人己不通，所以克己，何謂不相似？

○此章聖賢傳心之要，言無枝葉。顏子所問者，仁之大全。「克己復禮」四字，本體工夫，一言蔽之矣。爲仁舉成功言，四勿非空寂也。理不離事，但勿非禮，不勿視聽言動，以此洗心退藏于密，寂然不動，感而遂通天下之故。即脩己以安百姓，篤恭平天下，所以天下歸仁也。四勿在他人必枯槁，顏子自然森發。克己在他人必矯强，顏子自然易簡。一日天下，在他人必疑阻，顏子自然會通。克復爲仁，在他人必墮空虛，在顏子知有事目。故此章之説，非顏子不得聞。

○不曰視聽言動以禮，而必曰勿非禮，乃所以爲克也，便是直截易簡工夫。人本一片虛靈，大虛生人，全付予一大虛。萬物皆備，祇緣有我賺誤。自有自失，亦惟自克自復而已，更不勞分外添補禮者。聖人雅言，學者隨身規矩，欲仁惟復此。欲復此，惟勿非禮，勿非禮便己克，便禮復，便是仁。直與顏子搔除乾凈，不帶一毫藤蔓，不由旁門直入。下章語仲弓，便費周折矣。耳目口體四者，神明之用，便是神明之賊。如水以載舟，即以覆舟，存乎操之有方，所以爲克己也。心不能離五官自爲心，故爲仁不曰心，而曰視聽言動，害心者，五官也。聖人雅言不詭，而義理精切，二氏蹈襲爲五蘊六入十八界，黄庭内外景百神，千奇萬怪，不出四勿之内。

○視與見異，聽與聞異。見聞無心，視聽有意。四者相因，始于見色。見則聞聲，聞聲則與言，與言則邪動作，己遂成，而不可克矣，故道書云「機在目」「不見可欲，使心不亂」。不視自不聽，不入耳自不出口，不欲言自不欲行。

○不敏請事，此事原不在敏。顏子如愚，所以非禮之來，如山岳不可撼。仲弓不敏，自是氣質敦重，非但泛然謙辭。

2 仲弓問仁。子曰：「出門如見大賓，使民如承大祭。己所不欲，勿施於人。在邦無怨，在家無怨。」仲弓曰：「雍雖不敏，請事斯語矣。」

○仁者無時忘敬，一出門即宜莊嚴。人情惟見大賓則敬，常如見大賓可焉。仁者無時忘誠，至于使民尤相感通。人情惟大祭則誠，常如奉大祭可焉。出門敬，他處可知矣。使民誠，他人可知矣。非出門不宜誠也，誠而不敬，或疎于容止，故脩己者敬爲急。非使民不宜敬也，敬而不誠，不信于人心，故與人者誠爲急。敬主儼恪，誠主惻怛。脩己用人，各有攸當也。見賓使民，皆心上功夫。欲惡施受，則推己及物。强恕之事，家邦無怨。得之行恕多，而誠敬爲本。誠敬則忠，忠則恕，未有驕泰詐僞，能推己及人者。脩諸己必誠敬，施諸人猶己。如此則在我無營牟計較，而怨尤之根不生。在人無争競嫉妒，而怨仇之隙不起。坦蕩居易，無入不得，仁者安土樂天惟此。蓋仁通天下爲心，而怨爲之荆棘。公生樂，私生怨。有怨則出入俯仰，無往非長戚之境。君子所以貴悦樂不愠也，故曰「仁者不憂」。正己而無求於人，則無怨，非但人不怨我耳。佛氏煩惱即怨，朱註謂因人自考，迂矣。怨與惡異，君子不能必人無惡，能必人無怨。士雖有道，人或作惡，苟非害人，人不怨之。怨者，仇也。仇之而無可若何，故怨。司馬遷曰「怨毒之於人甚矣」，故聖人不教人遠惡，常教人遠怨。由此以論，怨豈自考之物乎？

○主敬存誠，行恕遠怨，語雖逐項，工夫圓融，非零星雜施也。問仁同，而與顏子語，渾淪不可端倪；與仲弓語，綿綿密密，語上語下之分也。顏子知幾，聞一盡解。仲弓木訥，次第方知。顏子屢空，人我障輕，一克己便與人通，故曰天下歸仁。仲弓木訥，推勘于人己間，方能同人，故曰家邦無怨。請事雖同，難易略分。要之主敬存誠行恕，亦己克禮復矣；家邦無怨，亦天下歸仁矣，成功一也。

3 司馬牛問仁。子曰：「仁者，其言也訒去聲。」曰：「其言也訒，斯謂之仁矣乎？」子曰：「爲之難，言之得無訒乎？」

○仁者，其言也訒。此語下而兼上也。司馬牛疑而再告曰「爲之難，言之得無訒」，此但語下耳。聖人教人，機緣不投，即不强聒。與子貢言貧富，與回孰愈，末局相似。凡人放言，非但因孟浪，見理愈明，其辨愈騁，此緣于無養。凡立誠自不妄言始，多言則喪志，言寡則神存。人心放，先從口洩。聖人常教人謹言，非獨爲顧行耳。仁者淵默而雷聲，闇然而日章。當理直氣壯，懸河欲吐時，自然從容停蓄，有含宏静密之思。天定神閒，所謂吉人之辭寡。顏子如愚，無言默識，方能及此，故曰仁者也。夫子因司馬牛有兄弟之難，而性躁多言，故教之以此，此四勿之一也。善學者舉一會通，而牛不達，且少之，可見其心麤氣浮不能訒言之病根也。不憤悱則不復，姑就言上解釋其疑。爲之，即爲仁也。言之，即言仁也。爲仁難，則言仁安敢易。此權宜分疏，未便是仁者訒言之心，亦非申明訒言之盡仁也。仁者言訒，非獨以行難，訒言亦未遂盡仁。司馬牛之疑，亦未爲非。但不能因言以究仁者之心，而徒執訒言以盡爲仁之事，非知仁者也。故難與深言仁，而但即言顧行之理曉之。論其至，如《春秋》無毁譽。聖人訒言之大者，曰「我欲托諸空言，不如見諸行事」，此爲之難，言之所以訒。憂天下萬世，仁莫大焉。《論語》二十篇，字字藴藉，見聖言之訒。如莊周、瞿曇氏，便是言不訒。

○晉嵇康從孫登學，三年不言。郭文舉亦不言。禪家謂三十年不説話，佛也奈何不得。此二氏偏枯之學，而其爲訒言養心同也。如雷發聲，陽氣洩，會須有時。如鐘鼓不待叩自鳴，則爲妖。人心恬静不妄動，自然含默不妄言。故惟仁者言行爲一，恒人以言行爲二，謂不行但言何妨。仁者視妄言，便是妄行。言之所及，比行更遠。天下不見君子之行，而皆聞君子之言。不當行而行，但誤己。不當言而言，併誤人，所以言比行尤急，不但憂行不顧耳。夫子祇因司馬牛處患難，戒以訒言，未遂及此。而平日惓惓教人謹言，寔以此。

○《説文》：「訒，頓也。」頓躓難言也。通作認。从言，忍聲。刃在心上，有吞刀刺腸之意。操心之一端，與顔子言渾全，與仲弓言詳悉，與司馬牛言，略舉一隅而已。

○司馬牛，名耕，或云名犂，向魋之弟。出宋桓公後，故爲桓氏。世官司馬，又爲司馬氏。魋兄弟五人，宋景公嬖魋。魯哀公十四年，魋之寵害于公，公將討之。魋先謀公，公攻桓氏，魋入于曹以叛。公使其兄向巢伐之，不克。魋奔衛，巢奔魯，司馬牛致其邑與珪而適齊。魋奔齊，牛又致其邑而適吴，吴人惡之而反。趙簡子召之，陳成子亦召之，卒于魯郭門外。阮氏《弟子解》云：「牛爲人性躁，好言語，見兄弟行惡，憂之。」故夫子教以訒嘿，而牛竟奔走死于道路，故聖言爲蓍蔡也。南容三復白圭，故嘿足以容。

4 司馬牛問君子。子曰：「君子不憂不懼。」曰：「不憂不懼，斯謂之君子矣乎？」子曰：「内省不疚救，夫何憂何懼？」

○前章訒言，因問仁而教以含容。此章不憂懼，因問君子而教以寬和。處兄弟之難，仁人君子用心當如此，即是學問實際也。世上無浮躁之仁人，亦無煩惱之君子。孔、顔樂處惟不憂。憂者，愁苦無聊之情。懼者，倉皇失措之狀。憂在事前，懼在臨事。不憂懼，便素位而行。悦樂不愠，正己不怨，故曰君子。司馬牛少之，以不憂懼可强持耳。不知君子不憂懼，由心上自得。孟子謂浩然之氣，集義所生，非義襲而取之也。平日所行合義，内自檢點，無招釁取咎之端，外患之來，於我何損？雖處横逆，正是存心之地。不愧天，不怍人，雖憂何憂？雖懼何懼？上章訒言，其旨微，牛未達，故淺釋之。此章不憂懼，其旨切，牛又未達，故直釋之。

5 司馬牛憂曰：「人皆有兄弟，我獨亡無。」子夏曰：「商聞之矣，死生有命，富貴在天。君子敬而無失，與人恭而有禮，四海之内皆兄弟也。君子何患乎無兄弟也？」

○聖賢當死生貧賤富貴之交，動稱天命。天命何物乎？有心乎？無心乎？栽者培之，傾者覆之，非無心也。盈虚消息，屈伸自然，非有心也。非有心，則不可以規避。非無心，則不可以倖徼。樂天知命者，惟自盡而已。恭敬乃弭患之道，事天爲立命之本，能視四海爲兄弟，則天可回，而命可疑矣。有失即不是敬，無禮即不成恭。恭以敬爲本，敬主于内，恭見乎外。四海本非兄弟，子夏故爲同人之説，猶乾父坤母，民吾同胞之意。盡道則疏者可親，失道則親者亦疏。致規諷之義，寬寡助之憂云爾。解者拘拘然以親疏差等爲辨，左矣。

○向魋叛其君，又欲殺孔子，惡亦稔矣。其弟子頎、子車同惡，故牛憂己無兄弟。夫兄弟雖不才，猶之兄弟也。周公不以管、蔡不仁而歌《常棣》，曰「凡今之人，莫如兄弟」，此仁人君子必恭敬止之心。記者記牛之言，以見其不能訒而有愧于仁，内多憂懼而有疚于君子也。然子夏能寬友之憂，而及其子死，哭至喪明。樂天知命不憂，是以難耳。

○《博物志》云：「天地四方，皆海水相通，地在其中。七戎六蠻，九夷八狄，皆近海，總謂之四海。」或云四海，通謂之裨海。外有大瀛海環之，爲百谷王。東海南海，今中國邊境易窮。漢史東道極於黑齒國，南道極於烏弋山離國。烏弋山離去長安萬二千二百里，行可百餘日，至條支國，臨西海。又乘水西行，可百餘日，近日入處，云于闐水。西流注西海，其東水東流注鹽澤，河源出焉。康居去長安萬二千三百里，其西北可二千里，有奄蔡國，臨大澤無涯，蓋北海也。此天地之極際矣，餘詳第十八篇。

6 子張問明。子曰：「浸潤之譖，膚受之愬素，不行焉，可謂明也已矣。浸潤之譖，膚受之愬，不行焉，可謂遠也已矣。」

○子張務高遠而問明，猶問十世可知，意不在近而在遠也。夫子告之，即告由誨汝知之之意，使反求而無蔽于心也。蓋堂堂之士，或高視於千里之外，而闊略於眉睫之閒。浸潤之譖，膚受之愬，目前至近，而險於丘山者也。于此能虛心詳審，則姦險之計不得行，而蔽撤于至近，即明燭于至遠，豈必求諸遠乎？凡人明不見遠，皆近蔽之耳。

○「浸潤膚受」四字，便照徹小人肝膽。譖譖他人，事不干己，急則人疑。閒言冷語，使人不覺。如水之潤物，漸浸以入也。愬，訴自己事。緩則不能動人，須猛然激烈，如肌膚受刺，痛楚迫切也。不行，謂彼計不得行也。二者常售欺于愚暗之人，而吾精鑒足以照之，故謂之明。常觸發于褊急之衷，而吾寬洪足以容之，故謂之遠。遠即明之不蔽于近者耳，如牆撤牖開，坐見郊坰。任微言危言，急投緩投，安靜不動，所以見遠。

○譖，毀也。旁入曰譖，譖者，簪也。如簪之著物也。愬與訴同，訟也。《易》曰：「履虎尾，愬愬。」哀控之狀，二者皆讒言。從古蔽明莫如讒，以百口百心之奸巧，塗兩耳兩目之聰明。自非曠然遠覽，焉能無動。司馬攸箴曰：「勿曰父子不閒，昔有江充。勿曰至親匪惑，或容潘崇。諛言亂真，譖潤離親。驪姬之讒，晉侯疑申。」《抱朴子》云：「漸漬之久，則膠漆解堅。浸潤之至，則骨肉乖析。塵羽之積，則沈舟折軸。三至之言，則市虎以成。」《詩》所以歎采苓采葛，《書》所以憂巧言讒說也。故明哲莫如辨讒。

7 子貢問政。子曰：「足食，足兵，民信之矣。」子貢曰：「必不得已而去上聲，於斯三者何先？」曰：「去兵。」子貢曰：「必不得已而去，於斯二者何先？」曰：「去食。自古皆有死，民無信不立。」

〇首三事，太平全盛之業。帝王爲政之經，分田制里，不奪農時，則食足矣。無事而耕，散處爲民，有事而戰，連合爲兵，簡之以時，教之以方，則兵足矣。平日上之恩義淪浹于下，下之心志聯屬乎上，凡此供租賦、執干戈者皆終事效死之民，則信之矣。然斯三者，道德功利并存，王者以此致經濟，霸者亦以此圖富强。聖人自謂軍旅未學，而其論政乃以兵先信。子貢通達，知道德功利當有辨，乃設爲必不得已之問。一不得已，先去兵。再不得已，寧去食。去猶言少也。非故欲去之，事窮急，寧少一件耳。少食則必死，而仗信猶足以立。乃知天命人心之樞機，與生死存亡之斷案，超然在功利富强之外，王道霸術所以分也。

〇兵食足而民信，此無事時就現成言。政之大全也，非一驟并致。須先制田里，定軍賦，然後興教化。兵食足，謂公私兼足也。府庫充而民亦飽煖，量口從役而田，無加賦，如是則上下一體，君民一心，信乃可保。信者，親上事長之實心。在有食有兵之日，無忠信之心，遇無食無兵之秋，必有爭奪之患，故信爲要。子貢以信後食與兵，此富强之政耳。儻食兵不足，而信可少乎？故以三者緩急次第探之，而後知信之果重也。蓋兵去食存，民即是兵，猶可相守，此不必申說。至食去，則死必矣。所以可去者，謂死本人之常，而有信則有所植立，不立則無憑藉，無顧忌，將子棄其父，臣棄其君，土崩瓦解，復何能立？所以勢窮，獨信可仗。寧無食而死，不背信而生。如唐張巡、許遠，以睢陽孤城，抗强虜，援絶力窮，是去兵也。至羅雀掘鼠而食，是去食也。士卒竟無一人叛者，是終不去信也。以此而死，有餘烈焉。然則爲君者，固不可以無食無兵之民責其信，當先民而謀所以生。爲民者，尤不可以饑餓窮困之苦忘其君，當全信而思所以死，則各盡之道矣。

8 棘子成曰：「君子質而已矣，何以文爲？」子貢曰：「惜乎，夫子之説君子也！駟不及舌。文猶質也，質猶文也。虎豹之鞟廓**，猶犬羊之鞟。」**

○棘子成，衛大夫，蓋老莊之流也。君子，謂貴而在上者，與後進禮樂之君子正同。質，謂朴略。文，謂物采。而已矣者，决然盡絶之辭。何以爲者，憤世嫉俗之意。言王公大人，惟取簡朴，何用文采？此洪荒之風，偏詖之説。夫質有文，如形體有衣冠也。有形體而無衣冠，則披髮倮跣，無異禽獸。故有父子，不可無家法；有君臣，不可無朝常。有秩敘，然後親疏辨；有等級，然後貴賤分。質之有文，先王所以明微别嫌也。子成徒知矯世俗之奢，而强君子以無文，其流敝爲佛老之滅倫，爲許行之并耕，爲嵇、阮之任放，裂冠毁冕，敗常亂俗自此始。夫天下何可一日無君子乎？如子成之説君子，是同君子于小人耳。説君子，猶云論君子也。士論爲名教之樞機，附耳之語，流聞千里，言出於舌，如筈離弦，雖有駟馬輕車，追何能反？今斷然以文爲不可有，而要之文决不可無。可説不可行，其必有悔。質猶文，文猶質，即子成之説，而譏其混同無別也。曰「何以文爲」，則當文者無文，何別于質？曰「質而已矣」，則當質者，亦以皆質，自同于文。使朝廷猶草莽，草莽猶朝廷，上下不分，貴賤無等，王公大人何異于僕隸厮養乎？虎豹，喻文也。犬羊，喻質也。三「猶」字緊相遞。《易》曰：「大人虎變，其文炳也。君子豹變，其文蔚也。」小人朴陋無文，犬羊之質也。虎豹殊於犬羊者，唯以皮有文也。今虎豹去毛徒皮，則鞟而已。熟皮曰鞟，有質無文。雖虎豹，何異犬羊乎？此名分等級所辨。如子之説，何其嫌疑不分。使君子至於此極也，言不可不慎，故曰可惜。朱註謂子成之言有君子之意，非也。解「猶質」二句，謂文質相等，不可相無，與下二句不協。上「猶」字與下「猶」字作兩樣，「猶文也」下補「盡去其文」等語，謂子貢言無輕重，非也，《註疏》近之。子成之言僻，子貢持論甚正。

○棘姓之後爲棗氏，文从朿，朿音刺。棗木重喬，低者爲棘。棘，小棗名。

○虎孕七月而生，故首尾長七尺，其毛文斑。豹似虎，其文圜如錢。豹，一名程。《列子》云「程生馬」，註云「豹也」。

○虎者，金行參伐之精。虎出有時，猶龍見有期。陰物冬出，陽蟲夏出。參伐以冬出，心尾以夏見。參伐則虎星，心尾則龍象也。

○《埤雅》云：「虎能畫地卜食，行以爪拆地，觀奇偶而行。今人畫地觀奇偶謂虎卜。」

○虎皮曰皋比。《春秋傳》：「魯公子偃蒙皋比先犯宋師。」註：「虎皮也。」《樂記》：「武王克商，倒載干戈，包以虎皮，曰建櫜。」櫜、皋通。皋陶之皋通作咎，咎與櫜通。《詩》云：「載櫜弓矢。」比讀皮，五行家謂土氣比和。臯比，猶櫜皮。因武王以虎皮櫜藏兵器，後遂謂虎皮爲臯比，取偃武崇文意。講師以爲坐席，宋張子厚聞二程講學，勇撤臯比，即此。

○犬詳第二篇，羊詳第三篇。

9 哀公問於有若曰：「年饑，用不足，如之何？」有若對曰：「盍徹乎？」曰：「二吾猶不足，如之何其徹也？」對曰：「百姓足，君孰與不足？百姓不足，君孰與足？」

○庸君論事，苟且目前。聖賢謀國，常懷遠慮。哀公時，三桓專魯，賦税不入公家，加以年饑，十二年、十三年皆螽。連年伐邾，有齊難，經費不支。問於有若，意欲加賦于民，以救然眉之急。有若請行徹法。徹，通也。周人法古，井田什一而税，取君民相通之義。而爲徹，即古助法也。自宣公朝，什一之外又履畝税一，是什取二也。故哀公謂什二，吾猶不足，今欲什一，是反少也。曰吾不足，謂不足獨在君耳。君曰吾不足，民亦曰吾不足，上下各自爲不足，是君與民離也，豈一體之誼？是時魯國分崩，三家富埒周公，而公室孤貧，不能收公禄於强臣之手，徒剥膏脂于既瘠之民，危道也。故以恤民之説動之，使收拾人心，則公室自張。蓋君所與共國者惟民，苟民與君一體，雖强臣割據，豈能抗共戴之主？即魯事更張之會矣。足與不足，宜與百姓通，豈可徒謂君不足而遺民乎？「百姓」四語，正是徹法本訓。《孟子》云：「徹者，徹也。」徹者，通也。與則通，誰與則不通。公私一體，休戚相關。《易·剥》之象曰：「山附于地，剥。上以厚下安宅。」孤陽在上，岌岌危矣。聖人所以爲之計，不過此。哀公近憂，而有若遠慮，爲救公室，非爲救荒而已。及季孫以田賦使冉有訪于夫子，夫子不對。私于冉有曰：「季孫欲行而法，有周公之典在。」夫子所謂周公之典，即有若所謂徹也。有若言似夫子，益信矣。

○周人之徹，即殷人之井地。但授田有七十畝、百畝之異，以古今尺有長短也。殷人雖井地，地不可井，亦必用貢，此定然之理。孟子教滕井，而云「國中使自賦」，即徹法也。地可井，則方里而井，八家各私百畝，同養公田。以公田之獲納公税，不復税其私田。若地不可井，則依井之法，步百爲畝，畝百爲夫，夫三爲屋，屋三爲井。照數授民田，使自輸什一于公，皆助法爲主。而因地權宜，用貢以輔助之，所不通耳。法均賦輕，遠邇一體，公私相通，故名爲徹。先儒據《孟子》云「請野九一而助，國中什一使自賦」，遂謂鄉遂專用貢，十夫有溝；都鄙專用助，八家同井。《周禮》大國三鄉三遂，國中地頗廣，豈無一二可井者？而皆用貢。都鄙亦有林麓險阻，紆曲不可井者，而皆用助，失化裁之宜。所以三代而下，井田終不可行也。

10 子張問崇德辨惑。子曰：「主忠信，徙義，崇德也。愛之欲其生，惡之欲其死。既欲其生，又欲其死，是惑也。『誠不以富，亦祇以異。』」

○主忠信者，操持堅定，神不外馳，念念勿自欺，則根本固矣。由此應務，見義必爲，不敢懷安。天理所在，萬變隨宜，不憚轉徙，根深而枝葉愈茂，基厚而層累漸高，日新月盛，何德不崇乎？人心之惑由于偏，公則生明，虛則生白，不公不虛，生于愛憎。二者中距，則顛倒昏迷。愛其人惟恐不生，惡其人惟恐不死。夫生死，命也，非人所能爲。既以己意欲其生，又以己意欲其死。造化本無私，人情多乖僻。惑莫大于不知天命，于人實無加損，于己適足見異。《詩》云：「誠不以富，亦衹以異。」言人鄙吝者，實不足以致富，衹以見異。異，怪也，即惑意。苟能平心應物，勿作好惡，何惑之有？

○忠信自是堂堂者所少，欲惡譸張，亦是堂堂之病。聖人視生死如晝夜，恒情于二者最難破，又以愛憎行之，愈見迷惑。智者好而知其惡，惡而知其美，善惡朝夕可改，而生死一定不移，豈可以人之生死，行吾之愛憎乎？若但云愛欲生，如子願親存之類，不爲惑。今其所愛，如驕子嬖妾輩，死而猶欲其生也。但云惡欲死，如討叛誅寇之類，不爲惑。今其所惡，如孤臣孽子輩，未死而欲其死也。然此猶是兩人，一欲生，一欲死，情之偏也。至于一人之身，有時愛之，有時惡之，而忽欲其生，忽欲其死，喜怒無常，恩怨反覆，於是乎有陰謀隱慝，傾危變詐之事，無所不至矣。豈不惑之甚哉？仁者愛人，非不好生，而理數分明，豈私愛可長保？至于死者，雖或可惡，而哀矜未忘，豈以人死爲樂？況人各有心，我所愛，未必衆愛；我所惡，未必衆惡。天命苟定，人所好，天未必生；人所惡，天未必死。今欲以私滅公，以人力奪造物，豈若虛心以游，乘大化之自然乎？智者行所無事，其必無是矣，引《詩》以見人情可異。程子謂當在「齊景公有馬千駟」之上，因下章有齊景公問政，疑錯入在此，然義未爲不協也。

○惑重欲其死一邊，好生乃惻隱之心，聖言自分曉。

11 齊景公問政於孔子。孔子對曰：「君君臣臣，父父子子。」公曰：「善哉！信如君不君，臣不臣，父不父，子不子。雖有粟，吾得而食諸？」

○「君君，臣臣，父父，子子」，皆因景公所不足而言。然萬世治平之經無過此。上四字，名也。下四字，實也。八字縱横開合，各有至理。謂君是君，臣是臣，父是父，子是子，可也。謂君君則臣自臣，父父則子自子，亦可也。謂臣當君其君，君當臣其臣，子當父其父，父當子其子，亦可也。蓋君雖不君，臣不可以不臣；父雖不父，子不可以不子，此天下之大分也。

○齊崔杼弑君莊公，而立莊公之異母弟杵臼，是爲景公，遂相之。及崔杼滅，晏嬰爲政，齊國稍振。而景公晚年好兵，多内嬖。大夫田氏强，田乞以厚施悦民謀竊齊。景公知之，晏子言之，公弗能正也。庶子五人皆未立，將死而以所愛少子荼，託于國夏、高張，是爲安孺子。田乞弑孺子，立悼公。田乞死，鮑牧又弑悼公。齊人立簡公，田乞之子田恒爲政，又弑簡公，而立平公。田氏遂有齊國過半，三傳其孫田和，遷其君于海上，姜祚遂亡。是不君不臣，不父不子，自景公始也，聖言若燭照矣。記者并録景公言于後，見其悦而不繹，從而不改，此齊所以亡也。粟，禄也。

○君，尊也。字尹聲，从口出令，會意也。或云：君，羣也。羣下所歸也。臣，牽也。牽于君也，字象屈服之形。又，臣，堅也。勵志堅固也。又，男子之賤稱。《詩》云：「并其臣僕。」《左傳》：「男爲人臣，女爲人妾。」又惶恐曰主臣。主，擊也。臣，服也。言擊服，惶恐也。

○父，甫也。始生者也。或云：父，矩也，法度教率其子也。古字作[illegible]，从又，象形，以右手指事也。又，右手也。《詩》云「室人入又。」古「又」字作[illegible]，象右手三指之形，故「父」字从又。子者，十一月夜半陽氣所起也。人承陽，故以爲稱。於文併足爲子，象子在襁褓中併足之形。又，子，孳也，孳孳無已也。又，慈也。《中庸》云「子庶民」，《樂記》云「易直子良」，皆慈意。

12 子曰：「片言可以折獄者，其由也與？」子路無宿諾落。

○此章即所謂「由也果，於從政乎何有」之意。片言，無多言也。折，判也。獄，訟獄也。爭質曰訟，論刑曰獄。多言亂聽，莫如訟獄。終日盈庭，聽而不決。子路剛果，更無狐疑。單辭片語，直枉立判，此豈囁嚅猥瑣者所能辨？記者因記子路平日有諸立踐，聞之斯行，其果也如此，所以片言折獄也，且未及忠信明允人信服處。蓋子路聽訟者耳，非使民無訟者也。下章以無訟承之，記者意自分曉。朱子謂忠信明決，言出而人信服，則無訟之道矣。

○宿，猶留也。諾者，承任之辭。無宿諾，即聞斯行之也。本與折獄無涉，記者記其生平果決，所以折獄片言也。

13 子曰：「聽訟，吾猶人也。必也使無訟乎？」

○此承上章見聽訟不足貴，無訟爲難也。唐虞三代之民，未嘗無訟，在上所以使之。曰「使無」，所以矯好聽者之失。虞芮質成，讓畔而返，即是使之無訟。曰「乎」者，不敢必之辭，見其難也。

14 子張問政。子曰：「居之無倦，行之以忠。」

○存主曰居，施爲曰行。兩「之」字指政，存主不難于忠，而難于恒，故曰無倦。作事不難于敏，而難于誠，故曰以忠。兩者皆要，而居爲政本，倦爲病根。人若不倦，自然精進。倦則厭煩苦難，必至苟且枝梧，雖忠難久，故無倦爲行先也。學亦惟悦樂不倦，倦與不忠，皆堂堂者之病，皆生于不誠。心不誠而矜奮于意氣，故有時倦。鋪張于文爲[一]，故行不忠。惟誠不息，惟誠無僞。

15 子曰：「博學於文，約之以禮，亦可以弗畔矣夫！」

○詳《雍也》篇，多「君子」二字。

16 子曰：「君子成人之美，不成人之惡。小人反是。」

○君子之心，欲天下同爲君子。小人之心，欲天下同爲小人。君子成人，其心思懇切，善巧方便，無論平常勸誨。即其人十分佳，争一分玷缺，便不全，到此更加護惜。十分不佳，争一分悔悟，猶不盡廢，

〔一〕「爲」，疑爲「僞」之訛。

到此尚思保全。苟夾持得一善人，贊相得一善事，無所不用其情。苟拔濟得一不善人，解釋得一不善事，亦無所不用其情。緣君子本有美而無惡，遇美如時雨化生，不將順不得。遇惡如洪爐著雪，不消煞不得。小人有惡而無美，故與君子相反。兩言切透君子小人肺腸，邢昺云：「君子嘉善而矜不能，又復仁恕，故成人美，不成人惡。小人嫉賢樂禍，故反是。」

17 季康子問政於孔子。孔子對曰：「政者，正也。子帥率以正，孰敢不正？」

○條教曰政，方齊曰正。人皆知政爲政，而不知政所以名者正也，正己而物正者也。正人不先正己，是表曲而求影直，不可得矣。帥，猶主也。康子爲上卿執國政，而身親爲不忠不孝，何以端百揆，率羣下乎？夫子諷規數語，明切簡直，凡爲天下國家之主，未有易此者。誰能無政？而以正政者鮮矣。曰孰敢者，德威惟畏之辭，即所謂「有恥且格」也。

18 季康子患盜，問於孔子。孔子對曰：「苟子之不欲，雖賞之不竊。」

○此章論弭盜之源，革心之化。欲者，盜之種也。有欲則思得，不得則竊。貴賤不同，其情本一。君子有欲不得而竊于國，小人有欲不得而竊于家。凡攘非其有曰竊，竊皆盜也。苟，誠也，真切之辭。言真是子心所不欲之物，而賞子使竊，必不肯爲矣。蓋不欲，則自不肯爲穿窬。無穿窬之心，民所同也。存乎上教養之失養則凍餒切身，不教則飢渴害志，禁民不欲，不可得矣。故弭盜之方，在使民不欲而已，故曰衣食足而後知禮義。聖人治天下，使有菽粟如水火，而民焉有不仁者乎？然不曰無欲，而曰不欲，何也？非聖人誰能無欲，能以理制欲，斯可矣。此因季氏竊魯，康子奪適，而諷規之。舊解上不貪則民不竊，恐未可幾也。上廉而下貪者容有之矣，聖人必無迂闊之言。

○若從舊解，欲主在上者言，竊主民言。蓋好利本同情，君子萌于念爲欲，小人發于事爲盜。上之所欲者，即是下之所盜者也。欲者盜之媒，上者下之的。上有欲必得，可以無竊。下有欲而不得，惟有竊耳。非真君子，未能無欲。非極小人，不至爲盜。而轉移之機，存乎上。上既不欲，則自無横征，而民可使富，有教化，而民知廉恥，故雖賞之爲盜，亦恥不爲，况又有以禁之乎？上行下效，上好下甚，故無欲爲化導之本，而至于賞之不竊，則教化大行矣，何盜之足患乎？

○按康子爲政，在夫子自衞反魯之後。是時，夫子年已七十，爲國大老。康子新進，故篇中與季康子言多切直。夫子自謂七十而從心所欲不踰矩，固其德卲，亦其齒尊爾。

○賞盜之事，從古無之。《左傳》：魯襄公二十一年，邾庶其以漆、閭丘叛，歸魯，季孫宿納之，以公姑姊妻之，皆有賜于其從者，於是魯多盜。季孫謂臧武仲曰：「子盍詰盜？」對曰：「不可詰也，紇又不能。」季孫曰：「我有四封而詰其盜，何故不可？子爲司寇，將盜是務去。若之何不能？」武仲曰：「子爲正卿，而來外盜，使紇去之，不能。庶其竊邑于邾以來，子以姬氏妻而與之邑，其從者皆有賜焉。若大盜禮之以君之姑姊，與其大邑，其次皁牧輿馬，小者衣裳劒帶，是賞盜也。紇聞之，在上位者洒濯其心，一以待人，軌度其信，可明徵也，而後可以治人。夫上之所爲，下之所歸也。上所不爲之，是以加罰焉，而莫敢不懲。若上之所爲而民亦爲之，乃其所也，又何禁乎？」按季孫宿，季康子高祖，魯事壞于季氏，聖言蓋指此。

19 **季康子問政於孔子，曰：「如殺無道，以就有道，何如？」孔子對曰：「子爲政，焉用殺？子欲善而民善矣。君子之德風，小人之德草，草上之風必偃。」**

○無道，謂不循理。就有道，謂驅民使向道也。聖人於無道之人，哀矜之耳。言殺，便與聖心違。康子執國之柄，造命由己，何必用殺？勝殘莫如善。善者，不忍之良。上以善感，則導之即行，動之即化矣。蓋上操政權，有風動之勢，以下承上，有草偃之機。雖有勁草，豈能抗風行之力？雖有無道，不忍悖善教之君。如云殺爾，民不畏死，若何激之？人所同得曰德，即善也。小人與君子皆有之。偃，仰也。

○善者，從容漸摩，慈和汎愛之心。欲善民善，猶言衣冠可以化强暴也。若以强暴行之，民愚而衆，亦以强暴應之矣。善即是仁，仁爲元善。體仁足以長人，爲美里，爲安宅，故曰善。惟善足以服人，究其事，以不忍人之心，行不忍人之政是也。康子淫刑作威，夫子教以善，如燎方揚，而洒之以清泉也。天道雷霆霜雪，皆是殺機。唯風之入物，至柔而微。故《易》卦巽爲風。巽，順也。治至大順而極。

○草，百卉也。字本作艸，象叢生之形。江淮之間曰蘇，關西曰草，南楚江湘之間曰莽。木植三百六十，松爲長。草植三百六十，著爲長。凡草木倒生，禽獸横生，惟人順生，故草木無知。禽獸有知而不全，人無不知。草木一荄之細，一核之微，香色花葉，相傳而生，千載不變。蓋根幹有生死，而其神未嘗死也，安可謂之無知乎？

○風詳第十篇。

20 子張問：「士何如，斯可謂之達矣？」子曰：「何哉，爾所謂達者？」子張對曰：「在邦必聞，在家必聞。」子曰：「是聞也，非達也。夫達也者，質直而好義，察言而觀色，慮以下人，在邦必達，在家必達。夫聞也者，色取仁而行違，居之不疑，在邦必聞，在家必聞。」

○達，通也，與塞反。子張問達，求利達也。夫子欲得其病狀而後藥之，子張承問以聞對，其症見矣，故分别教之。達者，由此達于彼，己爲主。聞者，自彼聞于此，人爲主。達如水盈科而後進，聞如風送響而無端，誠僞之别也。達之根本，在質直，而其好義，察言觀色慮下人，皆成此質直也。聞之病痛在色取仁，而其行違居不疑，皆成此色取也。士浮靡變詐之習勝，則根本虧，故質直爲先。然木戇者或少圓通，其質野而其直絞，與世齟齬，必心悦乎義。凡事順理，因時制宜，所爲質直者又通方也。然猶未敢自以爲是，視天下人無一可上，視己無一可以先人，人己之精神不可見，而人與我相接之言色可見。察其言之應違，觀其色之向背，務使彼我神情融洽，一體無二，而我之念慮隱微中，真有虚己下人之心，非謙讓之僞貌，如此乃爲忠厚樂易之君子。非骯髒任情，自託于質直者也。又非伺人眉睫，以求親媚于世者也。所以在家在邦，無不通達，利有攸往矣。若夫求聞之術，不過一假。假者，色取仁而已。仁本在内，而以色取，則是在外不由内也。内外分爲兩，稽之行事，全與心違，由外之鋪張太甚，故内之填補不足，空虚怯餒，焉得不疑？而彼欲欺人，必先欺己，謷然自是，無復有觀察下人之慮。故人惑于其色取之似，又見其自信之决，在邦在家，亦必有稱述之者矣。然其去達甚遠，此子張所蔽與所不足也，故藥之。

○好義從天真入，無適無莫，而生機亹亹，自不容不察言觀色，自不容不慮以下人。即日用倫物間，每自覺虧欠，文王望道，孔子不厭，豈曰不疑？色取仁，從矯强入，但粧演瞞過即休，何暇自疑？一片荆棘城府，豈肯下人？與君子冲虚和平之度自相反，察言觀色處即是慮下人。察人言色時，即己之言色温恭可知。人己交暢，和氣流通。夫子温良恭儉讓是也，居之不疑。小人欺世巧術，硬執不懟沮，方能動人。疑猶昏禮「婦疑立于席西」之疑。不正相向曰疑。居不疑者，旁如無人，倨傲之狀。孟子謂鄉原自以爲是，皆用此術。

○聖人處世，不貴剛强，故鄉原襲其似以亂中行。鄉原不可爲，而世儒遂以剛直爲士氣，又非也。此章所謂聖人定之以中正仁義者也，達好義，聞取仁。義主嚴毅，故質直者好之。仁主慈和，故巧令者取之。好義由中出，而慮以下人。義内而仁亦内也，取仁由外入，而居之不疑。仁假而義亦假也，意自互備。

21 樊遲從遊於舞雩之下，曰：「敢問崇德、脩慝、辨惑。」子曰：「善哉問！先事後得，非崇德與？攻其惡，無攻人之惡，非脩慝與？一朝之忿，忘其身以及其親，非惑與？」

○舞雩，祀天禱雨之處有壇場。下，即壇下。樊遲好近鬼神，因事天而問崇德，因禳災而問脩慝，因鬼神而問辨惑。夫子善之，以三事皆心也。直心曰德，匿心曰慝，或心曰惑。夫子各本諸心教之。崇德者，專心致志，爲所當爲，勿算功計效，苟念分則事不專而中輟。如方行孝，即欲成孝子，則孝終不成。但專心爲子所當爲之事，初不知己之爲孝，則孝道久自崇矣。凡學問皆然，是謂崇德。慝者，惡之匿于心也。私欲盤踞，根于習氣，緣于情識。無始以來，病根卒然難拔，須如攻敵之猛；其流注細微難辨，須如攻器之精。苟神明少弛，撿點或疎。即暗長不覺，何暇更指摘他人？似此專一，乃爲脩慝。人心靜則覺，虛則靈，血氣憤作，則神明昏憒。偶然小忿，輒轟騰暴起，天君失主，性命不顧，以至殞身喪家，禍延所生，豈有不共之仇，何至於此惑莫大乎是？辨惑者，懲忿而已。此與告子張愛憎之偏皆氣壹之蔽志也。忿字从心、分聲，怒字奴聲。分者引之去，奴者失其主，故迷心莫如忿怒。顏子不遷怒，所以知幾。《家語》：「子云：『匹夫不怒，無以亡其身。』」可不戒哉！

22 樊遲問仁。子曰：「愛人。」問知。子曰：「知人。」樊遲未達。子曰：「舉直錯諸枉，能使枉者直。」樊遲退，見子夏曰：「鄉向也吾見於夫子而問知，子曰『舉直錯諸枉，能使枉者直』，何謂也？」子夏曰：「富哉言乎！舜有天下，選於衆，舉皋陶，不仁者遠矣。湯有天下，選於衆，舉伊尹，不仁者遠矣。」

○此章言治天下之道，智以行仁而已。孟子云：「智者無不知，當務之爲急；仁者無不愛，急親賢之爲務。」仁之親賢，即智之當務也。夫子告樊遲愛人爲仁，又告以知人爲智。仁智皆以人言之，能愛又能知，智至即仁至。未有不哲而能惠，不能官人而能安民者也。樊遲未達，非不達愛人之仁也，未達知人之智耳。當愛者人，當知者又人。其用明精別處，恐其有妨于合愛之量也，故夫子以舉錯化枉解之，而遲所疑在知。謂夫子舉錯之説，專言智耳。於用愛之道，終似未廣。退而問子夏，子夏不意遲兼問仁，祇覺此言非專爲知發者。引舜與湯之事解之，語及不仁者遠，遲始悟化枉爲直，而仁在其中矣。蓋仁智，大德也；舉錯，大權也，是帝王用人立政之本。《虞書·皋陶謨》云：「在知人，在安民。禹曰：『知人安民，惟帝其難之。知人則哲，能官人，安民則惠。哲而惠，何憂乎驩兜？何遷乎有苗？何畏乎巧言令色孔壬？』」夫子之言，蓋本諸此，故子夏引舜舉皋陶明之。

○仁曰愛人，智曰知人。愛與知在心，而人在天下。天下不離吾心，吾心通諸天下。人已感應動變，合外内之道。道固無有大于仁智者矣，帝王化成天下不外此。子夏所以歎其富也，能使枉直，非但激勸，激勸其小者。帝王憂世，爲天下得人，治水播穀，勞來匡直，得賢輔理，以致天地平成，四方風動，所以爲仁。包括甚大，宜樊遲未解也。樊遲祇見得分人以財，教人以善之仁，故疑知人防愛人。

舉錯化枉，只疑是智邊事耳。皋陶爲士，伊尹爲阿衡，皆有舉錯之責。《皋謨》陳九德，《伊訓》列三風十愆，皆舉錯之事，故能化枉爲直。周公作《立政》告成王，亦惟迪知忱恂于九德之行，克知宅俊，乃無誤于庶獄。二帝三王爲君，皋陶、伊尹、周公爲相，舉無易此道者。子夏聞言即解，所以深于典謨，而稱文學之士也。

〇湯之於伊尹，學焉後臣，商廷固無如伊尹者。舜五臣皆聖，而獨言皋陶。皋陶爲士，古典獄必以士，獄官曰士、曰理。虞廷士而理惟皋陶，故禹所推遜亦惟皋陶。讀《皋陶謨》，而其人可知。初，禹欲禪位，皋陶而先卒，故薦益于天，益即皋陶子也。

〇湯，子姓，契之十四代孫，名履。稱天乙者，商家世系之號也，湯則當時臣民號之也。湯之言蕩也，《謚法》：除殘去虐曰湯。或云：湯者，攘也，攘除不軌也。湯壽百歲，踐祚十三年，則伐殷年八十有七矣。

〇皋陶，一作咎繇，少昊之裔。其父大業，取少典氏女，生陶于曲阜偃地，賜姓偃。舜以爲士典獄，封于皋，曰皋陶。其後裔封于英、六。《春秋》：魯文公五年，楚滅六，滅蓼。臧文仲曰：「皋陶庭堅，不祀忽諸。」註云：「皋陶，字庭堅。」或云非也。皋陶，少昊之後。庭堅，高辛氏之子。六，皋陶後。蓼，庭堅後也。蓋皋陶後有舒蓼，與蓼異。舒蓼，偃姓。蓼，姬姓。宣公八年舒蓼始滅。《荀子》云：「皋陶之狀，色如削瓜。」《淮南子》云「皋陶瘖而爲大理」，其裔世爲理官。逃難伊墟，爲李氏，是老聃之祖也，故後世謂理爲李云。

○伊尹，名摯。有莘氏女得嬰兒于空桑之地，居伊水之上，因以伊爲氏。長耕于有莘之野，樂道不仕。湯使人三聘，至以爲宰。尹，即宰也。論素王九主之事，湯尊以阿衡。阿，倚也。衡，平也。言倚之以爲平也。相湯伐夏，遂有天下，壽百有二十歲。

23 子貢問友。子曰：「忠告谷而善道之，不可則止，無自辱焉。」

○同師曰朋，同志曰友。朋疏而多，友親而少。于文二又相順爲友。古又作𠂇，象手，有佐佑之意，所謂莫逆也。友有大過，必推赤告語，猶恐言直而不入，須善巧開導令樂從。蓋忠告易而又善道難，情懇則語直，少視他人，事不切己，誰肯多方委曲？此實有相關至情，乃能如此，宜無不見可者矣。苟其人猶不可，是自暴自棄。怙終不悛者，不宜强聒，止焉可矣。蓋在我已無不竭之忠，無不盡之情而猶不止，非但言數取辱，彼過大行虧，與之爲友能無傷乎？止猶「事君不可則止」之止，絶交也。至是始絶交，乃見善友，蓋友非泛也。道義相期，肝膽相許，利害榮辱相關，德業相成，過失相規，乃稱友。至是所相期許者皆不行，故不得不止。今人所謂友，勢利酒食，面是背非，朝秦暮越，原不可稱友，臨事安得有忠告善道？原不以正合，何待不可乃止？此答問之意在言外。

24 曾子曰：「君子以文會友，以友輔仁。」

○聖門之學，求仁而已。以文會友者，將資友以輔佐也。文謂古訓也，以文即博文也。輔仁，即約禮也。《孟子》云：「博學而詳説之，將以反説約也。」羣居終日，無非爲講道肄業。而所以講道肄業者，又非資辨博而已。將以開發吾茅塞之心，充養生生不息之良，輔翼吾仁耳。爲仁由己，而觀摩薰陶，常賴良友。天機以有所鼓舞而後暢，義理有所商量而日新。中人之性，必借夾持。蓬生麻中，則不扶自直。孤陋寡聞，而能進德脩業者，未之有也。以子夏之賢而歎離羣索居，聖人亦以朋來爲樂，况其下者乎？故曰朋友第二我也。

論語詳解卷十二終

論語詳解卷十三

郝敬　解

子路第十三

○聖門仁莫如顔淵，勇莫如子路，故相次。

1　子路問政。子曰：「先之勞去聲之。」請益。曰：「無倦。」

○先謂躬行倡率，勞謂從容慰藉。勇者不難于先，而或不恤人之勞。振其惰又恤其勤，則民行事敏且勸矣。子路請益，即如斯而已乎之意。夫子以無倦益之者，即無倦于先勞，益之以不益也。益之以不益者，節其鋭也。勇者鋭進，難于持久。能有常，即是大益。志氣中和，方能有常。無忘無助，自然可大可久。此天地易簡之至德，不但先勞耳。

2　仲弓爲季氏宰，問政。子曰：「先有司，赦小過，舉賢才。」曰：「焉知賢才而舉之？」曰：「舉爾所知，爾所不知，人其舍諸？」

○春秋時，諸侯世官，士如欲仕，必始于大夫之家，故聖門諸賢多爲家宰。而爲季氏之宰，則志士所不屑也。三桓無君，季氏爲甚。子路以伉直而遇愬，冉有黨惡，而夫子攻之。仲弓，顏、閔之亞也。顏子陋巷不仕，閔子辭費，仲弓奈何甘爲季氏宰？以恭默之資，北面事權臣。夫子嘗以南面諷之，以犂牛子慰之，而雍皆不悟，至是以政問。夫國曰政，家曰事。《書》云「是亦爲政」，故夫子即家政告之，亦以諷戒之也。朝廷邦國，用人行政，則先公卿大夫；家政，則先有司。有司，即家臣也。《禮》：家不具官。而事各有司存，故得人爲先。權門羣小蟻附，雖不盡賢，苟無大故，勿動以細眚而起大獄，致煩司寇，動朝廷，驚邦國，此有家之體也。諸侯且無專殺，而況大夫乎？自世官用，而側陋者不得升，豈無賢才沈淪爲管庫私人者，有則當爲薦揚，未可因世禄世官，藐視臣僕内無人也。聖言及此，即前日言犂牛子之意。人其舍諸，即山川其舍諸之意，非獨謂宰可舉，而大夫不當舉，亦非謂雍自舉，而不欲他人舉也。蓋世卿妨賢，爲世大患。季氏專魯，娼嫉尤甚。如有王者作，選舉不行，世官不革，天下不可理也。故舉賢才者，天下之公道；見賢必舉者，天下之公心。仲弓必欲自知自舉，豈惟器宇不宏，識見不達，并季氏之不可臣，世官之不可行，皆未之喻也，又何怪乎以南面之度，而俛首事權奸乎？

○冉有爲季氏宰，無能改於其德，而反爲聚斂，故有司不可不擇也。子路已墮三都，遇公伯寮之愬而去，故小過不可不赦也。魯多君子，卒無救于衰亂，故賢才不可不舉也。是時魯事已盡歸季氏，而挽回之術，惟家臣有賢者，寬假而信用之，聽其招賢納士，或可以有爲。苟惡成不可挽，示仲弓以不可則止之意而已。

○春秋無王，諸侯僭天子，大夫僭諸侯，家臣僭大夫，故當世家宰皆稱大夫，與公臣等。如魯孟獻子之喪，歸四布，有司徒旅；叔孫助季氏攻昭公，有司馬䰙戾；孟氏使陽膚爲士師。司徒、司馬、士師，皆公臣也，并設于私家，故季子然以家臣比大臣，曾是有司而可謂大臣乎？二十篇中言有司者三，其告子張爲政，以有司爲四惡之一。曾子告孟敬子君子之道，以有司爲籩豆之事，此季氏之有司尤可知矣。故夫子爲仲弓首及之，即告季子然具臣之意。蓋春秋政在大夫，皆家臣主謀，如國之有執政，而世卿妨賢，士多聚于私門，固材之藪，亦奸之林也。魯之亂屢矣，前以家臣南蒯，後以家臣陽虎、侯犯。昭公之見逐也，以家臣䰙戾。叔孫豹之死也，以家臣豎牛。季桓子之囚也，以家臣陽虎。衛輒父子之相攻也，以家臣渾良夫。其孟縶之死于賊也，以家臣宗魯。晉欒氏之亡也，以家臣州賓。祁氏、羊舌氏之滅也，以殺家臣祁勝。而康子方議殺無道，故夫子言有司宜擇，小過宜赦也。顧其人往往有賢者出于其閒，如晉趙武舉管庫之士七十餘家，趙氏之陳嬰、公孫杵臼、董安于，范氏之王生、張柳朔，魏舒之辛賈、閻没、女寬，魯季孫之正常，此輩若遇明主，皆可試用。况仲弓以德行之士，可無自重之養乎？夫子所以惓惓致戒，而難于顯言之也。

3 子路曰：「衛君待子而爲政，子將奚先？」子曰：「必也正名乎？」子路曰：「有是哉，子之迂也！奚其正？」子曰：「野哉，由也！君子於其所不知，蓋闕如也。名不正，則言不順；言不順，則事不成；事不成，則禮樂不興；禮樂不興，則刑罰不中；刑罰不中，則民無所措手足。故君子名之必可言也，言之必可行也。君子於其言，無所苟而已矣。」

〇衛輒父子争國，便是名不正、言不順，何必聖人爲政。雖尋常識禮者欲仕衛，必先調停其父子得所，始成國事。曰必者，決然之辭。曰乎者，有是心而憂其不能用也。子路不識正名之意，將謂如後儒所云，上告天子，下告方伯，改立子郢之説，故以爲迂。夫子以麤野責之，非但責子路，恐天下萬世以正名爲迂，其害不可勝言矣。乃歷數之，不獨衛事耳。名失其實，則稱謂反常，而言不順。言出不順理，則行出豈成事？由是錯亂無等，暴厲不和，何以作禮樂？顛倒乖戾，何以用刑罰？則民不聊生，而亂亡至矣。今衛國父不謂之父，子不謂之子，是何話言？父子相拒如讐敵，是何事體？如此悖逆，是何節文？如此兇暴，是何聲容？父伐子，子攻父，是何刑罰？綱紀弛，名分乖，人人自危，何以措手足？稽其敝，雖有序，究其實，一名不正耳。故君子欲爲政，禮樂刑罰，必先正名。名必求可言，務使名正而言順也。言必求可行，務使成事，而爲禮樂刑政安民之本也。君子以言稱名，豈肯苟焉已乎？蓋正名而必歸諸言者，名出諸口者也。顧名則必思義，而責其實。不肯苟言，豈敢苟行？一則名言父，一則名言子，講得此名真確，豈有提兵相殺之事？而已矣者，決辭，急先務之意。

〇儒者固執不通，視聖人過刻，所以有子路一種疑心。有上告天子，下告方伯，一種議論。衛君請夫子爲政，夫子先告天子方伯，先廢衛君，如此舉事，何但子路以爲迂乎？儒者又謂夫子必教輒迎養其父，勸蒯聵以國予子。如此可行，何待後世猜作話柄？人之無良，其心已死，聖人與居，豈能化而入，夫子已知正之不得而禍將至矣。所以待子爲政，而卒不仕也。子路此問，在蒯聵入戚，輒拒父之時，輒欲夫子仕己，故夫子爲此說。時輒立已十二年，子路謂適孫當繼祖，以聖言爲迂。未幾，孔姬陰謀，蒯聵入而輒出奔，子路竟以死，然後知聖言非迂。世儒揣摩聖人行事，則迂矣。父父子子，千古名分，昭如日星。夫子所以處衛事者雖未見，而名在即是正，何待卜諸行事？天道風雨露雷不同，歸于造物。聖人行止去就不同，歸于覺世。魯君臣之亂，聖人未嘗不欲救，而不合則去，救之以不救也。衛父子之亂，未嘗不欲正，而不可則止，正之以不正也。聖人無可無不可，惟其用行舍藏，知幾如神。而世儒必欲徵其事，責其必濟，所以不達時變也。

○魯衛之政，兄弟也。欲救季氏，必先有司得賢者爲腹心，開導反正，庶魯之君臣安。欲救衛輒，必先正名勸諭，使顧名思義，翻然改行，庶衛之父子定。時勢事理明白可見者止此。子路先仕季氏，幾不免于讒，遂去仕衛，復罹禍，皆以强直自用，不能闕疑至此。此記者相承之意。

4 樊遲請學稼。子曰：「吾不如老農。」請學爲圃補。曰：「吾不如老圃。」樊遲出，子曰：「小人哉，樊須也！上好禮，則民莫敢不敬；上好義，則民莫敢不服；上好信，則民莫敢不用情。夫如是，則四方之民襁講負其子而至矣，焉用稼？」

〇此章見聖賢學術，帝王經綸。孟子闢并耕，淵源於此。樊遲學稼圃，即詩人「稼穡維寶」之意。種五穀曰稼，種果蓏裸蔬菜曰圃。《周禮》：「大宰九職，任萬民。一曰三農，生大穀；二曰園圃，毓草木。」《漢志》農家之書百十有四篇，秦焚書所不去者，醫卜與種植之書。古有是學，而樊遲因夫子道不行，惑于沮、溺、丈人之譏，故請躬耕，自食云爾。天生君子，民物付託，而自局爲農圃，將流爲墨翟之纖嗇，許行之并耕，佛老之平等，世教何賴焉？夫子自言吾不如者，有大人之事，有小人之事。道不同，不相爲謀也。不如，猶言不同小人細民。須，樊遲名。農圃麤野不知禮，計利不知義。耕也，餒在其中。豐歉難測，不必信。三者反小人而爲康濟之大道也。小道致遠孔泥，大道達諸天下。三好不言仁，仁主統同則無別，禮義信主方，嚴則小大攸分，方嚴者難爲好。大人以此宰制天下，其精神全在好。自處敬，則民安敢不敬？自己作事不宜，安望民服？自先不信，民誰肯輸情？凡出乎身，加乎民，無一念一事，非禮義信之流行，則德盛化神，人心嚮附矣。昔晉重耳譎而不正，《傳》稱其以大蒐示禮，以定襄王示義，以伐原示信，假之之事正與好相反。襁負，謂以布一幅，約小兒于背。負子見其用情，惟悦服，故父子同來。焉用稼，即《孟子》云「百畝之不易爲憂者，農夫也」，圃亦可知矣。或曰：民生之本，莫重于農。《詩》《書》諄諄言農，民事不可緩。大人勤勞天下之心，非必身親其事也，故曰：「勞心者治人，勞力者治于人。」稼非不用，而自有用稼之人也。或問：三好先禮，何也？禮有品節，君子小人所以分。帝王綱紀天下惟禮，人生視聽言動亦惟禮，無禮則怠惰放肆，故化民成俗莫如禮，克己爲仁莫如禮。禮，嚴敬之物，非學而不厭者不能好。以夫子之聖而學禮、問禮，孜孜不倦，其設教以禮爲本，二十篇于禮數數然也。必俟樊遲出而後言，何也？聖人曉人每于去後，南宮适、伯玉使者皆俟其出而稱之。樊遲、宰我皆俟其出而非之，從容不迫，故人深有味于去後也。

5 子曰：「誦《詩》三百，授之以政不達；使於四方，不能專對。雖多，亦奚以爲？」

○三《詩》，十五《國風》驗邦國之臧否，二《雅》陳朝廷之得失，三《頌》美前王之功德，而其辭旨皆温厚和平，可爲立言應對之法。誦，記誦也。誦與學異，誦記而學習也。善誦有得，授之以政，必能援古通今，識導民之方；奉使將命，必能從容風議，有應對之才。專，獨也。使有正有介，正使不能對，則介助之。專對不須介也。凡辭氣和平，乃能動人。學《詩》不能政事，又不能言語，雖多何用，可知學《詩》之要矣。體詩人諷詠之性情以立言，則爲長者；體詩人美刺之旨以行政，則爲循吏。此聖人教人學《詩》明法。後儒專以聲樂言《詩》，采華忘實矣。

○不達，則不獨政事耳。凡《詩》意微婉深厚，學者告往知來，始可言《詩》。以辭害志，則拘而不通。所以學《詩》尤貴達也。專對，如《春秋傳》諸大夫聘饗賦《詩》相酬答之類。晉韓起使鄭七子賦《詩》見志，吴季札聘魯觀樂論《詩》，皆能專對者也。齊慶封奔魯，叔孫豹賦《相鼠》《茅鴟》刺不敬，而封皆不知，此不能對者也。

6 子曰：「其身正，不令而行；其身不正，雖令不從。」

○有國有家者，令民而民不行，何以爲政？然其本不在令在身，身正則人自正，身不正，欲人正，何可得？此其機，莫知所以然而然。蓋言清行濁，精神自不貫，父子妻孥閒且不孚，而况居人上，億兆所觀望，責備甚周，尤不可不慎也。不從，不從其正也。縱使革面，不能格心。

7 子曰：「魯衛之政，兄弟也。」

○魯周公後，衛康叔後，皆文王子。本兄弟之國，政事亦伯仲之閒。其始也，魯尊尊而親親，衛明德而慎罰，立國同也。其盛也，魯多君子，衛亦多君子。其衰也，魯敝笱壞防，衛鶉鵲無良。其亂也，魯君臣不睦，哀公孫邾；衛父子不睦，出公奔魯。其亡也，二國亦獨後于諸姬。始終治亂興亡皆相似，聖言若燭照矣。

○衛，姬姓，侯爵。周武王同母少弟。先食邑于康，曰康叔。成王時，晉位爲大司寇，益封以殷墟三監故地，是爲衛伯。周公述武王之意，作《康誥》《酒誥》《梓材》以告之。今河南衛輝府等地是。

8 子謂衛公子荆善居室。始有，曰：「苟合矣。」少有，曰：「苟完矣。」富有，曰：「苟美矣。」

○居，猶蓄也。家無蓄聚，則俯仰無資，而禮義不興，故居室未可盡廢也。但營求多，則塵累重，而道心損。如公子荆隨時知足，又何累焉？有，謂有財。三曰，皆心口自語也。三矣，知足之辭。合，稱意也。偶曰合，不偶曰數奇。或曰聚也。美，盛麗也，都亦謂之美，以繁華名也。始有，未必合也。少多于始，未必完也。富多于少，未必美也。完已滿足，美尤望外。所以知止，爲善居室也。豈若世人黷貨無厭，粟紅貫朽者之爲乎？

〇公子荆，衛大夫，字南楚。《左傳》：昭公二十年，齊豹之亂，南楚爲衛侯驂乘，以身禦矢，而免君於難。魯襄公二十九年，吴札來聘。適衛，見蘧瑗、史鰌、公子荆、公叔發、公子朝。曰：「衛多君子，未有患也。」

9 子適衛，冉有僕。子曰：「庶矣哉！」冉有曰：「既庶矣，又何加焉？」曰：「富之。」曰：「既富矣，又何加焉？」曰：「教之。」

〇僕，御車也。庶，民衆也。聖人萬物一體，見衛民有無窮之思。他人見之，庶與不庶，與己何預，此仁不仁之分也。加，增益也。富之，厚其生也；教之，正其德也，皆本庶言。因衛民發此，不專主衛。下四章，有次第。

10 子曰：「苟有用我者，朞月而已可也，三年有成。」

〇此章主用我者論。朞月，謂周一年之月。朞者，復其時也。而已可者，兆足以行之意。古用人三年考績，黜陟幽明。有成，言能不負所用也。聖言婉遜，非直任之也。聖人作用不可測，然所望于用我者，非尋常一官之任。仕魯攝相三月，羔豚不飾，男女別路，耕者讓畔，道不拾遺，客至如歸，敵人反侵地，是又不待朞月三年也。子貢謂夫子之得邦家者，立之斯立，道之斯行，綏之斯來，動之斯和，知聖人深矣。苟，誠也，用之專也。

11 子曰：「『善人爲邦百年，亦可以勝殘去殺矣。』誠哉是言也！」

○善者，人心愷悌慈愛之良，與殘殺相反。是言，古有是言也。此章之意，非論功效。善爲治安之本，五霸紛争，世道殘殺之秋，夫子思善人難得，凶殘難化，刑殺難除，其必有醇厚之主，陶鎔百年，然後可化凶暴，而刑殺可不用。顧世主有賢不肖，安得皆善人？命運有脩短，安得至百年？則殘何時勝？殺何時去？太平之願，何時得遂？然世主苟有不嗜殺人者，欲善而民善矣，此聖人言外屬望之意。前告康子以善易殺，此以善去殺，皆容保無疆之思。自謂三年有成，則刑殺亦未能盡去也。古惟堯舜二聖相承，壽考在位百餘年，不啻善人，然四凶必誅，五刑不廢，故禹曰：「知人安民，惟帝其難之。能哲而惠，何憂乎驩兜？何遷于有苗？何畏乎巧言令色孔壬？」是雖舜未免放驩兜，遷有苗，況其下乎？亦可以者，未必然之辭。百年善政，世閒難有之時。勝殘去殺，世閒難見之功。所以惻然動念也。朱子以漢文景當之，何容易乎？

12 子曰：「如有王者，必世而後仁。」

○仁是一團元和之氣。在人心公溥，無一毫己私曰仁。在宇宙平康，無一處偏枯曰仁。但有一家一夫不得所，即是偏枯。如四體有一臂一指，血脉不周流，即是痿痹。唯唐虞之際，時雍協和爲庶幾。雖夫子三年有成，未遂勝殘去殺，亦不言仁。必世後仁，甚言難也。在善人須百年，就使聖王，必世而後可。父子相繼曰世。百年之善人，繼體守成者也。必世之王者，革代造命者也。湯之王也，太甲而後仁。武之王也，成康而後仁。

○《說文》：「王，一貫三也。」天地人爲三，惟王者通爲一。

13 子曰：「苟正其身矣，於從政乎何有？不能正其身，如正人何？」

○前言不令而行，君道也。此言從政，卿大夫從君爲政者也。上正其君，下正其民，《孟子》所謂「大人正己而物正者也」。苟，誠也，言非色莊也。

14 冉子退朝。子曰：「何晏也？」對曰：「有政。」子曰：「其事也。如有政，雖不吾以，吾其與（預）聞之。」

○魯公室衰，政逮于大夫。冉子爲季氏宰，無能改于其德。如旅泰山，伐顓臾，用田賦之類，皆與謀。夫子因其退朝晚詰之，冉子以有政對。夫政則誠政矣，然政本公也，胡得在私家？胡獨陪臣得聞？是必大夫家事而後可。若公政懸諸象魏，頒諸邦國，君主之，諸大夫國人共承之。如《周禮》六官，正月之吉，布政于邦國都鄙，乃懸治象之法于象魏，使萬民觀治象，乃施典于邦國，是國人皆得聞也，况告老之大夫乎？以，用也。夫子時雖不用，所謂召彼故老，詢于黃髮。如哀公十三年用田賦，康子使冉有訪于仲尼曰「子爲國老，待子而行」，是猶與聞也。今不得聞，豈私事欲密，故不與諸大夫議于公朝，而與家臣謀于私朝乎？微其辭以警之也。

○退朝，退季氏之私朝也。古者公署通謂朝。公父文伯母謂康子曰「外朝，子將脩君之官職；内朝，子將庀季氏之家政」，是也。亦猶禮服通謂朝服，子見父母通謂朝見云爾。

15 定公問：「一言而可以興邦，有諸？」孔子對曰：「言不可以若是其幾也。人之言曰：『爲君難，爲臣不易。』如知爲君之難也，不幾乎一言而興邦乎？」曰：「一言而喪邦，有諸？」孔子對曰：「言不可以若是其幾也。人之言曰：『予無樂乎爲君，唯其言而莫予違也。』如其善而莫之違也，不亦善乎？如不善而莫之違也，不幾乎一言而喪邦乎？」

○庸君輕譚理亂，聖人發格心之論。興邦喪邦，决諸一言未爲非，但不圖諸心而卜諸言語，何益？幾，猶介也，微也。安危所繫甚微，即《易》云知幾也。言語雖爲樞機，然非取必于言語，而取必于君心。憂勤者，興之幾也。恣縱者，喪之幾也。憂勤莫如知難，恣縱莫如樂不違。爲君難，是一言也。

心知其難，戰兢以圖存，是爲興幾，則邦以爲君難之一言興矣。唯言莫違，是一言也。心樂其莫違，好讒喜佞，是爲喪幾，則邦以莫予違之一言喪矣。以此論興喪，乃爲知幾，豈徒在言語乎？善莫違者，明良之都俞也；不善莫違者，小人之逢迎也。

16 葉公問政。子曰：「近者説，遠者來。」

〇楚地廣遠，故教以悦近而來遠，但舉其效者。人情之向背，由于政教之得失也。哀公初年，夫子數往來陳、蔡閒，是時楚昭王怨蔡人導吴人，楚數伐蔡，又與吴争陳。二國近楚苦兵，故夫子言楚欲爲政于天下，自近始。諷以恤小字鄰之仁也。遠來，猶《孟子》云「使天下仕者皆欲立于朝」之意。夫子自女樂去魯，歷曹、衛、宋、陳、蔡諸國，舍齊、晉、秦，南遊於楚，徘徊陳、蔡者數年，意常在楚也。《檀弓》云：「夫子失魯司寇，將之荆。先之以子夏，申之以冉求。」即遠來之意。後儒誣楚爲夷狄，謂《春秋》擯楚，諱而不言，使聖人之意，千載不白，悲夫！詳見《春秋》。

17 子夏爲莒父甫宰，問政。子曰：「無欲速，無見小利。欲速則不達；見小利，則大事不成。」

〇人心量最宜從容寬廣，聖學惟不倦，自日新富有。王道惟悠久，自博厚高明。躐等躁進，則襲取旦夕，枝梧小補而已。欲速見小，二者病相因。欲速則必見小，天地所以大，惟漸而恒也。道書云：

「天地之道浸，無欲速也。」欲速，則急遽無序，而反不達。俗云：「疾走多顛躓，信步到長途。」見小者爲利，則枉尋直尺，躭細娛而亂大謀。善無小而可遺，苟救一民一物，聖賢未嘗不爲。但見此爲利，則所就卑矣。計利，未有不見小者。惟道無大小，宰一邑與宰天下等。所以武城弦歌，聞之而喜，與仲弓言獨不然者，病其爲季氏宰耳。

○莒父，魯下邑。《春秋》定公十四年城莒父，蓋公邑也。今山東萊州府高密縣東南是其地。己姓，子爵，少皞之後。武王封于莒。春秋時，莒遷于城陽，魯併莒，因以其地爲莒父。漢封劉章爲城陽王，置莒縣。今青州府莒州是。

18　葉公語孔子曰：「吾黨有直躬者，其父攘羊，而子證之。」孔子曰：「吾黨之直者異於是。父爲子隱，子爲父隱，直在其中矣。」

○黨，猶里也。直躬，即事爲名，猶長沮、桀溺、闕黨、達巷之類。證父攘羊，雖父子不相隱，所謂直而無禮則絞者也。葉公但拘無隱論直，夫子謂父子相隱者，非必拘事，但即葉公所言，折諸天理人情。形迹之外，亦非定以隱爲直也。理自圓融，故曰在中。世上無規矩名法則亂，泥規矩名法亦足階亂。規矩名法，所以閑中人，而狡僞者借以行其私。聖學惟致知誠意勿欺，此心即是直，故聞見知也。聖人不以知爲知，而以知不知爲知。無隱，直也。聖人不以證父爲直，而以父子相隱爲直，是謂天則。致知誠意，非規矩名法所及。公私誠僞之介甚微眇，聖人所以無可無不可，謂之權也。不然，執父子相隱爲直，如衛石碏不隱其子之類，又未爲全非也。

○《呂氏春秋》云：「楚有直躬者，其父竊羊，而謁之上。上執而將誅之，直躬者請代之。將誅矣，告吏曰：『父竊羊而謁之，不亦信乎？父誅而代之，不亦孝乎？信且孝而誅之，國將有不誅者乎？』荆王聞之，乃不誅也。孔子聞之，曰：『異哉！直躬之爲信也。一父而再取名焉，故直躬之信，不若無信。』」夫子自言吾黨父子相隱，其作《春秋》用此義，于君父之惡，諱而不言，而其是非亦自不泯，所以爲三代之直也。佛氏以冤親平等爲直心，遂至棄家滅倫，即證父之直也。秦法首匿相坐，骨肉恩廢。漢宣帝詔曰：「父子之親，天性也。雖有患禍，猶蒙死而存之。自今子匿父母，孫匿大父母，皆勿坐。」我國家亦有親屬相爲容隱之律，仁人之意，皆聖訓所留也。

19 樊遲問仁。子曰：「居處恭，執事敬，與人忠。雖之夷狄，不可棄也。」

○此章論爲仁，最是實地。人心放逸，即不仁。心苟常存，至造次顛沛必於是，何不仁之有？居處不論有事無事，與人接未接，身範常端莊。執事不問大事小事，一切不敢怠慢。與人不論何等，皆推赤相與。三者異名，其實一心。心之用無過三者，故承之以夷狄不可棄，言不可須臾離也。此章與曾子「所貴乎道者三」同功，不離日用酬酢，心境如一，即《中庸》顯微無閒之道。後儒專向性命揣摩，語上遺下，語内遺外。言之愈精，失之愈遠。知行所以分，事理破析，費隱不涉，禪宗而已矣。通此一章，《論語》宗範可知。

20 子貢問曰：「何如斯可謂之士矣？」子曰：「行己有耻，使於四方，不辱君命，可謂士矣。」曰：「敢問其次。」曰：「宗族稱孝焉，鄉黨稱弟焉。」曰：「敢問其次。」曰：「言必信，行必果，硜硜然小人哉，抑亦可以爲次矣。」曰：「今之從政者何如？」子曰：「噫！斗筲之人，何足算也。」

○士未仕曰士，已仕爲公卿大夫亦曰士。子貢問士，夫子以士之致用者告之。首言行己，士之根本。使四方不辱君命，士之才猷。二者尋常學問，非聖賢極則。當時士風大壞，故首節槩，而才猷通達，子貢所長，聖意所重可知也。子貢知行己爲重，再問三問漸卑。聖言漸反本，猶問兵食與信之意，推至言行信果，益見行己爲靈。而後問及于當時士大夫，明知其行己無耻也。有耻即是羞惡之心，人道之本，使命之才從此運。不先有耻，安能仗義砥節，伸國家之氣，增本朝之光，以稱不辱乎？孝弟二者，正行己邊事，但少致用之才。信果二者亦行己邊事，但乏鄉曲之譽。雖有等，而皆士之篤實有守者也。信果非不善，其病在必，而不論當否。硜硜，堅確意。硜硜之小人與滑稽無耻之小人殊，巢許輩皆在內。執節不弘，對大人而爲小也。抑亦可以爲次，甚言無守之不可。寧拘拘謹守，猶無忝于名教，决不可如機變之巧，無所用耻也。今之從政者，謂春秋時士大夫，騁材技而薄行檢，尚功利而左道德。行己有玷，鋪張虚憍爲高。雖才如管仲，未免器小。子産惠人，而不知爲政，亦無逃於斗筲之誚矣。況傭傭鄙夫，如魯三家、晉六卿輩乎？是以士惟仰不愧，俯不怍，浩然于天地之閒，乃爲不可及，故行己先焉。噫，心不平聲。斗，量名。筲，即今飯筥。言承載少也。算，數也。不在士之數，士以立行爲大。

○聖人語道徹上下，至卑而高，有恥不辱非其至者。而一降再降，猶爲信果。硜硜小人品斯下矣，而春秋從政者小人猶據其上，豈易少之？斗筲之人，指當時霸佐功利諸臣，若夫亂臣賊子，如魯季孫輩，不待教而誅者也。所謂何足算，不在此。尋繹聖言，斟酌淺深，中庸矩範，居然可見。

○古人有宗法。宗，尊也。宗子爲先祖繼體。主宗廟，族人所尊，明有統也。傳云：「親親故尊祖，尊祖故敬宗。」家有五宗，大宗一，小宗四。天子之適，世爲天子。諸侯之適，世爲諸侯。大夫以下，皆世世以適相繼，是爲大宗，合族人共宗之者也。天子之庶子，別降爲諸侯。諸侯之庶子，別降爲大夫。諸侯不敢祖天子，大夫不敢祖諸侯。各以其始，別者爲始祖。諸侯始祖，即天子之庶子始封諸侯者也。大夫之始祖，即諸侯之庶子始爲大夫者也。其始祖廟，百世不遷。其適子適孫，百世相繼，皆爲大宗。再世以下，庶子之適子，又各繼其父，是爲小宗。自始祖五傳，而爲小宗者四。同父兄弟之適，繼父之小宗也，親兄弟共宗之。同堂兄弟之適，繼祖之小宗也，從兄弟共宗之。再從兄弟之適，繼曾祖之小宗也，再從兄弟共宗之。三從兄弟之適，繼高祖之小宗也，三從兄弟共宗之。族人一身事五宗，自高以上，五服盡而主遷廟毁，下至玄孫之子，於父之高祖六世，不在五服内，不可以仍統父同高之兄弟。而遷從近者爲宗，又以父之曾爲高，而父繼曾之宗，又爲己繼高之宗。故《記》云：「祖遷于上，宗易于下也。」

○族，湊也，聚也。生相親，死相哀。有聚合之義曰族。三族，即三黨，父黨、母黨、妻黨也。

父黨包身，身父子各三黨爲九族。舊解三族，父母、兄弟、妻子也。九族，父族四，父之姓爲一族，父之女昆弟、適人有子者爲二族。身之女昆弟、適人有子者爲三族。身之女子、適人有子者爲四族。母族有三，母之父爲一族，母之昆弟爲二族，母昆弟子爲三族。妻族有二，妻之父爲一族，妻之母爲一族，共爲九族。要之父黨盡該同姓，凡異姓皆母黨妻黨也。凡黨皆自身爲上下，世遞相承，三三爲九，理甚明確。

21 子曰：「不得中行而與之，必也狂狷乎？狂者進取，狷者有所不爲也。」

○美質有三等，中行上也，次狂，次狷。中行者，器宇恢弘，志行清潔，亦無異于狂狷，而其黄中通理美暢，氣象中和，若顏子是也。一日克復，天下歸仁，何恢弘也。簞瓢陋巷，不改其樂，何清潔也。不遷不二，若無若虛，又何通理而美暢也。與之，謂與之入道也。狂者器宇高曠，識趣豁達，將來容受得大。狷者揮霍，雖不及狂，而清操不受點染，將來挾持得定。夫子所以思之，與上章有恥、孝弟、信果，下章恒德，皆敦本重行，故記者類記之。孟子語萬章，正釋此意，云「狂者其志嘐嘐然，行不掩言，狷者不屑不潔」，皆天真透露，所以異于鄉原。世無中行士，不如此等天全真質，爲德之本也。孟子因萬章問狂士，故不及狷，其實狂未嘗不狷。志氣高明者，自然不屑不潔。而狷則容有不狂者，踽踽涼涼，自少恢廓，便包謹厚在内。朱註另添一種謹厚人在狷下，瑣矣。大抵良心一也，見于行己爲有恥，見于人倫爲孝弟，見于言行爲信果。其志曠達爲狂，其守謹飭爲狷，其心真常爲恒，凡此皆德之基也。

反孝弟信果爲無恥，反狂狷爲鄉原，反有恒爲機變，皆德之賊也。此記者相承之意。

22 子曰：「南人有言曰：『人而無恒，不可以作巫無醫。』善夫！」「不恒其德，或承之羞。」子曰：「不占而已矣。」

○南人，南國之人。恒者，真常之心，即《書》所謂恒性，孟子所謂恒心，人人有之。至死不變曰恒，著一毫機變即不恒。如乍見孺子將入井，怵惕惻隱是恒；變爲納交要譽，即不恒。呼蹴之食，死而不屑是恒；變而受無禮義之萬鍾，即不恒。透底真心是恒，但有夾雜内外久暫不一，即不恒。不恒則展轉牿亡，百僞千邪，乃禽乃獸，無所用恥矣。雖小技薄藝，必精神聚會，然後術業攻。精神不聚，浮來浪去，雖作巫醫亦未可。巫交鬼神，醫寄生死，豈虛誕可作？此尚不可作，安望致遠？士君子將爲聖爲賢，至于不可作巫醫，羞何如之？故《易·恒卦》爻辭云：「不恒其德，或承之羞。」承，猶奉也。人欲知恒之免羞，但向日用起心動念。應事接物，脉脉觀省，真性發見，存亡操舍之介，便知吉凶悔吝之幾，則德恒而羞可免矣。今行不著，習不察，昏迷放佚，何能免羞乎？占非揲蓍耳，《易》無典要，變通在時。萬感萬應，何事無占？悟此一占，即知大《易》。朱子解《易》，但執筮策，故于此占云未詳。

○南方俗尚鬼，多藥草，人習爲巫醫。巫祈禱，醫療病，皆執技爲人役之事。猶孟子言弓人矢人、巫人匠人也。人役事非一，交鬼神託生死，尤須真常，變詐則人賤惡之，故曰或承之羞。承，猶受也。

羞，辱也。或者，疑然之辭，即占意。極數知來謂占。欲知取辱與否，向念頭自占，念慮真常，則事必當可，即是獲福之基。念慮虚假，則動必招悔，即是取凶之道。恒與不恒，榮辱之主也。不恒取羞，豈非以不占之故與？此章蓋示人羞惡之良，自養其尊貴之體。孟子謂人皆有羞惡，即是恒心。爲機變之巧者無所用恥，即是承羞。放其心而不知求，即是不占。苟日用隨處體驗，勿失羞惡之恒心，則光明正直，俯仰無疚，何致爲人役而取羞乎？念慮隱微，人不及知而已獨知，故曰占。占，隱度也。《易》道微顯闡幽而已者也。

○《易》以《咸》《恒》首下經，不恒其德，或承之羞，此《恒》卦九三爻辭，解見《周易》。《易》不主卜筮，卜筮聖人所以寫《易》之變，接鬼神之靈，小數耳。窮宇宙人物變態，只是一幅《易》卦圖象。神幾默運在人心，《易》有大極，人心是也。人心死，則天地萬物隱，而《易》不可見。故自進退存亡，以至喘息呼吸，無不有《易》可占。人心昏迷不知幾，是爲不占。朱子以卜筮爲《易》本義，豈其然乎？

○按《禮記·緇衣》篇：「子云：南人有言：『人而無恒，不可以爲卜筮。』古之遺言與？龜筮猶不能知也，而况于人乎？《詩》云：『我龜既厭，不我告猶。』」疏云：「南人，殷掌卜之人也。」按《記》言與此小異，而《註疏》附合卜筮解。疑夫子所引，定周以前語，遂謂爲殷人耳，其實無據。

○《周禮》：「司巫掌羣巫之政令，若國大旱，則帥巫而舞雩。國有大烖，則帥巫而造巫恒。男巫掌望祀、望衍授號，旁招以茅。女巫掌歲時祓除、釁浴。旱暵，則舞雩。」

○《國語》：「男曰覡吸，女曰巫。」

○《周禮》：醫師掌醫之政令，聚毒藥以共醫事。凡邦之有疾病者造焉，使其屬分治之。歲終，稽其醫事，以制其食。十全爲上，十失一次之，十失二次之，十失三次之，十失四爲下。其屬有食醫，掌和王之六食、六飲、六膳、百羞、百醬、八珍之齊。有疾醫，掌養萬民之疾病。有瘍醫，掌諸瘍之祝藥，劀刮殺之齊。有獸醫，掌療獸病。

○《物理論》云：「夫醫者，非仁愛不可託，非聰明達理不可任，非廉潔淳良不可信。古之用醫，必選名姓之後。」

23 子曰：「君子和而不同，小人同而不和。」

○和而不同，即羣而不黨之意。君子温恭樂易，與物無忤，而涇渭自分，非含糊苟同也。小人阿附，一味雷同，而中懷戈矛，見利則爭，焉能和？二者相似而實不侔。

○《左傳》：「齊侯至自田，晏子侍于遄臺，子猶馳而造焉。公曰：『唯據與我和夫。』晏子對曰：『據亦同也，焉得爲和？』公曰：『和與同異乎？』對曰：『異。和如羹焉，水火醯醢鹽梅，以烹魚肉。燀之以薪，宰夫和之，齊之以味，濟其不及，以洩其過。君子食之，以平其心，若以水濟水，誰能食之？若琴瑟之專一，誰能聽之？同之不可也如是。』」按夫子所言和同，與此異。晏子言和，主于不同。君子所謂和，不論同不同。論其理，理同，都俞和也。理不同，吁咈亦和也。所以爲君子，必主不同爲和，亦一偏之論。

24 子貢問曰：「鄉人皆好之，何如？」子曰：「未可也。」「鄉人皆惡之，何如？」子曰：「未可也。不如鄉人之善者好之，其不善者惡之。」

○鄉人，鄉里之常人。士君子名實，自鄉曲始，以鄉人近而見聞真也。然鄉人多庸鄙，習儔伍而駭高明，其識本無足據。而士生長其閒，狎而見輕，雖賢智卒難表見。其恩怨難調，好惡多偏，故子貢鄙夷鄉人，將以所共好者，信其爲君子，而鄉人未必皆君子也。其好固不可信，欲以所共惡者，信其爲君子，然鄉人亦未必盡小人也，其惡又豈盡可非乎？子貢所取常在惡，夫子皆以爲未可也。鄉人有善者焉，亦有不善者焉。一鄉皆好，不如鄉之善人好；一鄉皆惡，不如鄉之不善人惡。善人之所好者，必善人也。不善人之所惡者，必非不善人也。兩者相參，而人之賢可知。就子貢所問斟酌，非謂君子必見好于善人，又必見惡于不善人也。善人好固其常，不善人不惡，尤見盛德之至。陽貨不善，何嘗惡夫子？晏嬰、子西賢者，何嘗好夫子？亦未可執一論也。蓋子貢文章英華，瑚璉之器，與鄉人趣向自不相入。若夫子在朝廷宗廟便便，在鄉黨恂恂，所以爲聖人也。

25 子曰：「君子易事而難説悦也。説之不以道，不説也。及其使人也，器之。小人難事而易説也。説之雖不以道，説也。及其使人也，求備焉。」

○常人易事者多易悦，難悦者必難事。蓋人或平易，其中未必無欲。或耿介，其量未必有容。惟君子寬大之度，人事之甚易，而悦之以所欲則難，亦惟悦難耳。及其使人又不然，因材量力，不强人以不能，乃所爲易事也。小人躁厲之氣，人事之甚難，苟投以所欲，悦之則易，亦惟悦易耳。及其使人又不然，求全責備，無一當意者，乃所爲難事也。君子無我，好人之善而不忮，忘人之有而不求，故器使而悦之難。小人惟知有我，嫉賢妒能，貪財多慾，故求備而悦之易。難悦亦非佳，佳處在不以道不悦，故見難。其實君子之心，無時不悦也。易悦亦非惡，惡處在不以道亦悦，故見易。其實小人之心，無時不憂也。兩項一直説下，君子從易中看出難，又從難中看出易。小人反是。君子始終見易，小人始終見難，非以下句推原上句也。

26 子曰：「君子泰而不驕，小人驕而不泰。」

○此因上言君子小人類記之。泰者，俯仰無愧，心廣體胖。驕者，輕世傲物，志得意滿。二者跡相彷，而實不侔。泰甚卓絶，苟心氣未調和，則躁戾而不泰，事理未通融則生疎而不泰。深言之，如聖人從容中道，方可語泰。即顏子卓立不化，未離驕。淺言之，氣質用事，即是驕。德性用事，即是泰。驕之小人甚卑，泰之君子甚高，聖言徹上下。

27 子曰：「剛、毅、木、訥近仁。」

○學道之士，通敏才辨者易悟入，亦通敏才辨者難保任。蓋其氣質浮華則難久，其情識紛紜則易搖。人情世路，喜于脂韋便給。大道渾淪，不如强直朴魯者，有凝承之基也。剛者不屈，毅者持久，則材力果確，而利害撼之不動。木者貌朴，訥者言寡，則神氣靜專，而世塵涅之不緇。雖仁未可一蹴至，而方正簡默，自是載道之器。苟不得上智中行，與其聰明猥巧，不如四者庶幾曰近也。

28 子路問曰：「何如斯可謂之士矣？」子曰：「切切偲偲，怡怡如也，可謂士矣。朋友切切偲偲，兄弟怡怡。」

○此章之言，記者欲以濟上章剛毅木訥之偏。屢繹聖訓，天下無剛愎之君子。舜命夔教胄子，曰：「剛而無虐，簡而無傲。」士君子必和順雍容，方是有道之器。子路麤率，大類武人，而問士正其所短。夫士者，涵泳于《詩》《書》禮樂之澤，則必有溫良和粹之度。所戒在浮淺，須切切然情誼肫懇；所戒在麤率，須偲偲然意思細密；所戒在暴厲，須怡怡然容貌和悦。兼斯三者，比禮比樂，晬如盎如，斯有道之士矣。朋友切切偲偲，兄弟怡怡者，謂此等氣象，必流通于人己內外親疎之閒。出有朋友，入有兄弟，隨身之所接，油油與偕，無往非恩義之浹洽，豈弟君子，乃可爲士矣。切偲亦有怡怡之容，怡怡亦有切偲之意。但朋友忠告多，故言切偲；兄弟恩愛多，故言怡怡。朱子云混施則善柔賊恩，非夫子教子路本旨也。此章學術治教所關，後世士婞直自遂，誤天下事，皆爲少切偲怡如之意。

29 子曰：「善人教民七年，亦可以即戎矣。」

○此因上章勇者貴切偲怡如類記之。見善之可以止殺，非專爲即戎言耳。人皆知折衝貴于果毅，不知神武藏于慈和。即戎以善人之教，所謂不殺之武也。兵家權謀詭計，肆爲屠戮。若以善人教民，使有仁讓之風，揉其殘暴之氣，以之即戎，則三軍和集，上下同心，進可戰，退可守，禁暴而不爲暴，止殺而不好殺，自可無屠城坑卒之慘。聖言深永，非謂善戰耳。釋氏以大慈爲無畏，晉惠遠語桓靈寶云「願檀越安穩，使彼亦復無他」襲此意。天數以七爲紀，古者教士，七年謂小成。兵即農，農即兵，故教民即戎。凡聖人言教，皆仁義禮樂也，非教以軍旅之事。世儒謂申韓慘礉，原于老氏之柔弱，亦一偏之論。至仁無敵，神武不殺，道固然爾。

30 子曰：「以不教民戰，是謂棄之。」

○教者，人倫明于上，小民親于下，非教以韜略行伍耳。百姓親睦，上下同心，自可以犯難，可以禦侮。不然，雖披堅執鋭，誰親其上？死其長者，民未知義，以其卒予敵也，非自棄之乎？春秋無國不戰，顧其民，誰教之者？

論語詳解卷十三終

論語詳解卷十四

郝敬　解

憲問第十四

○諸弟子貧莫如原憲，故次之，而篇内所論多當世權豪。

1　憲問恥。子曰：「邦有道穀；邦無道穀，恥也。」「克、伐、怨、欲不行焉，可以爲仁矣？」子曰：「可以爲難矣，仁則吾不知也。」

○原思爲宰，常禄亦不受，狷介之士也。其問恥，以自質也。苦節非廉，禄以養廉，非可恥也。惟治世無大用之才，亂世無匡濟之略，碌碌素餐，乃爲可恥。有功食禄，何恥之有？狷者有所不爲，而不能有爲，故夫子勉勵之。原思謂無恥生于怨欲。怨者，恨己之貧。欲者，貪人之有。此念萌而不禁，見于行，寡廉鮮恥，是以不仁。今能克之伐之，使不得行，以理制情，可以爲仁矣，何但免恥乎？思蓋自許也。克，猶去也。伐，猶斬也。克而又伐，極力懲窒之意。萌諸念爲怨欲，見諸行即忮求。恒人有此念必行，仁者初無此念，何待克伐而始不行。有而不行，亦人所難，差賢于色取行違者耳。

本源未净，終非大公之體。惟以難爲仁，故以苦爲節，不能廓充致用，正爲此。方寸未得洒然，廉恥亦是矜持。仁者欲而不貪，何用不臧，恥不足言也。

○穀，即禄也。以功詔曰禄，無事食曰穀。怨欲便是忮求。子路不忮求，故不恥貧。原思不怨欲，故不受禄。舊解：克，好勝也。伐，誇張也。與怨欲並四，非也。克伐猶言克治也，克如克敵，非無敵也。伐如伐木，非拔本也，故但謂之不行。如顔子克己，知幾如石，德性常主。素位而行，有何怨欲？本無萌蘖，何煩克伐？自無可行，何待不行？如此方是全體之謂仁。今旋生旋克，如捫漏舟，勞而罔功，故曰難耳。善學者易簡直捷，當體全真，得力處自省力，何難之有？佛氏變怨欲爲貪嗔，以不行爲頑空，以難爲小乘，以仁爲大乘，謂斷想絶念，如運石壓草，故惠能云「惠能没伎倆，不斷百思想」，蹈襲此旨。世儒盡割以予佛，諱而不講，焉得？

○仁者事理如一，合内外之道。恥在心，有道無道發諸事業。顯微無閒，便是爲仁。原思有怨欲而但不行，内外顯微，析爲二，便是未識仁。朱子割「克伐」以下，別爲一章，非也。

2 子曰：「士而懷居，不足以爲士矣。」

○士，學道者也。懷，戀也。居，猶安也。語云：「宴安鴆毒，不可懷也。」懷居者，志在温飽耳。進德脩業，總由此廢。小人懷土，慣成窠臼。掃蕩窠臼，便克己復禮而爲仁。精之便，無可無不可，意所便安處，不止衣服宫室，聲色貨利。凡改過不速，遷善不勇，聞義不徙，一切行藏取舍，有所留滯，皆爲懷居。好學惟無求安飽，疏水曲肱，陋巷簞瓢，聖賢所以大過人者，安安而能遷也。

3 子曰：「邦有道，危言危行；邦無道，危行言孫遜。」

○此因上章懷居類記之。危，恐懼貌。天下何時何處無危機。君子處世，安不忘危。治亂，遇也。言行，樞機也。榮辱之主也。遭逢雖幸，不以無事而忘戒。况無道，行危益可知矣，而言尤易于招釁。孫，順也。危言者，言惟慎耳。在有道時，抗論猶可。無道，則言必遜順，危之至也。《書》云「惟口興戎」，危言也。《詩》云「如履薄冰」，危行也。夫子答陽貨，言孫也。其作《春秋》無毀譽，繼詩人温厚之意，無道默足以容也。舊解：危，高峻也。君子不乘危，不行險，聖人豈以危道教人乎？高峻非聖賢氣象。

○程伯淳曰：「凡言，理勝則事明，氣忿則招拂。理不勝，君子固不敢言。理雖勝，而氣不和平，不能入人，且招禍，在無道尤所當慎也。孫言，便是危言之心，言更加遜讓耳。」

4 子曰：「有德者必有言，有言者不必有德。仁者必有勇，勇者不必有仁。」

○此爲尚言好勇者而發。言與德，勇與仁，迹相反。有德者常闇然渾朴，然亦惟渾朴者多英華。蓋中有實得，則言之親切而味永。順理成章，自然之文也。如以言而已，中未必有也。徒事勦襲，並其言亦非矣。仁者常頹然柔順，然亦惟柔順者能奮發。蓋中無繫累，其氣自伸。不憂不懼，浩然之勇也。如以勇而已，自反不縮，强爲激昂，並其勇亦非矣。

○有德者必有言，文章即是性道。如堯舜言中方是中，孔子言一方是一。有言者不必有德，但落言詮，即非真際矣。仁者必有勇，當仁則不讓也。勇者不必有仁，外剛内多慾也。

5 南宫适問於孔子曰：「羿善射，奡傲盪舟，俱不得其死然句。禹稷躬稼而有天下。」夫子不答。南宫适出，子曰：「君子哉若人！尚德哉若人！」

○班彪《王命論》數百言，不如南容四語，商確古今，慷慨藴藉，要言不煩。其論羿、奡，不言篡弑，而但敘其荒淫。尊禹稷，不頌功德，而但誌其勤苦。自古詐力取天下者，仗他人爲爪牙，且望長世。羿、奡身負材力，自保諒有餘，而孰意身尚不得其死。躬耕者終歲勤動，不免饑寒，但得飽煖已足。豈有膺圖受籙之想？而卒乃爲天子。可知興廢成敗，大分素定。士君子處世，惟有樂天知命，反身循理而已。當世士大夫若有此識量，何至紛紛，如五霸諸侯大夫之所爲乎？夫子目擊時事，難言之隱衷，作《春秋》之本意，三兩言道盡，所以不復置辭，而歎賞于退後也。君子，美其人。尚德，高其識。南容平日三復白圭，沉默寡言，而忽發此論，包羅古今，臧否人物，毫髮不爽，非區區以禹稷比夫子，羿、奡比當世，而意在其中矣。究禹稷躬稼之理，即顔淵云「不容何害」之意。夫子謂「回也使爾多財，吾爲爾宰」，與稱南容君子尚德意同。

○羿，夏后氏有窮國之諸侯。善射，弑夏后相而自立。淫于原獸，用寒浞爲相。寒浞殺之，取其室，生二子。長澆，次豷。澆多力，即奡，與傲同。善射，荒于畋也。盪舟，荒于遊也。舟遊曰盪。《皋陶謨》云「罔水行舟」，舊解謂奡力能陸地行舟，無稽。奡爲夏后少康所誅，與羿俱不得其死。然者，商議之辭。

○稷，名棄，帝嚳之子。帝嚳元妃姜嫄，出祀郊禖，感大人跡生子，怪之，棄于野，鳥獸皆字之，收而養之，遂名棄。長善稼穡，堯用爲稷，教民有功，封于邰。別姓姬氏，即周人始祖也。或疑禹未躬稼，水土稼穡，事同也。《書》禹曰：「暨稷播種奏艱食。」《詩》曰：「是生后稷，纘禹之緒。」功德一也。

○舟，周也。船，循也。黄帝見浮葉爲舟。《淮南子》云「古人見窾木爲舟」，或云伯益作舟。關以西曰船，關以東曰舟。吴曰艑，晉曰舶。海船曰艆𦪇鄒，曰艅艎。江船曰艬禮。戰船狹而長曰艨衝，二百斛曰舠，三百斛曰艇，小曰舴艋。

6 子曰：「君子而不仁者有矣夫，未有小人而仁者也。」

○仁者以萬物爲一體。君子志于仁，存心天下，而時勢或阻，情境未化。萬物一體之量，缺而未滿。要其心本無私，不害爲君子也。小人惟知自利，一膜之外爲胡越，塊然行尸走肉，無復痛癢相關之意。良心不以小人殊，而究其公私善惡，一舜一跖，相違天壤。此論人品之極致也。解者以一念存亡之介辨之，則正不相遠。小人非無惻隱，而欲立立人，欲達達人，惟仁者後能。若夫博施濟衆，堯舜猶病，其何有于四凶乎？

7 子曰：「愛之能勿勞乎？忠焉能勿誨乎？」

○愛勞，朱註分父子君臣，以父對臣，以子對君，非立言之體。君之于民，亦未嘗不愛勞也。師弟朋友，未嘗不忠誨也。臣于君，忠愛兼有。忠愛者，情之不容已。勞誨者，尤忠愛之不容已也。君子所見者大，所趨者正。能正而大，乃善成其忠愛。兩「乎」字，有商量。果若真愛，自不容不勞。果若真忠，自不容不誨。勞雖難任，然勞于暫者逸于久，其爲愛也深。誨雖逆耳，然逆于耳者利于行，其爲忠也大。若鄭武姜之于叔段，衛莊公之于州吁，愛而不教，終成凶戾，猶饑而食之以毒也，適以害之。

8 子曰：「爲命，裨皮諶甚草創之，世叔討論之，行人子羽脩飾之，東里子產潤色之。」

○命，辭令也。《書》有命，有誥，有誓，皆辭也。《春秋》：「胥命于蒲。」《周禮》大祝六辭，二曰命。《孟子》葵丘五命，此則交鄰之辭也。裨諶以下四人，皆鄭大夫。子產，其大夫執政者也。草創，草率創始也。世叔，子太叔游吉也。古字世與太通，故太子稱世子。討，尋求也。論，講議也。行人，奉使之官。《周禮》有大小行人，掌朝聘會同之禮儀者也。脩飾，脩削增飾也。東，鄭東門也。里，居也。猶魯東門襄仲，宋桐門右師之類。潤色，文彩也。子產聽鄭國之政，有事大國，多所專對，集衆思，詘羣策，皆其力也。鄭本東周畿內小國，介于晉楚，而鄭事大恪謹，以辭命著于諸侯，皆賴四臣同心，故慮無不臧。人之有技，若己有之，子產近之矣。衛北宮文子云：「子產之從政也，擇能而使之。馮簡子能斷大事，子大叔美秀，而文公孫揮知國之爲，而辨于大夫之族姓、班位、貴賤、能否，而又善爲辭令。裨諶能謀，謀于野則獲，謀于邑則否。鄭國將有諸侯之事，子産乃問四國之爲于子羽，且使多爲辭令，與裨諶乘以適野，使謀可否，而告馮簡子斷之。事成，子大叔使行之，以應對賓客，是以鮮有敗事。」晉叔向云「子産有辭，諸侯賴之」，此也。

〇按，辭命，非國之典要也。竭諸大夫之力以謀國，而區區辭命是急，聖言非盡善鄭也。蓋傷魯之諸大夫，敵師壓境，而專對無人耳。時季康子當國，子服景伯從政。吴王夫差争霸，哀公七年會于鄫，吴徵百牢，景伯不能辭，如數予之。吴大宰嚭召季康子，不敢往使，子貢辭乃免。八年，吴伐魯，爲城下之盟，景伯又不能辭。十二年，公會吴于槖皋。吴尋盟，公不欲，使子貢辭免。吴人欲止衞侯，景伯以幣假子貢往説。十三年，會于黄池。吴人將以公見于晉，景伯不能辭，吴人囚之。季康子執政妨賢，不如子産善任。夫子歎鄭諸臣，所以愧魯也。

〇《淮南子》云：「裨諶出郭而智，以成子産之事。」

〇子大叔，公孫僑之孫，以王父字爲氏，繼子産爲政。黄父之會，趙簡子問禮于大叔，對曰：「禮，天之經也，地之義也，民之行也。天地之經，民實則之。則天之明，因地之性，生其六氣，用其五行。氣爲五味，發爲五色，章爲五聲。淫則昏亂，民失其性，故爲禮以奉之。爲六畜五牲三犧，以奉五味；爲九文六采五章，以奉五色；爲九歌八風七音六律，以奉五聲；爲君臣上下，以則地義；爲夫婦外内，以經二物；爲父子兄弟、姑姊甥舅、昏媾姻亞，以象天明；爲政事庸力行務，以從四時；爲刑罰威獄，吏民畏忌，以類其震曜殺戮；爲温慈惠和，以效天之生殖長育。民有好惡喜怒，生于六氣。是故審則宜類，以制六志。審行信令，禍福賞罰，以制生死。哀樂不失，乃能協于天地之性，是以長久。」簡子曰：「甚哉！禮之大也。」

○公孫揮，字子羽。魯昭公元年，楚公子圍聘于鄭，娶于公孫段氏。伍舉爲戒，將入館，鄭人惡之，使行人子羽與之言，乃館于外。既聘，將以衆逆，子產患之。使子羽辭曰：「敝邑褊小，不足以容從者，請墠聽命。」令尹命大宰伯州犁對曰：「君辱貺寡大夫圍，謂圍：『將使豐氏撫有而室。』圍布几筵，告于莊共之廟而來，若野賜之，是委君貺于草莽也，是寡大夫不得列于諸卿也。不寧唯是，又使圍蒙其先君，將不得爲寡君老，其蔑以復矣，唯大夫圖之。」子羽曰：「小國無罪，恃實其罪。將恃大國之安靖己，無乃包藏禍心以圖之。小國失恃而懲諸侯，使莫不憾者，距違君命，而有所壅塞不行是懼。不然，敝邑館人之屬也，其敢愛豐氏之祧？」伍舉知其有備也，請垂櫜而入，許之。

○子產之辭，詳見《春秋傳》。朱子云：《春秋》之辭命，猶是說道理。戰國之游說，只說利害。聖人所以丁爲命，猶有稱焉。

9 或問子產。子曰：「惠人也。」問子西，曰：「彼哉！彼哉！」問管仲。曰：「人也。奪伯氏駢便平聲**邑三百，飯**返**疏食**嗣**，没齒無怨言。」**

○三子，皆春秋大夫之著者。子產爲政本嚴，如鑄刑書，作封洫，別章服之類，裁抑綜核之意多。原其心，爲鄭國貧寡，而俗偷惰，宗室侈汰，不加約束，則犯法日多，貧困日甚，故以禁奸豐財足國爲要。

所謂愛之而勞，生之而殺也，故曰惠人。彼哉者，異己之辭，不與己同心同道也。楚昭王欲用夫子，子西阻之，故謂異己。春秋世，夫子甚思用于楚，子西爲梗，大道遂廢。重歎彼哉，致惋惜也。聖人無我，豈爲我而彼之乎？人也，謂此亦時輩中一人也。没齒，終身也。管仲奪人之有，且使人甘心窮約，終身無怨言，此甚未易。蘇軾謂北伐山戎，南服荆楚易，而服伯氏之心難。伯氏有罪，管仲削奪其邑，桓公即以封管仲。若桓公奪之，非管仲有之，則不怨管仲猶易耳。飯疏食，極言其貧也。至没齒而不怨誠服也。人齒生落視年，故年曰齒。

○《左傳·昭公二十年》：子産有疾，謂子大叔曰：「我死，子必爲政。唯有德者能以寬服民，其次莫如猛。夫火烈，民望而畏之，故鮮死焉；水懦弱，民狎而玩之，則多死焉，故寬難。」及大叔爲政寬，國人多盜，取人于萑苻之澤，大叔悔之。仲尼曰：「善哉！政寬則民慢，慢則糾之以猛，猛則民殘，殘則施之以寬。寬以濟猛，猛以濟寬，政是以和。」及子産卒，仲尼聞之，出涕曰：「古之遺愛也。」

○春秋有三子西，鄭駟夏，楚鬬宜申與公子申。駟夏未嘗當國，無稱。宜申謀弑，被誅，而去夫子時遠。獨公子申以賢聞，楚平王之長庶子也。平王卒，令尹欲立子西，子西不可，遂立昭王而相之。有吴難，子西遷都于鄀，楚國以定。昭王欲用夫子，子西阻之。卒召故太子建之子勝爲白公。勝作亂，子西死之。

○《説苑》：「楚昭王召孔子，將使執政議封以書社地七百。子西曰：『王之臣用兵有如子路者乎？輔相有如顔回者乎？使諸侯有如宰予者乎？官尹有如子貢者乎？昔文王處豐，武王處鎬，百乘之地，伐上殺主，立爲天子，世皆曰聖王。今以孔子之賢，而有書社七百之地，三子佐之，非楚之利。』昭王遂止。夫善惡之難分，聖人猶見疑，而況賢者乎？」世之不知孔子者衆矣，孔子未嘗疾，疾夫知我而疑我者耳。

○《荀子》曰：「齊桓公見管仲之足以託國，是天下之大知也。忘其讎，立以爲仲父，是天下之大決也。立以爲仲父，而貴戚莫之敢妒也。與之高、國之位，而本朝之臣莫之敢惡也。與之書社三百，而富人莫之敢匹也。」

○伯氏，齊大夫，姓名不可考，食邑三百家。朱註云：奪伯氏駢邑，即荀卿謂與之書社三百也。按荀卿謂書社三百，本楚昭王欲封孔子書社七百，而例爲言也。昭王封孔子止七百家，古者二十五家爲里，里一社，籍其同社人姓名謂之書社。社二十五家，三百社則七千五百家，以民數言也。駢邑三百，以土地言也。駢，併也。駢邑，猶云連城。孔註云「地名」，非也。八家爲井，四井爲邑，邑凡三十二家。駢邑三百，共九千六百家，爲田千二百井。古者大夫千室之邑，爲田一百二十井耳。古邑有不滿三十二家者，如所謂十室之邑是也。四井人聚居則稱邑，五畝之宅，二畝半在田，二畝半在邑是也。

10 子曰：「貧而無怨難，富而無驕易。」

○此聖人體恤人情語，教人勉其難以安貧也。怨發由衷，拔之爲難。驕氣外增，平之差易。此就恒情言耳。若聖賢兩事皆易，在學者兩事皆難。孔、顏貧樂，何但不怨？未足爲難。如舜、禹、周公，方稱不驕，安見獨易。説者謂逆境易持，順境難持，如人忍痛易，忍癢難，是學問入微之功，此較人情處遇之常而已。

11 子曰：「孟公綽爲趙、魏老則優，不可以爲滕、薛大夫。」

○凡官長曰老。家老者，大夫家臣之長也，所職惟采邑財用出入之數。貪墨者侵費生事，廉靖者可坐而領之。若大夫從政，國事煩重，須有幹理之才。孟公綽廉靖自守而短于才，以爲家老，雖趙、魏大家之老有餘；以爲大夫，雖滕、薛小國之大夫不足。然則家小于趙、魏，而國大于滕、薛者可知。今爲魯大夫，大于滕、薛矣。以爲家老者爲大夫，用非其才，豈無廢事？朱註未達。

○孟公綽，魯大夫。襄公二十五年春，齊崔杼帥師伐我北鄙，公患之。公綽曰：「崔子將有大志，不在病我，必速歸。」既而果然。殆於有識者，夫子言其才不稱位，而史稱夫子所嚴事于魯則孟公綽，重其不欲也。

○趙、魏二邑，皆晉卿之家。趙氏與秦同出伯翳後飛廉，五世孫曰造父，善御，周穆王賜之趙城，遂爲氏。七傳而有叔帶者，去周幽王，事晉文侯，晉乃有趙氏。五傳爲趙夙，封于耿，與畢萬共事獻公。又九傳爲趙籍，分晉，是爲趙烈侯。

○魏，本畢公高之後，姬姓。武王封高于畢。有畢萬者，事晉獻公，與趙夙共伐霍，獲耿、魏二邑。獻公以耿封夙，以魏封萬，萬後爲魏氏。五傳爲魏斯，分晉，是爲魏文侯。當夫子時，晉漸分，趙簡子鞅、魏獻子舒專晉，鞅再傳爲趙籍，舒三傳爲魏斯。

○滕國，姬姓，侯爵。文王第十子叔繡之後，武王封于滕，即今山東兗州府滕縣。傳三十一世，爲宋偃王所滅。

○薛國，任姓，侯爵。黄帝裔孫奚仲後。事夏禹爲車正，封于薛。歷商及周末，爲宋偃王所滅。傳六十四代，千九百餘年。三代諸侯享國之長莫與比。今滕縣東南四十九里有薛城。《地理〔一〕志》云：奚仲遷于邳，湯相仲虺居其地。

12 **子路問成人。子曰：「若臧武仲之知，公綽之不欲，卞莊子之勇，冉求之藝，文之以禮樂，亦可以爲成人矣。」曰：「今之成人者何必然？見利思義，見危授命，久要**去聲**不忘平生之言，亦可以爲成人矣。」**

○凡有偏缺者不稱成。〔二〕《禮器》云：「禮不備，君子謂之不成人。」子路信果自負，薄視儕俗。

〔一〕「理」，底本作「里」，據文義改。

〔二〕「凡有偏缺者不稱成」，日本國會圖書館藏本作「成人謂成其爲人也」。

如下文所云今之成人者，夫子因其果而嗲，歷舉時流材品相似者，進之以中和。文，潤色也。禮樂即中和，此勇者對治之藥。舉卞莊，即影子路。言人各隨其材器，學問涵養，皆可成人。非兼四子，亦非指定四子也。四子自難兼，聖人因材曲成，重在禮樂而已。文之云者，未必致中和，但矯獘補偏，勿任氣質，便有禮樂之文，可爲成人。非如朱註「材全德備，渾然不見一善成名之迹；中正和樂，粹然無復偏倚駁雜之敝」，此惟聖人乃可，正不欲以此求備也。「今之成人」以下，子路復夫子語。今之成人，隱然薄武仲、公綽輩不足齒。何必然，謂今人所不足者，非禮樂，即何必讀書之意。夫子欲以禮樂文其野嗲，而子路憤時俗之浮夸，疾文勝爲虛僞，猶老子忠信薄之意，夫子亦竟無以非之。

○今人有一材一藝，但肯學道，即是古人。不學，雖多材，只是今人。故禮樂不可斯須去身。武仲要君，公綽尸位，卞莊輕生，冉求聚斂，祇爲無禮樂。大舜之智，伯夷之清，湯武之勇，周公之藝，乃建中和之極。今之成人，因四子皆今人，而發憤時之論，猶子貢問士，而及今之從政者云爾。授命，猶言舍生。久要，舊約也。平生，素時也。利害不苟，言語必信，皆子路所自負。狐貉不恥，思義也。臺下結纓，授命也。小邾射來奔，不盟，而信子路一言，久要不忘也。廉恥忠信，人道根本，無文章，禮樂何傷？不然，本實撥而浮華勝，故曰「何必然」。

○臧武仲，名紇。文仲之孫，宣叔之子也。形短小而多智，時稱爲聖人。齊莊公乘晉有欒氏之難伐晉，取朝歌。時紇以罪奔齊，齊侯將以田與紇。紇知莊公將有崔杼之禍，弗欲受，因其言伐晉，對曰：「多則多矣，抑君似鼠，晝伏夜動，不穴于寢，畏人故也。今君聞晉亂而後作，寧將事之，非鼠如何？」

乃弗與田。仲尼曰：「知之難也。有臧武仲之智，而不容于魯國，作不順而施不恕也。」杜預註云：「能避齊禍，是武仲之知也。」

○初，季孫愛臧孫，孟孫惡之。及孟孫卒，臧孫入哭甚哀，涕出。其御曰：「孟孫之惡子也，而哀如是。季孫死其若何？」臧孫曰：「季孫之愛我，疾疢也。孟孫之惡我，藥石也。美疢不如惡石。孟孫死，吾亡無日矣。」果敗。

○卞莊子，魯卞邑大夫，不知其名。或云曹叔振鐸之後，食采于卞，遂氏焉。《新序》云：「卞莊子好勇，養母，戰而三北，交游辱之。母死，魯與齊人戰，莊子請從。見于將軍曰：『初與母處，是以三北。今母死，請塞責。』遂赴敵，獲一甲首獻，曰：『此塞一北。』又入，又獲一甲首獻，曰：『此塞再北。』又入，又獲獻，曰：『此塞三北。』將軍曰：『止。』莊子曰：『三北以養母，是子道也。吾聞之，節士不以辱生。』遂赴敵，殺十人而死。」

○卞莊子方刺虎，有豎子止之曰：「兩虎方食牛，甘必爭，爭必鬭，鬭則大者傷，小者死。從傷刺之，一舉有雙虎之名。」從之，果獲兩虎。

○《荀子》曰：「齊人欲伐魯，忌卞莊子，不敢過卞。晉人欲伐衞，畏子路，不敢過蒲。」

○卞，魯卞邑。《春秋·僖公十七年》：「夫人姜氏會齊侯于卞。」今兖州府泗水縣有古卞城。

13 子問公叔文子於公明賈曰：「信乎，夫子不言不笑不取乎？」公明賈對曰：「以

告者過也。夫子時然後言，人不厭其言；樂然後笑，人不厭其笑；義然後取，人不厭其取。」

子曰：「其然，豈其然乎？」

○大道本乎人情。不言不笑不取，所謂土木形骸者也。夫子特疑其矯强非人情，而公明賈爲解釋，如所云。時措咸宜，益似聖人之忘情矣。不言不笑不取，後世陳仲子、孫登輩皆能之。言笑取以時，惟聖人無意必固我，乃能適中。雖顏子不遷不二，欲從末由，發皆中節，是中和之極致也，夫豈容易？賈非有心于亢之，由其識見孟浪，不自知言之過耳。聖人與人爲善，而文子衛先達，不欲直貶，第云所言誠然，文子豈其能然乎？其然者，信有是理。豈其然者，或未造是域也。

○公叔文子，衛大夫，公孫枝也。獻公生成子當，當生文子枝，枝生戌。《左傳》：定公六年，魯伐晉，過衛不假道。靈公將使人追之，時公叔文子老矣，輦而如公，止之。然則文子衛之耆舊也，故夫子不直非之。

○《檀弓》曰：「公叔文子升瑕丘，蘧伯玉從。文子曰：『樂哉斯丘，死則我欲葬焉。』伯玉曰：『吾子樂之，則瑗請先。』」蓋譏諷之辭。又《左傳》：「公叔文子因朝而請享靈公，退，見史鰌告之。史鰌曰：『子必禍矣。子富而君貪，罪其及子乎？』文子曰：『若何？』史鰌曰：『無害，子可以免。富而能臣，必免于難。戌也驕，其亡乎？富而不驕者鮮，吾唯子之見驕而不亡者，未之有也。戌必與焉。』文子卒，公叔戌將去夫人之黨，夫人愬之，戌奔魯。」由此觀之，文子死猶擇樂地，豈能不笑者乎？

富而累後嗣，豈能不取者乎？

○公明賈，亦衛人。公明，姓。賈，名。

14 子曰：「臧武仲以防求爲後於魯，雖曰不要平聲君，吾不信也。」

○初，季武子與臧紇善，武子無適嗣，庶子公鉏最長，武子謀于紇，立幼，以公鉏爲馬正，鉏怨之。孟莊子素惡紇，病且卒，嗣未定，其御豐點語公鉏曰：「能立庶子羯者，請爲報臧氏。」孟莊子卒，公鉏謀立羯，會紇來弔，哭之哀。羯告季氏曰：「臧孫將爲亂。」紇懼而設備。及孟氏葬，除墓道，紇助之，以甲從。羯又以告季氏，季氏怒，攻臧氏。紇斬鹿門之關，出奔邾，其弟臧賈、臧爲奔鑄。紇復如防，使弟賈納蔡龜于魯，請立後，賈使爲，爲遂自請，魯人乃立爲，紇去奔齊。按臧紇之始奔也，得罪于季氏，非得罪于魯君也。即云斬關，罪不至不祀，何必請？即請，何必以防？防，臧氏私邑也。以，據也。據防，將叛也。欲魯復己，而以請後爲名，不可則叛。及其弟立，有貳志，紇計阻，乃棄去，非紇本意也。故夫子追論，發其隱如此。如舊註所云，可不待聖言知矣。

○《表記》云：「事君難進而易退，則位有序；易進而難退，則亂也。故君子三揖而進，一辭而退，以遠亂也。三違而不出竟，則利祿也。人雖不曰要君，吾弗信也。」臧紇違不出竟，據邑請後，故曰要君。

○防，魯北鄙邑，近齊。今山東沂水縣東南有防城。

15 子曰：「晉文公譎厥而不正，齊桓公正而不譎。」

○道之所忌莫如譎。譎，詐也。正，直也。齊桓、晉文，二公皆霸主，行事假仁義，各自以爲正，而原其心則皆譎。譎不離正，正不離譎。聖言妙于闡幽也。不正者，譎之至。不譎者，正未純。伯仲反覆之閒耳。先文而後桓者，《春秋》所惡莫如晉，所惡于五霸莫如晉文。主盟八年，書十有八事，皆陰險刻薄，世儒耳食不察也。觀此後數章，皆舉齊桓、管仲之功，而于晉事略不齒，聖意可知。當世若無桓公開先定局，以晉文之譎，宜無不爲，而遑恤王室與同盟乎？東周十二諸侯，苟延殘曆，皆九合一匡所留也，故曰「微管仲，吾其被髪左衽」。此齊桓公正而不譎之大者。齊雖不朝，葵丘下拜，猶知有禮。晉文召王請隧，睥睨大物，不有桓公正始，重耳何難作俑。齊之霸也，仲父管仲，學焉後臣，經營數十年而後事集。重耳亡命，反國數年，枝梧補葺，借秦人卵翼成事，納襄王，敗楚師，崛然暴起，其創造規模不及齊遠甚。葵丘五命，居然王者之言，有六經風範，晉世執牛耳，何嘗聞此嘉謨？桓公九合，存三亡國，伐楚平戎，不以兵車，有安靖之功。而晉文城濮一戰，譸張反覆，株連曹、衛、宋，離散其君臣，而瓜分其國。鄭世子叛父歸齊，桓公以大義拒之。而晉文聽衞臣之訟，以囚其君。魯哀姜齊女私于慶父，弑閔公，齊桓公數其亂，取而誅之境外，而晉文親納弟婦辰嬴。凡此皆正與不正之大者，他可知也。

○晉文公，名重耳，晉獻公庶子也。齊桓公，名小白，齊襄公庶弟也。二公皆篡弑得國，事詳《春秋傳》。五霸之霸也，二公爲盛。夫子作《春秋》，絀五霸，而尤惡晉。此二語，《春秋》大義具矣。孟子謂仲尼之徒無道桓文之事者，諸傳穿鑿附會，從臾桓文，始于《左氏》之僞爲丘明，而紛紜于諸儒之凡例。至謂桓文抉微興壞，尊文武之業，澤加百姓，功潤諸侯。離經害道，無稽之言也。

○晉，姬姓，侯爵。成王取唐堯故地，封其幼弟叔虞，國于翼，南有晉水，故號晉。即今山西平陽府翼城縣。十一傳至昭侯，封其弟成師于曲沃，爲桓叔。即今平陽府曲沃縣。再傳其孫稱，是爲曲沃武公。伐晉侯緡，滅之。賂周釐王，得命爲晉侯。武公生獻公詭諸，獻公生太子申生、惠公夷吾、文公重耳。晚得驪姬，生奚齊、卓子。殺太子申生，而重耳、夷吾出亡。獻公卒，大夫里克殺奚齊、卓子，夷吾反國爲惠公。卒，子圉立，爲懷公。重耳同母女弟爲秦穆公夫人，故秦人納重耳，殺懷公，是爲文公。從行者五人，趙衰、狐偃、賈佗、先軫、魏犨。在外十九年，反國年六十二矣，即位九年卒。其子孫爲諸侯盟主百五十餘年。春秋終而晉衰，六卿强。後六世分爲韓、趙、魏三國，晉亡。

○齊國見第六篇。桓公事見下章。

16 子路曰：「桓公殺公子糾，召（邵）忽死之，管仲不死，曰未仁乎？」子曰：「桓公九合諸侯，不以兵車，管仲之力也。如其仁，如其仁。」

○曰未仁，子路以己意斷之也。子路謂管仲未仁，論心術也。夫子謂如其仁，論事功也。子路以管仲死，爲愛子糾。夫子以管仲生，爲愛天下。天地之大德曰生，聖人非較勘到十分當死，不責人死；

非較勘到十分不當生，不怪人生。此天理人情之至也。死所重于生者，爲臨臣子之大節也。子死孝，臣死忠。萬無一可生，則死之。若尋常交遊意氣，無君臣父子之分，患難相隨，可以死，可以無死。死如有濟，可也。不死無益，不可也。今既無當死之義，而死又無濟，不死且有功，聖人何苦責人必死乎？所以與其仁，正以釋其不死也。

○齊襄公無道，國内大亂。子糾、小白，皆襄公弟。鮑叔牙與小白奔莒，管仲、召忽與子糾奔魯，各因其母家也。未幾，公孫無知弑襄公自立。大夫高傒及雍林人殺無知，使人召小白于莒。魯聞無知死，亦以兵送子糾，使管仲別將兵遮莒道。戰，管仲射小白，中帶鉤。小白佯死，魯送子糾者，行遂緩。六日至齊，而小白入矣。發兵拒魯師，敗于乾時，絶其歸路，脅令殺子糾，索管、召，魯殺子糾于笙瀆，召忽自殺，管仲請囚歸于齊。鮑叔牙與管仲有舊，迎之堂阜，脱桎梏，薦于桓公，委政焉。桓公之霸，皆管仲之力也。著書五十八篇，曰《管子》。

○初，齊襄公之亂，鮑叔、召忽、管仲，各以安國家自負。是時，小白、子糾嗣位未定，非素有主臣之分也。管仲嘗自言夷吾所死者，社稷破，祭祀絶，非此不死。初志已然，非中道食言也。《家語》：「孔子云：『子糾未成君，管仲未成臣，束縛而立功名，未可非也。召忽雖過于取仁，未足多也。』」即此章之意。九與勼同，《春秋傳》作糾，與鳩通，詳後。諸侯争戰，民苦屠戮。管仲相，桓公爲盟主，糾合諸侯，使勿相攻。所以糾合者，惟脩好，會設約誓，仗信義，其力本强，而不恃兵車，故諸侯率從。所謂定三革，隱五刃，而天下服者也。《管子》書言桓公初年欲用兵，仲輒止之。其作軍令，寄之内政，曰「知予之爲取者，政之寶也，故以不戰爲强」，如伐楚得盟即止；狄伐邢衛，病杞，寧遷徙周邮，終不與戰；戎伐周，火其東門，第往平之。雖是籠絡詭計，即是保民大恩。諸侯合，則天下安。兵革不用，則全活衆。聖人好生，故亟稱之曰「如其仁，如其仁」。言孰如管仲之仁者，而顧謂未仁乎？大抵仁道至大，不主一端。聖教多術，不爲典要。論管子存心，假公濟私，非仁者之心。論管子行事，依傍天理，即仁人之事。心不可見，而功不可掩。如楚令尹子文、齊陳文子，不許其仁，論道德以心也。管仲稱其仁，論事功以實也。仁存于中，以無爲體。但涉一私，即礙虛體。仁發于事，以有爲用。但濟一物，亦是實用。聖道主濟世，故惓惓望諸賢。如或知爾，管仲有功，不愈于死而無聞者乎？但聖門爲仁，脩己以安人。管子務安人而不知脩己，無體之用，所以羞其假也。

○古文多通用。九，數也。《易》一、三、五合曰九，陽數極于九，故數多者常稱九。鳥惟鳩多族，而能變化，象老陽，故文从九。《説文》鳩聚之九作勼，加勹，以别于數之九也。《莊子》云「禹九雜天下之川」，讀平聲，與鳩通。《書》云：「方鳩僝功。」《王制》「農田」註疏云：「九夫爲鳩，鳩當一井。」又讀上聲，與糾通，絞察也。《周禮·小宰》云：「凡宫之糾禁。」《詩》云：「糾糾葛屨。」又云：「其笠伊糾。」皆絞結之意。故《春秋傳》展喜犒齊師云「桓公是以糾合諸侯」，即九合也，謂糾結之使合。邢昺引《穀梁傳》云：「桓公衣裳之會九，其餘皆兵車之會。」考之《春秋》，齊桓之會何止九。凡經書會，誌無王耳，誰問兵車與衣裳也？此諸傳謏霸之陋説，聖人所僅取。惟不以兵車，奈何更言兵車之會乎？

17 子貢曰：「管仲非仁者與平聲？桓公殺公子糾，不能死，又相之。」子曰：「管仲相桓公，霸諸侯，一匡天下，民到於今受其賜。微管仲，吾其被髮左衽矣。豈若匹夫匹婦之爲諒也，自經於溝瀆而莫之知也？」

○子路勇者輕生，故責管仲不能死。子貢達者重生，故責管仲不當相。霸，把也。霸諸侯，把持諸侯，自爲盟主也。一，齊也。匡，正也。天下傾危，能糾合使就匡正也。《管子書》有《大匡》《小匡》。桓公嘗以自稱，夫子就其言稱之云爾。當世諸侯無王，自桓公首事，葵丘之命，居然王者風猷。五霸相循，二百餘年，託會盟大小相維，雖詐力如重耳，召王請隧，而竟不敢移周室。强如楚，横如吴越，猶以盟相要。天下雖亂，冠履猶存，諸夏未至淪爲夷狄，皆桓公、管仲先立之標也。以迄定哀之間，五霸將終，而冠裳不改，五命之烈猶存，皆管仲之賜也。微，無也。言管仲若死于子糾，則當時無管仲，即無一匡。弱肉强食，如蠻如髦，豈至今日。被與披同，散髮曰披。衣衿曰衽，華俗衿向右，夷俗衿向左。被髮左衽，猶言夷狄之有君，不如諸夏無之意，非攘夷之謂也。管仲爲仁之心雖不可信，而其近仁之功亦不可泯，皆不死之所留也。大丈夫死，必爲社稷生靈有濟，不然則無死。故晏嬰不犯崔杼之難，吴札不正僚、光之逆。聖人不督過之，若但踐然諾，負氣而輕生，是匹夫匹婦偏信之諒也。小信曰諒。知其一，不知其他，達人豈爲之？蓋忽之死，固一道也。仲之不死，又一道也。無召忽之死，無以勵管仲。有管仲之功，亦足謝召忽。變而通之，全其身以爲天下，所見甚達。若忽死，仲與俱死，如匹夫匹婦，一倡一隨，生同室，死同穴，爲諒而已。夫誰知之？管仲惟不然，故天下萬世知有管仲，此聖人至公平之論。

○或謂被髮左衽，謂桓公攘夷，非也。自犬戎殺幽王，滅宗周，《春秋》爲夷猾夏作，是矣。然考諸《春秋》，夷狄爲中國患者無幾。如戎伐周，侵齊、魯，侵曹，滅衛，滅邢，病杞。齊桓公北伐山戎救燕，遷邢、衛，皆世所謂攘夷也。然而有名無實，《春秋》不齒。世儒轉以楚爲夷，服楚爲攘夷。夫楚本非夷也，而齊、晉亦未嘗能服楚也。世儒强執諛霸，無稽之説，詳《春秋》，略見《八佾》篇。

○匹夫匹婦，謂庶人無妾媵，一夫一婦相匹而已。《風俗通》曰：「一晝一夜成一日，一男一女成一室。」諒猶諒陰之諒，《書》作亮，小明曰亮。今人謂天曉曰亮，謂心照亦曰諒。亮者，明也。諒者，信也，大德也。亮、諒則有大小。君子貞而不諒，即匹夫之諒。小明，小信也。孟子曰：「君子不亮，惡乎執？」亮言明也，執言誠也。《管子書》云「小諒者不能大立」，仲所自期也。《史記》贊云「賢者誠重其死，夫婢妾賤人，感慨自殺，非能勇也，其計畫無復之耳」，即此意。經，縊也。自經溝瀆，猶言死溝壑也。《爾雅》：「水注溝曰澮，注澮曰瀆。」指生瀆也。《左傳》魯殺子糾于生瀆，召忽死之。《史記》作笙瀆，魯地名。

18 公叔文子之臣大夫僎，與文子同升諸公。子聞之，曰：「可以爲文矣。」

○衛大夫僎，初本公叔文子之家臣，所得與文子並立公朝者，文子薦，與之同升也。文子死而謚曰文，非必以此，而夫子特據此事實之，見人臣以進賢爲先也。大夫俊明有家，文所以俊明也。苟嫉賢妒能，則曖昧甚矣。如臧孫辰亦謚爲文，知柳下惠之賢而不與立，行同穿窬，是爲竊位可以爲文乎？春秋時世官，大夫蔽賢，文子此舉，有光明俊偉之度，故聖人稱之。

○《檀弓》：「公叔文子卒，其子戍請謚于君，曰：『日月有時，將葬矣，請所以易其名者。』君曰：『昔者衛國凶饑，夫子爲粥與國之饑者，不亦惠乎？衛國有難，夫子以死衛寡人，不亦貞乎？夫子聽衛國之政，制其班制，以與四鄰交，衛國之社稷不辱，不亦文乎？』」按大臣不佐君恤民，爲粥于家以市私恩，其惠不足稱也。齊豹之亂，公如死鳥以死衛君，不見于經傳。脩班定制，卑禮厚幣，以事盟主，《春秋》諸大夫其誰不然？孟子所謂人役也，奚文之有？故夫子但舉薦賢一事實之。

19 子言衛靈公之無道也。康子曰：「夫如是，奚而不喪？」孔子曰：「仲叔圉治賓客，祝鮀治宗廟，王孫賈治軍旅。夫如是，奚其喪？」

○子言靈公無道，不舉其事。父子夫婦之倫不正，其大者，聖人不顯言，厚道也。非與康子言，而康子問焉。是時，魯哀公幼昏，康子專恣，違諸大夫之議，伐邾招吳師，魯國多難。夫子語以國無道，用人爲先，猶稱鄭爲命之意。吳季札嘗悅蘧伯玉、史狗、史鰌、公子荆、公叔發、公子朝，云衛多君子，未有患也。而靈公不能用，用此三人。三人者，皆私寵也。仲叔圉，即孔文子，觀其處大叔疾孔姞之事，生平可知。祝鮀有口才，夫子謂其佞。王孫賈以媚竈要夫子，其人皆可知。而小人未嘗無材，善任器使，皆足效一割之用。靈公無道，不忘賓客，是猶能睦四鄰也；不忘宗廟，是猶知有根本也；不忘軍旅，是猶知有戒備也。三子小有材，而同心協力，故能枝梧旦夕。曰奚其喪，亦宜喪而不喪之辭。如病人服刧劑，終非養生之經。大抵用當其材，頑石可以攻玉；枉其材，驊騮不可以執鼠。向使靈公能委任蘧伯玉、史魚諸君子，國長治矣，何至繼世之禍乎？聖言蘊蓄類此。

○治，幹辦也。賓客，鄰國之使。待賓客有禮，則不啟釁，而諸侯睦。宗廟，國之根本也。古者國有大事，聘享必于廟。祫禘烝嘗，必合羣臣百姓，以尊尊親親爲聯屬人心之本，故《禮》云「宗廟嚴，則社稷重」，非事鬼神求福之謂也。《周禮》大祝掌六辭，賓客之辭命，皆出于其手。如定公四年皐鼬之會，衛人先蔡，以祝鮀之辭也。定公六年，鄟澤之盟，衛靈公欲叛晉，諸大夫不可，使王孫賈朝國人而問之，遂背晉，則賈之習軍旅可知也。三子人品皆卑，而材藝皆可用。論品，雖才不掩其卑。論才，雖卑不没其長。非聖人至明至公，何肯言此？

○衛靈公名元，衛襄公子也。《家語》：「哀公問孔子曰：『當今之君，孰爲最賢？』對曰：『丘未之見也。抑有衛靈公乎？』公曰：『吾聞其閨門之内無别。』對曰：『臣語其朝廷行事，不論私家之際也。』公曰：『何如？』對曰：『靈公之弟曰渠牟，其智足以治千乘，其信足以守之，靈公愛而任之。又有士林國者，見賢必進之，而退與分其禄，靈公賢而尊之。又有士曰慶足者，衛國有大事，必起而治之，無事則退而容賢，靈公悦而敬之。又有大夫史鰌，以道去衛，靈公郊舍三日，必史鰌入而後敢入。雖次之賢，不亦可乎？』」猶此章之意。

○王孫賈，衛大夫。靈公使之典軍旅，嘗從靈公與晉大夫盟于鄟澤，衛人請執牛耳。晉人曰：「衛，吾温、原也言衛小，比晉下邑。焉得視諸侯？」捘尊去聲靈公手。公欲叛晉，患諸大夫不從，公孫賈要諸大夫、國人。從公子質于晉，將行，王孫賈問諸大夫、國人曰：「若叛晉，晉五伐我，病何如矣？」皆曰：「五伐我，猶可以戰。」賈曰：「然則如叛之病而後質，何遲之有？」乃叛晉。晉請改盟，弗許。

○仲叔圉，即孔文子。與祝鮀俱詳上篇。

20 子曰：「其言之不怍，則爲之也難。」

○古者言之不出，恥躬之不逮也。惟其能恥，所以不言而躬行。苟無恥，則信口誇誕。原無爲志，不待觀之行事，知其難踐矣。

21 陳成子弑簡公。孔子沐浴而朝，告於哀公曰：「陳恒弑其君，請討之。」公曰：「告夫三子。」孔子曰：「以吾從大夫之後，不敢不告也。君曰『告夫三子』者。」之三子告，不可。孔子曰：「以吾從大夫之後，不敢不告也。」

○哀公之世，三家專魯，公室如贅旒，夫子憂之久矣。屬鄰國有弑其君者，聖心岌岌然，如將在魯也。蓋哀公之昏，不啻簡公。季氏之横，何異陳恒？是時夫子年已七十有一。《禮》：七十者，非有大故不入朝。兹沐浴而朝，告于哀公請討，爲大故也。諸侯伐而不討，此無君之賊，人所共討也。爲齊，亦以爲魯也。夫子豈不知哀公不能主，三子必不從？顧君臣之義，如之何其廢之？苟目擊其變，而寂無一言，則天生君子之謂何矣？時勢事理，自不可無此一請。及請而公不能主，三家不聽，魯事可知矣。故一則曰「以吾從大夫之後，不敢不告」，言我爲臣尚爾，況爲君者不能自主乎？所以警哀公也。再則曰「以吾從大夫之後，不敢不告」，言我爲告老之大夫尚爾，況爲執政者乎？又以警三子也。「不敢不告」一語，聖人畏天憫人之隱衷，天下萬世名義所關。縱賊長亂，恬不知懼，誠所不敢也。卒之哀公死于有山氏，《春秋》以是年絶筆。西狩獲麟，在哀公十四年春。而陳恒弑君，即是年夏。誠不忍復言陳恒與三家之惡，踟躕而絶筆也。故曰：「我欲託諸空言，不如見諸行事之深切著明。」千載之下，撫卷沈思，猶堪殞涕。《春秋》與《論語》，傳寫聖人心思。讀者貴知心，世儒動稱上告天子，下告方伯。先發後聞，如對癡人說夢矣。

○簡公，齊君。名壬，景公之孫，悼公陽生之子。初，景公卒，安孺子立。陳乞、鮑牧弑孺子，立陽生。未幾，鮑牧又弑陽生。齊人立陽生之子壬，是爲簡公。初，簡公與父陽生俱在魯，闞止有寵。及即位，使闞止與陳乞之子恒爲左右相。陳恒殺闞止，并弑簡公。孔子三日齋，請伐齊。哀公曰：「齊强魯弱，子之伐之若何？」對曰：「陳恒弑其君，民之不與者半。以魯之衆，加齊之半，可克也。」公曰：「子告季孫。」孔子退而云云。

○初，宰我仕齊，陳恒弑簡公，遂殺宰我。故李斯短趙高于二世曰：「田常爲齊簡公臣，下得百姓，上得羣臣，陰取齊國，殺宰予於庭，遂弑簡公。」夫子此告，其亦師弟同讐之誼與？說者顧謂宰予助田常，誣也。或云闕止字子我，訛傳爲宰我耳。

22 子路問事君。子曰：「勿欺也，而犯之。」

○無欺而犯，非兩時也。無欺爲主，直諍曰犯。犯乃勇者之常。勿欺，謂求信諸心也。苟未自信于心，率爾妄發，是欺也。自反一毫無欺，則誠無不格，可無事于犯。即有時不得已而迕觸忌諱，惟以達勿欺之心而已。犯，干瀆也。犯上罪也。忠憤所激，窮迫無聊，遂以得罪。《禮》事君有犯無隱，即此意。

○子路之欺，與他人異。勇者氣浮輕發，而不能闕如。夫子嘗惡其佞，斥其行詐，以此。臣子在公，每事宜覃思竭慮，勿冒昧率爾，誠意懇到，自然從容不迫。所謂切偲怡如，何至于犯？故語以勿欺，使持其志而平其氣也，猶誨汝知之之意。而犯之者，遷就子路帶言，非更教之犯也。或云：僞言不直曰欺，直言無隱曰犯。語勢一正一反，教子路盡事君之忠，戒欺君之僞也。按子路素以忠信聞，何至欺君？勇者而又教之犯，是誨亂也。聖言約而婉，解者未達。

23 子曰：「君子上達，小人下達。」

○君子庸言庸行，篤實謹守，不越素位。而日新月盛，漸進于高明。小人競名趨利之心勝，而反約之功微。自謂高世絶俗，而驕恣放肆，乃近禽獸。凡言達者，漸趨罔覺也。君子上進，如晨向旦，至于日中。小人墮落，如晝向晚，至于昏夜。

24 **子曰：「古之學者爲己，今之學者爲人。」**

○學無二術，古今同也，而所學之心不同。者之言這也。古之學此，自爲也。今之學此，爲人也。各從心曲，隱微分判。同此五倫，古人爲盡性，今人爲好名。同此六經，古人爲傳道，今人爲習舉。己最宜玩味，篇中言克己、脩己、反己、恭己、正己、求諸己，孟子云「萬物皆備于我」，我即己也。天地間惟有人，人惟有己。明乎己而天下無餘道矣，盡乎己而天下無餘學矣。

25 **蘧**渠**伯玉使**去聲，下同**人於孔子，孔子與之坐而問焉。曰：「夫子何爲？」對曰：「夫子欲寡其過而未能也。」使者出，子曰：「使乎！使乎！」**

○夫子何爲，見使問主之常辭也。使者之對出意外，不述所爲之事，而曲道其向善之隱衷，又不曰爲善而曰寡過。既曰欲寡，又曰未能，悠然有反躬克己，唯日不足之思。即使伯玉自道己志，何以加此？深達學問之要，不獨應對之善耳。「未能」字，緊根「欲」字，惟欲寡過者，常自覺有過，夫子于既出而歎之，誠有味乎其言也。聖人氣象從容深遠似此。

○蘧伯玉，衛大夫，名瑗院。夫子適衛，主于其家。《史記》云：孔子所嚴事者，于周老子，于衛蘧伯玉，于齊晏平仲，于楚老萊子，于鄭子産，于魯孟公綽。

○莊子云：「蘧伯玉行年六十，而六十化。」

○《淮南子》云：「蘧伯玉行年五十，而知四十九之非。」

○靈公嘗與夫人夜坐，聞車聲至闕而止，過闕而有聲。夫人曰：「此蘧伯玉也。仁而有智，敬于事上。此其人，不以闇昧廢禮也。」

26 **子曰：「不在其位，不謀其政。」曾子曰：「君子思不出其位。」**

○夫子之言，已見《泰伯》篇。曾子之言，述《周易·艮卦》之爻辭也。記者以類附之，舊本合爲一章。艮爲山，有止象，説詳《易》。思者，心之神明。不出位者，止于其所也。心不失官，則止于其所。心止于其所，則自無不在之謀。苟思慮朋從，則身在江湖，心遊魏闕，往來憧憧矣。夫子言涉世，爲下之事也。曾子言事心，爲學之事也。然爲學不外涉世，人當隨時隨事而存其心也。子思云：「君子素其位而行。」孟子云：「學問之道無他，求其放心而已。」世謂孟子受學于子思，子思受學于曾子，以此。蓋曾子得之夫子，夫子得之羲文，其旨同也。

○《易·艮》之《象》曰：「兼山艮，君子以思不出其位。」《艮》卦三畫，一陽止于二陰之上，如山在地上，止而不動。六畫則兩艮，如兼山並峙。君子觀象，知人心隨感敵應，如山之止。身在即位，位在即心。富貴貧賤，夷狄患難，安于所寓。父子君臣，仁敬孝慈，得其所止，守分循理，坦蕩自如。而官止神凝，屹如山立，是以爲《艮》。蓋思者，心之官。不思則昏，妄思則擾。能寂能惺，思其所當思，而不思其所不必思，則心守其官，神不離舍矣。若隨耳目應緣，流浪遷徙。如官長不坐堂上，親詣六曹，與吏胥爲伍，何以臨民而聽治乎？

27 子曰：「君子恥其言，而過其行。」

○一恥一過，皆甚之之辭，以矯其偏也。言不恥不謹，行不過不力。恥僅足以矯放，過僅足以補不及。

28 子曰：「君子道者三，我無能焉。仁者不憂，知者不惑，勇者不懼。」子貢曰：「夫子自道也。」

○仁、知、勇三者，天下之達德也。憂、惑、懼三者，人心之大害也。有三德，自無三害。此學問之極功，聖人之能事。道，言也。君子道者，君子所常言者也。君子常言仁，君子本仁者也。常言知，君子本知者也。常言勇，君子本勇者也。知、仁、勇者，德之名。不憂、惑、懼者，德之實也。君子實踐其言，我未能，則何敢言？蓋因子貢不行而言，故自述以警之。聖人雖仁、知、勇兼至，而卒未嘗忘憂、惑、懼之慮，況學者乎？子貢不達，但云夫子所謂君子之言，是夫子自言也。天下孰有言無遺行如夫子者乎？此因上章恥言過行類記之。下承以子貢方人，皆教子貢也。

29 子貢方人。子曰：「賜也賢乎哉？夫我則不暇。」

○方人，比方人物之賢否，與知人異。知人者，知人之賢，以爲效法之資。方人者，專評他人，而疎于治己，所以蔽也。賢乎哉者，因方人教之自方也。賢，猶勝也。我不暇，謂自治無餘功也。《家語》：衞將軍文子問于子貢曰：「吾聞孔子之施教也，蓋入室升堂者七十有餘人，其孰爲賢？」子貢歷舉顏回以下至高柴十餘人行事對。入告于夫子，夫子善之，亦舉伯夷、叔齊以下至羊舌大夫十餘人以告。此所謂知人爲觀法之資也。方人君子不暇，不知人亦君子所患。

30　子曰：「不患人之不己知，患其不能也。」

○人之知己，知其所能也。己之見知于人，以其所能見知也。能，謂學之成也。己能而人不知，責在人。己未能而望人知，烏可得？故君子患在己，不患在人。

○此語凡四見，《學而》篇與《里仁》篇語略同，此章與《衞靈公》篇「君子病無能」語略異，皆欲人自脩也。

31　子曰：「不逆詐，不億不信，抑亦先覺者，是賢乎？」

○逆，迎也。億，度也。詐有機械陷害之意。不信者，唯諾之閒失實耳。覺者，自然之明。抑，轉語也。聖人本天理人情，至公無私，以待天下。雖有揆度，亦不爲逆億。有所揆度，而不售小人之罔，亦不害爲先覺。所惡于逆億者，以忌刻之心待天下，疑所不必疑，在己先詐不信矣。猜疑恍惚，焉能照物之情？即使偶中，以揣摩勝人，烏得賢？賢，猶勝也。唯是平心應物，以詐不信來，自無逃于易簡者之觀。蓋虛自慧，公自明。静正無物，物來自覺。狐狸之魅，人不能察者，情勝也。鏡能照之者，無心也。《易》曰「知幾其神」，所以爲賢。然此論君子待天下之心云爾，若夫舜喜象，周公用管蔡，何病于不覺？孔子瞰亡，聽言觀行，亦何害爲逆億？不然，欲如土木無情自覺，亦無此理。欲盡發不見之隱，萬無一失，又何必然？

32 微生畝謂孔子曰：「丘何爲是栖栖者與？無乃爲佞乎？」孔子曰：「非敢爲佞也，疾固也。」

○微生，姓。畝，名。或云即微生高。栖栖，如鳥戀枝不去之貌。佞，如佞佛、佞倖之佞，工爲媚悦也。固，執滯不通也。巧言令色，與世周旋，微生所謂佞也。高蹈遠舉，遺世獨立，微生所謂不佞也。頑然木石，不關痛癢，夫子所謂固也。萬物一體，立達與俱，夫子所謂不固也。若鄉原之不固，則佞矣。若沮、溺之不佞，則固矣。佞者，小人之尤，斷然不爲，故云不敢。固則疑，于君子而不通方，故疾之。微生蓋高年而隱者，其問甚倨，夫子對之甚恭，無譏刺意。

○學道最忌固。讀書固，則隻字不可通。處世固，則一步不可行。聖人至處，亦惟無固，所以無可無不可。子云：「學則不固。」顏子好學，所以知幾，知幾則不固矣。

33 子曰：「驥不稱其力，稱其德也。」

○此孔門教學典刑。自三五帝王降，凡開物成務，戡亂致治皆以才，然皆德爲主，以運其才。至五霸尚功名，專任才，而遂流爲權謀，人心世道壞矣。夫子正六經，發揮天命人性，三德五倫之教，一以德爲主。雖以魯之式微，而忠厚猶許其至道。齊雖强而尚功力，僅許至魯，皆論德不論力也。故管、晏、孫、吳輩雖多才，非聖人之徒。藝如冉求，無能改德，猶鳴鼓攻之。五尺童子，羞稱五霸，正爲此也。故皋、夔、周、召，譬之良驥，德力兼全也。管、晏、孫、吳如踶齧之馬，有力而德不足者也。後世南宋理學諸臣如馴服之馬，有德而力不足也。不得已，寧爲馴服之馬，所以宋室雖亡，天理人心猶在。

○驥，良馬名。驥善走而調良，無詭銜竊轡，泛駕破輳之病。善走而踶齧者，凡馬耳，驥所以貴也。《荀子》云：「驊騮騏驥，纖麗騄耳，古之良馬也。」後世詩云：「老驥伏櫪，志在千里。烈士暮年，壯心不已。」又云：「騏驥馬不試，婆娑槽櫪間。壯士志未伸，坎坷多辛酸。」皆以良馬比君子也。

34 或曰：「以德報怨，何如？」子曰：「何以報德？以直報怨，以德報德。」

○以德報怨者，有心矯世。凡怨，必以德報之也。何以報德者，謂怨且以德報，又何以報有德者乎？以直報怨，至公無私也。以德報德，雖私即公也。君子寬平樂易，無一毫忿恨于胸中。聖人每云遠怨，云怨希，云家邦無怨，怨非仁人樂易之懷，不能大公順應，而挾忿偏主，即是不直。直，順也。順理曰直，合天理，當人心而已。懷私報復，有意刻薄，固非直。有意矯薄爲厚，亦非直。用舍予奪，順理直行，以此報怨，則怨而無怨，報而無報，豈得謂之報怨乎？若夫德則必以德報之，委曲從厚，如父子相隱，天理合當，不爲偏曲，雖加厚不爲嫌。大抵忠厚之心，不防少增。刻薄之心，毫不可有。愷悌温良，方是聖賢。學問道德，不遠人情。聖人以人情爲田，所以爲中庸之至德也。此章與答葉公論直皆近情之論。過此以往，則爲行怪。解者動引《禮》與《春秋》復君父之讐，謂聖人有必報之怨。夫君父之讐，世上有幾？此論士君子涉世存心之常耳，未可引君父爲例，教學者脩怨也。春秋世諸侯脩怨，所以大亂。南宋諸儒，恥其君屈節事虜，忘徽、欽之讐。經筵進講《春秋》，必以攘夷復讐持論。學者師宋儒而不通變，强聖言附末議，失之遠矣。説詳《春秋》《禮記》。

35 子曰："莫我知也夫！"子貢曰："何爲其莫知子也？"子曰："不怨天，不尤人，下學而上達，知我者其天乎？"

○聖人何意人知，歎不知己者，歎其不知道也，即"二三子以我爲隱乎""知德者鮮矣"之意。聖人身即是道，民可使由，不可使知。知我者，將與我共偕之大道之中也。子貢英華大著，有希世之心。君子黯然日章，莫知而知，乃爲天知。自歎以教子貢也。此章乃聖學宗旨，性命實際，微顯無間，所謂素其位而行，依乎中庸，遯世不見，知而不悔，唯聖者能之也，聖學安身立命在此。若夫枝葉形迹，與世作緣，皆怨尤之私。僥倖之計，標新炫奇，急人知而名者也。聖人不識不知，俯仰無累，道不離子臣弟友，位不辭貧賤患難。尋常日用，時習不厭，所由即著，所行即察。視聽言動，即是神化性命。

愚夫愚婦，皆與知與能，是則聖人而已矣，故曰默而識之。吾有知乎哉？無知也。聖人且不自知，何況人知之，惟無聲臭之表，不覩聞之中，脉脉妙合，蓋世間無天外之人，無命外之性，聖人猶人耳。惟其同體太虛，先後無違，所以默契。若夫見聞影響，如子貢多識之學，不離世緣，與天道無言行生尚隔，可以人知，而不可天知也。

○不得于天而不怨，不合于人而不尤，正是無心境界。不怨不尤者，反求諸己也，即下學上達之心。下學而上達者，功先爲己，即是不怨不尤之事。《易》曰：「形而下者，器也。形而上者，道也。」下學者，人事也。上達者，天理也。凡可見可聞可思慮者，皆下學。不可見聞思慮者，皆上達。無時無處無下學，即無時無處非上達。此中庸之至德，非待下學畢而後上達也。先儒云：「饑時喫飯倦時眠，只此脩行玄更玄。」禪語云：「神通并妙用，運水及擔柴。」即下學而上達之意。

○或問朱子云：「聖人何須下學？」答云：「休説高了聖人。説得聖人低，越有意思，如此便涉有心。」其實聖人何曾離低。若謂聖人不學，則是兀坐若學，豈外人倫日用？人倫日用是低，便是下學，即此達便上，不達只是下。如民可使由之是下學，不可使知之，祇爲不上達。由之而知之，便下學而上達矣。謂聖人上達不下學，是聖人知之不由之也。不由，將知安頓何處？此章與教子路對葉公章參看。其旨精微，而其言不離平常，所以爲下學而上達也。罕言命與仁，性與天道不可得聞，以此。後儒講學，玄之又玄矣。

○道不離器。上下者，一物而有高卑之名。如水有清濁，上爲清，下爲濁，其實一水也。元炁輕清上浮爲天，重濁下降爲地，此道之大原也。故但可言上下，而不可分精粗彼此。然則下學宜何先？曰先行。世儒誤解格物致知，謂學先知而後行，是以知爲下學，行爲上達也。《易》云：「知崇禮卑。」禮，履也。即行也。崇效天，卑法地。乾知坤作，知無爲，行有迹。聖人知即是行，衆人行而不知，故曰「知我其天」。學者求知必先行，有行而不知者，未有不行而能知者也。子路聞斯行之，知德者鮮，故夫子誨以知。子貢不行但求知，故教以行。故曰「人莫不飲食也，鮮能知味也」「民可使由之，不可使知之」，由然後知也。孟子云：「行之而不著，習矣而不察。終身由之而不知道者，衆也。」自後儒先知後行，而學術荒矣。天下知而不行者何多也。人匪草木，其誰無知？凡篇中開示諸賢，皆語以行事，不言性與天道，尚行也。其自言惟曰「躬行君子，吾未之有得」。故行者，下學也；知者，上達也。聖人生而知之，學者强恕而行之，其言性也以習，孟子之言性也以才，皆下學上達，一貫之旨也。二氏語上遺下，先知後行，故荒唐無用，後儒踵之，非聖人之教也。

36 公伯寮愬子路於季孫。子服景伯以告，曰：「夫子固有惑志於公伯寮，吾力猶能肆諸市朝。」子曰：「道之將行也與，命也；道之將廢也與，命也。公伯寮其如命何？」

○聖門諸賢，多仕于季氏者，使皆與季氏相得，何足以表諸賢？子路得謗，自是伉直不阿，賢于冉求遠矣。愬，譖也。季孫，桓子斯也。夫子，指季孫。固有惑志，謂惑不可解也。殺人而陳其尸曰肆，貴者肆于朝，賤者肆于市。伯寮之愬，不言所事。按定公十三年，子路爲宰，謀毁三桓城邑，收其甲兵。

故季孫帥師墮費，叔孫墮郈，皆子路之謀也，公伯寮之愬蓋以此。故叔孫不肯墮成，子路遂去仕衛。嗟夫！三桓之無君久矣。子路與其死于衛也，無寧死于魯乎？夫子蓋深有望于二三子之仕季氏者。而伯寮愬行，是天不欲造魯也。子路去，冉求無能改于德，而魯竟不振。嗟夫，其真命也夫！天行曰命。道之興廢，關國運盛衰，非一人一家之事也。子路墮三都，正夫子攝相之時。季孫惑子路，則夫子之去亦可知。故云將行將廢，不獨子路耳。所以女樂一受，膰肉不至，不稅冕而行。孟子云：「君子所爲，衆人不識。」嗟乎，其真不識也哉！故借命曉之。朱子謂聖人即命，不宜言命。然則聖人即道，將不言道乎？但聖人知命樂天，君子俟命畏天耳。

○《史記》：「公伯寮，字子周。孔子弟子。」朱子以其愬子路，疑非門人。按陳亢亦弟子，而賢子貢於仲尼。冉求聚斂，聖人未嘗無誨，謂之非吾徒則可，遂諱其爲門人，亦不廣矣。聖人不忍爲一弟子殺一弟子，所以委諸命耳。

○子服景伯，魯大夫，子服何也，孟氏之支庶。孟獻子生孝伯，孝伯生惠伯，惠伯生昭伯，昭伯生景伯。

37 子曰：「賢者辟世，其次辟地，其次辟色，其次辟言。」子曰：「作者七人矣。」

○賢者，指當時高尚之士。辟，避去也。所避有四事，避世者，舉世昏亂，無國可仕。所謂諸侯有善其辭命至者，亦不就也。其次謂世雖亂而猶有善國，惟避其地之不可居者耳。其次國雖亂，君能禮賢猶未去，及禮貌衰，色不善，乃去也。又其次，禮貌既衰，而又有不善之言，乃去也。此皆賢者知幾觀變，明哲保身之事，夫子當時所目擊。辟世、辟地、辟言、辟色者，凡七人矣。作，即見幾而作。七人謂儀封人、晨門、荷蕢、楚狂、長沮、桀溺、丈人，皆不知姓名，故撮舉其人數。或云作者之謂聖，伏羲、神農、黄帝、堯、舜、禹、湯七人，猶伯夷云「神農虞夏忽焉没兮，我將安適歸」之意。然則何獨遺文武乎？明指上文賢者言。作，起也。去則起也，猶「變色而作」之作。下章繼以晨門、荷蕢可知。蔡氏云：「味其語，有天地閉，賢人隱之意。」朱子分「作者」句别爲一章，今仍舊。

38 子路宿於石門。晨門曰：「奚自？」子路曰：「自孔氏。」曰：「是知其不可而爲之者與？」

〇晨門，昏閉門，晨啟門，關吏也。蓋賢而隱者。承上作者類記之。不知姓名，即事以名也。自，從也。不可，時不可也。爲之，行道也。晨門雖譏夫子，實是夫子隱衷。春秋之不可復爲唐虞三代，夫子知之矣，顧何忍遽棄之。如慈母愛子，子病不起，終不忍立視。苟有用我者，何時不可爲？篇中記七人所言，皆有至理，故記者備録之，以見聖道之大。

〇石門，齊地。《春秋》隱公三年冬，齊侯、鄭伯盟于石門。今山東兖州府東平州平陰縣西二十五里，山上有石門，東西相向，可通行人，相傳爲子路宿處。

39 子擊磬於衛，有荷蕢塊而過孔氏之門者，曰：「有心哉，擊磬乎！」既而曰：「鄙哉，硜硜乎！莫己知也，斯已而已矣。深則厲，淺則揭器。」子曰：「果哉！末之難矣。」

○荷蕢素知孔子，非待聞磬始知也。朱子謂聞磬爲他心通，迂也。春秋之有孔氏，人皆知之。孔氏轍跡徧天下，居衛久，所寓之門，豈荷蕢而不知乎？既知孔氏之門，擊磬者非孔氏而誰。擊磬亦偶然事，謂之有心者，不指擊磬，指其人也，如云「有心哉，孔氏乎」云爾。解者遂謂聞樂知心，亦迂也。有心，謂未忘世，憂憤託音抒寫耳。鄙哉、硜硜，譏其留連世故也。深厲淺揭，譏其不識淺深也。列石渡水曰厲，褰衣曰揭。則，猶宜也。言宜識時，不宜膠固。用則進，不用則退。久于衛，不合則當去。今不察淺深求濟，是鄙而固也。其言雖譏，寔是夫子本懷，故夫子亦無以非之，第就其言答曰：「果然哉！天下無邦，無所往難矣。」聖人無可無不可，硜硜正其所鄙。末之，謂無往也。難矣，猶云行路難也。末之，應斯已而已。難矣，應深厲淺揭。借其辭以寄慨，而不自白，不得已之情，隱然言外，猶云「喪家之狗然哉」之意。舊解謂「果確忘世不難，夫忘世未易也，彼以硜硜譏夫子，不宜又以果確敵應」，味其所言，亦不似果。雖不深相知，而其言未嘗不是，故答之如此。

○磬以玉或石爲之。《考工記》「磬氏爲磬」，其形倨句，如人折腰之狀，故俯躬謂之磬折也。大者倨長二尺七寸，句長一尺八寸。特縣，小者編縣。十有六爲一虡。《儀禮》：笙磬在東，頌磬在西。

○肩任曰荷。蕢與塊通，土連草曰蕢。詳見第九篇。荷蕢，農圃之流，不知其姓名，即其事以名之，蓋賢者也。厲與列通，《禮記》厲山氏即烈山氏。或曰：厲者，止不渡也。讀如《周禮》厲禁之厲，遮列也。或云：水及带以上爲厲，膝以下爲揭。

40 子張曰：「《書》云：『高宗諒陰，三年不言。』何謂也？」子曰：「何必高宗，古之人皆然。君薨，百官總己以聽於冢宰三年。」

○高宗，商王武丁，中興賢君也。《周書・無逸》曰：「其在高宗，即位，乃或亮陰，三年不言。」亮陰，天子居喪之名。諒，亮。通明也。不昧曰亮，不見曰陰。陰，暗也。猶言昧爽，昏明之交。孝子三年憂愁，昏昏默默，故謂亮陰。猶《詩》云「不出于耿」也。不言，謂不親政事發號令也。《孟子》云：「五月居廬，未有命戒。」《喪大記》云：「父母之喪，居倚廬。」非喪事不言。子張疑此禮難行，夫子據禮解之，君所以得三年不言者，有冢宰代爲之言也。蓋凡禮有制有情，通于禮之制者能守禮，達于禮之情者能行禮。孝子愁居默處，三年不出令者，禮之制，有時乎不得。不言，而心不忍言者，禮之情也。君不言而冢宰代言，百官總己以聽者，禮之制。冢宰有時乎不敢專，而不得不請于天子者，又禮之情也。夫子亦據禮之制告子張，而禮之情，隱然自足於言外矣。

○《註疏》云「諒，信也。陰，默也。信任冢宰，默而不言也。」《禮記》作諒闇，鄭氏訓作梁庵，即倚廬，鑿也。三年，《註疏》引杜預之説「王喪卒哭除服，三年心喪畢，然後王自聽政」。杜預酷信《左傳》，據所引數事，影響猜度，未足爲徵。子云：「三年之喪，天下之通喪。父母之喪，無貴賤，一也。」

齊斬之服，飦粥之食，自天子達于庶人。未言天子既葬即除服也，若天子七月葬即除服，此後日月，當服何服？服除，則不寢苫，不枕塊，不居廬，又不聽政，深宮燕處，而稱心喪，欲以何爲？《禮》惟師心喪，無服而爲此名也。夫喪孰非心，而獨師乎？故名心喪者，無服也。豈有親死，可以無服静處乎？此即後世以日易月之意，非古也。總己，總己職内大小事，一聽冢宰處分。《周禮》天官冢宰首六官，帥其屬而掌邦治，佐王均邦國者也。冢，大也。山頂曰冢，裁割曰宰。百官，約言，非謂官止百耳。《周書》云：「唐虞稽古，建官惟百，夏商官倍。」《明堂位》云：「有虞氏官五十，夏后氏官百，殷官二百。」考之《周禮》，天子之官，公卿大夫以至上中下士，共官二萬五千二百六十有奇，諸侯之官不與焉。

41 子曰：「上好禮，則民易使也。」

〇聖人論治，惟禮爲要。二十篇中言禮，不一而足，是乃脩己治人之本。好禮者以温恭退讓之精神，運爲綱紀文章，以束民之涣，作民之惰，揉民之傲。恭敬之心，民所固有。上好下甚，則禮讓之風興矣。使，非奔走也，即草上風偃之意。好與易相默應。禮本嚴肅，好之爲難，惟克己能復禮。惟盛德之至，能周旋中禮，恒情常畏而憚之。老氏謂爲忠信之薄，其流爲任放無檢，則亂矣。聖人爲學爲政必以禮，故曰「有禮則安，無禮則危」。安危所係，奈何弗好？蓋欲之害人也甚于寇盗，而禮之衛人也固于城郭。樓櫓雖密，猶虞其疎。隍塹雖險，猶恐其踰。未有厭樓櫓之大密，隍塹之大深者。人苟視欲如寇，守禮如城，雖終日百拜，猶恐其逸。三千三百，猶患其簡，況厭而不好乎？

42 子路問君子。子曰：「脩己以敬。」曰：「如斯而已乎？」曰：「脩己以安人。」曰：「如斯而已乎？」曰：「脩己以安百姓。脩己以安百姓，堯舜其猶病諸。」

○萬物皆備于我矣。己，即我也。脩，整飭也。整飭得己完，即盡人盡物，參贊位育皆備矣，是爲成己。凡己所以壞，欲動情勝，昏迷無檢，則一切道德事功皆廢，而已爲行尸走肉，同禽獸耳。天生君子謂何？故己不可不脩也，脩之則以敬。敬者，動必以禮，神常守舍，惺惺歷歷。不爲小體欺蔽，外物牽引。無衆寡，無小大，無敢慢。則凡所注措，無不合宜，庶事咸理。安人安百姓，舉在脩己内矣。人，對己而言。百姓，盡人而言。子路麤率任氣，故以此歛之。蓋己即身也，敬以脩己，即《大學》心正而身脩也。安人安百姓，即家齊國治而天下平也。《曲禮》云：「無不敬，儼若思，安定辭，安民哉。」《中庸》云戒慎恐懼，成己成物，篤恭而天下平。夫子告顔淵克己復禮，天下歸仁，皆此理也。聖人視己甚大，非孑然軀殼之爲己，非寂然煉形爲脩己。堯舜脩己之敬非不足，而安百姓之心終無窮，百姓未必能全安。安百姓不足，即是脩己分量不足，故曰堯舜以上善無盡。有盡非道也，見道有盡非聖人也。文王望道未見，夫子自歉于仁聖。二十篇中謙謙之辭，不一而足，非託辭勉人耳，道固然也。釋氏亦云「不度盡衆生，誓不成佛」，夫衆生豈能盡度？蹈襲此意。

43 原壤夷俟。子曰：「幼而不孫弟，長而無述焉，老而不死是爲賊。」以杖叩其脛慶。

○聖教莫大于禮，行禮莫先于敬。承上「好禮」「脩己以敬」，而記不學禮之戒也。原壤，孔子故人。無禮曰夷，夷與遲通。俟，待也。《禮》：迎賓必違其位，相揖而進，見先生必趨而進。壤見夫子，陵遲惰慢，不起立，不拜不揖。曰夷俟，言不敏也。由其平日任放廢禮，故夫子數其生平，責之不孫弟、不遜讓，而失弟道也。少不學禮，故長無稱述。迄今年老，久在人世，無益而反害。賊，猶害也，害禮也。三語槩平日，不獨指夷俟耳。杖，夫子所自扶也。脛，脚骨也。叩，微擊也。《檀弓》云：「原壤母死，夫子助之沐椁。壤登木曰：『久矣予之不託于音也。』歌曰：『狸首之斑然，執女手之卷拳然。』夫子爲弗聞也者而過之。從者曰：『子未可以已乎？』子曰：『丘聞之，親者毋失其爲親也，故者毋失其爲故也。』」蓋不孝之罪大，聞之斯責之矣，責之斯絶之矣，故若爲弗聞也。此夷俟之罪小，可不至絶，故直數其事，聖人處友曲全如此。蓋彼惟于夫子前放歌，亦惟于夫子來夷俟。狂者恃聖人知己，惟聖人能函蓋之。彼憤世之拘瑣，而竊聖人易簡之旨偏用。如老、莊、瞿曇，皆所謂好智不學而爲蕩，好剛不學而爲狂者也。非不愛其親也，非不敬其長也，彼直以禮法爲牽纆，如衝風之巨羽，破轅之快犢。惟有天高地闊，足以範圍而馴擾之，使各遂其生，故居喪而歌，若弗聞也。子桑伯子大簡，亦未嘗不可之。曾點於季孫宿死，倚其户而歌，狂態亦相似。而聖人終與點，道大德宏，何所不包，故曰「攻乎異端，斯害也已」。此間義理，皆夫子七十以後，從心之矩，難與初學言，故記者表其杖云。

○《註疏》：「夷俟，箕踞以待也。」會叩脛意解。按夷俟，猶言尸居。夷，平也。凡尸事稱夷，偃仰不動之貌。《記》云：「男女奉尸，夷于堂。」尸牀曰夷牀，衾曰夷衾，槃曰夷槃。聖人寢不尸，不偃仰也。壤見夫子來，據牀偃仰，不動如尸，亦箕踞之類，而即箕踞訓未確。狂者土木形骸，佯不爲禮之狀。

○杖以扶老，古者六十杖于鄉。原壤稱老，夫子謂之曰不弟，則夫子年愈長矣。

44 闕黨童子將命。或問之曰：「益者與？」子曰：「吾見其居於位也，見其與先生並行也，非求益者也，欲速成者也。」

○此承原壤不弟類記之。黨以闕名，爲其童子不知禮也。年十五以前皆稱童。將命，夫子使童子傳命也。益者，謂來學求進益者也。先生，謂長者。居位，坐先生之位也。並行，比肩行也。《禮》：童子侍立，不命之坐不敢坐。坐則隅，行則隨。今居位並行，非禮也。欲速成，欲亟爲成人也。年少傲慢，正爲不求益。故使將命學禮，馴擾其習。《詩》云：「温温恭人，維德之基。」躐等長傲，終非令器。聖人惟温恭，堯子不肖，惟其傲耳。

○闕黨，以義起名。猶達巷、互鄉之類。闕，猶損也，與益反。闕思補，則求益矣。吾黨之小子，不知所以裁之，故夫子設教處稱闕里。荀卿云：「仲尼居于闕黨，闕黨子弟罔不知有親者，多取孝弟以化之。」《家語》：「孔子始教于闕里，顔路始受學。」古君門，亦稱闕，言人臣望而思闕也。西北乾方不周，謂之天闕，故昔人有補天之説。聖人崇禮設教，輔世淑民，代天行化，而補其不足也，是名闕里。《括地志》云：「闕里，在兖州曲阜縣西南二里。」《水經註》謂孔廟東南五百步，有雙石闕，即靈光殿之南闕。闕里之義本此。按靈光殿，漢景帝子魯恭王所建，何足爲徵？强附會之也。

論語詳解卷十四終

論語詳解卷十五

郝敬 解

衛靈公第十五

○貧莫如原憲，豪侈莫如時君，故次衛靈公。

1 衛靈公問陳去聲於孔子。孔子對曰：「俎豆之事，則嘗聞之矣。軍旅之事，未之學也。」明日遂行。在陳絕糧，從去聲者病，莫能興。子路慍見現曰：「君子亦有窮乎？」子曰：「君子固窮，小人窮斯濫矣。」

○春秋世主，惟知仲尼習禮，博學多聞而已矣，故犂彌謂齊景公云「孔丘知禮而無勇」。靈公此問，亦欲傲以所不知。夫子嘗言「我戰則克」，冉有言學軍旅于孔子，此對云未學，何也？世主好戰，聖人每思去殺。靈公所問，適與願違，故以未學辭之也。其以俎豆對，何也？俎豆之事，即禮也。聖教脩己治人惟禮，扶危定傾惟禮。《記》云：「聖人所以治人七情，脩十義，講信脩睦，尚慈讓，去争奪，舍禮何以治之？」靈公壼範不脩，父子相夷，惟其無禮也。俎豆，禮器也。事，陳設之事也。軍旅，亦陳設之事也。明乎禮儀三千三百，則軍旅行伍皆粗迹也。以爲陳，則湯武之師也。《易》云：「師出以律。」律，禮也。《記》云：「軍旅有禮，則武功成。」善將者，敦《詩》《書》而悦禮樂，折衝于樽俎之閒而已。故雅歌投壺，射不穿甲者，爲世名將。豈非俎豆軍旅，事本無二乎？其「明日遂行」何也？初，夫子去魯，居衛最久，所以啟沃靈公者，計無弗詳。使公能用，豈待今日？使公知夫子，何發此問？夫子久于衛，以靈公際可，庶幾知禮者。雖不能用，猶重所學。今據所問，則趣舍頓違。衛政流散，而君所好又若此，去所以决矣。未幾，而南子宣淫，蒯聵謀母，靈公死，輒父子操戈，好戰無禮之流禍，聖人知幾其神矣。去衛，將適陳入楚也。是時楚昭王聘夫子，夫子將往。而陳蔡畏楚，以兵圍之，七日糧絶。子路愠見，不平之意見于色也。君子亦有窮乎，言爲善者未必得福，怨天尤人之意。而夫子之答甚悠然，君子固窮，言時運有否泰，聖賢不能違也。如湯囚夏臺，文王囚羑里，周公居東，安能必所遇皆通，但能知命順受，不若小人窮，則放溢爲非耳。大抵詘伸有定數，即是定理。君子視理數爲一，故順理以忘數。小人視理數爲二，故逆數以違理。

〇俎豆之事即是禮，非謙辭也。凡禮可學者，皆是器數。聖人周旋中禮，非盡由學。學則必自俎豆之事始。

〇陳字从𨸏，从木，申聲。中原地名。大昊、伏羲之墟。木德之君，故从木。伏羲都陳，始畫八卦。卦有行列，世因謂軍旅行列曰陳。卦畫成于三，故兵有天時、地利、人和，韜略家謂之三陳。日月星辰斗柄，左右向背，爲天陳。丘陵水泉，據高依險，亦有前後左右，爲地陳。車馬士卒，行伍聯絡，爲人陳。又有八陳，天地風雲爲四正，龍虎鳥蛇爲四奇，以象八卦。李靖謂八本爲一，天地本乎旗號，風雲本乎旛名，龍虎鳥蛇本乎隊伍之列。後世詭設物象，要不止八耳。自黄帝始爲井田之法以制兵，井分四道，八家處其形，開方爲九，五爲陳法，四爲閒地，所謂數起于五也。虛其中，大將居之，環四面諸部連繞，所謂終于八也。及乎變化制敵，紛紛紜紜，鬬亂而法不亂。渾渾沌沌，形圜而勢不散。所謂散而成八，復而爲一也。周之始興，太公繕其法以勝殷。太公没，齊人得其遺法，管仲脩之，所謂節制之師也。李德裕云：「兵之有節制，猶一身筋骸之束。以身運臂，以臂使指，屈伸把握，無不在我。然後可以應物捍患，自什伍積而總以偏裨，又總以將，又臨之以大將。尊卑相統，進退緩急，一聽大將之節制。有犯無赦，故連百萬之衆，可使如一身。手足相須，頭尾相應，則戰必勝，攻必取。」

○萬有二千五百人爲軍，即鄉遂夫家之數也。五百人爲旅，黨鄙夫家之數也。古之征役，家出一人。

○俎以載牲體，熟于鼎而載于俎，祭饗之器也。《記》云「鼎俎奇而籩豆偶」，陳設之數也，法詳《儀禮》。凡爲俎，以骨爲貴賤，殷貴髀，周貴肩。貴者取貴骨，賤者取賤骨。又云「俎，有虞氏以梡，夏后氏以嶡，殷以椇矩，周以房俎」，四足如几曰梡，施横木于足曰嶡。椇，枳屬，形如珊瑚，足閒横木曲撓如椇也。俎下有跗如室曰房。《禮》：有俎則爲盛饌，獻酬畢，則徹俎而後安坐。豆見第八篇孟敬子章。

2 子曰：「賜也，女以予爲多學而識之者與？」對曰：「然，非與？」曰：「非也，予一以貫之。」

○聖人未嘗不識，默而識之也。未嘗不多，一以貫之也。默識即一貫。若憑耳目見聞，一一存記以爲識，功勞而去道遠矣。然其教人曰多聞多見，博文好古，何也？學不厭多，惟有所以貫之者，如樹根著土，千枝萬葉，暢茂條達，生意亹亹，何病于多？無所以貫之者，如草木無根，枯枝朽幹，與性命何涉？子貢多學，夫子詰而醒之。子貢乍聞，對曰「然」，即平習見解，旋疑旋問，夫子爲決其非。蓋學如子貢，識亦多矣，正宜反約。若初學躭空寂，適以成其固陋，聖人亦不遽以此語之也。大抵學貴會通，偏于不多，則一所貫何物？一不離多，多即是一。非謂多學而後一貫，如後儒格物久，豁然貫通之説也。亦非謂先一貫而後多學，如二氏既得本，莫愁末之説也。苟會其通，多即一，一即多。孟子云：「學問之道無他，求其放心而已矣。」即此理。

○朱子謂：「曾子一貫以行言，子貢一貫以知言。」知與行離，非聖人文行博約一貫之本旨也。聖學知即是能，舜以大智爲行，颜子以擇守爲知。説詳《中庸》。知而不能不爲知，虚解識情耳。即如世儒云：「先明諸心知所往，然後力行求至。」强分爲二，然一貫終不可分爲二也。一貫，心也。知，心之神也。知可以名心，行不可以名心。知可以一知貫萬行，行不可一行貫萬知也。分子貢通達爲知，曾子篤實爲行，支離矣。又分子貢一貫爲語知，曾子一貫爲語行，支離尤甚矣。曾子篤實力行故真知，承教即唯。子貢不行，知未實踐，故揣摩生疑。曾子學有得，故語以吾道；子貢道未得，故語以予學。

語子貢一貫者，學問之方，答問之教也；語曾子一貫者，傳心之要，時雨之化也。機緣境地，未可相比。或云：子貢一會其旨，但方聆聖訓遽應否，非對師之禮，故先應「然」，繼曰「非與」，猶司馬遷唯唯否否云爾，鑿説也。聖人以一貫呼賜，與呼參自不同，不得謂子貢之對，與曾子之唯無異。蓋此章與下章皆承上在陳，夫子嘗問子貢與子路云：「匪兕匪虎，率彼曠野，吾道非與？」二子皆不達，故于此呼賜教之一貫，呼由教之知德，事詳《家語》。子貢平日多學億中，子路平日聞善斯行，祇可無事敷演，臨危茫昧。因心境未融，學無根柢，故于各頂門著針，與呼參應「唯」，不可同日語也。後儒以致知爲入門，正坐多學而識之病，與聖教相戾。乃援《大學》致知在格物解，非也。詳《禮記·大學》篇。

3 子曰：「由，知德者鮮矣。」

○知，非見聞記憶[一]也。天靈惺惺，與性地相映徹。曰知德，德即性所具之理，仁義禮智是也。知即本體之不受障蔽者耳。明曰知，得曰德。無所得而言知，識情耳。神明默成，乃爲真知。子路聞善必行，聞過則喜，然皆滯于口耳見聞，而反觀性地，未得融通，遇事未免捏扤，故有怨天尤人之意，皆由天明未徹，義理得心者淺。莊周云：「宇泰定者，發乎天光。」無所得而稱知，天下皆是也。餘

[一]「憶」，底本作「億」。

詳上章。

○知者，心之虛靈。德即虛靈中皆備之理。知明則理顯，如水清則魚現。《中庸》所謂天下至聖，聰明睿智，則容執敬別，以時發見。志氣清明，則天理流行。顯仁藏用，時措咸宜，而無入不自得矣。人有良心，皆有此德。惟知體未瑩，内昏于欲，外奪于感，愚不肖者日用而不知。其賢智者，有蔽于多知。蓋緣下學未達，涵養未融，舉其所自有者自欺，荒失遺忘，天下皆是也。《孟子》云：「凡有四端于我者，知皆擴而充之。」無納交要譽，種種私意，如孩提之童，不學不慮，而知愛知敬。放爲知德，聖人所以貴默而識之。無思無爲，寂然不動，感而遂通天下之故者，此也。勇者氣浮鹵莽，苟能反觀虛靈之地，醒然自覺其所固有者，則天定神怡，何窮之足慍乎？

4 子曰：「無爲而治者，其舜也與？夫何爲哉？恭己正南面而已矣。」

○此言舜遭遇之隆，揖讓而有天下，又得群臣之助也，與「爲政以德，譬如北辰」意殊。古今帝王多矣，獨舜以匹夫受禪，無開創之勞，故曰無爲。分命九官十二牧二十有二人，師師布列，如四體奉元首，庶事惟康，故曰無爲而治，二意兼重。夫何爲哉承無爲，言不事創造也。恭己而正南面承治，言得賢自輔也。恭己者，端冕凝旒，垂衣拱手之貌。正，向也。猶正牆面、正首丘之正。人主向明，故正南面。恭己正南面者，無爲而治之象也。而已矣者，他無所事也。苟無爲而不治，雖與之天下，不能居也。舜所以無爲而治，有股肱耳目，翼爲明聽之助也，故曰「恭己正南面而已矣」。言有人爲之北面者也。堯以前，禹以後，有舜之德，或無舜之遇。有舜之遇，或無舜之諸臣。若但謂得人，雖堯亦然，而天下猶未平。若謂德盛民化，三五帝王皆然。若謂紹堯，禹不紹舜乎？而羣工師師，視唐虞之際，則不無少讓矣。夏后氏之天下，因舜之治也，故無爲而治者，莫如舜。湯武征伐，不免有爲。桀紂無良輔，故至于亂。三代以後，天下日多事矣。故聖人謂《韶》盡善，《武》盡美，舜臣言治，武臣言亂，此也。

○按《虞書》，舜省方覲岳，濬川封山，肇十有二州，備極勤勞，而夫子稱其無爲。禹胼手胝足。孟子謂行所無事，此執中精一之理，猶夫子誨人諄諄，自謂無言。學無不博，自謂不多。此默識一貫之旨也。二氏襲取爲清凈澹泊，黜耳目，墮肢體，以希無爲，庶事叢脞，必自此始。聖人不以幾康廢兢業，不以枯寂爲無爲。

5 子張問行。子曰：「言忠信，行篤敬，雖蠻貊之邦，行矣。言不忠信，行不篤敬，雖州里，行乎哉？立則見其參於前也，在輿則見其倚於衡也，夫然後行。」子張書諸紳。

○行，猶往也。言利有攸往也。士君子所與天下相通者，惟言行。《易》曰：「言出乎身，加乎民。行發乎邇，見乎遠。出其言善，千里之外應之。不善，千里之外違之。言行君子之樞機，榮辱之主也。」而誠敬爲本，心苟極誠極敬，將何言非嘉言？何行非美行？信則人任，禮則人答。精白醇懿之至，可以貫金石，孚豚魚，而無遠不行矣。不然，虛僞放肆，出門即礙，焉往而可？行哉忠信，即誠也。口然而心不然，是不忠也。口然而事不然，是不信也。篤，厚重也。厚重者不輕佻，自不放肆。忠所以爲信也，篤所以爲敬也。不忠則不信，不篤則不敬，非四也。忠信在行亦敬，篤敬在言亦誠。各矯所敝，其心一也。心非可以存亡作輟襲取，而望其遽行也。居常惺惺歷歷，惟誠惟敬，如或見之。言出口，行出身，無須臾離，此誠此敬，亦無須臾離。立在輿，隨時隨處也。未行則立，由立斯行。參，猶對也。輿，車箱也。在輿，即行也。倚，依也。衡，車前横木駕馬者。見，如在也，顧諟之意。其，指忠信。篤敬，神凝而成象也。因問行，故借車以喻行也。行必先立，立誠立敬，乃行之本也。參在立前，衡在輿前，隨在至近也。參前又倚衡，言自立至行，無往非誠敬也。如此積累，然後至誠至敬，言行可動天地，而利有攸往也。子張書紳，學爲參前倚衡也。然真見忘象，執象學象，終象而已也。大抵學問之道，無過事心。存心之地，無過言行。離言行則枯寂，心無所用。聖學謹言慎行，便是元亨利貞之道。二氏無如心何，爲存想止觀，持偈看話頭，種種旁門，以至面壁枯坐，艱難蹇塞，一步不可行。及其立言，馳騁誇誕，哆口浪説，全無忠信篤敬之意。六經之言，所以天下古今，由之而無敝也。

○《周禮·大司徒》：六鄉之内，凡二千五百家爲州。六遂之内，二十五家爲里。詳第六篇。南裔曰蠻，北裔曰貊。鼎立曰參。參，三也。《曲禮》：「離坐離立，無往參焉。」離，麗也。言兩人並坐並立。一人往，則成三，中兩爲參。《易》云：「參天兩地。」《中庸》云：「與天地參。」此言我與忠信篤敬對立成三也。衡見第三篇，紳見第十篇。

○書，即字也。《説文》云：「書，著也。著之竹帛也。」或云：「書，如也。」寫言如意也。

或云：「庶也，紀庶物也。」上古無文字，自黄帝始。而無紙，書於竹木曰簡。《詩》云：「畏此簡書。」伏羲始造書契，合木書其側曰契，文字非自伏羲始也。緯書云：「奎主文章。蒼頡類象，奎星屈曲，象文字。」蒼頡，黄帝史也，感鳥獸蹄跡而知文理相别，依類象形，作篆謂之文，其後形聲相益謂之字。字者，孳乳而浸多也。著于竹帛謂之書。代易體更，至周宣王時，史籀作大篆，謂之古文。七國時，文字乖别。秦李斯奏蠲罷不合秦文者，作《蒼頡篇》。中車府令趙高作《爰歷篇》，大史令胡母敬作《博學篇》，皆取史籀大篆省改，所謂小篆也。時官獄繁，趣省約。秦下邽人程邈，始作隸書，古文由此息。秦羽人上谷王次中作八分書，漢黄門郎令史游作章草。故秦漢時書有八體，一曰大篆，史籀作；二曰小篆，李斯等作；三曰刻符，施于符傳；四曰摹印，即繆篆，施于印璽；五曰蟲書，爲鳥蟲形，施于幡信；六曰署書，用于閲題；七曰殳書，銘于戈戟；八曰隸書，即程邈作，用于官府。至王莽時，甄豐刊定六體，一曰古文，即蒼頡文也；二曰奇字，古文奇異者；三曰篆書，即小篆；四曰佐書，即秦隸書，又謂之漢草，官府隸人佐書用之；五曰繆篆，即摹印；六曰鳥蟲，即蟲書。至魏晉以後，復有藁書、飛白、金錯、懸針、垂露、蚊脚等法，皆因事變體，隨義立名。今世隸書，即秦之八分書。今楷書，即秦之隸書與漢草書也。今之草書，即魏晉以來之藁書。書雖多名，體不離八。八體不越六義，即《周禮》保氏六書。一曰象形，如日字形滿，月字形闕之類。二曰會意，如人言爲信，止戈爲武之類。三曰轉注，如考西轉爲老，老東注爲考之類。四曰指事，如人在一上爲上，在一下爲下之類。五曰假借，如令善之令，作令使之令；生長之長，作長短之長之類。六曰諧聲，形聲相合成字，如江河之類，水爲形，工、可爲聲，左形右聲也。鳩鴿之類，鳥爲形，九、合爲聲，右形左聲也。婆娑之類，下形上聲也。草藻之類，上形下聲也。圍國之類，外形内聲也。衡衍之類，内形外聲也。鄭玄謂五書有窮，諧聲無窮。五書尚義，諧聲尚聲。古人音書，祇爲譬況之説，隨宜制用。自沈約爲四聲，而韻始興，孫炎爲反語求韻。學究之家，造三十六字母，十三門切法。此華人讀佛書，譯梵語而作也。本皆華字華音，而説者謂爲傳自西域，謬也。鄭玄謂梵人長于音，從聞入。華人長于文，從見入。梵語附會之説也。佛家謂耳目圓通，見聞思脩，以論明性，非論文字也。大段華言清徹，一字一音。梵語侏儞，粘滯[一]數字，始可了一音。讀梵書，學梵語，不得不離文字求聲音耳，豈謂華音不如梵語乎？世俗儒者生長中國，學聖人雅言，讀六經文字，甚平正易簡。苦被四聲纏繞，牽强穿鑿，于名理無當。嘗觀而吹毛數沙，此同彼異，紛如聚訟。然五方土音，人氣發響，輕重疾徐，清濁難同，竟無歸一。故六經用字，轉移通融，貴義合，不貴本字。風雅具在，原無四聲，而天然逸響，未如今學究家之煩且拘也。故《淮南子》謂蒼頡始作字，天雨粟，鬼夜哭。蓋文字興而巧僞多，使人廢業，勞苦饑餓，故粟須天降，鬼神無所匿其情狀，故夜哭。今六書諧聲之類也。或云鬼當作兔，愛其毫，故哭。

6 子曰：「直哉史魚！邦有道如矢，邦無道如矢。君子哉，蘧伯玉！邦有道則仕，

〔一〕「滯」，底本作「帶」，疑誤，據文義改。

邦無道則可卷上聲而懷之。」

○史魚，衛大夫，名鰌秋。《家語》云：「蘧伯玉賢而靈公不能用，彌子瑕不肖而信任之。史魚驟諫不聽，病革，命其子曰：『吾生不能進賢退不肖以正君，死無以成禮，置我尸牖下。』其子從之。靈公來弔，怪而問之，其子以對。公命之殯，遂退彌子瑕，用蘧伯玉。孔子聞而直之。」《春秋傳》：魯襄公十四年，衛孫林父、甯殖謀逐獻公，以告蘧伯玉。伯玉曰：「君制其國，臣敢奸之。」遂行。二子竟逐獻公，立公孫剽。後十年，甯殖死，其子甯喜爲政。獻公求復，喜又謀弑剽，問于伯玉。伯玉曰：「瑗不得聞君之出，敢聞其入。」遂行。甯喜竟弑剽，而復獻公焉。或曰：史魚尸諫，誠直矣。伯玉立視亂賊，不能討，又不終去，以世儒説《春秋》之法律之，烏得爲君子？曰：聖人論事本人情，酌時勢，不求人以所不能，不輕責人以必死。如晏嬰于崔杼，蘧伯玉于孫、甯，雖不能寢其謀，討其罪，而能以其身蕭然于事外，既不墮亂人之黨，亦不蹈刑戮之禍。《詩》云「既明且哲，以保其身」，亦庶幾矣。向使伯玉無見幾之明，觀望于事前，染指于事内，欲免得乎？二子之賢，皆于無道時見。靈公無道，云有道者，自初年言也。無道如矢，則不卷而懷。卷而懷，是不必如矢也。聖言以伯玉爲優。氣節挺勁曰直，德性圓融曰君子。卷懷雖存乎己，亦有欲卷不可得者。平日鋪張大過，臨危收斂不及，故機不在卷時，而在仕時。可以張而開，亦可以卷而收。此際有權，如矢則猶執一也。然學史魚易，學伯玉難。學史魚不成，不失爲直。學伯玉不成，去君子遠矣。

7 子曰：「可與言而不與之言，失人；不可與言而與之言，失言。知者不失人，亦不失言。」

〇此章主教者言。學不進，亦由教不善也。其人正可與言者，而遲吝不與言，便是錯過此人。如不可與言，而輕發强聒，又是虛費此言。二者總爲不知人，故各有悔。若智者于人之賢愚，燭照分明，自不至錯。過言必投機，啟憤發悱，可上可下。宜語宜默，自不至虛費。蓋教學本相因，言與人應，斯爲兩得，反是則兩失。其人天資學力如此，我啟發開導適應如此。此惟教者神明默識，見道精徹，幾微肯綮處不差，乃能善巧方便，發無不中。若理路生疎，見少凝窒，先後緩急不調，必有人言相左之病。中道躍如，非哲匠不能也。試撿篇中夫子與諸子語，人人中窾，言言破的。學者遇此，真無方之益。七十子遭逢，千古無兩，顏淵所以喟然歎善誘也。惟曾經苦心教人者，知聖言之微。

〇人與言非對舉，所重在人。言之得失因于人，與一人言，亦有可不可。如當與而不言，空過一賢者。不當與，遂絶口不言，亦空過一來學。均爲失人也。下士語上是失言，下士語下不投機，亦是失言。如葉公問孔子於子路，子路不對，非必葉公定可與言，然不言亦是失人。宰我對使民戰栗，非必哀公絶不可與言，但妄對亦是失言。主授者謂之言，主受者謂之人，兩相得則教成。《家語》：「子云：『非其人，如之弗聽。非其地，樹之弗生。得其人，如聚沙而雨之。非其人，如會聾而鼓之。』」此之謂也。

8 子曰：「志士仁人，無求生以害仁，有殺身以成仁。」

〇此言仁義一理，義即所以成仁。天地生氣爲仁，殺氣爲義。在人德愛爲仁，而德以刑成，以愛虧。故義所不敢者，即仁所不安也。志士，即義士也。志士仁人，非兩人也。謂有節槩之仁人，非巽懦之仁也。仁者誠不爲慘礉以傷生，而志立必不苟且以避死。仁，人心也。人之生也直，罔之生也幸而免。當死求生，則形存而心死，爲亂賊以害仁。當死殺身，雖形毀而神全，爲忠貞以成仁。夫身既殺矣，仁何以成？蓋忠臣孝子，英爽不磨，與日月同明，山河同永。千萬世人心，即仁人之心。真是不朽，即仁人不朽。正氣常伸，即仁人常在。比干、龍逢，伯夷、叔齊，至今未死也。張子厚云「聚亦吾體，散亦吾體。知死之不亡者，可與言性」，此之謂也。而皆成于有志，爲仁無志。頹靡而不奮發，闒略于撿押，而脂韋爲博大，仁之蠹也，故曰「苟志于仁矣，無惡也」。或云：管仲不死，夫子又以爲仁，何也？曰：子糾非君也，管仲非臣也。不死未爲害，仲不死而功在天下。雖不殺身，而仁亦成矣。此章之意，甚言爲仁不可無志，非徒責人殺身耳。

9 子貢問爲仁。子曰：「工欲善其事，必先利其器。居是邦也，事其大夫之賢者，友其士之仁者。」

〇問爲仁，與問仁異。仁，德也。爲仁，功也。故借工事以喻。工，匠人也。事，造作也。利，鋭也。

器，斧鑿之屬也。仁惟此心，心無所觀法。悠悠儕俗，欲不淪于匪彝，難矣。居是邦，謂隨處求益也。大夫曰賢，謂在尊位有才德聞望者也。事，承式也。分隔而禮恭，故不必知其仁。士曰仁，謂涵養蘊藉，道德純粹者也。友，親也。同志曰友，志同交深，故必擇其仁，乃可友也。士與庸衆人處，則臨深爲高，承奉媚悦者多，而長驕惰之習。與賢士大夫處，則矜式嚴憚，退然知己之不足，而觀摩以化，所謂置之莊嶽之閒而齊語，入芝蘭之室而自芳，此爲仁之利器也。夫子嘗云「商也日益，賜也日損」。子夏好與賢己者處，子貢悦不若己者，故於此藥之。王安石云：「事衰世之大夫，友薄俗之士，聽淫樂，觀慝禮，欲皎然不惑于先王之道，難矣。」徐幹云：「賢者言足聽也，貌足象也，行足法也。加乎善獎人之美，好攝人之過，我之憚之，若嚴君在堂，而神明處室也。欲爲不善，其敢乎？」

10 顔淵問爲邦。子曰：「行夏之時，乘殷之輅，服周之冕。樂則《韶》舞，放鄭聲，遠去聲佞人。鄭聲淫，佞人殆。」

○他人問政，顔子問爲邦，即問治天下也。天子地方千里曰邦畿。大曰邦，小曰國。顔子功深養到，其于立本致用，精微處已分明。惟是綱紀法度，尚須商確。故夫子包舉虞、夏、殷、周四代，廣論其大體規摹，不在多言，聞一可知十矣。夏取時，則凡釐工熙載，敬天勤民之事可知。殷取輅，則凡百工制作之類，宜崇儉朴可知。周取冕，則凡貴賤章服之類，宜辨等殺可知。樂用《韶》舞，則明良喜起，風動無爲之氣象皆可知。此其大法也，亦有大戒，邪正不容並立，治亂之關也。不正之聲不入于耳，不正之人不近于側，則慎終如始，王道醇而上理成矣。淫，蕩也，非男女之謂也。鄭聲靡曼，聽之使人流蕩不檢，故曰淫。巧佞善柔之徒，使人蠱其中而不覺，故曰殆。殆者，傾危之意。自古英君誼辟，不患德業不就，惟于聲色小人，喫緊隄防，斯善政克終，所以刀劍户牖，念其亡之戒，即此意也。此皆根本道德，而見諸施爲，非無體之用。行夏時者，先後欽若，奉天無私之心也。乘殷輅者，出往遊衍，不敢馳驅之心也。服周冕者，齋明盛服，非禮勿動之心也。天用莫如時，地用莫如車，人用莫如服。三事兼三代，隱然戴天履地，首庶物，垂衣裳，中心無爲，以守至正之軌範也，非制度損益之迹耳。聲樂爲耳目之娱，而雅則昭德，邪則蕩心。用人爲立政之本，而忠則弼諧，佞則亂德。性情宜養以和平，左右宜輔以正人。天德王道，顯微一貫，惟顏子乃可語此。他人聞此，不謂浮蔓無本，則謂好大迂闊，學者默識可也。夫子嘗自言，用禮樂從先進，夏商之禮，自謂能言，苟有用我，損益可知。而于此略露端倪，屬望顏子大矣。凡篇中與顏子語，博大精微，語爲仁精微，而又博大。語爲邦博大，而又精微。所以初學不易解。顏淵死，子曰「天喪予」，有以也。

○行夏時，謂以斗柄初昏建寅之月爲歲首也。自唐堯命羲和曆象日月星辰，敬授人時，所定四仲，即今建寅之時也。歲序與時令脗合，虞因之，不獨夏耳。湯革夏命，以十一月爲歲首，示更新也。周革商命，又以十月爲歲首。故《易·革》之象曰「湯武革命」，象曰「治曆明時」，取革故易新耳。非如緯家言，天開地闢，人生三正之謂也。正自宜建寅，春秋世用周正，故曰行夏之時也。車以引重致遠堅緻爲貴，殷以前皆木車，無文節。周飾以金玉，奢而易敗，故宜從殷也。章服以冕爲首，虞曰皇，夏曰收，殷曰冔，周曰冕，制有詳略。惟周冕盡制，有垂旒蔽前，有黈纊塞耳，於端默居上最宜。朝祭大禮，大夫以上皆用之，而旒小異耳。鄭玄解《禮》，謂專爲祭服，未然。大段天子之事，莫大乎奉天，故首舉時以槩庶政。天下名器，莫重于車，冬官掌之，故次舉輅以該百度。貴賤物采，莫先于服，故次舉冕以該章服。三者皆禮之屬也。移風易俗，莫善于樂。則，法也。《韶》，舜樂也。舞，樂容也。拊石之詠，蹌蹌之舞，喜起之歌，無靡曼之聲，無妖冶之容。則者，則其美善，非則其聲容也。凡樂出于中正和平者，皆《韶》舞也。出于靡妖冶者，皆鄭聲也。放，屏去也。鄭，國名也。其土音柔曼，凡聲音不正者，稱鄭聲，非獨鄭有此聲耳。朱子據此，以鄭詩二十一篇皆爲淫樂，誤也。説詳《詩》。蓋聲者，音也。詩者，辭也。音猶今唱曲之腔，詩即腔中之辭。腔有南北，辭惟所用。聲雖鄭而詩本無邪，非聲淫而詩皆淫也。如鄭詩皆淫，夫子何取而存之？存者淫詩，删者又何詩邪？淫、殆二字，意略相彷。水平溢曰淫。《考工記》云「善防者水淫之」，言水泛衍動蕩，不衝突也。鄭聲柔曼，動揺人心，亦曰淫。殆，近也，危也。《詩》云「勿小人殆」，小人狐媚，毒于虺蛇，使人易近而險，故曰殆也。

○行夏之時，謂凡舉大事，依夏時行也。時惟有建寅，無所謂三正也。天開地闢人生三正者，術家之説也。十二辰布列地四維。天運于外，晝夜不息。北極爲天樞，環北極爲紫微垣，垣側有北斗六星，在垣之内。杓在垣之外，以運陰陽，定辰次，行四時。每初昏時，杓所指之方爲建。以所建之方爲月之辰，如杓指寅，則其月建寅。十二辰皆以次定爲四時。而建寅爲春首，則寒暑節候皆適中。是以堯命四官，鳥正于仲春。舜巡四嶽，按四仲，至夏不改，非夏始爲此正也。及湯有天下，遇十二月朝諸侯，頒政令，而是月適建丑。此後朝正遂以爲常期，非爲地闢于丑，故用爲商正也。及武王伐商，歲在鶉火，月在天駟，日在析木之津，後三日得周正月辛卯朔，是爲建子之月。遂以子月朝會諸侯即位稱王，因以爲常期，亦非爲天開于子，故用爲周正也。而《春秋》公羊氏謂夏以建寅之月爲正，平旦爲朔；殷以建丑之月爲正，雞鳴爲朔；周以建子之月爲正，夜半爲朔。蓋附會之説。而術家謂子當夜半，則屬來日；子五之月，則屬來歲。故朱子謂三正皆可爲歲首。夫聖人治曆明時，爲民事也。開物成務，以宜民爲本。日出二刻半爲明，豈子丑幽昏，遂爲作事之期乎？夏商雖正月用子丑，而四時之序，巡守祭祀，曆象授時，未嘗改也，豈得以建寅獨爲夏正乎？

○輅與路同，以道路得名也。大道曰路，可容三軌，故路言大也。君門爲路門，君車爲路車，君寢爲路寢也。車之制，其來已久。《易》云：「黄帝、堯、舜，服牛乘馬，引重致遠，以利天下。」虞舜車服以庸，古車用木，至商不改。至周始有五路，曰玉，曰金，曰象，曰革，曰木。玉、金、象以爲飾也，革以皮鞔而漆之，木漆而不鞔。天子兼用五路，惟玉路爲乘輿，金路以賜同姓，象路以賜異姓。金、象在天子爲綴路、先路。而諸侯受之，則皆謂大路也。

○黄帝始作冕。凡首服三等，冕最貴，次弁，次冠。上古冠小，僅撮髮，貴賤咸用之。弁大于冠，圜額。冕則加板于上，垂旒前後，以蔽目，左右有黈纊以塞耳。人主戴此，凝神恭默，俯臨天下曰冕。冕之言俛也，居高而視卑也。制雖創于古，法莫備于周。據《周禮》天子冕十二旒，祀昊天上帝，則冕而服大裘。祀五帝亦如之。享先王則衮冕，先公鷩冕，祀四望山川毳冕，祭社稷五祀絺冕，羣小祀則玄冕，是冕爲祭服也。而《王制》云：「有虞氏皇而祭，夏后氏收而祭，殷人冔而祭，周人冕而祭。」皇、收、冔，皆弁也。殷以前，或冕制未備，或冕以朝不以祭，故弁、冕無等。至周始重冕，卿大夫以上助祭始得用之。《禮・雜記》云：「大夫冕而祭于公，弁而祭于己。士弁而祭于公，冠而祭于己。」《尚書・顧命》自王以下，至大宗皆麻冕。又冕者五人，分立于堂階等處，則冕不止天子服之，亦不獨祭用之矣。冕雖同而旒異，天子衮衣之冕十二旒，每旒貫玉十二。上公衮衣之冕九旒，侯伯鷩衣之冕七旒，子男毳衣之冕五旒，孤絺衣之冕三旒，卿大夫玄衣之冕二旒。各玉數，如其旒數。九旒則旒九玉，七旒旒七玉，餘倣此。貫玉用采絲曰繅，繅與藻通。冕上橫貫以簪曰笄，笄上繫組爲紘。自左下遶頤右，上屬于笄。垂其餘爲飾。

○鄭國，姬姓，伯爵。周宣王封其母弟友于鄭，是爲鄭桓公。在今陝西西安府華州城北古鄭城。幽王有犬戎之難，桓公死之，其子武公從平王東遷洛，因徙其民于虢、鄶之閒，遂有其地，謂之新鄭。即今河南開封府新鄭縣東周畿内之國也，後爲韓哀侯所滅。地當濟水之西，洛水之東，河水之南，潁水之北。土淺氣浮，其人聲音靡曼，故凡聲不正者，謂之鄭聲，非《詩》之《鄭風》也，亦非定指鄭一國之聲也。如學齊音者謂之齊語，學楚音謂之楚語云爾，豈獨鄭有是樂，而他國盡雅樂乎？

11 子曰：「人無遠慮，必有近憂。」

○無遠慮，不曰有遠憂，而曰有近憂者，言不測也。慮不言近，近則非慮。憂不言遠，遠則不憂。居安而不慮危，危即生于安。處治而不慮亂，亂即伏于治，故曰慮不遠，憂必近也。慮者預備，非虛慮也。凡造化人事，憂樂相循，利害相倚。日中則昃，月盈則虧，自然之數。能慮則神明常醒，灼見消息盈虛之理，不敢爲貫盈履滿之事。兢業早圖，則造化可回。雖氣數有固然，而意外卒至之患無矣。

12 子曰：「已矣乎！吾未見好德如好色者也。」

○第九篇内言未見，猶有屬望之意。此言已矣乎，則絶望之辭矣。好德好色，二者之心，人所同有。好德天理之自然，而色常奪之。好色人欲之熾然，而惟德能克之。色緣目入，見可欲則心亂，是以色易德也。心之官能主非禮勿視，即好德如好色矣。

○天理人欲，同出而異情。男女之欲，天之性也。不通于化生之理，是無人道也。故天下無不好色之人情，然未有好色而不妨德者，但能好德好色，則人欲即天理，又烏得謂好色乎？故聖人不能使人不好色，而但病其不好德，道不遠于人情也。

○《左傳》：秦醫和視晉平公疾，曰：「不可爲也。是謂近女室，疾如蠱。非鬼非食，惑以喪志。」公曰：「女不可近乎？」對曰：「節之。先王之樂，所以節百事也，故有五節。遲速本末以相及，中聲以降。五降之後，不容彈矣。於是乎有煩手淫聲，慆堙心耳，乃忘平和，君子弗聽也，物亦如之。至于煩，乃舍也已，無以生疾。君子之近琴瑟，以儀節也，非以慆心也。天有六氣，降生五味，發爲五色，徵爲五聲。淫生六疾，六氣曰陰、陽、風、雨、晦、明也。分爲四時，序爲五節，過則爲菑。陰淫寒疾，陽淫熱疾，風淫末疾，雨淫腹疾，晦淫惑疾，明淫心疾。女陽物而晦時，淫則生内熱惑蠱之疾。今君不節不時，能無及乎？」曰：「何謂蠱？」對曰：「淫溺惑亂之所生也。於文皿蟲爲蠱，穀之飛亦爲蠱。在《周易》，女惑男，風落山，謂之蠱，皆同物也。」

13 子曰：「臧文仲，其竊位者與？知柳下惠之賢，而不與立也。」

○柳下惠之不見用，何獨罪一臧文仲？蓋在他人或不及知，知而力不能舉。文仲號爲賢者，與惠生相知。惠爲士師三黜，文仲爲政曾不能伸汲引之力，廣同升之量，使沈淪小官，終身阨窮，是亦文仲之罪也。及文仲死，謚曰文。文者，光明俊偉之稱。陰蔽人之賢，而惟恐逼己。穿窬之心，何以爲文？視衛公叔文子有餘媿矣。齊晏平仲、楚令尹子西，知夫子而阻其進，皆此類也。

○柳下，地名。惠，謚也。展氏，名獲，字禽。或云：家有柳，身行惠，故以稱。嘗爲魯士師。士師，獄官也。《周禮》：天子之士師則下大夫，諸侯之士師則士也。如孟氏使楊膚爲士師，大夫之僚屬耳。故孟子云「柳下惠不卑小官」，其未嘗爲大夫可知。朱註謂爲魯大夫，然則不爲不與立矣。或據魯隱公九年，大夫無駭賜姓展氏，以爲無駭之後。夫世官必以適，展禽稱季，非適也。或以柳下爲其食邑，則所居地名耳。或據《禮》「死有謚」，則生爲大夫。據《烈女傳》其妻謚之，非魯君謚之也。蓋魯以諸侯僭天子，三家以大夫比諸侯，故大夫之屬皆稱大夫。《檀弓》陳子車死，稱其宰爲家大夫，即此類。然不可謂之魯大夫矣。

○魯僖公二十六年，齊侵魯，公使展喜受命于展禽，以其言諭齊師，齊師退。又，齊人求魯岑鼎，魯與之贋鼎，徵言于展禽。展禽曰：「吾亦愛吾鼎。」又臧文仲祀爰居，展禽非之。文仲曰：「季子之言，不可不法也。」書之以爲三筴。又，夏父弗忌躋僖公于閔公上，展禽曰：「必有殃。」凡此皆文仲時事，故宜知其賢。

14 子曰：「躬自厚而薄責於人，則遠怨矣。」

○躬自厚，謂責己厚也。責己厚，自不求備于人，故曰「正己而勿求于人則無怨」。凡怨生于責人厚，責人厚生于責己薄。怨非處世之道也，有怨即是學問之障。我無怨于人，人亦無怨于我，故語爲仁，在家邦勿怨。大道不離涉世，豈弟樂只，斯爲君子。今人以任怨爲能事，以避怨爲逢世，學所以弊，德所以孤也。惟孟子仁禮存心之説，深得此章之旨。釋氏以涉世爲煩惱，由未知遠怨之道耳。宋吕伯恭性卞急，一日誦此章，忽覺忿懥冰釋。朱子曰：「學如伯恭，方是能變化氣質。」

15 子曰：「不曰『如之何，如之何』者，吾末如之何也已矣。」

○「如之何，如之何」者，心口自審之辭。心之官則思，思曰睿，睿作聖。思者，聖功之本。人心之神用，則無所不通。不用，則昏迷莽蕩，無適而可。以爲學，則不憤不悱，教無可施。以處事，則不量不慮，禍患立至。蓋其氣盈，而直諫之則必拂。其心麤，而諷諭之則不悟。將如之何而可？惟有瞿瞿良士，温温恭人，思之思之，又重思之。所以德無不立，事無不成也。此章爲鹵莽滅裂者，言若優游不斷，朋從爾思，亦復如之何。

16 子曰：「羣居終日，言不及義，好行小慧，難矣哉！」

○君子以文會友，以友輔仁。不然，寧離羣索居，猶可以獨善。若聚衆羣處，自朝至暮，恣譃浪之語，營機巧之事。率此以往，良心牿于旦晝，禽獸不遠；慆淫即于匪人，損傷必多。以求進德脩業，如北面走而望衡山，故曰「難矣哉」。

17 子曰：「君子義以爲質，禮以行之，孫遜以出之，信以成之，君子哉！」

○此專爲行禮者言。義者，宜也。質，正也。射之的也。正鵠曰質。《儀禮》「天子熊侯白質，諸侯豹侯赤質」，《周禮》司弓矢職「射皮革椹質」是也。言禮主于義，猶射主于質。三千三百，皆先王以義化裁，因時變通，非以繁文拘節爲摸倣也。時勢有古今，泥故當以飾彌文，非達禮之本者。禮本諸義，《記》曰：「禮也者，義之實。協諸義而協，雖先王未之有，可以義起也。」善用禮者，斟酌損益，本諸天理人情，因時勢而品節之。雖不盡合前人，而有物有則，亦自曲中。故禮者履也，行乎其義者也。退讓所以明禮，其出之必以孫焉。忠信所以崇禮，其成之必以信焉。如是，豈不彬彬質有其文之君子哉？今學禮者求諸禮，而不求諸義，所謂非禮之禮，大人弗爲，何以爲君子？二十篇中言禮不一，而竟不言禮之節文，其意可知。後世禮家，泥古非今，穿鑿附會，爲不知義耳。

○道莫大于禮，教莫大于執禮。視聽言動，孰非禮也。聖人自謂無行不與，孰非禮也？故曰「禮云禮云，玉帛云乎」。以此思禮，禮可知也。《三禮》非聖人考訂之舊矣。《戴記》所載，尚存禮義。若《周》《儀》二禮，瑣瑣節目，其義已微。知其義，則禮爲我用。不知義，膠柱鼓瑟，圓鑿方枘，何以行之哉？義以爲質，禮以行之，兩言千古議禮之宗。解者謂此章專爲義言，誤矣。

18 子曰：「君子病無能焉，不病人之不己知也。」

○病，猶患也。己不能而人不知，則當有見惡無聞之憂。己能矣而人不知，益徵遯世無悶之養。君子篤志好學，無時而可已也。

19 子曰：「君子疾没世而名不稱焉。」

○君子誠不近名，然世豈有申椒、幽蘭而不芳，洪鐘、大鼓而無響者哉？五霸之名，君子恥之。堯、舜、禹、湯、文、武、周公、孔子，令聞施于千禩，亦君子所自期也。生而無稱，不輟自脩，猶未爲患。老將死而泯泯焉以没，謂君子不疾乎？疾輕於病，無能言病，不稱言疾，重在己也。名者實之賓，賓必有主。君子不病其無賓，病無延賓者。百年住世，死同腐草，可爲痛哭流涕長太息。聖言緼藉，但云疾耳。

20 子曰：「君子求諸己，小人求諸人。」

○凡篇中言己，皆教人理會自家事。七尺之軀，秉德含靈，皆可以爲聖爲賢者。而乃抛向萬物羣中，莽莽蕩蕩，醉生夢死，真成孤負。故聖人每教學者求己、反己、克己、脩己、正己，不一而足。己以內，何所不具？己以外更有何物？求己外更有何事？將自己精神，收還自己腔裏，幹辦自己事。學問之道，如此而已矣。故夫有道之士，泰山喬嶽以立身，內常重而外常輕，內重則惟見有己，內輕則惟見有人。君子見己有餘，故一切求諸己。己惟有餘，所以爲大。小人視己不足，故外仰乞于人。己惟不足，所以爲小。求己求人，精神聚散不同，非但名實之謂耳。《孟子》云「曠安宅而弗居」「放其心而不求」，便是不知有己，故曰「學問之道無他，求其放心而已矣」。將心安頓在己內，將己安頓在萬事萬物頭上，泛應酬酢，一一守己以立，稟己以行，盛德大業由此出，故曰脩己以安人安百姓。爲學實能求諸己，自然見得己大，無處非己。聖人通天地萬物爲一身，此也。佛氏謂十方世界是全身，蹈襲此理。但其所以求之之方，非也。

21 子曰：「君子矜而不争，羣而不黨。」

○執持曰矜。矜非美德，以其近于争也。不争何惡于矜？今之矜也忿戾，則争矣。儕俗曰羣。羣非高行，以其近于黨也。不黨何妨于羣？今之羣也濟惡，則黨矣。處世不離此二道。尚異則矜，尚同則羣。矜而争爲彊梁，羣而黨爲鄉原。君子平易近人，涇渭攸分，斯和衷之道矣。

22 子曰：「君子不以言舉人，不以人廢言。」

○此聽言之法。天下事理皆寄於言，不言何以商？何以傳？善言無窮，不可棄也。然言必有言之人，采其言，則姑置其人。其言善，吾用言耳，非以片語槩生平，而遂舉之也。其人不善，吾惟取其言耳。敢謂愚者無一得，而遽廢之乎？蓋人雖不肖，至于執言論理，往往皆中。不舉不廢，即是一人。如楚申公巫臣諫納夏姬，實自爲也，而以爲楚子則甚忠，其言烏可廢？其人亦烏可舉？求諫聞善者，自當如此。若夫用人責實，雖堯于舜，猶詢事考言。孔子于宰我，猶聽言觀行。誠不主于言，而苟芻蕘可詢，狂夫可擇，又豈廢言乎？夫子稱南人之言，孟子稱陽虎之言。《祭統》引孔悝之言，《大學》述王孫圉、舅犯、《秦誓》之言，皆非以人也。如後世科舉文字取士，則舉人全以言矣。

23 子貢問曰：「有一言而可以終身行之者乎？」子曰：「其恕乎？己所不欲，勿施於人。」

○此士君子宅心處世，易簡之方。凡取之有窮者，不可以資久。人情有礙者，一步不可行。惟恕之一言，因心及心，運量無窮。同好同惡，羣情大順，故一言而終身可以行之者，無踰于此。在他處言恕并言忠，忠以基恕道近自然，是四教之全功，一貫之旨也。此因恒情僞妄不忠，强恕以行。因人反己，推己及人，私欲錮蔽，用此爲决藩破籬之法。以恕求忠，故但可謂之恕。離忠言恕，故但可謂之一言。朱子謂言恕，即忠在内。則所謂一言者，包舉耳，終不得爲一言矣。大抵聖學以求仁爲本，仁之爲道也，遠死而後已，故曰終身。忠恕即忠信，所謂立達俱而仁全也。行恕，所謂能近取譬，爲仁之方也。孟子謂「强恕而行，求仁莫近焉」是也。

24 子曰：「吾之於人也，誰毀誰譽？如有所譽者，其有所試矣。斯民也，三代之所以直道而行也。」

○此夫子自明己志，即作《春秋》之義。憎言曰毁，悦言曰譽。毁譽，猶世儒所謂褒貶也。聖人心同天地，妍媸好醜，物各付物，無有作惡，無有作好，於誰毁譽乎？然無譽而迹如有所譽焉者，惡惡短也，于人之惡，諱而不揚，有似乎譽，非故私之。有所閲試，而不敢徑情也。其所以無毁譽者何也？大道爲公，千古如一日。愚夫愚婦，無是非之心，不可以爲人。今此之民，即三代盛世，所用以行其公是公非之道者也。禹湯文武，已不能違民自用，吾何容私毁譽乎？亦大道爲公，與民共由而已。後儒説《春秋》，牽强穿鑿，作爲凡例，褒貶賞罰，恣行胸臆。蓋聞孟子云天子之事，譸張而失其解也。孟子謂當世無天子，《春秋》所書，皆禮樂征伐之事云爾，豈謂仲尼自行天子之事乎哉？褒貶爲直，是證父之子矣，説見《春秋》。故下章以史闕文類記之。

○天下有公道，故聖人無毀譽。不言無毀譽，而言誰毀譽者，指其人也。二百四十二年閒，天子、諸侯、大夫皆是也。譽與豫通，悦也。悦言曰譽。《詩》云：「是以有譽處兮。」《春秋》爲亂臣賊子作，本非爲譽。如有所譽者，深明毀之必無也。有惡而不稱，其跡似譽。試，猶考閲也。考其事未真，閲其人當隱，非真譽之，亦非泛然皆譽之也。三代所以行，如孟子云「國人皆曰賢，然後用之。國人皆曰可殺，然後殺之。民之所好，好之。民之所惡，惡之」也。直道不言士大夫言民者，羣黎百姓，日用不知，所謂葛天、無懷之民也。若《春秋》士大夫有直道，則《春秋》可無作也，故曰「天下有道，則庶人不議」。道直而聖人所以行其道者甚委蛇，故云「父爲子隱，子爲父隱，道在其中矣」。是是非非，因民之公，損益筆削，《傳》所謂「微而顯，志而晦，婉而章，盡而不汙，懲惡而勸善，其義則丘竊取之」，乃所以行此直道者也。非聖人，其孰能之？

25 子曰：「吾猶及史之闕文也。有馬者借人乘之，今亡無已夫。」

○此因上章無毀譽類記之。凡史皆紀惡垂戒而作也，君子見人不善，不欲出諸口，故君父之惡，常諱而不盡。如《春秋》所書亂跡，有傳詳而經反略者。若楚子圍弑郟敖，鄭駟弑君髡頑之類，經皆書君卒，因其事疑而從輕也。周與魯事，諱者尤多，皆闕如之義。夫子言古之良史，往往如此，己猶及見。比及季世，訕謗詆毀，言人之惡，惟恐不盡，况肯闕乎？有馬者借人，人借之，遂乘之。乘者不計其爲他人之物，借者亦不責其即還。後世自私自吝，有者不必借，借者刻期歸。甚至有車馬人不敢借，無車馬者恥借人。人我不勝町畦，世變可知。此亦好盡言人過之類也。

〇古者六書，掌之史官。班固云：「古制書必同文，不知必闕，問之故老。」此小哉！其言闕文也。「吾猶及史之闕文」者，夫子作《春秋》之本志也。史詳于事而繁于辭，辭勝則掩義。《春秋》據舊史編年紀事，舉其綱，不詳其目，使觀者自考而義見。是非之心，人皆有之，故《春秋》傳心而已者也。知《春秋》莫如孟子，云：「王者之迹熄而《詩》亡，《詩》亡然後《春秋》作。」《詩》之温柔與《春秋》之忠厚，其仁同也。《詩》有美刺，《春秋》有是非，其義同也。幽厲以前有《詩》而美刺存，東遷以後《詩》亡而是非隱。故夫子因魯史作《春秋》，始于隱公，而夫子去隱公時已十一世矣。史策所記二百年閒空文，已爲懸邈，而况以己意增益之乎？臣弑其君，子弑其父，大惡也。國有亂政，天下有亂人，大不祥也。不得已而書之策，告天下後世爲臣爲子與有國有天下者，本非樂稱之也，而敢附會之乎？其自言曰「惡稱人之惡者」，可以諒聖心矣。故《春秋》與《詩》，其温柔敦厚同。《詩》之美刺，無美刺也。《春秋》之是非，無是非也，所以謂闕如也。今觀《春秋》所書十二公之事，微而不彰，其孰非闕文？而儒者顧謂爲刑書，字褒字貶，誣《春秋》者也。多爲條例，深文巧詆，如諸傳之隱刻，與聖人闕如之意大相左。區區以夏五、郭公爲闕文，迂且陋矣。愚于《春秋》，蓋詳哉言之，千載而得罪于説《春秋》者，所不辭也。

26 子曰：「巧言亂德，小不忍則亂大謀。」

○士君子進德脩業，成敗之機不可不審。非至明不能察疑似之惑，巧言亂德也。非至斷不能決猶豫之幾，小不忍則亂大謀也。君子居仁由義，立忠立孝，志本在德。而佞人反覆陳説利害，顛倒是非，聽而不察，必至翻然改節，舉平生盡棄之，不其亂德乎？君子謀王斷國，大計已定，而貪小利，畏小害，狐疑不決，蹉跎斯須之頃，坐失萬年之機，不其亂大謀乎？然則進德脩業，惟明惟斷，乃克終。朱子云「如婦人之仁」，是也。又云「如匹夫之勇」，未然。亂，疑似也。小不忍似仁，姑息兩可，故亂大謀。如趙太后不忍長安君質齊，劉先主不忍取荆州之類。若匹夫之勇，一朝之忿，不忍即敗，何但亂耳？昔人云「忍之一字，衆妙之門」，别是一意。彼不能容忍，主義言。此不能安忍，主仁言。

27 子曰：「衆惡之，必察焉；衆好之，必察焉。」

○衆好衆惡，與公好公惡不同。公者取必于理，所謂仁人能好人、能惡人也。雖一人好，一人惡，亦公也。衆者取必于同，所謂一鄉皆好、皆惡，同俗而未必同理，所以必察也。士君子處世，善者好之，不善者惡之，當然耳。至于衆，則賢愚混淆，故必察其可好可惡之實，與好之惡之之人，求其當而已，非有心必與之相左也。

28 子曰：「人能弘道，非道弘人。」

○此責人體道也。率性之謂道。仁者，人也，合而言之道也。道參天地，贊化育，盡人盡物，可不謂大，然皆人心精神所發越。人能身體力行，擴而充之，有爲聖爲賢之人，自有參天兩地之道，未有塊然血肉之軀，無異草木瓦礫，而道自恢廓其身爲聖賢者也。孟子云「萬物皆備于我矣，凡有四端于我者，知皆擴而充之，足以保四海」，即是人弘道。道與人非二，《易》有大極，人心之謂也。張彝云「天地至神，必待人而存」，道書云「天心，人也。人死，天地萬物不可見」，此人弘道也。人不得道，無異禽獸。得道則參三才，聯宇宙爲一體，此亦道弘人也。但道體無爲，人心有覺，故能不能之幾，在人不在道，聖人所以專責成于人也。天下有負道之人，無負人之道。即道不可離，人自離道之意。

29 子曰：「過而不改，是謂過矣。」

〇過而能改，不謂之過，始以不覺而偶失，旋覺而即復，則過終未成。惟不改，然後謂過。過如過門、過路。過門偶未入，過路偶未逢。回步重入，轉首相逢，亦終未爲疎漏也。

30 子曰：「吾嘗終日不食，終夜不寢，以思，無益，不如學也。」

〇聖人生知，然亦無不學之理。聖人不思，然亦無廢思之理。但聖人思與學，較學者異。聖人思是極深研幾，窮神知化，思即學也。聖人學是惇典庸禮，由仁義行，學即思也。所謂終日終夜以思者，即是發憤忘食，不知老之將至。而云無益者，聖人無誑語。蓋雖神明默識，而耳目不交，躬行不涉，縱神游八極，潛天潛地，祇是虛見無憑，即二氏之空寂也。舍庸言庸行，別求頓悟，如後世理學之性命，雖極精微，終是偏上。非誠明一源，費隱無間，合内外之道。又況揣摩妄想，捕風捉影者乎？聖人嘗自謂好學，好學自不廢思，非全不思，翻然別尋學也。雖是謙己誨人，而思與學實不與人同。

○此章即下學而上達之理。不學而思，便是素隱，理不離事。

31 子曰：「君子謀道不謀食。耕也，餒在其中矣；學也，祿在其中矣。君子憂道不憂貧。」

○此爲未仕憂貧者言。食以養生，貧無以爲養，故孳孳干祿。在樂天知命之君子，唯謀道耳，食非所謀也，何者？食不可以謀得，而道未有謀之不得者。如農夫終歲勤動，非不謀也，而常有饑饉之年。士日從事學問，未嘗求食也，而亦未有饑餓之君子。蓋得喪有命，富貴在天。士惟脩其在己，以聽其在天。苟能飽乎仁義，又何願乎膏粱？孟子云「求之有道，得之有命，求在外者也」，即餒在其中之意；「求則得之，舍則失之，求在我者也」，即祿在其中之意。

○君子素位安命，謀與憂皆人力也。在事曰謀，在心曰憂。謀可爲道，不可爲食。憂可爲道，不可爲貧。道在己，食與貧在天。君子樂天知命，求在我，不求在外。有終身之憂，而無苟得之謀。「耕也」二句，即上兩謀并較，窮通得喪，本乎自然。謀食孰如農？農耕則得食矣。顧天下亦有饑餒之農夫，未必謀者皆得。不謀食無如士，士無營，宜長貧矣。然自古亦多食祿之君子，未必不求者終窮，皆天也，即不怨不尤之意。知此則知命，知命則樂天，君子豈舍道而憂貧乎？憂道者雖不得祿，而得道即祿。憂貧者祿未必得，而道先失。是以君子貴善謀也。

32 子曰：「知及之，仁不能守之；雖得之，必失之。知及之，仁能守之。不莊以涖之，則民不敬。知及之，仁能守之。莊以涖之，動之不以禮，未善也。」

○此論居上治民之道，因前章祿在中類記之。所謂憂道者也，君子不患無位，患所以立。章内十一「之」字，皆指民言。知仁爲運治之本，莊敬爲脩身之要，禮爲化民之準。數者始于君心，而達于天下者也。民僞難知，見理明而後諳練深。授政能達，是知及之也。民情至渙，居上寬而後容蓄衆，體元長人，是仁能守之也。民志易玩，觀瞻肅而後體統尊，有威有儀，是莊以涖之也。民風難移，教化行而後習俗美，興仁興讓是動之以禮也，四者缺一不可。苟知及矣，仁不能守，是管、商之知也。愚民以術，箝民以法，寬不足以容之，恩不足以結之。雖約而易散，雖成而易敗，可暫而難久。知及矣，仁能守矣，能哲而惠，則本立矣。苟君身不端，舉止不莊，則體統褻，而冠履之分不辨。所謂仁守者，過於寬而傷于縱，民有慢易之心，而不敬其上，可與興治乎？知及矣，仁守矣，莊涖矣，本諸身者。内外交脩而徵諸民者，又必有轉移變動之方。動如《書》云「四方風動」，《記》云「明則動，動則變」。而禮爲化民成俗之本，動民以禮，鼓之舞之，使遷善敏德，變其故而易其新，乃稱善治。不然，有賢君而無善俗。所謂莊涖者，不過猛以糾其不率，刑以齊其無恥，去風動之化遠矣。教化不興，即是君道未粹，故曰未善也。《註疏》云「知以通其變，仁以安其性，莊以安其慢，禮以安其情。化民之善，必備此四者」近是。朱註作理解，懸空無著，聖人言理不離事。

33 子曰：「君子不可小知而可大受也，小人不可大受而可小知也。」

○不可小知，謂不可以一長見耳，非謂君子小事遂不足觀也。大受不言知者，君子器大而養深，人所難測也。小人亦有偏長，可以見知。若大受，斷乎不能矣。强而任之，必有棟撓之患，用材者宜辨也。

○不可小知，非君子拙于小也，所用止此耳。委吏乘田，會計當牛羊，茁長壯之外，無所用之。譬量江海以柸勺，何足以知之？

34 子曰：「民之於仁也，甚於水火。水火吾見蹈而死者矣，未見蹈仁而死者也。」

○民，謂凡民。民之言冥也，即民不可使知之民。凡民視仁甚遠，視爲仁甚難。所謂舉莫能勝，行莫能至，需之甚急，而憚之甚嚴。比于水火，殆有甚焉。蓋水火民生所需，蹈水火民情所畏。水養人，能溺人。火養人，能焚人。蹈之則死，其不蹈，宜也。若夫仁爲生理，有蹈而生者，未有蹈而死者。其不蹈，不亦惑乎？蹈，踐履也。

○曾子云「仁以爲己任，死而後已」，民所以畏仁也。夫仁，人心也。至近而非遠，百姓日用而不知，放其心而不求。於所切要者，駭以爲難，故曰「民之于仁甚于水火」，怪之之辭。若士君子，則宜與凡民異矣。舊解云「仁與水火，皆民所仰以生，而仁最甚，當兼畏意」，方與下文協，既仰以生，又畏其難也。

○水詳第六篇。

○火之言燬也，物入即毀也。文象炎上之形。《白虎通》云：「火之言委，隨也，隨物而麗也。燧人鑽木作火。」《周禮》：「司爟掌行火政，四時變國火以救時疾。」在天味爲鶉火，心爲大火，其正爲祝融、閼伯，其神爲回禄，亦云吳回，其聲曰譆譆。《左傳》：宋將有火災，或叫于大廟，曰譆譆，其氣爲鬱攸。魯哀公三年，司鐸災，救火者「濟濡帷幕，鬱攸從之」，註云「火氣也，火乘風則倚」。《韓非》云：「魯人燒積澤，天北風，火南倚。火有不焚者。」《抱朴子》云：「南海之中有蕭丘，方千里，自生火，春起秋滅。有木不焚，取其華若皮，績爲布，浣則以火也，是曰蕭丘之寒燄。如水寒而有湯泉也。」餘詳《陽貨》篇。

35 子曰：「當仁不讓於師。」

○世閒惟有性命不容推諉。仁者，人之性命，以爲己任，死而後已。君子知天下不可先則後之，知天下不可上則下之，凡事皆然。惟有擔當仁，便落後不得，放下不得。雖弟子于師，每事不敢先不敢上。至當仁時，亦各自努力。不曰父兄而曰師，師責善者也。父兄不才，子弟能賢，雖謂不讓于父兄，亦可。

36 子曰：「君子貞而不諒。」

○貞，正也。安重之意。正而能通，果而不滯也。《易》曰：「元亨利貞。」貞者，元之始，亨利之合也。君子見定而養厚，知幾待時，生意盎然而不輕動曰貞。諒者，信也，與亮通。小明曰亮，諒則窺闞比儗。必信必果，與貞似而實不同。貞大而諒小，貞通而諒固也。不諒即貞處見，不諒乃所以貞。詳十四篇「匹夫之諒」。

37 子曰：「事君敬其事，而後其食。」

○爲臣止敬，受君之職，自宜任君之事，盡心盡力，分所當然。至于酬德報功，頒賜行賞，禄有厚薄，惟君主之。静聽處分，非臣所得預也，豈敢一心供事，一心懷利乎？如此，則臣節立而事亦克終矣。

38 子曰：「有教無類。」

○夫人所以限于匪彝，爲士類不齒者，以其無君子之教也。君子有教，期于兼善。舉世盡歸甄陶，何問善不善乎？無類者，不擇人也。若擇人，又焉用君子之教爲？如孔子于互鄉，孟子于墨者夷之是也。有無二字相應，聖人如天然，萬物美惡大小，無不欲其生之。至于凶祥好醜，物自爲類耳，天不爲類也。

39 子曰：「道不同，不相爲謀。」

〇正人君子，不期自親。聖主賢臣，不約自合。舜生東夷，文王生西夷，千里千年，若合符節。故曰：「二人同心，其利斷金。同心之言，其臭如蘭。」若夫道不同，或小人遇君子，或正士逢憸人。薰蕕異器，牛驥異皁。欲效忠告，則肝膽各殊。欲問區畫，則意見不合。雖覿面晤語，豈相爲謀？此因上文有教無類，戒恒人下士，慎所與也。若聖人，何人不可與哉？

40 子曰：「辭達而已矣。」

〇辭，凡命告作述皆是也。有意而不能達，則拙于辭。無意而强作，則辭爲虛。必先有可達之意存于中，情深機沛，而後發于持滿。以不盡之辭，敷有餘之意。行乎當行，止乎當止。辭出而神傳，所謂脩辭立誠，居乎其業者也。六經之文，炳如日星。唯以達聖人精蘊，俟諸百世耳。如《易》之初，惟有卦爻。文王作彖辭，周公作爻辭，孔子作《十翼》，窮神知化，方是達。《論語》二十篇，并聖人神情丰采可識，亦是達。達，通也。作者以此通其意於天下後世，將使學者由此以適道入德也。

41 師冕見，及階，子曰：「階也。」及席，子曰：「席也。」皆坐，子告之曰：「某在斯，某在斯。」師冕出，子張問曰：「與師言之道與？」子曰：「然，固相去聲師之道也。」

〇師，樂官之長，名冕，瞽者也。席，坐席。古者燕坐，四人共一席。若五人，則長者異席。某，指在坐之人也，凡名未定則稱某。斯，指席上坐次。既告之席，又告之某人在此。某人在此，使知所讓也。

瞽必有相，恒人皆能告。但衆人行之而不著，聖人真性洋溢，顯微無閒，不侮鰥寡。由仁義行，非行仁義也。子張堂堂之見，謂聖道高遠，問此等亦是道否，諺所謂騎驢覓驢者耳。夫子答云然者，然其爲道也。道體事不遺，相瞽師之事，便是相瞽師之道，此語躍然無行不與。謝顯道嘗舉此與「子見齊衰」二章，證一部《論語》，云洒掃應對進退上達天德，得解矣。

○古樂官用瞽，寡視則聽專也，瞽必有相扶持之。《周禮·春官》：大師有眡瞭，相瞽者也。周任云「危而不持，顛而不扶，焉用彼相」，即此也。《禮器》云：「禮有擯詔，樂有相步，温之至也。」然據《周禮》「上瞽四十人，中瞽百人，下瞽百有六十人」，夫安得同時有無目賢而知音者三百人之多乎？苟賢而知音，不必瞽，皆可稱瞽工也。上世有神瞽識音樂，後襲其名，故夏學稱瞽宗，祀先瞽也。如後世善射者稱羿，非必盡古之羿也。此師冕則真瞽，若師摯、干、繚、缺、方叔、武、襄輩，適齊楚，入河海，豈皆無目者而能遠涉乎？甚矣，訓詁家之泥也。

論語詳解卷十五終

論語詳解卷十六

郝敬　解

季氏第十六

○魯衛兄弟，靈公無道，季氏不臣，故以相次。

1　季氏將伐顓專臾。冉有、季路見於孔子曰：「季氏將有事於顓臾。」孔子曰：「求，無乃爾是過與？夫顓臾，昔者先王以爲東蒙主，且在邦域之中矣，是社稷之臣也。何以伐爲？」冉有曰：「夫子欲之，吾二臣者皆不欲也。」孔子曰：「求，周任有言曰：『陳力就列，不能者止。』危而不持，顛而不扶，則將焉用彼相去聲，下同矣？且爾言過矣，虎兕史出於柙匣，龜玉毀於櫝篤中，是誰之過與？」冉有曰：「今夫顓臾，固而近於費秘。今不取，後世必爲子孫憂。」孔子曰：「求，君子疾夫舍曰欲之，而必爲之辭。丘也聞有國有家者，不患寡而患不均，不患貧而患不安。蓋均無貧，和無寡，安無傾。夫如是，故遠人不服，則脩文德以來之。既來之，則安之。今由與求也，相夫子，遠人不服而不能來也，邦分崩離析而不能守也，而謀動干戈於邦内。吾恐季孫之憂，不在顓臾，而在蕭牆之内也。」

○顓臾，近魯小國，附庸于魯者也。季氏專魯，欲伐取以自益也。將伐，尚未伐也。冉有、子路心知其不可，而問夫子。首言顓臾封自先王，季氏伐先王所封建之諸侯，是得罪天子也。言東蒙社稷，得罪山川鬼神也。社稷，指魯也。社稷臣，言顓臾近魯，爲障蔽也。不曰魯臣者，附庸本諸侯也，各自爲國而寡小。先王體恤之，不使朝貢。以其功庸附大國上達，而顓臾附魯也。是時魯地七百里，故在邦域中。云「謀動干戈于邦内」，明非敵國外患也。古者名山大澤，附庸閒田，皆不以封。近魯，本非魯有也。春秋時，魯于顓臾已臣畜之，實非先王封建本意。故曰先王以爲東蒙主、曰社稷臣，皆微辭。然則公家且不得擅伐，況季氏乎？冉有情屈，諉過季氏，不思臣受主職，主有過，臣焉得辭？引周任言，求既失職則當去。又譬司虎兕龜玉者，失守則當任其咎。冉有辭窮，稱顓臾爲季氏子孫憂，此其貪謀可見矣。所欲者本土地，而不言欲。所憂者本貧寡，而託辭子孫。不知國家不憂貧寡，但憂分數不均與上下不安。蓋不均則不和，不安則傾，是可憂也。苟均則各守常賦，何憂貧？而和矣，和則手足腹心相維，何憂寡？而安矣，安則何至于傾覆？何憂于子孫？惟其如是，所以有國家者，遇敵國外患，未可張皇師旅，但當守均和安定之業，脩禮義之教，以致其來。既來則撫綏之，不當利其所有。斯善憂國家，爲子孫計者矣。今由、求相季氏，何能然？時康子伐邾，致吴伐魯，齊人搆怨，敵國外患多矣。而上下無禮，文德不脩，是遠人不服，不憂所以來之也。大夫奪公禄，家臣陽虎、侯犯、公山弗擾等屢叛，是邦分崩離析，不憂所以守之也，而乃患貧寡。主臣謀興干戈於邦域之中，不均不和，傾覆之憂，將在蕭牆之内，豈在顓臾乎？未幾，哀公以越伐魯，謀取季氏。三桓子孫，先公室微，豈盡顓臾之爲憂？聖言燭照矣。篇内凡聖言簡約，獨此章累百言，考之《春秋》定、哀閒，無伐顓臾事，豈聞聖言而中止與？

○季路年長，先敘冉有者，首事也。周任，古良史。或云商大史也。凡爲臣量己，布陳材力，乃就臣列。不能則止，勿就也。持危扶顛，借相瞽爲譬，皆周任之言。將顛曰危，持使立也。仆地曰顛，扶使起也。扶瞽曰相，字从木目，無目扶以杖也。爾言，指吾二臣不欲之言。且，轉語，承上周任之言。無論不能不止，且就爾所言，亦過也。虎兕原在柙，今出柙外。龜玉本完，今壞在櫝中。豈其自出自壞？必有典守者。以虎兕喻季氏，以龜玉喻東蒙主也。冉有在列，視其主爲惡，焉得不任其咎乎？固，謂負固也。費，季氏私邑。君子疾，君子惡也。舍曰欲，不明言其貪也。必爲之辭，託爲子孫憂之飾辭也。聞，聞古語也。不患二語，即所聞也。有國，謂魯。有家，謂季氏。寡，數少也。均，君十臣一，當然之數也。貧，謂租入薄也。不安，謂争奪也。蓋均以下，釋所聞之意。傾，敗也。和安生于均，故均爲先也。魯之不均，甚矣，季氏尤欲取益焉。先儒云「有所積重，則有所空虚。大富則驕，大貧則憂，亂之所從生也。聖人制人道而差上下，使富者足，以示貴而不致驕，貧者足以養生而不致憂，則上下相安」，即此意也。夫如是，承上患不均安，言惟其如是，故不可舍内務遠也。文德，謂明禮崇義，君仁臣忠，上下有章，所爲均和之本也。感招曰來，不往伐也。措置曰安，不奪取也。夫子，指季氏。責二子不能輔季氏，即責季氏不能保魯也。遠人不服，謂哀公七年，季康子伐邾，邾導吴伐魯；十一年，齊人伐魯，非獨指顓臾也。邦，謂公室。分崩，謂土地割據，四分公家，季取二，叔仲各取一。哀公八年，齊取讙及闡。後十五年，公孫宿又以成叛于齊，皆是也。離析，謂人心解散也。陽虎、侯犯、公山弗擾相繼叛是也。干，楯也，以禦石矢。戈，鉤戟，柄短，旁有刃向下。蕭牆，門内屏牆，諸侯内屏。

〇按《春秋傳》，定公十八年，子路爲季氏宰。哀公十一年，康子召冉求爲宰。伐顓臾，蓋康子事也，故記者首敘冉有，聖言專責冉有可知。或曰：由、求仕季氏，夫子不與雍、柴同止之，何也？由、求之材，足以制變，不禁其仕，望其將有爲也。未幾，子路果墮三都遇讒，夫子諉諸命。冉有助季氏爲惡，夫子教門人攻之，非屬望初意矣。道之將廢，雖聖人如之何？

〇顓臾，風姓，子爵。伏羲之裔。今山東沂州費縣有顓臾故城。費詳第六篇。

〇東蒙山，即《詩·閟宫》云「奄有龜蒙」，《書》云「蒙羽其藝」，《孟子》云「孔子登東山」是也。在魯國東，今費縣西北也。先儒又謂《禹貢》有二蒙山，徐州「蒙羽其藝」爲東蒙，梁州「蔡蒙底平」爲西蒙。

〇社，土神。詳第三篇。稷，穀神。百物生于土，而穀以養民。功同祀同。天子王社，諸侯侯社，不預農事無稷。大社國社，爲民祈報。有稷位，棄爲主。凡國家稱社稷，以土穀爲國之本也。天子祀天地，併祀社稷。諸侯但祀社稷耳。

○蕭牆，鄭玄云：「蕭，肅也。諸侯見羣臣于此，加肅敬也。」或云：蕭，疏也。雖蔽内外而可通往來，與圍牆異。《明堂位》云：「疏屏，天子之廟飾。」蕭牆，即疏屏也。

○兕，野牛，一名犀。《爾雅》云：「兕似牛，犀似猪。」《註疏》云：「兕一角，青色，重千斤。」《交州記》：「兕角長三尺餘，形如馬鞭柄。犀形似水牛，三角，一在頂，一在額，一在鼻。好食棘。」有一角者，按《詩》云「匪兕匪虎」，《老子》云「兕無所投其角，虎無所措其爪」，蓋猛獸善抵觸，古人取角爲酒器，戒争也。《詩》云「兕觥其觩」，角可爲觥，即今犀盃。謂如馬鞭柄者，不似。或云兕有水陸二種。太公伐紂，師渡孟津，號衆云蒼兕，蓋水獸之猛者。《考工記》云「函人爲甲，犀甲七屬，兕甲六屬」，是兕、犀本二獸也。《本草》云：「犀雌者爲兕而形異。犀似牛而猪首，三角。在頂額者，以時蜕如鹿。在鼻者小，不蜕，曰食角。二角者謂之毛犀，角有粟紋，以麤細爲貴賤。文理絶美者，謂通天犀。胎時仰視天上百物，則形于角，是能駭雞分水也。」

2 孔子曰：「天下有道，則禮樂征伐自天子出；天下無道，則禮樂征伐自諸侯出。自諸侯出，蓋十世希不失矣；自大夫出，五世希不失矣；陪臣執國命，三世希不失矣。

天下有道，則政不在大夫。天下有道，則庶人不議。」

〇此夫子作《春秋》本事。天下有道，謂西周以前。文、武、成、康之天下，民無二王，禮樂征伐自天子出，此古今之通誼也。天下無道，謂東遷以後，王綱不振，五霸迭興，故禮樂征伐自諸侯出。此失禮之常，不可一朝居也，能保長世乎？以《春秋》計，隱、桓、莊、閔、僖、文、宣、成、襄至昭、定間，大率十世，而昭公見逐以死。是諸侯十世，少有不失者矣。蓋諸侯既僭天子，則大夫亦僭諸侯，自然之勢。悖理愈甚，其運愈促。如魯自季文子、武子、悼子、平子、桓子已五世，而桓子爲家臣陽虎所執，是大夫五世未有不失者矣。蓋大夫既僭諸侯，則陪臣亦僭大夫，自然之勢也。陪，貳也。《禮》：諸侯之臣于天子曰陪臣，大夫之臣尤陪臣也。命，政令，即禮樂征伐也。大夫之臣執國命，頹敝已極，少有三世不失者矣。當是時，三桓專魯，六卿專晉，田氏專齊，衛有孫、甯，宋有華、向，此輩皆以大夫爲政。《春秋》襄公十六年書「大夫盟」是也，故曰「天下有道，則政不在大夫」。庶人又自陪臣降，亂極而天子之權散之丘民。民心有公道，生禮樂征伐，得乎丘民則爲天子。大權去天子，淪落至陪臣，無復之矣。不有公議，世道何藉乎？故庶民議之，亦勢然也。苟天下有道，庶人草偃，何議之有？大抵天無二日，民無二王。天下無天子，而諸侯欲久留天下之勢，自不可得，《春秋》所以不齒五霸也。王降爲霸，天下之勢，不至掃地不止，庶人所以持其後矣。蓋禮樂征伐者，天下之大命。命自天降，惟天子受天命，而在諸侯是諸侯爲天子矣，在大夫是大夫亦爲天子，在陪臣是陪臣亦爲天子，至大夫陪臣亦爲天子，世道尚忍言哉？惟不可捫者，庶人之口，三代所以直道而行也。得天下有道，得其民，斯得天下。故庶人與天子，相終始者也。

○有道，謂君尊臣卑，道當然也。無道，謂君弱臣强，與道反也。十世、五世、三世，皆據往事數之。陪臣執國命，謂春秋政在大夫，各有家臣爲謀主。如魯南蒯、陽虎、侯犯、公山弗擾、佛肸、公孫成，皆陪臣也。即季路爲宰，權能墮三都；冉子爲宰，變田賦，伐顓臾，皆主之。孰非陪臣也？三世，謂祖孫父子閒，能免其身，不能保其子孫。考諸《春秋》，隱、桓、莊、閔之世，政自諸侯出也。僖、文、宣、成之世，自大夫出也。襄、昭、定、哀閒，自陪臣出也。夫子因魯史成《春秋》，故世運據《春秋》數之。道不行，以無毀譽之志寄諸民心，自謂罪我，即庶人議之也。莊周謂「《春秋》經世，議而不辯」，是也。

3 孔子曰：「禄之去公室，五世矣。政逮於大夫，四世矣。故夫三桓之子孫微矣。」

○上章論天下大勢，此章專論魯事。五世、四世，據已往言。禄，謂國税。斂之曰税，頒之曰禄。政，謂事權。三家分魯，故禄去公室，言君不得制其禄也。自宣公奪適，東門襄仲與季孫行父執國政。至成公朝，行父逐襄仲，季氏遂專魯。歷襄、昭、定公，凡五世，行父猶稱忠勤。其子武子，其孫悼子、平子專恣，故平子之子桓子，爲家臣陽虎所執。桓子死，康子殺適，是後三家遂衰，不復振矣。三家皆桓公後，故曰三桓。微，衰也。大夫既無君，何以令其下？故不久而失之也。

〇《春秋》：魯襄公十一年，作三軍，三分公室，三家各一，季氏盡征之。叔孫氏臣其子弟，而以其父兄歸于公，孟氏取其半，以半歸公。至昭公五年，舍中軍，季氏將左師，孟氏將右師，叔氏自以叔孫爲軍，四分公室。季氏擇取二，孟、叔各一，皆盡征之，而稍貢于公。此在襄、昭世，而非自襄、昭始也。由哀上逆五世，則自宣、成已然矣。

4 孔子曰：「益者三友，損者三友。友直，友諒，友多聞，益矣。友便辟避，友善柔，友便佞，損矣。」

〇士離羣索居，雖有善端之生，無君子夾持，則萌孽不長，故友不可無也。與不善人居，如入鮑魚之肆，久而俱化，故損友不可不遠也。是非不阿曰直，見事明曉曰諒。諒、亮通，明也。博物洽聞曰多聞。慣捷巧滑，不觸人忌諱曰便辟。輭熟親密，工爲媚，曰善柔。捷言利口，長于辭説，曰便佞。張子厚云：「便辟，足恭也。善柔，令色也。便佞，巧言也。益如草木之受雨露，不見其增，有時而長。損如膏之迫于火，如水之戾于風，不見其減，有時而盡。小人易親，故不覺而日損。君子難合，亦不覺而日益。求友者，當審其微也。」

〇凡言三，皆再三之意。損益非一端，舉其甚者，非謂獨此三人耳，樂愆戒畏亦然。朱子云「益與損正相反」，是併六爲三也，則損宜云反是。惟其不同，故各數之。直諒多聞，非盡善，但取益而已。直有絞者，諒有不貞者，多聞非默識也。諒有明信二意，詳十四篇「匹夫匹婦之諒」。

5　孔子曰：「益者三樂去聲**，損者三樂。樂節禮樂，樂道人之善，樂多賢友，益矣。樂驕樂，樂佚遊，樂宴樂，損矣。」**

○樂者，意之所安也。節禮樂，禮樂自有節，習其制度聲容，以爲視聽言動之則。比禮比樂，不可斯須去也。《禮器》云：「先王制禮以節事，脩樂以道志。」古者教人揖讓歌舞，皆以節制身心，爲學問依據之實地也。樂道人善，謂人有善，稱誦贊揚，不啻口也。樂多賢友，謂向慕鄉國天下之善士，相與爲友也。以此三事爲天下之至樂者，是天下之至益也。若夫以驕爲樂，倚權怙勢，妄自尊大，如大人之巍巍是也。以放佚遨遊爲樂，如遊覽登眺，流連荒忘是也。以宴安爲樂，沈酣麴蘗，聲色迷心是也。此三者，人情所謂快心之欲，實鴆毒之慘也，損莫加焉。

6　孔子曰：「侍於君子有三愆：言未及之而言，謂之躁造**；言及之而不言，謂之隱；未見顏色而言，謂之瞽。」**

○言語一端，聖人屢致丁寧。語默適時最難，况對達人長者？所謂見大賓也，尤宜恭慎。于此妄發，何處不妄發？故當斟酌而言。過差曰愆。三愆躁爲首，後二愆，所以調劑而適中也。未見顏色，謂言已及而顏色相違也。司馬光云：「人有言，如鼓鐘有響，扣之而應，不扣自鳴，鮮不爲妖。故君子察言觀色，慮以下人，事其大夫之賢者，操心當如此。」非伺人眉宇，迎合爲恭而已。不然，以言餂，以不言餂，是穿窬之類也。

○《易》曰「言行，君子之樞機。榮辱之主也」，可不慎乎？恒情惟侍于君子，稍能訒默，能充此以往，庶免躁妄，非但謂侍君子時當慎耳。

7 孔子曰：「君子有三戒：少之時，血氣未定，戒之在色；及其壯也，血氣方剛，戒之在鬬；及其老也，血氣既衰，戒之在得。」

○人身，血氣耳。無血氣，則無此身。任血氣，則與禽獸同。能調伏血氣，即是克己爲仁。齋戒，以神明其德也。人少，血氣方長未定，童心乍開，欲竇初啟，見可欲，則摇蕩不自持，故其戒在色。三十以後，年壯當事，勇往徑前，或失不讓，故其戒在鬬。五十以後，景逼桑榆，砥礪志灰，菟裘自營，老耄貪饕，恒情也，故其戒在得。貪求曰得，人老如鐘鳴漏盡，豈可更加貪戀？惟斷緣寡慾，省事清心，爲齊生死之道也。血氣即生理，涵養收攝，學問之功，不可須臾離，非謂少不戒鬬，壯不戒得也。各就所偏，因時加謹。少好色則亡身，壯好鬬則亡家。老好得，則禍貽子孫。少戒色，則善壯。壯戒鬬，則難老。老戒得，則還虛。蓋養身養德備矣。二氏蹈襲爲婬殺盜，爲色氣財，亦曰戒。夫男女之欲，人不能無，惟不戒則爲色。任事之勇，人不可無，惟不戒則爲鬬。資生之計，人不能無，惟不戒，則爲得。不言無而言戒者，因其情，節其過耳。二氏毁常滅性，與聖人異。大抵戒者割截之利劍，非蕩平之大師也。欲難防而易犯，戒易持而難久，必于不覩聞之地，養無欲之體，陶鎔于《詩》《書》禮樂，以變其偏沴之習。使德性常主，血氣不至跳梁，則累自輕，若卒發而强制，如捫漏舟。原思之不行，非顏子之歸仁也。

○五官亂心，莫甚于目。色者，目之賊。嬰兒無知而能視，移心志者，色爲先。慕少艾，染紛華，皆緣目入。故克己、四勿、先視，不獨悦婦人爲色也。鬭者剛，氣觸發。莊生云「與接爲搆，日以心鬭」，不獨與人鬭很爲鬭也。得因我生，我爲窠臼，是生貪執。昔人謂衰至便驕，老人未能謂能，未知謂知，皆得也，不獨貪財爲得。聖人無意必固我，無可無不可。七十從心，方是一無所得。《禮》：七十老而傳。古者七十懸車不仕，止足之分也。血肉久住則朽，知氣久勞則昏，衰則死，死則歸虚，虚則無物，無物故無得，無得而後可以死。明者早知夙成，不待既衰而始戒也。愚者身命垂盡，眷戀不舍。富貴則席勢固寵，無勇退之節。貧賤則逐逐營營，爲子孫作牛馬，不思身非我有，而求多于身外，計較于死後。思長保不失，豈不愚乎？人生幼而壯，來者日益，自無趨于有。壯而老，往者日損，自有還于無。少與世漸密，老與世漸疎，達士將老，見爲無得。故佛氏有六觀之喻，無一法可得。爲得法，皆吾聖人已言之緒。儒者盡割予二氏，諱而不言，左矣。

○《老子》云：「含德之厚，比于赤子。未知牝牡之合而峻鎸作，精之至也。終日號而不啞，和之至也。知和曰常，知常曰明。」又曰：「專氣致柔，能如嬰兒乎？」《列子》云：「人自生至終，大化有四，嬰孩也，少壯也，老耄也，死亡也。其在嬰孩，氣專志一，和之至也。物不傷焉，德莫加焉。」《孟子》亦曰：「大人者，不失其赤子之心者也。」故戒不及嬰孩。嬰兒皆可爲聖賢，其年皆可至期頤，其斲喪始于好色，故其培養始于少。《老子》云：「治民事天莫如嗇。」惟嗇，是謂早服，早服謂之重積德。重積德則無不克，無不克則莫知其極。少不知戒，則當壯不壯，未老先老。學道以身爲本，不可不慎也。唐人詩云「昨日流鶯今日蟬，起來又是夕陽天。六龍飛轡長相窘，更忍乘危自著鞭」，言好色之當戒也。

8 孔子曰：「君子有三畏：畏天命，畏大人，畏聖人之言。小人不知天命而不畏也，狎大人，侮聖人之言。」

○畏是常惺之心。君子毋不敬，儼若思，戒慎恐懼，須臾不可離也。天命，即是人性。人性萬理咸備，天所命也。視明聽聰，君義臣忠，父慈子孝，惟皇降衷，敢不顧諟乎？少有放佚，即是顛越帝命。是以君子非禮不動，畏天命也。大人德威隆重，所謂大夫之賢者，卑承尊，賤事貴，不肖事賢，古今通誼也。世道所賴，惟名分，敢輕狎之乎？聖人之言，典謨訓誥之類，奉爲師保，守爲蓍蔡，敢謂空言而忽之乎？一畏天，二畏君，三畏師，無時非兢業之懷，與天合，與大人聖人同心，所以爲君子。若小人，豈無天命之性？而沈湎於利欲，昏蔽于習氣，醉生夢死，初不知天命爲何物。至于大人，名分所尊，狎而玩之。其于聖言，道義所出，謗而侮之。既不知有天命，焉知有朝廷？焉知有聖賢？放僻邪侈，無所不至，盗跖禽獸不遠矣，是爲小人。

9 孔子曰：「生而知之者，上也；學而知之者，次也；困而學之，又其次也。困而不學，民斯爲下矣。」

○夫道，一而已。聖凡本同，所争知與不知。知非見解，即知是行。神氣清明，心境圓融，顯微無間，方爲知。人皆有知，而聖凡不齊。自孩提以來，不雕不斲，清明在躬，爲子即孝，爲臣即忠。動容周旋中禮，知之最上者也，然不可多得也。存乎人善反耳，苟能博文約禮，由問學以會德性，此學而知之者。雖勉與安不同，而知無二理，去上焉者未遠也。又有學未即知，反覆參証，以至困衡之久，如夢斯覺者，難易又不同。然其知亦一也，亦謂之次。蓋此理人人具足，學則皆可爲聖。其必困頓不通，又暴棄不學，斯永無上達之路，爲下愚之民而已矣。《記》云：「學然後知不足，教然後知困。」困如人在桎梏中，百方求脱，自有亨通之時。今如醉人不醒，以泥塗爲裀褥，尚不知困，焉知學？所以爲下愚。此章意主勸學，非爲辨等。朱註言氣質不同，有此四等。聖人不言氣質，但言習，習即學也。氣質與理非二，離氣質無處有理，即氣質是理。氣質偏蔽，即理偏蔽。如鏡不明，但能刮磨，即鏡是明。更不得分鏡作氣質，又分明作理，存乎習耳。生學困民四者，即一人皆具，良心生也。見聞，學也。憤悱，困也。暴棄，下也。能不暴棄，以求憤悱，生知皆可學。所謂下愚不移者，人自不學，學則無下愚，非謂學亦不移也。

10 孔子曰：「君子有九思：視思明，聽思聰，色思温，貌思恭，言思忠，事思敬，疑思問，忿思難，見得思義。」

○思者，心之官。心常存謂之思。隨處心存，其目有九。九者，數之聚也。陽數極于九。九思，脩身涉世之要。「思恭」以上，所以脩身也。「思忠」以下，所以應務也。緣引莫如目，故視居首。《大學》云：「心不在焉，視而不見，聽而不聞。」心官常思，則耳目有主，而姦聲邪色不得蔽之，是以視明聽聰也。色思温，貌思恭，所謂「動容貌斯遠暴慢」也。《詩》云：「温温恭人，惟德之基。」堯舜惟温恭，夫子惟温良恭儉讓，有道之容，無暴厲者矣。出言必無欺誑，臨事常恐懈怠。理有疑惑則加意詢訪，小忿不平則遠慮患難。名利當前，則揆度義理。思有九而心惟一，天下一致而百慮。天下何思何慮？學問之道，求其放心而已矣。心常在則隨時省察，神明兼照。大者立，小者不能奪，而行無不得，故曰思之。思之又重思之，思之不通，鬼神將通之，何但九耳？

11 孔子曰：「見善如不及，見不善如探(貪)湯。吾見其人矣，吾聞其語矣。隱居以求其志，行義以達其道。吾聞其語矣，未見其人也。齊景公有馬千駟，死之日，民無德而稱焉。伯夷、叔齊餓於首陽之下，民到於今稱之，其斯之謂與？」

○人品以獨善爲守，以兼善爲通。獨善之人，見善如追隨不及，見惡惟恐加身。刻勵尚行，真切爲己，比之同流合汙，苟且摸棱者，誠賢矣。然祇自爲，而于世道生民無濟。耿介之士耳，據耳聞目見常有之，等而上焉。爲經世之大人，其潛脩隱居，非枯寂也。常以民物爲心，尋求大用之志。及其出仕行義，即達其所志之道。設施有本，推行有序，使教化洋溢，匹夫被澤，是不以功名富貴變塞者也。嘗聞是語，而未見是人。蓋富貴易淫，貧賤喪守，古今人不相及久矣。如齊國千乘之富，景公所謂顯諸侯也，無一德足稱，而泯然以死。伯夷、叔齊棄其國，窮餓于首陽山下，到今數百年，人稱其德。如景公之富，行義達道者，所以不得見也。如夷齊之廉，好善惡。惡者非其人，與潔身本逸民事，故引夷齊。濟世須有位，故引國君。當時國君死無稱，不止景公，而景公生有顯聲，貽謀不穀，身死無稱，不止莊公見弒，而已爲賊臣崔杼所立，仰愧夷齊，故以相形。好善惡，惡者常有，故以夷齊實之。求志達道者不常有，故即景公慨之。春秋時作者七人，夫子所目擊，皆好善惡惡者。而用行舍藏，則夫子自謂與顏淵而已矣。

○餓謂不食周禄，採薇没齒，非真饑而死也。四馬曰駟，一車兩服兩驂爲一乘。千駟即千乘，千乘之國，賦之民田者也。此千駟，畜之君厩者也。《禮》云「問君之富，數馬以對」，《詩》詠衛文公「秉心塞淵，騋牝三千」，《春秋傳》謂其元年革車三千乘、季年三百乘之類，極言富耳，非實有四千匹也。舊本「齊景公」以下，别爲一章。然齊上無「子曰」字，末句「其斯之謂與」無指，自宜合爲一章。朱註謂第十二篇「誠不以富」二句，當移置「其斯」上，難從。

○按古者甸賦車馬出于民，國馬畜于官，所以備缺乏，待貢獻賞賜也。據《周禮》校人養馬，天子馬十二厩，良馬五種，分爲十厩，厩四百三十二匹，十厩共良馬二千一百六十匹。駑馬一種二厩，其數三倍良馬，則一千二百九十六匹也。良駑十二厩，共馬三千四百五十六匹，此天子之馬也。諸侯馬六厩，視天子少十分之四。卿大夫馬四厩，視諸侯少三分之一。今云景公有馬四千匹，是多于天子也。周衰，列國兼併，大夫富于諸侯，諸侯富于天子。周非文武之周，而齊亦非太公之齊也，故相懸如此。雖然《周禮》未可全據，天子馬十二閑，養馬之官，僕夫十人，馭夫六十人，趣馬一百七十人，師五百四十人，圉夫二千一百六十人。養駑馬之官，馭夫三人，趣馬五十八人，師一百八人，圉夫六百四十八人，共官牧三千七百六十七人，是人數反多于馬。馬之芻秸，取給于甸服。而官牧之廩禄，十倍于馬，何所取給？自天子至諸侯、大夫皆有馬，如家馬四閑，一良三駑，則馬八百六十四匹，掌牧者六百八十三人。大國卿禄四，大夫其田不過三千二百畝，上農夫可食二百八十八人耳。祭祀賓客之需取給，外畜馬八百六十四匹，職役六百八十三人，何以廩餼之？而諸侯天子可推矣。《周禮》補葺于周衰六國嬴秦之季，諸侯强大，比于王者，故費汰而制侈，官冗而事煩。考之《儀禮》，即諸侯、大夫一聘，而庭實賞賜之馬，且數十匹，安得不養馬之多乎？故《三禮》之説，半非先王之舊矣。

○首陽山，馬融謂在河東蒲坂，華山之北，河曲之中。今山西平陽府蒲州是也。山在州東南三十里，《禹貢》所謂雷首山也。河南偃師縣西北二十五里，有山亦名首陽。武王伐紂還，休師徒于此，故名偃師。夷齊不宜于此隱。許慎謂首陽山在遼西，即今永平府，古孤竹國之墟近是。馬融據《唐風·采苓》，以晉雷首當之耳。

12 陳亢問於伯魚曰：「子亦有異聞乎？」對曰：「未也。嘗獨立，鯉趨而過庭，曰：『學

《詩》乎？』對曰：『未也。』『不學《詩》，無以言。』鯉退而學《詩》。他日又獨立，鯉趨而過庭，曰：『學禮乎？』對曰：『未也。』『不學禮，無以立。』鯉退而學禮。聞斯二者。」陳亢退而喜曰：「問一得三。聞《詩》，聞禮，又聞君子之遠去聲其子也。」

○有異聞，疑聖人私教子也。獨立，夫子獨立也。堂前地曰庭。趨，疾行也。《禮》：堂上不趨，堂下布武。所尊在上，過之必趨，不敢翔行也。獨立獨趨，言時可以私也。《詩》、禮，聖人所雅言也。《詩》可言，禮可立，聖教之常也。《詩》温柔，故學以出言。禮莊敬，故學以自立。兩獨立、兩趨過，明終無異聞也。遠其子，謂家庭父子不羣居，不狎語。父立則獨，子過則趨。學則退處，日不數接，所謂遠也。《易》稱父爲嚴君。《禮》：士以上，父子異宫，不狎暱也。

○子禽識卑，故子貢答問政，答賢于仲尼，皆有不屑教誨之意。味伯魚之對，忠信誠慤，無忝聖嗣。兩退而學，克負荷可知。士貴受教，不然，雖賢父兄無益，伯魚所以賢也。

○《禮·檀弓》：「陳子車死于衛，其妻與其家大夫謀所以殉葬者。亢至，以告曰：『夫子疾，莫養于下，請以殉葬。』亢曰：『殉葬，非禮也。雖然，彼疾當養者，孰若妻與宰？得已則吾欲已，不得已則吾欲二子者之爲之也。』於是弗果用。」觀此，亢亦知禮能言者，夫非伯魚導之使學與？

13 邦君之妻，君稱之曰「夫人」，夫人自稱曰「小童」。邦人稱之曰「君夫人」，稱諸異邦曰「寡小君」，異邦人稱之亦曰「君夫人」。

〇此爲春秋諸侯多内寵奪嫡，故記。「邦君之妻」四字，便是正名。惟其爲君妻，故稱如下所云，名正則言順也。夫人謂德比丈夫，猶言女士也。小童，謂寡小無知，如童蒙也。邦人，本國臣民也。稱諸異邦，亦謂邦人稱之也。如大夫士出使他邦致辭之類，非夫人自稱也。夫人無越國，亦無有自稱爲君者。《曲禮》襲用此文，謂夫人自稱于諸侯曰寡小君，誤也。此因上章學禮學《詩》類記之。禮莫大于名，故夫子教伯魚學二南，禮自閨門始也。

〇仁山金氏曰：「天地之閒，男貴女賤。女子貴者，方得比于男子，故夫人自稱曰小童，比于小男也。大夫之妻曰孺人，亦比于小男也。公侯之妻曰夫人，夫則比于男子矣。至天子之妻始曰后，直比于繼體之君矣。」或曰：天子之配曰后，言在后，不敢副也。諸侯之配曰夫人，言扶助其君也。卿之配曰命婦，言從夫受命于朝也。大夫之配曰内子，言在閨門之内也。庶人曰妻。妻，齊也，齊等也。大抵此篇所記，多等級名法，故稱孔子以正之。篇首季氏伐國，繼以天子諸侯。禮樂征伐，得失大數，言三言九，皆名法之類。

論語詳解卷十六終

論語詳解卷十七

郝敬　解

陽貨第十七

○季氏，大夫也。陽貨，陪臣也。故相次。

1　陽貨欲見孔子，孔子不見，歸孔子豚。孔子時其亡也，而往拜之。遇諸塗，謂孔子曰：「來，予與爾言。」曰：「懷其寶而迷其邦，可謂仁乎？」曰：「不可。好從事而亟失時，可謂知乎？」曰：「不可。日月逝矣，歲不我與。」孔子曰：「諾（落），吾將仕矣。」

○陽貨執魯政，在夫子未仕之先，故以士待夫子，而以大夫自處也。虎本家臣，非大夫。惟天子之卿大夫比外諸侯，其家臣比外大夫。魯公室僭天子，故三桓僭諸侯，其家宰亦僭大夫，《檀弓》所謂家大夫也。《禮》：大夫有賜于士，士詣大夫門拜。陽貨欲孔子仕己，致孔子來見，藉聖人以取重于國人耳。夫子知其將爲亂，不欲見之。貨瞰夫子出，以豚肉來歸。歸，猶納也，與餽通。不曰餽而曰歸，主人出而納于其家，因未得拜也。小豕曰豚。時亡，即瞰亡也。出外曰亡。不曰瞰而曰時者，貨以亡來，夫子以亡往，適其時也。亡而後往，本不欲見之意也。遇諸塗，夫子自貨家還，貨自外至。野會曰遇也。來與爾言，倨慢之辭也。懷其寶，謂夫子懷藏道德，如珍寶也。迷其邦，謂坐視邦國之昏亂也。可謂仁，言不憂國愛民，不仁也。好從事，欲有爲也。亟失時，屢失機會，諷夫子附己也。可謂知，言不智也。兩曰不可，皆貨自言。末句加「孔子曰」，別之也。聖人待惡人盡禮稱情，含容不迫，所謂危行言孫，默足以容也。楊雄以爲詘，未知聖人者也。

○《孟子》云：「陽貨欲見孔子，而惡無禮。大夫有賜于士，不得受于其家，則往拜其門。陽貨瞰孔子之亡也，而饋孔子蒸豚。孔子亦瞰其亡也，而往拜之。」孟子敘事詳明，此章惟以一「歸」字、「時」字括之，較精核。夫子嘗見南子，以君夫人有見之禮也。而陽貨不見者，爲其爲亂賊也。及饋來亦見，見時其亡，亦不遽見也。塗遇不避，不必絶也，是謂比義。或曰：時亡往拜，非詐乎？曰：大信似詐，大直似枉，亦猶當諱而諱，隱即直也。當報而報，私即公也，識此便是無意必固我。《孟子》謂聖之時，此亦足覘矣。「懷其寶」二段，與子言「惟求則非邦」二段，語勢相似。彼皆夫子語，此皆陽貨語也。加「曰」字，與管仲不死曰未仁乎，皆自斷語法。兩不可，甚摸稜，非聖人應對之辭，豈其漫無可否，而以不仁不知冒自任乎？末句乃稱孔子曰，甚分曉。

○陽貨事季孫意如，意如逐昭公，外結諸侯，内彌縫國人，卒使昭公客死于外。廢其二子，援立定公，皆意如爲之也。所託心膂，孰如陽虎者乎？意如死，虎反噬其孤，輕魯無人，以强公室爲名，欲脅其主而除三桓，小人變詐之尤者。故夫子作《春秋》，書曰盜。而相與之際，委蛇盡禮又如此。聖人應變之權，坦易之度，無可無不可。疾惡者，不必爲夫子解嘲。而尊聖人者，亦不必爲夫子增氣。先儒云：惡人既惡矣，過示其誅，不能加也。聖人既聖矣，附會其說，亦不能加也。知言哉！

○陽虎，字貨。初事季平子。定公五年九月，囚季桓子及公父文伯，逐仲梁懷，殺公何藐。盟桓子于稷門之內，逐公父文伯。六年八月，盟魯公及三桓于周社，盟國人于亳社，詛于五父之衢。八年九月，刼公與武叔，伐孟氏，公斂處父敗之。虎入公宮，取寶玉大弓，入讙陽關以叛。魯人伐之，虎奔齊，齊景公囚之，而逃奔晉，依趙鞅。孔子曰：「陽虎親富而不親仁，趙鞅好利而多信，必溺其說而從其謀。禍敗所終，非一世可知也。」

○日者，羣陽之精。陽氣實，字象形，日形實也。積陽之熱氣生火，火氣之精爲日，故陽燧見日，燃而爲火。晝者，陽之分。夜者，陰之分。夏陽盛，故晝長。冬陰盛，故夜長。晝短，行陽之道，日出于卯酉之北。行陰之道，日出于卯酉之南。春秋陰陽等，故日行中道，晝夜平。日在牽牛則寒，日在東井則暑。牽牛水宿，宿外遠人故寒。東井火宿，宿內近人故暑。

○《淮南子》云：「日出于暘谷，浴于咸池，拂于扶桑，是謂晨明。登于扶桑，爰始將行，是謂朏非明。至于曲阿，是謂旦明。至于曾泉，是謂蚤食。至于桑野，是謂晏食。至于衡陽，是謂隅中。至于昆吾，是謂正中。至于鳥次，是謂小還。至于悲谷，是謂餔時。至于女紀，是謂大還。至于虞淵，是謂高春。至于連石，是謂下春。至于悲泉，爰止其女，爰息其馬，是謂懸車。至于虞淵，是謂黃昏。至于蒙谷，是謂定昏。入于虞淵之汜，曙于蒙谷之浦。」

○月者，太陰之精。陰氣虛，字象形，月形闕，十五後光漸減也。《淮南子》云「積陰之寒氣爲水，水氣之精爲月」，故潮有大小，月有盈虧。日如火施光，月如水含影。佛書云海中有魚鼈等影入月輪，故月有黑影。《吕覽》云：「月望則蚌蛤實，羣陰盈。月晦則蚌蛤虛，羣陰摯。月形于天，羣陰化于川也。」月形圓質清，日照之則光生，故朏生于向日。日光所不照處則暗，故魄生于背日。望之日月相對，人居其閒，盡覩其明，故形圓。二弦之月，日照其側，人觀其旁，故半明半魄。晦朔之月，日照其表，人在裏，故不見。稟日以照夜而配日，女主之象也。比德，則形罰之象也。列之朝廷，諸侯大臣之象也。是以近日則光斂，猶臣近君，卑而屈也。遠日則光滿，猶臣守道循法，蒙君榮華，而體勢伸也。當日則蝕，猶臣僭君道，而禍至覆滅也。盈極必缺，陰不可久盈也。當晦而月見西方謂之朓挑上聲，當朔而月見東方謂之側匿。光盡曰晦。晦，灰也，如火成灰也。復生曰朔。朔，蘇也，死復生也。光半曰弦，一旁直一旁曲，如弓弦也。光滿曰望，與日遥相望也。

○歲，年也。五行木星曰歲，周天十有二次。木星十二年一周天，每行一次，則四時功成，故謂年爲歲。於文禾千爲秊，戌步爲歲。歲取木行一次，年取禾生一熟，載取物終更始，祀取四時一終。

○小豕曰豚。一曰縠朴，豕生。三月曰貕奚，六月曰豵宗，三歲曰豜堅，五尺曰豝。大豕曰豟厄，壯豕曰豭假，求子豕曰豥，豕毛怒豎者曰豪，豕息曰豷意。關東謂豕爲彘，吴謂豨，楚謂猪。養豕謂豢，祭祀豕謂剛鬣。豕多肉少骨，多生息而寡食物，故人畜之，喚豕曰豅龍。

2 子曰：「性相近也，習相遠也。」子曰：「唯上知去聲與下愚不移。」

〇此承上章陽虎不仁類記之。性即人仁、義、禮、智之心。相近，即孟子所謂「人無有不善」也。第云相近者，對習遠而言也，非微有不同之謂。相近即是同，然世間實有一種不善之人，説者疑性未必相近，不知所不相近者，非性也，習也。慣熟曰習，猶習氣、習俗之習。習緣于有生之後，性本乎天，在人爲不覩不聞，喜怒哀樂未發之中，即性之體也。一物不雜，是曰至善。情識既感，耳目既加，物交緣引，日積月累，逐妄迷真，遂與善相遠。而反觀天命之初，堯舜與桀蹠同耳。相近者而使之相遠，則習之移人，豈不甚哉？習于不善，雖智者移而爲愚。惟生而知之者上也，性定而不可移于下。習于善，雖愚者可移而爲智，惟困而不學，民斯爲下矣。習成而不可移于上。世多中人，有志爲上，不欲爲下，在慎所習耳。唯者，言他皆可移也。上智即性，下愚由習。上智性定不遷，下愚習往不返。性本善而習不善，性常不動而習自遠也。不移成上智下愚，非謂上智下愚而後不移也。移存乎習，此爲習遠者戒，非爲性近者開岐路也。「遠也」下多「子曰」二字，或非一時語，與「善人吾不得而見」章同。

〇性無不善，而習有善、不善，此千古言性之定論也，孟子性善之説出于此。相近即是善，相遠謂有不善者，習移之也。唯上智與下愚不移，謂習能移人，人當慎所習也。孟子論牛山之木，論凶歲子弟，人皆有不忍，及生我所欲等章，性善之説詳矣。其所謂旦晝之梏，萬鍾不辨禮義，納交要譽，皆氣質習染使然。世儒謂論性不論氣不備，以夫子言相近爲氣質之性，孟子言善爲理義之性。夫性豈有二？

何性無氣質？何氣質無禮義？聖人言習，便已包氣質。性無爲而習有爲，凡有爲即氣質也。性非滅習，而起習者皆性。習不離性，而移性者惟習。性本定而習常移，習不定，而性亦不能爲主矣。然習雖萬變，而性常不死。孟子謂夜氣平旦，幾希與人相近，終不得謂性爲相遠，此也。凡聖賢言性，與二氏異。二氏言性，以清虛寂漠爲主，故儒者外加氣質填補。聖賢言性，萬物皆備于我矣。以盡人盡物，贊化育，參天地爲盡性，故曰微之顯，隱之見，費而隱，合外内之道也。氣即是理，知即是行，習即是性。天下無道外之事物，無性外之道，故曰「天下之言性也，則故而已矣」。雖九流百家，無非性之故，但有利與鑿之分。率性曰利，利則爲善；戕賊曰鑿，鑿則爲惡，皆習也。性惟備萬物，所以不能離習。惟不離習，所以不能皆善。《易》曰「愛惡相攻，情僞相感」，近而不相得則憂，或害之，皆習也，非性之咎也。習有善有惡，此相遠之習，略重惡邊，明性之所以有不善也。

○或問性，曰：「性者，心之生理。」問心，曰：「心者，性之宅舍。」言心而性已具。程子云：「心，統性情者也。」朱子云：「心者，人之神明。具衆理而應萬事。神明者，性也。」《易》卦《離》爲心。離，明也。卦外畫實，象血肉之心。内畫虚，象神明。《離》爲火，古文心如倒火，藏明之象，性即所藏也。或問情，曰：「情由性地發生，如草木出地。」文从青，木氣也。性由情顯，火附木生。問意，曰：「意者，和合性情者也。」性静爲無，情動爲有。動静有無，皆由意。文从音，醬曰醷，从意，皆所以爲和也。故道家謂意主比和，屬土。心火生情木，爲土氣，而并統于心。或曰：若是言心可也，必言性，何也？曰：性，生也。天德之大德曰生，人物得之爲性，性在則心生，性亡則心死。

不言性，無以見生生之心。人物皆有性，鳥性飛，獸性走，草性夭，木性喬，火性熱，水性寒，金石性堅，皆性也。而心惟人最靈，鳥獸乃蠢，草木土石乃無心，故言心則不該，言性則偏滿矣。或曰：若是則言性足矣，又言心，何也？曰：言心，貴人也。人首庶物，其精靈惟心。心生爲性，故曰「仁，人心也」，性即仁也。心在人身内，如果實仁在甲内。心當人身中央，如果實仁在果中央。中央曰心，中爲未發，天下之大本也。仁爲生意，天地之大德也。德以凝道，人能弘道者，心也。言性以表心，言心以表人也。或曰：若是何不直言心相近，而言性相近？曰：心兼形神爲言也。形有礙而性虚，虚則靈蠢同歸。前所謂言心則不備，言性則徧滿者也。或曰：何謂性善？曰：孟子言之備矣。善與性，非二也。性即善，善即性。一物不雜之謂善。《詩》云「惟天之命，於穆不已」「上天之載，無聲無臭」，不亦善乎？《易》曰：「繼之者善也，成之者性也。」又曰：「元者，善之長，仁也。」《中庸》言明善，《大學》言止至善，皆言性也。子思云「天命之謂性，喜怒哀樂未發之謂中」，中即善也。故孟子以仁、義、禮、智言性，孟子之言出子思，子思之言出夫子，夫子之言出羲文，性善同也。佛氏以妙浄不染爲性，老氏以自然無爲爲性，皆襲性善之旨也。《樂記》云：「人生而静，天之性也。」不死之謂生，不動之謂静。不死者，生之兲也。不動者，兲之初也。勿論人，且譬諸物。勿論物善，且譬諸物不善。毒草猛獸，方其含芽啟蟄，陽春佈德，朕兆初萌，普同生兲。荆棘與桃李，鳥鼠與靈爵，皆含元始。天無二命，物無二性，豈生稂莠者一天，生嘉穀者又一天邪？豈天以一命命龜龍，又以一命命虺蛇邪？迨夫有生之後，形分氣殊。風日之所吹暄，雷雨之所滋蕩，各諧其所適。因緣漸染，鼠習爲偷，梟習爲摯，虎狼習攫殺，蜂蠆習螫毒，枳棘長而刺生，藤葛久而蔓成。美惡豐儉，聲色臭味，區以別矣，故曰「少成若天性，習慣成自然」。毒草猛獸猶若此，而況嘉穀與牧畜乎？故孟子謂：「麰麥播種而耰之，其地同，樹之時又同，至于日至之時，皆熟矣。其有不同，地有肥磽，雨露之養，人事之不齊也。」夫麰麥之生，性之相近也。雨露人事失宜，習之相遠也。其在于人，赤子無爲，性也。終身爲盜蹠，習也。其在一日，平旦清明，性也。旦晝梏亡，習也。其在一事，思慮未起，性也。施爲不檢，習也。靜中一念妄動，即是習。動中一念主靜，即是性。性非空寂，依性起習。習雖膠轕，即性在中。聖賢不無習而性常存，衆人慣所習而性迷亡矣。流移遷徙不自知，而反諸初生。聖凡未分，何遠之有？或曰：若子言性，與告子生之謂性何異？曰：告子生之謂性，即是性相近也。祇緣不知習相遠，所以成誤。性不離習，習與性非二。凡氣與理非二，知與行非二，上與下非二，內外顯微，體用精粗，一切非二。告子之學，偏主仁內，而以義爲外。不著不察，內見性而外不見習，故黑白不分，馬牛不辨，人物無等，是以孟子非之。及孟子自言，亦曰形色天性也。夫非以生之謂性邪？聖學無偏上，所以言性必言習，善惡分段自明。後世理學，如告子、禪宗偏上，所以無實用也。或曰：請言習。曰：習之言俗也。《詩》云「習習谷風」，在上曰風，在下曰俗。風者，不知所自起。俗者，庸衆所共趨也。故衆所便曰習俗，己所便曰習氣。聖人時習，學者傳習，習于善者也。相遠之習，則意之所偏，情之所勝，見聞之所引誘，恣縱馳騁，放而不求，無始以來之習氣，同流合汙之習俗也。終身由之而不知，故習如水之就濕，如火之就燥，機順勢便，不可以不克也。習與克相反，克逆而習順也。克爲復習爲己，克己爲仁，反習爲見性。顔子非禮勿視、勿聽、勿言、勿動，逆也。目之於色，耳之於聲，口之於味，四體之於安佚，順也。故佛氏以逆流爲歸元，老氏以逆轉爲還丹，要非二氏之言也。子云：「《易》逆數也。數往者順，知來者逆。」履霜堅冰至，蓋言順也，故習不可順之也。能克，則反習爲善，君子上達也。不克，則沿習爲不善，小人下達也。性純任天，天同故近，習純任人，人私故遠。《孟子》云：「雖存乎人者，豈無仁義之心哉？其所以放其良心者，猶斧斤之於木也，旦旦而伐之，可以爲美乎？」旦旦而伐即是習，良心即是性。心與性，有二名無兩體也。即心是性，離血肉無復有理，理離事則成素隱。世儒以致知爲入門，與行爲二，分事理作兩截，顯微隱見，不得歸一。學所以偏上也，朱子泥一「近」字，謂此章之性兼氣質。祇因他處偏執理，于此增氣質，明其相近而不甚相同耳。不知理義除却氣質，安頓在何處？調伏氣質，即是理義，非二也。夫子言性，欲人以性化習，性現則習自正。言習，欲人反習歸性。習正，則性自還。衆人皆有性，聖賢亦有習。人生世俗中，如魚生水中，事理原不相離。聖賢以性地爲依歸，大本立，達道行，故習不能移。所謂中不倚，和不流，從心所欲不踰矩，是謂上智。衆人隨俗波靡，大體從小體，行不著，習不察，終身由之而不知，日用飲食，凡民耳，是謂下愚。上智即所謂生而知之者上也。愚古之疾，古之愚也直。《詩》云「靡哲不愚」，柴愚回愚，非君子所惡也。能學即次，困學又次。雖愚必明，何至于下？惟困而不學，故曰下愚也。顓蒙不知有禮義師保之訓，所以終身淪没，不可列于士林。與小人居之不疑，不可與入于堯舜之道同也。上智不可移而使之下者，性也，「涅而不緇，磨而不磷」是也。下愚不可移而使之上者，習也，「自暴者不可與言，自棄者不可與有爲」是也。上智者少，不慎所習，皆可使遠。下愚者多，善反所習，皆可使近。惟其習不可移，所以知獨爲上。惟其任習不移，所以愚獨爲下。二語申明習之所係重也。語云：「割而不舍，馬鬣截玉。」習者，重復不止。移者，漸往不覺。故曰「習俗移人，賢者不免」，此之謂也。或曰：性既近，焉可移？曰：性不移，習自移也。遠與近，機不在性而在習。如岸不動而舟移，如同居比鄰，居者不動，而行者自遠。今日五里，明日十里，又明日二十里，以至百千萬里。風馬牛不相及，而家鄉自在也。上智不移，不可移而往。下愚不移，不肯移而歸。歸則何遠之有乎？雖然亡命之徒，亦有並徙其宅者矣。習惡之人，亦有並移其性者矣。如水性下，桔槔可使上。金性堅，鍛鍊可使柔。螟蛉桑蟲，果蠃負歸而生羽翼。橘過江化爲枳，桃李接而華改。孩提無不知愛親，若襁褓過繼，少適他邦，則父母兄弟爲路人，此習之移性也。物爲甚，人雖弱喪，有告以父母兄弟，故國無不愴然思慕出涕者，此性之相近也。然亦有亡命之兒，過繼之子，人告以父母兄弟，晏然不置懷者，此乃所謂下愚不移也，皆習使之，豈其性然乎？故曰：「性相近也，習相遠也。」嗚呼！佛老猶知性之善。而號爲儒者，反謂性爲惡，是何言？是何言？

○此篇所記，多變化之理，皆習之移人者也。如陽貨、公山佛肸，小人穿窬，鄉原鄙夫，飽食好勇，爲亂爲盜，六蔽七惡，小人女子，以至宰我短喪，皆習移而之不善者也。學道行仁好學，興《詩》立禮成樂，皆習之移人而爲善者也。天道無言，時行物生。聖人無類，磨涅不改，是變化之宗。天命之性，上智之不移者也。

3 子之武城，聞弦歌之聲。夫子莞緩爾而笑曰：「割雞焉用牛刀？」子游對曰：「昔者偃也聞諸夫子曰：『君子學道則愛人，小人學道則易使也。』」子曰：「二三子，偃之言是也。前言戲之耳。」

〇子游宰武城，以禮樂教民，使邑人弦歌，蓋本古人春夏教禮樂，秋冬教《詩》《書》之意也。弦謂琴瑟，古人鼓琴瑟則歌。莞爾，微笑貌。細蒲曰莞，小而柔，故爲和悦之名。割，殺也。雞，牲之小者。牛刀，殺牛之大刀。喻邑小而用大教也。道，謂禮樂也。孝弟忠信，禮樂之實也。弦歌，禮樂之器也。《禮器》云：「先王制禮以節事，脩樂以道志。」夫子所謂道之當學者，本非器數之謂也。君子，謂士大夫也。小人，謂庶民也。君子學道，則有萬物一體之懷。所謂「豈弟君子，民之父母」也，故能愛人。小人學道則有循理守分之思，所謂「温温恭人，惟德之基」也，故易使。子游以弦歌爲學道，解釋牛刀之譏。據其所述，本自正理，夫子不復置辭，第呼二三子是之，轉以己言爲戲。夫聖人論治與論道，豈有戲謔之言？所謂戲者，與答子路無所取材，答子貢吾與女弗如，答黨人吾何執，答荷蕢果哉之類，皆渾然不露，而囊括甚深，未可膠柱解也。「君子學道」二語，自是君師軌範，不易之定論。子游述所聞，未爲不是。而以弦歌當禮樂爲學道，實非夫子禮云樂云之意。昔者，舜命夔典樂，教胄子。夏后氏學稱瞽宗，以樂師爲學官。《周禮》以大司樂掌學政。古人用樂爲教，誠有之。比及周衰，五霸亂，《詩》亡樂缺，魯以文獻之邦，大夫歌《雍》舞八佾，樂其可知矣。上無禮，下無學，干戈擾攘，生民塗炭二百餘年。夫子思善人爲邦百年，而後勝殘去殺，如有王者，亦必世而後仁。庶乃議富，富乃議教。故孟子與齊王言樂曰：「百姓聞王鐘鼓之聲，管籥之音，疾首蹙頞而相告曰：『夫何使我至此極也？父子不相見，兄弟妻子離散。』」此救死而恐不贍，奚暇治禮樂哉？是故制産樹畜，興利除害，王道之始也。庠序學校，王道之終也。魯襄公十九年城武城，備莒也。哀公八年吴伐魯，克武城，蓋疆埸之地，民數苦兵，今不務除其苛政而寬舒之，寡其征徭而休息之，勸其力本節用而繁阜之，遽教以弦歌，譬如海錯充饑，所美非所需，故夫子莞爾而嘆割雞也。或曰：禮樂不可斯須去身，豈得不教？曰：所謂不可斯須去身者，非弦歌之禮樂也。君子小人，不可斯須無禮樂，而可終歲無弦歌。若是民閒偶然弦歌，夫子何須驚嘆。若是邑宰教民，則弦歌不止一家。舉疲敝失所之民，四境弦歌，猶未立求行，見卵求時夜者耳。子賤宰單父，師事而稟度者五人，夫子嘆曰：「惜哉！所治者小所治者大，則庶幾矣。」與嘆割雞意正同。然則何爲喜而笑？是時，民生愁苦呻吟，聞此希聲，誰不破顔悲極而喜？猶杜甫云「驚定還拭淚」云爾。如西狩獲麟，非不祥也，而反袂拭面，涕泣沾衣，一喜一憂，兩情正同。夫禮樂積德而後興，唐虞之世，堯未嘗言樂也。至舜末年，夔乃擊石拊石，君臣喜起賡歌，百年而後興禮樂。堯舜猶然，而况區區武城？擾擾亂離之秋，欲效《南風》鼓琴，不已驟乎？以是謂之牛刀割雞也。割雞自有刀，此言非戲。聖人恐學道者惑而廢業，故以偃言爲是，自以其言爲戲。夫前爲戲言，則後爲實語。愚謂前爲實語，後爲權辭耳。

○《爾雅》云：「雞大者曰蜀，蜀子曰雓餘，未成雞曰僆練，絶有力曰奮。」《廣志》云：「雞大者蜀，小者荆。」《莊子》云：「越雞不能伏鵠卵，魯雞固能矣。」然則魯雞大，越雞小也。古有祝公者，居尸鄉，善養雞，故俗呼雞曰祝。祝，一作喌，或作朱。雞之言佳也，善爲人制早晏之期。故佳之雞爲陽精，南方之象，故陽出則鳴，以類感也。《禮》：宗廟之祭，雞曰翰音。言其鳴聲長也，故楚歌謂之「雞鳴歌」。《韓詩外傳》云：「田饒事魯哀公而不見察，謂哀公曰：『君不見夫雞乎？頭戴冠者，文也。足搏距者，武也。敵在前敢鬬者，勇也。見食相呼，仁也。守夜不失時，信也。雞有五德，君猶日瀹而食之，以其從來近也。夫鵠無此五德，君貴之，以其所從來遠也。』」

○牛，《説文》云：「物，萬物也。牛爲大物。天地之數，起于牽牛，故物字从牛。」《史·律書》云：「牽牛者，陽氣牽引萬物出之也。牛者，冒也，言地雖凍，能冒而生也。牛者，耕植種萬物也，故生从牛。」《世本》云：「黄帝臣胲，始作服牛。」《山海經》云：「稷之孫曰叔均，作牛耕。」牡牛曰犆特通，一曰犅。牛子曰犢。牛鳴曰牟，牛息曰犨。八歲牛齒具曰犕備。牛羊無角曰犝，角長曰觕粗。宗廟之牛曰一元大武元，首也。武，足跡也。色純曰犧。

4 公山弗擾以費秘**畔，召**趙**，子欲往。子路不説**悦**，曰：「末之也，已，何必公山氏之之也？」子曰：「夫召我者，而豈徒哉？如有用我者，吾其爲東周乎？」**

○公山弗擾，季氏家臣，與陽虎共執季桓子。及虎敗亡，弗擾以費畔，事在夫子未宰中都爲司寇之先。弗擾以强公室爲名，召夫子。蓋季氏之不臣，人情所共憤也。魯事反常，欲救魯須用權，權非聖人不能用也。當時聞召無拒志，似欲往者，聖人道大德宏，與人爲善。苟以是心至，斯受之矣。《老子》謂「百姓注其耳目，則聖人皆孩之」，此也。二三子負氣執節，莫如子路，與聖人行權處常相牴牾，故不悦而有閒言。末之，猶言無往也。天下無道，天子諸侯既無一可矣，况於陪臣？又况于叛臣？此其不悦，良是。但聖人之心，未易語人。聖人之量，未許同人。聖人之行止，亦非率爾也。故不言其往不往，而第云召我、用我。我者，不同于人之辭也。即後章堅白、自信之意。我可必諸我，而用我存乎其人。「如有」二字甚圓活，因公山氏而包舉魯也。但用我則國勿論大小，地勿論東西，道勿論今古。在昔文武，以岐、豐百里爲之而成西周，我今即以此爲之而成東周，不亦可乎？所患無真能用我者耳。由但當爲用者慮，勿爲我慮也。魯在東，故曰東周。要之，弗擾豈真能用夫子者？而聖人樂行憂違之志，悠然可想。篇中此等處，不主記事，主爲聖人傳神。此篇以「陽貨」題名，表當時陪臣執國命，否運已極，聖人變化猶龍，所以處亂世亂人者，迥出常情之外，非可以蠡測也。惟有子路壁立千仞之氣，乃敢伐鼓雷門。孑曰「自吾有由，惡言不至于耳」，此類是也。記者不言其終不往，而特記其始欲往，見聖人無可無不可云爾。善讀者須參伍會通，無此力量，亦當有此見解。不然，踽踽凉凉，一迂措大耳。大抵天生聖賢與佛老異，佛老惟自爲，聖賢爲斯世斯民。《論語》二十篇，講學則論政，言志則爲邦，脩己則安百姓，爲仁則通天下。自古列聖，開物成務，無非爲天下，而所以爲天下在得位。《易》云「聖人之大寶曰位」，位有三，繼世爲天子，一也。始基命有天下，二也。遇王者爲名世，三也。孟子謂堯舜至孔子，其閒五百年一聖人。聖人出，則必得位，堯繼世爲天子者也。舜禹受禪，湯武征伐，皆始基命者也。伊尹周公，皆逢聖王爲名世者也。天縱仲尼，德同舜禹，生不逢唐虞爲匹夫，無湯武之資。然三千七十士，從之如雲，車跡所至，風行草偃，與舜一年成聚，二年成邑，三年成都不殊，而深自韜晦，席不暇暖。當世人不識也，使夫子當春秋時欲自王，如三代以下創業之主，優爲而不爲，志欲得一國一君，行義達道，以躋天下于順治。故曰：「苟有用我者，期月而已可也，三年有成。」居常每思周公，曰：「甚矣吾衰矣，久矣吾不復夢見周公。」又曰「文王既没，文不在兹」「三分天下有其二，以服事殷，可謂至德也已」。泰伯以天下讓，亦曰「可謂至德也已矣」。謂《武》曰「未盡善也」，其志可知。不得爲舜禹，則欲爲伊尹周公，而不肯爲湯武者，仲尼之志也。卒不遇而有公山佛肸之召，世道愈卑，興衰之權下出陪臣，而欲往者，示世道無俚之至，非真往也。或曰：若真往，奈何？曰：湯起七十里，周起百里，一旅一成，古人以興。諺云「一星之火，能燒萬仞之山。一匕之藥，能回九死之命」，惟聖人能之。子貢謂夫子之得邦家，立之斯立，導之斯行，綏之斯來，動之斯和。孟子謂伯夷、伊尹得百里之地，皆能以朝諸侯有天下，况夫子乎？欲爲東周，一費足矣。然而未免以費爲殷亳、爲周鎬，征誅以得之，所以卒不爲，而寧以其業託諸吾黨，功賢于堯舜者，此也。其欲往叛臣、見女主，亦居夷桴海之意云爾。

〇公山弗擾，《左傳》作公山不狃，字子洩。與侯犯皆陽虎之黨，相與謀季氏。定公五年六月，季平子行東野，還未至，卒于房。陽虎將以璵璠斂，仲梁懷弗與，曰：「改步改玉。」陽虎欲逐之，告弗擾。弗擾曰：「彼爲君也，子何怨焉？」既葬，桓子行東野。及費，弗擾爲宰，逆勞于郊。桓子敬之，勞仲梁懷。仲梁懷弗敬，弗擾怒，謂陽虎：「子行之乎？」陽虎遂囚桓子，與盟而後釋之。八年，又與陽虎謀殺桓子，事敗，虎出奔。弗擾以費叛，召夫子，時夫子猶未宰中都也。至十二年，季氏用子路計將墮費，弗擾與叔孫輒率費人襲季氏，不勝。二子奔齊，復奔吴，此夫子既爲魯司寇時也。由此觀之，公山非叛魯，叛季氏也。故季桓子用孔子，亦非真能用，迫于陽虎、公山諸人之亂也。子路墮三都，亦乘陽虎、公山之亂墮之也。可以窺聖賢用世之權。而道之終不行，魯君臣之終不可有爲，何待齊人女樂之至而後知乎？

○《左傳》：吴王將伐魯，問于叔孫輒。對曰：「魯有名而無情，伐之必得志。」退而告弗擾，弗擾曰：「非禮也，君子違不適讎國，不以所惡廢鄉。今子以小惡而欲覆宗國，不亦難乎？若使子，以辭，王將使我。」吴王問于弗擾，對曰：「魯雖無與立，必有與斃。諸侯將救之，未可得志。」三月，吴伐魯，使弗擾率，弗擾故由險道，從武城入，使魯知備。由此觀之，弗擾亦知禮者。故先儒謂弗擾有全魯之善，而不免爲叛人。蓋有魯公在，而稱兵國中，投鼠不忌器，故不得不謂之叛。然而季氏亦可叛也，鋤强臣，張公室，舉非無名。夫子所以猶欲往耳，陽虎欲見則不見，公山召而往，其人賢于陽虎亦可知。

5 子張問仁於孔子。孔子曰：「能行五者於天下，爲仁矣。」請問之。曰：「恭、寬、信、敏、惠。恭則不侮，寬則得衆，信則人任焉，敏則有功，惠則足以使人。」

○仁，人心也。仁者以天下爲一體，心一息不與天下通，則痿痺不仁，要其本不在天下而在心。

操舍無常，得此失彼，則精神不貫。苟能兼行五德，達諸天下，隨事隨處，天理周流，則吾心與天下通，天下與吾心通而仁矣。五者天地之成數，于天下者，無遠弗屆也。因子張好行好達，誘之使行。故子張欣然請問，恭寬五德在己者也。不侮五徵，在天下者也。五德行，然後五徵見，而一體之仁成矣。仁本混同，非五德條理不貫。五德川流，而仁爲敦化也。謙遜曰恭，容蓄曰寬，誠實曰信，勤作曰敏，恩澤曰惠。恭，貌也。寬，量也。信，心也。敏，事也。惠，施也。五者皆以濟堂堂之過，收斂而就實也。信居中，于五行爲土，德之基也。恭寬由内，敏惠達外，信爲中主也。不及智者，行即知也。知而不行則蕩，堂堂者所以過也。惠與寬異，寬主容，惠主施。《孟子》云「分人以財謂之惠」，惠以酬勞，故人樂爲役也。五者有序，謙恭者或迫狹不寬，寬弘者或浮汎寡信，信實者或遲鈍不敏，敏急者或峻刻少恩，恭則我不侮人，人誰我侮？寬則我能容人，人在容内，故得衆。信則我不欺人，人自倚仗。敏則事無闒茸，天下享其成功。惠則有以酬人之勞，人樂爲用。此實心實事，能行于天下，則存體應用，元氣周流，物我無閒，而一體之仁備矣。蓋聖學事理合一，後儒偏主理，幾同禪寂矣。記者記此于公山、佛肸閒，見聖道蠻貊可行，放之皆準，惟其仁耳。子張才高，器宇恢廓。聖人因材而篤，屬望甚遠，與告問仁、問達、問從政皆極委悉。教顏子爲仁外，無如此備矣。五德五效，所謂家邦無怨，天下歸仁。孟子謂仁者無敵，其身正而天下歸之，仁爲尊爵、爲安宅，不越此理。大抵子張多闊略，聖言每精詳。

6 **佛**弼**肸**隙**召，子欲往。子路曰：「昔者，由也聞諸夫子曰：『親於其身爲不善者，**

君子不入也。』佛肸以中牟畔，子之往也，如之何？」子曰：「然，有是言也。不曰堅乎？磨而不磷吝。不曰白乎？涅列而不緇。吾豈匏瓜也哉？焉能繫而不食？」

○佛肸，晉大夫趙鞅之家臣也。中牟，趙氏邑也。據邑叛趙鞅也，時晉定公十五年。趙鞅責衛貢五百家于邯鄲大夫趙午，遂殺之，大夫士吉射與荀寅救之，相攻。《春秋》書曰「晉趙鞅入于晉陽，以叛。荀寅、士吉射入于朝歌，以叛」是也。佛肸據中牟，正當此時。先是，魯季孫意如逐昭公，居晉乾侯。趙鞅受季孫賂，不肯納公，昭公遂卒于晉。事見《春秋傳》。則趙鞅者，晉之叛臣，亦魯之寇仇也。時晉公室卑不啻魯，而六卿强過三桓。趙鞅狡黠，甚于季孫。以魯先世忠厚，子孫僭禮樂，馴致大夫叛公室，陪臣叛大夫，而不能禁。况晉自重耳詐力稱霸，子孫世受諸侯朝貢，比于天子。其大夫叛公室，陪臣叛大夫，宜爾。如有王者起，魯三桓、晉六卿，皆不待教而誅者。苟公山、佛肸真有忠義之心，上格五廟，下對國人，一舉而萬全，翦强臣，張公室，則周公、康叔實式臨之，夫誰曰不可？時夫子去魯居衛，佛肸使人來召。昔柳下惠謂伐國不問仁人，而夫子于叛人之召無拒辭、無難色，此守常執節之士，所以駭而疑也。子路于此，想亦不悦，而懲于向者公山之問率爾，未達聖意，故于此從容執所嘗聞請教，亦即向者不悦之本心也。親身爲不善，言與脅從波及者異也。入即脅從矣。子曰「然」，然其所言有理也。曰有是言，自任己嘗有是言也。不曰者，反前之辭。前言君子當以堅白自守，爲恐磨涅，而獨不曰堅有不磨，白有不涅者乎？磷，破也。猶《考工記》「雖敝不甐」之甐。

或云：磷，薄石也。涅，黑汁也。緇，黑色也。嶢嶢者易缺，磨則無不磷。不磷者，無體之堅也。皎皎者易汙，涅則無不緇。不緇者，無色之素也。匏，瓠也。瓜，亦匏類。二物柔脆，言不堅也。《易》曰「以杞包瓜」，象陰柔也。繫，藤蔓也。匏瓜塊然無知而自繫累，隨人剥削耳。不食，謂匏瓜不能使人不食也。蓋有匏瓜，自有藤蔓，不能禁人摘取。若夫至人神明不測，無所係累，豈如匏瓜取之即擷，拉之即碎者乎？蓋大道無方，大虚無象。無方之方，百方轉移。無象之象，諸象發揮。堅無形，故堅不可攻。白無色，故白不可染。莊周云「至人入水不溺，入火不焚」，此也。太抵天下善惡邪正之理，從違順逆之途，紛拏千變，惟聖人能委蛇從心，無所凝滯。即如叛主非臣，而叛叛主之主，其叛亦異。叛人之黨不可入，而入不與同黨，入亦何傷？堅白不可磨涅，而亦有不畏磨涅之堅白。匏瓜以繫被食，而亦有無繫不可食之匏瓜。恒人有物有我，執形器爲用。故尋途守轍，惟聖人忘我忘物，故變通無礙。雖世路荊棘，而坦然行于無轍之途，出乎不扃之户，矩從心欲，命自我造，權由我設，機隨我轉。故曰「宇宙在手，造化生身」，所以爲無可無不可也。

〇堅貞潔白，士君子自宜如此。不曰者，更進之辭。不善之黨不入，爲愛惜堅白，亦爲力量止此，非其至者。未有堅不畏磨，白不受染者。不磷不緇，指道體言也。聖人與道爲一，《易》所謂退藏于密，寂然不動，感而遂通天下之故。不殺之武，象帝之先也。人欲磨涅，如燒空唾天，其何能及？所以終古不毁，萬象森羅，道之體也。聖心無繫累，故官止神行，舒卷自如。恒人有所繫累，故動嬰世網。如匏瓜藤蔓，隨處牽引。蠢然贅累之質，受人剥削。淹以爲菹，惟其有所繫，待人食而後人食之。

夫物烏有有繫而不受箝制者哉？若能以無繫累之心，應天下之務，寸絲不掛，萬里神行，如郢人運斤成風，堊盡而鼻不傷，非天下至神，孰能與于斯？磨之愈堅，涅之愈白，何不善之不可入乎？「匏瓜」二句，上下略斷，上句聖人自表，下句據物理感歎，以明己之無私。舊作一直讀下，「吾豈」「焉能」意未免重複。

〇堅白之説，自古有之。物有堅者，堅自是堅，物自是物。白者亦然。如金石皆堅，金堅非石堅；鳥獸皆白，鳥白非獸白之類。莊周云：「南方之墨者，以堅白同異之辯相訾。」又云：「公孫龍合同異，離堅白。告子亦以白論性。」荀卿云：「堅白同異之辯，入焉而弱。」夫子借以喻有形之堅白，與無形之堅白，亦異也。

〇匏之種類不一，長而瘦上者曰瓠，短頸大腹者曰匏。細腰者曰蒲盧，又名果蠃。果蠃，土蜂也。瓠腰細似之。《中庸》云：「政也者，蒲盧也。」瓜，蓏倮屬。木實曰果，草實曰蓏。果有殼，蓏無殼。與裸通。匏、瓜皆蓏類也。《天官書》有星亦名匏瓜，在河鼓東，客星守之則魚鹽貴。或以星繫于天，不可摘解，非也。

〇韓非曰：「中牟，三國之股肱，邯鄲之肩髀也。」趙簡子伐邯鄲，佛肸以中牟叛，蓋扼其要地。

〇《烈女傳》云：「趙鞅取中牟，執佛肸母，將加罪。對曰：『妾聞子少而慢者，母之罪也。長而不能使者，父之罪也。今妾之子少而不慢，長又能使，妾何負？妾聞之，子少則爲子，長則爲友。夫死從子，妾既爲君長子，君自擇爲臣。今在論中，此君之臣，非妾之子。君有暴臣，妾無暴子，非妾之罪。』乃免其母。」按母言如此，則其子非甚不肖者。與公山弗擾不忘宗國，皆有義氣而輕率者耳。是時，夫子失魯司寇，居衞，距晉甚邇。生平足跡不涉晉境，佛肸召則欲往。未幾，趙鞅召，則不往。《説苑》謂趙鞅召夫子，將害之，得非以佛肸之故邪？其人險毒如此，佛肸之叛有所以致之。

7 子曰：「由也，女汝聞六言六蔽矣乎？」對曰：「未也。」「居，吾語女。好仁不好學，其蔽也愚；好知不好學，其蔽也蕩；好信不好學，其蔽也賊；好直不好學，其蔽也絞；好勇不好學，其蔽也亂；好剛不好學，其蔽也狂。」

○不曰六德，曰六言者，浮慕其名則德皆是言。言者，空名也。實加學問，則言即是德。德者，真得也。契慕其美，深造其實，詳究事理，依據程法，則即好即學矣。好學，則其益無方，衆美兼得。不學，徒好虛見而已。故曰：「仁者見之謂之仁，知者見之謂之知，君子之道鮮矣。」有所好必有所不好，有所見必有所不見，故曰蔽也。勇者喜擔任，而體驗功疎，故夫子多爲之目，丁寧以致其詳，而補其疏略也。要之，仁、知、勇三德，一好學足矣。居，坐也。《禮》：侍于君子，有問則起而對。子路起，夫子命復坐也。仁者愛人，不學則明爲愛掩曰愚，如樊遲未達知人愛人，宰我問從井救人之類是也。知者明察不學，則窮高極遠。汎濫無歸曰蕩，如子張問十世可知之類是也。信者無欺，不學則硜硜信果，無通變之識。妨人害事曰賊，如尾生與婦人期于梁下，水至而死之類是也。直者無隱，不學則急促不容曰絞，如直躬證父攘羊之類是也。勇者無懼，不學則陵暴犯上曰亂，如羿、奡弑君之類是也。剛者不屈，不學則躁率放肆曰狂，如原壤母死而歌，見夫子而夷俟之類是也。凡德有一即美，況六美兼得？凡蔽有一即害，況六蔽叢生？其要皆係乎學與不學，學則美無窮，不學則蔽無窮，人可不學哉？

〇《易》數以六爲陰。蔽，陰意也。一言，猶一字也。六字六蔽，錮蔽之甚也。六言兼五常，遺禮義，何也？仁之道大，知之用廣，信之體執，故好須用學。而禮者中正之節，義者裁制之宜。復禮即是克己，徙義即是崇德。直而無禮則絞，勇而無禮則亂。君子有勇無義爲亂，小人有勇無義爲盜。纔涉禮義，即便是學。好學即是好禮義，非遺之也。子路爲人直勇剛，六言所重在此。剛主志，勇主氣。戒子路持志，勿暴氣也。子見南子，往公山，則不悦，此類見其直。有聞斯行，不稟父兄，見其勇。羣居行，片言折獄，從政必果，見其剛。

〇《家語》：子路初見夫子。子曰：「汝何好樂？」曰：「好長劍。」子曰：「非此之問也。謂以子所能而加以學問，豈可及乎？」子路曰：「學有益哉？」子曰：「木受繩則直，人受諫則聖。受學重問，孰不順成？毁仁惡士，必近于刑，君子不可不學。」子路曰：「南山有竹，不揉自直。斬而用之，達于犀革，何學之有？」子曰：「括而羽之，鏃而礪之，其入之不亦深乎？」子路再拜，曰：「敬受教。」

8 子曰：「小子何莫學夫《詩》？《詩》可以興，可以觀，可以羣，可以怨。邇之事父，遠之事君，多識於鳥獸草木之名。」

○小子，謂初學輩。學《詩》與誦《詩》異，誦者記其辭，學者習其事也。以，用也，資藉之意。感動曰興，由歌詠得也。考鏡曰觀，由美刺得也。和衆曰羣，處常也。悲憤曰怨，處變也。二者由温柔得也。邇謂家庭，遠謂天下國家〔一〕。事父事君，由敦厚得也。鳥獸如《關雎》《麟趾》之類，草木如《卷耳》《桃夭》之類。識其名目，由文辭得也。《詩》備夫婦兄弟朋友而不及者，惟君父爲大也。六經皆至教，獨《詩》之爲言也，長言之也。知者深入解頤，愚者巽言亦悦，故可以感人而使興。其美刺詳明，故可以考見得失。其性情温和，故不乖忤而可羣。其志意忠厚，故無嫉妒而可怨。其人多忠臣孝子，故事君父取之咸備。其託物比喻，多草木鳥獸之名，亦足以廣見聞，所以小子不可不學也。

○此聖門學《詩》之明法，世儒言《詩》專言樂，樂惟可以興之一義，《詩》獨《頌》爲樂歌。《風》《雅》亦有爲樂作者，有不爲樂作者。美善刺惡，獻可替否，聖人删訂，以存治亂之跡，昭法戒也。其言温厚和平，故皆可以合雅樂，協管絃。而逆其志，諷其辭，使人意思温良，善念發興。興者，性之動也，學《詩》之要也。觀、羣、怨，事君父，皆由興得，方是學《詩》。不然，六經皆可以也。興非託物之謂，託物則爲比。《詩》有興，猶《易》有象。象在辭外，興亦在辭外，故能動人。若但託物爲興，則賦、比不可以興乎？《孟子》云「説《詩》者，不以辭害志，以意逆志，是謂得之」，

〔一〕「家」，底本無，據文義補。

興之謂也。故學《詩》，興爲先。世儒誤以比爲興，經解所謂或失則愚者矣。可怨可羣，惟其性情中和，樂而不淫即可羣，哀而不傷即可怨，非必《螽斯》乃羣，《小弁》乃怨也。事父事君，惟其性情敦厚。以爲子則孝，以爲臣則忠，非必《陟岵》事父，《四牡》事君也。夫子脩《春秋》，與刪《詩》相爲表裏。治亂之跡，相爲終始。《春秋》是非微婉，全用詩人美刺之法，故曰「不學《詩》，無以言」。孟子謂《詩》亡然後《春秋》作，即可興可觀，可羣可怨，事君事父之義。二十篇中言他經，不過一再，惟言《詩》十有三。興起後學，莫善于《詩》也。至古詩變而近體作，揚材使氣，風雅絶響而《詩》壞。故《春秋》變而《世》《史》作，逞胸臆，挾私毀譽，而史亦壞。以至口舌招釁，因詩成獄，豈聖人教小子之意？鳥獸草木本異類，識其名目耳，非如後儒所謂即物窮理也。《爾雅》附會，往往舛迕。《山海經》窮奇，半涉虛誕，莫不借口多識。今計《詩》中鳥獸草木，不過數十種，聖人以爲多矣。奈何更加緣飾？比興貴目前，至近易曉，必無異方幽怪之物，如雎鳩即布穀，而猜度爲水鳥、王雎。騶虞本官名，而穿鑿爲白虎、騶牙，豈詩人託寓，聖人雅言之教？乃詭稱鳥獸草木之學失傳，今《本草》具在，神農託始，數千年來醫方按試，尚有誤而殺人者，異類無情，非天生命名，又非各物能自言其名也。如天文列宿，古聖觀象耳。今謂星有官職宫垣，似先有人而後有星者。緯稗技術，弔詭欺世類此。非聖教不足深求，學者但知所可知，不窮其所不必知，則多識之謂矣。

○凡是非直者氣壯，好惡明者辭決。氣壯多忤，辭決多偏。《詩》善惡非不明也，美刺非不直也。而其言閒雅雍容，彰而能闇，直而能曲，故委蛇變動，無所往不合。學者學《詩》之性情處人，則人無不宜。學《詩》之志意處事，則事無不當。聖人所以無可無不可，惟其温、良、恭、儉、讓。子貢謂綏來動和，孟子謂金聲玉振，皆無聲之《詩》也，故學莫要于知《詩》。

9　子謂伯魚曰：「女汝爲《周南》《召邵南》矣乎？人而不爲《周南》《召南》，其猶正牆面而立也與？」

○周道始于文王。二南，皆諷詠聖化而作也。然不言文王，言后妃，何也？言后妃，皆文王也。有男女然後有夫婦，有夫婦然後有父子，有父子然後有君臣。夫婦者，人道之首。故廉恥發于男女者最切，禮義養于閨門者最深。男子主陽教，而承藉之基，始于室家。士有志正心脩身，內無賢偶，終覺寡助。遇悍妻妒婦，暗室屋漏之中，荒淫移志，肺腑肘腋之近，怨悱攖心，出入交讁，耳聞目見，觸境成滯，自非豪傑，根本先撥矣。欲孝敬親長，式穀子弟，宜其家人，不可得，況治國平天下乎？故夫閨門者，教之首也。文王有聖德，又得聖女爲配。《關雎》以下皆言其壼範之美，與文王共齊其家，及于邦國者也。文王之聖，非有資于大姒而後化行。然盛德濟美，內外相成，故身脩家齊，而國治天下平也。後王採輯其事，叶之咏歌，合之管絃，象之籥舞，以爲射鄉食饗之樂，使人皆知脩齊之要，人倫之本，自天子達于庶人，同也。今學者欲爲二南，誦其辭，繹其旨，體之身心，踐之室家，隱微以求，無媿于文王、大姒，方是真能爲二南者。不然，好色而不好德，血氣未定，喜怒任意，妻孥之間，苟可肆志，將無不爲。而廉恥彫喪，出對父母兄弟，子女奴婢，未免慙阻。甚者，嫌妒一生，恩怨反覆，變態百出，而禍患隨之矣。所謂正牆面而立者如此。正，猶對也。面，猶前也。牆當前，言無所往也。聖人教子繼體承家，切要之訓，學者宜書紳也。

○古本連上「小子」爲一章，言《詩》雖相通，而教子與教門人，定非一時，宜別爲一章。曰爲曰學，皆實體之功，而爲更切，以二南于《詩》尤要也，所言皆文王教家之化，行于南國者也。文王國于西土，三分有二，正在東南之閒，不及北者，紂都在北也。周、召，皆岐周地名。《漢志》扶風縣東北有周城，西有召城。周爲周公邑，召爲召公邑。周公治畿内，召公布政南國。及周有天下，追頌王化，作此詩。而文王未王，故詩不屬《雅》，又不可列于侯國，遂以首《風》。化行王國者謂之《周南》，達于侯國者謂之《召南》。《周南》詩十一篇，《召南》詩十四篇，皆由閨門以及朝廷邦國，家齊而國治者也。

○書傳稱夫子、伯魚、子思三世出妻，孟子亦欲出妻。雖不足盡據，然《禮》有出妻之條。出妻子爲母之喪，則古人出妻，常也。其于夫婦之義，嚴矣哉！蓋天下莫愚于婦人，而人情莫暱于好内。先王制禮，防慮深遠。後世禮義不明，身教不端，致牝鳴家索，流毒不可勝言。《詩》首二南，《易》重《咸》《恒》，有以也。

○按《風》首南者，南方生育之鄉，北方氣肅殺。昔舜歌《南風》而治，紂好北鄙之樂而亡。子路鼓瑟，有北鄙之聲，夫子憂之。故樂有《南籥》以合雅。《詩》云：「以雅以南，以籥不僭。」萬物相見乎南方，故文明盛于南。王化以南爲始，所以首《風》也。江漢，文王首善地。夫子師文王，而甚思有爲于楚。《詩》不列楚風，二南即楚也。天運自北而南，三代以後帝王多楚産。聖人前知之，故删《詩》首二南。篇終《殷武》，亦爲服楚也。後儒不識《詩》與《春秋》表裏之義，妄謂《春秋》尊桓文，擯楚爲夷，千古耳食，可笑哉！

10 子曰：「禮云禮云，玉帛云乎哉？樂云樂云，鐘鼓云乎哉？」

〇玉帛，所以行禮。然所謂禮者，衹是玉帛而已乎？鐘鼓，所以奏樂。然所謂樂者，衹是鐘鼓而已乎？人可以深思矣。仲尼燕居，謂子張曰：「師，爾以爲必鋪几筵升降，酌獻酬酢，然後謂之禮乎？爾以爲必行綴兆，興羽籥，作鐘鼓，然後謂之樂乎？言而履之，禮也。行而樂之，樂也。」與此章意合。不惟玉帛、鐘鼓不可當禮樂，即禮樂亦不可執以爲禮樂也。《記》曰：「天高地下，萬物散殊，而禮制行矣。流而不息，合同而化，而樂興焉。禮者，天地之别也。樂者，天地之和也。」又曰：「禮樂之極乎天而蟠乎地，行乎陰陽而通乎鬼神，窮高極遠而測深厚。樂著大始，禮居成物。著不息者，天也。著不動者，地也。一動一静者，天地之閒也。故聖人曰『禮云〔一〕樂云』。」此之謂也。聖言不直指，而但使人深思。其旨廣大精微，無時無處無禮樂，可默識而不可言述。若作歇後語解，非也。直作和敬解，亦非也。道莫大于禮樂，樂即禮，禮樂即道。道不可須臾離，即禮樂不可斯須去。《記》云：「樂動于内，禮動于外。中心斯須不和不樂，而鄙詐之心入之矣。外貌斯須不莊不敬，而慢易之心入之矣。」

〔一〕「云」，底本無，據《禮記》補。

不可斯須去者，合外内之道也。二十篇中言禮即言樂，言學多言禮。《中庸》一篇，傳夫子雅言之教。執禮即執中，故曰「中者，天下之大本」。大本立，達道自行。學者欲知禮樂之云，須理會《中庸》透徹，即知禮，而樂在其中矣。後世言禮樂，如馬季長、鄭康成輩，區區名物度數，失聖人義以爲質之意。佛老之徒，王、劉、嵇、阮之輩，土苴名法，爲禮樂之蠹，而其號爲儒者，自謂知禮樂，以《中庸》《大學》爲道，離禮孤行，使學者迷失本宗，不知禮樂之云，又何責于二氏乎？

○《禮》：庭實旅百，惟玉帛將命特達。樂八音交唱，惟鐘鼓爲衆音綱領，故獨舉之。

○玉見第九篇。《周禮·大宗伯》以玉作六瑞，王鎮圭，公桓圭，侯信圭，伯躬圭，子穀璧，男蒲璧。以玉作六器，禮天地四方。天蒼璧，地黄琮，東青圭，南赤璋，西白琥，北玄璜。又典瑞職，瑑圭璧璋琮以覜聘。刻文曰瑑篆。

○帛，繒也。有五色。束帛而加璧于其上，行人親執以將命也。《周禮·小行人》「六幣，帛以璧」是也。《虞書》云「脩五禮五玉三帛」，謂朝覲五等諸侯之玉，三等國之帛，皆行禮之物也。

○《世本》云：「倕作鐘，金音也。」《周禮》鳧氏爲鐘，春官鐘師掌金奏，凡樂事以鐘鼓奏《九夏》。《釋名》云：「鐘，空也。空内受氣多，故其聲大。」鐘大者重千石，大鐘曰鏞，特縣者曰鎛，編縣者曰編鐘。編鐘十六同一簴。凡金之爲器有六，皆鐘屬，曰鐘、曰鎛、曰錞、曰鐲、曰鐃、曰鐸。《風俗通》云：「鐘者，秋分之音也。」《樂記》云：「鐘聲鏗，鏗以立橫，橫以立武。君子聽鐘聲，則思武臣。」

○少昊氏始作鼓，革音。《風俗通》曰：「鼓者，郭也。春分之音，萬物鼓甲而出謂之鼓。」《周禮》：「韗運人爲臯陶。」臯陶，謂鼓匡也。冒鼓必以啟蟄之日，象雷發聲也。夏后氏鼓四足，曰足鼓。商人柱貫而植之，曰楹鼓。周人懸之，曰懸鼓。大司徒有鼓人，掌六鼓，雷鼓以祀天神，靈鼓以祀后土，路鼓以祀宗廟，鼖賁鼓以行軍，鼛高鼓以勸工，晉鼓以作樂。小鼓曰應，又曰朄應，又曰鼙皮，一作鞞。有柄曰鼗，一作鞀，又作鞉，又作鼗。大鼓曰鼖。《樂記》曰：「鼓鼙之聲讙，讙以立動，動以進衆。君子聽鼓鼙之聲，則思將帥之臣。」

11 子曰：「色厲而内荏，譬諸小人，其猶穿窬俞之盜也與？」

○當世在位者倚權怙勢，爪牙暴戾，無愷悌之風。觀其外貌森嚴，而探其中情委靡，利則歆，害則恐，何以爲士大夫？殆衣冠中之小人，尤小人中之穿窬。穿窬，即盜也。行同狗鼠，内虚怯而外爲剛强。荏，怯弱也。可惡處在内荏。惟其多慾，所以内荏。而其色厲，所以爲穿窬也。君子正顔色，斯近信。中本無慾也，故志强而色温。臯陶陳九德，寬而栗，柔而立。内剛而外柔，爲泰爲君子。内柔而外剛，爲否爲小人。小人瞞人，恐窺其内，不得不防其外。若君子内外如一，坦然蕩蕩，有何防限，而作此面孔。

○鑿孔曰穿，小户曰窬。窬與竇豆通。《儒行》曰「篳門圭窬」，《春秋傳》作圭竇。盜鑿孔入，如圭也。

12 子曰：「鄉向原，德之賊也。」

○鄉與向同，衆所向也。萬二千五百家曰鄉，人衆莫如鄉。依倣曰原，如《漢書》原廟之原。鄉原者，衆意所向，輒依倣之也。大道不越世，聖人不絶俗，《中庸》之至德也。鄉原謂生斯世也，爲斯世也，善斯可矣。跡與中行似，而高世獨行者，反不及焉，所以爲德之賊。賊，猶盗也。德之賊，與上小人之盗異。穿窬避罪，鄉原釣名，穿窬匿己，鄉原欺世，穿窬自知爲小人，鄉原自信爲君子。故色厲内荏者，乃小人中之穿窬，鄉原乃德中之賊。大盗曰賊，小盗曰穿窬。孟子以鄉原與狂狷並形，與中行争驅，粧演逼真，關係學問道德，非據一人一事名也。忠信廉潔，真僞衹争毫髮。如佛老于聖人，相違天壤，而相似處甚迫。陸子静謂漢文帝亦只學得鄉原，非謂漢文帝不賢也。謂鄉原儘有事業，除却聖賢，無能免此，齊桓公、管仲足以當之。若一言一行，小知小術，博取微名，衹得鄉原一體。萬章謂一鄉皆稱原人，從起脚處粧演，至無所往不爲原人，則盡邦國天下矣。不離鄉人，而能使邦國天下無不稱，方完成鄉原，所以爲德之賊。朱子謂爲鄉里謹厚之人，則其狡猾何至如孟子所云？苟不至如孟子所云，不足爲德之賊。《春秋傳》云「敗則爲賊」，《爾雅》「食苗節曰賊」，言爲害之甚也。

13 子曰：「道聽而塗説，德之棄也。」

○道，路也。塗，即道也。聞善貴默識，方從道路閒彷佛聽聞，未經參究，前塗不遠，早已勦説。此等人無沈潛之思，雖嘉言善行，不爲己有，故曰「德之棄也」。非謂説便棄，爲其不涵泳思索也。

多識所以蓄德。含養蘊藉，乃爲己有，入耳出口，何能有得？荀卿云：「君子之學也，入乎耳，著乎心，布乎四體，形乎動静。喘而言，蝡而動，皆可以爲法則。小人之學也，入乎耳，出乎口。口耳之閒，財四寸耳，曷足以美七尺之軀？」《淮南子》云：「内不關于中而强學問者，不入於耳而不著於心，此何異聾者之歌也？效人爲之，而無足以自樂。聲出口，則越而散矣。」皆本此意。

14 子曰：「鄙夫可與事君也與平聲哉？其未得之也，患得之。既得之，患失之。苟患失之，無所不至矣。」

○鄙，陋也。孳孳爲利，所以爲鄙夫。與，謂用人者與也。用人者當爲君擇人，君亦當自擇也。與哉者，審量之辭。得，謂得位。患得，患難得也。用人者，勿使之得，可也。一使之得，彼必患失，將無不爲，此與者不審之過也。蓋既得則勢便，凡非禮非義，投君之欲，固己之寵，雖使其君爲桀紂幽厲，不暇顧矣。關係君身，故曰不可與。事君，朱註謂吮全上聲癰舐視上聲痔，此小人行己無恥，未涉君身。又云：弑父與君，鄙夫不逮此。如莽、操巨奸，正須仗義欺世，不作鄙夫飽煖勾當，彼如狼，此如狗。

15 子曰：「古者民有三疾，今也或是之亡無也。古之狂也肆，今之狂也蕩；古之矜也廉，今之矜也忿戾；古之愚也直，今之愚也，詐而已矣。」

○世道日降，今不及古。勿論古人佳處，雖古人病處，亦不及矣。古者風氣渾朴，習尚忠厚。加以教化作養，如唐虞九德，咸事臯陶，云「直而温、寬而栗」之類，皆中行完美。其或資稟之偏，無惡俗漸染，天真尚在。春秋以來，教化替于上，風俗壞于下，中行絶望，狂狷亦不可得矣。狂所以疾者，爲其肆也。肆者，有防閑而不屑爲此區區云爾。今之狂，則并防閑亦掃蕩矣。大道通方，本無矜持。矜所以疾，惟其分别過甚，露圭角而少圓融云爾。今之矜，則忿怒而乖戾矣。上智神明，古人亦有不明而爲愚者。惟其知不足，徑情直遂，是以爲愚。若今之愚，内懷機巧，外爲癡騃，人信以爲愚，而不知其愚也，正其所以爲狡黠之至也。愚與詐尤相反。而已矣者，甚之之辭。則并狂與矜，亦有假肆爲蕩，假廉爲忿戾者矣。凡人身陰陽調則無疾，一氣偏淫，疾乃生。狂、矜、愚，疾也。肆、廉、直，疾之本症也。蕩、忿、戾、詐，則疾之變而爲怪症也。本症易藥，怪症難治。

16 子曰：「巧言令色，鮮矣仁。」

〇解見《學而》篇。記者各記所聞，此因古疾今亡類記之。

17 子曰：「惡紫之奪朱也，惡鄭聲之亂雅樂也，惡利口之覆福邦家者。」

〇大道不分彼此，聖心原無作惡。天下自有邪正之途，則仁人自有好惡之公。如朱乃日與火之正色，大赤爲乾，南方陽明之象也，以黑入之，則變朱爲紫。黑者，大陰之色，以陰奪陽，是所惡于紫也。雅樂中和平澹，鄭聲放濫，以並奏，則雅反爲所揜，不若淫哇者之悦耳。所惡于鄭聲，此也。人主開國承家，四維鞏固。小人利口，顛倒是非，舉安寧之邦家，反覆摇蕩，則所惡于利口之爲人者也。覆，反也，如反覆手播弄之狀也。者與這同，猶言此等人也。大抵色離形，聲又離色，攙和夾雜，最難分辨。利口以紫爲朱，以鄭爲雅。惟視于無色，聽于無聲者能辨之。

○説者謂紫色艷，人喜之。其實朱色鮮于紫。爲紫棄朱，非人情。所以惡者，爲黑汁一入成紫，遂失却朱，故曰奪也。鄭聲讙噪，與雅並作，雅被其雜亂，然雅尚在，未似朱奪去，但不分明耳，故曰亂也。邦家有社稷人民，利口未便覆得，爲他摇唇鼓舌，播弄不安。人主若以朱紫不分之目，雅俗混淆之耳，聽信此等之人，未有不敗者矣。此章意不主疑似，所惡在奪與亂與覆，色奪目，聲亂耳，小人惑心志，三邪同類。惟奪惟亂，正道乃反。苟視不能奪，聽不能亂，則正道常明，豈小人所能反覆乎？以聲色形小人，故末語特加一「者」字。利口，即佞人而尤甚。佞亂義猶依附道理，利口亂信，全不根心。徐幹云：「利口者，心足以見小數，言足以盡巧辭，給足以應切問，難足以斷俗疑。好説而不倦，諜諜如也。」魯少正卯言僞而辨，記醜而博，順非而澤。魏夏侯玄志大，其量能合虚聲，而無實才。何晏言遠而情近，好辨而無誠，乃所謂利口覆國之人也。

○五方色，東青爲木，南赤爲火，西白爲金，北黑爲水，中黄爲土。五者相生，皆正色也。以木克土，青黄合成緑。以金克木，白青合成碧。以火克金，赤白合成紅。以水克火，黑赤合成紫。以土克水，黄黑合成騂。故五者爲閒色，不正也。

○鄭聲詳十五篇「顔淵」章。

18 子曰：「予欲無言。」子貢曰：「子如不言，則小子何述焉？」子曰：「天何言哉？四時行焉，百物生焉。天何言哉？」

○道以言傳，聖人不能易。然言以言乎道耳，道在言表，非言所及。如指指月，指非是月。執言爲道，執指爲月，衹益其迷。子云「予欲無言」，斷學者執言之路耳。子貢善言，故警之。小子，門人也。無言何述，亦實語。但述有所述，不在言。如視指所指，不在指，故夫子以道體示之。道統于天，人生日用，莫非天也。人在天中，如魚在水中，耳目肝膽皆是。衆人囿于天而不知，聖人身與天合，語默動静皆天，故曰順帝之則。不勉而中，不思而得，天之道也。天無言，四時自行，百物自生，流行活潑者即道也。聖人無言，時語時默，時動時静，千變萬應者，即道也。天也，聖人也，一也。故曰「吾無行而不與二三子者，是丘也」。豈待言而後顯，無言而遂晦？苟不言而躬行，常如四時百物，則天自不違矣。蓋形色即是天性，目視耳聽，手持足行，愛親敬長，觸處現成。《易》云「默而成之，不言而信，存乎德行」，夫人亦行之而已矣。《詩》云「如匪行邁謀，是用不得于道」，故曰「四時行，百物生，天何言哉」。此易簡之理，顯微無間。「吾無隱乎爾」，正謂此也。

○《孔子閒居》曰：「天有四時，春秋冬夏，風雨霜露，無非教也。地載神氣，神氣風霆，風霆流形，庶物露生，無非教也。」正與此同。造化所以行生，惟其自然無心。人心若滯在一處，故與造化不相似。惟虚可以合天，商量卜度，轉增滯礙。禪語云「嬾費言語，惟日夜煩萬象敷演，纔涉唇吻，即墮言詮。

離言語文字，是爲真入不二法門」，皆蹈襲聖人之旨。聖人無言，非有意不言也。天無言，聖人焉容不言？欲言不可，欲不言亦豈可？欲言多一言，欲不言多一不言，故曰「無可無不可」。遇子貢無言不爲少，遇顔子終日言不爲多。禪語云「衆人若能以無心受無聽聽，吾當以無言言」，亦蹈襲聖人之意。

○予欲無言，正是不須得言。子貢依舊饒舌，只得與言天。若更轉向時行物生處覓天，轉向語默動静處覓夫子，依舊非，畢竟何處是？曰「予欲無言」。「莫我知」向子貢説，「欲無言」亦向子貢説，則子貢似知音者，故云「夫子之言天道，不可得而聞也」。不知而知，惟天無述，而述亦惟天。畢竟天何物？譬諸鏡，四時百物，夫子子貢，俱是影。將鏡照鏡，鏡亦是影。鏡不自照，故名爲鏡。

19 孺悲欲見孔子，孔子辭以疾。將命者出户，取瑟而歌，使之聞之。

○孺悲，魯人也。《雜記》云：「恤由之喪，哀公使孺悲之孔子學士喪禮。」當時必有不率教者，故夫子於其來見辭之。然陽貨可見，南子、互鄉、童子可見，何獨孺悲不可？本欲曲成之，恐其不悟，故鼓瑟使聞，正是用情篤至，天地父母之心也。

20 宰我問：「三年之喪，期朞已久矣。君子三年不爲禮，禮必壞；三年不爲樂，樂必崩。舊穀既没，新穀既升。鑽燧改火，期可已矣。」子曰：「食夫稻，衣夫錦，於女汝安乎？」曰：「安。」「女安，則爲之。夫君子之居喪，食旨不甘，聞樂不樂，居處不安，故不

爲也。今女安，則爲之。」宰我出，子曰：「予之不仁也。子生三年，然後免於父母之懷。夫三年之喪，天下之通喪也。予也，有三年之愛於其父母乎？」

○先王制禮爲限制，以齊民俗，使萬世共守之。先王以爲人心不可見，而節文可據，故其制一定而不移。如喪禮以哀爲主，其斬、齊、功、緦，三年朞月，皆定制也。親始死，孝子勺水不入口。三日既殯，居倚廬，服三升布衰，始食粥。三月既葬，受以成布，疏食。期年小祥，服練，始食菜果，居堊室。再期大祥，服縞，始食醯醬。又間一月而禫，服除，始飲醴酒，食乾肉。凡此皆定制也。在仁人孝子，用情罔極，非三年可盡。若薄夫俗子，全仗此禮約束。春秋時，三年喪不行。諸侯親死在殯，而戰伐盟會親迎，則卿大夫可知矣。晏子親喪，寢苫枕草，人皆異之，則士庶人可知矣。飲酒食肉處内，一切無檢，又可知矣。而乃以先王之制爲虛文，以三年衰麻、疏食水飲爲不近情。蓋君子居喪，情文備至。小人勉爲三年，虛文無實。故宰我有爲期之請，亦猶魯不告朔，而子貢請廢羊也。聖人豈不知古道久虛，然揆諸天理人情，萬不可改。論禮之情，雖不以衰麻哭踊爲至，而守禮之制，豈得遂以食稻衣錦爲無害乎？宰我謂崩壞之禮樂，正是食稻衣錦之類，如祭祀燕享嫁娶，玉帛之禮，鐘鼓之樂，而仁孝實心，爲禮樂之本。夫子直以世俗所共迷者醒之，宰我亦據世俗所共蔽者應之。故夫子於其出，而深責宰我，即以儆世俗也。當世居喪者，往往食稻衣錦，爲習俗所蔽。若反思生我之恩，良心必自不安，是先王制禮作樂之本也。人苟不昧此心，自不忍爲食稻衣錦之事。自信三年之喪不容已，何難行之足慮，而爲苟且遷就之説哉？今不講于禮之情，而徒見禮之文，但知宰我之議爲過薄，而不知聖人行禮之心，以三年不食稻衣錦爲孝子，而以身被衰麻爲善居喪，苟不反諸仁愛之良，猶之夫短喪者耳。讀此章之言，要在得孝子之情而已矣。

○三年，二十七月也。喪，失也。失物曰喪。孝子不忍死其親，如親尚在而亡失云爾。周一年曰期。期者，復其時也。不爲禮，如不嫁娶之類。物久自破曰壞，不爲樂如不御琴瑟之類。崩，裂也。樂不合曰崩。穀，百穀也。没，盡也。升，登也。燧，取火之木。食以稻爲美，衣以錦爲重。旨，美味也。居，坐也。處，息也。懷，抱也。

○宰我，聖門高弟，何至欲短喪？在庸衆有此心，未敢言，宰我直請，亦可見其狂簡。及被夫子心安之詰，在庸衆必包藏不吐，宰我自任，亦可見其愚直。彼所謂期年者，乃是真不安之期年；所欲短者，乃是世俗三年之虚喪也。《檀弓》云：「魯悼公之喪，孟敬子曰：『勉而爲瘠則吾能，毋乃使人疑夫不以情居瘠者乎哉？我則食食。』樂正子春母死，五日不食。曰：『吾悔之。自吾母而不得吾情，吾惡乎用吾情？』」漢戴良母喪，兄伯鸞居廬啜粥，非禮不行。良獨食肉，哀至乃哭。二人俱有毁容。或問之，良曰：「禮所以制佚也，情苟不佚，何禮之論？」食旨不甘，固致毁容之實。若味不在口，食之可也。即宰我之見。要之，不可爲通義。女安則爲之，非教之爲也，猶「吾末如之何」之意，亦不屑之辭。

○喪服有五，一斬衰。《儀禮》曰：斬衰，苴絰杖，絞帶，冠繩纓，菅屨。《傳》曰：斬者，不緝也。

苴絰者，麻之有蕡者也。苴絰，大搹厄，左本在下，去五分以爲帶。苴杖，竹也。杖者，輔病也。次二齊咨衰。《儀禮》曰：疏衰裳，齊。牡麻絰，冠布纓，削杖，布帶疏屨。《傳》曰：齊，緝也。牡麻，枲洗麻也。牡麻絰，右本在上。冠者，沽功也。疏屨者，藨𣩵蒯之菲費也。削杖，桐也。齊衰有三年者，有一年者，有一年不杖麻屨者，有三月者，恩輕而分尊者之義服也。次三大功。《儀禮》曰：大功布衰裳，牡麻絰纓，布帶，三月。受以小功衰，即葛九月。《傳》曰：大功布九升，小功布十一升，謂布縷功麤大于小功也。斬三升，不稱布。齊，布四升，不稱功。大功，布九升。稱功而麤曰大。又有殤大功。死者情重，服本斬齊，而以幼降，或九月，或七月，服與正大功同。而但以本衰終喪，不似他服既葬易輕也。《儀禮》云無受，是也。次四小功。《儀禮》曰：小功布衰裳，澡麻絰，即葛，五月。布縷功細于大功，多二升，故曰小也。澡麻，牡麻之洗治者，即葛。謂三月既葬，以葛帶易麻帶，終五月之限也。又有殤小功，爲死者本服期以下而幼，降與小功同。但既葬不易葛，以麻帶終限爲異耳，又有繐衰。諸侯之大夫所以服天子者，亦小功布，但既葬即除異耳。次五緦麻。《儀禮》曰：緦麻三月。《傳》曰：緦者，十五升抽其半，有事其縷，無事其布曰緦。緦，絲也。言縷細如絲，以爲衰裳，麻絰，故謂緦麻。十五升去半，六百縷也。縷少于小功布者，此細而加洗治也。有事，謂洗治。洗其縷，不洗其布。以上五服，生于五親。《喪服小記》曰：「親親以三爲五，以五爲九。上殺下殺旁殺，而親畢矣。」身父子爲三，由父以親祖，由子以親孫，以三爲五也。由祖以親曾、高二祖，由孫以親曾、玄二孫，以五爲九也。九者，三其三代也。中三代、上三代、下三代曰九族也。五服遞減曰殺，親漸疏，服漸滅。身以上，父斬衰三年，祖父齊衰期年，高、曾祖齊衰三月，此上殺也。身以下，爲長子斬，庶子齊期，適孫大功，曾、玄孫緦麻，下殺也。身以旁，同父親兄弟齊期，同祖從兄弟大功，同曾祖再從兄弟小功，同高祖三從兄弟緦麻，旁殺也。高祖之外，上下旁皆無服，故曰畢矣。《大傳》曰：「四世而緦，服之窮也。五世袒免，殺同姓也。六世親屬竭矣。」四世，即同高祖者。同父一世，同祖二世，同曾祖三世，同高祖四世，服至緦而盡，故曰窮也。高以上五世曰同姓，無正服，有喪則弔送哭踊，袒衣免冠，加布而已。免如今俗白布纏頭之類。六世親屬雖竭，而袒免同。凡袒免，無服之服也。此以上皆古禮，今制五服同，而隆殺小異。

○燧，取火之木。《莊子》云「木與木相摩則然」，木中有火，鑽之則發。古聖人上觀星象，下察五木，鑽木取火，炮生爲熟，使人無腹疾，以遂人之性情，曰燧人氏。《周禮》：「司爟貫掌行火之政令，四時變國火以救其疾。」革其故而取其新，則火不爲災。春行木令，鑽榆柳，其色青，木之火也。夏行火令，鑽棗杏，色紅，火之火也。季夏行土令，鑽桑柘，色黃，土之火也。秋行金令，鑽柞楢由，色白，金之火也。冬行水令，鑽槐檀，色黑，水之火也。一年四改火，用莫切于水火。水害少，火災多，故火必數易。猶藏冰開冰，亦調燮之一事也。秦漢以後從簡，惟春一改火。以建辰之月，火星昏見于辰方。司爟季春出新火，令民家盡熄舊火，此清明、寒食所由名也。東漢《禮儀志》云：「夏至，浚井改水。冬至，鑽燧改火。」取陽始生，歲惟一改火，非古矣。

○《隋書》王劭云：「聖人作法，豈徒然？晉時有以洛陽火渡江者，相續不滅，火色遂變青。晉師曠食飯，云是勞薪所爨。平公使視之，果車輞也。今温酒炙肉，用石炭、柴火、竹火、草火、麻荄火，氣味各不同。以此推之，新火舊火，當有異矣。」

○《淮南子》云：「冬至甲子受制，木用事，火煙青，凡七十二日。戊子受制，土用事，火煙黄，亦七十二日。庚子受制，金用事，煙白。丙子受制，火用事，煙赤。壬子受制，水用事，煙黑。亦各七十二日。」則是火煙四時亦異矣。

○二十八宿，心星爲天之大火，辰、戌二位爲火之墓。季春心星昏見于辰而火出，令民閒出火以宣其氣。于時雖烈山焚萊，不禁也。季秋心星昏見于戌而火入，令民閒納火以息其氣，于時雖鑠金焚薙有禁。故《周禮》凡國失火，野焚萊，則刑罰。《春秋傳》鄭鑄刑書，火星未出而出火，後乃災。

○天晴取火以金燧，天陰取火以木燧，故《内則》云：「左佩金燧，右佩木燧。」《周禮》：「司烜以夫燧取明火于日，以鑒取明水于月。」註云：「夫燧，陽燧也。」鑒即陽燧。鑒，鏡也。一名金燧，一名方諸。日高三丈，以鏡向日，燥艾承之，有頃艾焦得火。又以水晶大珠當午置日中，以草紙或艾承之得火。則是方諸取火亦取水，水晶亦可取火，日月同氣，坎離一體也。

○稻，滔也。宜水得名。于五穀最貴，故以對錦。《儀禮》：大夫餼，惟粱黍稷，無稻。《禮記》「稻曰嘉疏」，五穀重禾麥也。

○錦，織絲爲之，光麗如金，故字从金。或曰價重如金也。翻鴻走龍，迴鸞舞鳳，古錦之文也。

21 子曰：「飽食終日，無所用心，難矣哉！不有博弈亦者乎？爲之猶賢乎已。」

○飽食，言身安。終日，言時久。無所用心，謂心無棲泊之所。悠悠蕩蕩，如浪花風絮。放而不求，所謂心不在焉。行尸走肉，禽獸不遠矣，故曰「難矣哉」。曾不如六博與弈棋之人，事雖無益，而手有所執，則心有所寄，較無所用心者，爲猶賢也。已，止也。猶《孟子》云「於不可已而已」之已。聖人非教人博弈，甚言無所用心之不可耳。士君子操心制行，進德脩業，惟日孳孳，豈可使心終日無所用乎？釋氏頓教人死其心，心何能死？强制枯寂，如以薪包火，火乃愈燃。若任放無羈，是謂無用之心。若博弈，是謂枉用之心，則如何而可？曰：善用心者，使心常在內。語默動静，素位而行。入孝出弟，誦《詩》讀《書》，非法言不言，非法行不行，此之謂善用其心。故曰：「學問之道無他，求其放心而已矣。」心未可一息離舍，養生家云：真人潛深淵，其息以踵。神馭氣，氣留形，常相守也。在聖人即是知至、意誠、心正、身脩，心在身内則成泰，心在身外則成否。故曰：「天地設位而《易》行乎其中。」成性存存，道義之門。神氣忻合，天地交泰。養德養身，俱在其中。

○博，戲局也。一曰塞，或作賽。一曰摴蒱。摴，舒也。蒱，捕也。捕子而食之也。今之雙六，其遺法。雙六三十馬，博十二馬，以骨爲投子曰齒，一曰矢。《湘中記》云「石子如樗蒲矢」是也。上下四方六面有點各殊，擲數行馬曰六博。大博用六子，或五子。小博用二子，又曰格五，曰五木，曰五白。未詳其法。擲子有梟、盧、雉、犢，梟爲最勝，梟即么點，得梟則食。《楚辭》云：「成梟而牟，呼五白。晉制犀比，費白日。」註云：「倍勝爲牟。五白即博齒也。」《博賦》云「齒以爲號令」，即投子也。晉制，工作也。投子比集犀角，如白日光華，費日光也。博本作簿，布也。烏曹始作簿。或曰老子入胡作也。《史記·蘇秦傳》「六博投擲相賽」，魏陳思王始變作雙六，名握槊之戲，即摴蒱也。晉陶侃謂摴蒱爲牧猪奴之戲，蓋惡之也。

○弈，圍棋也。三百六十一子，相攻圍爲勝負。字从廾，竦兩手執之也。又弈者，布散落弈之意。紂作博弈，或云堯舜作以教愚子。此好弈者夸飾之説，故王坦之以弈爲坐隱，釋支遁謂手譚，蓋好之也。

22 子路曰：「君子尚勇乎？」子曰：「君子義以爲上，君子有勇而無義爲亂，小人有勇而無義爲盜。」

○尚，習尚也。上者，尊重之意。勇者好上人，然恃其血氣麤俚而反招辱。貴者必爲亂，賤者必爲盜，風斯下矣。好義則樂善循理，温良養德，儀望尊重，所以爲上。《聘義》云：「衆人所難而君子行之，謂之有行。有行之謂有義，有義之謂勇。所貴勇敢者，貴其能立義也。」正與此同。《家語》云：「子路治蒲，見于孔子，曰：『邑多壯士，又難治也。』子曰：『然，吾語女。恭而敬，可以攝勇。寬而立，可以懷强。愛而恕，可以容困。温而斷，可以抑奸。』」皆不尚勇之意。

○先儒疑此章爲子路初見夫子時問答，書傳稱子路初見夫子，戎服拔劍，夫子設禮誘之，遂委質受學，竟成名賢。固聖教大冶神工，亦子路天資高邁，心懷虚懇，生平有志希聖，聞過則喜，故能篤言，可謂出谷遷喬，千古士林，罕見其儔。夫子嘗謂：「鄙夫問于我空空如也，我叩其兩端而竭焉。」僊家謂之點鐵成金，此便是一大公案。

23 子貢曰：「君子亦有惡（去聲）乎？」子曰：「有惡。惡稱人之惡者，惡居下流而訕（山去聲）上者，惡勇而無禮者，惡果敢而窒（執）者。」曰：「賜也亦有惡乎？」「惡徼（夭）以爲知者，惡不孫（遜）以爲勇者，惡訐（結）以爲直者。」

○君子存心汎愛，故子貢以有惡爲問。夫子所惡四事，須識其故。天下豈少大逆無道之人，顧獨舉此四者，何也？大逆無道者，罪狀昭然，有公論王法在，不必君子然後能惡之。此四等人，瞽然自以爲是，而人不敢非。見人之惡不爲諱，已薄矣，又從而揚之。稱，猶揚也。喜譚樂道，此何心也？下流之人，其分卑，其行汙賤，如市井駔儈倡優輩，無端毀謗賢士大夫，何其悖也！凡人血氣勇猛，惟禮足以克之。尚勇而又不知禮，則强梁負氣，何所不陵？其人果敢好剛，少知變通，猶可與計。更加固執，必乖張妄作。此四者，不仁不義，無禮無智，聖人所惡也。子貢所惡，皆機詐之事。其人本無識，而徼取他人之知，以爲己知。其衷本怯懦，而陵上傲長，很愎不遜讓以爲勇，本無是非之公心，而攻發人隱以爲直。此三者，不忠不信，危險之徒，不但似是而非也。

○戲謗曰訕。徼、邀同，抄取也。邀取人之智歸己，而没其人，與取諸人爲善者殊也。孫、遜同，退讓也。不遜爲勇，如今惡少侮人以爲膽氣，罵坐以爲豪舉之類。訐，持人之短也。即今告人陰事之類，齊語謂之掉眺磬。

24 子曰：「唯女子與小人爲難養也。近之則不孫遜，遠之則怨。」

〇女子小人，家國俱有，僕婢、臣妾之流也。難養，非無可奈何之謂。儆人善處，勿玩視而任情也。恩義之閒，必斟酌其可。先云近而後云遠，先云不孫而後云怨者，貴恩以懷之也。《易·遯》卦之六三曰：「係遯，畜臣妾吉。」言係戀之私恩，以畜臣妾，則吉養，猶養不才之養，含容之也。若爲《否》之小人，惟恐不遠，何養之有？

25 子曰：「年四十而見惡焉，其終也已。」

〇見惡，謂見惡于君子。人生三十而壯，四十而强，過此精力漸衰，故四十爲成德之年。見惡，謂多罪過，不但無聞耳。其終者，料其無成，勉使亟圖也。

論語詳解卷十七終

論語詳解卷十八

郝敬 解

○陪臣執國命，世亂仁賢隱，故「微子」次「陽貨」。

微子第十八

1 微子去之，箕子爲之奴，比干諫而死。孔子曰：「殷有三仁焉。」

○微子，名啓。商王帝乙之長子，紂之庶兄也。箕子，名胥餘。比干，王子名，封于比，名干。二子皆紂諸父也。去，遯也。罪人曰奴。《周禮》：「奴，男子入于辠隸。」諍言曰諫。死，被殺也。仁者，忠愛之真心也。初，微子母既生啓，立爲后。復生紂，而啓賢，箕子勸帝立以爲嗣，大史争之，謂紂：「后生子貴，當立。」而封啓于微。及紂即位，無道，忌微子。微子謀于箕子、比干，遯去。事見《商書》。紂疑箕子黨于微子，執而囚之。比干諫，遂殺之。三子所處不同，其去留生死，紂制其命，而三子隨分自盡耳，非有心各執爲一道也。世或以此優劣三子。孔子謂其愛君憂國之心同，皆骨肉大臣，分無所逃，情無所解。微子寧棄封爵，不忍以猜忌之身，致同氣之殘。箕子義無可去，甘因縶以企君之一悟。比干義不容默，寧直諫死，不忍見宗社之亡，至誠惻怛之心同也。或問：微子何以當去？曰：不去，紂疑箕子、比干挾微子謀己也。《書》曰「我舊云刻子，王子弗去，我乃顛隮」是也。箕子何以爲之奴？奴非箕子自爲也。紂以其嘗勸先王立微子，今微子去，疑將與之同逃，故囚之。紂不死，亦將與比干同見殺矣。凡三子所爲，皆天理人情之至，處心毫髮無憾。《書》云「自靖，人自獻于先王」，可謂不食其言矣，何容置優劣乎？或曰：微子抱器歸周，有諸？曰：有之。《詩》云：「殷士膚敏，裸將于京。」《易·明夷》之六四：「入于左輔，獲。」《明夷》之心于出門庭，即此事也。當世抑或有疑微子之去者，夫子稱三仁，以雪微子也。或曰：周既亡商矣，微子何當受爵？曰：商亡，非周之咎也。周不取，商亦亡。如周之事商，亦可矣。文王宜取而不取，武王取之而不欲。獨夫死，而先祀不絶，賓微子而不臣，何爲不受？然則微子既存商祀矣，箕子封朝鮮，不亦可已乎？曰：箕子之適朝鮮，非就封也。嘗自言：「商其淪喪，我罔爲臣僕。」紂死，箕子慕孤竹之義，遠處海濱。武王不忍奪其志，即朝鮮以爲食邑。若箕子肯受封，有商之故地在，何必海濱乎？武王克商二年，始訪道于箕子，箕子乃言《洪範》，首稱十二祀，猶商時也。娓娓數百言，不及革命事，亦無一語相崇獎，直陳所聞，爾汝相告，可謂不降其志者矣。有微子之智而不必去，無比干之死而不苟生。夫子贊《易·明夷》之彖曰「内難而能正其志，箕子以之」，與文王並稱，其欽崇至矣。

〇此章之言，因微子發端，時紂尚在，二子以身殉國，微子何當先去？《詩》詠殷士，臣服于周，夫子亦嘗歎之矣。故傳記云：「微子面縛銜璧，肉袒牽羊執茅，見武王。」夫子言三仁，專爲微子明心迹也。若箕、比之仁，不言可知。然處微子之地，不得不去。孟子謂「貴戚之卿，君有大過，反覆諫不聽，則易位」，易位莫如微子矣。使父師、少師能爲伊尹，廢紂立微子，則商不亡。紂所以懷疑，而微子所以不能一朝居也。聖人持論，本乎人情。管仲不死子糾而相桓，夫子猶許其仁，而况微子乎？若夫泰伯三讓，與文王事殷稱至德，武王誅紂歎未盡善，語其至者。大道無方，天運有寒暑，日月有薄蝕，各適其時，不過乎物而止。必欲聖人自立于無過之地，則已甚，已甚則窮，天地聖人所以無窮者，變而通也。此篇多記夫子處窮之事，故首殷三仁。孔子之先，微子之裔也。

○《括地志》云：「比干見微子去，箕子奴，進諫，不去者三日。紂問：『何以自持？』比干曰：『脩善行仁義以自持。』紂怒曰：『吾聞聖人心有竅，信諸？』遂殺比干，刳其心。」

○按《家語》《孟子》，比干，紂諸父也。《史記》云「箕子，紂親戚也」。鄭玄、王肅亦謂紂諸父，服虔、杜預謂爲紂庶兄。按《尚書》，箕子稱父師，比干稱少師。少師既爲諸父，豈父師反爲諸兄乎？或據《孟子》云，紂爲兄之子而有微子啓、王子比干，并疑微子爲諸父，非也。兄之子，指比干，而帶言微子之賢，異于紂耳。豈謂微子亦諸父邪？

○微，國名。子姓，子爵。通作郿。《春秋》莊公二十八年冬，築郿。《公》《穀》作微。註云：微子食邑。在商爲畿内地，至周分屬魯。今山西潞城縣有微子故城，蓋微子當帝乙時封于外。紂忌之，與箕子俱徙畿内。

○箕，國名。亦子姓，子爵。相傳武王封箕子于朝鮮，即今遼東榆社東南有古箕城。箕子在殷之故封，無考。《春秋》僖公三十三年秋，晉人敗狄于箕。杜元凱謂大原陽邑有箕城，今大原府大谷縣。

○比干封比，地未詳。

2 柳下惠爲士師，三黜。人曰："子未可以去乎？"曰："直道而事人，焉往而不三黜？枉道而事人，何必去父母之邦？"

○士師，獄官。天子之士師，是司寇之貳也，爵下大夫。諸侯之士師，士耳，小官也。柳下惠爲春秋名賢，而官止士師，孟子所謂不卑小官也。處卑賤之位，一黜即當去，至再至三而不去，不已辱乎？或人之問，蓋譏之也。「直道」四語圓融，而其心玩世不恭，孟子謂焉能浼我，所謂南方之强也，屢黜不去，迹反近固，是爲逸民。然其量寬弘，直而不倨。士處無道，危行言遜宜如此，所以爲聖之和也。此魯國先賢夫子嘗舉以教門人，如周公謂魯公之類。周衰魯弱，夫子遭世亂，此篇詳記其事，而首舉柳下惠，亦從先進之意。惠三黜不去，夫子去不待三，惟遲遲其行耳。和而不恭，君子不由也。

○刑官曰士。《尚書》舜命臯陶曰「女作士」，古者習文史有才識者曰士，獄官爲民司命，必以士爲之。臯陶在五臣中最爲文明，觀《虞書·臯陶謨》，則知臯陶所以爲虞士者矣。官長曰師。《周禮》士師，下大夫四人，其屬有鄉士、縣士、方士、訝士，皆獄官也。周衰法弛，司寇專恣，士師之職始輕。魯孟氏以司空兼司寇，使陽膚爲士師，蓋家臣也。戰國時，齊蚳鼃辭靈丘請士師，則士師又卑于邑宰矣。舊稱柳下惠爲大夫，《檀弓》所謂家大夫者耳。若公朝之大夫，不得爲小官矣。春秋時，大夫僭諸侯，故家臣稱大夫。

3 齊景公待孔子，曰：「若季氏，則吾不能，以季、孟之閒待之。」曰：「吾老矣，不能用也。」孔子行。

○魯昭公二十五年，夫子年三十有五。是歲，魯季孫意如逐昭公，魯亂。晉政衰，山東諸侯獨齊景公稍振。夫子適齊，景公欲用夫子，將封以尼谿之田。晏嬰沮之，謂孔子盛容繁禮，累世不能殫其學，當年不能究其禮，故景公自謂老不及用也。待孔子者，與羣臣謀以爵禄處孔子也。孔子魯人即以魯亞卿位處之，力猶可勉，但年老，時不逮矣。雖用，焉能及？夫欲用孔子，與羣臣謀，猶欲爲千金之裘，而與狐謀其皮也，其能有成乎？孔子之行，非爲季、孟之閒，實决于不能用之一言。嘗自謂：「苟有用我，期月而可。」晏嬰謂累世不能究，是浸潤之譖也。本疑孔子魯人，未肯盡心于齊，故孔子遂行，將反魯也。下五章，皆以所涉歷爲序。夫子所欲有爲者，自魯以外，惟齊與楚。齊不用，反魯；魯不用，適楚；楚又不用，復歸魯。以次記之。

4 齊人歸女樂，季桓子受之，三日不朝，孔子行。

○歸與餽通。女樂，女子善歌舞者。歸，將納之宮中也。時魯定公十二年，夫子年五十有四。由大司寇攝相事，三月，魯國大治。齊人懼而用犂鉏計，選女子八十人，文衣舞康樂，文馬二十駟，遺魯君。陳于魯城南高門外，季桓子微服往觀再三。語魯君，爲周道遊觀終日，卒受之。三日不聽政，郊祭又不致膰俎，孔子遂行。適衛，宿于屯，師己送之。孔子歌曰：「彼婦之口，可以出走。」師己反，以告桓子。桓子曰：「罪我以羣婢也。」

〇或曰：齊人懼孔子興魯，則奚爲不自用？曰：用則疑其不忠于齊，不用則嫉其大行于魯，是以爲狡計也。然則孔子遂行何也？曰：豈有敵人納女子于君側，而讒妒不生者乎？去讒遠色，賤貨貴德，所以尊賢也。此言不行，將焉用彼相，故去也。或曰：苟女樂不受，夫子終不去乎？曰：是未可知也。魯惟有季氏耳，季桓子用孔子，非其情也。迫于陽虎、公山弗擾諸人之叛而用之，定公不得而主也。故《孟子》云季桓子有見行可之仕，非定公能行也。女樂亦季桓子受之，非定公受也。魯不知有君，知有季氏。季氏亦不知有君，而知有己。孔子欲有爲于魯，則季氏可終貸乎？公禄既去者，可不反乎？如篇内所載季氏不法事，歌《雍》，舞八佾，旅泰山，伐顓臾之類，可以不改步乎？三月而齊人懼矣，季氏得無懼乎？季氏不去，則魯事不可爲。雖無女樂，季桓子能安孔子乎？然則三月仕于魯，何也？千載知音，無如孟氏，曰：「爲之兆也，兆足以行矣，不行而後去。」當時無魯三月之兆，千古誰知孔子？然則去三桓不如少正卯，何也？曰：少正卯易去，三桓未可卒去也。《史記》謂誅亂政大夫少正卯，嘗考《春秋》魯定公之世，未嘗書殺大夫。殺大夫，《春秋》所惡也。世儒以是爲聖人武，而聖人所以正朝廷、定邦國者，非以殺也。大夫有死辟，亦非大夫所得專。殺公臣而立威名，是申商之政，聖人不爲也。有問于楊雄氏者曰：「孔子之時，諸侯有知其聖者與？」曰：「知之。」曰：「知之則曷爲不用？」曰：

「用之則宜從之，從之則棄其所習，逆其所順，强其所劣，捐其所能，非天下之至德，孰能用之？」此夫子所以老于行也。

○季桓子，名斯。季平子意如之子。定公五年，意如死，桓子嗣。定公十二年，夫子爲魯司寇攝相，桓子當國。

5　楚狂接輿歌而過孔子曰：「鳳兮鳳兮，何德之衰？往者不可諫，來者猶可追。已而已而，今之從政者殆而。」孔子下，欲與之言。趨而辟避之，不得與之言。

○夫子欲有爲于宗國而不可得。諸侯自齊以外，莫如楚，楚昭王聘夫子，夫子適楚。楚有狂士者，不知其姓名，迎車而歌，以諷夫子。接，迎也。輿，車也。鳳本靈鳥，當亂世出，是其德衰微也。前者誤出，及今猶可引去。已，止也。而，語辭。殆，危也。言當知止，今仕者皆得禍也。是時，楚將有白公之難，楚狂知時事日非，發危殆之言，其人亦非苟然者。夫子下車，將禮貌之，即「禹聞善言則拜」之意。楚狂趨避，猶衛碩人「永矢弗告」之志也。其人雖狂，夫子未嘗非之。彼既接輿而歌，則在輿者自當下。相見自當有言，不必聖言定爲何事也。下車自是聖人氣象，趨避自是狂者訑訑之態。與夫子無生平，而迎車放歌，下車又瞥然不顧，所以爲狂。春秋五霸迭興，齊桓公首盟諸侯，晉楚狎主齊盟，南北爭衡，百有餘年。天行之數，自北而南，三五以降，中原王氣漸銷，識者謂東南有天子氣，不自秦始矣。自秦以還，帝王多楚産，春秋重與楚王，而删《詩》首南風，終服楚。王迹熄，《詩》亡《春秋》作，二經聖人心思所寄也。晉將亡，楚將興，蓋前知之。不然，晉密邇中原，生平足跡不入其境。閒關數千里適楚，楚地廣民衆，足以大有爲。自魯定公十二年，夫子去魯，迄哀公十一年返，在外垂十五年，强半居陳、蔡閒。是時，陳、蔡殘破，不可以爲國，意常在楚也。當時所以遲遲之故不可考，而《檀弓》稱夫子失魯司寇，將之荆，先之以子夏，申之以冉有。陳、蔡之圍，子貢適楚，昭王以師來迎。子路嘗自言南遊于楚，後車百乘，積粟萬鍾，列鼎而食，重茵而坐，疑即此時也。昭王欲封孔子以書社地七百里，子西阻之，時魯哀公六年也，孔子年已六十有三。是年秋，昭王卒，夫子返，遇楚狂、沮、溺、丈人，歸志始決。向使昭王不死，子西之阻不行，夫子其能舍楚哉？世儒説《春秋》，謂楚爲夷狄，擯不與同中國，無稽之言也。

〇《高士傳》云：陸通，字接輿，楚人。好養性，躬耕自食。昭王時，楚政無常，佯狂不仕。王使人聘之，笑而不應。夫妻負釜甑，戴紝器，變名姓，隱于蜀之峨眉山。

〇《楚辭》云：「接輿髡首。」

〇莊周云：「孔子適楚，楚狂接輿遊其門，曰：『鳳兮鳳兮，何如德之衰也！來世不可待，往世不可追也。天下有道，聖人成焉；天下無道，聖人生焉。方今之時，僅免刑焉。福輕乎羽，莫之知載；禍重乎地，莫之知避。已乎已乎，臨人以德。殆乎殆乎，畫地而趨。迷陽迷陽，無傷吾行。吾行郤曲，無傷吾足。』山木自寇也，膏火自煎也。桂可食，故伐之；漆可用，故割之。人皆知有用之用，而莫知無用之用也。」

○楚國芈米姓，子爵。帝顓頊之裔。在帝嚳時，重黎爲火正，號祝融，以罪誅。而其弟吳回代之。吳回生陸終，陸終子六人，最少者曰季連。季連之苗裔曰鬻熊，事文王，文王師之。鬻熊之孫熊繹事成王，封以子男之田，居丹陽，即今荆州府歸州東七里丹陽城是也。國號荆。徙封枝江，故枝江亦名丹陽。八傳至熊渠，分立三子爲王，長子康爲句亶王，即今荆州府江陵縣。次子洪爲鄂王，即今武昌府。少子執疵爲越章王，即今德安府雲夢縣。自熊渠七傳熊儀爲若敖，九傳至熊眴爲蚡冒，十傳熊通爲楚武王，始都郢，即今荆州府城北十里古南郡紀南城是也。武王之孫成王始稱楚。《春秋》僖公元年始書楚人，後爲七國，滅于秦。

○鳳，靈鳥。詳第九篇。《楚辭》云：「已矣哉！獨不見鸞鳳之高翔兮，乃集大皇之壄。循四極而回周兮，見盛德而後下。」

○賈誼云：「鳳凰翔于千仞兮，覽德輝而下之。見細德之險微兮，摇增翮而去之。」

○《法言》：「或問：『君子在治曰若鳳，在亂曰若鳳，或人不喻。』曰：『治則見，亂則隱。鴻飛冥冥，弋人何慕焉？』」

6 長沮疽、桀溺耦而耕，孔子過之，使子路問津焉。長沮曰：「夫執輿者爲誰？」子路曰：「爲孔丘。」曰：「是魯孔丘與？」曰：「是也。」曰：「是知津矣。」問於桀溺，

桀溺曰：「子爲誰？」曰：「爲仲由。」曰：「是魯孔丘之徒與？」對曰：「然。」曰：「滔滔者天下皆是也，而誰以易之？且而與其從辟（避）人之士也，豈若從辟世之士哉？」耰（憂）而不輟（拙）。子路行以告，夫子憮（武）然曰：「鳥獸不可與同羣，吾非斯人之徒與而誰與？天下有道，丘不與易也。」

○時夫子自楚反蔡，長沮、桀溺、丈人皆楚人也。長沮以長處沮洳之鄉名也，桀溺以桀然沈溺不返名也。耦耕，兩人並耕也。津，渡處也。道路生疎，故問之。偶逢二人，皆隱者也。子路下車，故夫子代執輿。當時人皆知有孔子，故長沮云世無奔走四方之人，惟有魯國孔丘，其人自知津處。此語甚含譏諷。桀溺不問夫子者，已聞子路之告長沮也。知仲由復問孔丘之徒者，譏失所從也。滔滔，下流貌。言世運日卑，往而不返也。誰，指當時君相也。以，用也。易，變也。變亂爲治也。言舉世皆趨于無道，誰肯用爾變易者。而，汝也。辟人，謂擇主奔波，諷夫子也。辟世，謂隱居獨樂，自謂也。從辟世，欲子路效己隱也。耰，覆種也。不輟，不停也。亦不告以津處。二子氣象朴直，譏夫子而實未嘗不相知。故夫子聞言知其賢，而悲其忘世，有低回不忍去之意。憮然，猶悵然。鳥獸不可與同羣，諷其隱居山林，不與世偕，則與鳥獸同羣矣。徒，衆也。此二語，應「辟人之士」二語。有道，謂天下順治也。此二語，應「滔滔」二語。蓋有道則仕，無道則隱，常也。有道相忘于無事，人皆可能。無道撥亂反正，非聖人不能。用之則行，豈避無道乎？沮、溺輩材具止此，不能易世，安得不避？夫子亦云賢者避世，迹同心異也。聖人身隱而心存天下，沮、溺避世深山窮谷而已。「鳥獸」數語，仁愛之心惻然。春秋宇宙，真是無地可著孔子。顏淵云：「夫子道大，天下莫能容。」子曰：「回也，使爾多財，吾爲爾宰。」善其知己也。情既不忍絶人，勢又不能遠舉，皇皇此意誰知，故曰「天下有道，丘不與易」。使生逢盛世，豈淪落至此？一腔心思，隱然言外，不獨爲沮、溺解嘲耳。

〇按，夫子周流四方，所遇惟儀封人、晨門、荷蕢、楚狂、長沮、桀溺、丈人，七子皆賢人，尋常功名士無能望其後塵，惟聖人爲能矯其失。而但云作者七人，蓋不知其姓名，亦不欲亟稱，以長學者傲世之習也。此篇所記皆聖人處亂之事，其告沮、溺、丈人語，皆憂世底藴。天運否極，故繼以逸民。樂官散亡，窮則反本，故思周公周士。其十九篇，則退而與諸賢共脩之窮居者也。二十篇，則道集帝王之大成者也。生平老于行，不肯自王，欲爲周公與周士輔明主，使天下有道，禮樂征伐出于一，所以脩《春秋》而黜五霸也。一部《論語》淹貫，聖人心跡自見。

〇《周禮·匠人》：「耜廣五寸，二耜爲耦。」賈氏云：「二人各執一耜耕也。」古耕以牛，故冉耕、司馬耕皆以牛爲字。而賈氏謂後漢始用牛，非也。

〇《爾雅》云：「涉水處曰津。」今河南裕州葉縣北十里黄城山下有流水，當適蔡之路。相傳爲沮、溺耦耕，子路問津處。

〇執輿，執轡也。馬韁曰轡。一車四馬，馬各二轡，四馬八轡。外兩馬各以内一轡繫于輿前，御者手執惟六轡也。御者立當車中，乘者立左，侍衛者一人立右。時子路爲御，下問津，故夫子自執也。

○耰，播種而以鋤平土覆之也。賈誼云「借父耰鋤」，又云「鋤櫌戟穫」。耰、櫌通，鋤柄也。穫、矜通，矛柄也。

7 子路從而後，遇丈人，以杖荷火蓧弔。子路問曰：「子見夫子乎？」丈人曰：「四體不勤，五穀不分，孰爲夫子？」植其杖而芸，子路拱而立。止子路宿，殺雞爲黍而食之，見其二子焉。明日，子路行以告。子曰：「隱者也。」使子路反見之。至，則行矣。子路曰：「不仕無義。長幼之節，不可廢也。君臣之義，如之何其廢之？欲潔其身，而亂大倫。君子之仕也，行其義也。道之不行，已知之矣。」

○從而後，從夫子在途，追隨不及也。高年曰丈人。杖，拄杖也。以杖，謂行以杖自扶也。荷，肩負也。蓧，芸田器也。子見夫子，問前途去者之遠近也。子路見丈人儀貌不常，故問之。丈人見子路，知其從師遠遊者，因責以不務農業，猶桀溺之言從辟人也。不分，不辨也。孰爲夫子，道路不相識也。植杖而芸，插其杖于地，執蓧以芸也。除草曰芸。若示以勤四體、分五穀之事，猶桀溺之耰而不輟也。拱，斂手致恭也。丈人年長朴直，子路聞其責己而拱立，即聞過則喜之懷。與平日「末之也已」〔一〕之志，

〔一〕「末之也已」，底本作「末之之也」，據《論語·陽貨》「公山弗擾以費畔」章改。

莫逆于心，而悚然起敬也。丈人感子路敬己，遂留宿授餐。止，留也。殺雞炊黍，田家之具也。使二子出見，報以敬長之禮也。明日，即止宿之明日。子路越宿無一辭而行以告夫子，信丈人之獨善爲賢也。夫子云隱者，謂不仕忘世，與己異也，猶莊周云「彼遊于方之外，我遊于方之內」之意。夫子使子路反見，致己意以答其慇懃，聖人與人爲善，愛人敬人之盛心也。子路至，則丈人已他出，猶楚狂之趨避，隱者固執之常態也。「不仕無義」以下，子路反而夫子言以教子路也。朱子嘗見福州本，「路」下有「反子」二字，是也。若以爲子路語丈人行矣，向誰語乎？蓋子路意嘗不樂夫子之出，如浮海則喜，見南子、往公山、佛肸則不悅。晨門、沮、溺、丈人輩，皆向子路語也，故夫子矯隱者之偏，以明己志。不仕無義，言士君子道德，有諸己而决意遯世，是無君臣之義也。長幼之節，謂子路拱立敬丈人爲長者，丈人亦見二子，敬子路爲長者，尋常禮節報施，尚不可廢，况君臣之義等于天地，隱居忘君，抑獨何心？所以不仕者，爲世道汙濁，自潔其身耳。若此，則傲世不恭，將以名分爲土苴，廢大倫自此始，而可憂有甚于不潔身者，故君子欲仕，以盡分明倫，行君臣之義。雖世道昏濁，而忠義在人心，名分在宇宙，自不可易，豈道不行而遂忘其君乎？故昔者華士不臣天子，不事諸侯，太公誅之，傲不可長也。隱者偏執，與聖人道不同，不可以爲訓。子路好勇憤世，故告以此，非獨曉丈人耳。前章論避世離羣不仁，其志悲而婉，所以憂民也。此章論隱居不仕無義，其辭嚴而正，所以憂君也。仁義，聖人所以愛君澤民也。

〇不仕無義，須善理會。春秋之世，諸侯僭天子，大夫僭諸侯，本無君之世。維持世道，全仗士君子。

聖人以天下爲己任，故持此論。《孟子》云「勞心者治人」，大人之事，天下之通義也。無君子立朝，尊主芘民，冠履之義，誰爲維之？若鄙夫患失輩，槩以其仕爲行義，非聖人之意。丈人、沮、溺，自是英賢，故行義爲君子言也，不然當世豈少公卿大夫乎？既曰行義，又曰道不行已知之者，非謂行義即不必行道也。道行而仕，即君臣之義行。道不行，而君臣之義亦未嘗去懷。夫子雖不仕，而三月無君，則皇皇如也。已知之矣有二意，一不以君舍我而忘君，一雖不行而猶庶幾也。大抵聖賢以民物爲體，其造就機括，惟在君臣一倫。故位者，聖人之大寶。然丈人輩不仕爲無義，而曾點、漆雕開不仕，又與之何也？曾點、漆雕開養其志以有待也。丈人輩，决志長往者也。凡聖門諸子，大義素明。雖子路有愠見末之之歎，而志存爲邦，問事君、問政，與隱者輩殊趣，皆聖教所漸也。士苟忘世，必至長傲。聖教以明倫爲本，非不潔身，而不至廢倫。隱者所欲在潔身，其忘君也如遺，其憤世也如讐。流爲巢、許、陳仲，無親戚君臣上下，是以亂也。如下章逸民亦隱者，而其見達，隱者廢倫，而逸民全倫也。佛老得罪于聖人，爲其廢倫素隱耳。故作者七人，行非不高矣，未嘗是之，稱爲作者而不述其名，不與夷、齊諸君子并列，爲其不可以訓也。故下章即繼以夷、齊諸人。

○丈人，猶長者。積尺爲丈。丈，長也。《漢書》註云：「丈人，莊嚴之稱也。」《春秋傳》云：「能左右之曰以。」以杖，杖自扶也。任在肩曰荷，手持杖而肩荷蓧，非以杖荷之也。蓧，字書作莜，與耰通，鋤類。兩手共曰拱。《老子》云「雖有拱璧」，《孟子》云「拱把之桐梓」，兩手合持也。《玉藻》云「頤霤垂拱」，俯身沓手也。《家語》云「師襄避席葉拱」，兩手薄心也。拱而立，致恭也。

聞丈人言而致恭，故丈人亦感其恭而以二子見，答敬長之禮也。夫子使子路反見，答丈人館穀也。《禮》：受尊者賜，則有往拜。教子路反見，不言拜而言見，禮殺于尊者也。

○芸、耘通，除草也。《詩》云：「或耘或耔。」《呂覽》云：「凡禾之患，不俱生俱死。是以先生者米美，後生者爲粃。故其耨也，長其兄而去其弟。」先生曰兄，後生曰弟。

○雞見前篇。

○黍，暑也。種必俟暑，先夏至三十日種。《孟子》云：「貉，五穀不生，惟暑生之。」或謂燕有谷地美而寒，不生五穀。鄒衍吹律而陽氣生，遂名黍谷。事本附會，而可證黍字之義。

○《月令》：五穀，春食麥，夏食菽，季夏食稷，秋食麻，冬食黍。此以五氣所宜爲五也。《周禮·職方氏》：楊、荆宜稻，青宜稻、麥，雍、冀宜黍、稷，幽宜三種，謂黍、稷、麥也。兖宜四種，謂黍、稷、稻、麥也。豫宜五種，謂黍、稷、菽、麥、稻也。此五穀之正也。《周禮·冢宰》：「三農生九穀。」鄭衆註云：「黍、稷、秫、稻、麻，大、小豆，大、小麥，爲九。」鄭玄云無秫與大麥，有粱、苽也。膳夫饋食有六穀，稌、黍、稷、粱、麥、苽。據《禮記》「牛宜稌，羊宜黍，豕宜稷，犬宜粱，鴈宜麥，魚宜苽」，爲六也。崔豹《古今註》云：「稻之黏者爲糯，稷之黏者爲秫。」《説文》云：「禾，嘉穀。木旺而生，金旺而死。麥，金旺而生，火旺而死。黍，禾屬。秔，稻屬。稷，五穀之長。粟，嘉穀之實也。」《爾雅》云：「粢，稷也。稌，稻也。」《物理論》云：「粱者，黍稷之總名。稻者，溉種之總名。菽者，衆豆之總名。」三穀各二十種，蔬果之屬。助穀二十，爲百穀。愚按米精良者曰粱，傳云膏粱是也。穀高大者亦曰粱，俗謂高粱是也。俗呼稷爲粟，而五穀通謂之粟，從其多爲名。稷長五穀，最多也。穀皆謂禾，惟麥不與焉。《春秋》書大無麥禾，春生秋成曰禾。禾，和也，得四時之中和也。秋生春成曰麥。麥，莫也。長于秋冬之閒，莫然而成也。凡秫、秔、稌宜水之種，皆謂稻。稻，滔也。滔然而濕也。凡黍、稷、菽、麥宜陸之類，皆謂粱。粱，亮也。亮然而高也。粟夏熟曰黍。黍，暑也。暑月熟也。秋熟曰稷，世謂稷爲粟。粟，肅也。《詩》云「既齊既稷」，稷亦肅也。與《儀禮》尸謖速之謖通，秋氣嚴肅也。稻、黍、稷、麥、菽五穀，各以類細分。如農家所云，每穀何止二十種，百亦不足矣。言百，舉大數耳。若蔬果之實，豈可以爲穀乎？

8 逸民：伯夷、叔齊，虞仲夷逸，朱（譸）張，柳下惠、少連。子曰：「不降其志，不辱其身，伯夷、叔齊與（予）？」謂柳下惠、少連：「降志辱身矣，言中倫，行中慮，其斯而已矣。」謂虞仲夷逸：「隱居放言，身中清，廢中權。我則異於是，無可無不可。」

○逸民，節行超軼之稱。逸，猶逃也。無位曰民。重倫行義，失位而爲民者也。伯夷、叔齊以國相讓，諫伐而逃，以全君臣父子兄弟之倫，終身不仕，故首稱逸民。虞仲，周大王次子，與其兄太伯處父子兄弟嫌疑之閒，能以國讓，而遠逃蠻荒，開東吳之業，故曰夷逸。後繼太伯爲吳君，故雖逸，而不與夷、齊同稱民也。朱當作譸，《書》云「譸張爲幻」，即陽狂也。朱，陽也。《詩》云：「我朱孔陽。」張，開設也。陽爲開張，而内實堅介。柳下惠三公不易，汙君小官不辭，與鄉人處，不屑去。少連，東夷之人。夫子稱其善居喪，三日不怠，三月不懈，期悲哀，三年憂，其人守禮如此。而外爲譸張以混俗，與下惠同也。下惠既仕，少連亦嘗仕者，故亦不稱民。不去，故亦不稱逸。夷、齊生虞仲後而居先者，以爲逸民之正也。虞仲先惠連者，虞仲之逸尤關大倫也。曰逸民，曰夷逸，曰朱張，三者品其目也。夷、齊、仲、惠、連五者，舉其人也。「子曰」以下，記夫子評論之辭。志以心言，身以行言。不事王侯，不降其志也。不食周粟，不辱其身也。其伯夷、叔齊之謂與者，言惟二子足以當之也。柳下惠、少連、譸張不恭，其志降，其身辱，迹與逸民相反。然言發乎志，志雖降而言中有倫理，非涇渭不分也。行出乎身，身雖辱，而行中有思慮，非去就不明也。言行爲樞機，榮辱之主也。樞機既密，則雖降而不降，雖辱而不辱，賴有此耳，所以謂之譸張也。而已矣者，較夷、齊微不及之辭。虞仲遠竄，隱居蠻荒，舍中國文物之鄉，而習爲蠻語，似乎言無倫、行無慮者。而其處父子兄弟嫌疑之迹，斷髮羸身，示不復用，此其中有清焉。雖廢棄禮法，而所全者大，此其中有權焉。權以通變，故爲夷逸，行與夷、齊侔也。廢，猶前章廢倫之廢。此以廢求全，故曰權也。五子志行不同，皆人倫高標，非避世潔身亂大倫者比。然奇行瓌節，非用氣不振，非作意不奮。用氣即不無偏，作意即未忘我，名節立而應未圓，此中蓋有則焉。凡静躁殊軌，取舍異途，行有萬變，道惟兩端，曰可曰不可而已。所是曰可，所否曰不可。兩者相乘，有可，因有不可；有不可，因有可。若我則異于是，無可無不可也。則，猶法也。《詩》云：「彼求我則。」文王不識不知，順帝之則，即從心不踰之矩也。用舍行藏，各有自然之法，則在我者不言而喻，故曰「我則」也。異于是，猶孟子云姑舍是也。指可、不可，約五子之行而言也。無可無不可之謂中，無不以迹以心，不以事物。以義理猶言無意必固我，無信果適莫也。蓋可不可者，事物之定則。凡事物究竟，未免有可有不可，而聖人制事宰物之衷，初未嘗拘于可不可之一方。惟因時勢理數，通變順應，我常居象先，不操一毫成心于胸臆。所謂大本立，達道行，寂然不動，感而遂通天下之故。如鑒空衡平，自然之天則也，彼五子焉能有此尺度乎？漢袁宏云：「山林之士，往而不返。朝廷之士，入而不出。」古今所同，無中立之地。有結髮纓冠，老而不退者，溺于狥人。亦有布衣韋帶，白首不仕者，果于忘世，矯枉過直，憤世嫉俗，人争以爲高士。范曄謂：「有不譚此者，則芸夫牧豎已叫呼之矣。」故其風愈往，其習愈偏。如丈人、沮、溺輩，浮慕逸民，而其究芻狗名法，亡君臣上下，潔身廢倫，故士貴審則也。惟聖人從容中道，不偏不倚，豁然自適于易簡之途，以示士林之弘軌。踽踽涼涼，隘與不恭，聖人不由也。《禮》云：「人情者，聖人之田。」不近人情，不可爲則，故曰「以人治人，其則不遠」。人情即是天理。君臣父子長幼，即是聖賢潔身，易無道之準也，故曰「吾非斯人之徒而誰與」「君子之仕，行其義也」。聖人每自敘極平易，而微妙玄通不可擬，故曰「用則行，舍則藏」「不怨天，不尤人，下學而上達」「一致而百慮，殊途而同歸，何思何慮」「吾道一以貫之」，此也。五子高世絶俗，刻意尚行，都向此中銷融，道德之極至也。記者記此于篇終，爲人物之軌，神化之宗。佛語上乘，無一法可得，蹈襲此意。

○「逸民」以下，五人三品，或當世士論有此次第，夫子斷之。而以虞仲居惠、連後者，非優惠、連于虞仲也。惠、連與夷、齊志行相反，故并提論。虞仲可方夷、齊，又生夷、齊前，名列夷、齊後者，夷、齊多君臣一倫，没齒爲民。虞仲蹤跡頗奇，較譸張玩世未關大倫者高一等，故序惠、連上。夫子云其「斯而已矣」者，僅取之也。其論虞仲，不以惠、連較，特言其清，便可方夷、齊。言其權，非止可與立矣，其優于惠、連甚明。逸者，逃散之名。五子皆生長富貴，棄禄位而逃，與素貧賤隱者不同。夷、齊爲父子兄弟逃以讓國，爲君臣逃以避周，身潔倫全，士行之表也，故以逸民首稱。夫子贊曰其伯夷、叔齊與者，希貴寡儔之辭。餘三子，一爲夷逸，未全爲民也；一爲譸張，未全爲逸也，未可與夷、齊等。故逸民獨歸夷、齊，而虞仲處父子兄弟閒，與夷、齊頗似。但仲之讓，泰伯先之，苟伯不讓，則國尤非仲有也，視叔齊承父命者異。且夷、齊逃不越諸夏，虞仲逃則之夷狄矣。夷、齊逃爲民，虞仲逃爲吴君矣。故别目爲夷逸者，以高夷、齊之爲逸也。惠、連混俗同塵，較三子卑不及格，然非其本真，陽爲寛和以侮世耳。如袒裼裸裎不去，與伯夷之隘，虞仲之放廢相彷，而中實介然，故目爲譸張，附逸民後。是士大夫之爲逸者，非真逸民也。大抵朝宁與山林異軌，士君子動必合則。下惠儼然縉紳，而與鄉人狎，有方外之習，世以與逸民並稱，而實非逸民。目曰譸張，論曰降辱，其斯而已矣。而猶有取焉者，爲其汙君亦仕，小官不辭，猶知有事君之義，視沮、溺、丈人傲然忘世者，爲猶賢乎云爾。故此附于逸民，彼但目爲隱者。

○夷逸、朱張，舊云二人姓名。按《漢書・地理志》註云：「夷逸，竄于蠻夷而遁逃也。」近代有人物考云「夷逸，夷詭諸之後」，甚無稽。《註疏》引王弼云「朱張字子弓，荀卿以比孔子者」，不知何物子弓，乃得比于孔子？荀卿悖謬，而王弼謂爲即朱張者，以夫子語不及爲同已亦謬也，本因張與弓附會爲名字耳。按朱與譸，古字通用。凡从朱者，多从壽。《莊子》南榮趎，《淮南子》作南榮疇。《左傳》鸜鵒跦跦，與公在乾侯。叶作躊，躊躇之躊。或亦作跦。《風俗通》呼雞云朱朱，《博物志》作咮咮。《周禮·春官》甸祝職禱牲作禂牲，鄭玄讀禂作誅，蓋古字諧聲。朱、壽、周通用，故《書》云「譸張爲幻」，《爾雅》作「侜張，誑也」，《詩》云「誰侜予美」，晉劉琨詩云「自頃輈張」，《文選》注引楊雄《三老箴》云「負乘覆餗，姦宼侏張」，古朱張、侏張、輈張、譸張通。

○我則異於是，舊解「則」字作轉語，未然。蓋因上文五子中倫慮、中廢權而言。則，即中也。偶合曰中，自然曰則。聖人所以衡人物，酌古今，惟有則。《詩》云：「天生蒸民，有物有則。」《易》云：「乃見天則。」《書》云：「明哲實作則。」《春秋傳》：「唯則定國，毀則爲賊。」即堯舜所謂中，子思所謂發而皆中之節，孟子所謂心之權度、聖之時也。猶方圓之有規矩也。有則，然後可不可有所範圍。五子不及聖人，正惟無則。聖人所異于五子，惟無可無不可。而所以無可無不可，惟其有則。若無則者，無可無不可爲鶻突矣。我則，猶言吾道也。「吾道一以貫之」，爲一部《論語》提綱，此語爲一部《論語》括囊，讀者未可草草。異於是者，非不可五子而立異也。聖人處五子之地，亦必爲五子。但五子有偏勝，既不降不辱，即可以無首陽之餓；既逸，即可以不必夷。而譸張尤聖人所不爲，若夫出處去就二途，聖人豈能違之？五子皆有聖人之一體，而聖人居全處中，非能割而離也。不然，無可無不可，而又不可五子，自戾其旨矣。聖人所異于五子，在無可無不可。五子所異于丈人、沮、溺，在不降辱，而中倫慮清權。丈人諸子，自謂不降辱，然其隱也非逸，其不仕也非讓，其潔身也廢倫，誰降之辱之？彼亢然自潔，而有意逃名，名根猶在也。有心輕勢，勢迹未忘也。與惠、連、虞仲猶隔，而況敢望夷、齊乎？其行藏偏執，其可不可無則。惟聖人從心，不過其則。論者以處事熟爽當之，如馬援稱漢高帝無可無不可，彼直豁達大度，纔謂之無不可耳。豈足語于不測之神乎？

○虞仲，即仲雍。姬姓，字孰哉。雍，熟食也。周大王之次子。大王欲傳國季歷，以及文王。泰伯知之，與虞仲逃荊蠻。蠻人賢而推伯爲君，國號句吴。虞仲斷髮文身，效夷俗，以示不用。及泰伯卒，無嗣，吴人强立之。《春秋傳》：子貢對吴宰嚭曰：「泰伯端委以治周禮，仲雍嗣之，斷髮文身，嬴以爲飾。」即所謂夷逸者也。虞仲三傳爲周章，當武王有天下，求泰伯、虞仲後，而周章已君吴，遂封以後泰伯，封周章弟于夏墟，爲虞仲後，亦稱虞仲。祖孫同號，即虞公之始祖也。

○虞，故夏墟，即今山西平陽府安邑、夏縣等地。武王以封周章之弟爲虞公。至魯僖公二年，爲晉所滅。《左傳疏》云：虞仲之孫處中國爲西吴，則是句吴爲東吴也。今蘇州府常熟縣虞山有仲雍塚、虞仲泉，此東吴之虞也。山西安邑、夏縣境，中條山有虞坂，蒲州有虞都故城，《史記·吴世家》謂之北虞，則是常熟之虞，爲南虞也。

9 大師摯適齊，亞飯干適楚，三飯繚了適蔡，四飯缺適秦，鼓方叔入於河，播鼗逃武入於漢，少師陽、擊磬襄入於海。

○大師，魯樂官之長，名摯。亞飯以下，皆其僚屬。干、繚以以下，皆人名。適，往也。避亂往他國也。亞，次也。飯，食也。作樂侑食之官也。不言初飯者，或大師侑之，或闕人，或有人未去也。王者日四飯，諸侯三飯，大夫再飯。天子諸侯飯以樂，侑以官。魯諸侯四飯，僭也。每飯各官，干、繚、缺三人，皆侑食者。方叔、武、陽、襄四人，皆司樂者。鼓，擊鼓者。播，摇也。鼗與鞉、鞀通，小鼓有柄、有耳摇擊之也。鼗言兆也，作樂先摇鼗以兆衆音，大鼓繼之，衆音乃作。《詩》云「置我鞉鼓，奏鼓簡簡」是也。河、漢，皆水名。入者，往而不返，潛藏于其地也。

○魯以諸侯僭用天子禮樂，大夫效尤，歌《雍》舞八佾。昭公二十五年，禘于襄公，舞者二人，餘皆萬於季氏。比及定、哀之季，陪臣執國命，陽虎從祀，公朝廢常舉之禮，樂官濫役于私門。哀公十一年，夫子自衛反魯正樂，即所云師摯之始也。摯賢而知音，夫子嘗與之言樂，其屬多賢者。摯憤國事之非先去，其屬從之。固聖人俄頃之化，亦國家零落之秋。記者記此于季桓子受女樂與逸民之後，傷魯之式微，而聖道其終不行矣。

○《白虎通》云：「王者居中央，制御四方。平旦食，少陽之始也。晝食，大陽之始也。晡食，少陰之始也。暮食，大陰之始也。」

○《周禮》：大師，下大夫二人，掌六律六同，以合陰陽之聲。大祭祀、大饗，帥瞽登歌，令奏樂。大軍旅，執同律以聽軍聲，而詔吉凶。小師，上士四人，即少師也。掌教鼓鼗、柷、敔、簫、管、弦、歌。大祭、饗，登歌擊柎下管，擊應鼓，徹歌。磬師，中士四人，下士二人，掌教擊磬。

○《家語》：「孔子學琴于師襄。」詳《先聖遺事》。鼓詳十九篇，磬詳十四篇。

○舊説樂師皆瞽人，其屬有上、中、下瞽三百人，夫歌工有定數，不可缺也。顧安得世世有無目知音，而賢者之多人乎？古神瞽知音，後世襲用其名，猶善射者之皆名羿耳。不然師摯以下，遠涉異國，其皆扶杖而往邪？舜父瞽瞍，豈真無目者邪？未見顔色而言，其真瞽者邪？

○齊詳第六篇，楚詳前章。

○秦出帝顓頊裔孫女脩，子大業，生大費，與禹平水土，佐舜調馴鳥獸。賜姓嬴，是爲柏翳。十九世孫非子，爲周孝王主馬于汧渭之閒，馬大蕃息，孝王封爲附庸，邑于秦，今陝西鞏昌府秦州。三傳至秦仲，十傳至秦穆公，霸西戎。三十傳爲始皇帝，併六國，有天下。二世而亡。

○河，黄河也。唐虞都河東，殷都河内，周都河南，是爲三河。《禹貢》冀州爲帝都，即今山西、北直隸等地。東、西、南三面阻河，河千里一曲，自積石山入中國，今陝西臨洮境。北流轉東，復折而南，約三千里抵龍門爲西河。南抵華山之北，復折而東爲南河，過孟津，即今懷慶府孟縣。又東過洛汭，又東至大伾山，即今北京大名府濬縣。又折而北，是爲東河。過降水大陸，即今順德府鉅鹿縣等地。此《禹貢》故道，所謂東、西、南三河者也。殷三河爲畿輔地。周滅殷，分其墟爲邶、鄘、衛三國。周襄王以河内地賜晉文公。春秋時三河多屬晉，晉分屬韓、魏。《晉語》云：「入河外列城五。」註云：「河東也。」晉以河東爲河外，魏以河南爲河外，皆黄河所經之地。

○漢張騫云河出西域葱嶺、于闐二源，唐薛元鼎云河出吐蕃西北崑崙山。元入中國，使人窮訪河源，出崑崙西北，行更一月，有泉百餘泓，涣散沮洳，方七八十里，泥淖弱不勝人跡，旁履高山，下視燦如列星，是名星宿海。東南流至崑崙山，又東北流至今陝西臨洮府蘭州，凡四千五百餘里，始入中國境。又東北，流入虜境，凡二千五百餘里。復轉河套東，又南流一千八百餘里，至今山西蒲州，與陝西韓城龍門界上，通計河流至此，經蕃夏九千餘里。此元人之説也。

○漢水發源梁州有二，東源出嶓冢山，今陝西漢中府寧羌州，始出爲漾，東南流爲沔。西源出陝西鞏昌府秦縣，始出爲潛，東流至寧羌，與沔合爲漢。《禹貢》曰：「嶓冢導漾，東流爲漢。又東爲滄浪之水，過三澨，至于大别，南入于江。」滄浪水，在今承天府沔陽州，古竟陵也。三澨，即今漢川，古江夏也。大别，山名。漢水入江之處，在漢陽縣，古夏口也。

○海，晦也。主承穢濁，其水黑而晦。《老子》云：「江海以其善下，爲百谷王。」《莊子》云：「窮髮之北，有溟海者，天池也。」又云：「萬川歸之，不知何時止而不盈。尾閭泄之，不知何時已而不虚。」《列子》云：「渤海之東，不知幾億萬里，有大壑焉，實爲無底之谷，名曰歸墟。八紘九野之水，天漢之流，莫不注之，而無增無減。」《玄中記》云：「天下之强者，東海之惡燋焉，水灌而不已。」或作沃焦。《莊子疏》云：「沃焦在碧海東，一石方厚各四萬里，海水注者，無不焦盡，名沃焦山。」

10 周公謂魯公曰：「君子不施其親，不使大臣怨乎不以。故舊無大故，則不棄也。無求備於一人。」

○魯公，周公子伯禽也。初武王革商，分封周公于魯。武王崩，成王幼，周公留相王室，而遣伯禽歸魯，此其戒命之辭。言開國承家，以忠厚爲本也。君子，謂賢諸侯也。不施，猶顔子所謂不施勞也。親謂九族周親也。親者免役，《中庸》所謂「尊其位，重其禄，同其好惡，以勸親親也」。征役曰施，免役曰舍。《周禮》小宰職治其施舍。《國語》云「聖人之施舍也議之」，又云「縣無施舍」，言縣鄙之民均役也。或云：施當作弛，遺棄之意，亦通。不以，不用也。既爲大臣，社稷倚重，乃猜疑離間，使欲用而憾不得用，非所以任賢也。故舊，先世舊臣，或微時知己。大故，惡逆也。棄，擯去也。求備，責望大過也。一人，謂天子也。《曲禮》：「君天下曰天子，分職授政任功，曰予一人。」天子建國，以親諸侯，恩施隆矣。爲諸侯者，當厚以報主，廉以自脩，恩不可數得，寵不可常恃。苟恣成己之欲，而苛索上之短，非忠臣之用心也。蓋求則瀆尊，備則觖望。情有必窮，過有難寡。諸侯而求備于天子，則大夫亦求備于諸侯。爲人上者，不亦難乎？上下攜，則泰道不成，親離怨棄，皆由此始。古蓋臣善則歸君，過則歸己。如周公之事成王，遭謗而愈恭。大舜之事父母，不得而自怨。以天下惟君親難責備，此忠臣孝子，人倫之至也。苟能以天王聖明視一人，而以有罪當誅自責，雖文王爲臣止敬，不過是矣。舊作用人解，則大臣故舊，非人邪？既曰不使怨、不棄，又曰不求備，意複矣。大約四語三事，親親也，用人也，尊王也，皆以忠厚爲本。論心非論事也。親親之事多，而獨言不施。敬大臣之事多，而獨言不使怨。不以篤舊之事多，而獨言不棄。奉上之事多，而獨言不求備。本人情易簡真切者，而言立政之本，非謂法可遂廢，而于不率之親，不軌之臣，不肖之故舊，皆可姑息也。是以魯公治魯，尊賢而親親，子孫式穀，歷三十四傳。同時大國，齊滅于田氏，晉分于六卿，衛亡于狄，楚鬻于吴，少得免者，而魯世世晏如也。公以忠厚傳家，亦以治天下，故周雖東，而綿祀八百，其亡也，得禍亦輕，皆仁厚之遺澤也。聖門以仁爲教，以禮爲治，達道九經，所以爲周公、仲尼之道，而異于刑名功利者也，故繫諸篇末。師摯適齊，誌魯之衰也。此章，思魯之始也。衰極思治，終則反本。夫子所以思變魯，而夢寐周公也。

〇魯公爲世子，與成王同學，其歸國晚。魯受封非自成王始，武王克商，大封功臣，兄弟之國十四人，周公封魯，以有事留王室。武王崩，成王幼，周公遂留相，使伯禽歸魯。此周公東征，黜殷伐奄，建洛邑之後也。蓋周居西土，距東遠，武王雖勝殷，而三監作梗，東海五十餘國皆叛。徐土淮夷，終西周叛附不常，皆恃其遠也。封太公于齊，封周公于魯。二公親信元老，骨肉重臣，託爲遠藩，故太公之齊。王命以五侯九伯之征，而齊人遂尚功。伯禽歸魯，周公教以親親尊賢之道，而魯人遂尚德。康叔封衛，周公以王命作《梓材》，教以無胥戕胥虐，引養引恬，德用悦懌，與此同。其曰「以厥庶民暨厥臣達大家，以厥臣達王惟邦君」，蓋尊爲天子，上無可以自達，卑爲臣民下無可以自代。惟邦君有王，以專其責于上，而下惟受其成。有大臣以分其事于下，而上惟通其意。故惟諸侯可以無爲忠厚柔順，乃長世之謨。峻刻寡恩，實速亡之道。蓋是時成王幼沖，諳練淺，而多猜忌。《無逸》戒譸張，《洛誥》戒其朋，享惟識物，賞不明農。《君奭》憂嗣子，大弗克恭，遏佚前人光，是周公所慮也，故教伯禽事上之道，猶《詩》云「虔恭爾位，夙夜匪懈，以事一人」之意。子云「君子之使人也器之，小人之使人也求備焉」，使衆人猶難求備，而况事一人乎？凡爲人子者，勿求備于其親，則孝必篤。爲人臣者，無求備于其君，則忠必盡。《記》曰：「君子不竭人之忠，以全交也。」事一人而無求備，則泰交成而未終釁矣。或曰：責難陳善，非與？曰：此非諸侯之事也。諸侯，衞一人者也。人臣好招君之過以鬻直，其罪與阿諛等。故凡納誨盡其誠，頌上彌其短，如射論中同也。惟君射，中離維綱，揚觸捆復，皆釋獲，衆則否。惟君中三侯皆獲，衆則否。故人有不善則直，惟君父之惡則否，尊尊之道然也。君至天子而極，臣自邦君而始，諸侯立于君與臣之閒，惟自求備。故不敢求備于天子，天子以一人君天下，天下求備者多，故天下求于天子備，難也。天子所不能備者，諸侯代爲之備，故天子與諸侯，共天下者也。諸侯之所不得求備于天子者，即諸大夫國人之所不得求備于諸侯者也。

〇周公之戒子，以身先之也。成王幼而忌刻，故武庚一叛，而二叔誅死。雖其不肖，當世所以處之者，似亦過當。故周公作《大誥》《康誥》《小雅·棠棣》，皆垂涕泣而道之，則成王于親親之恩寡也。公時避謗居東，二叔死，公不得預，忠而見疑，雖公亦未免有不以之憾。是時十亂諸臣猶多存者，而召公欲告老，則于故舊之誼，亦或未盡也。周公所以彌縫匡救，慰留君奭者，即勿求備于一人之意。而即以之教其子，千古人臣，忠信篤敬，未有如周公者矣，故《論語》記其辭于篇末。夫魯以文獻取重天下後世者，惟其有周公、孔子也。而周公所以開國傳家者，即孔子所以垂教天下後世者也。皆人倫之至，中庸之至德。《書》存《金縢》《大誥》《康誥》，《詩》存《棠棣》，《論語》載其家訓，至誠惻怛之情，藹然在千古人心。而孔氏《蔡仲之命》，誣聖人殺兄，爲薄夫左袒，則所云「君子不施其親」之謂何矣？秦漢以前，處士横議，侮先聖，毀仁義，而爲此言。如謂顏氏野合生孔子，孔子不識父墓，殯母于五父之衢，凡若此類，誕罔不根。達人視如觀火，使周公殺兄，責子以親親。孔子不識父墓，而教人禮義。欺世罔民，不孝不弟，莫如周公、孔子。《詩》《書》《論》《孟》，廢而不講，可也。讀周公之訓，爲之拊心。《尚書傳》云：伯禽與康叔見周公，三見而三笞。康叔有駭色，謂伯禽曰：「有商子者，賢人也，與子見之。」問焉。商子曰：「南山之陽，有木曰橋，二三子往視之。」見橋高高然而上，反告商子。商子曰：「橋者，父道也。南山之陰，有木曰梓，二三子往視之。」見梓晉晉然而俯，反以告商子。商子曰：「梓者，子道也。」明日見周公，入門而趨，登堂而跪。公拂其首，勞而食之曰：「爾安見君子乎？」

○《説苑》：伯禽歸魯，辭去。周公戒之曰：「去，爾無以魯國驕士。我文王子，武王弟，今王叔父，又相天子，吾于天下，亦不輕矣。然嘗一沐而三握髮，一食而三吐哺，猶恐失天下士。吾聞之，德行廣大而守以恭者榮，土地博裕而守以儉者安，禄位尊盛而守以卑者貴，人衆兵强而守以畏者勝，聰明睿智而守以愚者益，博聞多記而守以淺者廣。此六守者，皆謙德。大足以守天下，中足以守國家，小足以守其身。是以衣成則缺衽，宫成則缺隅，屋成則加錯。示不成者，天道然也。戒之哉！」

11 周有八士：伯達、伯适、仲突、仲忽、叔夜、叔夏、季隨、季騧。

○八士皆賢臣，佐周興者也。或云文王時人。《晉語》云：「文王詢于八虞。」虞，官名也。察理任事曰士。八士，蓋一母四乳，乳二子，故齒同，名亦相似，即名以表其實也。伯仲叔季，兄弟之序也。八名四義，伯通仲變，叔時季行也。通變時行，道之大也，猶孔子之無可無不可也。不然，亦隱者逸民之流矣。伯，長也。達，通也。适、活通，開也。初乳生二子，其才通達開豁也。仲，中也。上次曰仲。突者，變而出也。忽者，化而隱也。次乳二子，其才變化舒卷也。叔，少也。夜者，晝之息也。夏者，時之大也。萬物休于夜，相見于夏。三乳二子，其才能因時顯晦也。季，末也。隨，從也。騧，旋也。四乳二子，其才能從容周旋也。備此四者，兄弟濟美，壎唱篪應，同寅和衷，輔明主而致盛治，熙世之人倫也。自古聖哲，貴有通變時行之道，而泰否存乎遇。三仁事紂，八士遇文，易地皆然。記者記三仁于篇首，見殷所以亡也；記八士于篇終，見周所以興也。記沮、溺、丈人諸子，見春秋所以亂，周所以衰也。天下國家以得人興，以不用人廢，春秋有一仲尼不能用，何尤于三仁？何羨乎八士？何怪乎沮、溺、丈人輩避世不返也？

○八名四韻，夜音亞，與夏叶。隨通作隋，與騧叶。《周禮》有隋祭，音妥。《天官書》：「廷藩西有隋星五。」註云：「隋，垂下也。」南北爲隋，隨從之意。隋代之隋音隨，隋文帝以周、齊不遑寧處，去辵。辵音綽，走也。古隋、隨通用。騧本馬名，音瓜。《詩》云「騧驪是驂」，通作輠，與渦并音戈。水回旋曰渦，盛膏器曰輠，與輠同。車行以膏滑其軸曰輠。齊人謂淳于髡爲炙輠，皆利行圓轉之意。

○八士，或謂武王時人，或謂成王時人，或謂宣王時人。或引《汲冢周書·克殷解》云：「乃命南宮忽，振鹿臺之粟。乃命南宮伯達，與史佚遷九鼎。」南宮忽即仲忽，南宮伯達即伯達也。《尚書》亦有南宮适。又《宣和博古圖》有南仲，疑即仲突、仲忽，豈八士皆氏南宮邪？今咸陽縣東北五十里，有八士塚。

論語詳解卷十八終

論語詳解卷十九

郝敬 解

子張第十九

○此篇記諸賢論道之語，見聖人造就之功。前篇道不行于世，此篇道傳于門人。

1 子張曰：「士見危致命，見得思義，祭思敬，喪思哀，其可已矣。」

○見危，臨難也。致命，極盡其命也。命者一定而不可易，盡其所當盡，而無遺憾曰致。《易·困》之象曰：「君子以致命遂志。」所謂盡心竭力，死而後已者也。苟坐以待斃，豈得爲致命乎？四事獨致命，不言思者，命不可有心違也。臨難過慮，必至儌倖。見得臨財也，思義不苟得也。祭，謂凡祭祀。喪，謂凡送死。患不苟免，利不苟取，則節義見。敬以事神，哀以送死，則愛敬立。義莫重于利害，禮莫詳于喪祭。四者備，故曰可。可者，未盡之辭。士分内事不止此，此其大者。

○世儒因夫子謂「師也辟」，子游譏其未仁，遂目子張爲務外。觀此與下章，豈務外者之言？故知諸賢得于聖教者深也。此篇首子張，下篇終子張，及篇内凡與子張語特詳，豈非因材而篤與？

2 子張曰：「執德不弘，信道不篤，焉能爲有？焉能爲亡？」

○執德，謂有所得而守之也。不弘者，硜硜之意。信道，謂知道之美而學之也。不篤者，可以摇惑也。初學生疎，擇善須執。及事理融通，執而忘執，其執乃弘。如舜兩端用中，乃爲允執。夫子無可無不可，乃爲不執。雖顔淵卓爾，執猶未化，況于一班之見，詎稱擅場？初學適道，須信乃從。然必精誠不二，如信水火之焚溺，信毒藥之傷生，自不至犯。信菽粟充饑，信布帛煖體，自然衣食如手足。信心志，自奉承不違。不如此者，爲浮慕雖信不篤也。焉能爲有無者，恍惚疑似之閒，以爲無而亦執亦信，以爲有而不弘不篤，難爲有無也。

3 子夏之門人問交於子張。子張曰：「子夏云何？」對曰：「子夏曰：『可者與之，其不可者拒之。』」子張曰：「異乎吾所聞，君子尊賢而容衆，嘉善而矜不能。我之大賢與，於人何所不容？我之不賢與，人將拒我，如之何其拒人也？」

○子夏之門人，非不足于其師也。問交于子張，欲質所聞也。子夏之言本局促，如三益之友當與，三損之友自不當與。雖不當與，但從容平易，審己恕彼。拒之云者，驅逐禁禦，使不得近也。君子勿友不如己，何遂乃爾。無論隘弘人之度，亦非待小人之權。君子愛衆親仁，賢愚包荒。雖非吾黨，何必痛絶已甚？夫子見陽貨、南子、互鄉，往公山、佛肹，皆是也。「我之大賢」四語，申明不可拒人，非謂不可者必與也。損友當遠，豈子張不知？必如朱註吹求，雖聖言亦病矣。此章之論，子張爲優。或云：子夏所言，小子之交也。子張所言，成人之交也。然則成人不可拒人也，小子獨可拒人乎？

4 子夏曰：「雖小道，必有可觀者焉，致遠恐泥，是以君子不爲也。」

○小道，道之局于藝者。如農圃醫卜之類，皆民用所資，隨試輒效，故曰可觀。然局于器而不能相通，宜于此而不能兼彼，試于用而窮于所不用，故曰「致遠恐泥」。君子不器，務其形而上者，是以不爲也。不然，天下豈有道外之藝？君子豈遂忽之？大小之辨也。

○《大學》之中，亦有小道。子謂子夏「無爲小人儒」。言行信果，拘于一隅而不通于萬方，雖一節可觀，而執一廢百，是以君子通達萬變，不爲硜硜之守也。苟不由聖人，下學上達，脩己安人，用行舍藏之大道，雖鄉人皆好，宗黨稱孝弟，抑亦小道之可觀者耳。故曰：「觀于海者難爲水，遊于聖門者難爲言。」子夏之論及此，未可謂之不及矣。至于技術之類，君子自不屑，何但致遠恐泥而已？

5 子夏曰：「日知其所亡無，月無忘其所能，可謂好學也已矣。」

○此即擇乎中庸，服膺弗失之意。方事理未得融通，日用應事接物處，偶然契合，誦《詩》讀《書》，恍然覺悟，皆是日知其所未知也。知非口耳，真知即是能，須温存保任，勿使迷失。所謂三月不違，能擇能守，方是好學，如顔子是也。日，每日也。積日成月，日近月久。所能，即日所知也。

6 子夏曰：「博學而篤志，切問而近思，仁在其中矣。」

〇四者日用尋常課程，而爲仁之方不外此。誦《詩》讀《書》，好古敏求以博學，又即其所學者，篤記勿忘。志、誌同，記也。所學所誌，須用商量其義理肯綮處，天機憤悱處，身心緊關處。提挈請問，問有得，復就自身較勘合否，向自心參詳是否。夫學博，則藴藉深。志篤，則精神聚。問切，則義理新。思近，則神明惺。雖不必別求克己，而己可克。不必別求無欲，而欲可寡。大公無我，萬物一體之懷，即此存養矣，故曰「仁在其中」。

〇士有志脩德，無過學問一途。誦《詩》讀《書》，禮義之心，自然開朗，即此是爲仁實地。二十篇言學多矣，所謂一貫不多，即學問反約。非舍學問，別有妙悟也。今人讀書無益，祇爲科目奪志，名利熏心。縱讀書，祇養得名利根。所以古人讀書即爲仁，今人爲仁又非讀書。故曰「古之學者爲己，今之學者爲人」，學同爲異也。

7 子夏曰：「百工居肆，以成其事，君子學以致其道。」

〇肆，官府造作之塲。百工居此，材庀而徒聚，功專而業精，所以成其事也。事，謂宫室器用之事。君子有學，亦猶百工有肆。師友羣居脩業曰學，講習勸課，以窮理而極至于道也。道者，共由之路。致，極至也。致其道，與道爲一也。此章言士不可不學，舍學無造道之方。恒人心無持循，悠悠蕩蕩，汩没世塵，而以望道，如蒸沙煑石，終于無成。苟聚會精神，親師取友，弦誦不輟于習，嘉言善行不絶于耳目，義理不閒于心田，熏染漸漬，亦猶百工在肆，習焉安焉，不見異物而遷焉，乃能居仁由義，馴至聖賢之域，與道同歸矣。未有終身遊于《詩》《書》禮樂之府，無扺于成者。入芝蘭之室而不襲其芳，十年莊嶽而不能齊語，豈理也哉？

○肆，陳設也。市舍曰肆。《周官》有肆長，「掌其肆之政令，陳其貨賄」是也。此肆，則官府造作城市空地，鳩工聚材曰肆。如學舍俊髦羣集，以文會友。敦《詩》《書》，習禮樂，則非僻之心不生，而造詣日進，即造道之肆也。子夏意重在學，學則自能致道。非如朱註學不可不致道之謂。

○《齊語》：管子云：「四民者，勿使雜處。雜處則其言哤，其事易。昔聖王之處士也，使就閒燕處，工就官府。少而習焉，其心安焉，不見異物而遷焉。是故父兄之教不肅而成，其子弟之學不勞而能。」即居肆之意。

8　子夏曰：「小人之過也必文。」

○文，美飾也。過本疵垢，而小人更加潤色，以飾其醜，不惟不愧悔，益自矯誣，掩罪而爲功，反媸而爲妍。巧言令色，欺天罔人，不如是不足以濟惡而逃刑，終身無自新之日矣，所以爲小人。蓋過，人所時有，天地時恒，尚不免過，而況于人乎？聖人時窮，亦未免過，而況于庸衆乎？惟天地聖人無心偶過，故無心諱過，則常如無過。惟君子無心得過，有心改過，則常能補過。若小人以私心致過，與無心之過殊，然猶企其改，故亦名過。奈何更加文飾，居之不疑，則無復有羞惡是非之心矣。是故所惡于小人，不在過而在文過也。

9 子夏曰：「君子有三變，望之儼然，即之也温，聽其言也厲。」

○君子儀有常度，何事屢變。君子本無心，自人視之，其象如此。遠而望其儀表尊嚴，就而觀其容色藹然，及聆其議論凛然，涵養深厚，故人未易揣摩迎合，所以爲君子。若夫淺衷之士，一覽而盡，則人輕之爲易與矣。三變，就一時見，温不從儼然出者，亦容之常也。厲不從温出者，亦言之常也。夫苟望之儼然，即之又儼然。觀其色温，聽其言又温，則人亦易窺矣。厲者，是非不阿也。有道之言，如金如玉，非貴厲、貴温之變耳。議論嚴正，則温非摸棱之謂矣。

10 子夏曰：「君子信而後勞其民。未信，則以爲厲己也。信而後諫。未信，則以謗己也。」

○此言事上使下貴信也。心相孚曰信。人心至神，内信于己心，即外信于人心。有愛民之心者，民亦信其愛。有忠君之心者，君亦信其忠。我本不欲勞民，民諒我不欲勞己，如是而後勞，勞必有節，雖勞而民不怨也。我本不欲諫君，君諒我非沽直，如是而後諫，諫自有方，雖諫而君不咈也。不然，上下之志未同，彼己之情未通。勞本非民欲，諫本非君欲，己以爲佚民，民以爲病己。己以爲忠君，君以爲毁己。己者，君與民自爲己也。對人曰己，兩己不通，各是己而非人，以使民，事不終而且階亂。以事君，言不用而且取辱。苟能誠意相孚，焉往而不得。故曰「人而無信，如車無輗軏」，此也。

末二句甚言不信之不可，非謂遂不諫不勞也。厲，病也。謗，毀也。

11 子夏曰：「大德不踰閑，小德出入可也。」

〇小德，即在大德内。如子孝臣忠，大也。問安視膳，奔走服役，小也。出入，猶言損益，質義以行禮也。閑外出入謂之踰，閑内出入，總謂之德。可者，猶言不拘也。子夏篤信謹守，夫子嘗慮其硜硜，戒以勿爲小人儒。今言及此，其得于聖教者深矣。解者以小德出入，病其功疎，非也。大德小德，猶《中庸》言敦化川流之意。《孟子》云「先立乎其大，則小者不能奪」，亦此意也。

12 子游曰：「子夏之門人小子，當洒灑掃噪應對進退，則可矣，抑末也。本之則無，如之何？」子夏聞之，曰：「噫！言游過矣。君子之道，孰先傳焉？孰後倦焉？譬諸草木，區以別矣。君子之道，焉可誣也？有始有卒者，其惟聖人乎？」

〇洒掃應對進退則可者，謂習于威儀言辭也。末，謂外務。本，謂身心。本之則無，謂不教以務本。噫，嘆辭。言，子游姓。君子之道，教人之方也。孰，誰也。指待教之人，與所教之道也。傳，謂傳以末也。倦，謂緩于本也。言君子誰擇于末而先傳之，誰擇于本而後倦之，各因其材耳。譬，譬學者也。區，界域也。草木異種，樹藝殊區，如桑麻與桃李，瓜果與薑芋，別疇分畦，理無並植。學者質有利鈍，功有生熟，而教者雜施，當後而先。避倦强傳，則陵其節而枉其材。施之不情，而受之不達，虚矯以誣之而已。

有始有卒，謂本末一貫，惟聖人與道爲體乃能之。若初學必循序，豈得不先教以末，而遽傳以本乎？

○子游高明，子夏篤實。子游謂道無二致，教者當本末兼該。子夏謂功有漸次，學者須深造自得。二子之言，均爲有見。本末猶言首尾，一物同體之稱。本爲根，爲身。末爲枝葉，爲四肢。本大末小，本内末外。一體不可分授，若欲分授，亦宜先本後末，此子游意也。子夏謂吾非有意先末後本也，由學者分量自别，必先教以威儀言辭，由此循習向上，此子夏之意也。蓋在小子爲洒掃應對進退，在成人則爲視聽言動，無非性命流行。大道全體，恒人氣質用事，習而不察。學問磨礱，方會上達，那得天生大虚同體之聖人？子夏矯言游之過，似也。然子游本意，亦未遂教門人一貫，衹謂虚文無實，當教以孝弟忠信，仁義禮樂之實，亦「行有餘力，則以學文」之意。但躐等無序，即是責初學以一貫矣。子夏之言，可接中人。子游之言，可接上智。會通其意，二説皆是。各執己見，則二説皆非。本末并傳者，固傷于欲速。先後始終者，亦未免破裂。門人小子，雖難責以上達，而仁義忠信，立人之本，無老少智愚共由，豈門人小子而獨遺之？道有上下，學有先後始終，而要非兩事、兩時也。聖人雖不語上，而上實非後。小子雖非聖人，而聖人不絶殊于小子。故曰形下爲器，形上爲道，道不離形器也。離事物譚玄妙，有何交涉？有始有卒，約理而論，何必聖人？百姓日用，何嘗不舉始該終，但迷而不覺耳。故先儒謂洒掃應對，便是形而上者。學者誠知所以然處，則皆舉始該終矣。

○古人席地而坐，幼者布席，必先洒掃，洒以水而掃以帚。《曲禮》云：「爲長者糞，必加帚于箕上，以袂拘溝而退。其塵不及長者，以箕自向而扱插之。並坐不横肱，授立不跪，授坐不立。上于東階，則先右足。上于西階，則先左足。侍于先生，先生問焉，終則對。不辭讓而對，非禮也。長者與之提攜，則兩手奉長者之手。負劍辟咡詔之，則揜口而對。從于先生，不越路而與人言。遭先生于道，趨而進，正立拱手，先生與之言，則對。不與之言，則趨而退。見父之執，不謂之進不敢進，不謂之退不敢退。」皆教小子之事。

13 子夏曰：「仕而優則學，學而優則仕。」

〇優者，隨寓自得之意。人心之量，周徧圓滿。在枯寂不減，處喧騰不增。但素位而行，安土樂天，則雖方丈容膝，如遊四海。朱門九閽，無異蓬户，安往而不優游哉？時而仕也，不受功名利禄繫累，莅官行政，無改生平，即社稷人民，而學在焉。仕則學也，時而學也，不被章句見聞拘束，孝友家邦，是亦爲政。即居仁由義，而仕在焉。學則仕也，使中無自得，逐境轉移。學則厭隱處爲枯寂，仕則弛機務爲在宥，應迹爲主，而心反爲役矣。子夏局謹，少寬裕之意。夫子嘗教以爲學，勿爲小人儒，爲政勿見小、勿欲速，今所言及此，與大德小德之云，悟于聖教者深矣。

14 子游曰：「喪致乎哀而止。」

〇禮唯喪多節文，而皆生于哀。衰麻哭泣擗踊，三年而後除，極致其哀痛之情而已。致者，推而極之。必誠必信，無所不盡也。禮以飾情，情至禮備。禮雖極備，不過盡乎其情。喪禮生于哀，子云「喪，與其易也，寧戚」，亦此意。餘詳第三篇及第十七篇。

15 子游曰：「吾友張也，爲難能也，然而未仁。」

○張，謂子張。爲難能，言材器高廣，人難及也。然有軼世之行，而乏肫懇之意。仁者至誠惻怛，人皆可知可能，道在易而求諸難，故曰未仁也。夫子謂原思克伐怨慾不行，許其難，不許其仁。子張嘗以楚子文、齊陳文子爲仁，亦貴其難，而夫子亦不許其仁。子游之言，蓋本此也，與下章曾子語，若稱之而實規之。諸賢以友輔仁，忠告而善道如此。子張才高，能受直諒之益，所以賢也。

16 曾子曰：「堂堂乎張也，難與並爲仁矣。」

○堂堂，廣大貌。仁者，萬物一體，氣象似此。子張爲仁，務于汎愛兼容。惟其材足以自任，學者而效其堂堂，則窮大而失其居矣。難與並，謂人難效之也。曾子守約，故致推遜之辭，而實寓箴規之意，較子游語更婉。聖門諸賢，惟子張器識高曠。夫子與之言，自顏子而下爲獨詳。朱子謂不可輔而爲仁，亦不能輔人之仁，過矣。

17 曾子曰：「吾聞諸夫子：人未有自致者也，必也親喪乎？」

○自，自然不待勉强也。致，極盡也。自致者，良心也。常人放佚久，則錮蔽深。不迫切，則真性不顯。惟是親喪哀痛，則孩提本念盡露。乎者，疑辭，使人自省也。于此不自盡，則土木無情者耳。《孟子》云「惟送死可以當大事」，亦爲其自致也。乍見孺子將入于井，皆有怵惕惻隱之心，非爲納交要譽惡其聲而然，亦自致也。人能識自致之心，擴而充之以應天下事，何所不盡其誠？《大學》致知格物即此意，近代良知之學，亦此意。

18 曾子曰：「吾聞諸夫子：孟莊子之孝也，其他可能也。其不改父之臣與父之政，是難能也。」

○孟莊子，仲孫速，孟獻子蔑之子也。季武子，季孫宿，季文子行父之子也。文子、獻子皆歷相三君，皆有賢聲。文子死而宿嗣，獻子死而速嗣，二子共事同朝，速能守父之習，而宿專權自恣，大變其父所爲。季氏之横自宿始，故夫子稱孟孫以刺季孫，意在言外。而曾子又稱夫子之言，尤不欲直斥之也。聖賢立言，忠厚微婉如此。

○孟獻子相魯五十年，魯人謂之社稷臣。《大學》述其爲國不以利，《孟子》稱其交友不挾貴，其賢可知。莊子年少嗣立，率父之行，是象賢也。季文子亦歷相三君，《左傳》稱其無衣帛之妾，無食粟之馬，無藏金玉重器備，賢亦可知。襄公五年冬十二月辛未，行父卒。七年夏，城費。費，季氏私邑，季武子城之也。新代父政，而首營私邑，其不克負荷亦可知。十一年春正月，作三軍。三分魯國，禄去公室，自武子始。二十九年，公在楚，武子取卞，公懼不敢歸。榮城伯賦《式微》，乃歸。

此類皆厥考所不爲者。故夫子稱孟莊子不改父之道以諷之，其實莊子亦何能孝？襄公十九年八月丙辰，仲孫蔑卒。二十年正月，仲孫速會莒人，盟于向。秋，仲孫速帥師伐邾。親喪六月而盟會征伐，亦豈得爲孝子乎？聖人稱許之意可知矣。大抵三桓皆僭，而孟孫氏差守禮。若獻子、莊子、僖子、懿子、南宮敬叔、武伯、敬子輩，皆數奉教于君子，使三桓子孫皆如孟氏，周公猶未衰也。至于後裔，乃有如孟軻氏者出，聖賢之不繫于世，類如此。孟孫氏詳第二篇。

19 孟氏使陽膚爲士師，問於曾子。曾子曰：「上失其道，民散久矣。如得其情，則哀矜而勿喜。」

○爲國有不容廢之法，行法有不得已之心。因心行法，則法允而刑不濫。上失其道，失養失教也。是以民無親上事長之心，悖慢而輕犯法。有饑餓凍餒之苦，救死而不暇懷刑。鉗制愈急，則潰決愈甚。其涣散不軌，豈盡民之罪？由上驅而納之也。雖罪狀已著，尚當哀矜，不可以發奸自喜。蓋刑不得情則冤，即得其情無冤，而思彼犯刑之故，非誤于無知，即迫于無賴。仁人好生，使民無訟，刑之豈得已乎？

○陽膚，曾子弟子，武城人。士師，詳見十八篇。

20 子貢曰：「紂(肘)之不善，不如是之甚也。是以君子惡居下流，天下之惡皆歸焉。」

○此章甚言下流不可處，非爲紂解也。士君子脩身立行，超然拔于流俗，不使不善加乎身。清風高節，人誰得而訾之？其素所自立然也。有如操持不堅，苟且遷就，一墮坑塹，衆惡牽引而來。人品日卑，物議日叢，垢累日積，理勢必然。蓋君子礪行砥節，如置身千仞之岡，欲少降不可得，故人欲浼之亦不可得。苟名節一壞，即士論不齒，己亦無復顧惜，甘受汙穢，而天下之汙自就之，故曰下流。是以君子立身，不可不兢兢也。

○商王辛，字受。天下醜其行，而命之曰紂。《説文》：「紂，馬緧也。」與殠通，汙賤之稱，受聲之轉也。《殷紀》云：「帝乙崩，子辛立。資辨捷疾，聞見甚敏，材力過人，手格猛獸。智足以拒諫，言足以飾非。矜人臣以能，高天下以聲，以爲皆出己下。好酒淫樂，嬖于婦人。使師涓作新淫聲，北里之舞，靡靡之樂。厚賦税以實鹿臺之錢，盈鉅橋之粟。益收狗馬奇物，充牣宫室。廣沙丘，多取野獸蜚鳥置其中。大最樂戲，以酒爲池。百姓怨望，諸侯有畔者，於是重刑辟，有炮烙之法，武王伐而誅之。」

○《風俗通》曰：「世之毁譽，莫能得實。審形者少，隨聲者多，或至以無爲有，故曰：『堯舜不勝其善，桀紂不勝其惡。』桀紂非殺父與君也，而世有殺君父者，人皆曰無道如桀紂，此不勝其惡也。」書傳多記桀紂事，如倒拽九牛，撫梁易柱，騎行炙，車行酒，糟丘酒池，脯林肉圃，宫中九市，牛飲三千，象廊玉牀，瑶臺瓊室，玉門金柱。至謂其時，植社槁而鏬裂，容臺摇而掩覆，羣犬嗥而入淵，豕銜蓐而席隩，飛鳥鎩翼，走獸廢脚，山無峻幹，澤無洼水，田無立苗，路無莎蘋，金積折廉，璧襲無理。所謂不如是之甚者，其此之類。

21 子貢曰：「君子之過也，如日月之食焉。過也，人皆見之；更也，人皆仰之。」

○湯武誅桀紂，周公使管蔡，不爲無過。聖人本願不爾，直是避不得。如日月之食，同度同道，亦是避不得。聖人身心本無過，爲天下受過，故過則天下人皆見。及其事定功成，天下諒聖人本無他，而聖人之心，始皎然暴白於天下後世，而人愈敬仰。蓋惟經有過之後，益信聖人之無私也。更，重新也。始遭際否塞，至于事後，天下悲聖人之不幸，而哀恤之，戴其功德而瞻依之，向者羣疑冰消，如日月食後，天下喜其重明也，豈以薄食病日月乎？故曰「觀過斯知仁矣」。更與改異。聖人之過無可改，可改者，其初可無過者也。聖人之過，必不能無者也，故曰「如日月之食焉」。凡人之過可以無，而失于無心。既而覺，覺則改。覺而不改，惟有掩飾。掩飾愈工，人愈見其肺肝，而垢敝愈積。故君子上達，小人下流，皆于有過處辨。非必無過爲君子，有過遂爲小人也，存乎所以處過者何如耳。

○周天三百六十五度四分度之一，與日月星辰皆左旋歸右，而天旋最速，日次之，月最遲。日每日一周天，而退天一度，月每日退天十三度有零，積二十有九日强半，退盡與日會，方會則月光盡而爲晦，會已則月光復蘇而爲朔。日月合朔，同度同道。月行在内掩日，則日食。若同度不同道，則雖會不食。月行在望與日同度同道，月正對日，當日虛暗處，則月食，不正對亦不食。此世所傳日月交會薄食之大略也。《漢・律歷志》云：「日月之交，交在望前，朔則日食，望則月食。交在望後，望則月食，後月朔則日食。交正在朔，則日食既，前後望不食。交正在望，則月食既，前後朔不食。」《南齊志》

云：「日食皆從西，月食皆從東，無上下中央者。」或云：「月本無光，受日爲明。望夜正與日對，故光滿。或行有遲速先後，日光所不照處，則爲月食。朔旦之日，與月同宫，月在日下，則日光爲月所遮蓋，故爲日食。非此二日不食。」按月受日光，不見于經。《易》曰「懸象著明，莫大乎日月」，而陽實陰虛，故日常滿，月常虧。于字象形，日實月闕，陰陽之分也。若謂月取光于日，因遠近爲明晦，則星何以獨長明？豈星有光，月獨無光乎？《草木子》云：「邵子謂：『日食月以精，月食日以形。』蓋日爲火精，其氣類火，火燄氣上，必有黑暈，星家謂之暗虛似此。月受日光，不受日精，受光則稍偏，受精則正對。月正對黑暈中，所以食也。月食時辰多，天下見其分數同。日食時辰少，天下見其分數不同。蓋日食月以精，所虧之分，其明全盡，故天下皆同。月食日以形，所虧之分當其下則同，及側遠望，或少或多，故不同。日食月暗虛之精大，故食時辰多。月食日其形小，故食時辰少。」

○《稗編》云：「晦朔，日月之合，東西同度，南北同道，則月掩日而日爲食。望而日月之對，同度同道，則月亢日而月爲食。日掩月而日食，其説易曉。月亢日而月食，其説難曉。先儒謂日質本陰，陰中有暗處，望而對度對道，則月與日亢，爲日中暗處，所射故食。」此張横渠之説。夫日光外照，無處不明。縱有暗在内，自暗耳。安能外射月使失明乎？張衡謂：「對日之衝，其大如日。日光不照，謂之暗虛，暗虛逢月則月食。月行黄道，則正值暗虛，值暗虛有表裏淺深，故食有多少。」按暗虛之説似矣。謂其大如日，恐不止此。以意揣度，恐暗虛是地影。地在天中，日麗天行，天大地小，地遮日光不盡，日光散出地四外，月常受之以爲明。凡物有形必有影，地小于天，不得爲無影。既有影，則影之所在，不得不在對日之衝。蓋地正當天中，日行附天，故日在東則地影在西。日在下則地影在上。月既受日光，行值地影，則無日光可受，而月亦無以爲光，安得不食？

○按月食之説，諸家不同，終未曉暢。月食因日，當其食時，日在地底，而月食天上。日體虚暗，何能相及？虚暗因地影，何獨食時地有影，食後地無影乎？皆不可曉。故曰「天地之大也，人猶有所憾」，以此。

22 **衛公孫朝問於子貢曰：「仲尼焉學？」子貢曰：「文武之道，未墜於地，在人。賢者識其大者，不賢者識其小者。莫不有文武之道焉，夫子焉不學？而亦何常師之有？」**

○公孫朝，衛大夫。學，謂受學于師。文武之道，禮樂名物，所謂憲章者也。道本一貫，名物即是心傳。墜，落也。賢者，謂學士大夫。不賢者，謂羣黎百姓。識，記也。大如《周易》箕疇之類，小謂陳蹟往事，一言一行。如從老聃問禮之類，是其大者。從師襄學琴之類，是小者。自古經綸世道，無過二帝三王。仲尼之道，即是帝王之道。堯以傳之舜，舜以傳之禹，禹以傳之湯，湯以傳之文武，文武往而明王不作。夫子不得位，而纘集其大成。六經之訓，即唐虞三代之典刑也。由文武至于春秋，五百有餘歲，文武往矣，其道布散天壤閒，而寓諸人，人在即是道在，人心即是道體。人有知愚賢不肖，道有本末精粗。隨分量大小，各有見聞知覺，皆道之散殊，可學而聚者。夫子生知好學，于凡宇宙閒賢知愚不肖，所見所聞，大小精粗，無不會而通之，神而明之，曾是以主一爲常師乎？

○道不離器，器即是道，故曰「形上爲道，形下爲器」。上下皆不離形，形即器，器即道，故曰「道也者，不可須臾離」。不可須臾離者，無事無時非道也。大亦道小亦道，賢者亦道，不賢者亦道。朱註以謨訓功烈、禮樂文章解道，是也。饒氏謂此乃道之粗者，夫離粗焉得有精？舍粗言精，遺名物言神化，佛老之道也，非二帝三王之道也。記者記此于篇末，見大道不外經世，列聖相傳，易簡精實之理如此。

○《釋名》云：「地，底也。其體在下，載萬物也。」地四宇不知幾億萬里，而禹蹟所至，東西二萬八千里，南北二萬六千里。餘詳第三篇。

23 叔孫武叔語大夫於朝潮曰：「子貢賢於仲尼。」子服景伯以告子貢，子貢曰：「譬之宮牆，賜之牆也及肩，窺見室家之好。夫子之牆數仞，不得其門而入，不見宗廟之美，百官之富。得其門者或寡矣。夫子之云，不亦宜乎？」

○子貢材辨英華，當時所羡慕，故叔孫武叔極其推服。至謂賢于仲尼，子貢難與深言，就淺近設譬。言武叔以我勝夫子，由我易見，夫子難見也。見我者其識淺，見夫子必其入深。入而後得見，見而後得知。譬如宮外有牆，以蔽内也，我牆纔及肩耳，不待入門，但于牆外窺瞰，室家之好洞見，故其稱我也易。夫子牆高數仞，内外隔絶，必是從門入，歷階升堂，漸次方覩。不然門外面牆而立，其宗廟美百官富，何由得見？天下幾人是入門者？叔武身在牆外，何怪云爾？夫子，指武叔。

〇居中曰宫，週垣曰牆。宫牆，宫之牆也。八尺曰仞。牆以喻造位高卑，室家以喻藴藉淺深。美言壯麗，富言森羅。宗廟百官，言其中無處不佳，無物不有也。裴楷目夏侯玄云「如入宗廟，琅琅但見禮樂器」，用此語。顔子仰彌高，鑽彌堅，便是牆數仞。博文約禮，便是入門。朱子云：「顔子得入，故如有所立卓爾。曾子得入，故知夫子之道忠恕。子貢得入，故知性與天道不可得聞。」大凡卑淺易識，高深難測。小而洩露易見，大而含藏難見。子貢英華外露，夫子道德淵涵，故堯民謂堯何功德，猶武叔之于仲尼也。顔子謂夫子道大，故天下莫能容，亦以此也。子貢三喻彌尊，宫牆轉爲日月，日月轉爲天。記者記此于「仲尼焉學」之後，見聖不可知。《老子》云「下士大笑」，以此。

〇叔孫武叔，魯大夫，名州仇。桓公子，叔牙六世孫。其父成子，名不敢。《檀弓》云：「叔孫武叔之母死，既小斂，舉者出，尸出户，袒，且投其冠，括髮。子游曰：『知禮。』」按《禮》親始死，孝子即投冠笄纚，三日小斂于户内，畢，孝子盡去笄纚脱髦，以麻括髮，袒，而後奉尸出户。武叔待小斂而後投冠，尸出户而後括髮，不知禮也。子游反言以譏之。又《雜記》云：「古者貴賤皆杖。叔孫武叔朝，見輪人以其杖關轂而輠輪者，於是有爵而後杖。」以一人廢禮，而并禁衆人行禮，亦不知禮之事，何怪乎其毁仲尼也。

〇仞、軔同。或曰七尺，或曰八尺。孔安國釋《書》「爲山九仞」，仞，七尺也。鄭玄釋《周禮》「匠人爲溝洫」，廣四尺深四尺爲溝，廣八尺深八尺爲洫，廣二尋深二仞爲澮，數皆加一倍。然則二尋爲一丈六尺，二仞亦一丈六尺。仞與尋皆八尺也。

24　叔孫武叔毀仲尼，子貢曰：「無以爲也！仲尼不可毀也。他人之賢者，丘陵也，猶可踰也。仲尼，日月也，無得而踰焉。人雖欲自絶，其何傷於日月乎？多見其不知量也。」

〇此與上章，皆不屑之教誨。武叔昏庸，不足與深譚，就淺近設喻。無以爲，猶言無用爲此也。不可毀，非教之勿毀，任毀不及也。「他人」以下，申言其故。土高曰丘，大阜曰陵。可踰，如樵牧出其上之類。凡訾議人者，須己高出其人之上。如欲伐丘陵者，須乘丘陵之上。丘陵附于地，日月麗于天。丘陵易乘，日月難扳也。自絶，謂日月無私照，而人自豐其屋，蔀其家，妄謂日月無光，而二曜何曾虧蔽？衹是此人自遮隔，不得被其清光耳。彼高高在上者，豈一人豐蔀所能掩乎？多，古衹通適也。料度曰量。天地懸隔，不知忖量也。

〇日月之喻，意不主明而主高。高故毀莫由加，不可加而毀，枉費做了小人，故曰自絶，曰何傷，曰無以爲也，皆呵護妙語。不禁武叔毀，而但云聖人不可毀，猶仰面唾天之意。日月惟高不可及，故明不可揜。若少卑便受人遮蔽，豈能四海普照，萬古長明。所以但言無得而踰，不言無掩也。或云：昔賢謂天不生仲尼，萬古如長夜。宜以此解仲尼日月，惜子貢不然，非也。子貢但言高，正見聖凡路隔，所以爲善尊聖人，而貶武叔也。

〇《爾雅》：「小陵曰丘，一成爲敦，再成爲陶。」《説文》：丘，象形，四方高，中央下也。

陵者，漸向上之名，故曰「山以陵遲能高」。人禽陵其上故曰陵。《爾雅》：「下濕曰隰，大野曰平，廣平曰原，高平曰陸，大陸曰阜，大阜曰陵，大陵曰阿。天下有八陵，莫大于加陵。有名丘五，其三在河南，其二在河北。」

○日月詳第十七篇。

○多見其不知量。「多」字作甚意解者非，古多與祇同，適也。《易》云「無祇悔」，九家本作「無多悔」。《詩》云「是享是宜，降福既多」，與宜叶。張衡《西京賦》云「炙炰夥禍，清酤多支。皇恩溥，洪德施」，多與施叶，一作㚇。《爾雅》云：「㚇，多也。」

25 陳子禽謂子貢曰：「子爲恭也，仲尼豈賢於子乎？」子貢曰：「君子一言以爲知，一言以爲不知，言不可不慎也。夫子之不可及也，猶天之不可階而升也。夫子之得邦家者，所謂立之斯立，道之斯行，綏之斯來，動之斯和。其生也榮，其死也哀，如之何其可及也？」

○恭，謙讓也。君子，指聽言者。因一言之是，以言者爲知。因一言之非，以言者爲不知也。階，梯也。天不可階升，言虛空懸絶，不可著梯，喻神化無爲也。立道綏動四語，極贊過化之神。必言得邦家者，聖人之大寶曰位也。得位則功用顯，世人不知聖，以其功用隱也。聖人之治天下，使萬物得所，方欲扶持便皆植立，方欲引導便皆向往，纔安撫便嚮赴，纔鼓舞便驩悦。立以養言，道以教言。綏來者，立之固。動和者，教之成。斯者不疾而速，不行而至，乃所以不可階而升也。生榮死哀，即得邦家時，有立道綏動之功德，自有生榮死哀之民情。榮，謂莫不尊親。哀，謂如喪考妣。如之何可及，即應不可階升。蓋天無爲，人有爲。貫天人之際者，惟聖人立道綏動者，人也。立行來和者，天也。聖作天成，如農樹藝。天道自發生長養，莫知其然而然。所謂贊天地之化育，惟聖能之。中材輩涖一官，行一政，就使美意良法，張弛失宜，即不勝阻格，欲放之皆準，翕然向風，難矣。存神過化，其唯聖人乎？故曰「如天之不可階而升也」。夫子亦自謂「苟有用我，期月而可，三年有成」。子貢之言，豈故爲恭乎？

○夫子天縱上聖，生民以來未有，而當時人目之爲東家丘，武叔輩毀之。子禽及門，亦疑其不若子貢，適足以見聖德難名，聖而不可知之神也。《易》云「易簡而天下之理得」，一部《論語》，惟爲仁好學，博文約禮，雅言四教，有何不可階升？夫子雖未得邦家，以萬世爲土，造就無窮，何必得邦家，乃爲不可及？緣武叔庸下，輒作庸下解。惟有功用可以形容，道德難措語。精言之不解，淺言之不信，故爲揚詡發揮如此。要之，聖人作用，即是本體。事理無間，顯微如一，所以與二氏異。下篇舉堯舜湯武，五美四惡，明大道不越經世，乃所謂夫子之得邦家者也。先儒謂子貢晚年進德，微獨子貢，此篇所記諸賢語，皆晚年有得者也。

○《韓詩外傳》：齊景公謂子貢曰：「子何師？」對曰：「師仲尼。」「賢乎？」對曰：「聖人也，豈直賢？」公曰：「何如？」對曰：「不知。」公作色曰：「始言聖，今言不知，何也？」對曰：「臣終身戴天，不知天之高也。終身踐地，不知地之厚也。臣師仲尼，如操杓飲江海，腹滿而去，安知江海之深乎？」公曰：「譽得無已甚？」對曰：「何敢甚？慮不及耳。臣譽仲尼，如兩手捧土附泰山，其無益明矣。臣不譽仲尼，如兩手爬泰山，其無損，亦明矣。」《論衡》云：「子貢事孔子，一年，自謂過之；二年，自謂與同；三年，自知不及。夫以子貢知孔子，三年而後定。」世儒無三年之接，自謂知聖，誤矣。

○陳子禽，詳首篇及第十六篇。

論語詳解卷十九終

論語詳解卷二十

郝敬　解

堯曰第二十

○此篇備載堯、舜、禹、湯、武之事，聖門授受之本。終則反本，因前子貢云「夫子之得邦家」，申明聖道不越經世，所以爲中庸之至德。

1　堯曰：「咨！爾舜！天之曆數在爾躬，允執其中。四海困窮，天禄永終。」舜亦以命禹。曰：「予小子履，敢用玄牡，敢昭告于皇皇后帝：有罪不敢赦。帝臣不蔽，簡在帝心。朕躬有罪，無以萬方；萬方有罪，罪在朕躬。周有大賚，善人是富。雖有周親，不如仁人。百姓有過，在予一人。」謹權量，審法度，脩廢官，四方之政行焉。興滅國，繼絶世，舉逸民，天下之民歸心焉。所重：民、食、喪、祭。寬則得衆，信則民任焉，敏則有功，公則説悦。

○此記者摘舉二帝三王之事，見大道不越經世。下章以夫子告子張問政承之，明道統所由來也。天生聖賢爲世道民生，非使之獨爲君子。故道以帝王爲師，以濟世爲用，而皆祖述于堯舜。堯命舜曆數，而授之中。中者，心法也。允執者，萬事以中爲樞也。中本無象，無中而中，是爲執中。無執之執，是爲允執。事事物物，自有天則。吾夫子從心不踰矩，孟子謂盛德之至，周旋中禮者，允執厥中也。其大者惟治天下，天子以天下爲任，心周四海，而體其困窮，慎乃有位，用其中于民，則天禄可長保矣。吾夫子脩己以安百姓，克己復禮，天下歸仁，上好禮義信，天下敬信服，皆祖述于此。後儒默坐澄心，看未發氣象，沮、溺、丈人輩，絶人避世，與鳥獸羣，皆所謂子莫執中者也。比及舜，亦以此命禹，莫之能易。繼禹爲成湯，湯之事，莫大于征伐，即四海困窮之心也。四海苦桀之虐，湯請命于天，以討罪自任，不以天下自私。其脩己也，不以己之罪委諸人。其任天下也，以天下之罪歸諸己。湯之爲君如此，繼湯莫如武王。武王革商，亦四海困窮之心也。大賚之典，加厚于善人。雖周道親親，而尤篤于仁人。民行不淑，是教化不興也。百姓有過，在予一人，猶成湯之罪己也。合而觀之，帝王治天下，良法美意，大略可得而數矣。凡政先財用，五權五量，以斂民財，必謹之。謹者，節其過。輕重多寡，有常制也。國有法度，大綱小紀，以示民守，必審之。審者，酌其可，因革損益，務適中也。百官輔理成化，有廢墜，必脩之。脩者，治其冗，使人無曠官，官無廢事也。如此，則王政四達，自無阻格不行者矣。諸侯所與共天下，先世受封。後世見併者爲滅國，復其封疆而興之。有國無嗣者，爲絶世，求其旁支而繼之。天生賢才，皆帝臣，使遺逸爲民，誰與共理？必顯揚以舉之，如是，則民心悦服，天下歸往矣。國以民爲本，民以養生送死爲急。制産勸農，以重民食也。送終追遠，使各自盡，以重喪祭也。凡此皆仁政也。抑有仁心焉？其容衆在寬，其感孚在信，其立功在敏，其使人悦服在公。從古帝王爲治，未有易此者，皆所謂允執厥中也。或云：謹權量至喪祭，皆武王之事，豈堯舜禹湯獨不然乎？「寬則得衆」下，本夫子告子張語，引以繼二帝三王之後，見祖述憲章之意。

○「堯曰」以下數語，《虞書》不載，或云脱簡，當在「舜讓于德弗嗣」之下。《古文尚書·大禹謨》載舜命禹之辭，多「人心惟危」等語，説見《書》解。咨，歎聲也。曆數，紀年代世系也。古帝王受命，首年頒朔。《易·革》之象曰：「君子以治曆明時。」帝嚳序三辰，堯命羲和，舜齊七政，皆曆數也。允，信也。執，主也。中，虚也。無名無象，圓神不測之稱。在人爲大公無私之心，在事爲至當恰好之理。四海困窮，小民艱難也。天禄永終，國祚延長也。「曰予」以下，述殷湯伐桀。請命于天，及告諸侯之辭，與今《孔書》小異。湯名履，字天乙。玄牡，夏牲也。皇皇，大也。后，君也。凡君稱后，言后天下，則爲君也，猶孤寡之意。帝，上帝也。有罪，指夏桀也。帝臣，謂天下賢才，皆上帝之臣。簡，擇也。在帝心，在天所欲則以爲君。此六句，請命伐桀，無利天下之心也。朕，我也。言君身失德，與萬方無與。萬方人失德，是作君師者之罪，如旱禱六事自責之類。傳云：「湯武罪己，興也勃焉。」此四句，告諭諸侯以天下自任之心也。大賚，封賞也。《周頌·賚》之序曰「大封于廟」是也。賚，予也。錫予善人，猶湯之「帝臣不蔽」也。善人，有德之人也。富，厚也。厚之以禄也。周道忠厚，故德主善。周親，至厚之親。忠信曰周。周雖尚親，而不仁之人，雖親必黜也。仁德之人，非親必用也。如管、蔡誅，箕、微封之類。百姓有過，猶湯之「萬方有罪也，在予一人」，猶湯之「罪在朕躬」也。今《孔書·泰誓》有此辭。「謹權量」以下，通論帝王之道。權，秤也。量，斗斛之屬。法度，凡宮室車旗服色，一切制作皆是也。遵守曰法，品式曰度。

○「堯曰」六語，千古道德之宗，政治之模也。本于天命，會于君身，通極于四海。君身，天命所凝。四海，天禄所出。其精神縮轂于中。中者，天下之大本。合顯微内外，貫天人，聯四海爲一，惟此，帝王聖賢之符券也。曆數在爾躬，明不在乎他，猶《無逸》之「四人迪哲，享國長久，耽樂從則罔克壽考」之意。《禮記·中庸》一篇，專發明此旨。《圖》《書》疇範，不出此。帝王運天下于掌上，推一心于四海，念小民之艱難，即是人主崇高之基。《易》曰：「觀我生，觀民也。」惟能念四海之困窮，爲能享天禄以長終，即「天視聽，自我民視聽；天明威，自我民明威」之意。聖人之爲天子，非佚樂也，故曰「咨，聖人之曆數」。非氣運也，故曰「在躬」。聖人之中，非枯寂也，故曰「四海」。聖人之天禄，非誅求也，故曰「困窮」。堯言廣大精微，近而遠，略而詳。文運方啟，混沌初開，故其言錯落，而其旨隱約，意象渾淪，真古聖面命之語，所以繫于二十篇之終，冠帝王之首，爲典謨之宗也。一部《論語》，大旨不越此。舜亦以命禹，隻字無容增減。《古文尚書·大禹謨》别增「人心」「道心」等語，正落後世理窟。其全篇文氣亦涣散，殆後人補輯。使舜當日于允執厥中上，更饒别語，此章豈得無述而直云舜亦以命禹乎？舜既瑣瑣解釋，二千年後，子思何須作《中庸》？堯舜授中，湯武不更言中，皆不能違中，所以堯爲文思之祖也。

〇堯舜禹敘道德，湯武敘事功，王者事功即道德也。湯敘征伐，畧于政教，商政已革而從周也。武王敘政教，畧于征伐，爲昭代諱也。此章摘舉帝王要領，似疎實密。首「堯曰」四語，包虞夏商周，古今治亂本末。承天受曆，垂治統也。執中傳心，開聖學也。畏天憫民，萬世治天下之藥石也。曆數以奉天，執中以脩己，困窮以恤人，三極之道備矣。而執中爲本，帝者以帝，王者以王。亂則伐暴救民，治則脩政立事，皆允執中也。天生聖賢，本爲四海生民，故聖道以天下爲己任。夫子惓惓行義，而隱者避世，如沮、溺、丈人輩，非聖人之徒，不可與于堯舜之道也，是以「大學之道在明德，在親民」。二氏竊聖人之中而偏枯，毁人倫棄禮法，得罪于二帝三王，其于執中，戾矣。後世理學士，宗堯舜，學孔子，而守中爲中，執一爲執，乃詆二氏爲空虚，而拘理成僻，觸事牴牾，竟成語上之偏，均未達于允執之中也。故夫子之言中也，劑之以庸，無可無不可，用則唐虞三代，不用則洙泗之閒而已。故《論語》二十篇終「堯曰」，《孟子》七篇終「堯舜」，荀卿三十二篇終「堯問」，亦襲此意。柳宗元謂：「《論語》之大，莫大乎是。」前篇終夫子之得邦家爲不可及，此篇以帝王承之，而首堯舜，繼湯武，夫子欲有爲于《春秋》，征伐亦所不廢。但如五霸之征伐，聖人不屑矣。夫子欲爲堯舜，不樂爲湯武，所以卒老于行。《論語》傳聖人心思，于文辭之外。此章若斷若續，義理周浹，見帝王以四海爲身，即天下歸仁之教，故以告子張爲仁語結之，仍以告子張爲政繼之。聖門諸子，惟子張恢豁有餘。顔子爲邦而後，張也克負荷之矣。

〇或問：祭所以重，何也？重本也。不祭則忘本，忘本則無異禽獸。生死一道也，幽明人鬼，一理也。

顯微戒懼，一心也。夫子不語神，而于鬼神之德，未嘗不詳。古人門户井竈皆有祭，疏食菜羹瓜皆祭。陰陽五行之氣，百物之精，性命之秘，非耳目見聞所及，其交惟在祭祀。重祭祀，是識鬼神之情狀。洋洋在上、在左右，日用應務，亦臨亦保，豈待祀天享祖而後受福？故子之所慎，齋爲先。人不修祭祀、不敬鬼神，則放肆無所不至，人道滅而違禽獸不遠。故湯之伐葛，惟其放也。葛伯之放，惟其不祀也。君子不諂非鬼而敬明神，不尚淫祀而修秩祀，所以養吾敬而崇人道也。

○按字書「允，肯也」，純肉無骨曰肯。又云「筋肉會處曰肯」。執曰允執，取透徹真切之義，執而忘所執也。又允與盾通。中允，官名。《漢書·班固敘傳》作中盾。盾，干也。執以禦矢石防外護内，當内外之交，取中閒之義。古聖言語文字有至理。

○曆見第三篇。

○權有五，曰銖、兩、斤、鈞、石，生于六律黄鐘之管。管長九寸，圍九分，中空徑三分有奇，容秬黍千二百粒，秤之爲十二銖。兩之爲兩，二十四銖也。十六兩爲斤，三十斤爲鈞，四鈞爲石。量有五，曰龠、合、升、斗、斛，本黄鐘之管，容千二百黍爲龠，十龠爲合，十合爲升，十升爲斗，十斗爲斛。

○《漢·律歷志》云：銖者，殊也。兩，黄鐘律之重也。斤者，明也。鈞者，均也。石者，大也。權之大者也。始于銖，兩于兩，明于斤，均于鈞，終于石。權與物均而生衡，衡運生規，規圜生矩，矩方生繩，繩直生準，準正則平衡而權均矣。龠者，黄鐘律之實，與籥同，行管三孔也。於文从品、从侖，聲有倫理也。合者，合龠之量也。升者，登合之量也。斗者，聚升之量也。斛者，角斗，平多少之量也。躍于龠，合于合，登于升，聚于斗，角于斛。

2 子張問於孔子曰：「何如斯可以從政矣？」子曰：「尊五美，屏四惡，斯可以從政矣。」子張曰：「何謂五美？」子曰：「君子惠而不費，勞而不怨，欲而不貪，泰而不驕，威而不猛。」子張曰：「何謂惠而不費？」子曰：「因民之所利而利之，斯不亦惠而不費乎？擇可勞而勞之，又誰怨？欲仁而得仁，又焉貪？君子無衆寡，無小大，無敢慢，斯不亦泰而不驕乎？君子正其衣冠，尊其瞻視，儼然人望而畏之，斯不亦威而不猛乎？」子張曰：「何謂四惡？」子曰：「不教而殺謂之虐；不戒視成謂之暴；慢令致期謂之賊；猶之與人也，出納之吝，謂之有司。」

〇五美四惡，帝王明法大戒也。夫子之得邦家，其經綸如此。惠勞二者，加諸民也。泰威二者，本諸身也。欲仁不貪，則出身加民之樞紐也。聖教以仁爲本，王者以舉世雍熙爲仁。利民使民，仁之施也。主敬莊莅，仁之存也。爲政之體用備矣。利莫大于因，勞莫便于擇。衆寡大小無敢慢，是素位自得、心廣體胖氣象，非矜持之謂也。故雖泰而不驕，衣冠以飾貌也。正者有常度，不尚奇，不徇俗，不苟簡，皆是也。尊瞻視者，非禮勿視也。先儒云：「操之有要，視爲之則。」視下則心柔，心柔則敬。二者篤恭垂裳之度，雖有威可畏，而敬主乎中，非外貌之威，故曰不猛也。虐以用刑言，暴以作事言，賊以出令言，有司以財用言。施爲無序，緩急失宜，大抵皆不仁之事。惠不下逮，而怨日上叢，貪慾驕猛，由此生也。虐，殘酷也。暴，躁急也。賊，陰險也。有司，鄙嗇也。教、令、戒三事，不足以盡暴、虐、賊之實。而暴、虐、賊三者，實盡爲政之惡。有司之惡，不如暴、虐、賊之甚，而其害事機，失人心，與三者同，故曰「猶之」也。「猶之」二字，直貫有司，與「過猶不及」之猶同。四者去，則刑寬政和，令信而惠普矣。

〇尊，奉持也。屏，除去也。美者，調和適中之名。惡者，醜陋偏戾之稱。凡惠必費，勞必怨，欲必貪，泰易驕，威易猛，偏勝也。五不，皆允執中也。因民之利而利，如田里樹畜，勿失其時。山林川澤，與民同利之類。擇可勞，謂役之以時，使之以道也。仁，謂不忍人之心。我所本有，我思兼濟欲仁也。於仁有濟，得仁也。雖天下歸仁，豈得爲貪？人無衆寡，事無小大，心常敬而不放，則動容周旋，自然舒泰，非侈肆以爲驕也，即禹告舜「安汝止，惟幾惟康」之意。衣冠嚴整，舉動無邪，瞻視尊重，顧盼不苟。人望之自威，非猛以作威也。不教而殺，謂率殺也。不戒視成，不先告戒，卒然省視成功也。慢令致期，怠緩其令，而責民以赴期也。猶之，謂同也。以財與人，較之殺人、視成、致期雖不同，而吝之爲惡同也。出，支取也。納，收藏也。吝，慳嗇也。有司，守藏之吏也。四惡非定拘其事而以狀其惡。虐者，害也。言乎凶殘好殺，不惜民命，斬艾如草芥者也，以不教而殺狀之。暴者，急也。言乎恣己徑情，施爲無序，狂躁如飄風者也，以不戒視成狀之。賊者，盜也。言乎陰險刻剥，變態無常，罔民陷臬者也，以慢令致期狀之。有司，守財者也。言乎貪鄙固陋，屯膏留費，無恢洪遠大之度者也，以出納之吝狀之。與五美正相反，四海困窮，率由于此。

○此章即允執厥中之道，五美周匝圓融，不偏不倚，所謂君子而時中者也，故以繼二帝三王之後。四惡偏僻乖戾，恣己狥私，所謂小人而無忌憚者也。美必稱五，五爲天地之中，四方中央曰五。惡稱四者，有邊無中也。道中而已，中不外庸也。二帝三王，莅民行政，無以異于世主，而聖人惟執中不偏，所以盡美。大賚民食之類，非私惠也。興師征討之類，非勞民也。受禪革命之類，非欲天下也。御四海，享天禄，臨兆民，非矜驕猛厲也。世主皆知惠民，祇是分財。誰不勞民？民未免怨。誰能無欲？欲皆貪利。安富尊榮，泰則必驕。位高權重，威則必猛。是以允執中難也。五者無蔽，則執中偏天下，而百度無不佳美。有罪未免殺，不教則偏于虐。有事未免責成，不戒則偏于暴。有令未免致期，慢令則偏于賊。三者猶曰行法之事，至于賜予不中節，亦謂之有司失爲政之體。而恩不下究，雖非殺人督責之比。而觖望招尤，失人心，亦暴虐賊害之類也。賜予且然，况刑政教令乎？故道莫妙于中，中則美，美則無惡。失中則惡，惡則喪其美，得失相乘也。五美曲盡其道，所以爲中。四惡緩急失宜，所以爲惡。暴虐賊者，急而大過。有司者，緩而不及。刑殺教令，宜寬舒而偏于急。施予賞賜，宜沛發而偏于緩。則其急也，猶之緩也。其過也，猶之不及也。故暴虐賊也，猶之有司也，所以貴于允執中也。

3 子曰：「不知命，無以爲君子也；不知禮，無以立也；不知言，無以知人也。」

○此學問道德之要，總括二十篇大旨，而會于知。聖人承天立教，化民成俗，立言垂訓，三者盡天下之道矣。命者，人性所從出，道之大原也。於穆不已，無聲無臭，爲時行物生之本。知者見之謂之知，仁者見之謂之仁。百姓日用而不知，君子之道鮮矣，故學以知天命爲極。君子，即聖人也。知命，即知天也。二十篇始君子，終君子，故云「得見君子，斯可矣」。維持世教，莫要于禮。故十世知來，三代損益亦惟禮。禮者，三綱五常之體，世道人心之防。故篇内數言禮，無禮則無人類。不知禮，則人心世道，何所恃以立乎？闡道垂訓，莫要于言？聖人往而不朽惟言，言存即聖人之心存。《易》曰「脩辭立其誠，所以居業也」，言即古人之業。欲見古人，舍言何以？誦其詩，讀其書，論其世，可知其人，故曰「遊于聖人之門者難爲言」。聖人有言，諸子百家亦有言，是非邪正，簧鼓亂鳴，若不能知，豈能別正學？豈得有善治？二十篇莫非言也，學者貴知之而已。三知指人心真覺，綰結學問之功而歸于知言。夫子之文章，即天道也。子所雅言在執禮，言莫要于禮，而通極于命。下學而上達，中庸之教，皆寓于言。《易》曰「聖人之情見乎辭」，《易》終六辭。孟子願學孔子，曰「我知言」。言者，陳迹也。知者，心得也。故孟子終見知聞知，大學明明德始致知，皆以此也。

○知者，人心之神妙，萬有而爲言者也，生知即安行。《禮·中庸》篇論之詳矣。後儒以知行分先後，而知始落見解。離知求行，行始爲格套。故三達德首知，仁與勇皆效法于知。孟子謂知譬則巧也，聖譬則力也。由射于百步之外，其至力也，其中非力也，知也。《中庸》論聖功，極于知化育。夫子五十知天命，耳順從心，無以加于知矣。乾元之大，知始而已。故聖學未有離行爲知者。

論語詳解卷二十終

萬曆戊午仲夏京山郝氏刊刻